제 2 판

민법학강의 Ⅶ

[불법행위법]

박 종 찬 저

진 원 사

MEINEM VEREHRTEN FREUND UND BRUDER,
PROFESSOR DR. IUR. JOACHIM JICKELI,
DANKE ICH VON GANZEM HERZEN

BÜRGERLICHES GESETZBUCH Ⅶ

LEHRBUCH DES DELIKTSRECHTS

von

DR. JONG CHAN PARK
PROFESSOR
AN DER SCHOOL OF LAW
KANGWON NATIONAL UNIVERSITY

2. Auflage

JINWON SA VERLAG
SEOUL KOREA 2021

제2판 머리말

이 책의 초판을 펴낸 것이 2018년 9월이었다. 거의 3년 만에 제2판을 출간하게 되었다.

이번 판에서는 우선 여러 부분에서 기존에 인용한 것과 유사하지만 그것보다 더 의미가 큰 판결이라고 생각되는 판례를 교체하였다. 그리고 인용한 판결의 위치를 보다 적절한 곳으로 변경하기도 하였다. 그 외에 그 동안 새로 판결된 최신 판례들도 조사하여 소개하였다. 한편 법령의 개정 사항도 반영하였다.

이번 제2판이 나오기 까지 저자는 많은 제자들의 격려와 도움을 받았다. 즉 홍병철 박사, 권혁종 박사, 유병태 강사, 박사과정의 권용덕 석사, 이영진 석사, 박미화 선생, 이재웅 석사, 김주호 석사께 진심으로 감사를 드린다.

이 책을 펴내는 데에도 여느 때와 같이 진원사 양진수 사장님과 이 책의 교정과 편집에 노고를 아끼지 않으신 출판부의 류재현 부장님께 깊이 감사드린다.

2021년 8월

저자 **박 종 찬**

머 리 말

민법 전체의 집필계획에 따라 민법학강의 Ⅰ(민법총칙), 민법학강의 Ⅱ(물권총론·기본물권·용익물권), 민법학 강의 Ⅲ(담보물권·채권담보법)에 이어 이번에 민법학강의 Ⅶ(불법행위법)을 세상에 내놓게 되었다. 이는 원래 계획으로는 민법학강의 Ⅴ(사무관리·부당이득·불법행위)로 하려던 것을 불법행위법의 중요성을 감안하여 법정채권인 사무관리·부당이득·불법행위 중에서 불법행위 부분을 별도로 민법학강의 Ⅶ(불법행위법)을 출간하게 되었다.

채권의 발생 중 법정채권으로서 불법행위에 의한 채권발생의 다양한 모습과 변모하는 학설, 그리고 하루가 멀다 하고 쏟아져 나오는 판례 등을 다른 법정채권과 별도로 한 권의 책으로 집필하는 것이 독자들에게 더 유익할 것으로 생각되었다.

민법학 강의 Ⅶ(불법행위법)을 집필하면서 국내 학설과 판례를 상세하게 담고자 하였다. 이는 법학전문대학원의 출범으로 법학의 생태계가 변화한 것과 무관하지 않다. 특히 변호사시험을 준비하는 학생들은 단기간에 많은 양의 관련 판례를 참고하여야 한다. 그러나 인터넷 등을 검색하여 중요 판례만을 검토한다고 해도 많은 노력과 시간이 요구된다. 따라서 이러한 수고를 덜어줄 수 있도록 이 책에서는 본문 및 각주에 관련된 중요 판례를 인용하였다.

이 책을 펴내는 데에도 여러 분들의 도움을 받았다. 그 중에 연구비를 조성하여 필자에게 강의와 연구에 집중할 수 있는 기회와 여건을 마련해준 강원대학교에 깊은 감사를 드린다. 한편 이 책은 「2015년도 강원대학교 학술연구조성비로 연구하였음(520150177)」을 밝혀둔다. 나아가 어려운 여건 하에서도 민법학강의 Ⅰ(민법총칙), 민법학강의 Ⅱ(물권총론·기본물권·용익물권), 민법학강의 Ⅲ(담보물권·채권담보법)에 이어 기꺼이 출판을 맡아주신 진원사 양진수 사장님과 이 책의 교정과 편집에 노고를 아끼지 않으신 진원사 출판직원 분들께도 심심한 감사를 드린다.

그리고 독일의 Kiel Universität의 사랑하는 친구이자 학문의 동반자이며 영적인 형제인 Professor Dr. iur. Joachim Jickeli 께 마음 깊이 감사한다. Jickeli 교수께서는 이 책의 집필을 계획하던 2010년 여름에 한국을 방문하여 이 부분에 대한 독일법학계 및 법조계의 큰 흐름에 대하여 많은 것을 나와 토론함으로써 지대한 도움을 주었다. 나아가 내가 心身이 고갈되어 어려운 상황에 처해 있을 때 이를 극복할 수 있도록 靈魂을 高揚시킴으로써 이 책이 세상에 빛을 보게 되었다. 60회 생일을 맞이한(1958년 11월 18일) Professor Dr. iur. Joachim Jickeli에게 이 책을 바치는 바이다.

민법학강의 Ⅶ(불법행위법)을 집필하고 나니 부족하기 짝이 없다. 계속하여 수정·보완해 나갈 것을 다짐한다. 아무쪼록 독자제현의 민법에 대한 이해에 조금이나마 도움이 될 수 있기를 바라며 또한 叱正을 기대한다.

2018년 9월

저자 **박 종 찬**

참 고 문 헌

(괄호 안은 인용약어임)

곽윤직, 채권각론, 박영사, 2003	(곽윤직)
김기선, 한국채권법각론, 법문사, 1982	(김기선)
김상용, 불법행위법, 법문사, 1997	(김상용, 불법행위법)
김상용, 채권각론, 법문사, 2003	(김상용, 채권각론)
김주수, 채권각론, 삼영사, 1997	(김주수)
김주수·김상용, 친족상속법, 삼영사	(김주수, 친족상속법)
김준호, 민법강의, 법문사, 2011	(김준호)
김증한·김학동, 채권각론, 박영사, 2006	(김증한)
김현태, 불법행위론서설, 일조각, 1968	(김현태)
김형배, 채권각론, 박영사, 2001	(김형배, 채권각론)
김형배, 민법학강의, 신조사, 2011	(김형배, 민법학강의)
박종찬, 민법학강의 Ⅰ, 진원사, 2018	(박종찬, 민법학강의 Ⅰ)
박종찬, 민법학강의 Ⅱ, 진원사, 2017	(박종찬, 민법학강의 Ⅱ)
박종찬, 민법학강의 Ⅲ, 진원사, 2015	(박종찬, 민법학강의 Ⅲ)
송덕수, 채권법총론, 박영사, 2018	(채권법총론)
송덕수, 신민법강의, 박영사, 2021	(신민법강의)
송덕수, 채권법각론, 박영사, 2019	(채권법각론)
오석락, 증명책임론, 박영사, 1996	(오석락)
이은영, 채권각론, 박영사, 2005	(이은영)
이태재, 개정 채권각론, 진명문화사, 1985	(이태재)
이재홍, 민법주해 채권(12), 박영사, 1997	(이재홍)
지원림, 민법강의, 홍문사, 2010	(지원림)
황적인, 현대민법론 Ⅳ [채권각론], 박영사, 1987	(현대민법론 Ⅳ)
황적인, 채권법각론, 한국방송통신대학, 1988	(채권법각론)

民法註解, 박영사, 1992

註釋民法, 한국사법행정학회, 2000

Brox, Allgemeiner Teil des Bürgerliches Gesetzbuchs, 15. Aufl., 1991

Brox, Besonderes Schuldrecht, 17. Aufl., 1991

Esser/Weyers, Schuldrecht Band Ⅱ Besonderer Teil, 6. Aufl. 1984

Larenz, Lehrbuch des Schuldrechts, 2. Band Besonderer Teil, 1. Halbband, 13. Aufl., 1986

Medicus, Schuldrecht Ⅱ Besonderer Teil, 7. Aufl., 1995

목 차

제 1 장 불법행위법 총설 / 1

제 1 절 불법행위의 의의 및 법적성질 / 3

제 2 절 과실책임과 무과실책임 / 11

제 3 절 민사책임과 형사책임 / 19

제 4 장 특별법상의 불법행위 / 165

제 1 절 자동차운행자의 책임 / 167

제 2 절 환경오염책임 / 226

제 3 절 제조물책임 / 257

제 1 장
불법행위법 총설

제1절 불법행위의 의의 및 법적성질

Ⅰ. 의 의

불법행위(tort, unerlaubte Handlung, Delikt)라 함은 고의 또는 과실로 위법하게 타인의 권리 내지 이익(법익)을 침해함으로써 손해를 가하는 행위를 말한다. 불법행위는 손해배상채권의 발생 원인이 된다. 즉 민법은 불법행위가 있으면 가해자는 피해자에 대하여 손해배상책임을 부담하도록 한다(제750조). 따라서 불법행위는 사무관리 및 부당이득과 함께 법률의 규정에 의한 채권발생 원인(법정 채권발생원인)의 하나이다. 반면 계약은 당사자의 자유로운 의사의 합치에 의한 채권발생 원인이다.

불법행위로 인하여 발생하는 법률관계를 규율하는 법을 널리 불법행위법이라고 한다. 따라서 불법행위법은 계약관계를 형성하지 않은 상태에서 손해를 입은 자가 손해를 가한 자에게 그 배상을 요구하거나, 그 손해의 책임이 있는 자에게 그 야기된 손해를 제거할 것을 목적으로 당사자 사이에 계약 없이 의무를 규정하는 법이다.[1] 불법행위법은 사회생활관계를 규율함에 있어서 일관된 논리와 일반적 적용가능성을 가져야한다. 이렇게 함으로써 불법행위법에 의하여 과실책임의 원칙[2]과 조화를 이룰 수 있게 된다.

Ⅱ. 법적성질

불법행위는 법률사실로서 그 성질은 위법행위이다.[3] 채무불이행과 더불어 대

1) V. Bar, Europäisches Deliktsrecht, 1996, Rdn. 3f. 참조.
2) '모든 법률주체는 자신의 법익에 대한 일반적 위험(allgemeines Lebensrisiko)과 그 결과를 스스로 부담해야 하고, 타인에게 이를 전가할 수 없다.'는 원칙으로 정의에 대한 근본적인 표명이다.
3) 사무관리는 혼합 사실행위이고, 부당이득은 사건이다.

표적인 위법행위로서 손해배상청구권의 발생 원인이 된다. 그러나 불법행위는 법률에 반하는 행위이지만 채무불이행은 계약에 반하는 행위라는 점에서 다르다. 불법행위는 사람의 행위(용태)이지만 당사자의 의사표시에 바탕을 둔 것이 아니라는 점에서는 계약 기타 법률행위와는 그 성질이 다르다. 채무불이행은 적법한 채권관계 하에 그 당사자 사이에서 채무를 이행하지 않는 데 대한 책임을 묻는 위법행위인 반면 불법행위는 특정되어 있지 않은 자들 사이에 가해행위에 대한 책임을 묻는 위법행위이다. 그리하여 불법행위는 법률요건으로서 채권발생이라는 법률효과를 발생시킨다. 그리고 계약에 있어서는 예측가능성이 중시되나 불법행위 영역에서는 계약관계에 있지 않은 사람들 사이에서 일어난 사고의 사후적 처리가 문제되기 때문에 예측가능성 보다는 구체적 타당성이 더 중시되고 있다. 한편 불법행위는 계약이나 사무관리와 마찬가지로 사람의 행위에 의하여 발생하게 되므로 사람의 행위가 아닌 사건에 불과한 부당이득과도 구별된다.

Ⅲ. 민법에서의 불법행위규정

1. 민법에서 불법행위를 규율하는 규정의 수는 17개 조항(제750조 내지 제766조)에 불과하고 또한 매우 추상적이며 일반화 되어 있다(특히 750조가 그렇다). 이러한 민법의 태도는 긍정적으로 평가되고 있다. 원래 불법행위제도가 이미 손해가 발생한 후에 분쟁을 해결하기 위한 사후적인 것이어서 사전전인 규범으로서 작용하는 계약에서와 달리 구체적·열거적으로 규정하면 다양한 모습의 불법행위의 발생에 적절하게 대처하기가 어렵기 때문이다. 따라서 불법행위에 있어서는 일반적이며 추상적인 규정을 바탕으로 법원이 구체적인 유형에 따라 판례를 형성해가는 것이 좋을 것이다.

민법에서 불법행위는 제3편 채권편 중에서 총칙, 계약, 사무관리, 부당이득에 이어서 제5장에 규정하면서 손해배상채권의 발생원인으로 파악하고 있으며, 계약과 함께 채권의 발생원인으로 본다.

민법은 불법행위에 관하여 제750조에서 추상적인 일반규정을 하고 제755조 내지 제760조에서 특수한 불법행위에 관하여 규정하고 있다. 즉 민법에서 규정하는 17개 조항의 불법행위 규정은 크게 세 가지로 분류된다.

첫째, '일반불법행위'에 관한 것이다. 이는 제750조에서 그 요건 및 효과를 정하고 특히 요건과 관련하여 책임무능력자(第753조 내지 第754조)와 위법성조각사유(第761조)를 규정한다.

둘째, '특수불법행위'에 관한 것이다. 이에는 피해자를 두텁게 보호하기 위해 第750조에 대한 특칙을 정하고 있는 규정을 총칭한다(第755조 내지 760조).

셋째, 불법행위의 효과로서 '손해배상'에 관하여 규정한다(第751조 내지 752조, 第762조 내지 第766조).

각국의 민법도 불법행위에 관하여 우리 민법과 같이 많은 규정을 두고 있지 않다. 즉 프랑스 민법은 5개 조항(불민법 第1382조 내지 第1386조), 스위스 채무법은 21개 조항(스위스 채무법 第41조 내지 第61조), 독일민법은 31개 조항(독일민법 第823조 내지 第853조)을 두고 있다. 그러나 현실사회에서 발생하는 불법행위의 다양성을 생각한다면 이러한 규정들은 불법행위의 일반적 유형과 원칙들을 정한 것에 불과하다.

오늘날과 같은 고도로 발달된 위험사회에서는 가해자의 고의·과실에 기하지 않고서도 타인에게 손해를 발생케 하는 경우가 많다. 따라서 민법의 규정만으로는 이를 적절하게 규율할 수 없는 경우가 많다. 이러한 경우를 위하여 특별법이 제정되고 있다(자동차손해배상보장법·원자력손해배상법·환경정책기본법·제조물책임법 등). 이와 같이 가해자에게 고의·과실이 없음에도 불구하고 발생한 손해를 전보케 하는 것을 위험책임(Gefährdungshaftung)이라 한다. 위험책임은 사회에 대하여 위험을 야기하는 위험한 시설이나 기업 등의 위험원(Gefährdungsquelle)을 지배하고 있다는 사실에 기인한 책임이다. 즉 위험책임은 불법행위책임과 달리 고의·과실을 요하지 아니하므로 보상책임(Equivalenzprinzip)[4]과 더불어 무과실책임(Verschuldens-

---

4) 특별한 이익을 얻는 과정에서 타인에게 손해를 끼쳤을 때에는 고의나 과실의 유무를 묻지 않고 이익이 있는 곳에 책임을 지우는 것이 공평하다는 사상으로서 위험책임의 이론과 더불어 무과실책임의 이론적 근거의 하나이다. 예컨대, 현대기업은 그 기업경영에서 막대한 이윤을 얻는 반면, 유해물질의 배출로 인한 인근 주민에게 피해를 입히는 경우가 많다. 이러한 경우에 종래의 과실책임주의에 의해서는 가해자(기업 등)에게 손해배상책임을 지울 수 없는 경우가 있어, 그 해결책으로서 무과실책임이론의 하나로 등장하게 된 것이 보상책임이론이다. 이러한 보상책임은 직접 이익을 얻는 기업 등에게 배상책임을 지울 뿐만 아니라, 기업 등에서 이익을 얻는 종업원이나 제3자인 일반인도 상품이나 이용료 등을 통하여 그 배상을 분담한다는 일종의 사회적 보상책임이론(손해배상책임의 사회화)으로 진화하고 있다. 이러한 이론과 사상은 우리 민법에서도 찾아볼 수 있다. 즉 제756조(사용자의 배상책임), 제758조(공작물의 점유자, 소유자의 책임) 등이 그것이다. 그리고 현대적 보상책임의 구체적 표현으로서 산업재해보상보험법·자동차손해배상보장법·원자력손해배상법 등 특

unabhängige Haftung)의 중핵을 이루고 있다. 이런 의미에서 위험책임은 불법행위책임이 아니다. 반면 불법행위는 가해자의 고의·과실에 기인한 위법행위이므로 가해자에 대하여 비난 가능한 유책성책임(Verschuldenshaftung)이다. 이러한 특별법으로 유형화를 하는 것도 한계가 있으므로 판례와 학설에 맡기고 있다.

2. 불법행위법을 계약법과 비교하여 그 특색을 기술하면 다음과 같다. 첫째, 구체적 타당성이 존중된다. 불법행위법에서는 계약관계에 있지 않은 사람들 사이에서 발생된 위법행위에 대한 사후처리가 문제로 되기 때문에 피해자의 사후적 구제가 그 본질적 의미를 가지며 예측가능성은 큰 의미가 없다. 불법행위법에서는 구제방법의 구체적 타당성이 존중되어야 하는 특질을 갖는다. 반면 계약에 관한 분쟁은 당사자들이 임의로 계약을 체결한 이후에 분쟁이 발생하는 것이기 때문에 채무불이행에서는 당사자의 사전예측 가능성이 존중되어야 하며 법적 안정성이 중요한 의미를 갖는다. 그러므로 불법행위법에서는 사회적·경제적 변화에 따라 법리구성에 커다란 변모를 거듭하고 있는 반면, 계약법에서는 선례가 존중되고 판례도 계속성을 유지하여 법적 안정성을 추구하고 있는 것도 이러한 이유에서이다.[5)]

둘째, 손해의 구체적 타당·공평한 부담을 추구한다. 불법행위법이 추구하는 궁극의 목표는 발생된 손해를 어떻게 하면 공평하고 타당하게 합리적으로 분배시킬 것인가이다. 그러나 무엇이 공평·타당·합리적인 분담인가 하는 것은 획일적으로 정할 수 없다. 우선 가해자와 피해자 사이에 발생한 손해를 어떻게 분배할 것인가? 이는 가해자의 책임에 관하여 과실책임주의를 취할 것인지 아니면 무과실책임주의를 취할 것인지, 그리고 피해자 측에 과실이 있는 경우에 과실상계를 인정할 것인지에 따라 다르게 된다. 다음으로 발생한 손해를 가해자와 피해자 뿐만 아니라 사회일반에게 까지 분담·분산시킬 것인가? 예컨대 가해자인 기업에 무거운 책임을 분담케 하고 그 부담을 기업의 손비형식으로 일반 소비자에게 분산시키느냐 또는 가해자가 부담할 손해를 책임보험의 형식으로 다수의 보험가입자 사

별법에서 규정하고 있는 보상책임이 있다.

5) von Caemmerer, Wandlungen des Deliktrechts, Festschrift zum hundertjährigen Bestehen des Deutschen Juristischentages 1860-1960, Bd.2, 1960. in : Gesammelten Schriften Bd. I, 1968, S. 545f.

이에 분산시키느냐 하는 것이 문제이다.[6)]

3. 그동안의 불법행위법에서는 가해자에게 손해의 전부 또는 대부분을 부담시키려고 하는 경향이 강하였으나 현대사회의 불법행위법은 손해의 발생원인과 공평한 분담을 유기적으로 검토함으로써 손해의 합리적 분산을 꾀하려는 경향으로 나아가고 있다.[7)]

Ⅳ. 불법행위제도의 기능

불법행위제도는 고대로부터 그 목적과 사회적 기능이 변천하여 왔다. 불법행위제도는 개인의 행동의 자유와 사회의 안전을 조정하는 제도이다. 즉 전통적인 불법행위제도의 본질적 기능은 위법행위자의 처벌, 피해자에 대한 보상 및 피해자의 만족, 사회질서의 회복, 반사회적 행위의 억제를 담당하였다. 그 후 형사책임과 민사책임이 분리되면서 피해의 배상과 반사회적 행위의 억제가 불법행위제도의 주된 기능으로 남게 되었다. 오늘날의 불법행위제도의 주 기능으로는 ① 손해의 전보 및 배분기능, ② 위법행위의 예방기능, ③ 제재기능, ④ 권리보호의 기능 등이 있다.

1. 손해의 전보기능 및 배분기능

불법행위제도의 주된 기능은 피해자가 입은 손해를 전보하는 것이다. 즉 가해자와 피해자 사이의 공평·타당한 이익조정(손해의 공평·타당한 배분)이 주목적이다. 예컨대 A가 B의 행위로 손해를 입은 경우에 불법행위법은 "과실책임이론"이나 "위험책임이론"을 가지고 가해자에게 손해를 부담하도록 한다. 불법행위는 고의 또는 과실에 기한 손해발생행위이지만, 현대사회에서와 같이 고도로 발달된 산업사회의 기계시대, 위험시대에는 가해자의 고의·과실에 의하지 않고도 타인에게 손해를 끼치기도 한다. 이러한 경우 가해자에게 고의·과실이 없음에도 불구하고 이미 발생한 손해를 전보케 하는 것이 정의에 합치되기도 한다. 이와 같이 고의·과실이 없음

---

6) Kötz, Deliktsrecht, 8.Aufl., 1998, Rz. 8f.u.430ff.

7) 김용규, "한국사회의 발전과 민사책임의 변천", 법대논총 11집(경북대 법정대), 15면 ; 김건식, "불법행위법과 법경제학 -과실책임원칙을 중심으로-", 민사판례연구 15권, 417면 이하 참조.

에도 발생한 손해를 전보하도록 하는 것을 위험책임(危險責任, Gefährdungshaftung)이라고 한다. 원래 불법행위는 가해자의 고의·과실에 기한 위법행위이기 때문에 가해자에 대하여 비난 가능한 유책적 책임(Verschuldenshaftung)이다. 이에 대하여 위험책임은 가해자가 특히 위험한 행위 또는 위험한 시설 등의 위험원(危險源, Gefährdungsquelle)을 지배하고 있다는 사실에 터를 둔 책임이다. 따라서 위험책임은 가해자의 고의·과실을 요하지 아니하므로 무과실책임(無過失責任, Verschuldensunabhängige Haftung)이다. 따라서 위험책임은 엄격히 말해서 불법행위책임이 아니다. 다만 위험책임도 역시 법정의 손해배상책임이므로 불법행위법에서 함께 설명한다. 일반적으로 불법행위는 고의에 의한 불법행위, 과실에 의한 불법행위, 그리고 위험책임의 영역으로 나누어 설명한다.

위험책임에서 가해자의 고의·과실이 없음에도 불구하고 다만 위험원을 지배하고 있다는 사실에 터를 두고 가해자로 하여금 무과실책임을 부담하도록 한다. 이러한 불법행위제도의 기능을 "손해의 배분적 기능"이라고 한다. 즉 불법행위제도는 사고에 의한 손해를 입은 피해자를 구제한다는 사회적 수단의 하나이다. 이런 측면을 고려한다면 불법행위제도는 불법행위의 당사자들 사이의 합리적인 손해의 분담문제를 떠나서 사회적으로 손해를 분산함으로써 손해를 공평·타당하게 배분하는 기능을 담당하기도 한다.[8] 손해의 배분적 기능은 불법행위제도 자체적으로 손해의 전보를 공평·타당하게 배분하려고 하는 원리가 내재되어 있다. 왜냐하면 불법행위에 의한 손해배상범위를 결정함에 있어서 과실상계를 인정하고 있기 때문이다(제763조, 제393조).[9] 또한 위자료의 사정에서는 그 기준으로서 피해자 또는 근친자의 주관적 정신상의 고통정도만을 표준으로 할 것이 아니라, 피해자의 부상·연령·직업·가족생활·과실유무와 특히 가해자의 과실정도·자력·직업 등 제반사유가 참작된다.[10] 이렇게 손해배상범위를 정함에서 이러한 표준을 적용하

---

8) 각종 책임보험, 사회보험 또는 각종 기금을 통하여 피해자를 구제하려는 것이 그 예이다.

9) 손해배상의 결정에서 결과(손해)에 대한 피해자의 기여도나 과실의 정도가 가해자의 불법행위와 함께 고려되어야 한다. 피해자의 과실의 본질을 불법행위의 성립요건으로서의 책임요소인 과실과 같이 보는 입장과, 의무위반이라는 가해자의 과실과는 구별하여 신의칙상 요구되는 단순한 부주의로 보는 입장이 있다(더 자세한 것은 오종근, 불법행위법상 과실상계의 적용요건에 관한 연구, 서울대학교, 박사학위논문, 1995 참조).

10) **대판(전) 2013. 5. 16, 2012다202819** "불법행위로 입은 비재산적 손해에 대한 위자료 액수에 관하여는 사실심법원이 여러 사정을 참작하여 그 직권에 속하는 재량에 의하여 이를 확정할 수 있고, 법원이 그 위자료 액수 결정의 근거가 되는 제반 사정을 판결 이유 중에

는 것은 일정한 한계를 갖는 것이지만 손해의 공평·타당한 배분이 불법행위법상 중요한 기능이라는 것을 반증하는 것이다.

2. 위법행위의 예방기능

불법행위제도는 다른 법제도 일반에서와 마찬가지로 개인의 자유와 그 개인의 사회적 의무간의 균형을 유지시켜 주는 기능을 한다. 즉 불법행위제도는 개인의 행동의 자유와 사회의 안전 사이를 조정하는 제도이다. 예컨대 어떤 불법행위자에게 손해배상책임을 부과함으로써 그 가해자로 하여금 똑같은 불법행위를 반복하지 못하게 하는 예방적 작용을 한다. 이렇게 과실책임은 타인의 권리를 침해하지 않도록 행동해야 할 의무의 이행을 담보하는 기능을 한다. 나아가 무과실책임

빠짐없이 명시해야만 하는 것은 아니나, 이것이 위자료의 산정에 법관의 자의가 허용된다는 것을 의미하는 것은 물론 아니다. 위자료의 산정에도 그 시대와 일반적인 법감정에 부합될 수 있는 액수가 산정되어야 한다는 한계가 당연히 존재하고, 따라서 그 한계를 넘어 손해의 공평한 분담이라는 이념과 형평의 원칙에 현저히 반하는 위자료를 산정하는 것은 사실심법원이 갖는 재량의 한계를 일탈한 것이 된다. 또한 '진실·화해를 위한 과거사정리 기본법'(이하 '과거사정리법'이라 한다)에 의한 진실규명결정을 거친 한국전쟁 전후희생사건은 그 피해가 발생한 때로부터 무려 약 60년이 경과되었고, 과거사정리법도그 피해의 일률적인 회복을 지향하고 있으며, 피해자의 숫자도 매우 많을 뿐 아니라 전국적으로 분포되어 있는 등 특수한 사정이 있다. 따라서 그에 대한 위자료의 액수를 정할 때는 피해자들 상호 간의 형평도 중요하게 고려하여야 하고 손해배상을 청구하는 희생자 유족의 숫자 등에 따른 적절한 조정도 필요하다."; **대판 2017. 3. 30, 2016다267920** "불법행위로 입은 비재산적 손해에 대한 위자료 액수에 관하여는 사실심법원이 여러 사정을 참작하여 그 직권에 속하는 재량에 의하여 이를 확정할 수 있고, 법원이 그 위자료 액수 결정의 근거가 되는 제반 사정을 판결 이유 중에 빠짐없이 명시해야만 하는 것은 아니다(대법원 2002. 11. 26. 선고 2002다43165 판결 등 참조). 그러나 이것이 위자료 액수를 법관이 마음대로 산정해도 된다는 것을 의미하지는 않는다. 위자료 액수의 산정에도 그 시대와 일반적인 법감정에 부합되어야 한다는 한계가 당연히 존재하고, 그 한계를 넘어 손해의 공평한 분담이라는 이념과 형평의 원칙에 현저히 반하는 액수의 위자료를 산정하는 것은 사실심법원이 갖는 재량의 한계를 일탈한 것이라고 보아야 한다(대법원 2009. 12. 24. 선고 2008다3527 판결 참조)."; **대판 2017. 11. 9, 2013다26708** "불법행위로 입은 비재산적 손해에 대한 위자료 액수는 사실심법원이 여러 사정을 참작하여 직권에 속하는 재량에 의하여 이를 확정할 수 있다. 법원은 위자료 액수 결정의 근거가 되는 여러 사정을 판결 이유 중에 빠짐없이 명시해야만 하는 것은 아니나, 이것이 위자료의 산정에 법관의 자의가 허용된다는 것을 의미하는 것은 물론 아니다. 위자료의 산정에도 시대와 일반적인 법감정에 부합될 수 있는 액수가 산정되어야 한다는 한계가 당연히 존재하므로, 한계를 넘어 손해의 공평한 분담이라는 이념과 형평의 원칙에 현저히 반하는 위자료를 산정하는 것은 사실심법원이 갖는 재량의 한계를 벗어난 것이 된다." 참조.

의 경우에도 손해가 발생하지 않으면 책임을 질 필요가 없기 때문에 이 또한 심리적으로는 불법행위를 예방하는 기능을 갖는다. 이러한 예방기능은 불법행위제도가 갖는 주기능인 전보기능에 대하여 보조적인 기능에 불과하다.[11]

3. 제재기능

제재는 불법행위제도의 주된 기능은 아니다. 왜냐하면 불법행위제도가 형사책임과 민사책임의 분화에 의하여 제재는 형사책임의 기능으로 손해전보는 민사책임의 기능으로 각각 나뉘어 정착하게 되었기 때문이다. 그러나 엄밀히 말하자면 손해를 전보해야 한다는 것도 제재로서의 기능을 하지 않는다고 볼 수 없다. 즉 '제재(制裁)'로서의 손해배상책임은 사회생활을 하는 중에 의무를 위반하거나 손해를 야기한 데 대한 사회적 비난의 의미가 내포된 것이다. 한편 무과실책임의 경우에는 의무위반이 없기 때문에 사회적 비난의 요소가 상당히 감소되는 것뿐이다.

4. 권리보호의 기능

불법행위제도는 권리보호기능도 한다. 일반적으로 법은 모든 권리주체의 권리를 보호하는 것을 중요한 사명으로 한다. 따라서 일정한 경우에는 당사자 일방의 권리침해가능성을 불법행위제도를 통하여 그 권리보호의 기능을 적용함으로써 사전에 차단할 필요가 있다. 예컨대 인간의 생명·신체와 관련된 법적 보호를 할 가치가 있는 권리에 관해서는 계약당사자가 권리침해로 인한 민사책임의 면책약정을 한 경우에도 불법행위제도를 통하여 최소한의 법적 보호를 받도록 할 필요가 있다.

---

11) Münchkomm/Mertens, 3.Aufl., Rdn.44 zu Vor §823-853.

제2절 과실책임과 무과실책임

Ⅰ. 과실책임의 원칙

1. 의 의

과실책임의 원칙(Verschuldensprinzip)이란 가해자가 타인의 권리 내지 법익을 침해한 때에는 가해자의 고의 또는 과실이 있는 경우에 한하여 그 손해를 배상할 책임을 부과하는 입법주의를 의미한다. 즉 개인은 자신의 과실에 의한 행위에 대해서만 책임을 지고 타인의 행위에 대해서는 책임을 지지 않는다는 의미에서 자기책임의 원칙이라고도 한다. 이 원칙은 근대민법의 기본원리 중 하나이며, 우리 민법도 불법행위법에 관하여 이를 규정(제750조)하고 있다.

민법은 통설에 따르면 과실책임, 무과실책임, 중간책임이라는 불법행위책임의 형태를 인정하고 있다. 먼저 과실책임의 원칙은 근대민법의 3대원칙 중의 하나이며, 민법은 제750조에서 가해자에게 귀책사유(고의 또는 과실)가 있는 경우에만 그 배상책임을 부과하는 것으로 규정하고 있다. 그리고 무과실책임은 과실책임주의의 적용만으로는 손해의 공평·타당한 분배를 기대할 수 없는 새로운 사회·경제적 사정의 발생으로 인하여 가해자의 고의 또는 과실 없이 손해배상책임을 인정하는 것으로서 민법 제758조(공작물 소유자의 책임)와 기타의 특별법이 규정하고 있다. 한편 중간책임은 과실책임이나 무과실책임의 어느 쪽에도 속하지 않는 책임유형으로서 이는 민법 제755(책임무능력자의 감독자의 책임), 제756조(사용자의 책임), 제758조(공작물 등의 점유자의 책임), 제759조(동물점유자의 책임) 등이 규정하고 있다. 중간책임은 주로 고의·과실의 증명책임을 피해자로부터 가해자에게 전환시키거나 또는 위험책임(Risikohaftung)을 부담시킴으로써 과실책임과 무과실책임의 중간적 위치에 있는 책임유형을 의미한다.

과실책임의 원칙은 앞에서 언급했듯이 ① 개인의 사적자치를 소극적으로 보장해주는 기능(과실이 없으면 자유로운 활동을 할 수 있으므로), ② 손해발생의 경고적·예방적·억제적 기능(과실, 즉 추상적 과실이 책임의 기준이 되기 때문에 과실 없이 주의하여 행동하라는), ③ 징벌적(제재적) 기능(명예훼손 등에서 그러하지만 오늘날에는 큰 의미가 없다)을 가지고 있다.

2. 과실책임의 근거

과실책임에서 논하는 책임의 근거로 '고의'나 '과실'과 같은 불법행위자의 '의사(意思)'의 형태를 들고 있다. 따라서 각 법률주체는 자유로운 의사에 기하여 활동범위를 확대할 수 있고, 활동하면서 발생하는 타인에 대한 손해가 그의 고의나 과실에 의하여 발생한 것이 아닌 이상 배상책임을 부담하지 않는다. 이런 과실책임에 따른 법률주체들의 자유로운 활동의 확대를 통하여 자본주의사회의 발전에 크게 기여하였다. 그러므로 자본주의가 고도로 발달한 현대에도 과실책임은 각 법률주체의 행동의 자유를 보장하고 나아가 개인의 책임의식을 중요한 가치로 여긴다는 의미에서 그대로 유지·보전되고 있다. 이와 같이 과실책임은 배상책임의 부담 근거를 과실(過失)에 두고 있다.

3. 과실책임의 기능

학설은 과실책임의 기능으로 다음과 같은 것이 있다고 한다.[12)]

첫째, 과실책임은 개인의 자유로운 활동을 보장한다. 즉 이 원칙에 따르면 과실이 없이는 책임을 지지 않기 때문에 상당한 주의를 하면서 사회활동을 하는 경우에는 민사상의 책임부담을 할 필요가 없다.

둘째, 활동의 주체가 기업인 경우에는 손해배상책임을 우려할 염려가 없게 되어 기업의 수지를 사전에 예측할 수 있게 한다. 그 결과 과실책임은 자본주의경제 발전에 크게 기여하였다.

셋째, 과실이 있는 경우에는 책임이 발생하므로 과실책임은 사람들에게 충분한 주의를 촉구하는 경고적 기능을 발휘한다. 특히 과실의 존부를 인정하는 주의의 정도를 평균인의 그것(추상적 과실)을 기준으로 할 때에는 경고적 기능이 더욱 강하다.

---

12) 양창수, "불법행위법의 변천과 가능성 – 그 제도목적과 관련하여 –", 민사판례연구 15권, 384면 이하 참조.

Ⅱ. 무과실책임

1. 총 설

근대 이후 산업이 고도로 발달하면서 고속교통기관(자동차·철도·항공기 등), 위험한 기업시설(광업·전기사업·원자력산업 등)이 등장하였다. 이들은 한편으로 많은 수익을 올리면서, 다른 한편으로는 매우 큰 손해발생의 가능성을 내포하고 있다. 이러한 교통기관이나 기업시설이 손해를 발생케 한 경우 행위자에 대한 비난가능성 내지 귀책가능성을 요건으로 배상책임을 부과하는 과실책임의 원칙으로는 해결이 쉽지 않다. 왜냐하면 이러한 경우에는 손해발생에 과실이 없다고 인정될 경우가 있고, 과실이 있어도 그것을 증명하는 것이 어렵기 때문이다. 이와 같이 과실책임의 원칙에 의해서 모든 가해행위를 공평, 타당하게 해결할 수 없는 한계성이 드러나게 되었다. 여기에 과실이 없어도 책임을 져야 한다는 무과실책임론이 등장하기에 이르렀다.

예컨대, 현대와 같은 고도의 자본주의경제사회에서 위험시설을 갖춘 대기업은 그 설비와 기업활동의 특성으로 말미암아 노동자나 일반사회에 대하여 막대한 손해를 끼칠 가능성을 내포하고 있다. 그럼에도 불구하고 과실책임의 원칙만을 고집하면서 그 손해를 배상하겠다고 할 경우에는 노동자나 일반사회는 부당하게 불이익을 당하는 수밖에 없게 된다. 또한 고속버스·비행기·고속전철과 같은 운수업, 석탄광 등 광업, 한국전력 등 전기사업, 고리원자력 등 원자력산업 등의 분야에서 기업주가 아무리 세심한 주의를 기울인다고 하여도 손해의 발생을 회피하는 것은 거의 불가능하다. 이 경우에 과실책임을 고집한다면 손해의 전보나 공평의 원칙에 어긋날 수 있다. 나아가 과실 있는 행위자가 손해배상을 할 만한 충분한 수입이나 자산을 가지고 있지 않은 경우에는 피해자는 법률상 배상을 받을 권리를 현실적으로 실현하는 것이 불가능하다. 그리고 불법행위자의 의사능력을 그 요건으로 하는 과실책임의 원칙에서는 의사무능력자인 유아나 정신이상자(狂人 등)에 의하여 손해를 입은 자는 이들이 비록 손해를 배상할 자력이 된다 하더라도 책임능력이 없기 때문에 피해자는 손해배상을 받을 수 없다는 모순에 빠지게 된다. 과실책임의 원칙은 가해자의 과실을 명백히 할 것을 요구하기 때문에 가해자에게 과실이 없는 경우에는 피해자에게 과실이 있는 것으로 생각되어 원고인 피해자가 피고인 가해자에게 과실이 있음을 증명하여야 한다.[13] 예컨대, 대기업에서 사업주가 수많은 종업원을 두고 기업활동을 하면서 타인에게 손해를 입힌 경우에는 과실의 소재를 증명하는 것은 거의 불가능하다. 일반적으로 증명책임을 지는 측에게 불이익이 돌아가기 때문에 앞의 예의 경우에 과실책임의 원칙을 고집하여 피해자에게 증명책임을 부담시킨다는 것은 공평의 원칙에 맞지 않다.[14]

이렇게 과실책임의 원칙은 손해배상책임의 근거를 가해자의 과실에 한정함으로써 공평한 손해의 전보를 기대하기 어렵게 되었다. 즉 과실책임의 원칙은 손해배상책임을 인정하는 하나의 기준은 될 수는 있어도 모든 경우에 타당한 절대적인 기준을 될 수 없다고 할 것이다.[15]

2. 무과실책임의 근거

무과실책임의 인정근거를 어떻게 주장하느냐에 따라 학설이 나뉜다. 즉 이익을 얻는 과정에서 타인에게 손해를 주었다면 그 이익에서 배상하게 하는 것이 공평하다는 보상책임설과, 위험한 시설의 관리자는 그것으로부터 생긴 손해에 대하여 책임을 져야 한다는 위험책임설이 그것이다.[16] 위험책임설은 위험한 시설의 설치자 및 관리자는 과실의 유무와 관계없이 위험한 시설자체로부터 발행된 손해를 배상해야 한다는 주장이다.[17] 보상책임설은 사회생활 가운데 어떠한 활동으로 인하여 이득을 얻은 자가 그 활동으로 말미암아 발생되는 손해(불이익)를 부담하는 것이 공평하다는 주장이다.[18] 무과실책임은 가해자의 과실이 없더라도 손해배상책임이 그 행위자에게 귀속되는 것을 인정하는 이론이다. 그러나 우리 민법 제750조에서는 과실책임의 원칙을 천명하고 있기 때문에 제758조 제1항 단서 이외의 경우에 무과실책임을 인정하는 것은 해석론상 불가능한 것으로 생각된다. 즉 무과실책임을 인정하고자 한다면 법률에서 구체적 규정이 전제되어야 한다는 것

---

13) Esser/Weyers, Schuldrecht Bd.Ⅱ, 7.Aufl., 1991, S.533f.
14) 김형배, 생산자책임, 판례연구 1집(고려대 법학연구소), 85이하 참조.
15) 주석민법, 제3판, 채권각칙(6), 46면.
16) 우리나라에서는 위험책임설을 취하는 학자(김주수, 604면 ; 이은영, 748면)와 두 설을 종합해서 다원적으로 설명하는 학자(김증한, 447면 ; 황적인, 채권법각론, 366면)가 있다.
17) 제758조(공작물 등의 점유자, 소유자의 책임)가 위험책임의 원리를 나타내는 규정이라고 한다.
18) 제756조(사용자의 배상책임)는 이러한 이론적 근거에 기초한 것이다.

이다.[19] 따라서 이러한 구체적 법률규정이 존재하는 않는 경우에도 무과실책임을 인정할 수 있겠는가 하는 의문이 생기는데 어떻게 무과실책임을 주장하는 이론을 도출하느냐가 문제이다. 그러므로 오늘날 이러한 문제를 해결하기 위하여 과실의 추정, 표현증명, 증명책임의 전환 등을 통해서 실질적으로 무과실책임을 인정하려는 시도가 행해지고 있다.[20] 항공기사고나 원자력재해로 인한 불법행위를 민법 제750조 이하의 조항으로만 해결하고자 한다면 우리 민법의 과실책임의 원칙이 무너지고 만다. 따라서 입법자가 미처 예상하지 못한 법률의 흠결을 치유할 수 있는 불법행위이론을 구성해야 할 것이다. 그 일환으로 판례[21]는 공해사건에서 민법 제750조를 기초로 "원고에게 증명책임이 있다는 종래의 증명책임원칙을 유

---

19) 각종 특별법에서 무과실책임을 규정하고 있는 것이 그 예이다.
20) 오석락, 97면 이하.
21) **대판 1984. 6. 12, 81다558; 대판 1991. 7. 23, 89다카1275; 대판 2003. 6. 27, 2001다734; 대판 2010. 7. 15, 2006다84126; 대판 2012. 1. 12, 2009다84608** "일반적으로 불법행위로 인한 손해배상청구사건에서 가해행위와 손해발생 간의 인과관계의 증명책임은 청구자인 피해자가 부담하나, 대기오염이나 수질오염에 의한 공해로 인한 손해배상을 청구하는 소송에서는 기업이 배출한 원인물질이 대기나 물을 매체로 하여 간접적으로 손해를 끼치는 수가 많고 공해문제에 관하여는 현재 과학수준으로도 해명할 수 없는 분야가 있기 때문에 가해행위와 손해 발생 사이의 인과관계를 구성하는 하나하나의 고리를 자연과학적으로 증명한다는 것이 매우 곤란하거나 불가능한 경우가 많다. 그러므로 이러한 공해소송에서 피해자에게 사실적인 인과관계의 존재에 관하여 과학적으로 엄밀한 증명을 요구한다는 것은 공해로 인한 사법적 구제를 사실상 거부하는 결과가 될 수 있는 반면에, 가해기업은 기술적·경제적으로 피해자보다 훨씬 원인조사가 용이한 경우가 많을 뿐만 아니라 원인을 은폐할 염려가 있기 때문에, 가해기업이 어떠한 유해한 원인물질을 배출하고 그것이 피해물건에 도달하여 손해가 발생하였다면 가해자 측에서 그것이 무해하다는 것을 증명하지 못하는 한 책임을 면할 수 없다고 보는 것이 사회형평의 관념에 적합하다"; **대판 2013. 10. 11, 2012다111661** "일반적으로 불법행위로 인한 손해배상청구사건에서 가해자의 가해행위, 피해자의 손해발생, 가해행위와 피해자의 손해발생 사이의 인과관계에 관한 증명책임은 청구자인 피해자가 부담한다. 다만 대기오염이나 수질오염에 의한 공해로 인한 손해배상을 청구하는 소송에서 피해자에게 사실적인 인과관계의 존재에 관하여 과학적으로 엄밀한 증명을 요구하는 것은 공해로 인한 사법적 구제를 사실상 거부하는 결과가 될 수 있는 반면에, 기술적·경제적으로 피해자보다는 가해자에 의한 원인조사가 훨씬 용이한 경우가 많을 뿐만 아니라 가해자는 손해발생의 원인을 은폐할 염려가 있기 때문에 가해자가 어떤 유해한 원인물질을 배출하고 그것이 피해물건에 도달하여 손해가 발생하였다면 가해자 측에서 그것이 무해하다는 것을 증명하지 못하는 한 가해행위와 피해자의 손해발생 사이의 인과관계를 인정할 수 있다. 그러나 이 경우에 있어서도 적어도 가해자가 어떤 유해한 원인물질을 배출한 사실, 그 유해의 정도가 사회생활상 통상의 수인한도를 넘는다는 사실, 그것이 피해물건에 도달한 사실, 그 후 피해자에게 손해가 발생한 사실에 관한 증명책임은 피해자가 여전히 부담한다."; **대판 2020. 6. 25. 2019다292026·292033·292040** 등 참조.

지하면서, 다만 피해자의 증명의 범위를 완화 내지 경감하는 반면 가해자의 반증의 범위를 확대"하는 것을 골자로 하는 개연성이론을 도입하였다. 개연성이론은 증명책임의 실질적 전환에 의하여 과실책임을 무과실책임으로 접근시키고 있다.

3. 법률의 규정

민법은 불법행위에 관해 과실책임의 원칙을 채용하고 있으므로 무과실책임은 예외적인 경우에 한해 인정하여야 한다. 즉 무과실책임을 인정하려면 법률에서 이를 명시적으로 규정하는 방식을 취해야한다.

(1) **민법에서 규정하고 있는 무과실책임** 공작물의 하자로 인한 소유자의 책임이 있다(제758조 제1항 단서). 민법 중 불법행위 이외의 분야에서 무과실책임이 인정되는 것으로는 다음과 같은 것이 있다. 즉 제135조(무권대리인의 상대방에 대한 책임), 제216조 제2항과 제219조 제2항(상린관계에 따른 손해배상책임), 제336조(전질권자의 책임), 제397조 제2항(금전채무불이행에 따른 손해배상책임), 제570조(매도인의 하자담보책임), 제667조(수급인의 담보책임), 제688조 제3항(무상위임에서 수임인이 손해를 받은 경우 위임인의 배상책임), 제734조 제3항(사무관리에서 관리자의 손해배상책임) 등이 있다.

(2) **특별법에서 규정하고 있는 무과실책임** 환경정책기본법(제44조), 환경오염피해 배상책임 및 구제에 관한 법률(제6조), 제조물책임법(제3조 제1항), 토양환경보전법(제10조의 3), 유류오염손해배상보장법(제5조), 광업법(제75조), 원자력 손해배상법(제3조), 국가배상법(제5조), 우주손해배상법(제4조·제2조 제4호 참조), 자동차손해배상보장법(제3조),[22] 근로기준법(제78조 이하), 독점규제 및 공정거래에 관한 법률(제56조), 디자인보호법(제116조) 등의 경우에는 과실의 증명책임을 전환하여 사실상 무과실책임으로 하고 있다.

Ⅲ. 책임보험제도(Haftpflichtversicherung)

책임보험(Haftpflichtversicherung)이란 피보험자가 보험기간 중의 사고로 인하여

---

22) 본 조항은 자동차운행자에게 상당히 까다로운 면책요건을 정하여 사실상 무과실책임에 근접시키고 있다.

제3자에게 손해배상책임을 지게 됨으로써 입게 되는 손해를 보험자가 보상할 것을 목적으로 하는 손해보험이다(상법 제719조 참조).[23] 책임보험제도를 이용하면 가해자(피보험자)는 불법행위로 인하여 장래에 발생할지도 모르는 제3자에 대한 손해배상책임을 미리 책임보험에 가입함으로써 보험료를 지급한 것만으로 배상책임으로부터 벗어날 수 있게 되고, 피해자는 보험회사에 직접 보험금을 청구할 수 있어서(상법 제724조 제2항) 두텁게 보호된다.

책임보험제도는 과실책임제도 아래에서 필요할 뿐만 아니라 무과실책임 아래에서는 더욱 그 필요성이 요구된다. 왜냐하면 과실책임제도 아래에서는 행위주체가 충분한 주의를 기울인다면 과실에 의한 책임을 면하기 때문에 책임보험이 필요하지 않을 수 있지만, 과실의 정도가 객관적 기준에 의하여 판단되는 불법행위제도 아래에서는 행위주체가 비록 상당한 주의를 기울였다 할지라도 손해배상책임이 면책되지 않는 경우가 있을 수 있다.[24] 나아가 무과실책임 또는 그에 가까운 책임이 인정되는 경우에는 책임보험의 필요성이 더욱 요청된다. 이렇게 상당한 주의를 기울였음에도 불구하고 타인에게 손해가 발생하고 이를 배상해야 할 책임이 성립하는 경우에 가해자는 책임보험에 가입함으로써 이에 대비할 필요가 있다.

이렇게 책임보험제도의 필요성은 현실적으로 그 필요성이 존재하는 것이다. 불법행위를 한 가해자의 자위수단으로서 필요하다. 즉 가해자가 충분한 주의를 기울였다 하더라도 배상책임을 지는 경우가 발생하여 불측의 손해를 받을 수 있기 때문이다. 그리고 무과실책임이 인정되는 분야에서는 책임을 지는 자, 특히 기업의 경우 손해를 대금·요금 등의 형식으로 소비자나 이용자에게 분담시킬 수 있다. 그러나 이를 통하여 원가가 상승되는 등으로 타기업과의 경쟁에서 불리하게 작용할 염려가 있기 때문에 책임보험을 통하여 그 손실을 동종의 기업 간에 평균적으로 분산시킬 수 있다. 그 결과 손해가 널리 사회에 분산되는 효과를 가져온다. 한편 피해자의 입장에서 본다면 무과실책임제도를 통하여 피해자는 충분한 보호를 받을 수 있지만, 가해자가 자력이 없는 경우에는 그러한 무과실책임제도는 아무런 도움이 되지 못하기 때문에 피해자의 구제를 담보하기 위해서 책임보

---

23) 서돈각, "책임보험계약에 관한 약간의 문제", 법학의 제문제(경희대), 351면 이하.

24) 예컨대, 탐정소설가의 명예훼손에 관해서는 책임보험의 필요성은 거의 존재하지 않는다. 그런데 자동차의 운행자나 의사에게는 책임보험의 필요성이 상당히 요청된다.

험제도가 더욱 필요한 것이다. 이러한 이유 중에서 가해자의 자위수단, 기업 손실의 동종기업 간 평균적 분배라는 이유만으로 책임보험이 필요다면 보험가입 여부는 피보험자의 자유재량에 맡길 수 있으나, 무과실책임제도 아래에서의 피해자의 충분한 보호라는 관점에서는 책임보험제도를 강제적으로 도입할 필요성이 있는 것이다. 그리하여 현행법상 자동차사고에 의한 손해배상(자동차손해배상보장법 제5조), 근로자의 재해보상(산업재해보상보험법 제5조), 원자력사고에 의한 손해배상(원자력손해배상법 제5조 이하)에 관해서는 책임보험의 가입을 법률로 강제하고 있다.

제3절 민사책임과 형사책임

Ⅰ. 민사책임과 형사책임의 분화

이들 두 책임은 근대 이전에는 결합되어 있었으나 근대 이후 분화되었다. 민사책임은 발생된 손해를 가해자로 하여금 배상하게 함으로써 피해자를 구제하는 제도로서 불법행위에 의한 손해배상책임이고,[25] 형사책임은 국가가 형사상의 형벌에 의하여 범죄자를 처벌함으로써 범죄를 억제하고 가해자를 제재하는 제도이다.

Ⅱ. 형사책임과 민사책임의 차이

민사책임과 형사책임은 여러 면(근거법·목적·요건·효과)에서 차이가 있다. 즉 전자는 사법상의 제도인 데 대하여 후자는 공법상의 제도이고, 전자는 피해자에게 생긴 손해의 전보(塡補)에 목적을 두는 반면 후자는 행위자에 대한 응보(應報) 또는 제재와 처벌을 통하여 장래에 범죄 발생의 방지 및 억제와 사회질서 유지에 그 목적을 둔다. 추급절차에서 양자는 차이를 보인다. 전자는 민사재판을 후자는 형사재판을 통하여 행위자의 책임을 추급한다. 전자는 가해자의 고의·과실의 존재 여부와 관계없이 손해를 배상하게 하는[26] 반면 후자는 고의범만을 처벌하는 것[27]이 원칙이다. 전자는 손해가 발생하지 않은 미수는 문제가 되지 않으나 후자는 미수·예비·음모도 처벌한다.[28] 효과에서도 차이가 있어 전자에서는 고의나 과실의 경우에 책임의 경중에 차이가 없음이 원칙이지만 후자에서는 고의의 경우가 과실보다 책임이 더욱 무겁다.

---

25) 민사책임이라고 할 때 넓게는 채무불이행책임도 이에 포함되지만, 일반적으로 불법행위책임만을 가리킨다.

26) 실손해의 전보(塡補)를 목적으로 하기 때문이다.

27) 죄형법정주의 원칙에 따라 처벌규정이 없으면 무죄이다. 그런데 과실범에 대하여는 예외적으로만 처벌규정을 두고 있다. 가령 과실로 재물을 손괴하거나 폭행한 자는 무죄가 된다.

28) 목적상 실제로 침해가 생기지 않아도 처벌한다.

Ⅲ. 민사책임과 형사책임의 관계

앞에서 본 것처럼 민사책임과 형사책임은 완전히 별개의 것이고 발생요건도 다르다. 따라서 동일한 가해행위에 의하여 두 책임이 동시에 모두 생기는 경우가 있기도 하며,[29] 그 중 어느 하나의 책임만 생길 수도 있다.[30] 민사재판과 형사재판에서 그 결과가 달라질 수 있다. 즉 형사재판에서 유죄판결이 있더라도 그것으로 행위자의 민사상의 책임이 확인되는 것은 아니며, 또 행위자가 형의 집행을 받았다고 해서 민사상의 책임을 면하는 것도 아니다.[31] 두 책임이 모두 발생하는 경우에 어느 하나의 책임을 부담했다고 하여 다른 책임을 면하는 것도 아니다. 그런데 현행 제도상 두 책임이 서로 관련되어 있는 경우가 있다. 소송촉진 등에 관한 특례법에서 배상명령제도[32](제25조 이하)와 교통사고특례법(제3조 제2항, 제4조)에서 보험 등에 가입된 차가 교통사고를 낸 경우의 형사면책제도가 그 예이다. 그러나 이 두 제도는 일정한 목적을 위하여 특별히 제정된 제도일 뿐이며 민사책임과 형사책임의 합체를 의미하는 것은 아니다. 불법행위에 따른 형사책임은 사회의 법질서를 위반한 행위에 대한 책임을 묻는 것으로서 행위자에 대한 공적인 제재를 그 내용으로 하는 것이다. 반면에 민사책임은 타인의 법익을 침해한 데 대하여 행위자의 개인적 책임을 묻는 것으로서 피해자에게 발생한 손해의 전보를 그 내용으로 하는 것이다. 이렇게 손해배상제도는 손해의 공평한 부담을 그 지도원리로 하는 것이므로 형사상 범죄를 구성하지 아니하는 행위라 하더라도 그것이 민사상 불법행위를 구성하는 가의 여부는 형사책임과 별개의 관점에서 검토되어여야 한다.[33]

---

29) 예, 상해·사기·살인 등의 경우이다.

30) 예, 과실로 재물을 멸실시킨 경우 또는 고의로 재물을 파괴하려 했으나 미수에 그친 경우이다.

31) **대판 2008. 2. 1, 2006다6713** "불법행위에 따른 형사책임은 사회의 법질서를 위반한 행위에 대한 책임을 묻는 것으로서 행위자에 대한 공적인 제재(형벌)를 그 내용으로 함에 비하여, 민사책임은 타인의 법익을 침해한 데 대하여 행위자의 개인적 책임을 묻는 것으로서 피해자에게 발생한 손해의 전보를 그 내용으로 하는 것이고, 손해배상제도는 손해의 공평·타당한 부담을 그 지도원리로 하는 것이므로, 형사상 범죄를 구성하지 아니하는 침해행위라고 하더라도 그것이 민사상 불법행위를 구성하는지 여부는 형사책임과 별개의 관점에서 검토하여야 한다."

32) 제1심 또는 제2심의 형사공판절차에서 일정한 범죄에 관하여 유죄판결을 선고할 경우에 법원이 직권 또는 피해자나 그 상속인의 신청에 의하여 피고사건의 범죄행위로 인하여 발생한 직접적인 물적 피해·치료비손해·위자료의 배상 등을 명할 수 있도록 한 제도이다.

33) 앞의 **대판 2008. 2. 1, 2006다6713** 참조.

제4절 계약책임(채무불이행책임)과 불법행위책임

민법이 손해배상채권의 발생원인으로서 계약책임[34]과 불법행위책임 두 가지를 대표적으로 인정하고 있다(제390조, 제750조). 그런데 동일한 당사자 사이에서 하나의 사실이 계약책임의 요건과 불법행위의 요건을 모두 충족시키는 경우가 있다. 양자는 위법행위에 의한 책임이라는 점에서 공통점을 가지고 있고, 따라서 채무불이행에 관한 규정 중의 일부가 불법행위에 준용된다(제763조).

예컨대 A가 B의 건물을 임차하였는데 과실로 그 건물을 전소(全燒)시킨 경우에 A와 B 사이에 그 전소한 사실이 계약책임의 요건과 불법행위의 요건을 모두 충족시킨다. 원래 계약책임은 계약관계에 있는 자들 사이의 문제이고 불법행위책임은 일반인 사이의 문제이므로 앞의 예의 경우에는 계약관계에 있는 자 사이(A와 B)에서 불법행위책임도 문제될 수 있다. 이때 피해자 B는 어떠한 청구권을 행사할 것인지가 문제이다. A와 B는 계약관계에 있는 사이이므로 우선 계약책임이 문제로 되지만 동시에 불법행위책임도 문제될 수 있다. 계약책임은 특정인과 특정인 사이의 특별한 계약관계를 전제로 하는 책임인데 반면, 불법행위책임은 채권·채무관계를 전제로 하지 않는 불특정 다수인 사이에 존재하는 일반적 책임이라는 점에서 양자의 차이가 있다. 양 책임의 공통점과 차이점은 다음과 같다.

Ⅰ. 공 통 점

1. 귀책사유(고의나 과실)의 존재

양자는 모두 채무자나 가해자에게 고의나 과실 등의 귀책사유가 존재하는 때에 성립한다(제390조, 제750조).

34) 정확한 용어로 '채무불이행에 의한 손해배상책임'이라고 해야 한다.

2. 다음의 경우는 모두 계약책임이 불법행위책임에 준용되는 것으로서 양자가 공통점을 가진다.

(1) **손해배상의 범위** 통상손해의 배상이 원칙이고 특별손해는 알았거나 알 수 있었을 경우(예견가능성)에 한하여 배상하는 공통점을 가진다(제393조·제763조).

(2) **과실상계** 불법행위에서 피해자에게도 과실이 있는 경우 채무불이행의 규정을 준용하고 있으므로 공통점을 가진다(제396조, 제763조).

(3) **배상자대위** 채무자가 채권의 목적인 물건이나 권리의 전액을 배상한 경우에 채무자는 그 물건이나 권리를 당연히 취득하는데(제399조), 이는 불법행위의 경우에 그대로 적용되는 것으로 하고 있다(제763조).

(4) **손해배상의 방법** 양자는 모두 금전배상을 원칙으로 한다(제394조·제763조).

Ⅱ. 차 이 점

1. 귀책사유의 증명책임

계약책임에서는 채무자가 채무를 이행하지 않은(혹은 할 수 없는) 경우에 자신에게 귀책사유 없음을 적극적으로 증명해야 하나 불법행위에서는 피해자(손해배상청구권자)가 가해자(손해배상 의무자)의 귀책사유 있음을 증명해야 한다.

2. 소멸시효기간

계약책임의 경우에 있어서 이에 대한 별도의 규정은 없고 일반채권으로서 그 소멸시효기간은 10년이다(제162조 제1항). 불법행위책임의 경우 손해 및 가해자를 안 날부터 3년, 불법행위가 있은 날부터 10년의 소멸시효가 적용된다(제766조).

3. 배상액 경감

불법행위에서 고의나 중과실에 의하지 않은 불법행위의 경우 배상으로 인하여 배상자의 생계에 중대한 영향을 미치는 경우 법원에 배상액의 경감을 청구할 수 있는 길을 열어놓고 있으나(제765조), 채무불이행의 경우에는 이에 대한 규정이 없다.

4. 상계금지

가해자는 고의에 의한 불법행위로 부담하는 손해배상채무를 수동채권으로 하여 상계하지 못하는데(제496조) 이는 계약책임(채무불이행책임)에는 없는 제도이다.

5. 태아의 권리능력

태아는 불법행위로 인한 손해배상청구권에 관하여 이미 출생한 것으로 보는 반면(제762조) 계약책임에는 이 제도가 없다.

6. 타인의 행위에 대한 책임

채무불이행의 경우 이행보조자의 법리가 적용되어 채무자에게는 면책가능성이 부정되는 반면(제391조) 불법행위의 경우 사용자책임으로 되어 사용자의 면책가능성이 인정된다(제756조 제1항 단서).

7. 연대책임 규정 유무

공동채무자의 채무불이행의 경우에는 연대책임에 대한 규정이 없으나 공동불법행위의 경우 연대책임(부진정연대채무)의 규정을 가지고 있다(제760조).

8. 간접피해자 유무

불법행위에서는 직접피해자 이외에도 사망의 경우 유족 고유의 위자료청구권이 인정되며(제752조) 사망 이외에 상해 등의 경우에도 피해자 본인뿐만 아니라 그의 근친자에게도 제750조 및 제751조에 근거하여 위자료를 인정한다.[35] 채무불이

---

35) **대판 1999. 4. 23, 98다41377** "민법 제752조는 생명침해의 경우에 있어서의 위자료 청구권자를 열거 규정하고 있으나 이는 예시적 열거 규정이라고 할 것이므로 생명침해 아닌 불법행위의 경우에도 불법행위 피해자의 부모는 그 정신적 고통에 관한 증명을 함으로써 일반 원칙인 같은 법 제750조, 제751조에 의하여 위자료를 청구할 수 있다고 해석하여야 한다."; **대판 2017. 11. 9, 2017다228083** "범죄피해자 보호법에 의한 범죄피해 구조금 중 위 법 제17조 제2항의 유족구조금은 사람의 생명 또는 신체를 해치는 죄에 해당하는 행위로 인하여

행의 경우 계약의 당사자인 채권자에게만 손해배상청구권이 인정되며 계약의 당사자가 아닌 근친자의 손해배상청구권은 인정되지 않는다.

Ⅲ. 양 책임의 관계

1. 서 설

동일한 당사자 사이에서 하나의 사실이 계약책임과 불법행위책임의 요건을 모두 갖춘 경우가 있다. 예컨대 임차인이 과실로 임차물을 멸실시킨 경우, 수치인이 과실로 임치물을 멸실·훼손시킨 경우, 여객 및 화물운송에서 운송인의 과실로 승객이 다치거나 운송물이 멸실·훼손된 경우 등이 그러한 경우이다. 원래 계약책임은 계약관계가 있는 자들 사이의 문제이고 불법행위책임은 일반인 사이의 문제이므로 계약관계에 있는 자 사이에서 불법행위책임도 동시에 문제될 수 있다. 이때 피해자인 채권자(위의 예에서는 임대인, 임치인, 여객 및 송하인)는 어떠한 청구권을 가지는지가 문제가 된다.

2. 학 설

학설은 다음과 같이 나누어져 있다.

(1) 청구권경합설이다. 이 견해는 피해자인 채권자는 임의로 가해자인 채무자에게 계약책임이나 불법행위책임 중 어느 것이든지 선택하여 물을 수 있다고 한다.[36]이 설은 두 청구권의 경합을 인정한다고 하여 청구권경합설이라고 한다.

(2) 법조경합설이다. 이 견해는 불법행위책임과 계약책임은 일반법과 특별법과 같은 관계에 있는 것이어서 우선 특수한 관계인 계약책임을 적용해야 하고 일반법인 불법행위책임은 배제된다고 한다.[37]

(3) 청구권규범경합설이다. 이 견해는 동일 급부(손해배상)에 대한 청구권이 경합하는 것으로 보이는 경우에도 청구권의 개수 사실은 1개이고, 단지 청권권규범

사망한 피해자 또는 그 유족들에 대한 손실보상을 목적으로 하는 것으로서, 위 범죄행위로 인한 손실 또는 손해를 전보하기 위하여 지급된다는 점에서 불법행위로 인한 소극적 손해의 배상과 같은 종류의 금원이라고 봄이 타당하다."

36) 곽윤직, 386면 ; 김상용, 채권각론, 632면 ; 송덕수, 채권법각론, 501면.

37) 김증한, 774면.

이 동일 급부에 대한 청구를 기초짓기 위하여 복합하고 있는 것에 불과하다고 한다.[38)]

(4) 청구권규범통합설이다. 이 견해는 계약책임과 불법행위책임의 규범이 경합하는 경우 피해자는 양 규범을 종합한 하나의 손해배상청구권만 갖게 된다고 하다.[39)]그리고 이 경우의 두 책임의 규범통합은 요건규범은 제외하고 효과규범만의 통합을 인정하는 것이 타당하다고 한다.

3. 판 례

판례[40)]는 청구권경합설과 같은 입장을 취하고 있다.

---

38) 황적인, 현대민법론 IV, 377면.

39) 이은영, 384면-386면.

40) **대판** 1977. 12. 13, 75**다**107 ; **대판(전)** 1983. 3. 22, 82**다카**1533 "해상운송인이 운송 도중 운송인이나 그 사용인 등의 고의 또는 과실로 인하여 운송물을 감실 훼손시킨 경우, 선하증권 소지인은 운송인에 대하여 운송계약상의 채무불이행으로 인한 손해배상청구권과 아울러 소유권 침해의 불법행위로 인한 손해배상 청구권을 취득하며 그 중 어느 쪽의 손해배상 청구권이라도 선택적으로 행사할 수 있다." ; **대판** 1999. 7. 13, 99**다**8711 "운송계약상의 채무불이행책임이나 불법행위로 인한 손해배상책임은 병존하고, 운송계약상의 면책특약은 일반적으로 이를 불법행위책임에도 적용하기로 하는 명시적 또는 묵시적 합의가 없는 한 당연히 불법행위책임에 적용되지 않는다."; **대판** 2004. 7. 22, 2001**다**58269.

제 2 장
일반불법행위의 성립요건

제1절 서 설

민법은 불법행위를 크게 두 가지로 나누어 일반 불법행위(제750조)와 특수 불법행위(제755조 내지 제760조)를 규정하고 있다. 제750조는 "고의 또는 과실로 인한 위법행위로 타인에게 손해를 가한 자는 그 손해를 배상할 책임이 있다."고 규정하여 일반 불법행위의 요건으로서 고의 또는 과실, 위법행위 그리고 손해발생을 정하고 있다. 그리고 특수 불법행위는 일반 불법행위의 성립요건 외에 다시 추가적인 요건이 더 갖추어진 경우에 인정된다.[41]

특수 불법행위의 추가적인 요건은 각각의 특수한 불법행위를 논하면서 따로 살펴보기로 하고, 본 절에서는 일반불법행위의 성립요건만을 기술하기로 한다.

일반불법행위의 성립요건은 앞에서 본 것처럼 대부분 제750조에 정해져 있다. 그리고 책임능력이라는 요건은 제753조·제754조에서 책임능력이 없는 자의 불법행위책임을 배제하는 방식으로 소극적으로 규정하고 있다. 이들 규정들을 종합하여 일반불법행위의 성립요건을 다음과 같이 정리할 수 있다. 즉 ① 가해자의 고의 또는 과실에 의한 행위가 있을 것(가해자의 고의·과실에 의한 행위), ② 가해자에게 책임능력이 있을 것(가해자의 책임능력), ③ 가해행위가 위법할 것(가해행위의 위법성), ④ 가해행위에 의하여 손해가 발생할 것(가해행위에 의한 손해발생)의 네 가지가 있다.

일반불법행위는 과실책임주의(자기책임주의·개인책임주의)의 원리를 그 기본원칙으로 한다. 따라서 손해배상의무자는 자신의 고의·과실 있는 행위에 대해서만 책임을 지며, 타인의 행위에 대해서는 책임을 지지 않는 것이 원칙이다.[42]

---

41) 제755조의 경우는 일반 불법행위 요건의 일부가 없을 것을 전제로 추가적인 요건을 요구한다.

42) **대판 1994. 11. 11, 94다22446** "임대인인 피고 갑은 이행보조자인 피고 을이 임차물인 점포의 출입을 봉쇄하고 내부시설공사를 중단시켜 임차인인 원고로 하여금 그 사용·수익을 하지 못하게 한 행위에 대하여 임대인으로서의 채무불이행으로 인한 손해를 배상할 의무가 있고, 또한 피고 을이 원고가 임차인이라는 사정을 알면서도 위와 같은 방법으로 원고로 하여금 점포를 사용·수익하지 못하게 한 것은 원고의 임차권을 침해하는 불법행위를

제2절 가해자의 고의·과실에 의한 행위

불법행위가 성립하기 위해서는 가해자 자신의 고의 또는 과실로 인한 행위가 있어야 한다(제750조).

Ⅰ. 행위의 의미

불법행위법에서의 행위의 의미는 단순히 의식 있는 거동 내지 동작을 의미한다. 따라서 무의식중의 행위나 저항할 수 없는 힘(절대적 폭력)에 의해 강제된 동작은 여기의 '행위'로 인정되지 않는다. 여기서의 행위는 보통은 작위를 의미하나 부작위도 포함된다. 다만 부작위가 불법행위로 되기 위해서는 적극적 행위를 할 의무(작위의무)가 있는 경우에 한한다. 부작위도 위법한 때에는 불법행위가 된다.[43)]

이룬다고 할 것이므로 피고 을은 원고에게 불법행위로 인한 손해배상의무가 있다고 할 경우, 피고 갑의 채무불이행책임과 피고 을의 불법행위책임은 동일한 사실관계에 기한 것으로 부진정연대채무관계에 있다."

43) 예컨대 게시물 삭제 등의 처리를 위하여 필요한 상당한 기간이 지나도록 그 처리를 하지 아니함으로써 타인에게 손해가 발생한 경우에는 부작위에 의한 불법행위책임이 성립한다. ; **대판(전) 2009. 4. 16, 2008다53812** "[다수의견] 명예훼손적 게시물이 게시된 목적, 내용, 게시 기간과 방법, 그로 인한 피해의 정도, 게시자와 피해자의 관계, 반론 또는 삭제 요구의 유무 등 게시에 관련한 쌍방의 대응태도 등에 비추어, 인터넷 종합 정보제공 사업자가 제공하는 인터넷 게시공간에 게시된 명예훼손적 게시물의 불법성이 명백하고, 위 사업자가 위와 같은 게시물로 인하여 명예를 훼손당한 피해자로부터 구체적·개별적인 게시물의 삭제 및 차단 요구를 받은 경우는 물론, 피해자로부터 직접적인 요구를 받지 않은 경우라 하더라도 그 게시물이 게시된 사정을 구체적으로 인식하고 있었거나 그 게시물의 존재를 인식할 수 있었음이 외관상 명백히 드러나며, 또한 기술적, 경제적으로 그 게시물에 대한 관리·통제가 가능한 경우에는, 위 사업자에게 그 게시물을 삭제하고 향후 같은 인터넷 게시공간에 유사한 내용의 게시물이 게시되지 않도록 차단할 주의의무가 있고, 그 게시물 삭제 등의 처리를 위하여 필요한 상당한 기간이 지나도록 그 처리를 하지 아니함으로써 타인에게 손해가 발생한 경우에는 부작위에 의한 불법행위책임이 성립한다. [대법관 박시환, 김지형, 전수안의 별개의견] 인터넷 종합 정보제공 사업자의 명예훼손 게시물에 대한 삭제의무는 특별한 사정이 없는 한 위 사업자가 피해자로부터 명예훼손의 내용이 담긴 게시물을 '구체적·개별적으로 특정'하여 '삭제하여 달라는 요구'를 받았고, 나아가 그 게시물

Ⅱ. 가해자 자신의 행위

과실책임의 원칙은 가해자 자신의 고의·과실에 의한 행위에 대해서만 책임을 지고 타인의 행위에 대해서는 책임을 지지 않는다.[44] 즉 가해자 자신의 행위이어

에 명예훼손의 불법성이 '현존'하는 것을 '명백'히 인식하였으며, 그러한 삭제 등의 조치를 하는 것이 '기술적·경제적으로 가능'한 경우로 제한하는 것이 합리적이고 타당하다."; **대판 2010. 3. 11, 2009다80637** "인터넷 포털사이트를 운영하는 온라인서비스제공자가 제공한 인터넷 게시공간에 타인의 저작권을 침해하는 게시물이 게시되었고 그 검색 기능을 통하여 인터넷 이용자들이 위 게시물을 쉽게 찾을 수 있다 하더라도, 위와 같은 사정만으로 곧바로 위 서비스제공자에게 저작권 침해 게시물에 대한 불법행위책임을 지울 수는 없다. 다만 저작권 침해 게시물이 게시된 목적, 내용, 게시기간과 방법, 그로 인한 피해의 정도, 게시자와 피해자의 관계, 삭제 요구의 유무 등 게시에 관련한 쌍방의 대응태도, 관련 인터넷 기술의 발전 수준, 기술적 수단의 도입에 따른 경제적 비용 등에 비추어, 위 서비스제공자가 제공하는 인터넷 게시공간에 게시된 저작권 침해 게시물의 불법성이 명백하고, 위 서비스제공자가 위와 같은 게시물로 인하여 저작권을 침해당한 피해자로부터 구체적·개별적인 게시물의 삭제 및 차단 요구를 받은 경우는 물론, 피해자로부터 직접적인 요구를 받지 않은 경우라 하더라도 그 게시물이 게시된 사정을 구체적으로 인식하고 있었거나 그 게시물의 존재를 인식할 수 있었음이 외관상 명백히 드러나며, 또한 기술적, 경제적으로 그 게시물에 대한 관리·통제가 가능한 경우에는, 위 서비스제공자에게 그 게시물을 삭제하고 향후 같은 인터넷 게시공간에 유사한 내용의 게시물이 게시되지 않도록 차단하는 등의 적절한 조치를 취하여야 할 의무가 있다 할 것이므로(대법원 2009. 4. 16. 선고 2008다53812 판결 참조), 이에 위반하여 게시자의 저작권 침해를 용이하게 해주는 경우에는 위 게시물을 직접 게시한 자의 행위에 대하여 부작위에 의한 방조자로서 공동불법행위책임이 성립된다고 봄이 상당하다."; **대판 2012. 4. 26, 2010다8709** "부작위로 인한 불법행위가 성립하려면 작위의무가 전제되어야 하지만, 작위의무가 객관적으로 인정되는 이상 의무자가 의무의 존재를 인식하지 못하였더라도 불법행위 성립에는 영향이 없다. 이는 고지의무 위반에 의하여 불법행위가 성립하는 경우에도 마찬가지이므로 당사자의 부주의 또는 착오 등으로 고지의무가 있다는 것을 인식하지 못하였다고 하여 위법성이 부정될 수 있는 것은 아니다."

44) **대판(전) 2014. 8. 21, 2010다92438** "우리의 사법질서는 사적 자치의 원칙과 과실책임의 원칙 등을 근간으로 한다. 사적 자치의 원칙은 개인이 자신의 법률관계를 그의 자유로운 의사에 의하여 형성할 수 있다는 것을 의미하고, 과실책임의 원칙은 개인이 자신에게 귀책사유가 있는 행위에 대하여만 책임을 지고 그렇지 아니한 타인의 행위에 대하여는 책임을 지지 아니한다는 것을 의미한다. 이에 따라 개인은 자신의 자유로운 선택과 결정에 따라 행위하고 그에 따른 결과를 다른 사람에게 귀속시키거나 전가하지 아니한 채 스스로 이를 감수하여야 한다는 '자기책임의 원칙'이 개인의 법률관계에 대하여 적용되고, 계약을 둘러싼 법률관계에서도 당사자는 자신의 자유로운 선택과 결정에 따라 계약을 체결한 결과 발생하게 되는 이익이나 손실을 스스로 감수하여야 할 뿐 일방 당사자가 상대방 당사자에게 손실이 발생하지 아니하도록 하는 등 상대방 당사자의 이익을 보호하거나 배려할 일반적인 의무는 부담하지 아니함이 원칙이라 할 것이다."; **대판 2016. 8. 24, 2014다9212** "우리의 사법질서는 개인이 자신의 법률관계를 그의 자유로운 의사에 의하여 형성할

야 한다. 그러나 이것은 가해자가 직접 가해행위를 하는 경우만을 의미하는 것은 아니고 타인의 행위를 통해 그것이 가해자 자신의 행위로 되는 경우도 포함한다. 가해자 자신의 행위인지가 문제되는 경우는 다음과 같다.

1. 타인을 자신의 도구로 이용하는 경우에는 이용한 자의 불법행위가 된다. 예컨대 어떤 자가 타인에게 제3자의 물건을 자신의 것이라고 속여 그 물건을 파괴하도록 하는 경우 그 어떤 자는 불법행위책임을 진다. 또한 어떤 자가 실제로는 채권이 없음에도 불구하고 법원의 재판을 통해 가압류나 가처분의 결정을 받는 경우에는, 그에게 고의·과실이 있으면 불법행위책임을 진다.[45)]

2. 법인은 대표기관(이사·대표자)이 그 직무에 관하여 타인에게 가한 손해를 배상할 책임이 있는데(제35조 제1항) 이는 법인 자신의 행위에 대한 책임이다.

수 있다는 사적자치의 원칙과 개인은 자기에게 귀책사유가 있는 행위에 대하여만 책임을 지고 그렇지 아니한 타인의 행위에 대하여는 책임을 지지 아니한다는 자기책임의 원칙 등을 근간으로 한다. 따라서 타인의 채무에 대한 변제책임이 인정되는 것은 채무인수와 같이 당사자가 스스로의 결정에 따라 책임을 부담할 의사를 표시한 경우에 한정되는 것이 원칙이고, 예외적으로 법률의 규정에 의하여 당사자의 의사와 관계없이 타인의 채무에 대한 변제책임이 인정될 수 있으나, 그러한 법률규정을 해석·적용할 때에는 가급적 위와 같은 원칙들이 훼손되지 않도록 배려하여야 하고 특히 유추적용 등의 방법으로 그 법률규정들을 확대 적용하는 것은 신중히 하여야 한다." 참조.

45) **대판 1992. 9. 25, 92다8453** "가압류나 가처분 등 보전처분은 법원의 재판에 의하여 집행되는 것이기는 하나 그 실체상 청구권이 있는지 여부는 본안소송에 맡기고 단지 소명에 의하여 채권자의 책임하에 하는 것이므로, 그 집행 후에 집행채권자가 본안소송에서 패소 확정되었다면 그 보전처분의 집행으로 인하여 채무자가 입은 손해에 대하여는 특별한 반증이 없는 한 집행채권자에게 고의 또는 과실이 있다고 추정되고, 따라서 그 부당한 집행으로 인한 손해에 대하여 이를 배상하여야할 책임이 있다."; **대판 1995. 12. 12, 95다34095·34101** "가압류나 가처분 등 보전처분은 법원의 재판에 의하여 집행되는 것이기는 하나 그 실체상의 청구권이 있는지 여부는 본안소송에 맡기고 단지 소명에 의하여 채권자의 책임 아래 하는 것이므로, 그 집행 후에 집행채권자가 본안소송에서 패소 확정되었다면, 그 보전처분의 집행으로 인하여 채무자가 입은 손해에 대하여 특별한 반증이 없는 한 집행채권자에게 고의 또는 과실이 있다고 추정되고, 따라서 그 부당한 집행으로 인한 손해에 대하여 이를 배상하여야 할 책임이 있다. 본안소송에서 패소 확정된 보전처분 채권자에 대하여 손해배상을 청구하는 경우, 가압류 채무자가 가압류 청구금액을 공탁하고 그 집행취소 결정을 받았다면, 가압류 채무자는 적어도 위 가압류 집행으로 인하여 위 공탁금에 대한 민사 법정이율인 연 5푼 상당의 이자와 공탁금의 이율 상당의 이자의 차액 상당의 손해를 입었다고 보아야 한다."

3. 일정한 경우 친권자와 사용자는 책임능력 없는 자녀나 피용자의 행위에 대해 각각 불법행위책임을 지는 것으로 민법은 규정하고 있다(제755조 제1항 단서·제756조 제1항 단서). 이는 외견상 타인의 행위에 대하여 책임을 지는 것처럼 보인다. 그러나 이러한 경우에는 타인의 행위에 대하여 책임을 지는 것이 아니고 책임능력이 없는 그 자녀에 대한 감독의무를 게을리 한 것, 또는 피용자의 선임 및 사무감독에 주의를 게을리 한 것에 대한 친권자 또는 사용자 자신의 과실에 기한 책임이라는 점에서 제750조에 의한 일반불법행위가 성립하는 것이다.

Ⅲ. 가해자의 고의·과실

1. 고 의

(1) 의 의

불법행위에서 고의란 가해자가 자신의 행위로부터 일정한 결과(손해)가 발생하리라는 것을 인식하면서도 이를 감행하는 심리상태를 말한다. 고의가 성립하기 위해서는 결과발생을 인식한 것으로 충분하고 행위자가 적극적으로 결과발생을 의욕할 것까지는 없다고 보는 것이 통설[46]이나, 결과발생을 의욕하는 심리상태를 고의라고 보는 견해[47]도 있다. 결과발생을 구체적으로 인식할 필요는 없으며 일정한 결과가 발생할지도 모른다고 인식하면서 행위를 하는 미필적 고의도 고의로 인정된다.[48]

46) 곽윤직, 388면 ; 김상용, 채권각론, 638면 ; 송덕수, 민법강의, 1399면.
47) 지원림, 1502면.
48) **대판 1991. 3. 8, 90다16771** "[1] 전국화물자동차운송사업조합연합회 공제조합의 통합공제약관은 "조합원 또는 자동차에 관계되는 피용자의 고의로 인한 손해"에 대하여는 보상하지 아니한다고 규정하고 있는바, 자동차사고로 인한 손해배상책임을 전보하는 것을 내용으로 하는 위 공제조합의 공제계약은 일종의 책임보험과 같은 성질의 것으로서 책임보험은 피보험자의 법적 책임 부담을 보험사고로 하는 손해보험이고, 보험사고의 대상인 법적책임은 불법행위 책임이므로 이 경우에 어떠한 것이 보험사고인가는 기본적으로는 불법행위의 법리에 따라 정하여야 할 것인데, 불법행위 법리에 있어서는 미필적 고의도 고의의 한 태양으로 보므로 특별한 사정이 없는 한 위 공제약관상의 고의에는 미필적 고의를 포함하는 것으로 해석할 것이다. [2] 공제가입차량의 운전사가 여고 2년생인 피해자를 태우고 차량을 운행하던 중 피해자가 위 운전사가 자기를 감금 내지 강제추행하려는 의도를 알아채고 하차하여 줄 것을 요구하였으나 동인이 이에 불응하고 그대로 질주하자 다급한 나머지 우측출입문을 열고 뛰어 내리다가 길바닥에 떨어져 뇌출혈 등으로 사망하였다면 피해자의

불법행위에서 고의와 과실은 동등한 것으로 다루어진다. 따라서 가해자에게 고의가 없어도 과실이 있으면 고의가 있는 경우와 마찬가지로 그 가해자에게 손해배상책임이 돌아간다. 그러므로 불법행위성립요건으로서의 고의와 과실의 구별실익은 그리 크지 않다.

(2) 위법성인식 필요여부

고의가 성립하기 위하여 일정한 결과의 발생이라는 사실의 인식 외에 그것이 위법한 것으로 평가된다는 것까지 인식을 요하는가? 학설은 대립한다. 고의가 되기 위해서는 위법성의 인식도 필요하다는 소수설(고의설)[49]과 위법성의 인식은 고의의 요소가 아니라 책임의 요소라고 보는 다수설[50]이 있다. 판례도 위법성의 인식까지 요하지 않는 것으로 본다.[51]

2. 과 실

(1) 의 의

과실이란 자기의 행위로부터 일정한 결과가 발생하리라는 것을 인식했어야 함에도 불구하고 부주의로 말미암아 인식하지 못하고 그 행위를 하는 심리상태를 말한다.

(2) 과실의 태양

1) 추상적 과실·구체적 과실 과실은 전제가 되는 부주의의 태양(態樣 종류)에 따라 추상적 과실과 구체적 과실로 나누어진다.

① 추상적 과실 행위자가 속하는 사회적 지위, 종사하는 직업 등에서 보통 일반적으로 요구되는 주의, 즉 구체적인 사람에 의한 개인의 능력차이가 인정되지 않고 일반적으로 평균인에게 요구되는 주의의무를 위반한 것을 가리키는 것

추락에 의한 사망에 관하여 위 운전사에게 고의가 있었다고 단정할 수 없다."

49) 지원림, 991면.

50) 곽윤직, 388면, 이은영, 784면, 김상용, 채권각론, 637면.

51) **대판 2002. 7. 12, 2001다46440** "불법행위에 있어서 고의는 일정한 결과가 발생하리라는 것을 알면서 감히 이를 행하는 심리상태로서, 객관적으로 위법이라고 평가되는 일정한 결과의 발생하리라는 사실의 인식만 있으면 되고 그 외에 그것이 위법한 것으로 평가된다는 것까지 인식하는 것을 필요로 하는 것은 아니라고 할 것이다."

으로 민법은 이를 '선량한 관리자의 주의의무'(선관주의의무; 제374조·제681조)를 위반한 것으로 규정한다.

② **구체적 과실** 행위자가 자신의 평상시의 주의를 게을리 한 것이다. 즉 일정한 능력과 지식을 가진 구체적 개인에게 구체적 상황 하에서 요구되는 구체적 주의의무(제695조·제922조·제1022조)를 가리키는 것이다. 민법은 자기재산에 대한 것과 동일한 주의의무를 위반한 것을 의미하는 것으로 해석하며 민법에서는 경과실만이 규정되어 있다.

2) **경과실·중과실** 과실은 부주의의 정도에 의하여 경과실과 중과실로 나누어진다. 경과실은 다소라도 주의를 게을리 한 경우이고, 중과실은 현저하게 주의를 게을리 한 경우이다. 경과실이 민법상의 기본이 되는 과실이다. 따라서 민법에서 중과실을 요하는 경우에는 특별히 '중대한 과실'이라고 표현한다(제109조 제1항 단서·제401조·제514조·제518조·제524조·제735조·제757조·제765조 등 참조).

추상적 과실과 구체적 과실은 이론상 각각 경과실과 중과실로 세분될 수 있다. 그러나 민법은 구체적 중과실을 규정을 명문으로 규정하고 있지 않다. 따라서 구체적 과실은 언제나 구체적 경과실을 의미한다. 그에 반해 추상적 과실에는 추상적 경과실과 추상적 중과실이 있다.

3) **객관적 과실설·주관적 과실설** 주의의무의 정도를 결정하는 능력이나 사정을 누구를 기준으로 하여 판단할 것인가에 따라 객관적 과실과 주관적 과실로 나누어진다. 객관적 과실설(다수설)은 보통인(평균인) 또는 표준인의 주의력을 기준으로 판단하고, 주관적 과실설[52]은 특정 행위자 개인의 지식이나 능력과 개별적 상황에 따라 개인적 인식가능성 및 결정가능성 여하에 따라 판단한다.

4) **판 례** 판례는 불법행위에 있어서 과실의 판단기준에 관해 추상적 과실 및 객관적 과실을 기준으로 하고 있는 것으로 보인다.[53]

---

52) 김형배, 민법학강의, 1607면.

53) **대판** 1967. 7. 18, 66다1938 ; **대판** 2001. 1. 19, 2000다12532 "불법행위의 성립요건으로서의 과실은 이른바 추상적 과실만이 문제되는 것이고 이러한 과실은 사회평균인으로서의 주의의무를 위반한 경우를 가리키는 것이지만, 그러나 여기서의 '사회평균인'이라고 하는 것은 추상적인 일반인을 말하는 것이 아니라 그때그때의 구체적인 사례에 있어서의 보통인을 말하는 것이다." ; **대판(전)** 2010. 4. 22, 2008다38288 "[다수의견] (가)학생에 대한 징계가

(3) 불법행위에서의 과실

통설[54)]과 판례[55)]는 불법행위에서는 피해자의 보호에 더 중점을 두어야 한다

징계대상자의 소행, 평소의 학업 태도, 개전의 정 등을 참작하여 학칙에 정한 징계절차에 따라서 징계위원들이나 징계권자의 자율적인 판단에 따라 행하여진 것이고, 실제로 인정되는 징계사유에 비추어 그 정도의 징계를 하는 것도 무리가 아니라고 인정되는 경우라면, 비록 그 징계양정이 결과적으로 재량권을 일탈한 것으로 인정된다고 하더라도 이는 특별한 사정이 없는 한 법률전문가가 아닌 징계위원들이나 징계권자가 징계의 경중에 관한 법령의 해석을 잘못한데 기인하는 것이라고 보아야 하므로, 이러한 경우에는 징계의 양정을 잘못한 것을 이유로 불법행위책임을 물을 수 있는 과실이 없다. 그러나 학교가 그 징계의 이유로 된 사실이 퇴학 등의 징계처분의 사유에 해당한다고 볼 수 없음이 객관적으로 명백하고 조금만 주의를 기울이면 이와 같은 사정을 쉽게 알아 볼 수 있는데도 징계에 나아간 경우와 같이 징계권의 행사가 우리의 건전한 사회통념이나 사회상규에 비추어 용인될 수 없음이 분명한 경우에 그 징계는 그 효력이 부정됨에 그치지 아니하고 위법하게 상대방에게 정신적 고통을 가하는 것이 되어 그 학생에 대한 관계에서 불법행위를 구성하게 된다. (나)甲에 대한 퇴학처분은 그 징계의 이유로 된 사실이 퇴학처분에 해당한다고 볼 수 없음이 객관적으로 명백하고 징계권자 또는 징계위원들이 조금만 주의를 기울이면 이와 같은 사정을 쉽게 알아 볼 수 있음에도 징계에 나아간 것으로, 그 징계권의 행사가 우리의 건전한 사회통념이나 사회상규에 비추어 용인될 수 없음이 분명하여 甲에 대하여 불법행위가 된다고 본 사례.
[대법관 양승태, 대법관 안대희, 대법관 차한성, 대법관 양창수, 대법관 신영철의 반대의견] (가)징계처분에서 징계사유로 되지 아니한 비위사실이나 피징계자의 평소의 소행 등도 징계양정의 참작자료로 삼을 수 있으므로, 징계처분의 이유가 된 사실이 징계처분의 사유에 해당한다고 볼 수 없음이 객관적으로 명백하고 징계권자 또는 징계위원들이 조금만 주의를 기울이면 이러한 사정을 쉽게 알아 볼 수 있음에도 징계를 한 것으로서 징계권의 행사가 우리의 건전한 사회통념이나 사회상규에 비추어 용인될 수 없음이 분명한 경우에 해당하는지 여부를 판단함에 있어서는 징계사유뿐만 아니라 그 징계양정에 참작한 비위사실 등도 종합적으로 고려하여야 한다. (나)甲에 대한 퇴학처분은 교사에게 불손하게 반항하였다는 징계사유와 아울러 징계양정의 자료로 삼을 수 있는 비위사실들을 감안하면, 그 징계처분의 이유로 된 사실만으로 징계대상이 된 학생이 개전의 가망이 없다고 단정하기에는 부족하여 퇴학처분이라는 징계양정이 과하다고 볼 수는 있을지라도, 그 징계에서 인정된 사실이 퇴학처분을 할 정도의 사유에 해당하지 아니함이 객관적으로 명백하였거나 징계권자 또는 징계위원들이 조금만 주의를 기울였더라면 이를 쉽게 알 수 있었던 경우에 해당한다고 보기는 어려워, 학교법인에게 징계의 양정을 잘못한 것을 이유로 불법행위책임을 물을 수 있는 과실이 있다고 볼 수 없다고 한 사례."; **대판 2015. 3. 26, 2012다62554** "甲학교법인이 학생 乙등에 대하여 교수들을 감금하였다는 이유로 종전 출교처분을 한 때부터 퇴학처분 효력정지 가처분이 결정된 때까지 소급하는 무기정학처분을 하였는데,무기정학처분의 무효를 확인하는 판결이 확정되자 乙등이 甲법인을 상대로 불법행위에 기한 손해배상을 구한 사안에서, 乙등의 행위가 중대하고도 심각한 징계사유에 해당하는 점 등에 비추어, 무기정학처분이 위법하게 상대방에게 정신적 고통을 가하는 것으로서 우리의 건전한 사회통념이나 사회상규에 비추어 용인될 수 없음이 분명한 경우에 해당한다고 보기 어려운데도, 甲법인이 무기정학처분을 한 것은 乙등에 대한 관계에서 불법행위를 구성한다고 한 원심판단에 법리오해의 잘못이 있다고 한 사례."

고 하면서 과실에 있어서 기준이 되는 주의는 보통·평균인이 베푸는 정도의 주의력으로 보아 불법행위에서의 과실은 '추상적 과실'로 하여야 한다는 입장이다. 그런데 이때 '보통·평균인'은 추상적인 보통·평균인이나 전체 사회에서의 보통·평균인이 아니고, 구체적인 경우에 있어서의 보통·평균인을 의미한다.[56] 그러므로 가해행위자의 직업·사회적 지위 등을 고려하여 그 직업과 사회적 지위의 보통·평균인을 기준으로 과실 여부를 판단하여야 한다. 예컨대 수술을 하는 외과의사나 운전을 주로 하는 운전자의 과실은 외과의사·운전자 중 보통·평균인을 기준으로 과실여부를 판단하여야 한다. 한편 행정적인 단속법규의 위반과 과실은 법적 평가의 면에서 서로 다르기 때문에, 단속법규의 위반이 있다고 하여 반드시 과실이 있다고 할 수 없고(대체적으로 과실이 인정될 것이다), 또 단속법규를 모두 지켰다고 반드시 과실이 없다고 할 수도 없다.

원래 민법에서는 '고의'가 있는 경우뿐만 아니라 '과실'이 있는 경우에도 책임을 지며 책임의 범위도 차이가 없는 것을 원칙으로 하고 있다. 이러한 원칙은 불

---

54) 곽윤직, 390면 ; 김상용, 채권각론, 606면 ; 김주수, 633면 ; 송덕수, 채권법각론, 506면 ; 이은영, 744면.

55) **대판 1967. 7. 18, 66다1938 ; 대판 2001. 1. 19, 2000다12532 ; 대판(전) 2010. 4. 22, 2008다38288 ; 대판 2015. 3. 26, 2012다62554** "학생에 대한 징계가 징계 대상자의 소행·평소의 학업태도, 개전의 정 등을 참작하여 학칙에 정한 징계 절차에 따라 징계위원들이나 징계권자의 자율적인 판단에 따라 행하여진 것이고, 실제로 인정되는 징계사유에 비추어 그 정도의 징계를 하는 것도 무리가 아니라고 인정되는 경우라면, 비록 그 징계양정이 결과적으로 재량권을 일탈한 것으로 인정된다고 하더라도 이는 특별한 사정이 없는 한 법률전문가가 아닌 징계위원들이나 징계권자가 징계의 경중에 관한 법령의 해석을 잘못한 데 기인하는 것이라고 보아야 할 것이어서,이러한 경우에는 징계의 양정을 잘못한 것을 이유로 불법행위 책임을 물을 수 있는 과실이 있다고 할 수 없다(대법원 1997. 9. 9. 선고 97다20007 판결 등 참조). 다만 학교가 그 징계의 이유로 된 사실이 퇴학 등의 징계처분의 사유에 해당한다고 볼 수 없음이 객관적으로 명백하고 조금만 주의를 기울이면 이와 같은 사정을 쉽게 알아볼 수 있는데도 징계에 나아간 경우와 같이 징계권의 행사가 우리의 건전한 사회통념이나 사회상규에 비추어 용인될 수 없음이 분명한 경우에 그 징계는 그 효력이 부정됨에 그치지 아니하고 위법하게 상대방에게 정신적 고통을 가하는 것이 되어 그 학생에 대한 관계에서 불법행위를 구성하게 된다(대법원 2010. 4. 22. 선고 2008다38288 전원합의체 판결 등 참조)."

56) 판례도 같은 입장이다. **대판 2001. 1. 19, 2000다12532** "불법행위의 성립요건으로서의 과실은 이른바 추상적 과실만이 문제되는 것이고 이러한 과실은 사회평균인으로서의 주의의무를 위반한 경우를 가리키는 것이지만, 그러나 여기서의 '사회평균인'이라고 하는 것은 추상적인 일반인을 말하는 것이 아니라 그때그때의 구체적인 사례에 있어서의 보통인을 말하는 것이다."

법행위에서도 그대로 적용되어 '고의'가 있는지 '과실'이 있는지의 구별은 중요하지 않다.[57] 다만 '과실'의 존재여부가 중요할 뿐이다.

3. 고의·과실의 증명책임

일반불법행위에서 가해자의 고의·과실은 불법행위의 성립을 주장하는 피해자(원고)가 증명해야 한다.[58] 그러나 민법상 특수불법행위(제755조 내지 제759조 등)나 특별법에서는 가해자(피고)가 고의·과실이 없었음을 증명하지 못하면 책임을 지도록 증명책임을 전환하고 있다. 즉 책임무능력자의 감독자의 책임(제755조), 사용자의 배상책임(제756조), 공작물의 점유자의 책임(제758조), 동물의 점유자의 책임(제759조)에서는 각각 감독자·사용자·점유자의 과실이 추정된다. 따라서 이들이 그 책임을 면하려면 자신에게 과실이 없었음을 증명하여야 한다. 그런데 발생한 손해가 자신의 과실에 기인한 것이 아니라는 것을 증명하는 것은 쉽지 않다. 그래서 만약 재판에서 그 과실을 증명 하지 못한 때에는 패소하게 된다는 점에서 실제로는 무과실책임에 가깝다. 이를 '중간책임'이라 한다.

한편 판례에 의하면 가압류나 가처분 등의 보전처분을 한 집행채권자가 본안소송에서 패소한 경우 그 집행채권자의 과실이 추정된다고 한다.[59] 그런데 의료과오 등의 경우에는 판례는 증명책임의 전환을 인정하지 않지만 증명책임을 완화시키는 법리(일응 추정이론)를 적용한다.[60]

---

57) 제496조, 제765조 및 위자료 등에서는 '고의'와 '과실'의 구별이 의미가 있다.

58) **대판 2000. 3. 10, 99다60115** "근로계약에 수반되는 신의칙상의 부수적인 의무로서 근로자에 대한 보호의무를 부담하는 사용자에게 근로자가 입은 신체상의 재해에 대하여 민법 제750조 소정의 불법행위책임을 지우기 위하여는 사용자에게 당해 근로로 인하여 근로자의 신체상의 재해가 발생할 수 있음을 알았거나 알 수 있었음에도 불구하고 그 회피를 위한 별다른 안전조치를 취하지 않은 과실이 있음이 인정되어야 하고, 위와 같은 과실의 존재는 손해배상을 청구하는 근로자에게 그 증명책임이 있다."; **대판 2006. 4. 28, 2005다63504**도 같은 입장이다.

59) **대판 1992. 9. 25, 92다8453**; **대판 1995. 12. 12, 95다34095·34101**; **대판 2001. 2. 23, 98다26484**; **대판 2012. 8. 23, 2012다34764** "가압류나 가처분 등 보전처분은 법원의 재판에 의하여 집행되는 것이기는 하나, 실체상 청구권이 있는지는 본안소송에 맡기고 단지 소명에 의하여 채권자의 책임 아래 하는 것이므로 그 집행 후에 집행채권자가 본안소송에서 패소 확정되었다면 보전처분 집행으로 인하여 채무자가 입은 손해에 대하여는 특별한 반증이 없는 한 집행채권자에게 고의 또는 과실이 있다고 추정되고, 따라서 그 부당한 집행으로 인한 손해에 대하여 이를 배상할 책임이 있다."

60) **대판 2003. 11. 27, 2001다20127** "의료행위상의 주의의무 위반으로 인한 손해배상청구에서

[판 례] 부당한 소송행위 등으로 인한 불법행위

* 확정판결에 의한 강제집행의 경우 : 대판 1992. 12. 11, 92다18627
* 가압류 등이 있은 후 본안소송에서 패소한 경우 : 대판 1992. 9. 25, 92다8453
* 고소·고발의 경우 : 대판 1996. 5. 10, 95다45897

[실화책임]

실화(失火 실수로 불을 냄)에 관한 특별법으로 '실화책임에 관한 법률'(1961년 법607호)이 있다. 원래 이 법은 「민법 제750조의 규정은 실화의 경우에는 중대한 과실이 있을 때에 한하여 이를 적용한다」고 규정하였다. 따라서 실화 중 중대한 과실이 있는 경우에 한하여 불법행위책임을 지고 경과실만 있는 경우에는 불법행위책임을 지지 않았다. 그러나 동법은 2007년에 헌법재판소가 헌법불합치결정을 함에 따라 2009. 5. 8.에 개정되기에 이르렀다. 그 과정을 살펴본다. 원래 동 법은 일본의 같은 이름의 법률을 차용한 것으로 그 타당성에 대한 비판을 받아왔다.[61] 과거에는 대법원(대판 1994. 1. 25, 93다13551 ; 대판 1995. 10. 13, 94다36506)과 헌법재판소(헌재 1995. 3. 23, 92헌가4 등)는 위헌이 아니라고 하였다. 그러나 헌법재판소는 2007년에 동 법에 대하여 헌법불합치결정을 내리면서 그 이유를, 동 법은 실화자를 의외의 가혹한 배상책임으로부터 구제한다는 입법목적을 달성하기 위하여 실화피해자의 손해배상청구권을 필요 이상으로 제한하고 법익균형의 원칙에도 위배되므로, 기본권 제한입법의 한계를 일탈하여 헌법 제23조 1항, 제37조 2항에 위반된다는 것이다. 그러면서 동 법을 계속 적용할 경우에는 경과실로 인한 실화피해자는 아무런 보상을 받지 못하게 되는 위헌적인 상태가 계속되므로 개선입법을 하기 전에도 동법의 적용을 중지하도록 하였다. 그 후 2009. 5. 8.에 실화책임법이 개정되었으며, 그 법은 개정 후에는 개정 전과 달리 손해배상액의 경감에 관한 제765조의 특례를 정하는 내용으로 바뀌었다. 즉 이제는 더 이상 제750조에 대한 특례조항이 아니다.[62]

피해자측에서 일련의 의료행위 과정에 있어서 저질러진 일반인의 상식에 바탕을 둔 의료상의 과실 있는 행위를 증명하고 그 결과와 사이에 일련의 의료행위 외에 다른 원인이 개재될 수 없다는 점, 이를테면 환자에게 의료행위 이전에 그러한 결과의 원인이 될 만한 건강상의 결함이 없었다는 사정을 증명한 경우에는 의료상 과실과 결과 사이의 인과관계를 추정하여 손해배상책임을 지울 수 있도록 증명책임을 완화할 것이나, 이 경우에도 일련의 의료행위 과정에 있어서 일반인의 상식에 바탕을 둔 의료상 과실의 존재는 환자측에서 증명하여야 하는 결과 의료과정에서 어떠한 주의의무 위반의 잘못을 인정할 수 없다면 그 청구는 배척될 수밖에 없다."; **대판 2007. 5. 31, 2005다41863**도 같은 입장이다.

61) 곽윤직, 390면 ; 이은영, 797면.

62) **헌재 2007. 8. 30.자 2004헌가25 결정** "**가.** 불의 특성으로 인하여 화재가 발생한 경우에는 불이 생긴 곳의 물건을 태울 뿐만 아니라 부근의 건물 기타 물건도 연소(延燒)함으로써

그 피해가 예상 외로 확대되는 경우가 많고, 화재피해의 확대 여부와 규모는 실화자가 통제하기 어려운 대기의 습도와 바람의 세기 등의 여건에 따라 달라질 수 있으므로, 입법자는 경과실로 인한 실화자를 지나치게 가혹한 손해배상책임으로부터 구제하기 위하여 실화책임법을 제정한 것이고, 오늘날에 있어서도 이러한 실화책임법의 필요성은 여전히 존속하고 있다고 할 수 있다. 그런데 실화책임법은 위와 같은 입법목적을 달성하는 수단으로서, 경과실로 인한 화재의 경우에 실화자의 손해배상책임을 감면하여 조절하는 방법을 택하지 아니하고, 실화자의 배상책임을 전부 부정하고 실화피해자의 손해배상청구권도 부정하는 방법을 채택하였다. 그러나 화재피해의 특수성을 고려하여 과실 정도가 가벼운 실화자를 가혹한 배상책임으로부터 구제할 필요가 있다고 하더라도, 그러한 입법목적을 달성하기 위하여 실화책임법이 채택한 방법은 입법목적의 달성에 필요한 정도를 벗어나 지나치게 실화자의 보호에만 치중하고 실화피해자의 보호를 외면한 것이어서 합리적이라고 보기 어렵고, 실화피해자의 손해배상청구권을 입법목적상 필요한 최소한도를 벗어나 과도하게 많이 제한하는 것이다. 또한 화재피해자에 대한 보호수단이 전혀 마련되어 있지 아니한 상태에서, 화재가 경과실로 발생한 경우에 화재와 연소의 규모와 원인 등 손해의 공평한 분담에 관한 여러 가지 사항을 전혀 고려하지 아니한 채, 일률적으로 실화자의 손해배상책임과 피해자의 손해배상청구권을 부정하는 것은, 일방적으로 실화자만 보호하고 실화피해자의 보호를 외면한 것으로서 실화자 보호의 필요성과 실화피해자 보호의 필요성을 균형있게 조화시킨 것이라고 보기 어렵다. **나.** 실화책임법이 위헌이라고 하더라도, 화재와 연소(延燒)의 특성상 실화자의 책임을 제한할 필요성이 있고, 그러한 입법목적을 달성하기 위한 수단으로는 구체적인 사정을 고려하여 실화자의 책임한도를 경감하거나 면제할 수 있도록 하는 방안, 경과실 실화자의 책임을 감면하는 한편 그 피해자를 공적인 보험제도에 의하여 구제하는 방안 등을 생각할 수 있을 것이고, 그 방안의 선택은 입법기관의 임무에 속하는 것이다. 따라서 실화책임법에 대하여 단순위헌을 선언하기보다는 헌법불합치를 선고하여 개선입법을 촉구하되, 실화책임법을 계속 적용할 경우에는 경과실로 인한 실화피해자로서는 아무런 보상을 받지 못하게 되는 위헌적인 상태가 계속되므로, 입법자가 실화책임법의 위헌성을 제거하는 개선 입법을 하기 전에도 실화책임법의 적용을 중지시킴이 상당하다. 이 결정과 달리 실화책임법이 헌법에 위반되지 아니한다고 결정한 헌법재판소 1995. 3. 23. 선고 92헌가4 등 결정은 이 결정의 견해와 저촉되는 한도에서 변경한다."; **대판 2010. 7. 22, 2009다57910** "원심판결 이유에 의하면 원심은, 원고가 주장하는 손해가 이 사건 화재로부터 연소한 부분에 대한 손해로서 그에 대한 손해배상책임에 대하여는 구 실화책임에 관한 법률(2009. 5. 8. 법률 제9648호로 전부 개정되기 전의 것, 이하 '구 실화책임법'이라 한다)이 적용된다고 본 다음, 피고들의 피상속인 망 소외인에게 실화로 인한 손해의 발생 및 확대에 대하여 중대한 과실이 있다고 볼 증거가 없다는 등의 이유로 원고의 청구를 기각한 제1심 판단을 유지하였다. 그런데 헌법재판소는 2007. 8. 30. 2004헌가25 사건에서 구 실화책임법 전부에 대하여 헌법에 합치되지 아니한다는 결정을 하면서, 화재와 연소의 특성을 고려하여 실화자의 책임을 제한하는 방안 등 결정이유에서 제기된 여러 가지 위헌적 요소의 제거와 그 개선입법의 소급적용 여부 등에 관하여 입법자의 재량에 위임하였고, 다만 구 실화책임법을 계속 적용할 경우에는 경과실로 인한 실화피해자로서는 아무런 보상을 받지 못하게 되는 위헌적 상태가 계속되는 점 등을 감안하여 위 법률을 개정할 때까지 그 적용을 중지하여야 한다고 결정하였다. 그리고 이에 따라 전부 개정된 실화책임에 관한 법률(이하 '실화책임법'이라 한다)은 경과실에 의한 실화의 경우에도 손해배상책임을 지게 되나 다만 중과실이 없는 실화의 경우 배상의무자가 연소로 인한 손해배상에 대하여는 배상액의 경감을 청구할 수 있도록 규정하였고(제1조 내지 제3조 참조), 부칙에서 2007.

제3절 가해자의 책임능력

불법행위가 성립하려면 가해자에게 책임능력이 있어야 한다. 즉 제753조(미성년자의 책임능력)에서 "미성년자가 타인에게 손해를 가한 경우에 그 행위의 책임을 변식할 지능이 없는 때에는 배상의 책임이 없다."고 하고, 제754조(심신상실자의 책임능력)에서 "심신상실 중에 타인에게 손해를 가한 자는 배상의 책임이 없다. 그러나 고의 또는 과실로 인하여 심신상실을 초래한 때에는 그러하지 아니하다."고 하여 미성년자와 심신상실자의 책임능력에 대하여 규정하고 있다.

Ⅰ. 책임능력의 의의 및 증명책임

1. 의 의

책임능력이라 함은 자신의 행위에 대한 책임을 인식할 수 있는 지능 또는 정신능력을 의미한다. 책임능력은 자신의 행위가 위법한 것이어서 법률상의 책임이

8. 31. 이후 법 시행(2009. 5. 8.) 전에 발생한 실화에 대하여도 개정된 실화책임법이 적용된다고 규정하였다. 한편, 헌법재판소의 헌법불합치결정의 효력은 위헌제청을 한 당해 사건, 헌법불합치결정이 있기 전에 이와 동종의 위헌 여부에 관하여 헌법재판소에 위헌여부심판제청을 하였거나 법원에 위헌여부심판제청신청을 한 경우만이 아니라, 따로 위헌제청신청은 하지 아니하였지만 당해 법률 또는 법률조항이 재판의 전제가 되어 법원에 계속 중인 사건에도 미친다고 할 것인바(대법원 1996. 1. 26. 선고 93누17911 판결, 대법원 1996. 6. 28. 선고 93누13810 판결 등 참조), 이러한 법리와 앞서 본 헌법불합치결정 및 개선입법의 취지와 내용, 위헌심판에서의 구체적 규범통제의 실효성 보장이라는 측면 등을 종합적으로 고려하면, 헌법재판소의 위 헌법불합치결정 당시 구 실화책임법이 재판의 전제가 되어 법원에 계속 중이었던 이 사건에도 위 개정된 실화책임법이 적용된다고 보아야 한다. 그럼에도 불구하고, 원심이 이 사건에 여전히 구 실화책임법이 적용된다는 전제하에 망 소외인에게 실화로 인한 손해의 발생 및 확대에 대하여 중대한 과실이 있다고 볼 증거가 없다는 등의 이유로 원고의 청구를 기각한 제1심 판단을 유지한 조치는 위법함을 면할 수 없다. 이 점을 지적하는 상고이유의 주장은 이유 있다. 그러므로 원심판결을 파기하고, 사건을 다시 심리·판단하게 하기 위하여 원심법원에 환송하기로 하여, 관여 대법관 의 일치된 의견으로 주문과 같이 판결한다."

발생한다는 것을 인식할 수 있는 지능(정신능력)을 말하는 것, 즉 '행위의 책임을 변식할 수 있는 지능(정신능력)'(제753조)을 말한다. 책임능력은 불법행위에서 고의·과실을 인정하기 위한 전제로서 책임능력이 없는 경우에는 고의 또는 과실을 인정할 수도 없어 불법행위는 성립하지 않는다.

민법은 책임능력을 불법행위의 성립요건으로서 소극적으로 규정하고 있다. 즉 제753조와 제754조에서 책임능력 없는 자의 행위에 대하여 불법행위책임을 인정하지 않고 있음을 근거로 책임능력도 불법행위 요건의 하나로 인정하고 있다.[63)]

책임능력이 없으면 불법행위의 성립이 부정되기 때문에 이를 불법행위능력이라고도 한다. 책임능력의 존재 여부는 행위 당시를 기준으로 하여 구체적으로 판단되며, 연령 등에 의하여 획일적으로 결정되지 않는다. 그러므로 같은 행위에 대하여 같은 연령의 미성년자라도 어떤 미성년자에게는 책임능력이 인정되지만 다른 미성년자에게는 인정되지 않을 수도 있고, 또 같은 자라도 행위의 종류에 따라 책임능력의 유무가 달라질 수 있다(예, 명예훼손과 재물손괴는 각각 요구되는 책임능력의 정도가 다르다).

2. 증명책임

책임능력은 일반인에게는 갖추어져 있는 것이 보통이고, 또 그것은 면책사유의 문제이기 때문에 피해자가 가해자의 책임능력 있음을 증명할 필요는 없고, 가해자가 그 책임을 면하려면 자신이 책임무능력자라는 사실을 주장·증명하여야 한다.[64)]

Ⅱ. 책임무능력자

책임능력 존재여부는 행위당시를 기준으로 개별적으로 판단하며, 법률행위에 적용되는 행위무능력자와 같은 획일적인 기준이 있는 것은 아니다. 따라서 동일한 행위에 대하여 동일한 연령의 자라 할지라도 어떤 자에게는 책임능력이 인정되지만 다른 자에게는 인정되지 않을 수도 있고, 또 동일한 자라도 행위의 내용이나 종류(예, 재산권을 침해한 것과 인격권을 침해한 것)에 따라 책임능력의 유무가 달라

63) 곽윤직, 393면.
64) 곽윤직, 394면 ; 김상용, 채권각론, 658면.

질 수도 있다.

1. 미성년자의 책임능력

(1) 「미성년자가 타인에게 손해를 가한 경우에 그 행위의 책임을 변식할 지능이 없는 때에는 배상의 책임이 없다」(제753조). 법문에 따르면 책임능력이 없는 미성년자는 불법행위책임을 지지 않지만 미성년자라 할지라도 책임능력이 있는 때에는 책임을 지게 되는 것으로 해석된다.

(2) 미성년자에게 책임능력이 있는지의 여부는 행위 당시를 기준으로 개별적으로 판단하는데, 책임을 변식할 지능이 있었는지가 문제될 뿐 실제로 책임을 변식하였는가는 묻지 않는다. 미성년자가 책임능력을 갖추게 되는 획일적인 연령 등 기준은 없다. 그 기준은 행위의 내용이나 책임의 경중 등을 고려하여 개별적인 행위에 대하여 판단 할 수밖에 없기 때문이다. 판례는 12세,[65] 13세 5개월,[66] 14세 2개월[67]의 미성년자에 책임능력이 없다고 하였다. 그러나 13세 6개월 된 미성년자의 책임능력을 인정한 것도 있다.[68] 즉 대법원은 연령을 주요 기준으로 하여 대개 "12세 내지 14세" 정도부터 책임능력을 인정하고 있으나, 이는 고정적인 것이 아니라 사안에 따라 변동이 심하다. 판례의 이러한 일정하지 못한 태도는 미성년자의 책임능력을 부인하고 오히려 제755조에 따라 그 감독의무자에게 책임을 지도록 하는 것이 피해자에게 유리할 수도 있다는 현실적인 사정도 고려한 것으로

---

65) **대판 1977. 8. 23, 77다604** "11, 12세 된 어린이들이 삼각놀이 중 다리를 거는 행위는 현저하게 상궤를 벗어난 정도의 것이 아니어서 이로 인하여 상해를 입혔다 하더라도 불법행위의 책임이 없다."

66) **대판 1977. 5. 24, 77다354** "만 13년 5월 된 중학생이라 해도 동인이 길이 70센티의 고무줄 총을 피해자의 뒤에서 겨누고 이름을 불러 뒤돌아보는 순간 그의 안면을 향하여 밤알만한 돌을 발사하였다면 법률상 책임을 변식할 능력이 충분한 행위자의 행동이라고 볼 수 없다."

67) **대판 1978. 11. 28, 78다1805** "사고당시 가해자가 14년 2개월 된 중학생이라고는 하나 사고당시가 야간에 레스링 놀이를 한 장소가 다치기 쉬운 콘크리트로 된 다리의 맨바닥이었으며 그러한 맨바닥 위에서 얼굴을 지면으로 향하여 엎드려 있는 피해자를 갑자기 아무런 예고 없이 발로 밀어버렸다면 다른 사정이 책임을 변식할 수 있는 지능을 가진 사람의 행위라고 볼 수 없다."

68) **대판 1971. 4. 6, 71다187**. 그 외에 미성년자에게 책임능력을 인정한 판례로 **대판 1989. 5. 9, 88다카2745**에서 16세 5개월의 미성년자와 **대판 1989. 1. 24, 87다카2118**에서 18세의 미성년자에게 책임능력이 있다고 하였다.

보인다. 즉 자력이 없는 미성년자 대신 감독의무자에게 배상을 받도록 하려면 행위자의 책임능력을 부인할 필요가 있었던 것이다. 반면 미성년자를 피용자로 하는 경우에 사용자책임이 인정되려면 피용자에게 책임능력이 있어야 한다. 이러한 이유로 대법원은 유사한 경우임에도 불구하고 13세 2개월 된 미성년자에게 책임능력을 인정하고 있다. 이러한 결과는 목적에 따라 유사한 경우를 달리 판단한 것이어서 법적 안정성을 해치는 것으로서 바람직하지 않다.

2. 심신상실자의 책임능력

(1) '심신상실 중에 타인에게 손해를 가한 자는 배상의 책임이 없다.'(제754조 본문). 여기서의 「심신상실(心神喪失)」이란 판단능력이 없는 것을 의미하는데 가해자의 가해행위 당시에 일시적으로나마 심신상실의 상태(狀態 형편)에 빠졌으면 족하고 그가 심신상실의 상태(常態 평상시 심신상실이 되어 있는 모양)에 있었을 필요는 없다. 따라서 심신상실의 여부는 불법행위 당시를 기준으로 개별적으로 판단하며, 성년후견개시의 심판을 받았을 필요도 없다.[69)]

(2) 그러나 가해자가 고의 또는 과실로 심신상실의 상태를 초래한 때에는 불법행위책임을 면하지 못한다(제754조 단서). 이와 같이 심신상실을 초래한 상태에서의 가해행위를 '원인에 있어서 자유로운 행위'라고 하며, 이에 대해서는 불법행위책임이 면책되지 않는다.

여기서의 고의·과실은 심신상실을 초래하는 것에 관한 것이고 가해행위를 하는 것에 대한 고의·과실이 아니다.[70)] 여기서의 고의·과실을 인정하기 위해서는, 예를 들어 술을 마시면 정신을 잃을 것을 알았거나 알 수 있었던 것으로 충분하며, 술을 마시면 다른 사람에게 폭행을 가할 것을 알았거나 알 수 있었을 것을 요하지 않는다(이 경우에는 곧바로 제750조에 의하여 책임을 지게 되어 제754조 단서는 그 의미가 없게 되기 때문이다). 한편 제754조 단서가 적용되는 것은 가해자가 초래한 심신상실의 일시적인 경우에 한정되며, 계속적인 경우에는 적용되지 않는다.[71)]

---

69) **대판 1957. 7. 25, 4290민상302.**
70) 곽윤직, 397면 ; 송덕수, 민법강의, 1403면.
71) 곽윤직, 397면; 김상용, 채권각론, 661면; 송덕수, 민법강의, 1304면.

3. 증명책임

책임능력은 면책요건이므로 피해자가 가해자에게 책임능력이 존재한다는 것을 증명하는 것이 아니고, 책임을 면하려는 가해자가 자신에게 책임능력이 없었음을 주장·증명하여야 한다.

제4절 가해행위의 위법성

Ⅰ. 의 의

불법행위가 성립하려면 가해행위가 위법하여야 한다(제750조). 위법이란 인간의 행위가 법질서에 반하여 허용되지 않는 것을 말한다. 이 위법성의 요건은 구민법에서의 '권리침해'(구민법 제709조)를 현행민법에서 대치한 것이다.

Ⅱ. 위법성의 본질

어떤 행위가 '위법'이라고 평가하기 위해서는 두 가지가 필요하다. 즉 위법성 판단의 기준이 무엇이며 위법성 판단의 대상을 어떻게 이해할 것인가의 문제이다.

1. 위법성 판단기준

어떤 행위가 위법하다고 할 때 그 위법성의 판단기준을 무엇으로 할 것인가? 첫째, 실정법을 기준으로 한다는 설(형식적 위법론)과 둘째, 실정법과 선량한 풍속 기타 사회질서를 기준으로 하여 객관적·실질적으로 판단되어야 한다는 설(실질적 위법론)이 있다. 후자가 우리의 통설인데 이 견해는 위법을 실정법 이전의 문제로 보아 실정법 이외에 선량한 풍속 등의 사회규범을 위법평가의 기준으로 보고 있다.[72] 한편 판례는 가해행위의 위법성 여부를 침해행위의 태양과 침해된 법익의 성질을 상관적으로 검토하여 개별적으로 정한다.[73]

---

72) 곽윤직, 487면; 이은영, 801면.

73) **대판 2001. 2. 9, 99다55434 ; 대판 2001. 5. 8, 2000다35955** "공동의 이해관계를 갖는 다수의 사람들이 그들의 주장이나 목적을 관철할 의도 하에 한 집단행동이 민사상 불법행위를 구성하는 위법성을 갖는지 여부는, 그 집단행동의 구체적인 내용, 방법, 정도뿐만 아니라 이에 이른 동기나 목적, 경위, 상황 등을 침해이익과 함께 종합적으로 고려하여 그 집단행동이 사회통념상 용인될 만한 정도의 상당성이 있는지 여부에 의하여 판단하여야 할 것이다."

2. 위법성 판단의 대상

위법성 판단의 대상을 어떻게 이해할 것인가에 관하여, 주관적 위법론은 사람의 주관적 의식에 바탕을 둔 용태만이 판단대상이라고 한다. 이 경우 책임능력자의 행위만이 판단의 대상으로 된다. 한편 객관적 위법론은 판단대상을 객관적으로 결정해야 한다고 한다(통설). 이 경우 의사에 기한 것뿐만 아니라 의사에 기하지 않은 용태나 자연현상도 그 대상으로 한다.

3. 결과위법론·행위위법론

(1) 결과위법론

보호법익을 침해하는 결과가 발생하면 그 결과를 야기한 행위는 위법성 조각사유가 없는 한 위법하다고 판단하는 견해이다.[74] 이 학설에 의하면 법적으로 보호받아야 할 권리나 법익이 가해행위에 의하여 침해되면 그 행위는 위법하다고 평가한다. 결과를 가지고 원인의 위법성 여부를 평가하는 것이다.

그러나 이 견해에 의하면 단속규정 위반과 같이 결과발생이 없더라도 위법한 것으로 해야 할 경우를 적절하게 설명할 수 없다는 점이 문제로 지적되고 있다. 이 견해에 의하면 부작위에 의한 타인의 법익침해에 대하여 위법성을 인정하기 어려운 약점이 있다. 왜냐하면 부작위가 위법한 행위로 평가되기 위해서는 부작위자의 결과방지의무 등 작위의무가 있다는 것을 전제로 해야 하기 때문이다.

(2) 행위불법론

위법성의 결과를 법익침해의 결과에서 구하는 것이 아니라 가해행위 자체에서 구하는 견해이다.[75] 이 견해는 다음의 두 가지 측면을 함께 고찰하여 위법성을 평가해야 한다고 주장한다. 첫째, 어떠한 행위의 결과로서 보호법익의 침해가 있었는가 둘째, 그러한 침해는 법규범이 행위자에게 부과한 주의의무를 해태함으로써 야기된 것인가의 측면을 함께 고려해야 한다고 한다. 그러면서 이 견해는 불법행위의 유형을 '고의 불법행위'와 '과실 불법행위'로 나누어 고의의 불법행위는 법익침해의 결과만 있으면 위법한 것으로 보아 결과불법론이 타당하나 과실의 불법

---

74) 김주수, 649면.
75) 이은영, 802면.

행위는 법익침해의 결과 외에 법질서가 요구하는 사회생활상 요구되는 주의의무를 위반한 경우에 위법성이 인정된다고 보고 위법성의 근거를 주의의무를 위반한 점에서 구한다. 따라서 이 견해에 의하면 법질서가 요구하는 주의의무위반은 과실로 되면서 동시에 위법성의 근거가 되므로 과실개념과 위법성개념이 '주의의무위반'이라는 요건으로 통합된다. 다시 말하면 주의의무위반이 과실의 근거가 되면서 동시에 위법성의 근거가 된다.

생각건대, 양 견해의 논의가 불법행위를 이유로 손해배상을 청구하는 데에 어떤 실질적인 차이를 가져오는 것은 아니다. 즉 위법의 평가를 받는 것은 결국 사람의 행위라는 점에서 결과만을 가지고 위법성을 평가하는 결과불법론에 문제가 없는 것은 아니지만, 이 견해에서도 곧이어 행위자의 유책성을 문제 삼게 되므로 처음부터 위법성과 유책성을 일원화하여 하나로 파악하게 되므로 결과에 있어서 차이가 없다.

Ⅲ. 위법성의 개별적 판단

위에서 살펴본 바와 같이 위법성의 판단기준이 되는 것은 통설에 의할 경우 실정법질서와 사회질서를 표준으로 하여 객관적·실질적으로 판단되어야 한다고 한다.[76] 그리고 위법성 판단이 어려운 부분에 있어서는 비교형량이론에 의하여 판단한다고 한다.[77] 즉 침해행위의 사회적·개인적 유익과 기대되는 불이익의 개연성 및 정도를 서로 비교하여 침해자에게 불리한 경우 – 침해의 사회적·개인적 불이익이 더 많은 경우 – 에 그 침해행위는 위법하다고 한다.

위법성은 문제가 되는 행위마다 개별적·상대적으로 판단하여야 하므로 적법시설이라도 그로부터 발생하는 유해의 정도가 개별적으로 보아 사회생활상 통상의 수인한도를 넘는 때에는 위법성이 인정된다.[78]

---

76) 곽윤직, 487면 이하 ; 이은영, 801면 이하.

77) 곽윤직, 492면 ; 김상용, 불법행위법, 79면.

78) **대판 2001. 2. 9, 99다55434** "불법행위 성립요건으로서의 위법성은 관련 행위 전체를 일체로만 판단하여 결정하여야 하는 것은 아니고, 문제가 되는 행위마다 개별적·상대적으로 판단하여야 할 것이므로 어느 시설을 적법하게 가동하거나 공용에 제공하는 경우에도 그로부터 발생하는 유해배출물로 인하여 제3자가 손해를 입은 경우에는 그 위법성을 별도로 판단하여야 하고, 이러한 경우의 판단 기준은 그 유해의 정도가 사회생활상 통상의 수인한도를 넘는 것인지 여부라고 할 것이다."

부작위의 경우에는 작위의무가 있는 것을 전제로 작위의무를 위반하여 그 행위를 하지 않은 경우에 한하여 위법성이 인정된다.79)

Ⅳ. 위법행위의 구체적·개별적 판단

1. 재산적 이익의 침해

(1) 물권의 침해

절대권인 소유권(상린관계에 의한 경우 예외임)·점유권(제204조 내지 제206조)·용익물권·담보물권 등에 대한 각각의 침해는 원칙적으로 위법한 것이 된다. 그 이외에 절대권의 성질을 가지는 광업권(광업법 제10조), 어업권(수산업법 제18조), 지적재산권의 침해도 위법성을 갖는다. 또한 물권편에서 규정하고 있는 용수권(제231조 이하)의 침해도 위법한 것이 된다.

(2) 채권의 침해

채권침해에는 채무자에 의한 것과 제3자에 의한 두 가지가 있다. 우선 채무자에 의한 침해로는 채무불이행인데 위법성이 인정된다. 그런데 경우에 따라서는 불법행위책임과 경합하기도 한다. 예컨대 임차인의 과실로 임차물이 멸실한 경우

---

79) **대판 1989. 6. 27, 88다카9524** "당좌예금 은행이 거래고객의 예금부족에도 불구하고 당좌수표의 부도처리에 이은 당좌예금계정계약을 해지하지 않고 미사용 당좌수표용지를 회수하지 아니하여 거래고객의 상대방인 제3자가 손해를 입었더라도 은행의 그와 같은 부작위가 제3자에 대한 불법행위가 되려면 그것이 위법한 것임을 요하므로 그 전제로서 제3자에 대하여 그와 같은 행위(작위)의무를 지고 있어야 할 것인데 일반적으로 은행이 위에서 본 바와 같은 행위를 하는 것은 자기 방어의 필요에서 취하고 있는 조치이지 제3자에 대하여 부담하는 법적의무라고는 볼 수 없고, 당좌예금계정계약 해약 후에 거래선의 미사용 수표용지가 사용되어 제3자가 결과적으로 손해를 입는다는 것은 그 거래 선의 현저하게 부당한 행위, 예컨대 수표용지의 매매를 하거나 제3자의 금원을 편취하고 있음을 은행을 대리할 권한 있는 은행종사자들이 알고 거기에 편승하고 있었다는 등 특별한 사정이 없는 한 은행은 이를 보통 예견할 수 없을 뿐만 아니라 거기까지 예견의무를 지울 수도 없다."; **대판 2002. 2. 26, 2001다74353** "채권자의 부작위가 제3자에 대하여 불법행위를 구성하려면 그 부작위가 위법하여야 하므로 그 전제로서 채권자는 제3자에 대하여 작위의무를 지고 있어야 하는바, 일반적으로 채권자가 자신의 채무자에 대하여 상계권을 행사하고 아니하고는 채권자의 권리일 뿐 특별한 사정이 없는 한 제3자의 이익을 위하여 상계를 하여야 할 작위의무를 부담한다고 할 수는 없으므로, 채권자가 상계권을 행사하지 아니한 것이 제3자에 대하여 불법행위를 구성한다고 할 수 없다."

가 그것이다. 다른 하나로 제3자에 의한 침해인데, 원래 채권거래에는 자유경쟁의 원칙이 적용되기 때문에 그 침해의 모습이 자유경쟁이 허용되는 범위를 넘어선 경우에 한해서만 위법성을 갖는 것으로 한다.

2. 인격적 이익의 침해

(1) 의 의

인격권은 인간의 존엄성 내지 인격가치의 보호를 목적으로 하는 권리이다. 이에 대하여 헌법은 제10조에서 '모든 국민은 인간으로서의 존엄과 가치를 가지며, 행복을 추구할 권리를 가진다.'라고 규정한다. 인격권은 물권과 같은 절대권으로서 모든 사람에 대하여 주장할 수 있다. 또한 인격권 그 자체는 양도할 수 없고, 압류할 수도 없으며, 채권자대위권의 대상이 되지도 않는 일신전속권이다.

(2) 분류 및 내용

1) 인격권은 일반적 인격권과 개별적 인격권으로 나눌 수 있는데, 전자는 모든 개별적 인격권의 총체를, 후자는 생명·신체·자유·명예 등과 같이 인격권의 내용을 이루는 개개의 권리를 의미한다. 민법 제751조는 타인의 신체·자유·명예의 침해와 기타 정신상의 고통을 가하는 행위가 불법행위가 된다고 하고, 제752조는 생명침해가 불법행위가 된다고 규정하고 있다.

2) 민법에서 정하고 있는 개별적 인격권 이외에 다음과 같은 개별적 인격이 있다. ① 건강권이다. 소음·진동·배기가스·일조의 침해 등으로 평온하고 안전한 생활을 영위할 수 없는 것도 넓은 범위에서 인격권의 침해에 포함된다. ② 성명권과 초상권이다. 성명은 특정인을 타인과 구별하여 그 인격을 상징하는 것이므로, 타인의 성명을 자기의 성명으로 사용하거나 타인의 성명을 선전목적이나 상품의 표시에 마음대로 사용하는 것은 성명권의 침해에 해당한다. 초상권은 사람이 자신의 용모나 자태에 대하여 가지고 있는 권리로서 본인의 동의 없이 사진·그림·스케치 등으로 독자나 시청자들에게 공표되지 않기를 바라는 권리이다.[80] ③ 프라이버시(privacy)권이다. 사생활의 비밀과 자유가 이에 속한다(헌법 제17조 참조).

---

80) 김준호, 1717면 ; 이재홍, 435면.

타인의 전화를 도청하거나, 타인의 편지 등을 무단으로 개봉하여 읽는 것, 스포츠 경기에서 관람객을 무단으로 촬영하거나, 타인의 예금계좌를 부당하게 조사하는 행위 등을 그 예로 들 수 있다.

(3) 인격권 침해에 대한 구제

인격권 침해의 구제로서 사후구제와 사전구제가 있다. 사후구제로는 (금전)손해배상청구권 행사하거나(제750조), 명예훼손의 경우에는 명예회복을 청구할 수 있는 특칙을 두고 있다(제764조). 인격권의 구제로 사후구제보다는 사전구제가 더욱 효과적이다. 왜냐하면 인격권은 원래 그 성질상 한 번 침해되면 사후적인 구제로는 그 피해를 완전히 회복하기가 어렵기 때문이다. 따라서 인격권이 이미 침해되기 시작하여 지속되고 있는 경우에는 완전한 침해가 종결되기 전에 그 중지 및 제거를 구할 수 있도록 하는 것이 더욱 실효성이 있다. 그러므로 통설은 인격권이 절대권인 점을 감안하여 물권에 인정되는 물권적 청구권을 인격권에도 적용하여 방해제거 및 방해예방청구권에 기하여 그 침해행위의 제거 및 중지를 청구할 수 있다고 한다. 실무에서는 이를 금지청구권이라 한다. 판례도 통설과 같은 입장이다.[81]

3. 가족권(친족권)의 침해

가족권의 침해에서 가장 문제로 되는 것은 배우자의 권리의 침해이다.

(1) 처에 대한 강간은 그 처 자신에 대한 불법행위(정조침해)인 동시에 남편의

81) **대판 1996. 4. 12, 93다40614** "인격권은 그 성질상 일단 침해된 후의 구제수단(금전배상이나 명예회복 처분 등)만으로는 그 피해의 완전한 회복이 어렵고 손해전보의 실효성을 기대하기 어려우므로, 인격권 침해에 대하여는 사전(예방적) 구제수단으로 침해행위 정지·방지 등의 금지청구권도 인정된다고 전제한 다음, 우리나라 우유업계 전체가 이른바 '광고전쟁'의 소용돌이에 휘말리게 된 경위와 그 동안의 피고의 광고행태에 비추어 보면, 피고가 원고를 비방하는 광고를 재현할 위험은 아직도 존재하므로 원고는 피고가 자행할 위법한 광고로부터 그 명예·신용 등을 보전하기 위하여 피고에게 그러한 광고의 중지를 요구할 권리가 있다."; **대판 2014. 5. 29, 2011다31225** "TV를 통한 광고서비스사업 등을 하는 甲주식회사가 종합유선방송사업자들인 乙주식회사 등의 종합유선방송 가입자들 가운데 회원을 모집한 후 해당 회원들이 보유한 개별 TV 수상기와 乙회사 등 소유의 케이블방송수신용 셋톱박스 사이에 광고영상송출기기를 연결하여 자막광고를 한 사안에서, 甲회사의 광고행위는 乙회사 등의 광고영업 이익을 침해하여 민법상 불법행위에 해당하고, 乙회사 등은 甲회사가 위와 같은 행위를 하는 것과 제3자에게 이를 하게 하는 것의 금지를 청구할 수 있다."

정신적 안정을 손상한 것으로서 남편에 대해 불법행위가 성립한다.[82] 또한 타인의 남편(夫)과 첩관계(夫妾關係)를 계속하는 것은 본처에 대하여 불법행위로 된다.[83]

(2) 사실혼관계를 부당파기한 경우에는 불법행위가 성립하고,[84] 제3자가 사실혼관계에 있는 여자를 간음한 때에는 그 사실혼 관계에 있는 남자에게 대하여 불법행위가 된다.[85] 이는 사실혼관계에 있는 부부관계도 법률상 보호되어야 할 이익이 있기 때문이다.

(3) 그 이외에 친권이 침해되는 경우에도 불법행위가 된다(예, 자녀의 유괴). 생명침해는 부양청권자에 대한 불법행위이다(이설 있음).

[위법성 판단의 구체적·개별적 판례]

(1) 초상권 및 사생활의 비밀과 자유에 대한 부당한 침해는 불법행위를 구성한다(대판 2006. 10. 13, 2004다16280).

(2) 법인의 명예나 신용을 훼손하는 행위(대판 2008. 10. 9, 2006다53146).

---

82) **대판 1965. 11. 9, 65다1582** "처에 대한 강간미수행위 그 자체만으로도 남편의 정신적 안정을 손상한것이 되므로 남편에 대하여는 불법행위가 성립된다 할 것이다."

83) **대판 1967. 10. 6, 67다1134** "혼인관계가 존속중인 사실을 알면서 남의 첩이 되어 부첩행위를 계속한 경우에는 본처의 사전승인이 있었다 하더라도 장래의 부첩관계의 사전승인이라는 것은 선량한 풍속에 위배되는 행위이므로 본처에 대하여 불법행위가 성립한다."; **대판 1998. 4. 10, 96므1434** "소위 첩계약(妾契約)은 본처(本妻)의 동의 유무를 불문하고 선량한 풍속에 반하는 사항을 내용으로 하는 법률행위로서 무효일 뿐만 아니라 위법한 행위이므로, 부첩관계에 있는 부(夫) 및 첩은 특별한 사정이 없는 한 그로 인하여 본처가 입은 정신상의 고통에 대하여 배상할 의무가 있고, 이러한 손해배상책임이 성립하기 위하여 반드시 부첩관계로 인하여 혼인관계가 파탄에 이를 필요까지는 없고, 한편 본처가 장래의 부첩관계에 대하여 동의하는 것은 그 자체가 선량한 풍속에 반하는 것으로서 무효라고 할 것이나, 기왕의 부첩관계에 대하여 용서한 때에는 그것이 손해배상청구권의 포기라고 해석되는 한 그대로의 법적 효력이 인정될 수 있다."

84) **대판 1963. 11. 7, 63다587** "사실혼관계의 파기와 불법행위 : 사실상 혼인관계에 있는 부부관계도 법률상 보호되어야 할 이익이 있어 그 관계가 정당한 이유 없이 파기되었을 때에는 고의 또는 과실로써 권리를 침해한 것이라 하여 불법행위로서 손해배상을 청구할 수 있다."; **대판 1970. 4. 28, 69므37** "사실혼관계당사자 이외의 제3자가 사실혼파기에 가담한 경우에는 그 제3자에게는 불법행위로 인한 손해배상책임만이 있을뿐이므로 채무불이행으로 인한 손해배상책임을 물을 수 있다는 전제하에 그 제3자의 불법행위로 인한 손해배상채무의 소멸시효완성의 항변을 배척하였음은 위법이다."

85) **대판 1961. 10. 19, 4293민상531.**

(3) 인터넷상의 전자게시판 관리자의 타인에 대한 불법행위(대판(전) 2009. 4. 16, 2008다53812).

(4) 일조권침해의 위법성 여부(대판 2007. 6. 28, 2004다54282).

(5) 일조 및 생활이익 등 보호법익이 여러 개인 경우 각 보호법익마다 개별적으로 판단(대판 2004. 11. 26, 2004다2366).

(6) 일조가 이미 제한 받고 있던 경우 일조침해가 부정될 수 있음(대판 2004. 11. 26, 2004다2366).

(7) 일조이익의 주체(대판 2008. 12. 24, 2008다41499).

(8) 조망이익이 독자적인 이익으로 인정될 수 있어야 보호대상이 됨(대판 2004. 9. 13, 2003다64602 ; 대판 2007. 6. 28, 2004다54282).

(9) 직접적인 단속규정이 없는 한 공법적 기준은 일조권 보호를 위한 최소한도의 기준일 뿐(대판 2000. 5. 16, 98다56997).

(10) 근무규칙 등의 내규는 자유의 제한이 위법한지 여부를 판단하는 법적 기준이 될 수는 없음(대판 2003. 7. 25, 2001다60392).

(11) 통지의무가 인정되는 때에는 이를 통지하지 않은 것은 불법행위가 될 수 있음(대판 2006. 11. 23, 2006다35124).

(12) 통지의무(고지의무)가 인정되지 않는 때에는 고지하지 않은 것이 불법행위가 되지 않음(대판 2006. 11. 23, 2004다62955).

(13) 금융거래확인서를 발급하는 금융기관이 고의 또는 과실로 그 내용을 허위로 기재(누락 포함)하여 발급하는 경우 그 자체로서 위법한 행위임(대판 2006. 2. 24, 2005다38355).

(14) 강제집행과 불법행위

① 확정판결의 내용이 단순히 실체적 권리관계에 배치되고 집행 채권자가 이를 알고 있었다는 것만으로는 그 집행행위가 불법행위를 구성한다고 볼 수 없음(대판 2001. 11. 13, 99다23899).

② 채무초과상태에 빠진 채무자가 장래의 채권에 대한 전부명령에 의한 강제집행이 개시된 사실을 알고서 장래의 채권의 조건 성취나 기한의 도래를 방해하는 행위를 한 경우, 이는 전부명령에 의한 채권에 대한 강제집행을 방해하는 불법행위가 됨(대판 2002. 1. 25, 99다53902).

(15) 국가기관의 직무집행행위와 위법성

① 법관의 재판과 불법행위(대판 2003. 7. 11, 99다24218).

② 검사 등 수사기관의 직무수행행위와 위법성(대판 2002. 2. 22, 2001다23447).

③ 경찰관의 직무수행행위와 위법성(대판 2000. 11. 10, 2000다26807·26814).

④ 사법시험 출제상의 오류와 국가공무원의 국가배상책임(대판 2003. 11. 27, 2001다33789·33796·33802·33819).

⑤ 국가기관의 무작위

㉠ 경찰관의 권한불행사가 현저하게 불합리한 경우 위법성이 인정됨(대판 2004. 9. 23, 2003다49009).

㉡ 수사기관의 미비한 행위가 현저하게 불합리한 경우 위법성이 인정됨(대판 2008. 12. 7, 2004다14932).

㉢ 수사가 종결되어 종국처분을 하기 전에 출국금지조치의 위법성 부인(대판 2007. 11. 13, 2005다40907).

㉣ 국가는 극히 예외적인 사정이 인정되는 사안이 아닌 경우에는 부작위로 인한 불법행위가 인정되지 않음(대판 2008. 5. 29, 2004다33469).

㉤ 개인에게 권리가 부여된 경우 그 내용을 입법하지 않은 것이 불법행위가 됨(대판 2007. 11. 29, 2006다3561).

(16) 소제기나 고소 또는 증인진술과 불법행위

① 소제기가 고의 또는 과실이 인정되고 이것이 공서양속에 반하는 정도에 이른 것인 경우에는 위법성을 띠고 불법행위를 구성함(대판 1997. 2. 28, 96다32126).

② 고소를 하였으나 무죄판결을 받은 경우 그 고소가 권리남용이었다고 인정되는 고의 또는 중대한 과실에 의한 것이 아닌 이상 불법행위가 아님(대판 1994. 1. 25, 93다29556).

③ 타인의 범죄와 관련된 진술과 무죄판결

㉠ 형사재판에서 피고인에게 불리한 내용을 진술한 증인이나 참고인의 진술이 배척되고 무죄판결이 확정된 경우 그것만으로 당연히 불법행위를 구성하는 것은 아님(대판 2005. 12. 23, 2004다46366).

㉡ 자신의 범죄혐의에 관련된 사항에 관하여 진술한 내용이 동시에 타인의 범죄혐의사실을 뒷받침하는 증거로 작용함으로써 그 타인이 기소되고 유죄판결까지 받은 뒤에 결국 무죄의 확정판결을 받기에 이른 경우에도 그것만으로 그 타인에 대하여 불법행위를 구성하지 않음(대판 2007. 5. 11, 2007다2145).

(17) 증권회사의 투자수익보장약정의 경우

① 증권회사의 임직원이 권유한 투자를 하였으나 투자 손실을 본 경우에 투자가에 대한 불법행위책임이 성립되기 위해서는 고객에 대한 보호의무를 저버려 위법성을 띤 행위이어야 함(대판 2003. 1. 10, 2000다50312 ; 대판 2003. 7. 11, 2001다1802).

② 장외시장에서 증권의 매도인은 매도인 보호의무를 부담하지 아니하므로 특별한 위법행위가 없다면 불법행위가 성립하지 않음(대판 2006. 11. 23, 2004다62955).

V. 위법성의 조각

타인의 법익을 침해하는 가해행위가 있는 경우 보통은 위법한 것으로 되지만 정당한 사유가 있다면 위법성이 없다. 그러한 정당한 사유를 '위법성조각사유'라 한다. 민법에서 인정되는 위법성조각사유로 정당방위(제761조 제1항), 긴급피난(제761조 제2항)을 규정하고 있다. 그밖에 해석상 위법성조각사유가 인정되는 것으로 자력구제, 피해자의 승낙, 그리고 정당행위 등이 있다.

1. 정당방위

정당방위란 타인의 불법행위에 대하여 자기 또는 제3자의 이익을 방위하기 위하여 부득이 타인에게 손해를 가하는 행위이다(제761조 제1항).

그 요건으로서 첫째, '타인의 불법행위'가 있어야 한다. 이때의 불법행위는 정당방위제도의 취지상 객관적·외형적으로 위법한 것이면 되고 행위자의 고의·과실이나 책임능력을 필요로 하지 않는다. 둘째, 자기 또는 제3자의 이익을 방위하기 위한 행위일 것이다. 이때의 방위행위는 침해가 임박하거나 침해 중에만 할 수 있으며 침해가 종료된 후에는 할 수 없다. 셋째, 방위행위가 부득이한 행위이어야 한다. 즉 타인의 침해행위가 급박하여 국가의 구제를 구할 여유가 없는 등 방위행위의 필요성이 있어야 한다. 그리고 방위하려는 이익과 상대방의 손해 사이에 사회관념상 어느 정도 균형이 잡혀 있어야 한다.[86] 여기에서 방위행위는 불법행위를 한 그 타인에 대해서뿐만 아니라 다른 제3자에 대하여 하더라도 무방하다. 예컨대 강도(타인)의 위협을 피하기 위하여 방위행위로서 제3자(타인) 소유의 쇼윈도우를 부수고 피신하는 경우도 정당방위가 성립한다.

정당방위에 의한 행위는 위법성이 없어 불법행위가 성립하지 않으며, 따라서 손해배상책임을 부담하지 않는다(제761조 제1항 본문). 그리고 제3자에게 방위행위를 하여 제3자가 손해를 입은 경우, 제3자는 방위행위의 원인을 제공한 불법행위자에 대하여 그 배상을 청구할 수 있다(제761조 제1항 단서). 다만 이때에 원인을 제공한 불법행위자에게 고의 또는 과실과 책임능력이 있어야 한다(통설).

---

86) **대판 1991. 9. 10, 91다19913** "정당방위에 있어서는 반드시 방위행위에 보충의 원칙은 적용되지 않으나 방위에 필요한 한도 내의 행위로서 사회윤리에 위배되지 않는 상당성 있는 행위임을 요한다."

상당한 정도를 넘는 방위행위는 과잉방위가 되어 위법성이 조각되지 않는다. 다만, 이 경우에는 과실상계(제763조·제396조)에 의하여 배상액의 경감이 고려될 수 있을 것이다.

2. 긴급피난

(1) 의 의

긴급피난이란 자기나 제3자에게 대한 급박한 위난을 피하기 위하여 부득이 타인에게 손해를 가하는 행위이다. 긴급피난에 의한 가해행위도 위법성이 없으므로 불법행위가 성립하지 않는다(제761조 제2항). 정당방위는 위법한 침해에 대한 방위인데 반하여 긴급피난은 위법하지 않은 침해에 대한 피난인 점에서 차이가 있다.

(2) 요 건

1) 현재의 급박한 위난을 피하려는 행위이어야 한다. 그 위난의 발생원인은 사람이든 자연력 또는 물건이든 상관없다. 다만 그 위난이 피난자(가해자) 자신의 고의나 과실에 의하여 발생한 것이 아니어야 한다. 판례는 운전병이 제한속도 25킬로미터 지점에서 시속 45킬로미터의 과속으로 달리던 중 보행인 3인과의 충돌을 피하기 위하여 방향을 바꾸다가 점포를 들이받아 화재가 발행하였다면 위 운전병의 행위가 긴급피난에 해당한다고 할 수 없다고 한다.[87]

2) 자기 또는 제3자의 이익을 보호하기 위한 피난이어야 한다.

3) 그 피난은 부득이한 것이어야 한다. 즉 타인의 이익을 침해하는 방법 이외에 다른 피난 수단이 없고 또 긴급피난으로 보호하려는 이익과 그로 인한 손해 사이에 현저한 불균형이 없어야 한다.

---

87) **대판 1968. 10. 22, 68다1643** "본조 제2항에서 규정하고 있는 긴급피난의 요건중 긴박한 위난에는 가해자의 고의나 과실에 의하여 조성된 것은 포함되지 아니하므로 운전병이 제한속도 25킬로미터 지점에서 시속 45킬로미터의 과속으로 달리던 중 보행인 3인과의 충돌을 피하기 위하여 방향을 바꾸다가 점포를 들이받아 화재가 발생하였다면 위 운전병의 행위가 긴급피난에 해당한다고 할 수 없다."; **대판 1975. 8. 19, 74다1487** "민법 761조2항 소정 긴급피난의 요건 중 급박한 위난은 가해자의 고의나 과실에 의하여 조성된 것은 포함되지 아니한다."; **대판 1981. 3. 24, 80다1592** "민법 제761조 제2항 소정의 '급박한 위난'에는 가해자의 고의나 과실에 의하여 조성된 위난은 포함되지 아니한다."

(3) 효 과

긴급피난이 성립하면 정당방위에서와 마찬가지로 긴급피난 행위의 위법성이 없어 행위자는 불법행위책임을 지지 않는다(제761조 제2항, 제761조 제1항 본문). 한편 제3자에 대해 피난행위를 함으로써 제3자가 손해를 입은 경우, 제3자는 피난의 원인을 제공한 자에 대하여 그 배상을 청구할 수 있다(제761조 제2항, 제761조 제1항 단서).

3. 피해자의 승낙

가해행위를 하기 전에 피해자가 자유의사로 미리 가해의 승낙을 한 경우에도 위법성이 조각된다.[88] 다만 가해행위가 승낙의 범위를 초과하여서는 안 된다. 그 요건으로는,

1) 피해자가 발생하게 될 손해의 의미와 내용을 충분히 이해할 만한 정신능력을 가지고 있어야 한다.

2) 또한 그 승낙은 피해자의 자유로운 판단에 의하여 취해졌어야 한다. 따라서 자유로운 판단이 가능하기 위해서는, 예컨대 의료사고에서처럼 의사의 설명의무가 선행되어야 한다.

3) 그 승낙이 선량한 풍속 기타 사회질서에 반하지 않는 것이어야 한다. 따라서 승낙살인, 자살방조, 결투의 합의 등은 모두 위법성을 조각하지 않는다. 위험한 운동경기(권투, 격투기 등)나 오락의 경우에는 피해자의 묵시적 승낙이 있는 것으로 볼 수 있으며, 이때에는 위법성이 조각되는 것으로 한다.[89]

4) 그 승낙이 행위 당시에 명시적으로 또는 묵시적으로 존재하고 있을 것이 필요하다. 사후의 승낙은 여기에서 말하는 승낙이 아니고 이런 경우에는 보통 손해배상청구권의 포기로 될 것이다.

[판 례]

* 가해행위가 승낙의 범위를 초과하는 경우에는 위법성이 조각되는 것이 아니다(대판 1998.

88) 통설 : 곽윤직, 406면 ; 김상용, 채권각론, 673면. 그러나 이은영, 803면은 반대의견이다.
89) 곽윤직, 407면.

9. 4, 96다11327).
* 본처의 동의가 있는 첩계약은 동의 차체가 효력이 없어 위법성을 조각시키지 못한다(대판 1967. 10. 6, 67다1134).

4. 자력구제

자력구제는 청구권을 보전하기 위하여 국가기관의 구제를 기다릴 여유가 없는 경우에 권리자가 스스로 구제하는 행위이다. 정당방위는 현재의 침해에 대한 방위행위이며, 긴급피난은 현재의 침해에 대한 피난행위인 데 반하여, 자력구제는 주로 과거의 침해에 대한 회복인 점에서 다르다. 우리 민법은 자력구제에 관한 일반규정을 두고 있지 않으며, 다만 점유침탈에 관하여만 '자력구제'의 규정을 두고 있다(제209조). 점유침탈 이외의 경우에 자력구제를 인정할 것인가에 대하여 학설은 엄격한 요건 아래에서 이를 인정하고 있다.[90] 그에 의하면 정당한 자력구제행위는 위법성이 조각되어 불법행위가 되지 않는다.

5. 정당행위

타인의 법익을 침해하더라도 법률에 의하여 허용되거나 사회적 타당성이 있어서 위법성이 조각되는 것으로 정당행위가 있다.

(1) 법률에 의하여 허용되는 정당행위

계약상의 권리행사, 사법상(私法上)의 권리행사(제915조·제945조), 노동법상의 정당한 단체교섭이나 쟁의행위(노동조합 및 노동관계조정법 제4조), 교원의 징계권 행사(교육법 제76조),[91] 권한 있는 공무원이 적법한 절차를 밟아서 행하는 피의자의 체포나 형의 집행행위와 같이 법령에 의해 허용된 행위는 타인의 법익을 침해하는 행위 등은 권리남용이 되지 않는 한 위법성이 조각되어 불법행위가 되지 않는다.

90) 곽윤직, 406면 ; 김상용, 채권각론, 673면.
91) **대판 1979. 9. 11, 79다522** "교사가 수업태도가 불량한 학생에게 징계의 수단으로 심하지 않은 폭행을 가한 것은 교육업무상 정단한 행위로서 위법성이 조각된다."

(2) 사회통념상 정당행위

타인의 법익이 침해되었지만 사회통념에 비추어 사회적으로 허용된 것이라고 판단되면 정당행위로서 위법성이 조각된다. 명예훼손에 해당하지만 그것이 공공의 이익을 위한 보도행위로서 상당한 이유가 있을 때에는 위법성이 조각된다.[92] 운동경기에서 상해가 발생한 경우 등은 사회통념상 허용된 것으로서 정당한 때에는 위법성이 조각된다.

---

92) **대판 2002. 1. 22, 2000다37524·37531 ; 대판 2004. 2. 27, 2001다53387** "방송 등 언론매체가 사실을 적시하여 개인의 명예를 훼손하는 행위를 한 경우에도 그것이 공공의 이해에 관한 사항으로서 그 목적이 오로지 공공의 이익을 위한 것일 때에는 적시된 사실이 진실이라는 증명이 있거나 그 증명이 없다 하더라도 행위자가 그것을 진실이라고 믿었고 또 그렇게 믿을 상당한 이유가 있으면 위법성이 없다고 보아야 할 것이나, 그에 대한 증명책임은 어디까지나 명예훼손 행위를 한 방송 등 언론매체에 있고 피해자가 공적인 인물이라 하여 방송 등 언론매체의 명예훼손 행위가 현실적인 악의에 기한 것임을 그 피해자측에서 증명하여야 하는 것은 아니다." ; **대판 2008. 5. 8, 2006다45275** "사실을 적시한 표현행위가 타인의 명예를 훼손하는 경우에도 그것이 공공의 이해에 관한 사항으로서 그 목적이 오로지 공공의 이익을 위한 것일 때에는 적시된 사실이 진실이라는 증명이 있거나 그 증명이 없더라도 행위자가 그것을 진실이라고 믿었고 또 그렇게 믿을 상당한 이유가 있으면 위법성이 없다고 할 것인바(대법원 1988. 10. 11. 선고 85다카29 판결 등 참조), 여기서 '그 목적이 오로지 공공의 이익을 위한 것일 때'라 함은 적시된 사실이 객관적으로 볼 때 공공의 이익에 관한 것으로서 행위자도 주관적으로 공공의 이익을 위하여 그 사실을 적시한 것이어야 하고, 적시된 사실이 공공의 이익에 관한 것인지 여부는 그 적시된 사실의 내용과 성질, 그 사실의 공표가 이루어진 상대방의 범위, 표현의 방법 등 그 표현 자체에 관한 제반 사정을 감안함과 동시에 그 표현에 의하여 훼손되거나 훼손될 수 있는 명예의 침해 정도 등을 비교·고려하여 결정하여야 하며(대법원 2006. 5. 25. 선고 2005도2049 판결 등 참조), 행위자의 주요한 동기 내지 목적이 공공의 이익을 위한 것이라면 부수적으로 다른 개인적인 목적 또는 동기가 내포되어 있거나 그 표현에 있어서 다소 모욕적인 표현이 들어 있더라도 무방하고(대법원 2007. 1. 26. 선고 2004도1632 판결, 대법원 2007. 12. 13. 선고 2006도1239 판결 등 참조), '진실한 사실'이라 함은 그 내용 전체의 취지를 살펴볼 때 중요한 부분이 객관적 사실과 합치되는 사실이라는 의미로서 세부에 있어 진실과 약간 차이가 나거나 다소 과장된 표현이 있더라도 무방하다고 할 것이다(대법원 1998. 10. 9. 선고 97도158 판결, 대법원 2006. 3. 23. 선고 2003다52142 판결 등 참조). 그리고 표현의 자유와 명예보호 사이의 한계를 설정함에 있어서는 당해 표현으로 인하여 명예를 훼손당하게 되는 피해자가 공적인 존재인지 사적인 존재인지, 그 표현이 공적 관심 사안에 관한 것인지 순수한 사적 영역에 속하는 사안에 관한 것인지 등에 따라 그 심사기준에 차이를 두어, 공공적·사회적인 의미를 가진 사안에 관한 표현의 경우에는 표현의 자유에 대한 제한이 완화되어야 한다(대법원 2002. 1. 22. 선고 2000다37524, 37531 판결, 대법원 2006. 3. 23. 선고 2003다52142 판결 등 참조)."

[판 례]

* 무면허의료행위의 경우 사회통념에 비추어 용인될 수 있는 행위에 해당한다고 인정되는 경우에만 위법성이 조각된다(대판 2007. 6. 28, 2005도8817).
* 교원의 수업거부행위가 그 목적이 정당하였더라도 그것만으로 교사의 수업거부행위의 위법성은 조각되는 것은 아니다(대판 2007. 9. 20, 2005다25298).

제5절 가해행위에 의한 손해의 발생

Ⅰ. 의 의

1. 불법행위가 성립하려면 가해행위에 의한 손해가 현실적으로 발생하였어야 한다(제750조). 원래 불법행위책임은 손해를 전보하는 것을 그 내용으로 하는 것이므로 행위자가 손해를 발행시킬 의도를 가지고 행위를 하였더라도 실제로 손해가 발생하지 않았으면 손해배상책임이 인정되지 않는다. 현실적으로 손해가 발생하였는지 여부는 사회통념에 따라 객관적이고 합리적으로 판단하여야 한다. 한편 판례는 손해의 발생이 추정되어도 그 액에 대한 증거가 없어 이를 확정할 수 없으면 그 배상청구를 인용할 수 없다고 한다.[93] 민법은 채무불이행의 경우와 달리 불법행위의 경우에는 비재산적 손해(정신적 손해)의 배상에 대하여 명문의 규정을 두고 있다(제751조, 제752조).

2. 불법행위로 인한 손해배상책임은 원칙적으로 위법행위를 한때에 성립하지만 위법행위 시점과 손해 발생 시점 사이에 시간적 간격이 있는 경우에는 손해가 발생한 때에 성립한다.[94]

3. 손해의 현실적 발생과 그 금액은 피해자인 원고가 증명하여야 한다.[95]

---

93) **대판** 1960. 7. 28, 4292**민상**961; 김상용, 채권각론, 180면.

94) **대판** 2018. 6. 15, 2016**다**212272 "불법행위로 인한 손해배상책임은 원칙적으로 위법행위 시에 성립하지만 위법행위 시점과 손해발생 시점 사이에 시간적 간격이 있는 경우에는 손해가 발생한 때에 성립한다. 손해란 위법한 가해행위로 인하여 발생한 재산상의 불이익, 즉 그 위법행위가 없었더라면 존재하였을 재산상태와 그 위법행위가 있은 후의 재산상태의 차이를 말한다. 또한 손해의 발생 시점이란 이러한 손해가 현실적으로 발생한 시점을 의미하는데, 현실적으로 손해가 발생하였는지 여부는 사회통념에 비추어 객관적이고 합리적으로 판단하여야 한다."; **대판** 2018. 9. 28, 2015**다**69853.

95) 김상용, 채권각론, 180면; **대판** 2003. 4. 8, 2000**다**53038 "불법행위로 인한 손해배상청구권은 현실적으로 손해가 발생한 때에 성립하는 것이고, 현실적으로 손해가 발생하였는지 여부는

Ⅱ. 손해발생여부의 문제

1. 부동산 매수인의 손해

(1) 매도인이 매매대금을 전부 지급받은 후 매수인의 승낙 없이 제3자에게 근저당권설정등기나 담보목적의 가등기 또는 전세권설정등기 등을 경료하였다면, 특별한 사정이 없는 한 매수인은 매매대금 상당액이 아니라 그 피담보채무 또는 전세금 상당의 손해를 입었다고 본다. 그러나 가등기가 소유권이전등기청구권 보전을 위한 것이라면 그 가등기가 경료되었다는 사정만으로 곧바로 매수인이 매매대금 상당의 손해를 입었다고 볼 수는 없다고 본다. 또한 그러한 담보등기 등이 무효이거나 말소된 경우에는 매수인은 그 피담보채무 상당의 손해를 현실적으로 입었다고 볼 수 없다.[96]

사회통념에 비추어 객관적이고 합리적으로 판단하여야 하는 것이므로, 집행법원의 과실로 채권가압류결정정본이 제3채무자에게 송달되지 아니하여 가압류의 효력이 생기지 아니하였다고 하더라도, 그 사실을 안 가압류채권자로서는 피보전채권으로 채무자의 다른 재산에 대하여 강제집행을 함으로써 채권의 만족을 얻을 수 있는 것이므로, 집행법원의 위와 같은 잘못으로 말미암아 채무자에 대한 채권추심이 곤란해졌다는 등의 특별한 사정이 없는 한 가압류채권자로서는 채권가압류결정정본이 제3채무자에게 송달되지 아니하였다는 사유만으로는 가압류의 효력이 생기지 아니한 채권액 상당의 손해가 현실적으로 발생하였다고 할 수 없고, 그러한 손해가 현실적으로 발생하였다는 점에 대하여는 피해자인 가압류채권자가 이를 증명하여야 한다."; **대판 2004. 11. 26, 2003다58959** "불법행위로 인한 손해배상청구권은 현실적으로 손해가 발생한 때에 성립하는 것이고, 현실적으로 손해가 발생하였는지 여부는 사회통념에 비추어 객관적이고 합리적으로 판단하여야 하는 것인바, 제3채무자가 채권에 대한 가압류가 있음을 이유로 변제공탁을 하면서 공탁원인사실에 가압류채권자의 가압류에 관한 기재를 누락함으로 인하여 그 후 이루어진 공탁금에 대한 배당절차에서 가압류채권자가 배당을 받지 못하였다고 하더라도, 가압류채권자로서는 채무자의 다른 재산에 대하여 강제집행을 하거나, 배당절차에서 과다배당을 받게 된 자들을 상대로 부당이득반환청구를 함으로써 채권의 만족을 얻을 수 있는 것이므로, 제3채무자의 위와 같은 잘못으로 말미암아 채권의 만족을 받는 것이 곤란해졌다는 등의 특별한 사정이 없는 한 공탁원인사실에 가압류에 관한 기재가 누락되어 가압류채권자가 배당을 받지 못하게 되었다는 사유만으로 가압류채권자에게 그 배당을 받지 못한 금액 상당의 손해가 현실적으로 발생하였다고 할 수 없고, 그러한 손해가 현실적으로 발생하였다는 점에 대하여는 피해자인 가압류채권자가 이를 증명하여야 한다."

96) **대판 1998. 8. 25, 97다4760** "불법행위로 인한 손해배상청구권은 현실적으로 손해가 발생한 때에 성립하는 것이고 이 때 현실적으로 손해가 발생하였는지 여부는 사회통념에 비추어 객관적이고 합리적으로 판단하여야 하는 것인바, 토지의 매매대금 중 일부에 갈음하여 ○○아파트의 매도인이 매수인으로부터 매매대금을 전부 지급받은 후 매수인의 승낙 없이 임의로 이에 관하여 제3자에게 근저당권설정등기나 담보목적의 가등기 또는 전세권설

(2) 등기관이 새로운 등기부를 편제하면서 근저당권설정등기 및 압류등기의 표시를 누락하였고, 이러한 등기부의 표시를 신뢰하고 토지를 매수한 매수인이 그 대금 전부를 지급한 경우 매수인이 매도인에게 피담보채권액이나 압류채권액에 해당하는 대금지급을 거절할 수 있었는데도 등기관의 잘못으로 이를 하지 못하고 대금을 전부 지급하였으므로, 이 경우 매수인이 소유권을 상실하거나 근저당권의 실행이 현실화되지 않더라도 손해가 발생한 것으로 볼 수 있으며, 후에 매수인이 소송 등을 통하여 그 손해를 회복할 수 있는 다른 법적 구제수단이 존재한다고 하여 일단 있었던 손해의 발생 자체를 부정할 수는 없다고 본다.[97]

(3) 토지에 관한 무효등기로 인하여 토지매수인이 토지소유권을 취득하지 못하고 그 토지상에 매수인이 신축한 건물이 철거당하게 된 경우 건물에 대한 철거를 명한 판결이 확정되면 사실심 변론종결일까지 그 건물이 철거되지 아니하였다 하여도 그 손해는 이미 확정되어 있다고 본다.[98]

2. 일조침해로 인한 부동산의 비용증대 및 가치하락

분양된 아파트가 일조침해를 입고 있는 경우 그 아파트의 시세가 분양대금에 물가상승률이나 예금금리를 감안한 금액보다 높게 유지된다고 하여 그 소유자에

정등기 등을 경료하였다면 특별한 사정이 없는 한 매수인은 그 피담보채무 또는 전세금 상당의 손해를 입었다고 할 수 있을지언정 곧바로 그 매매대금 상당액의 손해를 입었다고 단정할 수 없고, 또한 매도인이 제3자에게 가등기를 경료하였더라도 그것이 단순히 소유권이전등기청구권 보전을 위한 것이라면 그와 같은 가등기가 경료되었다는 사정만으로 곧바로 매수인이 매매대금 상당의 손해를 입었다고 볼 수는 없다고 할 것이며, 한편 매도인이 매매목적물에 관하여 제3자에게 근저당권설정등기, 가등기 등을 각 경료하였더라도 그 후 그 피담보채무가 존재하지 않는 것으로 밝혀지거나 등기 자체가 말소된 경우에는 매수인이 그 피담보채무 또는 매매대금 상당의 손해를 현실적으로 입었다고 볼 수 없다."

97) **대판 2009. 3. 12, 2007다76580** "환지 과정에서 등기관이 새로운 등기부를 편제하면서 근저당권설정등기 및 압류등기의 이기를 누락하였고, 그 등기부를 신뢰하여 부동산을 매수한 매수인이 매매대금을 전부 지급한 후 위 근저당권설정등기 및 압류등기가 이기된 사안에서, 등기관의 직무상 과실로 위법하게 이루어진 등기부상 기재를 믿고 법률상 또는 계약상 지급할 의무가 없는 금원을 지급한 사실 자체로서 매수인에게 현실적으로 손해가 발생하였다."

98) **대판 1998. 7. 10, 96다38971** "소유하고 있는 건물에 대한 철거를 명한 판결이 확정된 이상 그 건물의 철거로 인한 손해배상을 구하는 소송의 사실심 변론종결일까지 그 건물이 철거되지 아니하였다 하여도 그 손해는 이미 확정되어 있다고 보아야 하므로, 조건부나 시기부로 그 손해의 배상을 명할 것은 아니다."

게 당해 아파트의 가격저하로 인한 손해가 발생하지 아니하였다고 볼 수 없다.[99)]

3. 신체침해

(1) 불법행위로 인한 후유장애로 인하여 외모에 추상이 생긴 경우 그것이 현저한 경우에는 추상장애로 인하여 노동능력의 상실이 있다고 볼 수 있다.[100)]

(2) 노동능력의 상실이 있다면 소득감소가 없더라도 재산상 손해의 발생을 인정할 수 있다.[101)]

4. 장애아로의 출생

의사가 기형아 판별확률이 높은 검사 방법에 관하여 설명하지 아니하여 임신부가 태아의 기형 여부에 대한 그 검사를 받지 못한 채 다운증후군에 걸린 아이를 출산한 사안에서 의사에 대한 산모의 손해배상청구 및 장애아 자신의 손해배상청구를 모두 부정한다.[102)]

---

99) **대판 1999. 1. 26, 98다23850** "일조장해, 사생활 침해, 시야차단으로 인한 압박감, 소음, 분진, 진동 등과 같은 생활이익의 침해로 인하여 발생한 재산적 손해의 항목 중 토지·가옥의 가격저하에 의한 손해를 산정함에 있어서는 광열비·건조비 등의 지출 증대와는 별도로 일조장해 등과 상당인과관계가 있는 정상가격의 감소액을 부동산감정 등의 방법으로 평가하여야 할 것이고, ○○아파트가 일조피해를 입고 있는 경우 그 아파트의 시세가 분양대금에 물가상승률이나 예금금리를 감안한 금액보다 높게 유지된다고 하여 그 소유자에게 ○○아파트의 가격저하로 인한 손해가 발생하지 아니하였다고 볼 수 없다."

100) **대판 1993. 11. 23, 93다35421** "불법행위로 인한 후유장애로 말미암아 외모에 추상이 생긴 경우에 그 사실만으로는 바로 육체적인 활동기능에는 장애를 가져오지 않는다고 하더라도 추상의 부위 및 정도, 피해자의 성별, 나이 등과 관련하여 그 추상이 장래의 취직, 직종선택, 승진, 전직에의 가능성 등에 영향을 미칠 정도로 현저한 경우에는 추상장애로 인하여 노동능력의 상실이 있다고 보는 것이 상당하다."

101) **대판 1990. 11. 23, 90다카21022** "원고가 사고로 인한 부상 및 후유증으로 인하여 노동능력의 32%를 상실하였다면 원고는 그가 종사하고 있는 국가공무원으로서의 직무를 수행함에 있어 그에 상응하는 정도의 지장이 초래되었다고 인정하는 것이 우리의 경험칙에도 합치된다 할 것이므로 원고가 원심 인정의 후유장애에도 불구하고 원심변론종결시까지 종전과 같은 직장에서 종전과 다름없는 보수를 지급받고 있다는 이유만으로 위와 같은 신체훼손으로 인한 재산상의 손해가 없다고 단정하는 것은 잘못이다."

102) **대판 1999. 6. 11, 98다22857** "[1] 의사가 기형아 판별확률이 높은 검사 방법에 관하여 설명하지 아니하여 임산부가 태아의 기형 여부에 대한 판별확률이 높은 검사를 받지 못한 채 다운증후군에 걸린 아이를 출산한 경우, 모자보건법 제14조 제1항 제1호는 인공임신중절수술을 할 수 있는 경우로 임산부 본인 또는 배우자가 대통령령이 정하는 우생학적

5. 첩관계와 혼인침해

첩계약은 본처의 동의 유무를 불문하고 위법한 행위이므로, 부첩관계로 인하여 본처와의 혼인관계가 파탄에 이르지 않더라도 부첩관계에 있는 부(夫) 및 첩(妾)은 본처가 입은 정신상의 고통에 대하여 배상할 의무가 있다.[103)]

6. 보전처분(압류나 가압류 또는 가처분)으로 인한 손해

(1) 부당한 채권가압류의 경우

1) 가압류채무자의 가압류채권자에 대한 손해배상청구의 경우 가압류채무자가 제3채무자로부터 제때 채권금을 지급받지 못하는 손해를 입은 경우, 가압류와 지급의 지연 사이에 인과관계가 있어야 손해배상을 받을 수 있다.[104)]

또는 유전학적 정신장애나 신체질환이 있는 경우를 규정하고 있고, 모자보건법시행령 제15조 제2항은 같은 법 제14조 제1항 제1호의 규정에 의하여 인공임신중절수술을 할 수 있는 우생학적 또는 유전학적 정신장애나 신체질환으로 혈우병과 각종 유전성 질환을 규정하고 있을 뿐이므로, 다운증후군은 위 조항 소정의 인공임신중절사유에 해당하지 않음이 명백하여 부모가 태아가 다운증후군에 걸려 있음을 알았다고 하더라도 태아를 적법하게 낙태할 결정권을 가지고 있었다고 보기 어렵다고 할 것이어서 부모의 적법한 낙태결정권이 침해되었다고 할 수 없다. [2] 인간 생명의 존엄성과 그 가치의 무한함에 비추어 볼 때, 어떠한 인간 또는 인간이 되려고 하는 존재가 타인에 대하여 자신의 출생을 막아 줄 것을 요구할 권리를 가진다고 보기 어렵고, 장애를 갖고 출생한 것 자체를 인공임신중절로 출생하지 않은 것과 비교해서 법률적으로 손해라고 단정할 수도 없으며, 그로 인하여 치료비 등 여러 가지 비용이 정상인에 비하여 더 소요된다고 하더라도 그 장애 자체가 의사나 다른 누구의 과실로 말미암은 것이 아닌 이상 이를 선천적으로 장애를 지닌 채 태어난 아이 자신이 청구할 수 있는 손해라고 할 수는 없다."

103) **대판 1998. 4. 10, 96므1434** "소위 첩계약(妾契約)은 본처(本妻)의 동의 유무를 불문하고 선량한 풍속에 반하는 사항을 내용으로 하는 법률행위로서 무효일 뿐만 아니라 위법한 행위이므로, 부첩관계에 있는 부(夫) 및 첩은 특별한 사정이 없는 한 그로 인하여 본처가 입은 정신상의 고통에 대하여 배상할 의무가 있고, 이러한 손해배상책임이 성립하기 위하여 반드시 부첩관계로 인하여 혼인관계가 파탄에 이를 필요까지는 없고, 한편 본처가 장래의 부첩관계에 대하여 동의하는 것은 그 자체가 선량한 풍속에 반하는 것으로서 무효라고 할 것이나, 기왕의 부첩관계에 대하여 용서한 때에는 그것이 손해배상청구권의 포기라고 해석되는 한 그대로의 법적 효력이 인정될 수 있다."

104) **대판 2006. 6. 15, 2006다10408** "부당한 채권가압류의 집행으로 인하여 가압류채무자가 제3채무자로부터 제때 채권금을 지급받지 못하는 손해를 입은 경우, 가압류채무자는 가압류채권자에 대하여 그 손해의 배상을 구할 수 있는 것이나, 부당한 채권가압류의 집행이 있었다 하더라도 그 집행기간 동안 기한의 미도래나 조건의 불성취 등의 사유로 인해 가압류채무자가 제3채무자로부터 채권을 바로 지급받을 수 없는 사정이 있었다면 가압류채무자가 부당한 채권가압류의 집행으로 인하여 어떤 손해를 입었다고 할 수는

2) 가압류채권자가 제3자 명의의 예금채권을 실제로는 가압류채무자의 것이라고 주장하면서 가압류신청을 하고 그에 따라 가압류가 된 경우 그러한 부당한 가압류에 관하여 고의 또는 과실이 있는 가압류채권자는 그 가압류집행으로 진정한 채권자가 입은 손해를 배상할 책임이 있다고 본다.[105)]

(2) 물건에 대한 부당한 가압류의 경우

1) 토지에 대한 부당한 가압류로 인해 그 지상의 건물도급계약이 해제된 경우 그 해제로 인한 손해는 특별손해라고 보아 가압류채권자가 토지에 대한 가압류집행이 그 지상 건물 공사도급계약의 해제사유가 된다는 특별한 사정을 알았거나 알 수 있었을 때에 한하여 배상책임이 있다.[106)]

2) 매매목적물에 대해 타인이 부당한 가압류집행을 하여 매도인이 매수인에게 위약금을 임의로 지급한 경우 이러한 경우 부당한 가압류집행을 하였다고 하더라

없다."

105) **대판 2009. 2. 26, 2006다24872** "법원이 가압류결정에서 특정된 대상채권을 가압류채무자의 채권이라고 기재하여 제3채무자에게 그 채권의 지급 금지를 명하고 있고 또 그러한 가압류가 절차법상으로는 유효한 이상, 그 집행이 취소되거나 대상채권의 진정한 채권자가 제기하는 제3자이의의 소 등을 통하여 그 가압류의 부당함이 밝혀질 때까지 제3채무자로서는 가압류의 절차적, 외관적 효력과 이중지급의 위험 등의 이유 때문에 가압류결정에서 채권자로 지목되어 있는 가압류채무자는 물론 진정한 채권자인 제3자에 대하여도 채무를 이행하는 것이 매우 어려워질 수밖에 없고 또 적극적으로 그 채무액을 공탁할 수도 있다. 그러므로 제3채무자가 위와 같은 가압류결정이 있었다는 이유로 진정한 채권자인 제3자에게 그 채무의 이행을 거절하는 경우에는 진정한 채권자인 제3자로서는 결과적으로 위와 같은 부당한 가압류로 인하여 자신의 채권을 제때에 회수하지 못하는 손해를 입게 될 것이고, 이 경우 그 손해는 위 부당한 가압류와 상당인과관계가 있는 것이다. 따라서 비록 가압류가 법원의 재판에 의하여 집행되는 것이기는 하지만, 그 부당한 가압류에 관하여 고의 또는 과실이 있는 가압류채권자는 그 가압류집행으로 인하여 제3자가 입은 위와 같은 손해를 배상할 책임이 있다."

106) **대판 2008. 6. 26, 2006다84874** "가압류나 가처분 등 보전처분은 법원의 재판에 의하여 집행되는 것이기는 하나, 그 실체상 청구권이 있는지 여부는 본안소송에 맡기고 단지 소명에 의하여 채권자의 책임 아래 하는 것이므로, 그 집행 후에 집행채권자가 본안소송에서 패소 확정되었다면 그 보전처분의 집행으로 인하여 채무자가 입은 손해에 대하여는 특별한 반증이 없는 한 집행채권자에게 고의 또는 과실이 있다고 추정되고, 따라서 그 부당한 집행으로 인한 손해에 대하여 이를 배상할 책임이 있다고 할 것이나, 토지에 대한 부당한 가압류의 집행으로 그 지상에 건물을 신축하는 내용의 공사도급계약이 해제됨으로 인한 손해는 특별손해이므로, 가압류채권자가 토지에 대한 가압류집행이 그 지상 건물 공사도급계약의 해제사유가 된다는 특별한 사정을 알았거나 알 수 있었을 때에 한하여 배상의 책임이 있다."

도 그것만으로는 매도인이 매수인에게 위약금을 지급할 사안이 아닌 것임에도 불구하고 임의로 위약금을 지급한 것에 불과하므로 매도인은 그로 인한 손해에 대해 가압류집행을 한 자에게 손해배상청구를 할 수 없다.[107)]

(3) 부당한 가처분으로 인한 손해의 경우

가처분의 존재로 인하여 처분기회를 상실하였거나 그 대가를 제때 지급받지 못하는 불이익을 입었다고 하더라도 그것이 당해 부동산을 보유하면서 얻는 점용이익을 초과하지 않는 한 손해가 발생하였다고 보기 어렵고, 그 점용이익을 초과하는 불이익을 입어 손해가 발생하였다고 하더라도 그 손해는 특별손해이다.[108)]

(4) 가압류가 실행되지 않음으로 인한 손해의 경우

1) 집행법원의 과실로 인해 가압류가 되지 않은 경우 가압류채권자로서는 채

---

107) **대판 2008. 6. 26, 2006다84874** "매매목적물인 부동산에 대하여 가압류집행이 되어 있다고 해서 매매에 따른 소유권이전등기가 불가능한 것도 아니고, 다만 가압류채권자가 본안 소송에서 승소하여 매매목적물에 대하여 경매가 개시되는 경우에는 매매목적물의 매각으로 인하여 매수인이 소유권을 상실할 수 있으나 이는 담보책임 등으로 해결할 수 있고, 경우에 따라서는 신의칙 등에 의해 대금지급채무의 이행을 거절할 수 있음에 그치므로, 매매목적물이 가압류되는 것을 매매계약 해제 및 위약금 지급 사유로 삼기로 약정하지 아니한 이상, 매수인으로서는 위 가압류집행을 이유로 매도인이 계약을 위반하였다고 하여 위 매매계약을 해제할 수는 없는 노릇이어서, 매도인이 받은 계약금의 배액을 매수인에게 지급하였다고 하더라도 그것은 매매계약에 의거한 의무에 의한 것이라고는 볼 수 없고 호의적인 지급이거나 지급의무가 없는데도 있는 것으로 착각하고 지급한 것이라고 보일 뿐이어서 위 위약금 지급과 위 가압류집행 사이에는 법률적으로 상당인과관계가 없다."

108) **대판 2001. 1. 19, 2000다58132** "[1] 소송촉진등에관한특례법 제3조는 금전채무의 전부 또는 일부의 이행을 명하는 판결을 선고할 경우에 있어서 금전채무불이행으로 인한 손해배상액산정의 기준이 되는 법정이율에 관한 특칙으로서, 부동산에 대한 부당한 가처분으로 인하여 처분기회를 상실하였거나 그 대가를 제때 지급받지 못한 것에 의한 손해액을 산정함에 있어서는 위 특칙을 적용할 수 없다 할 것이므로, 위 손해액을 산정함에 있어서 위 특례법 제3조 소정의 연 25%의 법정이율을 적용할 수 없고 민법 소정의 연 5%의 이율을 적용하여야 한다. [2] 부동산의 등기청구권을 보전하기 위한 처분금지가처분이 부당하게 집행되었다고 하더라도 이러한 처분금지가처분은 처분금지에 대하여 상대적 효력만을 가지는 것이어서 그 집행 후에도 채무자는 당해 부동산에 대한 사용·수익을 계속하면서 여전히 이를 처분할 수 있으므로, 비록 그 가처분의 존재로 인하여 처분기회를 상실하였거나 그 대가를 제때 지급받지 못하는 불이익을 입었다고 하더라도 그것이 당해 부동산을 보유하면서 얻는 점용이익을 초과하지 않는 한 손해가 발생하였다고 보기 어렵고, 설사 점용이익을 초과하는 불이익을 입어 손해가 발생하였다고 하더라도 그 손해는 특별한 사정에 의하여 발생한 손해로서 가처분채권자가 그 사정을 알았거나 알 수 있었을 때에 한하여 배상책임을 진다고 할 것이다."

무자의 다른 재산에 대해 강제집행을 할 수도 있는 것이므로, 가압류가 되지 않음으로 인하여 채무자에 대한 채권추심이 곤란해졌다는 등의 특별한 사정이 없는 한 가압류채권액 상당의 손해가 현실적으로 발생하였다고 할 수 없다.[109]

2) 제3채무자가 채권에 대한 가압류를 이유로 변제공탁을 하면서 공탁원인사실에 가압류채권자의 가압류에 관한 기재를 누락하고, 이로 인해 가압류채권자가 공탁금에 대한 배당절차에서 배당을 받지 못하게 된 경우 제3채무자의 위와 같은 이유로 배당을 받지 못한 금액 상당의 손해가 현실적으로 발생한 것으로 볼 수 없다.[110]

(5) 압류금지물에 대해 압류를 한 후 부당하게 그 압류가 해제된 경우

압류금지물에 압류가 되었더라도 그 압류가 법적 절차 없이 부당하게 해제된 경우 그 부당해제로 인한 손해가 발생할 수도 있다.[111]

---

109) **대판 2003. 4. 8, 2000다53038** "불법행위로 인한 손해배상청구권은 현실적으로 손해가 발생한 때에 성립하는 것이고, 현실적으로 손해가 발생하였는지 여부는 사회통념에 비추어 객관적이고 합리적으로 판단하여야 하는 것이므로, 집행법원의 과실로 채권가압류결정정본이 제3채무자에게 송달되지 아니하여 가압류의 효력이 생기지 아니하였다고 하더라도, 그 사실을 안 가압류채권자로서는 피보전채권으로 채무자의 다른 재산에 대하여 강제집행을 함으로써 채권의 만족을 얻을 수 있는 것이므로, 집행법원의 위와 같은 잘못으로 말미암아 채무자에 대한 채권추심이 곤란해졌다는 등의 특별한 사정이 없는 한 가압류채권자로서는 채권가압류결정정본이 제3채무자에게 송달되지 아니하였다는 사유만으로는 가압류의 효력이 생기지 아니한 채권액 상당의 손해가 현실적으로 발생하였다고 할 수 없고, 그러한 손해가 현실적으로 발생하였다는 점에 대하여는 피해자인 가압류채권자가 이를 증명하여야 한다."

110) **대판 2004. 11. 26, 2003다58959** "불법행위로 인한 손해배상청구권은 현실적으로 손해가 발생한 때에 성립하는 것이고, 현실적으로 손해가 발생하였는지 여부는 사회통념에 비추어 객관적이고 합리적으로 판단하여야 하는 것인바, 제3채무자가 채권에 대한 가압류가 있음을 이유로 변제공탁을 하면서 공탁원인사실에 가압류채권자의 가압류에 관한 기재를 누락함으로 인하여 그 후 이루어진 공탁금에 대한 배당절차에서 가압류채권자가 배당을 받지 못하였다고 하더라도, 가압류채권자로서는 채무자의 다른 재산에 대하여 강제집행을 하거나, 배당절차에서 과다배당을 받게 된 자들을 상대로 부당이득반환청구를 함으로써 채권의 만족을 얻을 수 있는 것이므로, 제3채무자의 위와 같은 잘못으로 말미암아 채권의 만족을 받는 것이 곤란해졌다는 등의 특별한 사정이 없는 한 공탁원인사실에 가압류에 관한 기재가 누락되어 가압류채권자가 배당을 받지 못하게 되었다는 사유만으로 가압류채권자에게 그 배당을 받지 못한 금액 상당의 손해가 현실적으로 발생하였다고 할 수 없고, 그러한 손해가 현실적으로 발생하였다는 점에 대하여는 피해자인 가압류채권자가 이를 증명하여야 한다."

111) **대판 2003. 9. 26, 2001다52773** "공장저당의 목적인 동산은 공장저당법에 의하여 유체동산집

7. 무단전대차

임대인은 임대차를 해지하지 않는 동안은 임차인에게 차임채권을 가지고 있으므로 그 범위 내에서 전차인이 사용하고 있다는 것만으로는 임대인에게 손해가 발생하지 않는다.[112)]

Ⅲ. 인과관계

1. 의 의

불법행위가 성립하기 위해서는 가해행위로 인하여 손해가 발생하였을 것을 요한다. 즉 가해행위와 손해발생 사이에 인과관계(kausalzusammenhang, kausalität)가 있어야 한다.

이와 관련하여 종래의 우리 학설은 손해배상책임의 성립에 있어서의 인과관계와 손해배상범위의 확정에 있어서의 인과관계에 관하여 양자를 구분하지 않고 하나로 다루어 상당인과관계가 있으면 불법행위가 성립하고 또한 그 범위 내의 손해를 배상하여야 하는 것으로 이론 구성을 하였다.[113)] 판례도 같다.[114)]

행의 대상이 되지 아니하는 이른바 압류금지물에 해당하므로 집행관은 압류하여서는 아니되지만, 금지규정을 어겨 압류한 경우에는 집행관은 집행에 관한 이의에 의한 법원의 결정이나 채권자의 신청에 의하지 아니하고는 스스로 압류를 해제할 수 없는 것이고, 압류의 부당해제의 경우 집행관의 처분에 대한 이의로서 구제받을 것을 예정하고 있다고 하더라도, 그러한 구제절차를 취하였더라면 부당한 압류해제로 인한 손해를 방지할 수 있었다고 단정할 수 없는 이상 구제절차를 취하지 아니하였다는 사유만으로 부당한 압류해제로 인한 손해발생을 부정할 수는 없다."

112) **대판 2008. 2. 28, 2006다10323** "임차인이 임대인의 동의를 받지 않고 제3자에게 임차권을 양도하거나 전대하는 등의 방법으로 임차물을 사용·수익하게 하더라도, 임대인이 이를 이유로 임대차계약을 해지하거나 그 밖의 다른 사유로 임대차계약이 적법하게 종료되지 않는 한 임대인은 임차인에 대하여 여전히 차임청구권을 가지므로, 임대차계약이 존속하는 한도 내에서는 제3자에게 불법점유를 이유로 한 차임상당 손해배상청구나 부당이득반환청구를 할 수 없다."

113) 곽윤직, 409면.

114) **대판 2007. 7. 13, 2005다21821 ; 대판 2007. 7. 13, 2005다23599** "[1] 금융기관에 개설된 예금계좌는 단순히 그 계좌를 개설한 자가 금원을 입출금하는 데 사용됨에 그치는 것이 아니라, 신용거래의 활성화와 온라인 송금 및 자금이체 시스템 등의 발달로 인하여 일상생활이나 영업활동에서 제3자에 대하여 갖게 되거나 지게 된 채권·채무 등을 추심하거나 변제하기 위한 수단 등으로도 활발히 이용되고 있는 것이 현 금융거래의 실정인바, 금융기관이 본인 또는 대리인을 자처하는 자에게 예금계좌를 개설하여 주는 과정에서 본인의

그러나 근래에는 가해행위로 인한 손해배상책임 성립요건으로서의 인과관계와 손해배상범위 확정에 있어서의 인과관계를 구별해야 한다는 주장이 강하게 제기되고 있다.[115] 이렇게 손해배상책임 성립의 문제와 손해배상범위 확정의 문제를 구별할 경우 여기서의 인과관계는 손해배상책임의 성립요건으로서의 인과관계를 의미한다. 그리고 손해배상성립에 있어서의 인과관계는 조건적 인과관계로 충분하다. 즉 손해배상책임의 성립에 있어서는 가해행위(불법행위)가 없었더라면 손해가 발생하지 않았을 것이라는 불가결조건으로 족하다고 할 것이다. 따라서 그 인과관계는 법적 가치판단이 배제된 사실적·자연적 인과관계로 이해한다.

한편 판례는 불법해위로 인한 손해배상청구 소송에서 가해행위와 손해발생 사이의 인과관계는 존재하거나 부존재하는지를 판단하는 것이고, 이를 비율적으로 인정할 수는 없으므로, 이른바 비율적 인과관계론은 받아들일 수 없다고 한다.[116]

인과관계가 인정되는 손해라고 하더라도 배상이 인정되지 않을 수 있다. 왜

신분증을 확인하거나 위임장과 인감증명서를 제출받고 대리인의 신분증을 확인하는 등의 최소한의 확인절차마저 모두 생략한다면, 피모용자가 정당하게 성립한 원인계약상의 채무 이행 등에 의하여 수령하여야 할 금원을 피모용자 명의로 임의로 개설한 은행계좌로 송금하게 하는 방법으로 금원을 편취하는 범죄행위 등이 용이하게 이루어질 수 있음은 누구나 쉽게 예견할 수 있다 할 것이고, 위와 같은 유형의 피해를 방지하기 위하여 모용계좌의 출현을 막을 수 있는 적절한 지위에 있는 자는 바로 예금계좌 업무를 담당하고 있는 금융기관 이외에는 존재하지 아니하므로, 예금계좌의 개설에 임하는 금융기관으로서는 금융실명거래 및 비밀보장에 관한 법률에서 정한 실명확인의무와 무관하게 위와 같은 최소한의 조치를 취함으로써 피모용자가 수령하여야 할 금원을 피모용자 명의로 임의로 개설한 은행계좌로 송금하게 하는 방법으로 금원을 편취하는 범죄행위 등에 도움을 주지 않아야 할 주의의무가 있고, 그러한 조치를 전혀 취하지 아니한 결과 개설된 모용계좌가 위와 같은 유형의 범죄행위에 이용되어 피모용자가 수령하여야 할 금원이 모용계좌에 송금됨으로써 제3자나 피모용자가 손해를 입게 되었다면, 모용자의 주된 기망수단은 바로 금융기관에 의하여 잘못 개설된 모용계좌의 존재 그 자체이고 피기망자인 제3자로서는 그 모용계좌를 정당한 계좌로 오신하여 잘못 송금함에 따라 손해가 발생한 것이어서, 금융기관의 위와 같은 주의의무 위반과 제3자나 피모용자가 입게 된 손해 사이에는 상당인과관계가 있다. [2] 은행 직원이 본인 또는 대리인 여부를 전혀 확인하지 않은 채 피모용자 명의의 예금계좌를 개설해 줌으로써, 피모용자의 직원이 위 예금계좌가 피모용자의 정당한 계좌라고 오신한 제3자로부터 돈을 입금받아 횡령할 수 있게 한 경우, 은행 직원의 주의의무 위반과 위 금액 상당의 손해 발생 사이에 상당인과관계가 인정된다."

115) 김상용, 채권각론, 182면 ; 송덕수, 민법강의, 1415면.

116) **대판 2013. 7. 12, 2006다17539** "불법행위로 인한 손해배상청구 소송에서 가해행위와 손해발생 사이의 인과관계는 존재하거나 부존재하는지를 판단하는 것이고, 이를 비율적으로 인정할 수는 없으므로, 이른바 비율적 인과관계론은 받아들일 수 없다."

냐하면 배상범위의 확정은 다음 단계에서 결정되어야 할 별개의 문제이기 때문이다.

2. 인과관계의 경합

(1) 자연력과 가해행위가 경합하여 손해를 발생시킨 경우

가해자는 원칙적으로 손해의 전부를 배상하여야 한다. 다만 자연력의 기여분을 증명할 수 있으면 그 부분을 감액 받을 수 있다. 판례는 가해자의 배상범위를 손해분담의 공평이라는 견지에서 자연력의 기여분을 제외한 부분으로 제한할 것이라고 하면서,[117] 다만 가해자가 자연적 조건이나 그에 따른 위험의 정도를 미리 예상할 수 있었고 또 과도한 노력이나 비용을 들이지 않아도 적절한 조치를 취하여 자연적 조건에 따른 위험의 발생을 예방할 수 있었다면 자연력의 기여분을 인정하여 배상범위를 제한할 것이 아니라고 한다.[118]

(2) 가해행위 사이에 경합하여 손해를 발생시킨 경우

수인의 가해행위자가 동일한 피해자에 대하여 동일한 손해를 발생케 한 경우에는 공동불법행위가 성립하고 또한 인과과계의 경합문제가 발생한다. 여기에는 다음과 같은 종류의 경합이 있다.

1) 중첩적 경합

A의 가해행위와 B의 가해행위가 각각 개별적으로도 동일한 결과를 발생시

117) **대판** 1993. 2. 23, 92**다**52122 ; **대판** 2001. 2. 23, 99**다**61316 ; **대판** 2003. 6. 27, 2001**다**734 "원자력발전소의 온배수 배출행위와 해수온도의 상승이라는 자연력이 복합적으로 작용하여 온배수배출구 인근 양식장에서 어류가 집단폐사한 경우, 손해배상 범위 결정시 자연력의 기여도를 고려하는 것이 타당하다."

118) **대판** 2001. 2. 23, 99**다**61316 ; **대판** 2003. 6. 27, 2001**다**734 "불법행위에 기한 손해배상 사건에 있어서 피해자가 입은 손해가 자연력과 가해자의 과실행위가 경합되어 발생된 경우 가해자의 배상범위는 손해의 공평한 부담이라는 견지에서 손해발생에 대하여 자연력이 기여하였다고 인정되는 부분을 공제한 나머지 부분으로 제한하여야 함이 상당하고, 다만 피해자가 입은 손해가 통상의 손해와는 달리 특수한 자연적 조건 아래 발생한 것이라 하더라도 가해자가 그와 같은 자연적 조건이나 그에 따른 위험의 정도를 미리 예상할 수 있었고 또 과도한 노력이나 비용을 들이지 아니하고도 적절한 조치를 취하여 자연적 조건에 따른 위험의 발생을 사전에 예방할 수 있었다면, 그러한 사고방지 조치를 소홀히 하여 발생한 사고로 인한 손해배상의 범위를 정함에 있어서 자연력의 기여분을 인정하여 가해자의 배상범위를 제한할 것은 아니다."

키기에 충분한 경우를 가해행위의 중첩적 경합이라고 한다. 예컨대 A공장의 폐수와 B공장의 폐수가 각각 C농장의 작물에 피해를 주기에 충분한 경우이다. 이러한 경우에 관련공동성이 인정되면 공동불법행위가 성립하며, 이 경우 타인의 가해행위를 이유로 자기의 책임을 면할 수 없다. 관련공동성이 없다면 원칙적으로 각자가 그 행위에 대하여 인과관계가 있으므로 책임을 지되 부진정연대책임(제760조 제1항 유추적용)을 질 것이다. 내부적으로는 손해를 분담하게 된다.

2) 필요적 경합

A공장의 폐수와 B공장의 폐수가 각 공장의 폐수만으로는 손해가 발생하지 않지만 두 공장의 폐수가 합쳐져서 비로소 손해가 발생하는 때에는 필요적 경합이 있다. 이 경우에는 제760조 제2항을 유추하여 가해자들은 피해자에 대하여 부진정연대책임을 지고 다만 각자는 자기의 기여분을 증명하면 그 한도 내에서만 책임을 진다.

3) 과잉적 경합

A공장의 폐수로 손해를 발행시키기에 충분한 반면 B공장의 폐수로는 손해를 발생시키기에 부족한 경우를 과잉적 경합이라고 한다. 이 경우에는 불가결조건의 공식(X라는 원인이 없으면 Y라는 결과가 발생하지 않는다)에 의하면 B공장에는 인과관계가 없는 것이 된다. 그러나 이 경우에 A공장은 전 손해에 대하여 배상책임을 지고 B공장도 원칙적으로 A공장과 부진정연대하여 책임을 진다. 다만, B공장은 자신의 기여분을 증명함으로써 그에 따라 책임이 감해질 수 있을 것이다.

4) 추월적 경합

하나의 가해행위가 있은 후 그 가해행위로 인한 결과발생이 완료되기 전에 다른 가해행위가 부가되어 손해발생의 결과가 발생한 경우 추월적 경합이라고 한다. 예컨대 A가 차로 C를 치어 치명상을 입혔으나 아직 사망에는 이르지 않고 도로에 방치되어 있는 상태에서, A를 뒤따르던 B가 또 다시 C를 치어 사망에 이른 경우가 추월적 경합의 예이다. 이러한 경우에는 A와 B 모두 손해의 전부에 대하여 부진정연대채무를 부담한다. 다만 내부관계는 구체적 사정을 고려하여 판단해야 할 것이다.

5) 가정적 경합

이미 가해행위에 의한 손해의 결과가 발생한 후에, 앞의 불법행위가 없었더라면 후에 발생한 불법행위에 의해서 앞에서와 동일한 손해의 결과가 발행할 수 있었을 것이라는 가정적 인과관계(hypothetische Kausalität)가 인정되는 경우를 가정적 경합이라 한다. 예컨대 A가 차고 안에 있던 C의 자동차를 완전히 파손한 후에 B가 그 차고를 방화하여 멸실시킨 경우가 이에 해당된다. 위 ㉣의 추월적 경합과 유사하지만 다른 점은 이미 앞에서 행하여진 불법행위에 의해서 손해발생이 완료되었다는 것이다. 이 경우 자동차에 대한 손해배상책임은 B에 대하여는 부인된다. 왜냐하면 B의 행위시에는 손해발생의 대상인 자동차가 이미 존재하지 않고 있기 때문이다.

6) 원인행위가 불명인 복수의 가해행위

수인의 가해행위가 행하여졌으나 손해발생의 원인행위가 불명인 경우, 즉 어느 가해자의 가해행위에 의하여 손해가 발생하였는지, 또는 수인의 가해행위가 모두 경합하여 손해가 발생하였는지 알 수 없는 때에는 제760조 제2항이 적용되어 모든 가해자에게 손해의 전부에 대하여 부진정연대채무가 발생한다.

Ⅳ. 인과관계의 증명책임

인과관계의 증명책임은 피해자인 원고가 부담함이 원칙이다. 그러나 일정한 경우에는 법률이 그 증명책임을 상대방에게 전환하거나 완화하기도 한다. 제756조 제1항 단서와 제760조 제2항이 이에 해당된다. 그렇지만 피해자인 원고는 인과관계가 존재한다는 것을 법관으로 하여금 확신을 얻을 정도로 증명한다는 것은 언제나 가능하지 않다. 그리하여 피해자는 인과관계가 존재한다는 상당한 정도의 개연성만 증명하면 되고 그 경우 가해자가 인과관계가 없음을 증명하지 못하면 인과관계가 인정된다는 개연성이론이 판례에 의하여 논의되고 있다. 우리 판례는 환경침해불법행위, 의료과오불법행위, 제조물책임 등에서 이 이론을 적용하고 있다.

제 3 장
특수불법행위

제1절 서 설

가해행위에 대한 자기과실책임의 원칙이 적용되는 일반불법행위책임과는 달리 특수한 요건이 정하여져 있는 불법행위를 통칭하여 특수불법행위라고 한다. 이러한 특수한 불법행위의 유형은 민법에 이미 규정되어 있는 것도 있고, 특별법에 규정되어 있는 것도 있으며, 판례나 학설에 의하여 이론상 인정된 것도 있다.

민법이 규정하는 특수불법행위에는 책임무능력자의 감독자의 책임(제755조), 사용자책임(제756조, 제757조도 사용자책임과 관련된 규정이다), 공작물 등의 점유자·소유자의 책임(제758조), 동물점유자의 책임(제759조) 등을 들 수 있는데, 이들은 모두 타인의 가해행위 또는 물건에 의한 손해에 대하여 배상책임을 지우는 점에서 자신의 가해행위에 의한 손해에 대하여 책임을 지는 일반불법행위와 다르다. 그리고 공동불법행위자의 책임에 관한 규정인 제760조는 공동불법행위자 간에 연대책임을 인정함으로써 일반불법행위와 다르다. 또한 제758조의 공작물 등의 소유자책임(소유자는 무과실책임을 진다)과 제760조의 공동불법행위자의 책임(이 경우에는 피해자가 공동불법행위자의 고의·과실을 증명해야 한다)을 제외하고는 고의·과실의 증명책임을 피해자로부터 가해자에게 전환한 이른바 중간책임으로 구성되어 있다.

나아가 일반불법행위의 성립요건과 다른 요건을 규정하고 있는 예로서 무과실책임을 규정하거나 증명책임을 전환하여 사실상 무과실책임으로 하고 있는 특별법이 다수이다. 즉 사업장 등에서 발생하는 환경오염 또는 환경훼손으로 인하여 피해가 발생한 경우 사업자의 무과실책임(환경정책기본법 제31조), 토양오염으로 인한 피해에 대한 오염원인자의 무과실책임(토양환경보전법 제10조의 3), 원자력손해에 대한 원자력사업자의 무과실책임(원자력손해배상법 제3조), 광해에 대한 광업권자 또는 조광권자의 무과실책임(광업법 제75조), 제조물의 결함으로 인한 손해에 대한 제조업자의 무과실책임(제조물책임법 제3조), 도로 등 공공의 영조물의 하자로 인한 손해에 대한 국가·지방자치단체의 무과실책임(국가배상법 제5조)을 들 수 있다. 그리고 자동차의 운행으로 인한 타인의 사망·부상에 대한 자동차운행자의 책임(자동차손해배상보장법 제3조), 「독점규제 및 공정거래에 관한 법률」을 위반함으로써 피해를 입힌 사업자·사업자단체의 배상책임(동법 제56조), 특허권의 침해(특허법 제130조), 디자인권의 침해(디자인보호법 제65조)의 경우에는 과실의 증명책임을 전환하여 사실상 무과실책임으로 하고 있다. 그리고 학설·판례에 의한 특수불법행위의 대표적인 경우로는 의료과오책임이 있다.

이하에서는 민법에서 규정하고 있는 특수불법행위와 특별법상의 특수불법행위 중 자동차운행자의 책임, 환경오염책임, 제조물책임, 의료과오책임에 대하여 설명하기로 한다.

제2절 책임무능력자의 감독자의 책임

Ⅰ. 의의 및 성질

1. 책임무능력자가 위법하게 타인에게 손해를 가한 경우에 그가 책임능력이 없어서 불법행위책임을 지지 않는 경우에(제753조, 제754조) "책임무능력자를 감독할 법정의무 있는 자"(예, 친권자, 후견인)와 "감독의무자에 갈음하여 무능력자를 감독하는 자"(학교장, 유치원장 등)는 그가 감독의무를 게을리하지 않았음을 증명하지 못하면 배상책임을 지게 되는 데 이를 책임무능력자의 감독자의 책임 또는 감독자책임이라 한다.

2. 감독의무자가 지는 책임은 책임무능력자가 한 가해행위 그 자체에 대한 것이 아니라 책임무능력자에 대한 일반적인 감독의무를 게을리 한 것에 대한 책임이다. 그리하여 감독의무자가 감독의무를 게을리 하지 않았을 때에는 책임을 면한다(제755조 제1항 단서). 다시 말하면 책임무능력자의 감독자의 책임은 일종의 타인의 행위에 대한 책임이다. 왜냐하면 감독의무자가 자신의 가해행위에 대한 것이 아니고 그의 감독을 받는 책임무능력자의 가해행위에 대한 책임을 지는 것이기 때문이다. 그러나 감독의무자의 책임이 성립하기 위해서는 감독의무자의 과실이 필요한데 이 과실은 직접적인 가해행위를 한 무능력자에 대한 감독의무를 게을리 한 데 있는 것이고, 가해자인 무능력자의 직접적인 가해행위 자체에 대한 과실이 문제되는 것이 아니다. 그리고 감독의무자의 과실에 대한 증명책임은 피해자로부터 감독의무자에게로 전환되어 있다. 이 경우 감독의무자의 면책증명이 거의 인정되지 않는 현실에 비추어 감독자의 책임은 실질적으로 무과실책임에 접근하게 된다. 일반적으로 감독자의 책임을 무과실책임과 과실책임의 중간적 책임이라고 부르는 이유가 여기에 있다.

Ⅱ. 책임의 성립요건

1. 책임무능력자의 불법행위

책임무능력자의 가해행위가 불법행위의 다른 요건은 충족하였으나 책임능력이 없어(제753조·제754조) 피감독자 본인이 손해배상책임을 지지 않는 경우이어야 한다. 따라서 타인의 감독을 받는 자라도 책임능력이 있는 자는 그가 스스로 책임을 져야 하며, 제755조의 감독자책임은 생기지 않는다. 이러한 의미에서 감독자책임은 보충적인 것이라고 한다.[119] 그리고 피감독자의 가해행위가 책임무능력 이외의 사유(정당방위, 긴급피난 등의 위법성 조각사유)로 불법행위책임을 발생시키지 않는 경우에는 감독자책임도 생기지 않는다.

책임무능력의 판단 기준은 획일적으로 정해진 것이 아니라 불법행위 당시를 개별적으로 책임변식능력 여부를 판단하는 것이며 행위무능력자제도와는 그 기준이 다르다. 가해자에게 책임능력이 없다는 사실은 감독자를 상대로 그 책임을 물으려는 피해자가 이를 증명하여야 한다.

2. 감독의무의 해태

(1) 의 의

감독의무자 또는 대리감독자(감독의무자를 갈음하여 감독하는 자) 등이 감독의무를 게을리하였어야 한다. 따라서 감독자책임은 형식상 감독의무 위반의 과실책임이다(제755조 제1항 단서). 감독의무자의 의무는 책임무능력자에 대한 일반적인 감독의무를 게을리 한 것이고 구체적인 가해행위에 대한 것 자체에 관한 것이 아니고 일반적인 감독의무이다. 따라서 감독의무자의 눈에 보이지 않는 곳에서 알지 못하는 상태에서 행한 가해행위에 대해서도 감독자책임을 진다.

---

119) **대판 1994. 8. 23, 93다60588** "민법 제755조에 의하여 책임능력 없는 미성년자를 감독할 법정의 의무있는 자 또는 그에 갈음하여 무능력자를 감독하는 자가 지는 손해배상책임은 그 미성년자에게 책임이 없음을 전제로 하여 이를 보충하는 책임이고, 그 경우에 감독의무자 자신이 감독의무를 해태하지 아니하였음을 입증하지 아니하는 한 책임을 면할 수 없는 것이나, 반면에 미성년자가 책임능력이 있어 그 스스로 불법행위책임을 지는 경우에도 그 손해가 당해 미성년자의 감독의무자의 의무위반과 상당인과관계가 있으면 감독의무자는 일반불법행위자로서 손해배상책임이 있다."

이는 피해자가 증명할 필요는 없으며 감독자가 책임을 면하려면 감독의무를 게을리하지 않았음을 증명하여야 한다. 그런데 감독의무자는 감독의무를 게을리하여 이왕에 손해가 발생한 경우에 그는 자신이 감독의무를 게을리하지 않았더라도 손해가 발생하였으리라는 것을 증명하여 책임을 면할 수 있는가? 사용자책임에 관해서는 명문으로 이를 인정하고 있는(제756조 제1항 단서) 반면 감독자책임에 관해서는 그러한 규정이 없다. 이에 대하여 학설은 대립하고 있다. ① 제756조 제1항 단서를 유추 적용하여, 또 감독자책임은 절대적 책임이 아니고 그러한 경우에는 감독의무 위반과 손해 사이에 인과관계가 없다는 이유로 그 책임을 면한다는 견해[120]와 ② 제755조에서 제756조 제1항 단서와 같은 내용을 규정하지 않은 것은 감독의무자의 감독의무 위반이 있으면 그것이 손해발생과 인과관계에 있는지의 여부를 묻지 않고 책임을 지우겠다는 입법자의 의도가 있는 것으로 보아 면책을 부정하는 견해[121]가 있다. 그 외에 법정감독자에 관하여는 면책을 부정하고 임의감독자에 관하여는 면책을 인정하는 견해,[122]와 면책증명이 어려워 실질적으로 차이가 없다는 견해[123]가 있다.

(2) 감독의무의 범위

1) 법정감독의무자의 경우

법정 감독의무자는 미성년자의 경우에는 친권자(부모가 공동으로 친권을 행사하는 경우에는 부진정연대채무를 진다)·미성년후견인, 피성년후견인의 경우에는 성년후견인[124]이다. 이러한 친권자·미성년후견인·성년후견인 등 법정감독의무자의 보호·감독책임은 미성년자와 피성년후견인의 생활 전반에 미친다.[125]

120) 곽윤직, 앞의 책, 414면 ; 김증한·김학동, 앞의 책, 812면.

121) 송덕수, 민법강의, 1418면.

122) 이은영, 846면.

123) 김상용, 채권각론, 677면; 김주수, 688면.

124) 구 판례는 금치산선고를 받지 않은 심신상실자의 처·부모의 순으로 감독의무자가 된다고 하였다(대판 1957. 7. 25, 4290민상302).

125) **대판 2007. 4. 26, 2005다24318** "민법 제755조에 의하여 책임능력 없는 미성년자를 감독할 친권자 등 법정감독의무자의 보호·감독책임은 미성년자의 생활 전반에 미치는 것이고, 법정감독의무자에 대신하여 보호·감독의무를 부담하는 교사 등의 보호·감독책임은 학교 내에서의 학생의 모든 생활관계에 미치는 것이 아니라 학교에서의 교육활동 및 이와 밀접 불가분의 관계에 있는 생활관계에 한하며, 이와 같은 대리감독자가 있다는 사실만 가지고 곧 친권자의 법정감독책임이 면탈된다고는 볼 수 없다."

2) 유치원·학교의 교사나 교장 등 대리감독자의 감독의무

① 유치원이나 학교에서의 교육활동과 밀접한 관계에 있는 생활관계에 한하며, 학교생활에서 통상 예측가능성이 있는 사고에 한하여 교사가 보호·감독책임이 있다.[126)]

② 학교나 학급에서 의도와 적극성을 가지고 지속적이면서도 반복적으로 집단따돌림을 하는 경우에도 예측 가능한 것이어야 교장이나 교사 등이 책임을 진다.[127)]

3) 사교육을 담당하는 학원 등의 감독의무

사교육을 담당하는 학원의 설립·운영자나 교습자에게도 공교육을 담당하는 교사 등과 마찬가지로 당해 학원 수강생을 보호·감독할 의무가 있으며 이 경우의 보호감독의무가 미치는 범위도 공교육을 담당하는 교사 등의 경우와 같다.[128)]

---

126) **대판 1999. 9. 17, 99다23895** "지방자치단체가 설치·경영하는 학교의 교사는 학생들을 보호·감독할 의무를 지는 것이지만 이러한 학생에 대한 보호·감독의무는 학교 내에서의 학생의 모든 생활관계에 미치는 것이 아니고 학교에서의 교육활동 및 이와 밀접불가분의 관계에 있는 생활관계에 한하며, 그 의무범위 내의 생활관계라 하더라도 교육활동의 때, 장소, 가해자의 분별능력, 가해자의 성행, 가해자와 피해자의 관계 기타 여러 사정을 고려하여 사고가 학교생활에서 통상 발생할 수 있다고 하는 것이 예측되거나 예측가능성이 있는 경우에 한하여 교사가 보호·감독의무 위반에 대한 책임을 진다."

127) **대판 2007. 11. 15, 2005다16034** "집단따돌림으로 인하여 피해 학생이 자살한 경우, 자살의 결과에 대하여 학교의 교장이나 교사의 보호감독의무 위반의 책임을 묻기 위하여는 피해 학생이 자살에 이른 상황을 객관적으로 보아 교사 등이 예견하였거나 예견할 수 있었음이 인정되어야 한다. 다만, 사회통념상 허용될 수 없는 악질, 중대한 집단따돌림이 계속되고 그 결과 피해 학생이 육체적 또는 정신적으로 궁지에 몰린 상황에 있었음을 예견하였거나 예견할 수 있었던 경우에는 피해 학생이 자살에 이른 상황에 대한 예견가능성도 있는 것으로 볼 수 있을 것이나, 집단따돌림의 내용이 이와 같은 정도에까지 이르지 않은 경우에는 교사 등이 집단따돌림을 예견하였거나 예견할 수 있었다고 하더라도 이것만으로 피해 학생의 자살에 대한 예견이 가능하였던 것으로 볼 수는 없으므로, 교사 등이 집단따돌림 자체에 대한 보호감독의무 위반의 책임을 부담하는 것은 별론으로 하고 자살의 결과에 대한 보호감독의무 위반의 책임을 부담한다고 할 수는 없다."

128) **대판 2008. 1. 17, 2007다40437** "유치원이나 학교의 원장·교장 및 교사는 교육기본법 등 관련 법령에 따라 그들로부터 교육을 받는 유치원생과 학생들을 친권자 등 법정감독의무자에 대신하여 보호·감독할 의무를 진다. 그런데 유치원생이나 학생들을 대상으로 한 교육활동이 유치원이나 학교에서만 이루어지는 것은 아니고, 특히 우리의 교육현실을 보면 학원의 설립·운영 및 과외교습에 관한 법률에 따라 설립·운영되는 학원이나 교습소에서 학교교육의 보충 또는 특기·적성교육을 위하여 지식·기술·예능을 교습하는 형태의 사교육이 광범위하게 이루어지고 있으며, 이러한 사교육은 학교 안에서 이루어지는 공교육 못지않은 중요한 역할을 수행하고 있는바, 공교육을 담당하는 교사 등과 마찬가지로

3. 배상책임자

위의 요건을 갖춘 경우에는 책임무능력자를 감독할 법정 의무자(제755조 제1항 본문)와 그를 갈음하여 책임무능력자를 감독하는 자(제755조 제2항)가 배상책임을 진다. 전자를 법정 감독의무자라고 하고 후자를 대리감독자(임의감독자)라고 한다.

(1) 법정 감독의무자

미성년자의 경우에는 친권자(제913조)·미성년후견인, 피성년후견인의 경우에는 성년후견인이 법정 감독의무자가 된다.

금치산선고를 받지 않은 심신상실자의 경우에는 구 판례[129]에 의하면 처·부모·호주의 순서로 감독의무자가 된다고 보았다. 그러나 1995년 제정된 '정신보건법'(제5133호)에 의하면 금치산선고를 받지 않은 심신상실자가 정신질환자에 해당된다고 보면 민법상의 부양의무자(제974조)가 우선적으로 그의 감독의무자가 된다고 본다.[130] 그리고 미성년자의 부모는 공동친권자로서 함께 책임을 지는 것이 원칙이다. 그런데 미성년자와 공동생활을 하지 않는 부모(예, 이혼 후 자를 실제로 양육하지 않는 부 또는 모)도 감독자책임을 지는가에 대해서는 원칙적으로 이를 부정하는 견해[131]와 그 경우에도 부나 모도 책임을 진다는 견해[132]로 나뉜다.

그리고 지방자치단체가 운영하는 공설의 고아원 보호시설 등에 있는 미성년자인 고아에 대하여는 그 보호시설의 장이 후견인으로서 감독의무자가 된다(보호시설에 있는 고아의 후견직무에 관한 법률 제3조 제1항). 사설의 보호시설에 있는 미성년자인 고아에 대하여는 그 보호시설 소재지의 서울특별시장, 광역시장 또는 도지사에 의하여 후견인의 직무를 행할 자로 지정된 자가 법정감독자가 된다(동법 제3조 제2항).

(2) 대리감독자

법정 감독의무 없이 계약 또는 법률 등에 기초하여 감독의무를 부담하는 자로

위와 같은 형태의 사교육을 담당하는 학원의 설립·운영자나 교습자에게도 당해 학원에서 교습을 받는 수강생을 보호·감독할 의무가 있다고 봄이 상당하다."

129) **대판 1957. 7. 25, 4290민상302.**

130) 김준호, 1728면.

131) 김주수, 690면.

132) 이은영, 844면.

서, 탁아소의 보모, 유치원의 교사,[133] 초등학교의 교사나 교장, 정신병원의 의사, 소년원의 직원 등을 들 수 있다. 그리고 사교육을 담당하는 학원의 설립·운영자나 교습자 등도 감독책임을 지는 대리감독자에 해당된다.[134]

(3) 양자의 관계

법정감독의무자와 대리감독자의 책임은 서로 배척하는 관계가 아니어서 병존할 수 있다. 따라서 대리감독자의 책임이 성립하더라도 법정감독의무자가 면책되는 것은 아니다.[135] 그리고 양자의 책임이 병존하는 경우에는 두 책임은 부진정연

133) **대판** 1996. 8. 23, 96**다**19833.

134) **대판** 2008. 1. 17, 2007**다**40437 "[1] 유치원이나 학교의 원장·교장 및 교사는 교육기본법 등 관련 법령에 따라 그들로부터 교육을 받는 유치원생과 학생들을 친권자 등 법정감독의무자에 대신하여 보호·감독할 의무를 진다. 그런데 유치원생이나 학생들을 대상으로 한 교육활동이 유치원이나 학교에서만 이루어지는 것은 아니고, 특히 우리의 교육현실을 보면 학원의 설립·운영 및 과외교습에 관한 법률에 따라 설립·운영되는 학원이나 교습소에서 학교교육의 보충 또는 특기·적성교육을 위하여 지식·기술·예능을 교습하는 형태의 사교육이 광범위하게 이루어지고 있으며, 이러한 사교육은 학교 안에서 이루어지는 공교육 못지않은 중요한 역할을 수행하고 있는바, 공교육을 담당하는 교사 등과 마찬가지로 위와 같은 형태의 사교육을 담당하는 학원의 설립·운영자나 교습자에게도 당해 학원에서 교습을 받는 수강생을 보호·감독할 의무가 있다고 봄이 상당하다. [2] 유치원이나 학교 교사 등의 보호·감독의무가 미치는 범위는 유치원생이나 학생의 생활관계 전반이 아니라 유치원과 학교에서의 교육활동 및 이와 밀접·불가분의 관계에 있는 생활관계로 한정되고, 또 보호·감독의무를 소홀히 하여 학생이 사고를 당한 경우에도 그 사고가 통상 발생할 수 있다고 예상할 수 있는 것에 한하여 교사 등의 책임을 인정할 수 있으며, 이때 그 예상가능성은 학생의 연령, 사회적 경험, 판단능력, 기타의 제반 사정을 고려하여 판단하여야 한다. 이러한 법리는 학원의 설립·운영자 및 교습자의 경우라고 하여 다르지 않을 것인바, 대체로 나이가 어려 책임능력과 의사능력이 없거나 부족한 유치원생 ㅇㅇ초등학교 저학년생에 대하여는 보호·감독의무가 미치는 생활관계의 범위와 사고발생에 대한 예견가능성이 더욱 넓게 인정되어야 한다. 특히 유치원생이나 그와 비슷한 연령, 사회적 경험 및 판단능력을 ㅇㅇ초등학교 저학년생을 통학차량으로 운송하는 방식을 취하고 있는 경우에는 그 유치원·학교 또는 학원의 운영자나 교사 등으로서는 보호자로부터 학생을 맞아 통학차량에 태운 때로부터 학교 등에서의 교육활동이 끝난 후 다시 통학차량에 태워 보호자가 미리 지정한 장소에 안전하게 내려줄 때까지 학생을 보호·감독할 의무가 있는 것으로 보아야 한다."

135) **대판** 2007. 4. 26, 2005**다**24318 "민법 제755조에 의하여 책임능력 없는 미성년자를 감독할 친권자 등 법정감독의무자의 보호·감독책임은 미성년자의 생활 전반에 미치는 것이고, 법정감독의무자에 대신하여 보호·감독의무를 부담하는 교사 등의 보호·감독책임은 학교 내에서의 학생의 모든 생활관계에 미치는 것이 아니라 학교에서의 교육활동 및 이와 밀접 불가분의 관계에 있는 생활관계에 한하며, 이와 같은 대리감독자가 있다는 사실만 가지고 곧 친권자의 법정감독책임이 면탈된다고는 볼 수 없다."

대채무로서 피해자는 전부의 배상을 받을 때까지 어느 쪽에 대하여도 책임을 물을 수 있다. 대리감독자가 감독의무를 다하였음에도 피감독자의 가해행위가 있는 경우에 최종적으로 법정 감독의무자에게 배상책임이 돌아간다.

4. 책임능력 있는 피감독자(특히 미성년자)의 불법행위에 대한 감독자(친권자)의 책임

제755조에 따르면 피감독자, 특히 미성년자가 책임능력이 없는 경우에 한해서만 친권자가 보충적으로 배상책임을 지는 것으로 해석되어진다. 그러므로 미성년자가 책임능력이 있는 경우에는 친권자는 제755조에 의해서는 배상책임을 부담하지 않는 것으로 된다. 그러나 미성년자는 책임능력이 있더라도 배상할 자력이 없는 것이 일반적이어서 피해자가 현실적으로 배상받기가 어렵다. 그래서 이를 극복하기 위한 방법으로 판례가 제755조 확대적용설(제755조의 책임은 가해자가 책임무능력자이어서 불법행위책임을 지지 않을 때 감독의무자나 대리감독자가 보충적으로 책임을 지는 것이 아니라 감독의무자 등과 병존적으로 책임을 지는 것으로 보아 가해자가 책임능력이 있어 불법행위책임을 지는 때에도 감독의무자 등도 함께 제755조의 책임을 진다는 설)을 적용한 판결[136)]과 감독의무자에게 일반불법행위책임을 인정하는 판결[137)]로 나뉘어 있었으나 그 후 전원합의체 판결[138)]에 의하여 전자가 폐기되고 후자로 통일되었다.[139)] 후자의 판결의 요지는 책임능력 있는 미성년자의 불법행위로 인한 손해가 그 미성년자의 감독의무자의 감독의무위반과 상당인과관계에 있으면 감독의무자는 제750조에 의한 일반불법행위책임을 진다는 것이고, 이 경우 그러한 감독

---

136) **대판 1984. 7. 10, 84다카474**

137) **대판 1975. 1. 14, 74다1795.**

138) **대판(전) 1994. 2. 8, 93다13605** "민법 제750조에 대한 특별규정인 민법 제755조 제1항에 의하여 책임능력 없는 미성년자를 감독할 법정의 의무 있는 자가 지는 손해배상책임은 그 미성년자에게 책임이 없음을 전제로 하여 이를 보충하는 책임이고, 그 경우에 감독의무자 자신이 감독의무를 해태하지 아니하였음을 입증하지 아니하는 한 책임을 면할 수 없는 것이나, 반면에 미성년자가 책임능력이 있어 그 스스로 불법행위책임을 지는 경우에도 그 손해가 당해 미성년자의 감독의무자의 의무위반과 상당인과관계가 있으면 감독의무자는 일반불법행위자로서 손해배상책임이 있다 할 것이므로(당원 1991. 11. 8. 선고 91다32473 판결, 1992. 5. 22. 선고 91다37690 판결, 1993. 8. 27. 선고 93다22357 판결 각 참조), 이 경우에 그러한 감독의무위반사실 및 손해발생과의 상당인과관계의 존재는 이를 주장하는 자가 입증하여야 할 것이다."

139) 이 전원합의체 판결과 같은 입장의 판결로 **대판 1997. 3. 28, 96다15374** 등이 있다.

의무 위반사실 및 손해발생과의 상당인과관계의 존재는 이를 주장하는 자(피해자)가 증명해야 한다는 것이다. 이는 결과적으로 감독자의 책임은 타인에 대한 책임으로부터 자기의 고유한 책임으로서의 성질을 가지는 내용으로 변화했다고 이해할 수 있다.[140]

5. 배상의 범위

감독의무자에게 책임무능력자의 불법행위에 따른 손해배상의무가 발생하는데 그 배상의 범위에 관해서는 제393조가 적용된다. 다만 특별손해의 경우 그에 대한 예견가능성은 감독의무자를 기준으로 판단하여야 한다(통설). 이는 감독의무자 자신의 책임이기 때문이다. 판례[141]도 같은 입장이다.

---

140) 법무부 민법(재산편) 개정자료집, 2004. 11, 1090면 이하, 제755조 참고.
141) **대판 1968. 6. 11, 68다639.**

제3절 사용자책임

Ⅰ. 의 의

사용자책임이란 사용자와 피용자간의 사용관계에서 피용자가 그의 사무집행에 관하여 제3자에게 손해를 가한 경우에 사용자가 또는 사용자에 갈음하여 그 사무를 감독하는 자가 그 피용자의 선임·감독에 과실이 없었음을 증명하지 못하는 한 그 손해를 피해자인 제3자에게 직접적으로 배상하여야 하는 손해배상책임을 말한다(제756조). 예컨대 가사도우미가 주인집의 짐을 옮기는 과정에서 행인을 다치게 한 경우에 주인이 그 행인에 대하여 손해배상을 하는 경우이다.

사용자책임에 관한 제756조는 일상 가사(家事) 사용관계뿐만 아니라 기업의 사용관계에도 적용된다. 그러나 제756조는 사용자에게 면책사유를 인정하고(제1항 단서), 피용자에 대한 구상권을 인정한다(제3항)는 점에서 기업의 사용관계에는 적절하지 않다.

Ⅱ. 사용자책임의 성질

이에는 우선 사용자책임이 과실책임, 무과실책임, 중간책임 중 어느 것에 해당되는가 하는 문제와, 다음으로 사용자책임이 피용자의 불법행위책임을 사용자가 대신 지는 대위책임인가, 아니면 사용자 자신의 귀책사유에 의한 스스로의 불법행위책임인 자기고유책임인가의 문제를 살펴보아야 한다.

1. 과실책임설·중간책임설·무과실책임설

(1) 과실책임설

이 설은 사용자배상책임을 사용자의 피용자에 대한 선임·감독상의 과실을 기초로 하거나 또는 사용자의 사업활동의 연장선에 있는 집행보조자의 과실을 기초로 한다고 한다.[142] 사용자는 그의 활동영역의 확대에 상응하여 얻게 되는 이익으로써 상대적으로 타인에게 가해질 손해를 부담하는 것이 공평의 이상에 합치하므로 사용자는 업무집행과 관련된 피용자의 불법행위에 대하여 원칙적으로 책임을 부담해야 한다고 하고 있다.

(2) 중간책임설

사용자책임은 책임무능력자의 감독자책임과 마찬가지로 과실책임과 무과실책임의 중간적 책임으로 본다.[143] 즉 사용자의 과실은 피용자의 선임·감독에 관한 것이고 피용자의 제3자에 대한 가해행위에 관한 것이 아니라는 점, 그리고 피용자의 선임·감독에 관하여 과실이 없다는 증명책임이 사용자에게 전환되어 있어 사실상으로는 무과실책임에 가깝게 운용되고 있는 점 등을 고려하면 과실책임과 무과실책임의 중간적 책임으로 보는 것이 합당하다고 한다.

(3) 무과실책임

이 견해에 의하면, 첫째 우리 민법 제756조 제1항 단서의 규정은 사용자의 책임발생의 요건이 아니고 단순한 면책조건이라고 하며, 둘째 사용자의 과실은 피용자의 선임·감독상의 과실이지 피용자의 제3자에 대한 가해행위에 관한 과실이 아니라는 것이며, 셋째 사용자의 과실과 손해발생 사이에 인과관계가 없다는 증명은 단지 상당인과관계가 없다는 증명만으로는 충분하지 않고, 그 사이에 원인적 인과관계가 없다는 증명을 필요로 하는 취지이므로 우리 민법 제756조의 과실 및 인과관계는 민법 제750조의 그것들과 다르다는 것이다. 그러므로 민법 제756조에 의한 사용자배상책임은 타인의 불법행위에 대한 결과책임으로 보고 나아가서 일종의 면책조건부 결과책임, 즉 무과실책임이라고 본다.[144]

(4) 판 례

판례는 피용자의 선임 및 감독에 상당한 주의를 한 때 또는 상당한 주의를 하여도 손해가 있을 경우라는 사실은 사용자가 주장·증명해야 한다고 한다.[145] 우

142) 김형배, 민법학강의, 1640면.
143) 곽윤직, 742면 ; 송덕수, 민법강의, 1420면.
144) 김현태, 31-32면.
145) **대판 1969. 1. 28, 68다578 ; 대판 1971. 10. 11, 71다1641.**

리 판례는 위험직종에 있어서는 사용자의 주의의무정도를 높게 요구하고 있고, 그렇지 않은 경우에는 일반적인 주의의무를 다했으면 사용자가 면책될 수 있는 가능성을 보여주고 있다고 하면서 사용자배상책임의 성질을 중간책임으로 보아야 한다고 한다.[146)]

2. 대위책임설·고유책임설

(1) 대위책임설[147)]

1) 피용자가 불법행위책임을 부담하는 경우 피해자의 손해배상청구권을 보장해 주기 위하여 사용자가 대신 배상해주는 것으로 보는 견해이다.

2) 사용자책임이 성립하기 위해서는 피용자의 행위가 일반불법행위의 요건을 갖추고 있어야 한다. 즉 피용자에게 과실이 있어야 하고 책임능력도 있어야 사용자책임이 성립한다고 본다.

3) 사용자가 피해자에게 배상을 한 때에는 사용자가 배상한 전액에 대하여 피용자에게 구상할 수 있다.

(2) 고유책임설[148)]

1) 피해자에 대한 관계에서 사용자 자신이 부담해야 할 배상책임을 사용자 자신이 부담하는 것이라고 한다. 즉 사용자가 피용자의 선임·감독을 제대로 다하지 못한 데 따른 사용자 자신이 부담하여야 할 책임이라고 한다.

2) 피용자에게 과실이나 책임능력이 없어 피용자가 불법행위책임을 지지 않는 경우에도 사용자에게 지시나 감독상의 과실이 있으면 사용자책임을 진다고 한다.

3) 이 설에 의하면 사용자가 피해자에게 손해배상을 한 경우 사용자 자신의 고유책임부분이 있으므로 피용자에 대한 구상권이 제한되거나 배제된다고 한다.

(3) 판　례

판례는 사용자의 손해배상책임은 피용자의 배상책임에 대한 대체적 책임이라고 본다.[149)]

---

146) 김상용, 채권각론, 243면.
147) 곽윤직, 416면 ; 김상용, 채권각론, 725면 ; 송덕수, 민법강의, 1420면 ; 지원림, 1539면.
148) 김형배, 민법학강의, 1641면 ; 이은영, 851면.

3. 사용자책임의 근거

(1) 보상책임의 원리에 입각한 견해

사용자책임이 인정되는 근거는 타인을 사용하여 이익을 얻고 있는 자는 그 피용자가 타인에게 가하는 손해에 대하여도 책임을 져야 한다는 보상책임의 원리를 드는 견해이다.[150] 이 견해는 현실적으로 이익이 없는 경우에도 타인을 사용하여 자기의 활동범위를 넓히므로 그 책임범위도 넓어져야 한다고 한다.

(2) 다원적으로 설명하는 견해

사용자책임이 인정되는 근거는 원칙적으로 보상책임의 원리에서 찾을 수 있으나 사용자가 배상을 쉽게 할 수 있다는 현실적 고려와 손실의 사회적 분배라는 정책적 고려도 함께 중시하여야 한다는 견해이다.[151]

(3) 판 례

"사용자의 책임을 규정한 것은 많은 사람을 고용하여 스스로의 활동영역을 확장하고 그에 상응하는 많은 이익을 추구함에 있어서는, 그 많은 피용자의 행위가 타인에게 손해를 가하는 경우도 상대적으로 많아질 것이므로, 이러한 손해를 이익귀속자인 사용자로 하여금 부담케 하는 것이 공평의 이상에 합치된다는 보상책임의 원리에 입각한 것이다."[152]라고 한다.

4. 사용자책임과 다른 책임과의 관계

(1) 법인의 불법행위책임과의 관계

법인의 대표기관이 그 직무에 관하여 타인에게 가한 불법행위에 대해서는 법

---

149) **대판(전) 1992. 6. 23, 91다33070** "피용자와 제3자가 공동불법행위로 피해자에게 손해를 가하여 그 손해배상채무를 부담하는 경우에 피용자와 제3자는 공동불법행위자로서 서로 부진정연대관계에 있고, 한편 사용자의 손해배상책임은 피용자의 배상책임에 대한 대체적 책임이어서 사용자도 제3자와 부진정연대관계에 있다고 보아야 할 것이므로, 사용자가 피용자와 제3자의 책임비율에 의하여 정해진 피용자의 부담부분을 초과하여 피해자에게 손해를 배상한 경우에는 사용자는 제3자에 대하여도 구상권을 행사할 수 있으며, 그 구상의 범위는 제3자의 부담부분에 국한된다고 보는 것이 타당하다."

150) 곽윤직, 416면.

151) 김상용, 채권각론, 726면.

152) **대판 1985. 8. 13, 84다카979.**

인 자신의 불법행위로 된다.[153] 따라서 법인은 대표기관에 대한 선임·감독상의 과실 유무와 상관없이 손해배상책임을 지게 된다. 이러한 점에서 타인의 행위에 대해 책임을 지며 면책이 인정되는 사용자책임과 다르다. 다만 법인의 불법행위의 경우에도 대표기관 개인의 책임이 병존하는 점(제35조 제1항 2문)에서는 실질적으로 사용자책임에서 피용자도 불법행위책임을 지는 점과 같다. 한편 법인의 대표기관이 아닌 피용자의 불법행위에 대해서는 법인은 사용자로서 제756조에 의한 책임을 진다.

(2) 국가배상법과의 관계

국가 또는 지방자치단체는 그 공무원이 직무를 집행함에 있어 고의 또는 과실로 법령에 위반하여 타인에게 손해를 가하거나, 자동차손해배상보장법의 규정에 의하여 손해배상의 책임이 있는 때에는 국가가 국가배상법의 규정에 따라 배상할 책임이 있다(국가배상법 제2조 제1항). 따라서 공무원 또는 공무를 위탁받은 사인이 그 직무를 집행함에 있어서 불법행위를 한 경우에는 제756조가 적용되지 않고, 그에 대한 특칙인 국가배상법 제2조가 적용된다.[154] 그러나 국가 또는 지방자치단체라 할지라도 공권력의 행사가 아니고 단순한 사경제의 주체로 활동하였을 경우에는 그 손해배상책임에 국가배상법이 적용될 수 없고 민법상의 사용자책임 등이 적용된다.[155]

그리고 국가배상법(제2조)과 사용자책임(제756조)의 차이를 살펴보면, 첫째 국가배상법에서는 공무원에게 과실이 있으면 국가의 고의나 과실을 문제 삼지 않는 무과실책임으로 되어 있고, 둘째 공무원에게 경과실이 있는 경우에 공무원 개인

---

153) **대판 1978. 3. 14, 78다132** "학교법인의 대표자였던 자에 의한 차금행위가 불법행위가 된다면 이는 민법상 사용자의 배상책임이 아니고 민법 제35조에 의한 법인자체의 불법행위가 되어 배상책임이 있다."

154) **대판 1996. 8. 23, 96다19833 ; 대판 1976. 12. 28, 76다2006** "공무원이 직무수행에 당하여 고의 또는 과실로 법령을 위반하여 타인에게 손해를 가한 것으로 주장하는 사안은 특별법인 본법이 적용될 사건으로서 민법상의 사용자책임에 관한 규정은 그 적용이 배제된다."

155) **대판 1970. 11. 24, 70다114 ; 대판 1997. 7. 22, 95다6991** "국가 또는 지방자치단체라 할지라도 공권력의 행사가 아니고 단순한 사경제의 주체로 활동하였을 경우에는 그 손해배상책임에 국가배상법이 적용될 수 없고 민법상의 사용자책임 등이 인정되는 것이고 국가의 철도운행사업은 국가가 공권력의 행사로서 하는 것이 아니고 사경제적 작용이라 할 것이므로, 이로 인한 사고에 공무원이 관여하였다고 하더라도 국가배상법을 적용할 것이 아니고 일반 민법의 규정에 따라야 한다."

은 피해자에 대해 배상책임을 지지 않고 국가가 배상책임을 지며, 이 경우 피해자에게 배상을 한 국가는 공무원에게 구상을 청구할 수 없다. 셋째 공무원에게 고의나 중과실이 있을 때에는 국가가 배상책임을 지는 외에 공무원 개인도 피해자에게 배상책임을 지며, 이 경우 국가가 피해자에게 배상한 때에는 고의나 중과실이 있는 공무원에게 구상할 수 있다.[156] 이와 달리 민법상의 사용자책임에서는 피용자에게 경과실이 있으면 사용자가 피해자에게 배상책임을 지는 외에 피용자도 직접 피해자에게 불법행위책임을 지며, 피용자에게 경과실이 있더라도 사용자가 피용자에게 구상을 할 수 있다. 또한 국가배상법과 사용자책임의 차이점으로는 사용자책임에서 사용자에게 과실이 없으면 책임을 지지 않으며, 다만 증명책임이 전환되는 중간책임을 진다. 따라서 사용자가 피용자의 선임·감독에 상당한 주의를 다하였음을 증명하거나 상당한 주의를 하여도 손해가 발생하였을 것임을 증명하면 사용자는 면책을 받을 수 있는 점을 들 수 있다.

(3) 자동차손해배상보장법과의 관계

자동차손해배상보장법에서는 인적 사고의 경우 자동차운행자에게 배상책임을 지도록 한다. 민법 제756조의 사용자책임과 다른 점은 그 적용대상이 자동차의

---

156) **대판 1996. 2. 15, 95다38677** "[다수의견] 공무원이 직무수행 중 불법행위로 타인에게 손해를 입힌 경우에 국가 등이 국가배상책임을 부담하는 외에 공무원 개인도 고의 또는 중과실이 있는 경우에는 불법행위로 인한 손해배상책임을 진다고 할 것이지만, 공무원에게 경과실뿐인 경우에는 공무원 개인은 손해배상책임을 부담하지 아니한다고 해석하는 것이 헌법 제29조 제1항 본문과 단서 및 국가배상법 제2조의 입법취지에 조화되는 올바른 해석이다. [별개의견] 공무원의 직무상 경과실로 인한 불법행위의 경우에도 공무원 개인의 피해자에 대한 손해배상책임은 면제되지 아니한다고 해석하는 것이, 우리 헌법의 관계 규정의 연혁에 비추어 그 명문에 충실한 것일 뿐만 아니라 헌법의 기본권보장 정신과 법치주의의 이념에도 부응하는 해석이다. [반대의견] 공무원이 직무상 불법행위를 한 경우에 국가 또는 공공단체만이 피해자에 대하여 국가배상법에 의한 손해배상책임을 부담할 뿐, 공무원 개인은 고의 또는 중과실이 있는 경우에도 피해자에 대하여 손해배상책임을 부담하지 않는 것으로 보아야 한다. [반대보충의견] 주권을 가진 국민 전체에 대한 봉사자로서 공공이익을 위하여 성실히 근무해야 할 공무원이 공무수행 중 국민에게 손해를 가한 경우, 국민의 봉사자인 공무원이 봉사 대상이 되는 피해자인 국민과 직접 소송으로 그 시비와 손해액을 가리도록 그 갈등관계를 방치하는 것보다는 국가가 나서서 공무원을 대위하여 그 손해배상책임을 지고, 국가가 다시 내부적으로 공무원의 직무상 의무의 불이행 내용에 따라 고의·중과실이 있는 경우에만 구상의 형태로 그 책임을 물어 공무원의 국민과 국가에 대한 성실의무와 직무상 의무의 이행을 제도적으로 확보하겠다는 것이, 헌법 제29조 제1항 단서와 국가배상법 제2조 제2항의 취지라고 해석함이 이를 가장 조화롭게 이해하는 길이 될 것이다."

운행으로 인한 인적 사고에 한정되고, 배상책임자는 자동차의 운행자이며, 그가 무과실에 가까운 중한 책임을 진다는 데 있다. 그러므로 자동차의 운행으로 인한 물적 손해에 대해서, 그리고 운행자가 사용자로 인정되는 때에는 이에 대한 배상에 관해서는 제756조의 사용자책임이 적용될 수 있다. 판례는 교통사고로 인한 손해배상청구권이 자동차손해배상보장법의 적용을 받는다고 하더라도 피해자가 사용자책임을 주장하여 청구할 수 있다고 한다(자배법 제4조).[157)]

(4) 이행보조자의 행위에 대한 책임과의 관계

이행보조자가 고의·과실에 의하여 채무를 불이행한 것이 동시에 불법행위를 구성하는 경우에(예, 창고업자의 피용자가 과실로 임치물을 멸실시킨 경우), 계약책임과 불법행위책임의 관계에 관하여 청구권경합설에 의하면 채무자의 계약책임(제391조)과 사용자책임(제756조)이 경합한다. 이 경우 이행보조자는 채권자에 대하여 채무불이행책임을 지는 일은 없으나 불법행위책임은 질 수 있으며 이행보조자의 불법행위책임(제750조)과 채무자의 사용자책임(제756조)은 부진정연대채무관계에 있

157) **대판 1976. 4. 13, 74다2029** "전시 인정사실에 의하면 원고도 당시 위 자동차의 운행을 지배 관리할 수 있었다고 할 수 있으므로 이건 사고에 대하여 손해배상의 책임이 있다고 할 것인바 자동차운행으로 인한 사고에 관해서는 특히 자동차 손해 배상보장법 3조의 자기를 위하여 자동차를 운행하는 자는 그 운행으로 타인의 생명 또는 신체를 사상할 때에 손해를 배상할 책임을 진다고 규정하고 있을 뿐만 아니라 동 규정의 취지가 자동차운행자의 책임을 강화하고 피해자를 일층 보호하기 위한 것이라 할 것이므로 자동차운행으로 인한 사람의 생명과 신체에 대한 가해로 인해서 발생한 손해의 배상에 관한 한 자동차손해배상보험법 3조는 민법의 특칙을 이루고 있는 것이라고 하여야 할 것이니 자동차손해배상보장법 3조가 적용될 경우에는 민법 756조는 위 3조에 흡수되어 그것을 적용할 필요가 없게 된다는 것이라고는 할 것이나 같은 법 4조의 규정에 의하면 손해배상의 책임에 관하여는 같은 법 3조 외에 민법의 규정에 의하고 있으므로 손해배상의 내용과 방법을 정하는 데 있어서 자동차손해배상보장법 3조에 의해서 처리할 것을 민법 756조에 의해서 처리하였다고 해서 결과에 차가 생길리가 없으며 한편 자동차의 운행을 지배 또는 관리한다고 하더라도 그 지배 또는 관리는 관념상으로나 사실상으로나 절대적인 배타성이 요청되는 그와 같은 것이 아니므로 같은 운행이 수인에 의해서 지배 관리된다고 인정될 수 있는 경우도 있을 것이며 이와 같은 경우에는 그 수인이 다◑이 공동으로 해 자동차운행에 대한 책임을 지게 될 것은 당연하다고 할 것이고 원심이 적법하게 인정하고 판시한 사실과 피고와 소외 정♡윤과의 고용관계 및 앞서 비친바 모든 사정에 의하면 동 소외인이 이건 자동차를 운전할 시에는 원고뿐만 아니고 피고도 동 자동차의 운행을 지배 관리할 수 있었던 처지에 있었다고 하여야 할 것임이 상당하므로 원고와 피고는 이건 자동차 사고로 인한 인체의 가해에 대하여 공동해서 손해를 배상할 책임이 있다고 할 것인데(자동차 손해배상보장법 3조에 의하는 경우에는 공동책임이 부정되는 듯이 주장한 논지는 같은 법 4조의 규정으로 보나 순이론상으로 보나 근거 없는 논이 아닐 수 없다)."

다. 그러나 법조경합설에 의하면 채무자의 계약책임만이 인정된다.

Ⅲ. 사용자책임의 성립요건

1. 사용관계의 존재

사용자책임이 성립하기 위해서는 사용자와 피용자 사이에 사용관계(사무감독관계)가 있어야 한다. 사용관계란 사용자가 어떤 사무의 집행을 위하여 피용자를 사용하여 그를 지휘·감독하는 관계를 말한다.

(1) **사 무** 여기서의 사무란 그 사무가 사용자의 사무에 속하는 것이어야 하고, 일반적으로 말하는 '일'이며 매우 넓은 의미를 갖는다. 그것은 법률적·계속적이든, 사실적·일시적이든,158) 영리적·비영리적이든 상관이 없다. 또한 기업사무뿐만 아니라 가사상의 사무도 포함된다.

(2) **사용관계** "타인을 사용한다."라는 것은 사용자가 피용자를 실질적으로 지휘·감독하는 관계에 있음을 의미한다.159) 사용관계는 고용계약에 의하여 성립하는 것이 일반적이지만 반드시 고용계약에 의한 것일 필요는 없으며, 위임160)·조합 등의 경우에 의한 것도 상관없다. 그리고 그러한 고용·위임·조합계약

---

158) **대판 1989. 10. 10, 89다카2278** "민법 제756조가 규정하고 있는 사용자책임의 요건으로서의 사용자의 사무라 함은 법률적, 계속적인 것에 한하지 않고 사실적, 일시적 사무라도 무방한 것이므로 집합건물의소유및관리에관한법률의 적용을 받는 공동주택으로서 동 법률에 의하여 당연설립기구인 관리단이 관리하도록 되어 있는 건물이더라도 관리단이 조직으로서의 실체를 갖추지 못하여 건축주가 관리인을 채용하여 그 건물을 관리토록 하면서 그를 지휘, 감독하는 등 사실상 위 건물관리사무를 주관하여 왔다면 위 건축주는 그 관리인의 고의, 과실로 인한 손해에 대하여 사용자로서의 책임을 면할 수 없다."

159) **대판 1995. 4. 11, 94다15646; 대판 1998. 4. 28, 96다25500; 대판 1999. 10. 12, 98다62671; 대판 2001. 9. 4, 2000다26128** "민법 제756조의 사용자책임이 성립하려면 사용자가 불법행위자인 피용자를 실질적으로 지휘·감독하는 관계에 있어야 하므로, 피용자가 퇴직한 뒤에는 퇴직에도 불구하고 사용자의 실질적인 지휘·감독 아래에 있었다고 볼 수 있는 특별한 사정이 없다면 그의 행위에 대하여 원칙적으로 종전의 사용자에게 사용자책임을 물을 수 없다."

160) **대판 1998. 4. 28, 96다25500** "불법행위에 있어 사용자책임이 성립하려면 사용자와 불법행위자 사이에 사용관계 즉 사용자가 불법행위자를 실질적으로 지휘·감독하는 관계가 있어야 하는 것으로, 위임의 경우에도 위임인과 수임인 사이에 지휘·감독관계가 있고 수임인의 불법행위가 외형상 객관적으로 위임인의 사무집행에 관련된 경우 위임인은 수임인의

이 유효할 것을 요하지 아니하고, 그 계약이 무효라 하더라도 사실상 지휘·감독관계가 있으면 충분하다.[161] 또한 사용관계는 객관적으로 보아 실질적으로 피용자(불법행위자)를 지휘·감독하여야 할 관계에 있다면 명시적이든 묵시적이든 상관없고,[162] 보수의 유무나 기간의 길고 짧음도 묻지 않는다.[163] 그리고 의용민법의 해

불법행위에 대하여 사용자책임을 진다."; **대판 1999. 10. 12, 98다62671** "국립대학교 소속 체조코치가 시체육회로부터 전국체전에 출전할 체조대표선수들에 대한 코치로 선발, 위촉되어 시체육회가 시행한 합동강화훈련을 지도하다가 대표선수로 선발된 같은 대학교 소속 학생이 훈련 중 사고를 당한 경우, 그 사고는 코치가 시체육회로부터 위촉받은 직무를 집행하는 과정에서 발생한 것이고, 대학교 측은 비록 위 체조코치가 합동강화훈련 기간 중에도 대학교의 체조코치로서의 신분을 그대로 보유하고 있었고, 사고를 입은 자가 같은 대학교 학생이었다고 하더라도, 적어도 위 체조코치가 시체육회로부터 위촉받은 체조대표선수들을 지도하는 코치의 직무를 집행함에 있어서는 그를 지휘·감독할 어떠한 권한이 있다거나 그러한 지위에 있다고 보기는 어려우므로 그 사고에서 국가는 위 체조코치의 사용자라고 볼 수 없다."

161) **대판 1996. 10. 11, 96다30182; 대판 1998. 8. 21, 97다13702; 대판 2003. 12. 26, 2003다49542** "민법 제756조의 사용자와 피용자의 관계는 반드시 유효한 고용관계가 있는 경우에 한하는 것이 아니고, 사실상 어떤 사람이 다른 사람을 위하여 그 지휘·감독 아래 그 의사에 따라 사업을 집행하는 관계에 있을 때에도 그 두 사람 사이에 사용자, 피용자의 관계가 있다고 할 수 있으며, 피용자의 불법행위가 외형상 객관적으로 사용자의 사업활동 내지 사무집행행위 또는 그와 관련된 것이라고 보일 때에는 행위자의 주관적 사정을 고려함이 없이 이를 사무집행에 관하여 한 행위로 볼 것이고, 외형상 객관적으로 사용자의 사무집행에 관련된 것인지의 여부는 피용자의 본래 직무와 불법행위와의 관련 정도 및 사용자에게 손해발생에 대한 위험 창출과 방지조치 결여의 책임이 어느 정도 있는지를 고려하여 판단하여야 한다."; **대판 2017. 9. 26, 2014다27425** "민법 제756조에 규정된 사용자책임의 요건인 '사무집행에 관하여'라는 뜻은 피용자의 불법행위가 외형상 객관적으로 사용자의 사업활동, 사무집행행위 또는 그와 관련된 것이라고 보일 때에는 행위자의 주관적 사정을 고려하지 않고 이를 사무집행에 관하여 한 행위로 본다는 것이다. 외형상 객관적으로 사용자의 사무집행에 관련된 것인지는 피용자의 본래 직무와 불법행위의 관련 정도와 사용자에게 손해발생에 대한 위험창출과 방지조치 결여의 책임이 어느 정도 있는지를 고려하여 판단하여야 한다. 또한 민법 제756조의 사용자와 피용자의 관계는 반드시 유효한 고용관계가 있는 경우에 한하는 것이 아니고, 사실상 어떤 사람이 다른 사람을 위하여 그 지휘·감독 아래 그 의사에 따라 사업을 집행하는 관계에 있을 때에도 그 두 사람 사이에 사용자와 피용자의 관계가 있다."

162) **대판 1995. 6. 29, 95다13289** "사용자책임의 요건으로서의 사용자관계는 명시적이든 묵시적이든 객관적으로 보아 실질적으로 불법행위자를 지휘·감독하여야 할 관계에 있음을 요하고, 실질적인 사업주체가 아니더라도 명의대여자로서 명의차용자나 그 피용자를 지휘·감독하여야 할 지위에 있다고 보아야 할 경우가 있으나, 이 경우에 있어서도 명의를 대여하게 된 경위 등 객관적 사정에 비추어 명의대여자가 명의차용자나 그 피용자를 지휘·감독하여야 할 지위에 있다고 인정되지 않으면 안 된다."

163) **대판 1960. 12. 8, 4292민상977** "구 민법 제715조에 이른바 피용자라 함은 고용계약에 의한 피용자만을 지칭한 것은 아니고 또 보수의 유무 기간의 장단을 불문하고 사용자의 선임에의

석과 관련하여 판례는 지휘·감독관계는 사실상 지휘·감독하고 있었느냐의 여부에 의하여 결정할 것이 아니고 객관적으로 지휘·감독을 받아야 할 관계에 있었느냐 여부에 의하여 결정할 것이라고 한다.[164] 한편 판례는 근래에 이 법리를 명의대여의 경우에 적용하기도 한다.[165]

[사용관계에 관한 개별적 사례]

① 동업관계의 경우

동업관계라도 사무집행에 관하여 지휘·감독하는 관계에 있으면 사용관계가 될 수 있다(대판 1961. 10. 26, 4293민상288 ; 대판 1979. 7. 10, 79다644 ; 대판 1998. 4. 28, 97다55164 ; 대판 1999. 4. 27, 98다36238 ; 대판 2006. 3. 10, 2005다65562)

② 명의대여의 경우

㉠ 타인에게 어떤 사업에 관하여 자기의 명의를 사용할 것을 허용한 경우 명의사용을 허용 받은 사람이 업무수행을 함에 있어 고의 또는 과실로 다른 사람에게 손해를 끼쳤다면 명의사용을 허용한 사람은 사용자책임을 부담한다(대판 1996. 5. 10, 95다50462 ; 대판 1998. 5. 15, 97다58538 ; 대판 2001. 8. 21, 2000다3658 ; 대판

하여 그 지희감독하에 사용자가 경영하는 사업에 종사하는 자를 지칭하는 것이다."

164) **대판 1961. 11. 23, 4293민상745.**

165) **대판 1997. 4. 11, 97다386** "명의대여관계의 경우 민법 제756조가 규정하고 있는 사용자책임의 요건으로서의 사용관계가 있느냐 여부는 실제적으로 지휘·감독을 하였느냐의 여부에 관계없이 객관적으로 보아 사용자가 그 불법행위자를 지휘·감독해야 할 지위에 있었느냐의 여부를 기준으로 결정하여야 하는 것 인바(대법원 1994. 10. 25. 선고 94다24176 판결, 1996. 5. 10. 선고 95다50462 판결 등 참조), 기록과 위 법리의 취지에 비추어 살펴보면, 원심의 위 인정판단은 수긍이 가고, 거기에 소론과 같이 사용자책임에 관한 법리를 오해한 위법이 있다고 할 수 없다."; **대판 2005. 2. 25, 2003다36133** "타인에게 어떤 사업에 관하여 자기의 명의를 사용할 것을 허용한 경우에 그 사업이 내부관계에 있어서는 타인의 사업이고 명의자의 고용인이 아니라 하더라도 외부에 대한 관계에 있어서는 그 사업이 명의자의 사업이고 또 그 타인은 명의자의 종업원임을 표명한 것과 다름이 없으므로, 명의사용을 허용받은 사람이 업무수행을 함에 있어 고의 또는 과실로 다른 사람에게 손해를 끼쳤다면 명의사용을 허용한 사람은 민법 제756조에 의하여 그 손해를 배상할 책임이 있다고 할 것이고, 명의대여관계의 경우 민법 제756조가 규정하고 있는 사용자책임의 요건으로서의 사용관계가 있느냐 여부는 실제적으로 지휘·감독을 하였느냐의 여부에 관계없이 객관적·규범적으로 보아 사용자가 그 불법행위자를 지휘·감독해야 할 지위에 있었느냐의 여부를 기준으로 결정하여야 할 것이다."

2005. 2. 25, 2003다36133). 또한 명의사용을 허용 받은 사람의 피용자의 가해행위에 대하여도 사용자책임을 진다(대판 1959. 5. 21, 4292민상58 ; 대판 1964. 4. 7, 63다638).

㉡ 자동차지입의 경우 명의자가 지입차량 운전자를 지휘·감독할 관계에 있었다면 사용자책임을 진다(대판 1991. 8. 23, 91다5409 ; 대판 2000. 10. 13, 2000다20069). 차량지입회사가 지입된 차량을 운전수와 함께 대여한 경우에 그 운전수의 과실로 인한 사고에 대하여 지입회사는 사용자책임을 부담한다(대판 1980. 8. 19, 80다708 ; 대판 1992. 3. 31, 91다39849 ; 대판 1995. 4. 7, 94다3872). 그러나 자동차 지입에서도 지입차주가 지입회사의 지시·감독을 받는 등의 종속관계가 아니면 사용사책임이 성립하지 않는다(대판 2000. 10. 6, 2000다30240). 따라서 명의대여관계의 경우 사용자책임이 성립하기 위해서는 사용자가 그 불법행위자를 실제적으로 지휘·감독을 하였는가가 아니라 객관적·규범적으로 보아 지휘·감독해야 할 지위에 있어야 한다(대판 2001. 8. 21, 2001다3658 ; 대판 2005. 2. 25, 2003다36133).

③ 사표 수리 후 사실상 종전과 같이 근무한 자에 대하여는 사용관계가 인정될 수 있으나(대판 1982. 11. 23, 82다카1133), 피용자가 퇴직한 뒤에도 사용자의 실질적인 지휘·감독 아래에 있었다고 볼 수 있는 특별한 사정이 없으면 원칙적으로 종전의 사용자에게 사용자책임을 물을 수 없다(대판 2001. 9. 4, 2000다26128).

④ 위임의 경우 위임인과 수임인 사이에 지휘·감독관계가 있고 수임인의 불법행위가 외형상 객관적으로 위임인의 사무집행에 관련된 경우 위임인은 수임인의 불법행위에 대하여 사용자책임을 진다(대판 1998. 4. 28, 96다25500). 즉 상속재산분할 등의 사무를 수임한 변호사가 당해 부동산을 타인에게 처분하여 매각대금을 편취한 사안에서 위임인의 사용자책임을 인정하고 있다(그러나 다수설은 사용자책임을 부정함을 유의해야 한다).

⑤ 근로자파견의 경우 파견사업주에게도 원칙적으로 사용자책임이 인정된다. 다만 파견사업주가 파견근로자의 선발 및 일반적 지휘·감독권의 행사에 있어서 주의를 다하였다고 인정되는 때에는 면책된다(대판 2003. 10. 9, 2001다24655).

⑥ 다단계판매의 경우 다단계판매원은 다단계판매업자와의 관계에서 제756조에 규정한 피용자에 해당한다고 본다(대판 2008. 11. 27, 2008다56118).

⑦ 임대인과 합의로 임차인이 수리비용을 받아 직접 수리하였더라도 임차인이 피용자로 되는 것은 아니다(대판 1993. 3. 26, 92다10081).

⑧ 보세창고업자가 운송인과 임치계약에 의해 수입화물을 보관하는데 보세창고업자가 수하인이 아닌 다른 사람에게 수입화물을 인도하여 수하인의 인도청구권을 침해한 경우에 관하여 특별한 사정이 없는 한 운송인 및 그 국내 선박대리점이 영업용 보세창고업자에 대하여 민법상 사용자의 지위에 있다고 볼 수 없다(대판 2005. 1. 27, 2004다12394).

(3) **도급인의 경우** 도급인은 수급인의 사용자가 아니기 때문에 수급인이 그 일에 관하여 제3자에게 가한 손해를 배상할 책임이 없다(제757조 본문).[166] 그러나 도급 또는 지시에 관하여 도급인에게 중대한 과실이 있는 때에는 그러하지 아니하다(제757조 단서). 그런데 학설은 도급인과 수급인 사이에 사용관계가 인정되는 때에는 도급인은 제756조에 의하여 사용자책임을 진다고 한다.[167]판례도 같은 입장이다.[168] 원수급인과 하수급인 사이에서도 마찬가지이다.[169] 나아가 판례는 도급인이 수급인에 대하여 특정한 행위를 지휘하거나 특정한 사업을 도급시키는 경우와 같은 이른바 노무도급의 경우에는 비록 도급인이라 하더라도 사용자책임

166) 이 조항은 주의적 규정이라고 본다. **대판 2006. 4. 27, 2006다4564** "도급인의 면책을 규정한 민법 제757조 본문은, 수급인은 도급인으로부터 독립하여 사무를 처리하기 때문에 민법 제756조 소정의 피용자에 해당되지 아니하므로 예외적으로 도급인이 수급인의 일의 진행 및 방법에 관하여 구체적인 지휘·감독권을 유보한 경우가 아닌 한 도급인이 수급인의 행위에 대하여 사용자책임을 부담하지 않는다는 것을 주의적으로 규정한 것이고, 민법 제757조에 의한 도급인의 책임과 민법 제758조 제1항에 의한 공작물 점유자의 책임은 그 법률요건과 효과를 달리하는 것이어서 공작물의 점유자가 그 공작물의 설치 또는 보존의 하자로 인하여 타인에게 손해를 가한 경우 민법 제758조 제1항에 의한 손해배상책임을 인정하는 데 있어 위 민법 제757조 본문이 장애가 되는 것은 아니다."

167) 곽윤직, 앞의 책, 416면; 김상용, 앞의 책, 693면.

168) **대판 1991. 3. 8, 90다18432; 대판 1993. 5. 27, 92다48109** "도급인은 도급 또는 지시에 관하여 중대한 과실이 없는 한 수급인이 그 일에 관하여 제3자에게 가한 손해를 배상할 책임이 없으나 도급인이 수급인의 일의 진행 및 방법에 관하여 구체적인 지휘 감독권을 유보한 경우에는 도급인과 수급인의 관계는 실질적으로 사용자 및 피용자의 관계와 다를 바 없으므로 수급인이 고용한 제3자의 불법행위로 인한 손해에 대하여 도급인은 민법 제756조에 의한 사용자책임을 면할 수 없고, 이러한 이치는 하도급의 경우에도 마찬가지이다."

169) **대판 1975. 7. 30, 74다2256.**

이 있다고 한다.[170] 그러나 도급인이 수급인의 공사에 대하여 감리적인 감독을 하는 데 지나지 않을 때에는 사용자 및 피용자의 관계와 같이 볼 수 없다고 한다.[171]

(4) **명의대여자의 경우** 어떤 사업을 함에 있어서 자신의 명의의 사용을 허용한 자(명의대여자)는 명의를 빌린 자의 가해행위에 대하여 사용자책임을 질 뿐만 아니라,[172] 명의를 빌린 자의 피용자의 가해행위에 대하여도 사용자책임을 진다.[173] 다만 명의대여와 관련하여 주의할 점은 숙박업자가한 명의대여의 경우에 사용자책임을 부정한다는 것이다. 왜냐하면 공중위생법이 숙박업은 허가명의자에 중점을 두는 것이 아니라 시설물을 기준으로 허가를 하고 있고, 허가명의를 양도하는 경우 등에도 양수인이 별다른 제한 없이 그 지위를 승계하는 것으로 규정하고 있기 때문이라고 한다.[174] 한편 차량소유자(지입차주)가 차량을 운송사업자

---

170) **대판 2005. 11. 10, 2004다37676; 대판 2017. 9. 21, 2017다223538** "도급계약에서 도급인은 도급 또는 지시에 관하여 중대한 과실이 없는 한 수급인이 그 일에 관하여 제3자에게 가한 손해를 배상할 책임을 부담하지 않는 것이 원칙이다. 다만 도급인이 수급인의 일의 진행과 방법에 관하여 구체적으로 지휘·감독한 경우에는 도급인과 수급인의 관계는 실질적으로 사용자와 피용자의 관계와 다르지 않으므로 수급인이나 수급인의 피용자의 불법행위로 인하여 제3자에게 가한 손해에 대하여 도급인은 민법 제756조 소정의 사용자책임을 진다. 여기서 지휘·감독이란 현장에서 구체적인 공사의 운영과 시행을 직접 지시·지도하고 감시·독려함으로써 시공자체를 관리하는 것을 말한다(대법원 2014. 2. 13. 선고 2013다78372 판결 등 참조)."

171) **대판 2014. 2. 13, 2013다78372** "도급계약에서 도급인은 도급 또는 지시에 관하여 중대한 과실이 없는 한 수급인이 그 일에 관하여 제3자에게 가한 손해를 배상할 책임을 부담하지 않는 것이 원칙이고, 다만 도급인이 수급인의 일의 진행 및 방법에 관하여 구체적인 지휘감독권을 유보하고 공사의 시행에 관하여 구체적으로 지휘감독을 한 경우에는 도급인과 수급인의 관계는 실질적으로 사용자와 피용자의 관계와 다를 바가 없으므로 수급인이나 수급인의 피용자의 불법행위로 인하여 제3자에게 가한 손해에 대하여 도급인은 민법 제756조 소정의 사용자책임을 면할 수 없는데, 여기서 지휘감독이란 실질적인 사용자관계가 인정될 수 있을 정도로 공사시행 방법과 공사진행에 관하여 구체적으로 공사의 운영 및 시행을 직접 지시·지도하고 감시·독려하는 것이어야 한다. 그리고 위와 같은 사용자 및 피용자 관계를 인정할 수 있는 기초가 되는 도급인의 수급인에 대한 지휘감독은 현장에서 구체적인 공사의 운영 및 시행을 직접 지시·지도하고 감시·독려함으로써 시공자체를 관리함을 말하며, 단순히 공사의 운영 및 시공의 정도가 설계도 또는 시방서대로 시행되고 있는가를 확인하여 공정을 감독하는 데에 불과한 이른바 감리는 여기에 해당하지 않는다고 할 것이므로 도급인이 수급인의 공사에 대하여 감리적인 감독을 함에 지나지 않을 때에는 양자의 관계를 사용자 및 피용자의 관계와 같이 볼 수 없다(대법원 1983. 11. 22. 선고 83다카1153 판결 참조)."

172) **대판 2001. 8. 21, 2001다3658; 대판 2005. 2. 25, 2003다36133.**

173) **대판 1964. 4. 7, 63다638.**

(지입회사) 명의로 등록한 후 소유자가 사실상 운행하는 소위 차량지입제의 경우에 지입회사는 그 지입차주 또는 그가 고용한 운전수의 가해행위에 대하여 사용자책임을 진다고 한다.175)

2. 피용자가 "그 사무집행에 관하여" 손해를 가했을 것(사무집행관련성)

(1) 의 의

사용자는 피용자가 그의 사무집행에 관하여 제3자에게 손해를 발생케 했을 때 비로소 손해배상책임을 부담한다(제756조). 따라서 사용자의 배상책임을 인정하기 위해서는 피용자의 가해행위가 사무집행에 관한 행위인지를 먼저 살펴보아야 한다. 그런데 여기서 '사무집행에 관하여'란 피용자의 직무범위에 속하는 행위를 의미하는 것이지만, 직무집행행위 자체는 아니더라도 그 행위의 성질을 외형상 객관적으로 관찰하여 외형적으로 직무와 관련성이 있는 것으로 보이는 경우에 직무관련성을 인정하는 '외형이론'에 따라 이를 판단하는 것이 판례의 입장이다. 즉 "피용자의 불법행위가 외형상 객관적으로 사용자의 사무집행에 관련된 것인지의 여부는 피용자의 본래 직무와 불법행위와의 관련 정도 및 사용자에게 손해발생에 대한 위험창출과 방지조치 결여의 책임이 어느 정도 있는지를 고려하여 판단하여야 할 것"176)이라고 한다. 사업활동 내지 사무집행행위 또는 그와 관련된 것이라

---

174) **대판** 1993. 3. 26, 92**다**10081.

175) **대판** 2000. 10. 13, 2000**다**20069 "지입차량의 차주 또는 그가 고용한 운전자의 과실로 타인에게 손해를 가한 경우에는 지입회사는 명의대여자로서 제3자에 대하여 지입차량이 자기의 사업에 속하는 것을 표시하였을 뿐 아니라, 객관적으로 지입차주를 지휘·감독하는 사용자의 지위에 있다 할 것이므로 이러한 불법행위에 대하여는 그 사용자책임을 부담한다고 할 것이다."

176) **대판** 1988. 11. 22, 86**다카**1923 ; **대판** 2000. 2. 11, 99**다**47297 ; **대판** 2003. 12. 26, 2003**다**49542 ; **대판** 2010. 10. 28, 2010**다**48387 "민법 제756조의 사용자와 피용자의 관계는 반드시 유효한 고용관계가 있는 경우에 한하는 것이 아니고, 사실상 어떤 사람이 다른 사람을 위하여 그 지휘·감독 아래 그 의사에 따라 사업을 집행하는 관계에 있을 때에도 그 두 사람 사이에 사용자, 피용자의 관계가 있다고 할 수 있다. 따라서 오피스텔 건축 시행사와 분양대행용역계약을 체결하여 분양대행업무를 수행하는 경우에도 사실상 시행사의 지휘·감독 아래 시행사의 의사에 따라 분양대행업무를 수행하였다면 사용자, 피용자의 관계에 있다고 할 수 있다." ; **대판** 2017. 9. 26, 2014**다**27425 "민법 제756조에 규정된 사용자책임의 요건인 '사무집행에 관하여'라는 뜻은 피용자의 불법행위가 외형상 객관적으로 사용자의 사업활동, 사무집행행위 또는 그와 관련된 것이라고 보일 때에는 행위자의 주관적 사정을 고려하지 않고 이를 사무집행에 관하여 한 행위로 본다는 것이다. 외형상 객관적으

고 보일 때에는 행위자(피용자)의 주관적 사정을 고려함이 없이 이를 사무집행에 관하여 한 행위로 보자는 것이다. 이러한 외형이론은 외형을 만든 사용자 측의 사정 및 이를 신뢰한 피해자 측의 사정만을 고려하고 피용자의 주관적 의도는 배제하는 점에 그 특징이 있다.

그리고 그러한 '외형이론'에 따른 행위이면 피용자가 자신의 사적인 이익익을 꾀하기 위하여 그 권한을 남용하여 한 경우,[177] 사용자 또는 사용자에 갈음하여 그 사무를 감독하는 자의 구체적인 명령 또는 위임에 따르지 않은 경우[178]도 사무집행에 관한 행위로 된다.

한편 판례는 피용자가 고의에 기하여 다른 사람에게 가해행위를 한 경우, 그 행위가 피용자의 사무집행 그 자체는 아니라 하더라도 사용자의 사업과 시간적·장소적으로 근접하고, 피용자의 사무의 전부 또는 일부를 수행하는 과정에서 이루어지거나 가해행위의 동기가 업무처리의 전부 또는 일부를 수행하는 과정에서 이루어지거나 가해행위의 동기가 업무처리와 관련된 것일 경우에는 사무집행행위와 관련된 것이라고 보아 사용자의 책임이 성립한다. 이 경우 사용자가 위험발생 및 방지조치를 결여하였는지 여부도 손해의 공평한 부담을 위하여 부가적으로 고려할 수 있다.[179]

로 사용자의 사무집행에 관련된 것인지는 피용자의 본래 직무와 불법행위의 관련 정도와 사용자에게 손해발생에 대한 위험창출과 방지조치 결여의 책임이 어느 정도 있는지를 고려하여 판단하여야 한다. 또한 민법 제756조의 사용자와 피용자의 관계는 반드시 유효한 고용관계가 있는 경우에 한하는 것이 아니고, 사실상 어떤 사람이 다른 사람을 위하여 그 지휘·감독 아래 그 의사에 따라 사업을 집행하는 관계에 있을 때에도 그 두 사람 사이에 사용자와 피용자의 관계가 있다."

177) **대판 1984. 2. 28, 82다마1875.**

178) **대판 1992. 7. 28, 92다10531.**

179) **대판 2009. 2. 26, 2008다89712** "[1] 민법 제756조에 규정된 사용자 책임의 요건인 '사무집행에 관하여'라는 뜻은 피용자의 불법행위가 외형상 객관적으로 사용자의 사업활동 내지 사무집행행위 또는 그와 관련된 것이라고 보일 때에는 행위자의 주관적 사정을 고려함이 없이 이를 사무집행에 관하여 한 행위로 본다는 것으로, 피용자가 고의에 기하여 다른 사람에게 가해행위를 한 경우, 그 행위가 피용자의 사무집행 그 자체는 아니라 하더라도 사용자의 사업과 시간적, 장소적으로 근접하고, 피용자의 사무의 전부 또는 일부를 수행하는 과정에서 이루어지거나 가해행위의 동기가 업무처리와 관련된 것일 경우에는 외형적, 객관적으로 사용자의 사무집행행위와 관련된 것이라고 보아 사용자책임이 성립한다. 이 경우 사용자가 위험발생 및 방지조치를 결여하였는지 여부도 손해의 공평한 부담을 위하여 부가적으로 고려할 수 있다. [2] 피용자가 다른 피용자를 성추행 또는 간음하는 등 고의적인 가해행위를 한 경우, 그 행위가 피용자의 사무집행 자체는 아니라 하더라도, 피해자로 하여금 성적

그런데 판례는 피용자의 불법행위가 사무집행행위에 해당하지 않음을 피해자 자신이 알았거나 중대한 과실로 알지 못한 경우에는, 피해자는 사용자책임을 물을 수 없다고 한다.[180] 이는 본래 외형이론이 피용자와 거래를 한 상대방의 신뢰를 보호하려는 데서 출발하였기 때문에 두어진 제한이다.

판례의 '외형이론'에 대하여 학설은 이를 지지하는 견해[181]가 있고, 이른바 '제한외형이론', 즉 사용자책임은 '사무집행의 외형' 자체를 매개로 할 것이 아니라 '사무집행의 외형을 만들었다는 점'을 매개로 하여야 한다는 견해[182]가 있다.

(2) 사무집행관련성이 인정된 개별사례

1) 「사무집행에 관하여」의 의미

① 민법 제756조에 규정된 사용자책임의 요건인 '사무집행에 관하여'라는 뜻은 피용자의 불법행위가 외형상 객관적으로 사용자의 사업활동 내지 사무집행행위 또는 그와 관련된 것이라고 보여질 때에는 행위자의 주관적 사정을 고려함이 없

굴욕감 또는 혐오감을 느끼게 하는 방법으로 업무를 수행하도록 하는 과정에서 피해자를 성추행하는 등 그 가해행위가 외형상 객관적으로 업무의 수행에 수반되거나 업무수행과 밀접한 관련 아래 이루어지는 경우뿐만 아니라, 피용자가 사용자로부터 채용, 계속고용, 승진, 근무평정과 같은 다른 근로자에 대한 고용조건을 결정할 수 있는 권한을 부여받고 있음을 이용하여 그 업무수행과 시간적, 장소적인 근접성이 인정되는 상황에서 피해자를 성추행하는 등과 같이 외형상 객관적으로 사용자의 사무집행행위와 관련된 것이라고 볼 수 있는 사안에서도 사용자책임이 성립할 수 있다."

180) **대판** 1992. 7. 28, 92다10531 ; **대판** 2007. 9. 20, 2004다43886 ; **대판** 2008. 1. 18, 2006다41471; **대판** 2011. 11. 24, 2011다41529 "피용자의 불법행위가 외관상 사무집행의 범위 내에 속하는 것으로 보이는 경우에도 피용자의 행위가 사용자나 사용자에 갈음하여 그 사무를 감독하는 자의 사무집행행위에 해당하지 않음을 피해자 자신이 알았거나 또는 중대한 과실로 알지 못한 때에는 사용자 또는 사용자에 갈음하여 사무를 감독하는 자에게 사용자 책임을 물을 수 없는데, 이 경우 중대한 과실은 거래의 상대방이 조금만 주의를 기울였더라면 피용자의 행위가 그 직무권한 내에서 적법하게 행하여진 것이 아니라는 사정을 알 수 있었음에도, 만연히 이를 직무권한 내의 행위라고 믿음으로써 일반인에게 요구되는 주의의무에 현저히 위반하는 것으로 거의 고의에 가까운 정도의 주의를 결여하고, 공평의 관점에서 상대방을 구태여 보호할 필요가 없다고 인정되는 상태를 말한다. 그리고 특히 금융기관과의 거래에서는 금융기관의 피용자와 거래 상대방 사이에 이루어진 금융거래의 내용, 거래 방식, 사용된 서류의 양식 등이 건전한 금융거래의 상식에 비추어 정식 금융거래와는 동떨어진 때에는 거래 상대방에게 사무집행행위에 해당하지 않는다는 점에 대한 고의 또는 중대한 과실이 인정될 여지가 많다."

181) 곽윤직, 419면.

182) 이은영, 857면.

이 이를 사무집행에 관하여 한 행위로 본다는 것이고, 외형상 객관적으로 사용자의 사무집행에 관련된 것인지의 여부는 피용자의 본래 직무와 불법행위와의 관련 정도 및 사용자에게 손해발생의 대한 위험창출과 방지조치 결여의 책임이 어느 정도 있는지를 고려하여 판단하여야 한다.[183)]

② 또한, 피용자의 불법행위가 외형상 사무집행의 범위 내에 속하는 것으로 보이는 경우에도, 피용자의 행위가 사용자의 사무집행행위에 해당하지 않음을 피해자 자신이 알았거나 또는 중대한 과실로 알지 못한 경우에는 사용자에 대하여 사용자책임을 물을 수 없다고 할 것이지만, 이 경우 사용자책임이 면책되는 피해자의 중대한 과실이라 함은 거래의 상대방이 조금만 주의를 기울였더라면 피용자의 행위가 그 직무권한 내에서 적법하게 행하여진 것이 아니라는 사정을 알 수 있었음에도 만연히 이를 직무권한 내의 행위라고 믿음으로써 일반인에게 요구되는 주의의무에 현저히 위반하는 것으로 거의 고의에 가까운 정도의 주의를 결여하고, 공평의 관점에서 상대방을 구태여 보호할 필요가 없다고 봄이 상당하다고 인정되는 상태를 말한다고 할 것이다.[184)]

---

183) **대판 1988. 11. 22, 86다카1923** "민법 제756조에 규정된 사용자책임의 요건인 사무집행에 관하여라는 뜻은 피용자의 불법행위가 외형상 객관적으로 사용자의 사업활동 내지 사무집행행위 또는 그와 관련된 것이라고 보여질 때에는 행위자의 주관적 사정을 고려함이 없이 이를 사무집행에 관하여 한 행위로 본다는 것이고, 외형상 객관적으로 사용자의 사무집행에 관련된 것인지의 여부는 피용자의 본래 직무와 불법행위와의 관련정도 및 사용자에게 손해발생의 대한 위험창출과 방지조치 결여의 책임이 어느 정도 있는지를 고려하여 판단하여야 한다."

184) **대판 2007. 4. 12, 2006다11562** "민법 제756조에 규정된 사용자책임의 요건인 '사무집행에 관하여'라는 뜻은 피용자의 불법행위가 외형상 객관적으로 사용자의 사업활동 내지 사무집행 행위 또는 그와 관련된 것으로 보일 때에는 행위자의 주관적 사정을 고려함이 없이 이를 사무집행에 관한 행위로 본다는 것이고, 외형상 객관적으로 사용자의 사무집행에 관련된 것인지 여부는 피용자의 본래 직무와 불법행위와의 관련 정도 및 사용자에게 손해발생에 대한 위험 창출과 방지조치 결여의 책임이 어느 정도 있는지를 고려하여 판단하여야 한다(대법원 1988. 11. 22. 선고 86다카1923 판결, 1998. 2. 10. 선고 95다39533 판결 등 참조). 또한, 피용자의 불법행위가 외형상 사무집행의 범위 내에 속하는 것으로 보이는 경우에도, 피용자의 행위가 사용자의 사무집행행위에 해당하지 않음을 피해자 자신이 알았거나 또는 중대한 과실로 알지 못한 경우에는 사용자에 대하여 사용자책임을 물을 수 없다고 할 것이지만, 이 경우 사용자책임이 면책되는 피해자의 중대한 과실이라 함은 거래의 상대방이 조금만 주의를 기울였더라면 피용자의 행위가 그 직무권한 내에서 적법하게 행하여진 것이 아니라는 사정을 알 수 있었음에도 만연히 이를 직무권한 내의 행위라고 믿음으로써 일반인에게 요구되는 주의의무에 현저히 위반하는 것으로 거의 고의에 가까운 정도의 주의를 결여하고, 공평의 관점에서 상대방을 구태여 보호할 필요가

2) 피용자가 다른 피용자를 성추행한 경우와 사용자책임

① 피용자가 다른 피용자를 성추행 또는 간음하는 등 고의적인 가해행위를 한 경우, 그 행위가 피용자의 사무집행 자체는 아니라 하더라도, 피해자로 하여금 성적 굴욕감 또는 혐오감을 느끼게 하는 방법으로 업무를 수행하도록 하는 과정에서 피해자를 성추행하는 등 그 가해행위가 외형상 객관적으로 업무의 수행에 수반되거나 업무수행과 밀접한 관련 아래 이루어지는 경우뿐만 아니라, 피용자가 사용자로부터 채용·계속고용·승진·근무평정과 같은 다른 근로자에 대한 고용조건을 결정할 수 있는 권한을 부여받고 있음을 이용하여 그 업무수행과 시간적·장소적인 근접성이 인정되는 상황에서 피해자를 성추행하는 등과 같이 외형상 객관적으로 사용자의 사무집행행위와 관련된 것이라고 볼 수 있는 사안에서도 사용자책임이 성립할 수 있다.[185]

② 국립대학 교수의 조교에 대한 성희롱사건에서 사용자인 국가와 대리감독자인 대학총장의 사용자책임을 부정한 사례로서 "고용관계 또는 근로관계는 이른바 계속적 채권관계로서 인적 신뢰관계를 기초로 하는 것이므로, 고용계약에 있어 피용자가 신의칙상 성실하게 노무를 제공할 의무를 부담함에 대하여, 사용자로서는 피용자에 대한 보수지급의무 외에도 피용자의 인격을 존중하고 보호하며 피용자가 그 의무를 이행하는 데 있어서 손해를 받지 아니하도록 필요한 조치를 강구하고 피용자의 생명·건강·풍기 등에 관한 보호시설을 하는 등 쾌적한 근로환경을 제공함으로써 피용자를 보호하고 부조할 의무를 부담하는 것은 당연한 것이지만, 어느 피용자의 다른 피용자에 대한 성희롱 행위가 그의 사무집행과는 아무런 관련이 없을 뿐만 아니라, 가해자의 성희롱 행위가 은밀하고 개인적으로 이루어지고 피해자로서도 이를 공개하지 아니하여 사용자로서는 이를 알거나 알 수 있었다고 보여지지도 아니하다면, 이러한 경우에서까지 사용자가 피해자에 대하여 고용계약상의 보호의무를 다하지 아니하였다고 할 수는 없다."[186]

3) 사무집행관련성이 인정된 사례

① 민법 제756조 소정의 "사무집행에 관하여"라는 규정의 뜻은, 원칙적으로는

없다고 봄이 상당하다고 인정되는 상태를 말한다고 할 것이다(대법원 1998. 7. 24. 선고 97다49978 판결 등 참조)."

185) **대판 2009. 2. 26, 2008다89712.**

186) **대판 1998. 2. 10, 95다39533.**

그것이 피용자의 직무범위에 속하는 행위이어야 할 것이나 피용자의 직무집행행위 그 자체는 아니더라도 그 행위의 외형으로 관찰하여 마치 직무의 범위 내에 속하는 것과 같이 보이는 행위도 포함하는 것으로 새겨야 할 것이고, 피용자가 사용자나 사용자에 갈음하여 그 사무를 감독하는 자의 구체적 명령 또는 위임에 따르지 아니하고 그 지위를 남용하여 자기 또는 제3자의 이익을 도모하는 경우 사용자 또는 사용자에 갈음하여 그 사무를 감독하는 자나 피용자의 주관적 사정에 따라 사용자책임을 부정하는 것은 사용자책임을 규정한 위 민법의 목적이나 입법취지에 어긋나는 것이다.[187]

② 은행 직원이 자신의 친척으로부터 권한을 위임받아 친척 명의의 예금을 만기에 인출하여 신규예금에 예치하는 과정에서 임의로 그 일부를 예치하지 않고 개인적으로 유용한 사안에서, 위 행위가 외관상 객관적으로 은행의 사무집행과 관련된 행위에 해당한다.[188]

③ 사용자의 배상책임을 규정한 민법 제756조 소정의 "그 사무집행에 관하여"라 함은 사용자의 사업집행 자체 또는 이에 필요한 행위뿐만 아니라 이와 관련된 것이라고 일반적으로 보여지는 행위는 설사 그것이 피용자의 이익을 도모하기 위한 경우라도 이에 포함된다고 보아야 할 것이므로 택시회사의 운전수가 택시의 승객을 태우고 운행 중 차속에서 부녀를 강간한 경우 위 회사는 사용자로서 손해배상책임이 있다.[189]

④ 피용자의 불법행위가 외관상 사무집행의 범위 내에 속하는 것으로 보이는 경우에 있어서도, 피용자의 행위가 사용자나 사용자에 갈음하여 그 사무를 감독하는 자의 사무집행행위에 해당하지 않음을 피해자 자신이 알았거나 또는 중대한 과실로 알지 못한 경우에는 사용자 혹은 사용자에 갈음하여 그 사무를 감독하는 자에 대하여 사용자책임을 물을 수 없다.[190]

㉠ 사용자책임이 면책되는 피해자의 '중대한 과실'이라 함은 거래의 상대방이 조금만 주의를 기울였더라면 피용자의 행위가 그 직무권한 내에서 적법하게 행하여진 것이 아니라는 사정을 알 수 있었음에도 만연히 이를 직무권한 내의 행

187) **대판** 1992. 7. 28, 92다10531.
188) **대판** 2008. 2. 1, 2005다49270.
189) **대판** 1991. 1. 11, 90다8954.
190) **대판** 1999. 10. 22, 98다6381.

위라고 믿음으로써 일반인에게 요구되는 주의의무에 현저히 위반하는 것으로 거의 고의에 가까운 정도의 주의를 결여하고, 공평의 관점에서 상대방을 구태여 보호할 필요가 없다고 봄이 상당하다고 인정되는 상태를 말한다.[191]

㉡ 피용자의 불법행위가 외관상 사무집행의 범위 내에 속하는 것으로 보이는 경우에 있어서도 피용자의 행위가 사용자나 사용자에 갈음하여 그 사무를 감독하는 자의 사무집행행위에 해당하지 않음을 피해자 자신이 알았거나 중대한 과실로 인하여 알지 못한 경우에는 사용자책임을 물을 수 없을 것인데, 이 경우 중대한 과실이란 거래의 상대방이 조금만 주의를 기울였더라면 피용자의 행위가 그 직무권한 내에서 적법하게 행하여진 것이 아니라는 사정을 알 수 있었음에도 만연히 이를 직무권한 내의 행위라고 믿음으로써 일반인에게 요구되는 주의의무에 현저히 위반하는 것으로 거의 고의에 가까운 정도로 주의가 결여되고, 공평의 관점에서 상대방을 구태여 보호할 필요가 없다고 봄이 상당하다고 인정되는 상태를 말하고, 한편 이와 같은 중대한 과실 유무를 판단함에 있어서는 피용자의 행위에 의한 거래가 있었던 당시의 사정을 기준으로 하여야 한다.[192]

㉢ 법인이 피해자인 경우 법인의 업무에 관하여 일체의 재판상 또는 재판외의 행위를 할 권한이 있는 법률상 대리인이 가해자인 피용자의 행위가 사용자의 사무집행행위에 해당하지 않음을 안 때에는 피해자인 법인이 이를 알았다고 보아야 하고, 이러한 법리는 그 법률상 대리인이 본인인 법인에 대한 관계에서 이른바 배임적 대리행위를 하는 경우에도 마찬가지라고 할 것이다.[193]

⑤ 법인이 피용자의 불법행위의 피해자인 경우 법인의 업무에 관하여 포괄적 대리권을 갖는 자가 가해자인 피용자의 행위가 사용자의 사무집행행위에 해당하지 않음을 안 때에 법인도 이를 알았다고 볼 수 있는지 여부(적극) 및 이러한 법리가 그 대리인이 배임적 대리행위를 하는 경우에도 적용되는지 여부(적극)[194]

⑥ 증권회사 직원이 피해자 회사의 경리이사와 공모하여 환매조건부채권 예금계좌에 입금한 피해자 회사의 자금으로 임의로 주식거래를 한 사안에서, 위 증권회사 직원의 행위가 증권회사의 사무집행행위에 속하지 않는다는 것을 위 경리

191) **대판** 2005. 2. 25, 2003다36133.
192) **대판** 2007. 4. 12, 2006다21354.
193) **대판** 2005. 12. 23, 2003다30159.
194) **대판** 2009. 6. 25, 2008다13838.

이사가 알고 있었으므로 피해자 회사가 이를 알았다고 보아 피해자 회사는 위 증권회사에 대하여 사용자책임을 물을 수 없다.[195]

3. 피용자의 가해행위가 불법행위의 성립요건을 갖출 것

사용자책임이 성립하기 위해서는 피용자의 가해행위가 고의·과실 및 책임능력 등 일반불법행위의 성립요건을 갖추어야 하는가에 관하여 견해가 나누어지고 있다. 즉 ① 고의·과실과 책임능력이 필요하다고 보는 긍정설,[196] ② 피용자의 과실 및 책임능력은 필요하지 않다는 불요설,[197] 그리고 ③ 피용자의 과실은 필요하지만 책임능력은 필요하지 않다는 견해[198]가 대립하고 있다. ①설은 사용자책임이 대위책임이라고 하면서, 사용자책임이 성립하기 위해서는 피용자의 가해행위가 불법행위의 일반성립요건을 갖추어야 하고, 그러지 않으면 사용자에게 가혹하다는 점과 제756조 제3항이 사용자의 피용자에 대한 구상권을 규정하고 있다는 점을 그 이유로 들고 있다. ②설은 사용자책임이 사용자의 고유책임이라고 하면서 피용자의 과실책임 및 책임능력은 필요하지 않다는 이유로 피용자에게 과실이 없는데도 사용자책임이 인정되어야 할 때가 있고, 제756조가 이를 요구하고 있으며, 그렇게 새기지 않으면 피해자에게 가혹하다는 점을 들고 있다.

한편 판례[199]는 필요하다는 긍정설을 취하고 있다.

4. 제3자에게 손해를 가했을 것

이때의 '제3자'라 함은 사용자와 가해행위를 한 피용자를 제외한 그 밖의 사람을 말한다.[200] 따라서 동일한 사용자 밑에서 고용되어 있는 근로자가 그 업무집행 중

---

195) **대판 2007. 9. 20, 2004다43886.**

196) 곽윤직, 419면 ; 김상용, 채권각론, 733면 ; 송덕수, 민법강의, 1426면.

197) 이은영, 853면.

198) 김주수, 698면.

199) **대판 1981. 8. 11, 81다298** "(국민학교 1학년생)의 대리감독자(담임교사)에게 민법 제755조 제2항에 의한 배상책임이 있다고 하여 위 대리감독자의 사용자 또는 사용자에 갈음한 감독자(위 학교를 설립 경영하는 지방자치단체)에게 당연히 민법 제756조에 의한 사용자책임이 있다고 볼 수는 없으며, 책임무능력자의 가해행위에 관하여 그 대리감독자에게 고의 또는 과실이 인정됨으로써 별도로 불법행위의 일반 요건을 충족한 때에만 위 대리감독자의 사용자 또는 사용자에 갈음한 감독자는 민법 제756조의 사용자책임을 지게 된다."

200) **대판 1966. 10. 21, 65다825.**

다른 근로자에게 손해를 가한 경우에도 사용자배상책임이 생긴다.[201] 또한 조합출장소장이 권한 없이 발행한 약속어음을 배서양도받은 소지인이 어음금의 지급을 받지 못한 경우에 그 소지인도 조합과의 관계에서 여기의 제3자에 해당한다.[202]

5. 사용자가 면책사유 있음을 증명하지 못하였을 것

사용자가 피용자의 선임 및 사무감독에 상당한 주의를 한 때 또는 상당한 주의를 하여도 손해가 있을 경우에는 사용자책임을 지지 않는다(제756조 제1항 단서). 이러한 두 종류의 면책사유 중 하나만 사용자가 증명책임을 부담하면 된다.[203] 따라서 이 경우의 면책사유는 그것의 부존재가 사용자책임의 적극적인 성립요건이 아니라 소극적으로 사용자가 면책사유 있음을 증명하지 못하는 한 사용자책임이 인정되는 소극적 성립요건이다. 소송실무에서는 사용자의 면책을 거의 인정하지 않고 있어 사실상 무과실책임처럼 운용되고 있다.[204]

[관련판례]

① 연출자는 연극이나 뮤지컬과 같은 공연에서 작품해석, 연기 등 예술적 사항뿐만 아니라, 기술적 사항을 총괄하여 공연제작을 통합. 조정하는 총책임자로서, 특별한 사정이 없는 한 공연 직전에 무대감독에게 공연의 지휘. 감독권을 넘겨줄 때까지 공연제작에 대한 책임이 있으므로, 공연 중에 사고가 발생한 경우라도 연출자의 부적절한 결정으로 말미암아 사고가

---

201) **대판** 1964. 11. 30, 64**다**1232 "근로자가 그 업무집행중 사용주가 고용한 다른 근로자의 과실에 의하여 재해를 입은 경우에는 사용주에 대한 본법상의 재해보상청구권과 민법상의 불법행위로 인한 손해배상청구권이 서로 경합하여 병존한다."

202) **대판** 1972. 5. 31, 72**다**611.

203) **대판** 1969. 1. 28, 68**다**578 ; **대판** 1971. 10. 11, 71**다**1641 ; **대판** 1998. 5. 15, 97**다**58538 "민법 제756조 제1항 및 제2항의 책임에 있어서 사용자나 그에 갈음하여 사무를 감독하는 자는 그 피용자의 선임과 사무감독에 상당한 주의를 하였거나 상당한 주의를 하여도 손해가 있을 경우에는 손해배상의 책임이 없으나, 이러한 사정은 사용자 등이 주장 및 증명을 하여야 한다." ; **대판** 2005. 2. 25, 2003**다**36133 참조.

204) **대판** 1978. 3. 14, 77**다**491 "감독자에게 과실책임을 인정하기 위한 요건 : 부하직원의 고의에 의한 불법행위를 이유로 감독자의 과실책임을 인정하려면 감독자가 통상의 주의의무를 다하였으면 이를 방지할 수 있었음에도 불구하고 이를 게을리 하였어야 할 것이요, 감독자가 일반인으로서의 통상의 주의의무를 다하였다고 하더라도 부하직원의 불법행위가 감독자의 감독이 미칠 수 없는 객관적인 상황 아래에 있었던 것이라면 그와 같은 감독자에게까지 과실책임을 물을 수는 없다." ; **대판** 1979. 4. 24, 79**다**185에서는 사용자의 면책을 인정하였다.

발생하거나, 연출자로서의 통상적인 지휘. 감독의무만 다해도 사고발생을 방지할 수 있는데 이를 방치함으로써 사고가 발생한 경우에는 그로 인한 손해를 배상할 책임이 있고, 특히, 공연의 극적 효과를 높이기 위하여 폭죽과 같이 인화성 있는 물질을 사용하는 경우에는 그로 인하여 화재가 발생하지 않도록 특수효과 부문 담당자 등을 지휘. 감독하여야 할 의무가 있다고 할 것이다. 다만, 특수효과와 관련된 분야는 전문적 지식을 필요로 하는 분야로서 특수효과 부문 담당자 등이 그 역할을 분담하고 있으므로, 연출자는 기술전문가인 특수효과 부문 담당자 등에게 요구되는 주의의무와는 달리, 동종의 업무에 종사하는 연출자를 표준으로 하여 통상적으로 요구되는 정도의 지휘. 감독의무만 다하면 된다고 할 것이다.

원심판결 이유 및 원심이 그 판결에서 적법하게 채용하고 있는 증거들에 의하면, 소외 1 주식회사는 (제목 생략)이라는 제목의 가족뮤지컬(이하 '이 사건 공연'이라 한다)을 공연하기 위하여, 피고에게 연출 부문을, 소외 2에게 특수효과 부문을 맡기고 이에 대하여 보수를 지급하기로 약정한 다음 2004. 2. 5.부터 공연을 하여 왔는데, 2004. 2. 29. 11:30(대법원 2005. 2. 25. 선고 2003다36133〈출처 : 대법원 2005. 2. 25. 선고 판결 [매매대금] 〉 종합법률정보 판례)경 공연 도중 관람석 뒤쪽에 있는 영사실 주위의 벽면과 천장에서 화재(이하 '이 사건 화재'라 한다)가 발생하여 영사실 외벽면, 바닥, 의자 등이 소훼된 사실, 이사건 공연에는 극적 효과를 높이기 위하여 폭죽이 사용되었는데, 소외 2가 특수효과 부문 담당자로서 관람석 뒤쪽에 있는 영사실 주위의 벽면으로부터 약 2m 50㎝ 떨어진 곳에 폭죽 발사대를 설치하고 공연 도중 폭죽 발사대 와이어 고정점에서 폭죽(라인로켓 30m짜리 실내용)을 점화하는 방법으로 폭죽을 발사한 사실, 그런데 위와 같이 사용된 폭죽 가운데는 구체적인 제품정보가 표시되지 않은 것이 포함되어 있었고, 폭죽에 부착된 사용설명서에는 '인화물질이 없는 곳에서 사용', '안전거리를 10m 이상 확보하여 사용'이라고 기재되어 있었던 사실, 화재가 발생된 벽면은 세로 방향으로 목재구조물이 3㎝ 간격으로 설치되어 있었고, 그 안쪽에 검정색 스펀지, 석고보드, 비닐커버, 유리섬유, 블록벽면의 순서로 구성되어 있었는데, 국립과학수사연구소의 감정결과에 의하면 폭죽 발사로 인한 불꽃이 뒤쪽 벽면의 가연성 소재인 방음용 스펀지 및 비닐 등에 착화되어 화재가 발생하였을 가능성이 있다고 추정된 사실, 원고는 2004. 6. 22. 피보험자로서 서울교육문화회관의 운영을 맡고 있는 대교개발 주식회사(이하 '대교개발'이라고 한다)에 이 사건 극장의 화재 손해에 관하여 화재보험금 53,493,412원을 지급한 사실을 알 수 있다.

사정이 이와 같다면, 앞서 본 법리에 비추어 피고는 공연제작을 통합. 조정하는 총책임자인 연출자로서, 이 사건 공연에 인화성 물질인 폭죽이 사용되었으므로, 특수효과 부문 담당자인 소외 2가 폭죽을 발사할 때 그 발사대의 위치를 적절한 곳으로 정하여 안전거리를 유지하는 등으로 화재가 발생하지 않도록 지휘. 감독하여야 하는데도 이를 게을리 한 잘못이 있다고 할 것이므로, 이사건 화재로 인하여 발생한 손해를 배상할 책임이 있다고 할 것이다(대판 2009. 2. 26, 2007다24985).

② 민법 제756조 제1항 및 제2항의 책임에 있어서 사용자나 그에 갈음하여 사무를 감독하는 자는 그 피용자의 선임과 사무감독에 상당한 주의를 하였거나 상당한 주의를 하여도

손해가 있을 경우에는 손해배상의 책임이 없으나, 이러한 사정은 사용자 등이 주장 및 증명을 하여야 한다(대판 1998. 5. 15, 97다58538).

Ⅳ. 배상책임(효과)

1. 배상책임자

(1) 사용자 및 대리감독자

제756조에 의한 배상책임자는 사용자(제1항)와 대리감독자(제2항. 사용자에 갈음하여 그 사무를 감독하는 자)이다. 대리감독자는 객관적으로 볼 때 사용자에 갈음하여 현실적으로 구체적인 사업을 감독하는 지위에 있는 자로서, 반드시 그가 피용자를 선임한 경우라야 하는 것은 아니다.[205] 예컨대 공장장, 출장소장, 인사과장, 현장감독, 그리고 자동차소유자로부터 자동차와 운전사를 일시 차용한 임차인 등이 대리감독자라고 볼 수 있다. 대리감독자가 피용자의 선임·감독에 과실이 있을 때에 대리감독자만이 사용자책임을 지고 사용자는 사용자책임을 면하느냐 하는 것이 문제이다. 다시 말하여 사용자가 대리감독자의 선임·감독에 과실이 없을 때에는 대리감독자만이 피용자의 제3자에 대한 가해행위에 대하여 사용자책임을 지고, 사용자는 사용자책임을 지지 않는 것이냐 하는 점이다. 대리감독자가 책임을 진다고 하여 사용자가 면책되는 것은 아니다. 즉 대리감독자의 피용자에 대한 선임·감독상의 과실은 사용자의 피용자에 대한 선임·감독상의 과실로 보아야 할 것이다. 따라서 대리감독자와 사용자의 책임은 공동불법행위책임으로서 부진정연대채무이다.

---

205) **대판** 1992. 7. 28, 92**다**10531 ; **대판** 1998. 5. 15, 97**다**58538 ; **대판** 2005. 2. 25, 2003**다**36133 "타인에게 어떤 사업에 관하여 자기의 명의를 사용할 것을 허용한 경우에 그 사업이 내부관계에 있어서는 타인의 사업이고 명의자의 고용인이 아니라 하더라도 외부에 대한 관계에 있어서는 그 사업이 명의자의 사업이고 또 그 타인은 명의자의 종업원임을 표명한 것과 다름이 없으므로, 명의사용을 허용받은 사람이 업무수행을 함에 있어 고의 또는 과실로 다른 사람에게 손해를 끼쳤다면 명의사용을 허용한 사람은 민법 제756조에 의하여 그 손해를 배상할 책임이 있다고 할 것이고, 명의대여관계의 경우 민법 제756조가 규정하고 있는 사용자책임의 요건으로서의 사용관계가 있느냐 여부는 실제적으로 지휘·감독을 하였느냐의 여부에 관계없이 객관적·규범적으로 보아 사용자가 그 불법행위자를 지휘·감독해야 할 지위에 있었느냐의 여부를 기준으로 결정하여야 할 것이다."

사용자책임의 경우에도 피해자에게 과실이 있는 경우에는 과실상계를 할 수 있다.[206] 법인의 대표기관은 법인 그 자체이므로 그가 사실상 사무를 감독한다고 하더라도 법인에 대한 관계에서 대리감독자는 아니며, 대표이사에게는 제756조 제2항에 의한 책임을 물을 수 없다.[207]

[관련판례]

① 대리감독자란?

㉠ 민법 제756조 제2항의 "사용자에 갈음하여 그 사무를 감독하는 자"라 함은, 객관적으로 볼 때 사용자에 갈음하여 현실적으로 구체적인 사업을 감독하는 지위에 있는 사람을 말하는 것으로서, 반드시 그가 피용자를 선임한 경우라야 하는 것은 아니다(대판 1992. 7. 28, 92다10531).

㉡ 민법 제756조 제2항에 정한 '사용자에 갈음하여 사무를 감독하는 자'란 객관적으로 볼 때 사용자에 갈음하여 현실적으로 구체적인 사업을 감독하는 지위에 있는 자를 뜻한다(대판 1998. 5. 15, 97다58538).

② 사용자책임에서 피해자와의 과실상계

㉠ 고의 또는 과실로 인한 위법행위로 타인에게 직접 손해를 가한 피용자 자신의 손해배상의무와 그 사용자의 손해배상의무는 별개의 채무일 뿐만 아니라 불법행위로 인한 손해의 발생에 관한 피해자의 과실을 참작하여 과실상계를 한 결과 피용자와 사용자가 피해자에게 배상하여야 할 손해액의 범위가 각기 달라질 수 있다(대판 1994. 2. 22, 93다53696).

㉡ 사용자가 피용자의 과실에 의한 불법행위로 인한 사용자책임을 부담하는 경우와 마찬가지로 피용자의 고의에 의한 불법행위로 인하여 사용자책임을 부담하는 경우에도 피해자에게 그 손해의 발생과 확대에 기여한 과실이 있다면 사용자책임의 범위를 정함에 있어서 이러한 피해자의 과실을 고려하여 그 책임을 제한할 수 있다(대판 2002. 12. 26, 2000다56952).

---

206) **대판 1994. 2. 22, 93다53696 ; 대판 2002. 12. 26, 2000다56952** "사용자가 피용자의 과실에 의한 불법행위로 인한 사용자책임을 부담하는 경우와 마찬가지로 피용자의 고의에 의한 불법행위로 인하여 사용자책임을 부담하는 경우에도 피해자에게 그 손해의 발생과 확대에 기여한 과실이 있다면 사용자책임의 범위를 정함에 있어서 이러한 피해자의 과실을 고려하여 그 책임을 제한할 수 있다."

207) **대판 1973. 2. 13, 72다2488** "주식회사의 대표이사가 본조 제2항 소정의 책임을 지는 여부 : 회사 대표이사가 그 회사의 업무를 수행함에 있어서 그 피용자를 지휘, 감독한다 하더라도 이는 그 대표이사라는 위 회사기관의 자격으로 하는 것이며 위 회사의 별개의 독립된 인격에서 위 회사에 갈음하여 그 사무를 감독한 자라고 할 수는 없으므로 위 대표이사에게는 본조 제2항에 의한 손해배상책임이 있다 할 수 없다."

③ 법인의 대표이사가 제756조 제2항의 책임을 지는가?

피고 박☆수는 원심상피고 한ㅁ여객주식회사의 대표이사라는 것이므로 소론과 같이 피고 박☆수가 위 한ㅁ여객주식회사의 업무를 수행함에 있어서 그 피용자를 지휘 감독한다 하더라도 이는 그 대표이사라는 위 회사기관의 자격으로 하는 것이며 위 회사와 별개의 독립된 인격에서 위 회사에 가름하여 그 사무를 감독한자라고 할 수는 없으므로 피고 박☆수에게는 민법 제756조 제2항에 의한 손해배상 책임이 있다고 할 수 없다(대판 1972. 6. 13, 70다213 판결참조). 설사 소론과 같이 위 한ㅁ여객주식회사의 업무내용이 피고 박☆수의 개인 사업체인 것과 같고 또 위 피고는 동 회사의 업무에 대하여 구체적인 감독권이 있다고 할지라도 동 피고가 위 한ㅁ여객주식회사의 대표이사로서 그 업무를 감독하는 지위에 있는 이상 위 설시의 결론을 달리할 수는 없다 할 것이니 같은 취지에서 피고 박☆수에게는 이사건 사고에 관하여 위 한ㅁ여객주식회사에 가름하여 그 사무를 감독하는 자로서의 손해배상 책임이 있다고 할수 없다는 원심 판단의 결론은 정당하다 할 것이고 이와 견해를 달리하여 피고 박☆수는 한ㅁ여객주식회사에 가름하여 그 사무를 감독하는 자로서의 손해배상 책임이 있다는 것을 전제로 한 소론의 상고논지는 이유 없다(대판 1973. 2. 13, 72다2488).

(2) 피용자 자신의 책임

사용자책임이 성립하는 경우에도 피용자는 이와 별도로 제750조에 의한 불법행위책임을 진다.[208] 그리고 이 두 책임은 부진정연대채무의 관계에 있다고 보는 것이 통설이다.[209]

(3) 부진정연대책임 관계

사용자, 대리감독자, 피용자 세 사람의 배상책임은 부진정연대채무 관계에 있다. 특히 대리감독자가 배상책임을 부담한다고 해서 사용자가 면책되는 것은 아니므로 양자는 부진정연대책임을 진다. 그리고 사용자책임이 성립하는 경우에 피용자 본인은 이와 별도로 제750조의 일반불법행위책임을 지며 이 경우 사용자와 피용자는 부진정연대책임을 진다.[210]

---

208) 곽윤직, 421면 ; 송덕수, 민법강의, 1427면 ; **1994. 2. 22, 93다53696** "고의 또는 과실로 인한 위법행위로 타인에게 직접 손해를 가한 피용자자신의 손해배상의무와 그 사용자의 손해배상의무는 별개의 채무일 뿐만 아니라 불법행위로 인한 손해의 발생에 관한 피해자의 과실을 참작하여 과실상계를 한 결과 피용자와 사용자가 피해자에게 배상하여야 할 손해액의 범위가 각기 달라질 수 있다."

209) 곽윤직, 421면 ; 이은영, 863면 ; 김준호, 1739면. 그러나 양자의 책임은 독립적 공동불법행위 책임으로 이해하여야 한다고 하는 견해도 있다(김상용, 채권각론, 259면).

2. 피용자 또는 대리감독자에 대한 구상권

(1) 사용자 또는 대리감독자가 손해배상을 한 때에는 피용자에 대하여 구상권을 행사할 수 있다(제756조 제3항). 사용자는 피용자가 전부 부담해야 할 배상액을 피해자와의 대외적 관계에서 부진정연대채무자로서 책임을 지는 데에 불과하므로 그 금액을 피용자에게 구상할 수 있다.

(2) 구상은 전액에 대하여 할 수 있다. 그러나 고유책임설을 주장하는 일부견해는 사용자가 고유책임부분을 제외한 나머지 배상액만을 피용자에게 구상할 수 있다고 한다.[211]

(3) 사용자가 대리감독자에 대해서 구상권을 행사할 수 있는가? 통설은 제756조 제3항에서 피용자에 대한 구상권만을 정하고 있기 때문에 원칙적으로 이를 부정한다. 다만 대리감독자와 피용자의 공동불법행위가 인정되는 경우이거나 대리감독자의 과실과 손해 사이에 직접적인 인과관계가 있을 때에 한하여 구상권을 인정하는 것이 타당하다고 한다.[212]왜냐하면 대리감독자에게 무건운 책임을 인정하는 것은 바람직하지 않기 때문이다. 그러나 계약관계에 의하여 채무불이행책임을 지는 것은 별개의 문제이다.

(4) 원래 사용자책임은 보상책임의 원리(사용자가 피용자를 사용함으로써 이익을 얻는 과정에서 피용자가 타인에게 손해를 가한 때에는 사용자가 그 배상책임을 부담하는 것이 공평하는 것)에 기초하고 있는데 제756조 제3항에서 사용자의 피용자에 대한 구상권을 인정하는 결과 최종적으로 피용자 개인의 책임으로 돌아가게 되어 있다. 이는 결과적으로 피용자를 사용하는 과정에서 발생한 손해를 피용자에게 전가하여 부당하다는 점에서 볼 때 구상권의 행사에 일정한 제한을 가하는 것이 신의칙에 부합하는 것이 될 것이다. 따라서 판례는 신의칙상 상당하다고 인정되는 한도내에서만 구상할 수 있다고 한다.[213] 특히 피용자의 가해행위가 지니는 책임성에

---

210) **대판** 2004. 3. 26, 2003**다**34045; **대판** 2012. 6. 28, 2010**다**73765.

211) 이은영, 864면.

212) 곽윤직, 422면 ; 이은영, 868면 ; 송덕수, 민법강의, 1427면.

213) **대판** 1987. 9. 8, 86**다카**1045; **대판** 1991. 5. 10, 91**다**7255; **대판** 1994. 12. 13, 94**다**17246; **대판** 1996. 4. 9, 95**다**52611 ; **대판** 2001. 1. 19, 2000**다**33607 "불법행위에 있어서 부진정연대채무의 관계에 있는 복수의 책임주체 중 1인이 자기 부담 부분 이상을 변제하여 공동의

비해 사용자의 가해행위에 대한 기여도 내지 가공도가 지나치게 큰 경우에는 사용자의 피용자에 대한 구상권의 행사가 신의칙상 부당하다고 본 판례도 있다.[214)]

[관련판례]

① 사용자가 피용자의 업무집행으로 행해진 불법행위로 인하여 직접 손해를 입었거나 또는 사용자로서의 손해배상책임을 부담한 결과로 손해를 입게 된 경우에는 사용자는 그 사업의 성격과 규모, 사업시설의 상황, 피용자의 업무내용, 근로조건이나 근무태도, 가해행위의 상황, 가해행위의 예방이나 손실의 분산에 관한 사용자의 배려정도 등의 제반사정에 비추어 손해의 공평한 분담이라는 견지에서 신의칙상 상당하다고 인정되는 한도 내에서만 피용자에 대하여 위와 같은 손해의 배상이나 구상권을 행사할 수 있다(대판 1987. 9. 8,

---

면책을 얻게 하고 다른 부진정연대채무자에 대하여 그 부담 부분의 비율에 따라 구상권을 행사하는 경우 부담 부분의 비율을 판단함에 있어서는, 불법행위 및 손해와 관련하여 그 발생 내지 확대에 대한 각 부진정연대채무자의 주의의무의 정도에 상응한 과실의 정도를 비롯한 기여도 등 사고 내지 손해와 직접적으로 관련된 대외적 요소를 고려하여야 함은 물론, 나아가 부진정연대채무자 사이에 특별한 내부적 법률관계가 있어 그 실질적 관계를 기초로 한 요소를 참작하지 않으면 현저하게 형평에 어긋난다고 인정되는 경우에는 그 대내적 요소도 참작하여야 하며, 일정한 경우에는 그와 같은 제반 사정에 비추어 손해의 공평한 분담이라는 견지에서 신의칙상 상당하다고 인정되는 한도 내에서만 구상권을 행사하도록 제한할 수도 있다."; **대판 2017. 4. 27, 2016다271226** "일반적으로 사용자가 피용자의 업무수행과 관련하여 행하여진 불법행위로 인하여 직접 손해를 입었거나 피해자인 제3자에게 사용자로서의 손해배상책임을 부담한 결과로 손해를 입게 된 경우에 사용자는 사업의 성격과 규모, 시설의 현황, 피용자의 업무내용과 근로조건 및 근무태도, 가해행위의 발생원인과 성격, 가해행위의 예방이나 손실의 분산에 관한 사용자의 배려의 정도, 기타 제반 사정에 비추어 손해의 공평한 분담이라는 견지에서 신의칙상 상당하다고 인정되는 한도 내에서만 피용자에 대하여 손해배상을 청구하거나 구상권을 행사할 수 있고, 이러한 구상권 제한의 법리는 사용자의 보험자가 피용자에 대하여 구상권을 행사하는 경우에도 다를 바 없다."

214) **대판 1991. 5. 10, 91다7255** "[1] 일반적으로 사용자가 피용자의 업무수행과 관련하여 행해진 불법행위로 인하여 직접 손해를 입었거나 그 피해자에게 사용자로서의 손해배상책임을 부담한 결과로 손해를 입게 된 경우에 있어 사용자는 그 사업의 성격과 규모, 시설의 현황, 피용자의 업무내용, 근로조건이나 근무태도, 가해행위의 상황, 가해행위의 예방이나 손실의 분산에 관한 사용자의 배려정도, 기타 제반사정에 비추어 손해의 공평한 분산이라는 견지에서 신의칙상 상당하다고 인정되는 한도 내에서만 피용자에 대하여 위 손해배상이나 그 구상권을 행사할 수 있다고 보아야 한다. [2] 렌트카회사의 야간경비원이 업무수행과 관련하여 회사 소유의 렌트카를 운전하다가 일으킨 교통사고로 인하여 회사가 사용자로서 손해배상책임을 부담한 경우에 있어, 피용자인 위 경비원의 가해행위가 지니는 책임성에 비하여 사용자의 가해행위에 대한 기여도 내지 가공도가 지나치게 큰 점 등에 비추어 사용자로서의 피용자의 상속인과 그 신원보증인에 대한 구상권 행사가 신의칙상 부당하다."

86다카1045).

② 가. 일반적으로 사용자가 피용자의 업무수행과 관련하여 행해진 불법행위로 인하여 직접 손해를 입었거나 그 피해자에게 사용자로서의 손해배상책임을 부담한 결과로 손해를 입게 된 경우에 있어 사용자는 그 사업의 성격과 규모, 시설의 현황, 피용자의 업무내용, 근로조건이나 근무태도, 가해행위의 상황, 가해행위의 예방이나 손실의 분산에 관한 사용자의 배려정도, 기타 제반사정에 비추어 손해의 공평한 분산이라는 견지에서 신의칙상 상당하다고 인정되는 한도 내에서만 피용자에 대하여 위 손해배상이나 그 구상권을 행사할 수 있다고 보아야 한다.

나. 렌트카 회사의 야간경비원이 업무수행과 관련하여 회사 소유의 렌트카를 운전하다가 일으킨 교통사고로 인하여 회사가 사용자로서 손해배상책임을 부담한 경우에 있어, 피용자인 위 경비원의 가해행위가 지니는 책임성에 비하여 사용자의 가해행위에 대한 기여도 내지 가공도가 지나치게 큰 점 등에 비추어 사용자로서의 피용자의 상속인과 그 신원보증인에 대한 구상권 행사가 신의칙상 부당하다고 본 사례(대판 1991. 5. 10, 91다7255).

③ 불법행위에 있어서 부진정연대채무의 관계에 있는 복수의 책임주체 중 1인이 자기 부담 부분 이상을 변제하여 공동의 면책을 얻게 하고 다른 부진정연대채무자에 대하여 그 부담 부분의 비율에 따라 구상권을 행사하는 경우 부담 부분의 비율을 판단함에 있어서는, 불법행위 및 손해와 관련하여 그 발생 내지 확대에 대한 각 부진정연대채무자의 주의의무의 정도에 상응한 과실의 정도를 비롯한 기여도 등 사고 내지 손해와 직접적으로 관련된 대외적 요소를 고려하여야 함은 물론, 나아가 부진정연대채무자 사이에 특별한 내부적 법률관계가 있어 그 실질적 관계를 기초로 한 요소를 참작하지 않으면 현저하게 형평에 어긋난다고 인정되는 경우에는 그 대내적 요소도 참작하여야 하며, 일정한 경우에는 그와 같은 제반 사정에 비추어 손해의 공평한 분담이라는 견지에서 신의칙상 상당하다고 인정되는 한도 내에서만 구상권을 행사하도록 제한할 수도 있다(대판 2001. 1. 19, 2000다33607).

④ 피용자와 제3자가 공동불법행위로 피해자에게 손해를 가하여 그 손해배상채무를 부담하는 경우에 피용자와 제3자는 공동불법행위자로서 서로 부진정연대관계에 있고, 한편 사용자의 손해배상책임은 피용자의 배상책임에 대한 대체적 책임이어서 사용자도 제3자와 부진정연대관계에 있다고 보아야 할 것이므로, 사용자가 피용자와 제3자의 책임비율에 의하여 정해진 피용자의 부담부분을 초과하여 피해자에게 손해를 배상한 경우에는 사용자는 제3자에 대하여도 구상권을 행사할 수 있으며, 그 구상의 범위는 제3자의 부담부분에 국한된다고 보는 것이 타당하다(대판 1992. 6. 23, 91다33070).

⑤ 공동불법행위자는 채권자에 대한 관계에서는 부진정연대채무를 지되, 공동불법행위자들 내부관계에서는 일정한 부담 부분이 있고, 공동불법행위자 중 1인이 자기의 부담 부분 이상을 변제하여 공동의 면책을 얻게 하였을 때에는 다른 공동불법행위자에게 그 부담 부분의 비율에 따라 구상권을 행사할 수 있으므로 공동불법행위자가 구상권을 갖기 위하여는 반드시 피해자의 손해 전부를 배상하여야 할 필요는 없으나, 자기의 부담 부분을 초과하여 배상을 하여야 할 것이고, 피용자와 제3자가 공동불법행위로 피해자에게 손해를 가하여

그 손해배상채무를 부담하는 경우에 피용자와 제3자는 공동불법행위자로서 서로 부진정연대관계에 있고, 한편 사용자의 손해배상책임은 피용자의 배상책임에 대한 대체적 책임이어서 사용자도 제3자와 부진정연대관계에 있다고 보아야 할 것이므로, 사용자가 피용자와 제3자의 책임비율에 의하여 정해진 피용자의 부담 부분을 초과하여 피해자에게 손해를 배상한 경우에는 사용자는 제3자에 대하여도 구상권을 행사할 수 있다(대판 2006. 2. 9, 2005다28426).

제4절 공작물 등의 점유자·소유자의 책임

Ⅰ. 서 설

1. 의의 및 성질

(1) 의 의

공작물책임이란 공작물의 설치 또는 보존의 하자로 인하여 또는 수목의 재식 또는 보존의 하자로 인하여 타인에게 손해를 가한 때에는 1차적으로 그 공작물(또는 수목)의 점유자가 손해배상책임을 지고 그가 손해의 방지에 필요한 주의를 다한 경우에는 면책되며 이때에는 2차적으로 소유자가 배상책임을 지는 것을 말한다(제758조).

(2) 근 거

공작물 등의 점유자 또는 소유자의 책임을 가중하는 근거는 '위험책임'의 원리에 있다.[215] 즉 위험성이 많은 공작물 등을 관리·소유하는 자는 위험방지에 충분한 주의를 하여야 하며 만일에 위험이 현실화하여 손해가 생긴 경우에는 그에게 배상책임을 부담시키는 것이 사회적으로 공평하다는 것이다.

2. 성 질

공작물책임은 공작물의 하자를 전제로 하는데, 이로 인한 타인의 손해에 대해서는 그 공작물의 점유자가 먼저 책임을 부담하되 점유자가 손해의 방지에 필요

---

215) 곽윤직, 422면; 김상용, 채권각론, 704면. **대판 1996. 11. 22, 96다39219** "민법 제758조는 공작물의 설치·보존의 하자로 인하여 타인에게 손해를 가한 경우 그 점유자 또는 소유자에게 일반불법행위와 달리 이른바 위험책임의 법리에 따라 책임을 가중시킨 규정일 뿐이고, 그 공작물 시공자가 그 시공상의 고의·과실로 인하여 피해자에게 가한 손해를 민법 제750조에 의하여 직접 책임을 부담하게 되는 것을 배제하는 취지의 규정은 아니다."

한 주의를 다하였음을 증명하면 면책될 수 있는 점에서 중간책임으로 되어 있다. 다른 한편으로 점유자가 면책되는 경우에는 그 공작물의 소유자가 책임을 지며, 소유자에게는 점유자와 달리 손해의 방지에 필요한 주의를 다하였음을 증명하더라도 면책이 되지 않는다는 점에서 무과실책임을 부담한다.

3. 다른 제도와의 관계

(1) 제750조의 일반불법행위와의 관계

공작물책임은 그 사고 당시 공작물을 점유하는 자와 소유하는 자가 배상책임을 지는 것으로 하고 있다. 그러나 공작물의 점유자나 소유자가 아닌 공작물의 시공자가 그 시공상의 과실로 인하여 피해자에게 가한 손해에 대해 일반불법행위의 요건을 충족하면 일반불법행위책임을 배제하는 것은 아니다.[216]

[관련판례]

민법 제758조는 공작물의 설치·보존의 하자로 인하여 타인에게 손해를 가한 경우 그 점유자 또는 소유자에게 일반불법행위와 달리 이른바 위험책임의 법리에 따라 책임을 가중시킨 규정일 뿐이고, 그 공작물 시공자가 그 시공상의 고의·과실로 인하여 피해자에게 가한 손해를 민법 제750조에 의하여 직접 책임을 부담하게 되는 것을 배제하는 취지의 규정은 아니다(대판 1996. 11. 22, 96다39219).

(2) 도급인의 책임과의 관계

도급인이라 하더라도 공작물을 사실상 지배(점유)하고 있었다면 점유자이기 때문에 점유자로서 그 공작물의 설치 또는 보존의 하자로 인하여 타인에게 손해를 가한 경우 손해배상책임을 진다.[217]

---

216) **대판 1996. 11. 22, 96다39219** 참조.

217) **대판 2006. 4. 27, 2006다4564** "도급인의 면책을 규정한 민법 제757조 본문은, 수급인은 도급인으로부터 독립하여 사무를 처리하기 때문에 민법 제756조 소정의 피용자에 해당되지 아니하므로 예외적으로 도급인이 수급인의 일의 진행 및 방법에 관하여 구체적인 지휘·감독권을 유보한 경우가 아닌 한 도급인이 수급인의 행위에 대하여 사용자책임을 부담하지 않는다는 것을 주의적으로 규정한 것이고, 민법 제757조에 의한 도급인의 책임과 민법 제758조 제1항에 의한 공작물 점유자의 책임은 그 법률요건과 효과를 달리하는 것이어서 공작물의 점유자가 그 공작물의 설치 또는 보존의 하자로 인하여 타인에게

[관련판례]

도급인의 면책을 규정한 민법 제757조 본문은, 수급인은 도급인으로부터 독립하여 사무를 처리하기 때문에 민법 제756조 소정의 피용자에 해당되지 아니하므로 예외적으로 도급인이 수급인의 일의 진행 및 방법에 관하여 구체적인 지휘·감독권을 유보한 경우가 아닌 한 도급인이 수급인의 행위에 대하여 사용자책임을 부담하지 않는다는 것을 주의적으로 규정한 것이고, 민법 제757조에 의한 도급인의 책임과 민법 제758조 제1항에 의한 공작물 점유자의 책임은 그 법률요건과 효과를 달리하는 것이어서 공작물의 점유자가 그 공작물의 설치 또는 보존의 하자로 인하여 타인에게 손해를 가한 경우 민법 제758조 제1항에 의한 손해배상책임을 인정하는 데 있어 위 민법 제757조 본문이 장애가 되는 것은 아니다(대판 2006. 4. 27, 2006다4564).

(3) 국가배상법과의 관계

국가 또는 지방자치단체가 설치 또는 관리하는 도로·하천 기타 공공의 영조물에 하자가 있어 타인에게 손해를 가한 경우에는 국가 등은 본조(제758조)가 아닌 「국가배상법」에 의해 배상책임을 진다(동법 제5조). 국가배상법 제5조는 민법 758조와 달리 면책이 허용되지 않는 무과실책임으로 구성되어 있다.

(4) 실화책임에 관한 법률과의 관계

종래의 "실화책임에 과한 법률"이 헌법재판소의 불합치판결[218])을 받은 이후

손해를 가한 경우 민법 제758조 제1항에 의한 손해배상책임을 인정하는 데 있어 위 민법 제757조 본문이 장애가 되는 것은 아니다."

218) **헌법재판소 2007. 8. 30, 선고 2004헌가25 결정** "[1] 불의 특성으로 인하여 화재가 발생한 경우에는 불이 생긴 곳의 물건을 태울 뿐만 아니라 부근의 건물 기타 물건도 연소(延燒)함으로써 그 피해가 예상 외로 확대되는 경우가 많고, 화재피해의 확대 여부와 규모는 실화자가 통제하기 어려운 대기의 습도와 바람의 세기 등의 여건에 따라 달라질 수 있으므로, 입법자는 경과실로 인한 실화자를 지나치게 가혹한 손해배상책임으로부터 구제하기 위하여 실화책임법을 제정한 것이고, 오늘날에 있어서도 이러한 실화책임법의 필요성은 여전히 존속하고 있다고 할 수 있다. 그런데 실화책임법은 위와 같은 입법목적을 달성하는 수단으로서, 경과실로 인한 화재의 경우에 실화자의 손해배상책임을 감면하여 조절하는 방법을 택하지 아니하고, 실화자의 배상책임을 전부 부정하고 실화피해자의 손해배상청구권도 부정하는 방법을 채택하였다. 그러나 화재피해의 특수성을 고려하여 과실 정도가 가벼운 실화자를 가혹한 배상책임으로부터 구제할 필요가 있다고 하더라도, 그러한 입법목적을 달성하기 위하여 실화책임법이 채택한 방법은 입법목적의 달성에 필요한 정도를 벗어나 지나치게 실화자의 보호에만 치중하고 실화피해자의 보호를 외면한 것이어서 합리적이라고 보기 어렵고, 실화피해자의 손해배상청구권을 입법목적상 필요한 최소한도를 벗어나

개정되어 직접 화재 부분이 아닌 연소(延燒)로 인한 부분에 한하여 적용되므로(동법 제2조), 공작물의 하자로 인하여 화재가 발생한 경우 공작물 자체의 설치·보존상의 하자에 의하여 직접 발생한 화재로 인한 손해배상에 대하여는 제758조 제1항이 적용되고,[219] 그 화재로부터 연소한 부분에 대한 손해배상책임에 대하여는 실화책임에 관한 법률을 적용하여 연소로 인한 부분에 대해서는 실화자에게 중과실이 없는 때에는 법원에 배상경감청구를 할 수 있게 된다.

[관련판례]

공작물 자체의 설치·보존상의 하자에 의하여 직접 발생한 화재로 인한 손해배상책임에 관하여는 민법 제758조 제1항을 적용하고, 그 화재로부터 연소한 부분에 대한 손해배상책임에 대하여는 실화책임에관한법률을 적용함이 상당하다(대판 1996. 2. 23, 95다22887).

Ⅱ. 공작물책임의 요건

공작물책임을 묻기 위해서는 공작물에 의하여, 그 설치·보존상의 하자로 인하여, 타인에게 손해를 가하여야 한다. 이하에서 이에 대하여 살펴본다.

과도하게 많이 제한하는 것이다. 또한 화재피해자에 대한 보호수단이 전혀 마련되어 있지 아니한 상태에서, 화재가 경과실로 발생한 경우에 화재와 연소의 규모와 원인 등 손해의 공평한 분담에 관한 여러 가지 사항을 전혀 고려하지 아니한 채, 일률적으로 실화자의 손해배상책임과 피해자의 손해배상청구권을 부정하는 것은, 일방적으로 실화자만 보호하고 실화피해자의 보호를 외면한 것으로서 실화자 보호의 필요성과 실화피해자 보호의 필요성을 균형있게 조화시킨 것이라고 보기 어렵다. [2]실화책임법이 위헌이라고 하더라도, 화재와 연소(延燒)의 특성상 실화자의 책임을 제한할 필요성이 있고, 그러한 입법목적을 달성하기 위한 수단으로는 구체적인 사정을 고려하여 실화자의 책임한도를 경감하거나 면제할 수 있도록 하는 방안, 경과실 실화자의 책임을 감면하는 한편 그 피해자를 공적인 보험제도에 의하여 구제하는 방안 등을 생각할 수 있을 것이고, 그 방안의 선택은 입법기관의 임무에 속하는 것이다. 따라서 실화책임법에 대하여 단순위헌을 선언하기보다는 헌법불합치를 선고하여 개선입법을 촉구하되, 실화책임법을 계속 적용할 경우에는 경과실로 인한 실화피해자로서는 아무런 보상을 받지 못하게 되는 위헌적인 상태가 계속되므로, 입법자가 실화책임법의 위헌성을 제거하는 개선 입법을 하기 전에도 실화책임법의 적용을 중지시킴이 상당하다. 이 결정과 달리 실화책임법이 헌법에 위반되지 아니한다고 결정한 헌법재판소 1995. 3. 23. 선고 92헌가4 등 결정은 이 결정의 견해와 저촉되는 한도에서 변경한다."

219) **대판 1996. 2. 23, 95다22887.**

1. 공작물에 의하여 손해가 발생함

여기서 '공작물'이라 함은 인공적 작업에 의하여 제작된 물건으로서 이에는 다음의 것들이 있다.

(1) 토지상의 공작물: 건물, 교량, 도로, 지하도, 고압선, 전신주, 수도시설, 광고탑, 우물, 저수지, 제방, 축대, 놀이터의 놀이기구, 육교, 담 등이 있다. 전기 그 자체는 여기의 공작물이 아니라고 한다.[220)]

(2) 건물 내의 설비: 천장, 계단, 엘리베이터, 광고판 기타 건물에 부착된 물적 설비 등이 이에 해당된다.

(3) 자동차·항공기 등과 같은 동적인 기업설비 등도 공작물로 본다고 한다.[221)]

(4) 여기의 공작물은 일시적인 것이든 영구적인 것이든 모두 포함되며, 어떤 물건과 일체를 이루는가 독립한 것인가도 묻지 않는다.

(5) 공작물이 국가나 지방자치단체가 설치하여 관리하는 경우에는 국가배상법 제5조가 적용된다.

[판 례]

① 민법 제758조에서 말하는 공작물이라 함은 인공적 작업에 의하여 제작된 물건을 말하는 것으로서 전기 그 자체는 여기에서 말하는 공작물에 해당되지 않는다(대판 1993. 6. 29, 93다11913).

② 경사로에 주차중인 석유 배달 차량에서 원인 미상의 화재가 발생하여 보조잠금장치가 풀리면서 차량이 움직여 인근 건물을 들이받고 불이 옮겨 붙은 경우, 그 건물 화재는 공작물인 차량의 설치·보존상의 하자에 의하여 직접 발생한 것에 해당한다(대판 1998. 3. 13, 97다34112).

---

220) **대판 1993. 6. 29, 93다11913** "민법 제758조에서 말하는 공작물이라 함은 인공적 작업에 의하여 제작된 물건을 말하는 것으로서 전기 그 자체는 여기에서 말하는 공작물에 해당되지 않는다."

221) **대판 1998. 3. 13, 97다34112** "경사로에 주차중인 석유 배달 차량에서 원인 미상의 화재가 발생하여 보조잠금장치가 풀리면서 차량이 움직여 인근 건물을 들이받고 불이 옮겨 붙은 경우, 그 건물 화재는 공작물인 차량의 설치·보존상의 하자에 의하여 직접 발생한 것에 해당한다."

2. 설치 또는 보존의 하자가 있을 것

(1) 여기서의 "설치의 하자"라 함은 공작물이 그 용도에 따라 본래 갖추어야 할 안전성이 설치 당시부터 결여된 것을 말하고, "보존의 하자"라 함은 설치 후 본래 갖추어야 할 안전성이 결여된 것을 말한다.[222] 여기서 '본래 갖추어야 할 안정성'은 그 공작물 자체만의 용도에 한정된 안전성만이 아니라 그 공작물이 현실적으로 설치되어 사용되고 있는 상황에서 요구되는 안전성을 말한다.[223]

(2) 하자의 유무는 객관적으로 결정되고 하자가 점유자 또는 소유자의 고의·과실에 의하여 발생했는지는 묻지 않는다.

(3) 하자의 기준에 관하여 판례는 다음의 법리를 제시한다.

① 안전성의 구비 여부는 그 공작물의 설치·보존자가 그 공작물의 위험성에 비례하여 사회통념상 요구되는 정도의 방호조치의무를 다하였는지를 기준으로 삼아야 한다.[224]

---

222) **대판 1988. 9. 20, 86다카1662 ; 대판 1999. 12. 24, 99다45413 ; 대판 2006. 1. 26, 2004다21053** "민법 제758조 제1항에 규정된 공작물의 설치·보존상의 하자라 함은 공작물이 그 용도에 따라 통상 갖추어야 할 안전성을 갖추지 못한 상태에 있음을 말하는 것으로서, 이와 같은 안전성의 구비 여부를 판단함에 있어서는 당해 공작물의 설치·보존자가 그 공작물의 위험성에 비례하여 사회통념상 일반적으로 요구되는 정도의 방호조치 의무를 다하였는지의 여부를 기준으로 삼아야 할 것이므로, 공작물에서 발생한 사고라도 그것이 공작물의 통상의 용법에 따르지 아니한 이례적인 행동의 결과 발생한 사고라면, 특별한 사정이 없는 한 공작물의 설치·보존자에게 그러한 사고에까지 대비하여야 할 방호조치 의무가 있다고 할 수는 없다."

223) **대판 2017. 8. 29, 2017다227103.**

224) **대판 1977. 10. 10, 97다27022 ; 대판 2005. 1. 14, 2003다24499 ; 대판 2007. 6. 28, 2007다10139** "민법 제758조 제1항에서 말하는 공작물의 설치·보존상의 하자라 함은 공작물이 그 용도에 따라 통상 갖추어야 할 안전성을 갖추지 못한 상태에 있음을 말하는 것으로서, 이와 같은 안전성의 구비 여부를 판단함에 있어서는 당해 공작물의 설치·보존자가 그 공작물의 위험성에 비례하여 사회통념상 일반적으로 요구되는 정도의 방호조치의무를 다하였는지의 여부를 기준으로 판단하여야 하고(대법원 2000. 1. 14. 선고 99다39548 판결 등 참조), 특히 국내 일원에 걸쳐 전기공작물을 독점적으로 소유 내지 점유하면서 그 이익을 독점하는 한편 그 공작물의 보존 및 관리의무를 부담하고 있는 피고에게 있어서는, 전기사업법이나 전기설비기술기준은 공작물의 설치·보존상의 하자 유무를 판단하는 일응의 참작기준이 될 수 있을 뿐이고 그것이 절대적인 것은 아니라고 할 것이니, 피고가 위 법령의 기준에 따라 전기공작물을 설치하였다고 하여도 이로써 그 설치 이후에 생긴 주위의 자연적·인위적 환경변화 등의 상황에 합당한 사고예방 조처를 강구할 의무까지 면제되는 것은 아니다(대법원 1979. 9. 25. 선고 79다1370 판결, 1981. 3. 10. 선고 80다2550 판결, 1987. 10.

② 도로의 설치 후 집중호우 등 자연력이 작용하거나 또는 제3자의 행위에 의하여 통행상의 안전에 결함이 발생한 경우, 그 도로의 점유·관리자가 그 결함을 제거할 수 있었음에도 이를 방치하였는지 등 여러 사정을 종합하여 도로의 보존상의 하자 여부를 결정하여야 한다.[225)]

(4) 공작물의 하자에 관한 증명책임은 원칙적으로 피해자에게 있다.[226)] 그러나 경우에 따라서는 사고발생 그 자체로부터 하자가 추정된다고 한다. 즉 이상적 원인 없이 자연적 상황에서 건물이 무너져 손해가 발생한 경우 등에 있어서는 사고발생 그 자체로부터 하자가 추정되므로 점유자 또는 소유자가 하자의 부존재를 증명하여야 한다.[227)]

---

28. 선고 87다카1282 판결 등 참조).”; **대판 2018. 7. 12, 2015다68348** “민법 제758조 제1항에서 말하는 공작물의 설치·보존상의 하자는 공작물이 그 용도에 따라 통상 갖추어야 할 안전성이 없는 것을 말한다. 여기에서 본래 갖추어야 할 안전성은 공작물 자체만의 용도에 한정된 안전성만이 아니라 공작물이 현실적으로 설치되어 사용되고 있는 상황에서 요구되는 안전성을 뜻한다. 또한 공작물의 설치·보존상의 하자로 인한 사고는 공작물의 설치·보존상의 하자만이 손해발생의 원인이 되는 경우만을 말하는 것이 아니고, 공작물의 설치·보존상의 하자가 사고의 공동원인 중 하나가 되는 이상 사고로 인한 손해는 공작물의 설치·보존상의 하자로 생긴 것이라고 보아야 한다.”

225) **대판 1998. 2. 13, 97다49800 ; 대판 1999. 7. 9, 99다12796** “도로의 설치 후 제3자의 행위에 의하여 그 본래의 목적인 통행상의 안전에 결함이 발생한 경우에는 도로에 그와 같은 결함이 있다는 것만 가지고 도로의 보존상의 하자를 인정할 수는 없고, 당해 도로의 구조, 장소적 환경과 이용상황 등 제반 사정을 종합하여 그와 같은 결함을 제거하여 원상으로 복구할 수 있는데도 이를 방치한 것인지의 여부를 개별적, 구체적으로 살펴서 하자의 유무를 판단하여야 할 것이고, 객관적으로 보아 도로의 안전상의 결함이 시간적, 장소적으로 그 점유·관리자의 관리행위가 미칠 수 없는 상황 아래에 있는 경우에는 관리상의 하자를 인정할 수 없다.”

226) **대판 1982. 8. 24, 82다카348** “민법 제758조 제1항에 규정된 공작물의 설치 또는 보존의 하자라 함은 그 공작물 자체가 통상 갖추어야 할 안전성을 결여한 상태를 의미하는 것으로서 그 하자의 존재에 관한 증명책임은 피해자에게 있으나, 일단 하자있음이 인정되는 이상 손해발생이 천재지변의 불가항력에 의한 것으로서 위와 같은 하자가 없었다고 하여도 불가피한 것이었다는 점에 대한 증명책임은 이를 주장하는 공작물의 점유자에게 있다.”

227) **대판 1974. 11. 26, 74다246** “공작물의 하자의 존재에 관하여는 피해자에게 입증책임이 있어나 주위에 있는 다른 건물에는 아무 이상이 없었는데 유독 이 사건 제관실의 지붕이 바람에 날려 무너진 것이라면 이 사건 사고는 일응 그 공작물의 하자에 기인한 것이라고 추정함이 타당하다.”; **대판 1982. 8. 24, 82다카348; 대판 1988. 11. 8, 86다카775** “고속도로의 보존상의 하자의 존재에 관한 증명책임은 피해자에게 있으나 일단 그 하자있음이 인정되는 이상 고속도로의 점유관리자는 그 하자가 불가항력에 인한 것이거나 손해의 방지에 필요한 주의를 해태하지 아니하였다는 점을 주장 증명하여야 비로소 그 책임을 면할

[관련판례]

① 민법 제758조 제1항에 규정된 공작물의 설치 또는 보존의 하자라 함은 공작물이 그 용도에 따라 본래 갖추어야 할 안전성을 설치 당시부터 결여하거나 또는 설치 후 결여하게 된 것을 말하는 것이고 이러한 안전성의 결여로 말미암아 발생한 손해에 대하여서만 그 공작물의 점유자 또는 소유자에게 배상책임을 물을 수 있다(대판 1988. 9. 20, 86다카1662).

② [1] 민법 제758조 제1항 소정의 공작물의 설치·보존상의 하자라 함은 공작물이 용도에 따라 통상 갖추어야 할 안전성을 갖추지 못한 상태에 있음을 말하는 것으로서, 이와 같은 안전성의 구비 여부를 판단함에 있어서는 당해 공작물의 설치·보존자가 그 공작물의 위험성에 비례하여 사회통념상 일반적으로 요구되는 정도의 방호조치의무를 다하였는지 여부를 기준으로 삼아야 한다.

[2] 공작물인 도로의 설치·관리상의 하자는 도로의 위치 등 장소적인 조건, 도로의 구조, 교통량, 사고시에 있어서의 교통 사정 등 도로의 이용 상황과 그 본래의 이용 목적 등 제반 사정과 물적 결함의 위치, 형상 등을 종합적으로 고려하여 사회통념에 따라 구체적으로 판단하여야 한다.

[3] 편도 2차선 고속도로의 갓길과 2차선에 걸쳐 고여 있는 빗물에 차량이 미끄러져 180°회전하면서 동일한 경위로 미끄러져 갓길에 정차하여 차량을 점검하고 있던 다른 운전자를 들이받은 사고가 발생한 경우, 고속도로의 설치·관리상의 하자가 있다(대판 1999. 12. 24, 99다45413).

③ 민법 제758조 제1항에 규정된 공작물의 설치·보존상의 하자라 함은 공작물이 그 용도에 따라 통상 갖추어야 할 안전성을 갖추지 못한 상태에 있음을 말하는 것으로서, 이와 같은 안전성의 구비 여부를 판단함에 있어서는 당해 공작물의 설치·보존자가 그 공작물의 위험성에 비례하여 사회통념상 일반적으로 요구되는 정도의 방호조치 의무를 다하였는지의 여부를 기준으로 삼아야 할 것이므로, 공작물에서 발생한 사고라도 그것이 공작물의 통상의 용법에 따르지 아니한 이례적인 행동의 결과 발생한 사고라면, 특별한 사정이 없는 한 공작물의 설치·보존자에게 그러한 사고에까지 대비하여야 할 방호조치 의무가 있다고 할 수는 없다(대판 2006. 1. 26, 2004다21053).

④ 민법 제758조 제1항 소정의 공작물의 설치·보존상의 하자라 함은 공작물이 용도에 따라 통상 갖추어야 할 안전성을 갖추지 못한 상태에 있음을 말하는 것으로서, 이와 같은 안전성의 구비 여부를 판단함에 있어서는 당해 공작물의 설치·보존자가 그 공작물의 위험성에 비례하여 사회통념상 일반적으로 요구되는 정도의 방호조치의무를 다하였는지 여부를 기준으로 삼아야 한다(대판 1997. 10. 10, 97다27022).

⑤ 민법 제758조 제1항에서 말하는 공작물의 설치·보존상의 하자라 함은 공작물이 그 용도에 따라 통상 갖추어야 할 안전성을 갖추지 못한 상태에 있음을 말하는 것으로서, 이와

수가 있다."; **대판** 2008. 3. 13, 2007다29287·29294; **대판** 2012. 2. 9, 2011다95267.

같은 안전성의 구비 여부를 판단함에 있어서는 당해 공작물의 설치·보존자가 그 공작물의 위험성에 비례하여 사회통념상 일반적으로 요구되는 정도의 방호조치 의무를 다하였는지의 여부를 기준으로 판단하여야 한다(대판 2005. 1. 14, 2003다24499).

⑥ 도로의 설치 후 제3자의 행위에 의하여 그 본래의 목적인 통행상의 안전에 결함이 발생한 경우에는 도로에 그와 같은 결함이 있다는 것만 가지고 도로의 보존상의 하자를 인정할 수는 없고, 당해 도로의 구조, 장소적 환경과 이용 상황 등 제반 사정을 종합하여 그와 같은 결함을 제거하여 원상으로 복구할 수 있는데도 이를 방치한 것인지의 여부를 개별적, 구체적으로 살펴서 하자의 유무를 판단하여야 할 것이고, 객관적으로 보아 도로의 안전상의 결함이 시간적, 장소적으로 그 점유·관리자의 관리행위가 미칠 수 없는 상황 아래에 있는 경우에는 관리상의 하자를 인정할 수 없다(대판 1999. 7. 9, 99다12796).

⑦ 민법 제758조 제1항에서 말하는 공작물의 설치·보존상의 하자라 함은 공작물이 그 용도에 따라 통상 갖추어야 할 안전성을 갖추지 못한 상태에 있음을 말하는 것으로서, 이와 같은 안전성의 구비 여부를 판단함에 있어서는 당해 공작물의 설치·보존자가 그 공작물의 위험성에 비례하여 사회통념상 일반적으로 요구되는 정도의 방호조치의무를 다하였는지의 여부를 기준으로 판단하여야 하고(대판 2000. 1. 14, 99다39548 판결 등 참조), 특히 국내 일원에 걸쳐 전기공작물을 독점적으로 소유 내지 점유하면서 그 이익을 독점하는 한편 그 공작물의 보존 및 관리의무를 부담하고 있는 피고에게 있어서는, 전기사업법이나 전기설비기술기준은 공작물의 설치·보존상의 하자 유무를 판단하는 일응의 참작기준이 될 수 있을 뿐이고 그것이 절대적인 것은 아니라고 할 것이니, 피고가 위 법령의 기준에 따라 전기공작물을 설치하였다고 하여도 이로써 그 설치 이후에 생긴 주위의 자연적·인위적 환경변화 등의 상황에 합당한 사고예방 조처를 강구할 의무까지 면제되는 것은 아니다(대판 2007. 6. 28, 2007다10139).

⑧ 도로의 설치 후 제3자의 행위에 의하여 그 본래의 목적인 통행상의 안전에 결함이 발생한 경우에는 도로에 그와 같은 결함이 있다는 것만 가지고 도로의 보존상의 하자를 인정할 수는 없고, 당해 도로의 구조, 장소적 환경과 이용 상황 등 제반 사정을 종합하여 그와 같은 결함을 제거하여 원상으로 복구할 수 있는데도 이를 방치한 것인지의 여부를 개별적, 구체적으로 살펴서 하자의 유무를 판단하여야 할 것이고, 객관적으로 보아 도로의 안전상의 결함이 시간적, 장소적으로 그 점유·관리자의 관리행위가 미칠 수 없는 상황 아래에 있는 경우에는 관리상의 하자를 인정할 수 없다(대판 1999. 7. 9, 99다12796).

⑨ 민법 제758조 제1항에 규정된 공작물의 설치 또는 보존의 하자라 함은 그 공작물 자체가 통상 갖추어야 할 안전성을 결여한 상태를 의미하는 것으로서 그 하자의 존재에 관한 증명책임은 피해자에게 있으나, 일단 하자있음이 인정되는 이상 손해발생이 천재지변의 불가항력에 의한 것으로서 위와 같은 하자가 없었다고 하여도 불가피한 것이었다는 점에 대한 증명책임은 이를 주장하는 공작물의 점유자에게 있다(대판 1982. 8. 24, 82다카348).

⑩ 공작물의 하자의 존재에 관하여는 피해자에게 증명책임이 있으나 주위에 있는 다른 건물에는 아무 이상이 없었는데 유독 이 사건 제관실의 지붕이 바람에 날려 무너진 것이라면

이 사건 사고는 일응 그 공작물의 하자에 기인한 것이라고 추정함이 타당하다(대판 1974. 11. 26, 74다246).

⑪ [1] 한국도로공사는 고속국도법 제6조 제1항의 규정에 의하여 건설부장관을 대행하여 경부고속도로를 관리하여 오고 있으므로 민법 제758조 제1항이 정하는 공작물의 점유자에 해당한다.

[2] 고속도로의 추월선에 각목이 방치되어 사고의 원인이 된 경우, 한국도로공사의 공작물 보존 하자로 인한 책임을 인정한 사례(대판 1996. 10. 11, 95다56552).

⑫ 편도 2차선 고속도로의 갓길과 2차선에 걸쳐 고여 있는 빗물에 차량이 미끄러져 180°회전하면서 동일한 경위로 미끄러져 갓길에 정차하여 차량을 점검하고 있던 다른 운전자를 들이받은 사고가 발생한 경우, 고속도로의 설치·관리상의 하자가 있다(대판 1999. 12. 24, 99다45413).

⑬ 공작물의 설치 후 제3자의 행위에 의하여 본래에 갖추어야 할 안전성에 결함이 발생된 경우에는 공작물에 그와 같은 결함이 있다는 것만으로 성급하게 공작물의 보존상의 하자를 인정하여서는 안 되고, 당해 공작물의 구조, 장소적 환경과 이용 상황 등 제반 사정을 종합하여 그와 같은 결함을 제거하여 원상으로 복구할 수 있는데도 이를 방치한 것인지 여부를 개별적·구체적으로 심리하여 하자의 유무를 판단하여야 한다.

인접 토지에서의 건축공사로 인하여 그 공사현장과 경계를 이루는 담장에 발생한 균열 등에 대하여 공사현장을 점유하며 공사를 시행하고 있는 자에게 수차례 보수를 요구한 경우, 공작물인 담장의 위험성에 비례하여 사회통념상 일반적으로 요구되는 정도의 방호조치 의무를 다하였다고 보아 담장 소유자의 담장의 설치·보존상의 하자로 인한 책임이 부정하였다(대판 2005. 1. 14, 2003다24499).

⑭ 폭설로 차량 운전자 등이 고속도로에서 장시간 고립된 사안에서, 고속도로의 관리자가 고립구간의 교통정체를 충분히 예견할 수 있었음에도 교통제한 및 운행정지 등 필요한 조치를 충실히 이행하지 아니하였으므로 고속도로의 관리상 하자가 있다(대판 2008. 3. 13, 2007다29287·29294).

3. 공작물의 하자로 인하여 손해가 발생하였을 것

공작물의 하자로 인하여 타인에게 손해가 발생하였어야 하며, 공작물의 하자와 타인에게 발생한 손해 사이에 인과관계가 있어야 한다. 그러나 공작물에 하자가 있다는 것이 인정되면 인과관계는 추정된다. 하자의 개념 속에는 '안전성의 결여가 없으면 손해발생도 없다.'는 규범적 판단이 전제되어 있기 때문이다.[228] 하

228) 김형배, 민법학강의, 1652면.

자가 손해발생의 유일한 원인이었을 필요는 없고, 하자가 다른 자연적 사실·제3자의 행위 또는 피해자의 행위 등과 함께 공동원인의 하나인 것으로 충분하다.[229] 즉 판례는 공작물의 설치상의 하자와 그 피용자의 사무상의 과실이 경합하여 발생한 경우에도 공작물책임을 인정하고 있다.[230] 그러나 불가항력(태풍, 폭우 등)으로 인하여 손해가 발생한 때에는 설사 공작물에 하자가 있더라도 하자와 손해 사이에 인과관계가 없어서 공작물책임은 생기지 않는다.[231] 이 때 손해가 불가항력으로 인하여 생겼음은 점유자·소유자가 증명하여야 한다. 즉 피해자가 공작물의 하자의 존재에 대하여 증명하여 하자 있음이 인정되면 공작물책임을 지게 되는 점유자·소유자가 책임을 면하기 위하여 손해발생이 불가항력에 의한 것으로서 하자가 없었더라도 불가피한 것이었다는 점을 증명하여야 한다.[232] 그러나 공작물에서 발생한 사고라도 그것이 공작물의 용법에 따르지 아니한 이례적인 행동의 결과 생긴 경우에는 공작물의 하자로 인해 발행한 손해가 아니라는 이유로 공작물책임을 부정한다.[233]

---

229) **대판 1994. 11. 22, 94다32924 ; 대판 2007. 6. 28, 2007다10139** "공작물의 설치 또는 보존상의 하자로 인한 사고라 함은 공작물의 설치 또는 보존상의 하자만이 손해발생의 원인이 되는 경우만을 말하는 것이 아니고, 다른 제3자의 행위 또는 피해자의 행위와 경합하여 손해가 발생하더라도 공작물의 설치·보존상의 하자가 공동원인의 하나가 되는 이상 그 손해는 공작물의 설치·보존상의 하자에 의하여 발생한 것이라고 보아야 하므로(대법원 1994. 11. 22. 선고 94다32924 판결 참조), 이 사건 사고를 유발한 소외 1의 행위에 있어서의 과실이 피고의 책임을 면제할 정도에까지 이르렀다고는 보이지 아니하는 이상, 망 소외 2가 사망에 이르게 된 데에 위와 같은 소외 1의 이 사건 사다리차 조작과정에서의 실수가 개입되어 있다거나 소외 1이 이 사건 사고 당시 이 사건 전선이 고압전선인 점을 알고 있었고 피고에게 문의 및 안전조치요구를 하지 아니하였다는 등의 사정은, 피고의 위와 같은 설치·보존상의 하자와 망 소외 2의 사망 사이의 상당인과관계를 인정하는 데에 아무런 장애가 되지 아니한다."; **대판 2017. 8. 29, 2017다227103.**

230) **대판 1972. 11. 14, 72다1608** "피고 소유 공작물의 설치상의 하자와 그 피용자의 사무집행상의 과실이 경합하여 손해가 발생한 이상 피고에게 그 배상의무가 있다."

231) **대판 1982. 8. 24, 82다카348** "97.8밀리의 집중폭우가 사고지역에서 통상 예견할 수 없을 정도의 이변에 속하는 자연현상으로서 도로의 안전성을 위하여 필요한 시설을 갖추었다고 하여도 절개지의 붕괴를 방지할 수 없었다고 인정되지 않는 한 97.8밀리의 집중폭우가 있었다는 사실만으로 불가항력이라 단정할 수 없다."

232) **대판 1982. 8. 24, 82다카348 ; 대판 1988. 11. 8, 86다카775** "고속도로의 보존상의 하자의 존재에 관한 증명책임은 피해자에게 있으나 일단 그 하자 있음이 인정되는 이상 고속도로의 점유관리자는 그 하자가 불가항력에 인한 것이거나 손해의 방지에 필요한 주의를 해태하지 아니하였다는 점을 주장 증명하여야 비로소 그 책임을 면할 수가 있다."

233) **대판 1998. 1. 23, 97다25118 ; 대판 2006. 1. 26, 2004다21053** "민법 제758조 제1항에 규정된 공작물의 설치·보존상의 하자라 함은 공작물이 그 용도에 따라 통상 갖추어야 할 안전성을

[관련판례]

① 영조물의 설치 또는 관리상의 하자로 인한 사고라 함은 영조물의 설치 또는 관리상의 하자만이 손해발생의 원인이 되는 경우만을 말하는 것이 아니고, 다른 자연적 사실이나 제3자의 행위 또는 피해자의 행위와 경합하여 손해가 발생하더라도 영조물의 설치 또는 관리상의 하자가 공동원인의 하나가 되는 이상 그 손해는 영조물의 설치 또는 관리상의 하자에 의하여 발생한 것이라고 해석함이 상당하다(대판 1994. 11. 22, 94다32924).

② 공작물의 설치 또는 보존상의 하자로 인한 사고라 함은 공작물의 설치 또는 보존상의 하자만이 손해발생의 원인이 되는 경우만을 말하는 것이 아니고, 다른 제3자의 행위 또는 피해자의 행위와 경합하여 손해가 발생하더라도 공작물의 설치·보존상의 하자가 공동원인의 하나가 되는 이상 그 손해는 공작물의 설치·보존상의 하자에 의하여 발생한 것이라고 보아야 한다(대판 2007. 6. 28, 2007다10139).

③ 피고 소유 공작물의 설치상의 하자와 그 피용자의 사무집행상의 과실이 경합하여 손해가 발생한 이상 피고에게 그 배상의무가 있다(대판 1972. 11. 14, 72다1608).

④ 민법 제758조 제1항에 규정된 공작물의 설치 또는 보존의 하자라 함은 그 공작물 자체가 통상 갖추어야 할 안전성을 결여한 상태를 의미하는 것으로서 그 하자의 존재에 관한 증명책임은 피해자에게 있으나, 일단 하자있음이 인정되는 이상 손해발생이 천재지변의 불가항력에 의한 것으로서 위와 같은 하자가 없었다고 하여도 불가피한 것이었다는 점에 대한 증명책임은 이를 주장하는 공작물의 점유자에게 있다(대판 1982. 8. 24, 82다카348).

⑤ 배수관이 설치된 여관 앞 골목길은 평소에 여관 내부를 엿보려고 하는 행인들이 있었고 그러한 사람들이 배수관을 잡고 올라가는 경우가 있어 배수관이 자주 훼손되므로 여관 주인이 이를 방지하기 위하여 보호벽을 설치하게 되었으며, 보호벽을 설치하면서 보호벽의 맨 윗부분에 여러 개의 못까지 박아 두었는데, 행인이 음주를 한 상태에서 여관의 내부를 들여다보기 위하여 그 보호벽을 타고 올라가다가 보호벽이 무너지는 바람에 사고를 당하게 된 경우, 그 보호벽의 본래의 용도는 어디까지나 배수관이 훼손되는 것을 방지하기 위한 것이므로, 보호벽이 스스로 넘어지지 않을 만큼의 견고성을 갖도록 설치하였다면 이로써 보호벽은 일단 본래의 용도에 따른 통상적인 안전성을 갖추었다고 할 것이고, 그와 같이 보호벽 윗부분에 못을 박아 사람들이 보호벽 위로 올라가서 여관방을 들여다보는 것을 방지하는 조치까지 취하였음에도 불구하고 행인들이 윗부분에 꽂혀 있는 못에 찔려 다칠 위험을 무릅쓰고 보호벽에 올라가 여관 내부를 들여다보는 부정한 행위를 저지를 것까지 예상하여 보호벽을

갖추지 못한 상태에 있음을 말하는 것으로서, 이와 같은 안전성의 구비 여부를 판단함에 있어서는 당해 공작물의 설치·보존자가 그 공작물의 위험성에 비례하여 사회통념상 일반적으로 요구되는 정도의 방호조치 의무를 다하였는지의 여부를 기준으로 삼아야 할 것이므로, 공작물에서 발생한 사고라도 그것이 공작물의 통상의 용법에 따르지 아니한 이례적인 행동의 결과 발생한 사고라면, 특별한 사정이 없는 한 공작물의 설치·보존자에게 그러한 사고에까지 대비하여야 할 방호조치 의무가 있다고 할 수는 없다."

설치·관리하는 여관 주인에게 이러한 경우까지 대비한 방호조치를 취할 의무는 없다는 이유로 그 보호벽의 설치·보존상의 하자를 부인한 사례(대판 1998. 1. 23, 97다25118; 대판 2006. 1. 26, 2004다21053).

4. 면책사유가 없을 것

공작물 점유자는 손해발생의 방지에 필요한 주의의무를 다하였음을 증명하면 배상책임을 면할 수 있다(제758조 제1항 단서).[234] 이 때 점유자의 책임은 증명책임의 전환에 의한 중간책임이다. 점유자가 면책을 받게 되면 공작물 소유자가 배상책임을 지게 된다. 소유자는 점유자와 달리 손해의 방지에 필요한 주의를 다하였음을 증명하더라도 면책되지 않는다(제758조 제1항 단서).

Ⅲ. 공작물책임의 효과

1. 배상책임자

(1) 점 유 자

우선 공작물의 점유자가 제1차적으로 책임을 진다. 간접점유의 경우 직접점유자가 제1차적으로 배상책임을 지고, 그가 손해의 방지에 필요한 주의의무를 다 한 경우에는 비로소 간접점유자가 배상책임을 진다.[235]

---

234) **대판** 2008. 3. 13, 2007**다**29287·29294.

235) **대판** 1975. 3. 25, 73**다**1077 "공작물의 설치 또는 보존의 하자로 인하여 타인에게 손해를 가한 때에 공작물의 점유가 간접점유인 경우에는 직접점유자가 일차적 책임을 지고 직접점유자에게 책임을 지울 수 없는 경우에 비로소 간접점유자가책임을 진다."; **대판** 1981. 7. 28, 81**다**209 "공작물의 설치 또는 보존의 하자로 인하여 타인에게 손해를 가한 경우에 그 공작물의 점유가 대리점유 관계에 있을 때에는 직접점유자가 1차적인 배상책임을 지고, 직접점유자가 손해방지에 필요한 주의를 해태하지 아니한 때에 비로소 간접점유자에게 그 배상책임을 물을 수 있다."; **대판** 1994. 8. 23, 94**다**16403 "도시가스 계량기의 부식으로 인한 가스누출 폭발사고에 관하여 가스계량기의 관리에 관한 일차적인 책임은 도시가스 공급업자의 가스공급규정에 의거 특별히 도시가스 공급업자가 지도록 되어 있다고 보아야 하며, 더욱이 가스시설 등에 대하여는 일반 수요자는 전문가가 아니므로 취급하기 어려울 뿐 아니라 가스 누출에 생겨날 고도의 위험성 등에 비추어 보아 가스 공급업자가 직접 책임 관리하도록 되어 있는 것이라고 해야 할 것이므로, 도시가스 공급업자는 가스계량기의 간접 점유자가 아닌 직접적인 점유관리자라고 한 사례"; **대판** 2008. 3. 13, 2007**다**29287·

이때의「공작물 점유자」라 함은 판례는 "민법 제758조 1항 소정의 공작물 점유자라 함은, 공작물을 사실상 지배하면서 그 설치 또는 보존상의 하자로 인하여 발생할 수 있는 각종 사고를 방지하기 위하여 공작물을 보수·관리할 권한 및 책임이 있는 자를 말한다."라고 하여 단지 사실상 지배하는 것만으로는 충분하지 않고 공작물을 보수·관리할 권한 및 책임이 있는 자이어야 한다고 한다.[236)]

공작물에 하자가 있다고 하더라도 점유자가 손해의 방지에 필요한 주의를 다하였음을 증명하면 면책될 수 있다(증명책임 전환에 의한 중간책임)(제758조 제1항 단서). 또 손해발생이 천재지변의 불가항력에 의한 경우처럼 하자가 없었다고 하더라도 불가피한 것이었다는 점을 증명하면 면책될 수 있다.[237)]

(2) 소 유 자

제2차적으로 소유자가 책임을 진다. 즉 점유자가 면책되거나 점유자와 소유자가 동일인인 때에는 소유자가 최종적으로 배상책임을 진다. 이때의 소유자책임은 공작물의 하자로 인하여 손해가 생긴 것인 한 손해의 방지에 필요한 주의를 다하였다고 하더라도 면책이 인정되지 않는 무과실책임이다(제758조 1항 단서). 이 경우의「공작물 소유자」라 함은 법률상의 소유자를 말한다. 따라서 매수인이 이전등기를 하지 않고 있는 동안은 매도인이 소유자로서 책임을 진다.

29294 "폭설로 차량 운전자 등이 고속도로에서 장시간 고립된 사안에서, 고속도로의 관리자가 고립구간의 교통정체를 충분히 예견할 수 있었음에도 교통제한 및 운행정지 등 필요한 조치를 충실히 이행하지 아니하였으므로 고속도로의 관리상 하자가 있다. 고속도로의 관리상 하자가 인정되는 이상 고속도로의 점유관리자는 그 하자가 불가항력에 의한 것이거나 손해의 방지에 필요한 주의를 해태하지 아니하였다는 점을 주장·증명하여야 비로소 그 책임을 면할 수 있다."

236) **대판 2000. 4. 21, 2000다386** "민법 제758조 제1항 소정의 공작물점유자라 함은 공작물을 사실상 지배하면서 그 설치 또는 보존상의 하자로 인하여 발생할 수 있는 각종 사고를 방지하기 위하여 공작물을 보수·관리할 권한 및 책임이 있는 자를 말한다. 공장근저당권자가 공장의 부도로 대표이사 등이 도피한 상태에서 담보물의 가치를 보전하기 위하여 경비용역업체를 통하여 공장을 경비한 사실만으로 민법 제758조 제1항 소정의 공작물점유자에 해당한다고 볼 수 없다."

237) **대판 1982. 8. 24, 82다카348** "민법 제758조 제1항에 규정된 공작물의 설치 또는 보존의 하자라 함은 그 공작물 자체가 통상 갖추어야 할 안전성을 결여한 상태를 의미하는 것으로서 그 하자의 존재에 관한 증명책임은 피해자에게 있으나, 일단 하자있음이 인정되는 이상 손해발생이 천재지변의 불가항력에 의한 것으로서 위와 같은 하자가 없었다고 하여도 불가피한 것이었다는 점에 대한 증명책임은 이를 주장하는 공작물의 점유자에게 있다."

판례는 공작물의 임차인인 직접점유자나 그와 같은 지위에 있는 것으로 볼 수 있는 자가 공작물의 설치 또는 보존의 하자로 인하여 피해를 입은 경우에는 그 공작물의 소유자가 손해를 배상할 책임이 있고, 만약 공작물의 보존에 임차인에게 과실이 있더라도 이는 과실상계의 사유가 될 뿐이라고 한다.[238] 한편 건물을 타인에게 임대한 소유자가 건물을 적합하게 유지·관리할 의무(제623조)를 위반하여 임대목적물에 필요한 안전성을 갖추지 못한 설치·보존상의 하자가 생기고 그 하자로 인하여 임차인에게 손해를 입힌 경우, 건물의 소유자 겸 임대인은 임차인에게 공작물책임과 수선의무 위반에 따른 채무불이행 책임을 진다.[239]

(3) 공작물의 점유자·소유자의 구상권

공작물의 점유자 또는 소유자가 피해자에게 배상을 한 경우에는 그 손해의 원인에 대하여 책임 있는 자가 있는 때에 그 자에게 구상권을 행사할 수 있다(제758조 제3항). 예컨대 공작물을 만든 수급인의 과실로 하자가 생긴 경우에 그러하다. 이러한 경우에 수급인은 피해자게 대하여 직접 제750조에 의하여 책임을 부담할 수도 있다.[240]

---

238) **대판 1993. 11. 9, 93다40560** "공작물의 설치 또는 보존의 하자로 인하여 타인에게 손해를 가한 때에는 제1차적으로 공작물의 점유자가 손해를 배상할 책임이 있고 공작물의 소유자는 점유자가 손해의 방지에 필요한 주의를 해태하지 아니한 때에 비로소 제2차적으로 손해를 배상할 책임이 있는 것이지만, 공작물의 임차인인 직접점유자나 그와 같은 지위에 있는 것으로 볼 수 있는 사람이 공작물의 설치 또는 보존의 하자로 인하여 손해를 입은 경우에는 소유자가 그 손해를 배상할 책임이 있는 것이고, 이 경우에 공작물의 보존에 관하여 피해자에게 과실이 있다고 하더라도 과실상계의 사유가 될 뿐이다."; **대판 2008. 7. 24, 2008다21082** "공작물의 설치 또는 보존의 하자로 인하여 타인에게 손해를 가한 때에는 제1차적으로 공작물의 점유자가 손해를 배상할 책임이 있고 공작물의 소유자는 점유자가 손해의 방지에 필요한 주의를 해태하지 아니한 때에 비로소 제2차적으로 손해를 배상할 책임이 있는 것이지만, 공작물의 임차인인 직접점유자나 그와 같은 지위에 있는 것으로 볼 수 있는 사람이 공작물의 설치 또는 보존의 하자로 인하여 손해를 입은 경우에는 소유자가 그 손해를 배상할 책임이 있는 것이고, 이 경우에 공작물의 보존에 관하여 피해자에게 과실이 있다고 하더라도 과실상계의 사유가 될 뿐이다(대법원 1993. 11. 9. 선고 93다40560 판결 등 참조)."

239) **대판 2017. 8. 29, 2017다227103.**

240) **대판 1996. 11. 22, 96다39219** "민법 제758조는 공작물의 설치·보존의 하자로 인하여 타인에게 손해를 가한 경우 그 점유자 또는 소유자에게 일반불법행위와 달리 이른바 위험책임의 법리에 따라 책임을 가중시킨 규정일 뿐이고, 그 공작물 시공자가 그 시공상의 고의·과실로 인하여 피해자에게 가한 손해를 민법 제750조에 의하여 직접 책임을 부담하게 되는 것을 배제하는 취지의 규정은 아니다."

제5절 동물점유자의 책임

I. 의의 및 성질

동물점유자의 책임은 동물이 타인에게 가한 경우에 동물의 점유자 또는 보관한 자가 책임을 지는 것을 말한다(제759조). 점유자의 책임은 일종의 위험책임에 근거하여 중간책임으로 구성되어 있다. 즉 점유자는 그가 보관하던 동물이 타인에게 가한 손해에 대하여 배상책임을 지며(제759조 제1항 본문), 그 책임을 면하기 위해서는 동물의 종류와 성질에 따라 그 보관에 상당한 주의를 다하였음을 증명하여야 하기 때문이다(제759조 제1항 단서).

II. 동물점유자책임의 요건

1. 동물이 손해를 가하였을 것

일반적으로 동물의 종류는 묻지 않는다. 보통 개, 소, 말 등이 문제될 것이고 동물원의 동물도 이에 해당한다.

2. 타인에게 손해를 가하였을 것

타인(점유자 및 보관자 이외의 제3자)에게 가한 손해는 그 타인의 인체에 대한 것뿐만 아니라 타인 소유의 물건(여기에는 타인의 동물도 포함)에 대한 것도 포함한다. 즉 개가 이웃집의 닭을 물어 죽인 경우에도 이에 해당한다. 주의할 것은 본 조에서 '동물이 타인에게 가한 손해'라 함은 동물이 직접 스스로의 행동에 의하여 타인에게 가해진 손해를 말하는 것이며, 사람이 타인을 해칠 목적으로 그가 보관하던 동물을 성나게 해서 타인에게 손해를 가한 경우에는 본조의 적용이 없고 제750조의 일반불법행위가 문제된다(통설). 또한 피해자가 동물을 자극하여 그 동물의 반격을 받아 입은 손해에 대해서도 동물점유자의 책임은 성립하지 않는다. 그리고 동물의 행동은 사람을 공격하거나 물건을 부순 경우와 같은 적극적인 동작은 물론, 가축(소 등)이 철로에 누워 있었기 때문에 달리던 기차가 전복된 경우와 같은 소극적인 동작도 포함된다.

3. 면책사유가 없을 것

동물의 점유자가 그 동물의 종류에 따라 그 보관에 상당한 주의를 한 때에는 면책된다(제759조 제1항 단서). 그리고 상당한 주의를 하여도 손해가 발생하였을 경우(제756조 1항 단서 참조)에도 면책된다.[241] 주의의무의 정도는 동물의 종류, 성질에 따라 다를 수 있다. 면책사유는 책임을 면하려는 동물점유자가 증명하여야 한다.

Ⅲ. 배상책임자

1. 배상책임자는 동물의 점유자(제759조 제1항)와 점유자에 갈음하여 동물을 보관하는 자(제759조 제2항) 등 원칙적으로 직접점유자이다.

2. 본조의 '동물의 점유자'에 간접점유자(소유자)가 포함되는 가에 대해서는 제758조와 달리 명문의 규정을 두고 있지 않다. 따라서 동조는 현실적으로 동물을 점유하는 자로 하여금 전적으로 책임을 지도록 하려는 취지로 보이기 때문에 간접점유가가 제외된다고 새긴다.

따라서 동물의 소유자는 그가 직접점유자일 때에는 제759조 제1항에 의하여 책임을 지지만 간접점유자일 때에는 그 동물의 관리와 관련하여 과실이 있는 경우(예, 부적당한 보관자를 선임한 경우 등)에는 제750조에 의하여 책임을 지게 된다.[242]

3. 제759조 제1항의 점유자와 제2항의 보관자(예, 운송인, 수치인, 임차인 등)는 다 같이 직접점유자를 의미한다(통설). 따라서 제759조 제2항은 특별한 의미가 없다.

---

241) 곽윤직, 425면 ; 김상용, 채권각론, 276면. 반대 : 송덕수, 민법강의, 1435면.

242) **대판 1981. 2. 10, 80다2966** "토사견은 성질이 난폭하여 사람에게 피해를 입힐 위험이 크므로 그 소유자가 이를 타인에게 빌려주는 경우에는 그가 토사견을 안전하게 보관 관리할 수 있는 시설을 갖추고 있는지 여부를 확인하여야 할 주의의무가 있다."; 윤석찬, "동물점유자의 책임법리와 개정론", 재산법연구 28권 4호.

4. 점유보조자도 여기의 동물의 점유자에 포함되는가? 점유보조자는 동물의 점유자가 아니고 점유주만이 동물의 점유자이다(이견 없음).

Ⅳ. 점유자·소유자의 구상권

동물점유자의 책임에서는 공작물책임(제758조 제3항)에서와 달리 구상권을 행사하는 것으로 정하고 있지 않다. 그러나 통설은 마찬가지로 해석한다. 예컨대 결함 있는 토사견의 우리(또는 개 목줄)로 말미암아 토사견이 우리를 벗어나 타인에게 손해를 가한 때에는 배상을 한 동물의 점유자 또는 소유자는 그 우리(또는 개 목줄)의 제조업자 또는 판매자에게 구상할 수 있다.

제6절 공동불법행위

Ⅰ. 의 의

공동불법행위란 여러 사람이 공동으로 불법행위를 하여 타인에게 손해를 가하는 경우를 말한다. 제760조는 그 관여의 정도에 따라 공동불법행위를 세 가지로 나누고 있다. ① 여러 사람(數人)이 공동의 불법행위로 타인에게 손해를 가한 때(제760조 제1항), 이를 강학상 '협의의 공동불법행위'라고 한다. ② 공동 아닌 여러 사람의 행위 중 어느 자의 행위가 그 손해를 가한 것인지 알 수 없는 때(제760조 제2항), 이를 강학상 '가해자 불명의 공동불법행위'라고 한다. ③ 교사·방조의 경우(제760조 제3항)가 그것이다.

민법은 공동불법행위로 인하여 타인이 입은 손해에 대해 공동불법행위자들이 '연대'하여 배상책임을 지도록 하고 있다. 원래 불법행위로 인한 손해배상의 방법은 금전배상이 원칙이고, 채무자가 여럿인 경우에는 원칙적으로 분할채무(제408조)가 되는 것이다. 그런데 제760조는 이에 대한 예외를 정한 것으로서 특별한 의미를 가지며 종국적으로는 피해자를 두텁게 보호하고자 하는 취지를 표명한 것이다.

제760조에서는 '연대하여 그 손해를 배상할 책임이 있다.'라고 하여 '연대채무'가 성립하는 것으로 규정하고 있으나 통설[243]과 판례[244]는 '연대'의 의미를 '부진정연대채무'로 해석하고 있다.[245]통설이 본조의 '연대하여'를 부진정연대채무로 해석하는 이유를, 첫째 피해자를 두텁게 보호하려는 제760조의 취지를 살리려면, 채무자 1인에게 생긴 사유가 다른 채무자에게 영향을 미치는 절대적 효력있는 사유의 범위가 넓은 연대채무보다 그 범위가 좁은 부진정연대채무라고 해석해야 하

243) 곽윤직, 427면 ; 김상용, 채권각론, 752면 ; 이은영, 835면.

244) **대판 1962. 2. 22, 4294민상996 ; 대판 1969. 8. 26, 69다962 ; 대판 1972. 11. 28, 72다939; 대판 1982. 4. 27, 80다2555 ; 대판 1983. 5. 24, 83다카208.**

245) 그러나 송덕수, 민법강의, 1435면에서는 '제760조의 「연대하여」는 민법상의 연대채무를 가리키는 것으로 이해하여야 한다.'라고 하고 있다.

고, 둘째 다른 특수불법행위(예, 책임무능력자의 감독자와 대리감독자의 책임, 사용자와 피용자의 책임은 부진정연대채무를 부담함)행위와의 균형을 맞추기 위해서도 부진정연대채무라고 해석해야 한다는 점을 들고 있다.

[관련판례]

① **대판 1982. 4. 27, 80다2555**

(1) 원고들의 상고이유에 대하여,

제 1 점, 원심이 들고 있는 증거에 의하면 판시와 같은 고압전선가설공사의 수급자인 소외 정태수는 피고의 감독하에 작업을 하게 되어 있어 그 감독자로서 피고의 피용자인 소외 권오작이 현장에 파견되어 있는 가운데 소외 망인은 배선전공으로서 새로 세운 전주에 올라가 송전 중인 사실을 알면서도 판시와 같이 뺀찌를 사용하여 스위치투입작업을 하다가 뺀찌가 고압선에 접촉되어 감전된 사실과 송전 중의 작업에 있어서는 위 정태수로서는 고압전선 작업에 관한 자격이 없고 내선공사기능보자격 밖에 없는 위 망인으로 하여금 종사하게 하였고 또 스위치조작봉을 사용하도록 하여야 함에도 이를 게을리 하였으며 위 권오작으로서도 위와 같은 일들에 대한 감독을 태만한 결과 위 사고가 발생하였고 소외 망인에게도 같은 과실이 경합하여 발생하였다는 원심인정 사실은 그대로 수긍이 되며 사실관계가 위와 같다면 위 망인도 송전 중인 사실을 알면서 스위치조작봉을 사용하지 아니하고 감전되기 쉬운 뺀찌를 사용하여 스위치 투입작업을 한 과실과 뺀찌를 사용함에 있어서도 뺀찌가 고압선에 접촉되지 않도록 주의하여 감전사고를 방지할 의무를 게을리 한 과실이 있다할 것이므로 원심이 이건 사고 발생에 있어서 위 망인의 과실이 경합된 것으로 보아 위 망인의 일실수익산정에 이를 참작하여 과실상계한 조치는 정당하다 할 것이며 위 망인이 고압선공사 경험이 없었다는 사실만으로는 위 망인의 위와 같은 과실을 부정할 수 없다 할 것이니 원심판결에 경험칙을 위반하여 위 망인의 과실을 인정한 위법은 없다. 논지는 이유 없다.

제2점, 부진정연대채무관계에 있는 공동불법행위로 인한 손해배상채무에 있어서 공동불법행위자 중 1인의 변제는 변제된 금액의 한도 내에서 다른 공동불법행위자를 위하여 공동면책의 효력이 있다 할 것인바(당원 1976. 7. 13. 선고 74다746 판결, 1981. 8. 11. 선고 81다298 판결 각 참조) 원심은 피고와 공동불법행위자인 소외 정태수가 이건 사고의 합의금으로 원고들에게 지급한 금 5,400,000원을 망인의 상실이익금, 위자료, 장례비 등과 그 부모인 원고들 및 5명의 형제, 자매들의 위자료의 합계금액으로 보고 그 중 1,200,000원을 위 망인의 상실이익금으로 인정하여 지급된 상실이익금 1,200,000원의 한도 내에서 피고의 위 망인에 대한 일실수익 손해배상의무는 공동면책된 것으로 보아 이를 위 망인의 이건 일실수익에 해당하는 손해금에서 공제하고 있는바 원심이 채용한 을 제 1호증(합의서) 및 2호증(영수증)의 기재에 의하면, 원고들은 위 정태수로부터 위자료, 장례비 기타 경비를 합계한 판시 금원을 수령하고, 민·형사상의 일체의 이의나 소를 제기하지 아니하기로 하여 그들 사이에 사고발생으로 인한 사건을 완결지은 취지가 엿보이고, 일시에 수령한 그 액수를 보아도 기타 경비에는 망인의 상실수익금에 해당한 금액이 포함되어 있다고 봄이 마땅하므로 합의의 취지를 위와 같이 풀이하여 상실수익금 해당액을 이 사건에서 공제한 조치는 정당하다 할 것이고 원심판결은 위 합의금 중 위 망인의 일실수익손해금으로 인정한 금1,200,000원만을 이건 일실수익손해금에서 공제하고 있을 뿐이고 위 합의금 중 유족들의 위자료 및 장례비등으로 지급한 금원까지 공제한 것은 아니므로 위 합의금에는 망인의 일실수익에 해당하는 손해부분이 포함되지 아니하였다거나 위 합의금 5,400,000원 전부를 망인의 이건 일실수익 해당의 손해금에서 공제하였음을 전제로 원심판결에 채증법칙에 위반하여 청구하지 아니한 부분을 심판한 위법이 있다는 논지는 이유 없다.

(2) 피고의 상고이유에 대하여,

원심이 확정한 바에 의하면 이건 사고는 소외 정태수가 피고로부터 수급한 공사를 감독하기 위하여 현장에 파견된 피고의 피용자인 소외 권오작과 수급자인 소외인의 공동과실행위로 인하여 발생하였고 피고는 위 권오작의 사용자로서 위 소외인과 같이 공동불법행위로 인한 손해배상책임이 있다는 것인바 이와 같은 공동불법행위에 있어서는 이로 인한 손해배상책임은 그 상호간 부진정연대채무관계가 성립한다고 함이 상당할 것이며 그 1인의 변제 등 채권을 만족시키는 사유는 절대적 효력이 있다 할 것이나 1채무자에 대한 채무의 면제와 같은 사유는 다른 연대채무자에게 효력이 미치지 아니한다고 하여야 할 것이다.

따라서 소외 정태수가 원고들에게 금 5,400,000원을 지급함과 동시에 모든 청구권을 종결짓기로 한 합의가 있었다 하더라도 그 합의 액수가 공동면책되는 부분을 초과하여 채무면제와 같은 효력이 있는 부분에 대하여는 피고에게는 그 면책의 효력이 미치지 않는다 할 것인즉, 같은 견해에서 피고의 항변을 배척한 원심의 조치는 수긍이 가고, 이와 반대의 견해에 입각한 논지는 채용할 수 없고, 또한 위 공사의 도급자인 피고와 수급자인 정태수 사이에 위 공사로 인하여 발생하는 모든 손해는 수급자가 부담하기로 하는 특약은 내부적인 손해분담의 약정에 불과하다 할 것이고 제 3 자에 대한 도급인의 책임을 면제하는 효력이 있는 것은 아니므로 같은 취지에서 소외 정태수가 원고들과 한 앞서와 같은 합의가 피고를 대리하여 한 것이라는 피고의 항변을 배척한 조치는 정당하고 거기에 소론과 같은 피해자인 원고들과 시공자간의 합의한데 대한 법리를 오해한 위법은 없다. 논지는 이유 없다.

따라서 원고들 및 피고의 상고를 모두 기각하기로 하고 상고 소송비용은 각 패소자의 부담으로 하여 관여법관의 일치된 의견으로 주문과 같이 판결한다.

② 대판 1983. 5. 24, 83**다카**208

공동 불법행위자는 소위 부진정연대채무자로서 피해자에 대하여 연대하여 그 손해를 배상할 책임이 있고 공동 불법행위자의 한 사람이 그 손해의 전부를 배상하였을 때에는 다른 공동 불법행위자에게 그 부담할 책임에 따라 구상권을 행사한다고 할 것이며 원심이 드는 갑 제11호증(갑 제4호증과도 같다)의 공사하도급계약에서 피고는 위 하도급공사과정에 있어 안전관리규칙을 철저히 준수하여야 하며 고의 또는 과실을 막론하고 발생한 인명 및 재산피해에 대하여 그 배상책임을 지겠다고 원고와 약정하였다고 하여 이 약정의 취지가 원고등 공동 불법행위자의 배상책임을 배제하는 것이 아님은 그 명문이나 논리에 비추어 당연하다고 할 것인즉 원심판시가 이 사건 불법행위에 있어서의 원고 회사의 책임을 인정하면서도 위와 같은 원·피고간의 약정에 따라 이 사건 하도급계약상의 공사로 인하여 발생하는 모든 사고의 책임은 피고 회사만이 지기로 되어 있다는 취지라면 이는 공동 불법행위의 법리를 오해하고 당사자간의 약정을 그릇 해석하였을 뿐만 아니라 증거 없이 사실을 인정하였다는 비의를 면하지 못한다.

Ⅱ. 공동불법행위의 유형과 요건

1. 협의의 공동불법행위

(1) 의 의

협의의 공동불법행위란 '여러 사람(數人)이 공동의 불법행위로 타인에게 손해를 가한' 경우이다(제760조 제1항). 예컨대 친구 여러 사람이 다른 한 친구를 폭행하여 상해를 입힌 경우이다.

(2) 요 건

1) 각자의 행위에 관한 요건 협의의 공동불법행위가 성립하기 위해서는 가해자 각자가 독립해서 일반불법행위의 요건을 갖추어야 하는지가 문제이다. 학설은 이를 긍정하는 견해[246)]와 경우에 따라 다르다는 견해[247)]로 나누어진다. 판례는 긍정설, 즉 가해자 각자에게 고의 또는 과실과 책임능력이 있어야 하며, 손해와의 사이에 인과관계가 있어야 하는 것으로 해석한다.[248)]

246) 곽윤직, 428면 ; 이은영, 823면.

247) 김상용, 채권각론, 756면 ; 송덕수, 민법강의, 1436면에서는 '원칙적으로 긍정하되 공동불법행위의 특수성을 고려하여 적절하게 해석하여야 한다.'고 한다.

248) **대판 1997. 8. 29, 96다46903 ; 대판 1998. 2. 13, 96다7854** "수인이 공동하여 타인에게 손해를 가하는 민법 제760조 제1항의 공동불법행위가 성립하려면 각 행위가 독립하여 불법행위의 요건을 갖추고 있으면서 객관적으로 관련되고 공동하여 위법하게 피해자에게 손해를 가한 것으로 인정되어야 한다." ; 그러나 판례는 기본적으로는 긍정하는 입장이지만 손해와

① **각 행위의 독립성** 협의의 공동불법행위가 성립하기 위해서는 각 행위가 독립성이 있어야 한다. 따라서 피용자의 타인에 대한 가해행위에 대해 사용자가 사용자책임을 지는 경우에 피용자와 사용자는 모두 책임을 지지만 이들이 제760조 제1항에 의한 협의의 공동불법행위자로 되는 것은 아니다.[249] 그러나 사용자에 대해 감독상의 과실이 있고 그 감독상의 과실과 피용자의 불법행위로 인한 손해발생 사이에 인과관계가 있는 등으로 사용자의 행위가 제750조의 일반불법행위의 요건을 충족하는 경우에 이들은 협의의 공동불법행위자가 된다. 그리고 책임능력 있는 감독의무자가 제750조에 의하여 불법행위책임을 지는 때에도 같다.[250]

② **고의·과실** 각 행위자에게 고의나 과실 중 어느 하나만 있으면 된다. 무과실 책임을 지는 자(예, 공작물의 소유자 등)는 과실이 없더라도 공동불법행위자가 될 수 있다.[251]

③ **책임능력** 각 행위자에게 책임능력이 있어야 한다.

④ **인과관계** 이미 위에서 언급한 것처럼 공동불법행위의 인과관계와 관련하여 공동행위자 각자의 행위와 손해 사이에 인과관계가 있어야 하는지가 문제이다. 이를 긍정하는 견해[252]도 있으나 가해자들의 공동행위와 손해발생 사이에 인과관계가 있으면 족하다고 할 것이다.[253] 왜냐하면 각 공동불법행위자의 행위

의 인과관계에 관해서는 학설보다 완화하여 인정하는 입장이다. 즉 가해자들의 공동행위와 손해발생과의 인과관계로 파악하는 듯하다.

249) **대판 1988. 4. 27, 87다카1012** "갑회사의 버스운전사와 을회사의 트럭운전사의 쌍방과실로 인하여 위 두 자동차가 고속도로상에서 충돌함으로 말미암아 위 버스의 승객들이 사상으로 인한 손해를 입게 된 경우 갑회사와 을회사는 비록 공동불법행위자는 아니더라도 각자 위 승객들이 입은 모든 손해를 배상해야 할 의무가 있다 할 것이고 이와 같은 채무를 이행했을 때에는 상대방에 대하여 각 피용자의 과실비율에 따라 정해져야 할 상대방의 부담부분에 대하여 구상권을 행사할 수 있다."

250) **대판 1991. 4. 9, 90다18500** "[1] 책임능력 있는 미성년자의 불법행위로 인하여 손해가 발생한 경우에 그 발생된 손해가 당해 미성년자의 감독의무자의 의무위반과 상당인과관계가 있을 경우에는 감독의무자는 일반불법행위자로서 손해배상의무가 있다. [2] 책임능력 있는 미성년자들의 부모인 감독의무자에게 친권자로서의 감독의무를 현저히 해태한 과실이 있다고 하여 미성년자들의 불법행위(폭력행위)에 대하여 일반불법행위자로서 미성년자들과의 공동불법행위책임을 인정한 사례"

251) 곽윤직, 428면 ; 송덕수, 민법강의, 1436면.

252) 곽윤직, 428면.

253) 김준호, 1751면 ; 송덕수, 민법강의, 1436면.

와 손해발생 사이에 인과관계를 요구하게 되면 각 가해자가 제750조의 요건을 개별적으로 충족하여 제760조의 공동불법행위를 규정한 취지가 몰각되기 때문이다. 판례도 수인이 폭행하기로 공모하고 현장에 갔으나 그 중 한 사람만이 피해자를 폭행하여 사망에 이르게 한 사안에서 수인의 공동불법행위책임을 인정하였다.[254]

2) 행위의 관련·공동성　　제760조 제1항에서 수인이 "공동의 불법행위"를 요구하고 있어 협의의 공동불법행위가 성립하기 위해서는 각 행위자의 가해행위 사이에 관련·공동성이 있어야 한다. 그런데 학설은 그 의미에 대해서 견해를 달리하고 있다.

① **주관적 관련·공동설**　　불법행위자들 사이에 불법행위에 관한 공모나 공동인식이 있는 경우에 제760조 제1항을 적용하여 협의의 공동불법행위라 하고 그 이외의 경우는 제2항을 적용하여 가해자 불명의 공동불법행위라고 하자는 견해이다.[255] 이 설은 그 논거로 제760조 제2항에서 '공동 아닌 수인의 행위'로 규정한 것과 비교하여 볼 때 제760조 제1항의 '공동'의 의미는 주관적 공동으로 이해하는 것이 문리해석에 맞고, 협의의 불법행위에 책임을 가중하는 취지는 수인 간에 의사의 공통이 있는 것, 즉 그들 간에 비난가능성이 높다는 점에서 구하여야 한다는 점을 든다.

② **객관적 관련·공동설**　　불법행위자들 사이에 불법행위에 관한 공모나 공동인식은 필요 없으며 객관적으로 관련·공동이 있으면 족하다고 하는 견해이다[256]. 즉 객관적으로 보아 피해자에 대한 권리침해가 공동으로 행해졌고 그 행위가 손해발생에 대하여 공통의 원인이 되었다고 인정되는 경우이면 충분하다고 한다. 통설과 판례가 이 설을 따른다.

③ **기타의 설**　　협의의 공동불법행위를 의사적인 것, 객관적인 것, 독립적인 것으로 나누어 각각 설명하는 견해[257], 주관적 공동관계가 있는 경우 및 주관적 공동관계와 같은 정도의 밀접한 객관적 공동이 있는 경우 공동불법행위를 인정하는 견해[258], 객관적 관련·공동성을 중심으로 주관적 관련·공동성을 참작하여

254) **대판 1958. 3. 28, 4289민상551.**
255) 김증한, 511면; 지원림, 1551면.
256) 곽윤직, 498면; 송덕수, 민법강의, 1437면; 김준호, 1752면.
257) 김상용, 채권각론, 755면.
258) 이은영, 826면.

행위의 공동성을 판단해야 한다는 견해[259] 등이 있다.

④ **판 례** 판례는 객관적·공동관련설의 입장이다.

ⓐ 원심판결 이유에 의하면, 원심은 이 사건의 피해자 망 김형노가 1984. 8. 8. 11:30경 전남대학교 후문 근방 도로상에서 피고 일신중기주식회사 소유 덤프트럭 운전수의 운전잘못으로 그 차에 치어 뇌좌상중등증, 뇌기저부골절우칙, 두피하혈종 등의 상해로 전치 8주를 요할 부상을 당하고 즉시 전남대학교 의과대학부속병원에 입원하여 치료를 받던 중 1984. 9. 10. 06:00경 병실을 빠져나와 비상계단 아래의 땅으로 추락하여 뇌간부손상으로 사망하였다는 사실은 인정하고 위 피고 일신중기의 덤프트럭 운전수의 교통사고야기와 전남대학부속병원의 시설하자, 의사, 간호사 등 종사자의 과실로 인한 위 추락사와의 사이에 공동불법행위가 성립된다고 인정하고 피고들은 피해자의 전손해를 연대하여 배상할 책임이 있다고 판시하였다. 그러나 공동불법행위가 성립하려면 행위자 사이에 의사의 공통이나 행위공동의 인식이 필요한 것은 아니지만 객관적으로 보아 피해자에 대한 권리침해가 공동으로 행하여졌다고 보여지고 그 행위가 손해발생에 대하여 공통의 원인이 되었다고 인정되는 경우라야 할 것인 바, 이 사건에서 피고 일신중기주식회사 운전수의 불법행위는 1984. 8. 8. 11:30에 피해자를 차로 치어 그 결과 뇌좌상중등증, 뇌기저부골절우칙, 두피하혈종 등의 상해가 발생한 것이며 피고 국산하 전남의대부속병원의 시설하자 및 그 직원의 불법행위는 1984. 9. 10.에 발생하여 환자가 비상계단에서 추락사한 결과를 발생케 한 것이므로 양 행위가 시간과 장소에 괴리가 있고 결과발생에 있어서도 양 행위가 경합하여 단일한 결과를 발생시킨 것이 아니고 각 행위의 결과발생을 구별할 수 있으므로 그러한 경우에는 공동불법행위가 성립한다고 하기 어렵다. 원심으로서는 피고 일신중기주식회사의 배상책임을 정함에 있어서는 피해자 김형노의 추락사를 개의치 아니하고 동인이 교통사고로 부상한 결과 입게 된 손해를 심리하여 그 배상을 명하여야 할 것이고 피고 국의 배상책임을 정함에 있어서는 피해자가 병원에서 추락사하므로 인하여 발생된 손해를 산정(이 때에 교통사고로 인한 손해액과 중첩되지 아니하도록 유의하여야 할 것이다)하여 각기 그 배상을 명하여야 할 것이고 전 손해액에 대하여 연대배상을 명한 것은 잘못이라 할 것이다(대판 1989. 5. 23, 87다카2723).

ⓑ 수인이 공동하여 타인에게 손해를 가하는 민법 제760조의 공동불법행위에 있어서는 행위자 상호간의 공모는 물론 공동의 인식을 필요로 하지 아니하고, 다만 객관적으로 그 공동행위가 관련 공동되어 있으면 족하며 그 관련 공동성 있는 행위에 의하여 손해가 발생함으로써 이의 배상책임을 지는 공동불법행위가 성립하는 것이므로(대판 1982. 6. 8, 81다카1130, 대판 2000. 4. 11, 99다41749 판결 등 참조), 동시에 또는 거의 같은 시기에 건축된 가해 건물들이 피해 건물에 대하여 전체적으로 수인한도를 초과하는 일조 침해의 결과를 야기한 경우, 각 가해 건물들이 함께 피해 건물의 소유자 등이 종래 향유하던 일조를 침해하게 된다는 점을 예견할 수 있었다면 특별한 사정이 없는 한 각 가해 건물의 건축자 등은 일조 침해로 피해 건물의 소유자 등이 입은 손해 전부에 대하여 공동불법행위자로서의 책임

259) 김형배, 민법학강의, 1553면.

을 부담한다고 봄이 상당하다.

원심은 그 채용 증거들을 종합하여, 피고 1 주식회사(이하 '피고 1'이라 한다)가 신축한 제1아파트는 1996. 6. 7. 착공하여 2002. 12. 31.경 골조공사를 마치고 2003. 4. 24.경 사용승인을 받았고, 피고 2 주식회사(이하 '피고 2'라 한다)이 신축한 제2아파트는 2000. 12. 15.경 착공하여 2002. 11. 22.경 완공 후 사용승인을 받았으며, 제1아파트와 제2아파트가 공동으로 원고들이 소유 또는 거주하고 있는 부산 (상세 주소 생략) 소재 (빌라 명칭 생략)빌라(이하 '이 사건 빌라'라 한다) 중 일부 세대에 대한 직사광선을 차단하여 수인한도를 넘는 일조침해를 야기한 사실을 인정한 다음, 피고들은 그들이 거의 같은 시기에 신축한 제1아파트 및 제2아파트로 인하여 위와 같은 일조 침해가 초래될 수 있음을 충분히 예견할 수 있었다고 할 것이므로, 피고들의 일조 침해행위는 원고들에 대하여 공동불법행위를 구성한다고 판단하였는바, 위 법리에 비추어 기록을 살펴보면, 이러한 원심의 사실인정과 판단은 옳고, 거기에 채증법칙을 위배하여 사실을 오인하거나 일조 침해로 인한 공동불법행위책임의 성립에 관한 법리를 오해한 위법이 있다고 할 수 없다(대판 2006. 1. 26, 2005다47014·47021·47038).

ⓒ 공동불법행위가 성립하려면 행위자 사이에 의사의 공통이나 행위공동의 인식이 필요한 것은 아니지만, 객관적으로 보아 행위자 각자의 고의 또는 과실에 기한 행위가 공동으로 행하여져 피해자에 대한 권리침해 및 손해발생에 공통의 원인이 되었다고 인정되는 경우라야 할 것이므로(대법원 1982. 12. 28. 선고 80다3057 판결, 대법원 1989. 5. 23. 선고 87다카2723 판결 등 참조), 공동불법행위를 이유로 손해배상책임을 인정하기 위하여는 먼저 행위자 각자의 고의 또는 과실에 기한 행위가 공동으로 행하여졌다는 점이 밝혀져야 한다고 할 것이다.

원심은, 원고가 2005. 6. 7. 임의경매절차에서 이 사건 부동산을 낙찰받고 2005. 7. 18. 소유권이전등기를 경료한 사실, 원고는 2005. 6. 15. 사업자등록을 하고 그 무렵부터 이 사건 부동산에서 사우나 영업을 하기 위한 준비를 시작한 사실, 그런데 피고들은 그 무렵부터 현재까지 원고의 의뢰로 영업을 위한 각종 시설을 설치하기 위하여 이 사건 건물에 들어가려는 설비업자를 강제로 끌어내고, 이 사건 부동산의 시건장치를 훼손하고, 이 사건 건물의 지하에 있는 보일러실 문의 시건장치를 부수고 들어가 수도파이프라인 배관을 임의로 잠가 이 사건 부동산에 물 공급이 되지 않도록 하고, 이 사건 건물 1층에 있는 사우나 매표소와 그 옆 엘리베이터 입구를 침상, 취사도구 등으로 막아 놓아 사우나에 출입할 수 없도록 하는 등 수시로 제1심판결의 별지2 목록 기재와 같은 영업방해행위를 하여 왔고, 또한 제1심판결의 별지3 목록 기재와 같은 구조물 등을 옥외 주차장 및 위 건물 내, 외벽과 건물담장 등에 설치하는 등으로 원고의 영업을 방해하여 온 사실, 또한 피고들은 이 사건 건물 지하에 있는 원고의 사우나 영업에 이용되는 매표소 등을 파손한 사실, 원고는 피고들의 위와 같은 영업방해행위로 말미암아 현재까지 이 사건 부동산에서 사우나 영업을 하지 못하고 있는 사실 등을 인정한 다음, 피고들은 연대하여 원고가 2005. 7. 18.부터 제1심 변론종결일인 2005. 12. 20.까지 사우나 영업을 하지 못함으로써 입은 영업이익 상당의 손해와 위 매표소 등의 파손으로 인한 수리비 상당의 손해를 배상할 의무가 있다고 판단하였다. 그러나 원심의 위와 같은 판단은 앞서 본 법리에 비추어 수긍하기 어렵다. 원고가 구하는 영업이익 상당의 손해나 물건 파손으로 인한 수리비 상당의 손해에 대하여 피고들이 이를 공동불법행위자로서 연대하여 배상할 의무가 있다고 하기 위하여는, 피고들 각자의 고의 또는 과실에 기한 행위가 원고가 손해배상을 구하는 기간 동안에 계속하여 공동으로 행하여졌다는 점이 인정되어야 할 터인데, 원심이 들고 있는 증거들을 기록에 비추어 자세히 살펴보아도 피고들 각자가 언제, 어떤 고의 또는 과실에 기한 행위를 하였는지를 알 수 없다.

이러한 점을 밝혀보지 아니한 채 피고들에게 공동불법행위 책임을 인정한 원심판결에는 공동불법행위에 관한 법리를 오해하였거나 필요한 심리를 다하지 아니하여 판결에 영향을 미친 위법이 있다고 할 것이다(대판 2008. 4. 24, 2007다44774).

ⓓ 공동불법행위의 성립에는 공동불법행위자 상호간에 의사의 공통이나 공동의 인식이 필요하지 아니하고 객관적으로 그들의 각 행위에 관련공동성이 있으면 족하고 그 관련공동성 있는 행위에 의하여 손해가 발생하였다면 그 손해배상책임을 면할 수 없는 것인바, 동산인 장물의 취득행위는 원소유자의 점유회복을 곤란 또는 불능케 한다는 관점에서 횡령행위와의 관련공동성이 검토되어야 하고, 민법 제760조 제1항의 이른바 협의의 공동불법행위의 구성범위를 한계지우기 위하여 객관적 관련공동성의 유무를 판단함에 있어서는 그 제2항의 독립행위의 경합의 경우와 그 제3항의 교사방조행위를 공동불법행위의 범주에 넣어 같은 법률효과를 부여하는 것을 감안하여 그 점과의 균형이 맞도록 해석되어야 한다(대판 1998. 9. 25, 98다9205).

ⓔ [1] 업무상과실로 인한 장물취득자의 원소유자에 대한 불법행위 : 타인이 절취 또는 횡령한 장물을 매수하는 행위는 절도 또는 횡령을 한 자와의 사이에 의사공통이 없는 독립된 행위이기는 하나 그 장물취득에 있어서 업무상과실이 있었다면 다른 특별한 사정이 없는 한 장물매수행위는 원소유자의 점유를 침해하여 그 회복을 곤난 또는 불능케 한 것이라 아니할 수 없고 회복을 곤난 또는 불능케 하였다는 점에서 원소유자의 권리침해에 관하여 절도 또는 횡령을 한 자의 불법행위와 공동적 원인행위가 있다고 아니할 수 없다.

[2] 장물취득자의 원소유자에 대한 공동불법행위 성부 : 장물취득에 있어 업무상 과실이 있었다면 원소유자의 점유를 침해하여 그 회복을 곤란 또는 불능케 한 것이라 볼 것이며 이 점에서 범법행위를 한 자의 불법행위와 공동적 원인행위가 있다 할 것이다(대판 1962. 11. 22, 62다579).

ⓕ 원심이 적법히 확정한 사실에 의하면 본건 피해자 고영철(당시 3세) 이가 원판시 횡단보도를 건너다가 다시 되돌아 가다가 마침 그 곳을 통과하려던 피고 금성운수 주식회사(이하 단순히 금성운수라 약칭한다) 소속운전사 소외 김윤중의 운전하는 시속 15키로 로 운행중인 시발택시 우측후단에 충격되어 땅에 쓰러진 순간 위 시발택시와 약 3메타의 간격으로 같은 속력으로 뒤따라오던 피고서울특별시 소속 운전사 소외 박계동의 운전하는 청소차가 이를 발견치 못하고 계속 그곳을 통과하다가 동 차량 우측 바퀴로 쓰러져 있던 위 고성오의 복부를 깔고 지나가 복벽파열, 내장탈출, 좌측대퇴골골절, 우측늑골골절 및 우측견갑부 골절 등의 상해로 현장에서 즉사한 사실인 바 위 사실에 의하면 피해자 고영철이 피고

금성운수의 택시에 의하여 충격되어 땅에 쓰러진 사실만으로는 아직 사망의 원인이 되지 못하였고 뒤따라오던 피고 서울특별시의 차량에 의하여 복부를 역과됨으로 사망한 사실을 알 수 있으며 피고서울특별시의 차량은 앞에 가던 피고 금성운수의 택시에 충격되었을 때 피해자가 이미 사망하여 피고 서울특별시의 차량은 이미 시체가 된 고영철을 역과한데 지나지 않는다는 논지는 이유 없고 나아가 본건 사고발생에 있어 피고금성운수 소속 택시운전사의 과실과 피고 서울특별시 소속 청소차 운전사의과실이 공동 불법행위 가 된다는 근거로서 원심이 판시하는 바를 요약하면 본건 사고 발생지점은 국민학교 입구에 있는 횡단보도이기 때문에 일단 정지의 표지가 붙어 있어 어떤 차량이던 간에 일단 속도를 줄여야 할 지점인 관계상 시속 10키로를 넘으면 교통위반이 되는 지점임에도 불구하고 피고 금성운수소속의 운전수 김윤중은 전후 좌우를 주시하며 사고를 미연 방지할 주의의무가 있음에도 불구하고 위의 제한시속을 지키지 아니하고 시속 15키로의 속도로 위 지점을 통과 하려한 부주의로 피해자 되는 어린아이의 거동을 미처 발견하지 못한 과실이 있다 할 것이고, 피고 서울특별시 소속의 운전사인 박계동은 위와 같은 교통규칙을 준수하여야 함은 물론, 운전수로서는 자기가 운전하는 차량 앞에 딴 차량이 나아가고 그 뒤를 따라야 할 경우에는 시야가 가리는 관계상 앞 차의 어떠한 돌발적인 운전 또는 사고에 의하여서라도 자기차량에 연쇄적인 사고가 일어나지 아니하도록 주의하여야 할 것은 물론, 앞차와 6메타 이상의 간격을 두고 운행하여야 할 운전 교통규칙을 준수하지 아니하고 불과 3메타의 거리를 두고 만연히 뒤 따라가다가 앞에 가던 피고 금성운수의 택시가 고성호를 충격하여 그가 땅에 쓰러진 것조차 모르고 과속으로 운전을 계속하여 위에 설시한 바와 같은 사고를 내게 되었는 바, 본건 피해자 고성호의 사망에 대한 직접적인 원인은 피고 서울특별시 소속 차량이동인을 역과한데 있음이 명백하나 이는 피고 금성운수소속택시가 먼저 위피해자를 차체로 충격하여 쓰러지게 한 때문이고 사고 당시 서울시내 교통사정은 차량이 계속하여 질주하는 실정이므로 앞에 가는 차가 사람을 충격하여 쓰러지게 하면 뒤따라오는 차에 의하여 역과되는 일이 보통 있으리라는 것은 예견할 수 있다 할 것이고 피고 금성운수 소속차량 운전수의 과실로 피해자를 땅에 전도케한 사실과 그 직후 피고 서울특별시 소속 운전수의 과실로 피해자를 역과한 사실 사이에는 상당인과 관계가 있고 위 두 운전수는 공동불법행위자 라고 할 수 있다고 하였다. 본건 사안에 있어서 피해자의 사망의 직접 원인은 피고 서울특별시 소속차량 운전수의 과실에 의한 역과에 있음은 물론이나, 이에 앞서 피고금성운수 소속차량 운전수의 과실에 의한 피해자를 전도케한 사실은 이에 연하여 일어난 역과의 원인이 되는 것이므로 위 두 과실행위는 피해자의 사망에 대한 공동원인이 된다 할 것이므로 원심이 본건 사고가 피고들의 각 차량운전수의 과실에 의한 공동불법행위로 인정한 원심조치는 정당하다(대판 1968. 3. 26, 68다91).

ⓖ 교통사고로 인하여 상해를 입은 피해자가 치료를 받던 중 치료를 하던 의사의 과실로 인한 의료사고로 증상이 악화되거나 새로운 증상이 생겨 손해가 확대된 경우, 의사에게 중대한 과실이 있다는 등의 특별한 사정이 없는 한 확대된 손해와 교통사고 사이에도 상당인과관계가 있고, 이 경우 교통사고와 의료사고가 각기 독립하여 불법행위의 요건을 갖추고

있으면서 객관적으로 관련되고 공동하여 위법하게 피해자에게 손해를 가한 것으로 인정되면 공동불법행위가 성립한다(대판 1998. 11. 24, 98다32045).

ⓗ 산재사고로 인하여 상해를 입은 피해자가 치료를 받던 중 치료를 하던 의사의 과실 등으로 인한 의료사고로 증상이 악화되거나 새로운 증상이 생겨 손해가 확대된 경우에는, 다른 특별한 사정이 없는 한 그와 같은 손해와 산재사고 사이에도 상당인과관계가 있다고 보아야 하므로, 산재사고와 의료사고가 각기 독립하여 불법행위의 요건을 갖추고 있으면서 객관적으로 관련되고 공동하여 위법하게 피해자에게 손해를 가한 것으로 인정된다면, 공동불법행위가 성립되어 공동불법행위자들이 연대하여 그 손해를 배상할 책임이 있다(2005. 9. 30, 2004다52576).

ⓘ 이 사건 교통사고가 발생한 강원도 인제읍 합강 3리 소재 44번 국도상에 아스팔트가 패여서 생긴 길이 1.2미터, 폭 0.7미터의 웅덩이가 있어서 이곳을 통과하던 소외 합자회사 중부관광여행사 소속 관광버스가 이를 피하기 위하여 중앙선을 침범운행한 과실로 마주오던 타이탄 화물트럭과 충돌하여 이 사건 교통사고가 발생하였는바, 피고는 위 도로의 관리책임자로서 위 도로를 주행하는 차량들의 안전운행을 위하여 도로상태의 안전점검을 철저하게 하였어야 함에도 불구하고 이를 게을리하여 위와 같은 웅덩이를 방치함으로써 이 사건 교통사고의 발생에 한 원인을 제공하였으므로, 피고는 위 소외 회사와 공동불법행위자로서 손해배상책임이 있다(대판 1993. 6. 25, 93다14424).

ⓙ 수인이 피해자에게 폭행을 가할 것을 피차 의사연락한 후에 그중 1인이 그 피해자에게 폭행을 가하여 사망케 한 경우에는 그 수인은 공동불법행위에 관한 책임을 면치 못한다(대판 1957. 3. 28, 4289민상551).

ⓚ 피고 이◇봉과 피고 이◎덕은 공동으로 원고에게 불법행위를 한 것이고, 피고 이▣옥은 피고 이◇봉, 피고 이◎덕과 공동으로 원고에게 불법행위를 한 사실이 없다는 것인바, 기록에 의하여도 원심의 사실인정 과정에 아무런 위법이 없으며, 피고 이◇봉, 피고 이◎덕이가 공동으로 원고에게 폭행을 가하여 상해를 입게 한 발단이 피고 이◈옥의 좋지 못한 행위로 이루어졌고, 같은 피고가 그 현장에 있었다는 사실만으로써는 공동불법행위자라는 말할 수 없는 것이므로 원심이 피고 이◈옥에 대한 청구를 배척한 조처는 정당하고 아무런 위법이 없다(대판 1966. 4. 19, 66다391).

ⓛ 피고들의 공통된 상고이유에 대하여 수인이 공동하여 타인에게 손해를 가하는 민법 제760조의 공동불법행위에 있어서는 행위자 상호간의 공모는 물론 공동의 인식을 필요로 하지 아니하고, 다만 객관적으로 그 공동행위가 관련 공동되어 있으면 족하며 그 관련 공동성 있는 행위에 의하여 손해가 발생함으로써 이의 배상책임을 지는 공동불법행위가 성립하는 것이므로(대판 1982. 6. 8, 81다카1130, 대판 2000. 4. 11, 99다41749 등 참조), 동시에 또는 거의 같은 시기에 건축된 가해 건물들이 피해 건물에 대하여 전체적으로 수인한도를 초과하는 일조 침해의 결과를 야기한 경우, 각 가해 건물들이 함께 피해 건물의 소유자 등이 종래 향유하던 일조를 침해하게 된다는 점을 예견할 수 있었다면 특별한 사정이 없는 한 각 가해 건물의 건축자 등은 일조 침해로 피해 건물의 소유자 등이 입은 손해 전부에 대하여 공동불법

행위자로서의 책임을 부담한다고 봄이 상당하다(대판 2006. 1. 26, 2005다47014).

ⓜ 방송법 제72조 제1항 및 같은 법 시행령 제58조 제1항에 의하여 방송위원회가 고시하는 일정 비율 이상의 외주제작 방송프로그램 편성이 방송사업자에게 강제되고 이에 따라 방송사업자가 외주제작사에 방송프로그램의 제작을 의뢰한 경우라고 하더라도 외주제작사와 체결한 제작계약에서 방송프로그램의 방송권이 방송사업자에게 귀속하고 납품된 방송프로그램의 최종적인 편집권한이 방송사업자에게 유보된 사정 아래에서, 방송사업자가 제작과정에서 외주제작사에 의하여 무단촬영된 장면에 관하여 피촬영자로부터 그 방송의 승낙여부를 확인하지 아니하고 나아가 피촬영자의 식별을 곤란하게 하는 별도의 화면조작(이른바 모자이크 처리 등) 없이 그대로 방송하게 되면 외주제작사와 공동하여 피촬영자의 초상권을 침해한 불법행위의 책임을 면할 수 없고, 이러한 방송사업자의 책임은 그가 방송의 주체로서 자신의 독립적 판단 하에 외주제작 방송프로그램이 납품된 상태 그대로 방송한 데 기초한 것이므로 그 제작과 관련하여 방송사업자와 외주제작사 사이의 법률관계가 민법상의 도급인과 수급인의 관계인지 또는 실질적으로 사용자와 피용자 관계인지 여하에 따라 그 책임관계가 달라지는 것은 아니다(대판 2008. 1. 17, 2007다59912).

ⓝ 책임능력 있는 미성년자의 불법행위로 인하여 손해가 발생한 경우에 그 발생된 손해가 당해 미성년자의 감독의무자의 의무위반과 상당인과관계가 있을 경우에는 감독의무자는 일반불법행위자로서 손해배상의무가 있는 것이라 할 것이다.

원심은 그 거시의 증거에 의하여 원심 공동피고 1, 2는 1심 공동피고 , 소외 1과 함께 1986. 6. 14. 1심 공동피고를 집단으로 구타한 자들에 대해 보복하기로 마음먹고 그들을 찾던 중 같은 날 23:50 경 전주시 완산구 태평동 2가에 있는 대림사 의상실 부근에서 원고 1의 일행 5, 6명을 만나자 동인들이 1심 공동피고를 구타한 것으로 오인하고 몰려들어, 1심 공동피고는 원고 1에게 빈소주병을 던져 오른쪽 뒷통수를 맞히고 깨어진 병을 들어 동인의 머리를 한번 찔렀으며, 발로 동인의 몸통을 여러번 차고 밟고, 원심공동피고 1, 2는 들고 있던 쇠파이프와 각목으로 위 원고의 어깨를 1회씩 때리고, 소외 1은 발로 위 원고의 옆구리를 1회 차서 동인에게 뇌좌상, 좌측반신부전마비 등의 상해를 가한 사실, 원심공동피고 1, 2는 모두 1967. 7. 14.생의 쌍동이 형제로서 이 사건 사고 당시 만 18세 11개월로서 각 고등학교를 중퇴하였거나 졸업한 사실, 이들은 일정한 직업도 없이 1심 공동피고, 소외 1 등과 어울려 전주시내 소재 디스코클럽 등지를 배회하면서 중고학생들을 상대로 시비를 걸고 폭행을 하는 일이 잦은 이른바 불량청소년들로서, 특히 원심공동피고 1은 1982. 10. 30. 경과 1985. 4. 25.경 2차례에 걸쳐 전주지방검찰청에서 폭력행위등처벌에관한법률위반죄로 기소유예처분을 받은 일까지 있으며, 이 사건도 1심 공동피고가 구타당한 데 대한 보복을 위하여 그 가해자를 찾으러 돌아다니던 중 이와는 아무런 관련이 없는 원고 1을 보고 섣사리 가해자로 몰아 집단으로, 쇠파이프 등 흉기를 사용하여 일방적으로 구타하여 상해를 가한 사실을 확정하고 위 인정사실에 의하면 원심공동피고 1, 2가 이 사건 사고 당시 각 그 행위의 책임을 변식할 능력이 있었다고 인정되기는 하나, 이들의 부모로서 감독의무자인 피고 1, 2는 미성년자인 원심공동피고 1, 2의 종전의 행적에 비추어 그들의 일상생활에 관하여 일반적, 일상적으로 보다 투철하게 감독할 의무를 지니고 있다 할 것인데 피고 1, 2는 원심공동피고인 1, 2가 타에 손해를 가하는 것을 예견하거나 예견할 수 있는 상태에 있음에도 이를 방임하는 등 친권자로서의 감독의무를 현저히 해태한 과실이 인정되고 이것이 원심공동피고 1, 2의 원고 1에 대한 이 사건 가해행위의 한 원인이 되었다 할 것이므로 피고 1, 2는 일반불법행위자로서 원심공동피고 1, 2와 공동하여 원고들이 이 사건 사고로 입은 모든 손해를 배상하여야 할 의무가 있다 고 판단하였는바, 원심이 채용한 증거를 기록과 대조하여 검토하면 원심의 위와 같은 사실인정과 판단은 정당한 것으로 수긍이 되고 원심판결에 소론과 같은 민법 제753조, 제755조의 명문규정을 그릇 해석한 잘못이 있다고 볼 수 없으며 또 소론이 내세우는 판례는 사안을 달리하는 것으로서 이 사건에 적절한 것이 되지 못한다. 원심공동피고 1의 전비를 엄히 훈계하고 다시는 과오를 범하지 아니하도록 매일매일의 생활을 감시, 감독하면서 보호하여 왔으며, 위 쌍둥이 형제들은 군입대를 기다리고 있으면서 하나는 직장에 다니면서 하나는 부친의 일을 도와주면서 착실하게 생활을 하여 왔기에 이 사건과 같은 폭력을 저지르게 되리라고는 예상할 수도 없었던 일로 일반불법행위 이론도 적용될 여지가 없고 그 인과관계의 존재에 관하여 필요하고도 충분한 증명도 없다고 하는 논지는 원심의 위와 같은 적법한 사실확정을 비난하는 것으로 받아들일 수 없는 것이다 (대판 1991. 4. 9, 90다18500).

ⓞ [대한적십자사의 주의의무 위반으로 인한 에이즈 감염행위와 의사의 수혈시의 설명의무 위반으로 인한 환자의 자기결정권 침해행위가 공동불법행위를 구성하는지 여부] 수인이 공동하여 타인에게 손해를 가하는 민법 제760조 제1항의 공동불법행위가 성립하려면 각 행위가 독립하여 불법행위의 요건을 갖추고 있으면서 객관적으로 관련되고 공동하여 위법하게 피해자에게 손해를 가한 것으로 인정되어야 한다. 에이즈 바이러스에 감염된 혈액을 환자가 수혈받음으로써 에이즈에 감염될 위험을 배제할 의무 및 그와 같은 결과를 회피할 의무를 다하지 아니하여 감염된 혈액을 수혈받은 환자로 하여금 에이즈 바이러스 감염이라는 치명적인 건강 침해를 입게 한 대한적십자사의 과실 및 위법행위는 신체상해 자체에 대한 것인 데 비하여, 수혈로 인한 에이즈 바이러스 감염 위험 등의 설명의무를 다하지 아니한 의사들의 과실 및 위법행위는 신체상해의 결과 발생 여부를 묻지 아니하는 수혈 여부와 수혈 혈액에 대한 환자의 자기결정권이라는 인격권의 침해에 대한 것이므로, 대한적십자사와 의사의 양 행위가 경합하여 단일한 결과를 발생시킨 것이 아니고 각 행위의 결과 발생을 구별할 수 있으니, 이와 같은 경우에는 공동불법행위가 성립한다고 할 수 없다(대판 1998. 2. 13, 96다7854).

ⓟ 원심판결 이유에 의하면, 원심은 이 사건의 피해자 망 김 형노가 1984. 8. 8. 11:30경 전남대학교 후문 근방 도로상에서 피고 일신중기주식회사 소유 덤프트럭 운전수의 운전 잘못으로 그 차에 치어 뇌좌상중등증, 뇌기저부골절우칙, 두피하혈종 등의 상해로 전치 8주를 요할 부상을 당하고 즉시 전남대학교 의과대학부속병원에 입원하여 치료를 받던중 1984. 9. 10. 06:00경 병실을 빠져나와 비상계단 아래의 땅으로 추락하여 뇌간부 손상으로 사망하였다는 사실은 인정하고 위 피고 일신중기의 덤프트럭 운전수의 교통사고야기와 전

남대학부속병원의 시설하자, 의사, 간호사 등 종사자의 과실로 인한 위 추락사와의 사이에 공동불법행위가 성립된다고 인정하고 피고들은 피해자의 전손해를 연대하여 배상할 책임이 있다고 판시하였다. 그러나 공동불법행위가 성립하려면 행위자 사이에 의사의 공통이나 행위공동의 인식이 필요한 것은 아니지만 객관적으로 보아 피해자에 대한 권리침해가 공동으로 행하여졌다고 보여지고 그 행위가 손해발생에 대하여 공통의 원인이 되었다고 인정되는 경우라야 할 것인 바, 이 사건에서 피고 일신중기주식회사 운전수의 불법행위는 1984.8.8. 11:30에 피해자를 차로 치어 그 결과 뇌좌상중등증, 뇌기저부골절우칙, 두피하혈종 등의 상해가 발생한 것이며 피고 대한민국 산하 전남의대부속병원의 시설하자 및 그 직원의 불법행위는 1984.9.10.에 발생하여 환자가 비상계단에서 추락사한 결과를 발생케 한 것이므로 양 행위가 시간과 장소에 괴리가 있고 결과발생에 있어서도 양 행위가 경합하여 단일한 결과를 발생시킨 것이 아니고 각 행위의 결과발생을 구별할 수 있으므로 그러한 경우에는 공동불법행위가 성립한다고 하기 어렵다.

원심으로서는 피고 일신중기주식회사의 배상책임을 정함에 있어서는 피해자 김형노의 추락사를 개의치 아니하고 동인이 교통사고로 부상한 결과 입게 된 손해를 심리하여 그 배상을 명하여야 할 것이고 피고 대한민국의 배상책임을 정함에 있어서는 피해자가 병원에서 추락사하므로 인하여 발생된 손해를 산정(이 때에 교통사고로 인한 손해액과 중첩되지 아니하도록 유의하여야 할 것이다)하여 각기 그 배상을 명하여야 할 것이고 전 손해액에 대하여 연대배상을 명한 것은 잘못이라 할 것이다(대판 1989. 5. 23, 87다카2723).

2. 가해자 불명의 공동불법행위

(1) 의 의

공동불법행위란 여러 사람이 함께(공동으로) 불법행위를 하여 다른 사람에게 손해를 가하는 것을 말한다. 그러한 공동불법행위 중에서 「공동 아닌 수인(數人)의 행위 중 누구의 행위가 그 손해를 가한 것인지를 알 수 없는 경우」가 '가해자 불명의 공동불법행위'에 해당한다(제760조 제2항). 이 경우에 그 손해에 관해 행위자(여러 사람)간에 「객관적 공동성」[260]이 없이 위법행위를 발생케 할 위험성이 있

260) 제760조 제2항에서 「공동 아닌」에 대한 의미를 어떻게 해석할 것인가? 제760조 제1항의 협의의 공동불법행위의 '공동성'에 대하여 각 학설, 즉 주관적 공동설과 객관적 공동설 중 어느 설을 취하느냐에 따라 제760조 제2항의 「공동 아닌」에 대한 의미도 다르게 해석한다. ① 객관적 공동설(다수설)은 여러 사람이 객관적 공동이 없이 위법행위를 발생케 할 위험성이 있는 행위를 공동으로 한 경우를 '가해자 불명의 공동불법행위'로 파악한다(김용한, 현승종 기념논문집, 376면 ; 서민, 논문집(충남대) 4권 1호(1977), 75면 ; 김석우, 법학논총(중앙대) 21권(1981), 6면). ② 주관적 공동설(소수설)은 주관적 공동 없는 위법행

는 행위를 공동으로 하는 점에서 협의의 공동불법행위와 다르다.

예컨대 여러 의사가 한 사람의 환자를 치료하기 위하여 의료행위에 관여하여 의료사고가 발생하였는데 그 중 어느 의사의 과실에 의하여 의료사고가 발생한 것인지 분명하지 않은 경우[261] 등이다.

(2) 요 건

1) 각 행위자에게 고의·과실 및 책임능력이 있어야 한다.

2) 수인이 피해자에게 가해할 위험성이 있는 행위를 공동으로 하였어야 한다. 이때의 행위의 공동도 객관적 관련·공동으로 충분하다.

3) 수인의 공동행위자 중 1인이 가해행위를 한 것이 확실하나 그가 누구인지가 불분명해야 한다.

(3) 증명책임

제760조 제2항에서 '공동 아닌 수인'의 각각의 행위와 손해발생 사이의 상당인과관계의 존재는 추정(법률상추정)되기 때문에 공동불법행위자가 자기의 행위와 손해발생 사이에 상당인과관계가 존재하지 아니함을 적극적으로 주장·증명하여

위가 사실상 경합한 경우와 여러 사람이 공동행위를 하였으나 그 공동행위는 손해를 일으킨 위법행위는 아니고 공동행위자 중의 1인이 위법행위를 하여 타인에게 손해를 가한 경우에 제760조 제2항이 적용된다고 한다(김증한, 민법논집(1978), 391면 이하).

261) **대판 2005. 9. 30, 2004다52576** "다수의 의사가 의료행위에 관여한 경우 그 중 누구의 과실에 의하여 의료사고가 발생한 것인지 분명하게 특정할 수 없는 때에는 일련의 의료행위에 관여한 의사들 모두에 대하여 민법 제760조 제2항에 따라 공동불법행위책임을 물을 수 있다고 봄이 상당하다."; **대판 2012. 1. 27, 2009다82275** "의사 甲이 乙을 수술하는 과정에서 乙의 호흡이 정지되어 丙 병원으로 이송하였으나 乙이 저산소성 뇌손상으로 사망한 사안에서, 甲에게 마취수술 과정에서 마취제를 과다하게 투여하고 호흡관리를 제대로 하지 못하는 등의 과실이 있고, 마취수술 당시 乙에게 뇌손상을 일으킬만한 다른 원인이 없었으므로, 특별한 사정이 없는 한 甲의 과실과 乙의 뇌손상, 나아가 사망 사이에 상당인과관계가 있다고 추정되고, 한편 丙 병원 의료진의 수액 과다투여 등 과실도 乙의 뇌손상 및 사망의 원인이 되었고, 乙이 사망까지 이르게 된 데에는 丙 병원 의료진의 과실이 기여한 바가 훨씬 더 크다고 볼 여지가 있으나, 乙의 뇌손상으로 인한 사망이 오로지 丙 병원 의료진의 과실만으로 발생하였다고 볼 수는 없으므로, 甲의 행위와 丙 병원 의료진의 행위는 각기 독립하여 불법행위의 요건을 갖추고 있으면서 객관적으로 관련되고 공동하여 위법하게 乙에게 손해를 가한 것으로 공동불법행위 관계에 있다는 이유로, 甲에게 乙의 사망 손해 전부에 대한 손해배상책임을 인정한 원심판단을 수긍한 사례"

야 한다. 수인의 공동행위자 중 어느 1인이 자기의 행위와 손해발생 사이에 인과관계가 없음을 증명하면 그는 책임을 면하고, 손해의 일부가 자신의 행위에서 비롯된 것이 아님을 증명하면 배상책임이 그 범위로 감축된다.[262)]

(4) 기 능

제760조 제2항은 피해자를 증명의 곤란으로부터 구제해 주기 위함이다.

(5) 판 례

① 민법 제760조 제2항은 같은 조 제1항에서 말하는 공동의 불법행위로 보기에 부족한, 여러 사람의 행위가 경합하여 손해가 생긴 경우, 입증책임을 덜어줌으로써 피해자를 보호하려는 입법정책상의 고려에 따라 각각의 행위와 손해발생 사이의 인과관계를 법률상 추정한 것이므로, 이러한 경우 개별 행위자가 자기의 행위와 손해 발생 사이에 인과관계가 존재하지 아니함을 증명하면 면책되고, 손해의 일부가 자신의 행위에서 비롯된 것이 아님을 증명하면 배상책임이 그 범위로 감축된다(대판 2006. 2. 24, 2005다57189).

② 원심판결이 인용한 제1심판결의 이유에 의하면, 원심은, 그 채용 증거에 의하여 피고 운전의 차량이 피해자 망 소외 1을 충돌할 당시에 망 소외 1이 살아있었던 것인지를 확정할 수 없다는 사실을 인정하고, 그와 같이 위 충돌 당시 망 소외 1이 생존하였음이 인정되지 아니하는 이상 피고 운전 차량에 의한 충돌과 망 소외 1의 사망 사이에 상당인과관계가 존재한다고 할 수 없으므로, 원고의 주장은 더 나아가 살펴볼 필요 없이 이유 없다고 판단하였다. 그러나 원심의 이러한 판단은 다음과 같은 이유에서 수긍하기 어렵다. 원고는 원심에서 피고에게 민법 제760조 제1항 또는 같은 조 제2항에 기한 공동불법행위자로서의 책임이 있다고 주장하였다. 그리고 원심이 채용한 증거들에 의하여 인정되는 이 사건 교통사고의 발생 경위 및 그 결과 등에 비추어 보면, 피해자 망 소외 1은 천안시 성환읍 매주리 성환자동차매매상사 앞 노상에서 음주 상태에서 오토바이를 운전하고 가다가 중앙선을 침범한 과실로 반대차로에서 마주오던 소외 2 운전의 차량과 1차 충돌하여 그 충격으로 자신이 진행하던 차로로 떨어졌고, 이어서 성명불상자 운전의 차량에 2차로 충돌한 후 도로상에 쓰러져 있던 상태에서 약 5분 후에 피고 운전의 차량과 3차로 충돌하는 교통사고를 당하여 결국 사망에 이르게 된 것임을 알 수 있고, 위 3차례에 걸친 충돌사고 중 어느 충돌사고로 인하여 위 피해자가 사망에 이르게 된 것인지는 정확히 알 수 없는 상황으로 보인다. 앞서 본 바와

---

262) **대판 2008. 4. 10, 2007다76306**; 성원제, "유류오염손해에 대한 민사상 제 논점", 사법논집 제56집, 대법원 법원도서관, 2013; 민정석, "환경소송에서 인과관계 증명에 관한 법리", 자유와 책임 그리고 동행 : 안대희 대법관 재임기념, 사법발전재단 2012; 김상중, "공동불법행위에 관한 현행 민법 제760조의 개정 방향과 내용 : 2011년 제3기 법무부 민법개정위원회의 논의와 확정 개정안", 민사법학 60호, 한국사법행정학회 2012.

같은 법리를 기초로 위와 같은 사정들 및 기록에 비추어 살펴보면, 위와 같은 3차례의 충돌에 의한 이 사건 교통사고로 인하여 위 피해자가 사망에 이르게 된 손해는, 설사 민법 제760조 제1항에 기한 협의의 공동불법행위로 인한 손해에 해당한다고 인정할 수 없다고 하더라도, 적어도 민법 제760조 제2항에서 말하는 이른바 가해자 불명의 공동불법행위로 인한 손해에는 해당한다고 볼 여지가 있고, 따라서 이 사건 교통사고와 관련된 피고를 포함한 '공동 아닌 수인'의 각각의 행위(다만, 고의 또는 과실에 의한 위법·유책한 행위임을 전제로 하는 것이다)와 위 손해 발생 사이의 상당인과관계는 일응 법률상 추정되므로, 위 3차 충돌사고를 야기한 차량의 운전자인 피고가 위 법조항에 따른 공동불법행위자로서의 책임을 면하기 위하여서는 자기의 행위와 위 손해 발생 사이에 상당인과관계가 존재하지 아니함을 적극적으로 주장·증명하여야 할 것이다. 그럼에도 원심이 위와 같이 피고 운전 차량에 의한 위 3차 충돌 당시 망 소외 1이 생존하였음이 인정되지 아니하는 이상 피고의 위 운전행위와 망 소외 1의 사망 사이에 상당인과관계가 존재한다고 할 수 없다는 취지로 판단한 것은, 원고의 피고에 대한 이 사건 청구원인 중 민법 제760조 제2항에 기한 공동불법행위책임의 주장에 관하여 그 판단을 누락하였거나, 위 법조항에 기한 피고의 공동불법행위책임 여부를 판단함에 있어서 피고의 위 운전행위와 위 피해자의 사망이라는 손해 사이의 상당인과관계의 존부에 관하여 원고에게 그 증명책임이 있음을 전제로 함으로써 민법 제760조 제2항에 관한 법리를 오해한 위법이 있다고 할 것이다. 이 점을 지적하는 원고의 상고이유의 주장은 이유 있다(대판 2008. 4. 10, 2007다76306).

③ 의료행위에 있어서 주의의무위반으로 인한 불법행위 또는 채무불이행으로 인한 책임이 있다고 하기 위해서는 의료행위상 주의의무의 위반, 손해의 발생 및 주의의무의 위반과 손해발생과의 사이에 인과관계가 존재하여야 함은 물론이나, 의료행위가 고도의 전문적 지식을 필요로 하는 분야이고 그 의료의 과정은 대개의 경우 환자 본인이 그 일부를 알 수 있는 외에 의사만이 알 수 있을 뿐이며, 치료의 결과를 달성하기 위한 의료기법은 의사의 재량에 달려 있기 때문에, 손해발생의 직접적인 원인이 의료상의 과실로 말미암은 것인지 여부는 전문가인 의사가 아닌 보통인으로서는 도저히 밝혀낼 수 없는 특수성이 있어서 환자 측이 의사의 의료행위상의 주의의무위반과 손해발생과 사이의 인과관계를 의학적으로 완벽하게 증명한다는 것은 극히 어려운 일이므로, 의료사고가 발생한 경우 피해자 측에서 일련의 의료행위 과정에 있어서 저질러진 일반인의 상식에 바탕을 둔 의료상의 과실이 있는 행위를 증명하고 그 결과와 사이에 일련의 의료행위 외에 다른 원인이 개재될 수 없다는 점, 이를테면 환자에게 의료행위 이전에 그러한 결과의 원인이 될 만한 건강상의 결함이 없었다는 사정을 증명한 경우에 있어서는, 의료행위를 한 측이 그 결과가 의료상의 과실로 인한 것이 아니라 전혀 다른 원인에 의한 것이라는 증명을 하지 아니하는 이상, 의료상 과실과 결과 사이의 인과관계를 추정하여 손해배상책임을 지울 수 있도록 증명책임을 완화하는 것이 손해의 공평·타당한 부담을 그 지도원리로 하는 손해배상제도의 이상에 맞는다고 할 것이다 (대법원 1995. 2. 10. 선고 93다52402 판결, 1999. 9. 3. 선고 99다10479 판결, 2003. 1. 24. 선고 2002다3822 판결 등 참조). 또한, 다수의 의사가 의료행위에 관여한 경우 그 중 누구의

과실에 의하여 의료사고가 발생한 것인지 분명하게 특정할 수 없는 때에는 일련의 의료행위에 관여한 의사들 모두에 대하여 민법 제760조 제2항에 따라 공동불법행위책임을 물을 수 있다고 봄이 상당하다. 같은 취지에서 원심은 그 채용 증거들에 의하여, 망 소외인(이하 '망인'이라고 한다)은 소외 선진정밀 주식회사(이하 '소외 회사'라고 한다) 내 작업장에서 프레스 기계를 이용하여 작업을 하던 중 양손이 위 기계에 압착되어 좌, 우측 각 제1, 2 수지가 절단되는 사고를 당한 사실(이하 '1차 산재사고'라고 한다), 망인은 피고 1이 운영하는 현대병원(이하 '피고 병원'이라 한다)으로 후송되어 피고 병원 소속 의사들인 피고 2, 3으로부터 수지절단 및 접합수술을 받은 사실, 피고 병원의 의료진은 수술을 전후하여 전신기능이 저하된 망인에게 적정수액량을 훨씬 초과하여 수액을 과다투여하였음에도 망인의 소변배출 여부와 소변량 등 환자의 동태를 제대로 살피지 아니하였고, 망인은 수술 이후 심장을 둘러싸고 있는 심낭에 400cc 가량의 삼출물이 차서 심장을 압박하는 바람에 심폐기능에 갑작스런 장애를 일으켜 심장 탐포나데로 사망에 이르게 된 사실(이하 '2차 의료사고'라고 한다), 망인은 피고들 병원에 내원하기 전부터 경미하나마 만성 심낭염 증세가 있었으나 심장질환 등으로 치료받은 적은 없고, 피고 병원에 내원할 무렵에도 호흡곤란이나 흉통 등의 증상이 없었으며, 수술 전 피고 병원에서 행한 각종 검사에서도 별다른 이상이 발견되지 아니한 사실, 심장 또는 대동맥의 파열 또는 해리가 없을 경우 단시간 내에 심낭에 400cc 가량의 삼출물이 차는 경우란 극히 드문 일인 사실 등을 인정한 다음, 이 사건 2차 의료사고는 전신기능이 저하된 망인에게 수액을 투여함에 있어 그 용량을 철저히 지키고 투여 후에도 망인의 소변배출 여부와 배출량 등을 제대로 관찰하며 신체상태를 세심하게 살펴보아 수액투여로 인한 부작용의 기미가 보이면 즉시 이를 중단하거나 적절한 대응조치를 취하여야 할 주의의무가 있음에도, 이러한 조치를 제대로 취하지 아니한 채 수액을 계속 투여하고 망인의 신체상태를 제대로 살펴보지 아니한 피고 2, 3의 잘못으로 인하여 발생한 것으로 봄이 상당하다고 판단한 후, 망인은 위 피고들의 의료상 과실 때문이 아니라 오로지 기존에 앓아오던 만성 심낭염 증세로 인하여 사망한 것뿐이라는 피고들의 주장을 배척하였는바, 기록 및 위 법리에 비추어 살펴보면, 원심의 증거취사와 사실인정 및 판단은 정당한 것으로 수긍할 수 있고, 거기에 상고이유로 주장하는 바와 같은 증거 없이 사실을 인정한 채증법칙 위배나 의료사고에 있어 인과관계에 관한 법리를 오해한 위법 등이 있다고 할 수 없다(대판 2005. 9. 30, 2004다52576).

3. 교사(敎唆)나 방조(幫助)의 경우

교사는 타인으로 하여금 불법행위에 대한 의사결정을 하도록 만드는 것이고, 방조는 불법행위를 보조 내지 조력하는 행위(예, 조언·격려·흉기 제공·망을 보는 것 등)로서 어느 것이든 그 수단이나 방법에 제한이 없다. 즉 방조는 불법행위를 쉽게 하는 직접·간접의 모든 행위이다.[263] 그리고 방조는 작위에 의한 경우뿐만 아니라 작위의무 있는 자가 그것을 방지하여야 할 여러 조치를 취하지 아니하는 부작위로 인하여 불법행위자의 실행행위를 용이하게 하는 경우도 포함한다.264) 한편 '작위의무'는 법적인 의무를 말하며 단순한 도덕상 또는 종교상의 의무는 포함되지 않으나 작위의무가 법적인 의무인 한 그 근거가 성문법이든 불문법이든 상관이 없고 또 공법인가 사법인가를 불문하므로, 법령·법률행위·선행행위로 인한 경우는 물론이고 기타 신의성실의 원칙이나 사회상규 혹은 조리상 작위의무가 기대되는 경우에도 법적인 작위의무는 있다.다만 신의성실의 원칙이나 사회상규 혹은 조리상 작위의무는 혈연적인 결합관계나 계약관계 등으로 인한 특별한 신뢰관계가 존재하여 상대방의 법익을 보호하고 그에 대한 침해를 방지할 책임이 있다고 인정되거나 혹은 상대방에게 피해를 입힐 수 있는 위험요인을 지배·관리하고 있거나 타인의 행위를 관리·감독할 지위에 있어 개별적·구체적 사정하에서 위험요인이나 타인의 행위로 인한 피해가 생기지 않도록 조치할 책임이 있다고 인정

263) **대판 2001. 5. 8, 2001다2181** "수인이 공동하여 타인에게 손해를 가하는 민법 제760조의 공동불법행위의 경우 행위자 상호간의 공모는 물론 공동의 인식을 필요로 하지 아니하고, 다만 객관적으로 그 공동행위가 관련공동되어 있으면 족하고, 그 관련공동성 있는 행위에 의하여 손해가 발생함으로써 그에 대한 배상책임을 지는 공동불법행위가 성립하는 것이며, 공동불법행위에서 방조라 함은 불법행위를 용이하게 하는 직접·간접의 모든 행위를 가리키는 것이다."; **대판 2016. 4. 12, 2013다31137** "민법상 공동불법행위는 객관적으로 관련공동성이 있는 수인의 행위로 타인에게 손해를 가하면 성립하고, 행위자 상호 간에 공모는 물론 의사의 공통이나 공동의 인식을 필요로 하는 것이 아니다. 또한 공동의 행위는 불법행위 자체를 공동으로 하거나 교사·방조하는 경우는 물론 횡령행위로 인한 장물을 취득하는 등 피해의 발생에 공동으로 관련되어 있어도 인정될 수 있다. 그리고 이러한 법리는 범죄수익은닉의 규제 및 처벌 등에 관한 법률에서 정하는 특정범죄로 취득한 재산인 것을 인식하면서 은닉·보존 등에 협력하는 등으로 특정범죄로 인한 피해회복을 곤란 또는 불가능하게 함으로써 손해가 지속되도록 한 경우에도 마찬가지로 적용된다."

264) **대판 2014. 3. 27, 2013다91597** "민법 제760조 제3항은 불법행위의 방조자를 공동행위자로 보아 방조자에게 공동불법행위의 책임을 부담시키고 있는바, 방조는 불법행위를 용이하게 하는 직접, 간접의 모든 행위를 가리키는 것으로서 작위에 의한 경우뿐만 아니라 작위의무 있는 사람이 그것을 방지하여야 할 제반 조치를 취하지 아니하는 부작위로 인하여 불법행위자의 실행행위를 용이하게 하는 경우도 포함하며, 손해의 전보를 목적으로 하여 과실을 원칙적으로 고의와 동일시하는 민사법의 영역에서는 과실에 의한 방조도 가능하다. 그런데 이 경우의 과실의 내용은 불법행위에 도움을 주지 말아야 할 주의의무가 있음을 전제로 하여 그 의무를 위반하는 것을 말하고, 방조자에게 공동불법행위자로서 책임을 지우기 위하여는 방조행위와 피해자의 손해 발생 사이에 상당인과관계가 있어야 한다. 그리고 상당인과관계가 있는지 여부는 과실에 의한 방조가 피해 발생에 끼친 영향, 피해자의 신뢰 형성에 기여한 정도, 피해자 스스로 쉽게 피해 방지를 할 수 있었는지 등을 종합적으로 고려하여 판단하여야 한다."; **대판 2018. 10. 25, 2016다223067**.

되는 경우 등과 같이 상대방의 법익을 보호하거나 그의 법익에 대한 침해를 방지하여야 할 특별한 지위에 있음이 인정되는 자에 대하여만 인정할 수 있고, 그러한 지위에 있지 아니한 제3자에 대하여 함부로 작위의무를 확대하여 부과할 것은 아니다.[265)]

타인의 불법행위를 교사하거나 방조한 자는 직접 불법행위를 한 자와 같은 공동행위자로 본다(제760조 제3항).

판례에 의하면 과실에 의한 방조에 의해서도 공동불법행위가 될 수 있다고한다(이하 참조).

① 민법 제760조 제3항은 교사자나 방조자는 공동행위자로 본다고 규정하여 교사자나 방조자에게 공동불법행위자로서 책임을 부담시키고 있는바, 방조라 함은 불법행위를 용이하게 하는 직접, 간접의 모든 행위를 가리키는 것으로서 작위에 의한 경우뿐만 아니라 작위의무 있는 자가 그것을 방지하여야 할 제반 조치를 취하지 아니하는 부작위로 인하여 불법행위자의 실행행위를 용이하게 하는 경우도 포함하는 것이고, 이러한 불법행위의 방조는 형법과 달리 손해의 전보를 목적으로 하여 과실을 원칙적으로 고의와 동일시하는 민법의 해석으로서는 과실에 의한 방조도 가능하다고 할 것이며, 이 경우의 과실의 내용은 불법행위에 도움을 주지 않아야 할 주의의무가 있음을 전제로 하여 이 의무에 위반하는 것을 말하고, 방조자에게 공동불법행위자로서의 책임을 지우기 위하여는 방조행위와 피방조자의 불법행위 사이에 상당인과관계가 있어야 한다(대판 1998. 12. 23, 98다31264).

---

265) **대판 2012. 4. 26, 2010다8709** "민법 제760조 제3항은 교사자나 방조자는 공동행위자로 본다고 규정하여 교사자나 방조자에게 공동불법행위자 책임을 부담시키고 있는데, 방조란 불법행위를 용이하게 하는 직접·간접의 모든 행위를 가리키는 것으로서 작위에 의한 경우뿐만 아니라 작위의무 있는 자가 그것을 방지하여야 할 여러 조치를 취하지 아니하는 부작위로 인하여 불법행위자의 실행행위를 용이하게 하는 경우도 포함한다. 여기서 작위의무는 법적인 의무이어야 하므로 단순한 도덕상 또는 종교상 의무는 포함되지 않으나 작위의무가 법적인 의무인 한 그 근거가 성문법이건 불문법이건 상관이 없고 또 공법이건 사법이건 불문하므로, 법령, 법률행위, 선행행위로 인한 경우는 물론이고 기타 신의성실의 원칙이나 사회상규 혹은 조리상 작위의무가 기대되는 경우에도 법적인 작위의무는 있다. 다만 신의성실의 원칙이나 사회상규 혹은 조리상 작위의무는 혈연적인 결합관계나 계약관계 등으로 인한 특별한 신뢰관계가 존재하여 상대방의 법익을 보호하고 그에 대한 침해를 방지할 책임이 있다고 인정되거나 혹은 상대방에게 피해를 입힐 수 있는 위험요인을 지배·관리하고 있거나 타인의 행위를 관리·감독할 지위에 있어 개별적·구체적 사정하에서 위험요인이나 타인의 행위로 인한 피해가 생기지 않도록 조치할 책임이 있다고 인정되는 경우 등과 같이 상대방의 법익을 보호하거나 그의 법익에 대한 침해를 방지하여야 할 특별한 지위에 있음이 인정되는 자에 대하여만 인정할 수 있고, 그러한 지위에 있지 아니한 제3자에 대하여 함부로 작위의무를 확대하여 부과할 것은 아니다."

② 저작권법이 보호하는 복제권의 침해를 방조하는 행위란 타인의 복제권 침해를 용이하게 해주는 직접·간접의 모든 행위를 가리키는 것으로서, 복제권 침해행위를 미필적으로만 인식하는 방조도 가능함은 물론 과실에 의한 방조도 가능하다고 할 것인바, 과실에 의한 방조의 경우에 있어서 과실의 내용은 복제권 침해행위에 도움을 주지 않아야 할 주의의무가 있음을 전제로 하여 이 의무에 위반하는 것을 말하는 것이고(대법원 2000. 4. 11. 선고 99다41749 판결, 2003. 1. 10. 선고 2002다35850 판결 등 참조). 위와 같은 침해의 방조행위에 있어서 방조자는 실제 복제권 침해행위가 실행되는 일시나 장소, 복제의 객체 등을 구체적으로 인식할 필요가 없으며 실제 복제행위를 실행하는 자가 누구인지 확정적으로 인식할 필요도 없다고 할 것이다. 원심판결 이유를 위 법리와 기록에 비추어 살펴보면, 원심이 그 판시와 같은 사실을 인정하고, 채무자들은 ㅇㅇㅇㅇ 서비스를 통하여 이용자들에 의한 이 사건 음반제작자들을 포함한 다수의 음반제작자들의 저작인접권 침해행위가 발생하리라는 사정을 미필적으로 인식하였거나 적어도 충분히 예견할 수 있었다고 볼 것임에도 ㅇㅇㅇㅇ 프로그램을 개발하여 무료로 나누어 주고 ㅇㅇㅇㅇ 서버를 운영하면서 ㅇㅇㅇㅇ 이용자들에게 다른 이용자들의 접속정보를 제공함으로써 ㅇㅇㅇㅇ 이용자들이 음악 CD로부터 변환한 MPEG-1 Audio Layer-3(MP3) 파일을 Peer-To-Peer(P2P) 방식으로 주고받아 복제하는 방법으로 저작인접권의 침해행위를 실행함에 있어서 이를 용이하게 할 수 있도록 해주어 그에 대한 방조책임을 부담한다(대판 2007. 1. 25, 2005다11626).

③ 소위 첩계약은 정처의 동의유무를 불문하고 공서양속에 반한 무효의 법률 행위로써 축첩한 자와 이를 교사방조한 자는 정처에 대하여 공동불법행위가 성립된다(대판 1960. 9. 29, 4293민상302).

④ 민법 제760조 제3항은 교사자나 방조자는 공동행위자로 본다고 규정하여 교사자나 방조자에게 공동불법행위자로서 책임을 부담시키고 있는바, 방조라 함은 불법행위를 용이하게 하는 직접, 간접의 모든 행위를 가리키는 것으로서 작위에 의한 경우뿐만 아니라 작위의무 있는 자가 그것을 방지하여야 할 제반 조치를 취하지 아니하는 부작위로 인하여 불법행위자의 실행행위를 용이하게 하는 경우도 포함하고, 형법과 달리 손해의 전보를 목적으로 하여 과실을 원칙적으로 고의와 동일시하는 민법의 해석으로서는 과실에 의한 불법행위의 방조도 가능할 것이며, 이 경우의 과실의 내용은 불법행위에 도움을 주지 않아야 할 주의의무가 있음을 전제로 하여 이 의무에 위반하는 것을 말하고, 방조자에게 공동불법행위자로서의 책임을 지우기 위해서는 방조행위와 피방조자의 불법행위 사이에 상당인과관계가 있어야 한다(대법원 1998. 12. 23. 선고 98다31264 판결 등 참조). 그리고 유가증권의 매매나 위탁매매, 그 중개 또는 대리와 관련한 업무를 주된 사업으로 수행하고 있는 증권회사의 경우 그 주된 업무가 객장을 방문한 고객들과 직원들 간의 상담에 의하여 이루어지는 만큼 그 지점장으로서는 직원들과 객장을 관리·감독할 의무가 있고, 거기에는 객장 내에서 그 지점의 영업으로 오인될 수 있는 부정한 증권거래에 의한 불법행위가 발생하지 않도록 방지하여야 할 주의의무도 포함된다. 원심판결의 이유를 기록에 비추어 살펴보면, 원심이 그 채용 증거들에 의하여 판시와 같은 사실을 인정한 다음, 피고 청△지점의 지점장이 고객에

불과한 소외인에게 지점 내에 자신의 개인 비서를 두고 배타적으로 사용할 수 있는 사무실을 제공하면서 귀빈실(VIP ROOM)이라는 명칭 표시를 그대로 두고 또한 피고의 내부 직위로 오인할 만한 '실장' 직함으로 피고의 직원들이 소외인을 호칭하도록 방치한 것은 위와 같은 주의의무를 다하지 못한 과실에 해당한다고 보고, 나아가 이러한 과실과 소외인이 위 사무실에서 마치 자신이 피고 청△지점의 '실장' 직위에 있는 직원이라고 기망하여 원고들로부터 투자금을 편취한 불법행위로 인하여 원고들이 입은 손해와 사이에 상당인과관계가 있다고 보아 피고에게 과실에 기한 방조로 인한 사용자책임을 인정한 판단은 위 법리에 따른 것으로서 정당하다(대판 2007. 5. 10, 2005다55299).

⑤ 수인이 공동하여 타인에게 손해를 가하는 민법 제760조의 공동불법행위에 있어서 행위자 상호간의 공모는 물론 공동의 인식을 필요로 하지 아니하고, 다만 객관적으로 그 공동행위가 관련 공동되어 있으면 족하고 그 관련 공동성 있는 행위에 의하여 손해가 발생함으로써 그에 대한 배상책임을 지는 공동불법행위가 성립하는 것이며(대법원 2001. 5. 8. 선고 2001다2181 판결, 대법원 2006. 1. 26. 선고 2005다47014·47021·47038 판결 등 참조), 공동불법 행위에 있어 방조라 함은 불법행위를 용이하게 하는 직접·간접의 모든 행위를 가리키는 것으로서 작위에 의한 경우뿐만 아니라 작위의무 있는 자가 그것을 방지하여야 할 여러 조치를 취하지 아니하는 부작위로 인하여 불법행위자의 실행행위를 가능하게 하거나 용이하게 하는 경우도 포함하고, 형법과 달리 손해의 전보를 목적으로 하여 과실을 원칙적으로 고의와 동일시하는 민법의 해석으로써는 과실에 의한 방조도 가능하다고 할 것이며, 이 경우의 과실의 내용은 불법행위에 도움을 주지 않아야 할 주의의무가 있음을 전제로 하여 이 의무에 위반하는 것을 말하고(대법원 1998. 12. 23. 선고 98다31264 판결, 대법원 2009. 4. 23. 선고 2009다1313 판결 등 참조), 방조자에게 공동불법행위자로서의 책임을 지우기 위해서는 방조행위와 피방조자의 불법행위 사이에 상당인과관계가 있어야 한다(대법원 1998. 12. 23. 선고 98다31264 판결, 대법원 2007. 6. 14. 선고 2005다32999 판결 등 참조).

원심판결 이유에 의하면 원심은, 그 채용증거들을 종합하여 판시사실을 인정한 후, 피고 2주식회사(이하 '피고 회사'라 한다)가 이 사건 임대차계약의 교섭단계에 있는 원고들에게 PMS(People Mover System, 모노레일)설치에 관한 정확하고도 충분한 정보를 구체적으로 고지하거나 설명하지 아니한 채 객관적으로 PMS 완공이 가능한지 여부를 정확히 확인해보려는 별다른 노력도 기울여 보지 아니하고 이 사건 상업시설을 경유하는 PMS가 설치될 것이라는 잘못된 정보를 제공한 것은 통상의 선전·영업활동을 넘어서서 임차인들에게 의사결정에 영향을 줄 수 있는 중요한 사정에 관한 신의칙상 고지의무 내지 설명의무를 위반한 것이며, 피고 공사도 PMS 설치에 대한 정확하고 충분한 정보를 피고 회사에게 고지하지 아니하고 PMS 설치에 대한 확정된 계획이 없음에도 2단계 공사기간 내에 PMS가 완공될 예정이라는 안내문을 설치하여 피고 회사의 임대차를 조장·방치함으로써 피고 회사나 원고들에 대한 신의칙상의 의무를 위반하였으므로, 피고들은 공동불법행위자로서 연대하여 원고들에게 그로 인한 손해를 배상할 의무가 있다고 판단하였다(대판 2009. 8. 20, 2008다51120·51137·51144·51151).

⑥ 수인이 공동하여 타인에게 손해를 가하는 민법 제760조의 공동불법행위의 경우 행위자 상호간의 공모는 물론 공동의 인식을 필요로 하지 아니하고, 다만 객관적으로 그 공동행위가 관련공동되어 있으면 족하고, 그 관련공동성 있는 행위에 의하여 손해가 발생함으로써 그에 대한 배상책임을 지는 공동불법행위가 성립하는 것이며, 공동불법행위에서 방조라 함은 불법행위를 용이하게 하는 직접·간접의 모든 행위를 가리키는 것이다(대법원 2000. 4. 11. 선고 99다41749 판결, 2000. 9. 29. 선고 2000다13900 판결 등 참조). 기록에 의하면, 소외인은 원고가 경영하는 뿌리산업의 경리직원으로 근무하면서 1997. 10. 1.부터 1999. 3. 5.까지 사이에 44회에 걸쳐 회사공금 306,447,700원을 횡령하는 불법행위를 저질렀는데, 피고 2는 소외인과 사실혼관계에 있는 자이고, 피고 1은 소외인의 어머니로서, 소외인이 90만 원 정도의 월급을 받아 혼자 가족들과 떨어져 생활하기에도 어려운 형편에 있었고 그 밖에 수입을 올릴 수 있는 다른 직업이 없었던 점을 잘 알면서도 소외인으로부터 장기간에 걸쳐 자신의 월급의 몇 배나 되는 금원을 매월 1회 내지 4회에 걸쳐 계속하여 송금을 받아 그 금액이 피고 2의 경우 76,900,000원, 피고 1의 경우 21,000,000원에 이르는 점, 피고 2는 나아가 사업자금명목으로 소외인에게 수시로 송금을 요청하였고, 그와 같이 요청이 소외인의 횡령행위의 가장 큰 동기가 되었던 점, 피고 1은 소외인이 전에도 경리직원으로 근무하던 중 회사공금을 횡령하여 형사처벌까지 받은 사실을 잘 알고 있었던 점 등을 알 수 있다.

사정이 이러하다면, 피고들이 소외인의 횡령행위에 대하여 구체적으로 공모를 하지는 않았다고 하더라도 소외인이 정상적인 방법이 아닌 부정한 방법으로 금원을 마련하여 피고들에게 송금하는 사정을 미필적으로나마 인식하고 있으면서도 이를 계속하여 묵인한 채 송금을 받은 것으로 보이고, 이는 소외인의 횡령행위에 대한 방조 또는 장물취득행위에 해당한다 할 것인바, 이와 같은 피고들의 행위와 소외인의 불법행위는 객관적으로 관련공동되어 있고, 그 관련공동성 있는 행위에 의하여 원고에게 원심 판시와 같은 손해가 발생한 이상, 피고들은 공동불법행위자로서 원고에 대하여 손해배상책임을 지지 않을 수 없다(대판 2001. 5. 8, 2001다2181).

⑦ 대판 2016. 5. 12, 2015다234985 "민법 제760조 제3항은 불법행위의 방조자를 공동불법행위자로 보아 방조자에게 공동불법행위의 책임을 지우고 있다. 방조는 불법행위를 용이하게 하는 직접, 간접의 모든 행위를 가리키는 것으로서 손해의 전보를 목적으로 하여 과실을 원칙적으로 고의와 동일시하는 민사법의 영역에서는 과실에 의한 방조도 가능하며, 이 경우의 과실의 내용은 불법행위에 도움을 주지 말아야 할 주의의무가 있음을 전제로 하여 그 의무를 위반하는 것을 말한다. 그런데 타인의 불법행위에 대하여 과실에 의한 방조로서 공동불법행위의 책임을 지우기 위해서는 방조행위와 불법행위에 의한 피해자의 손해 발생 사이에 상당인과관계가 인정되어야 하며, 상당인과관계를 판단할 때에는 과실에 의한 행위로 인하여 불법행위를 용이하게 한다는 사정에 관한 예견가능성과 아울러 과실에 의한 행위가 피해 발생에 끼친 영향, 피해자의 신뢰 형성에 기여한 정도, 피해자 스스로 쉽게 피해를 방지할 수 있었는지 등을 종합적으로 고려하여 책임이 지나치게 확대되지 않도록 신중을

기하여야 한다."; 대판 2018. 10. 25, 2016다223067.

Ⅲ. 공동불법행위자의 책임

1. 책임의 연대성

(1) 제760조에서 규정하고 있는 세 종류의 공동불법행위에서 공동불법행위자는 타인이 입은 손해에 대해 연대하여 배상할 책임을 진다. 타인이 입은 손해에 대하여는 가해자 각자가 전부급부의무를 부담한다. 그리고 이 경우 '연대'의 의미에 대해서는 부진정연대채무로 본다.[266] 따라서 연대채무자 1인에게 생긴 사유는 채권을 만족시키는 사유를 제외하고는 다른 채무자에게 영향을 주지 않는다고 해석한다. 즉 채무자 1인에 대한 사유 중에서 변제·대물변제·공탁·상계·채권자지체만이 절대적 효력을 가지며 그 밖의 사유는 상대적 효력을 갖는다. 따라서 피해자인 채권자의 지위는 보다 강화된다.

판례도 부진정연대채무로 해석한다.[267]

(2) 공동불법행위자 중 1인이 다른 공동불법행위자에 비하여 불법행위에 가공한 정도가 경미하더라도 그 가해자의 책임범위를 손해배상액의 일부로 제한하여 인정할 수 없고 손해액 전부에 대하여 책임을 진다.[268]

---

266) 통설. 그러나 송덕수, 민법강의, 1441면에서는 '연대채무'로 본다.

267) **대판 1969. 8. 26, 69다962 ; 대판 1983. 5. 24, 83다카208 ; 대판 1999. 2. 26, 98다52469** "공동불법행위자는 채권자에 대한 관계에서는 연대책임(부진정연대채무)을 지되, 공동불법행위자들 내부관계에서는 일정한 부담 부분이 있고, 이 부담 부분은 공동불법행위자의 과실의 정도에 따라 정하여지는 것으로서 공동불법행위자 중 1인이 자기의 부담 부분 이상을 변제하여 공동의 면책을 얻게 하였을 때에는 다른 공동불법행위자에게 그 부담 부분의 비율에 따라 구상권을 행사할 수 있다."

268) **대판 1998. 10. 20, 98다31691 ; 대판 2000. 9. 29, 2000다13900 ; 대판 2005. 10. 13, 2003다24147 ; 대판 2005. 11. 10, 2003다66066** "공동불법행위책임은 가해자 각 개인의 행위에 대하여 개별적으로 그로 인한 손해를 구하는 것이 아니라 그 가해자들이 공동으로 가한 불법행위에 대하여 그 책임을 추궁하는 것이므로, 공동불법행위로 인한 손해배상책임의 범위는 피해자에 대한 관계에서 가해자들 전원의 행위를 전체적으로 함께 평가하여 정하여야 하고, 그 손해배상액에 대하여는 가해자 각자가 그 금액의 전부에 대한 책임을 부담하는 것이며, 가해자 1인이 다른 가해자에 비하여 불법행위에 가공한 정도가 경미하다고 하더라도 피해자에 대한 관계에서 그 가해자의 책임 범위를 위와 같이 정하여진 손해배상액의

2. 배상의 범위

(1) 손해배상의 범위에 관해서 공동불법행위와 상당인과관계에 있는 모든 손해(통상손해·특별손해)를 배상해야 한다. 특별손해에 대해서는 예견가능성이 없는 자는 연대의 책임이 생기지 않는다는 견해,[269] 예견가능성이 없는 자도 면책되지 않는다는 견해,[270] 특별손해를 수인의 공동행위에 의하여 발생한 것과 수인 중 일부의 과잉행위로 인하여 손해가 확대된 것으로 나누어, 전자에서는 일부의 자가 예견할 수 있는 것으로 충분하나, 후자에서는 초과행위를 한 자만이 책임을 진다는 견해,[271] 행위자 중 1인이라도 예견가능성이 있다면 모든 행위자가 연대채무를 진다는 견해[272]로 나누어져 있다.

(2) 공동불법행위자 사이에 일방만이 배상책임을 지기로 특약을 하더라도 다른 공동불법행위자가 피해자에 대해 면책되는 것은 아니라고 한다.[273]

3. 과실상계문제

(1) 전체적으로 평가

판례는 피해자에게 과실이 있는 경우 이를 이유로 과실상계를 하는 경우 피해자의 공동불법행위자 각인에 대한 과실비율이 서로 다르더라도 피해자의 과실을 공동불법행위자 각인에 대한 과실로 개별적으로 평가할 것이 아니고 그들 전원에 대한 과실로 전체적으로 평가해야 할 것이라고 한다.[274] 특히 공동불법행위자 중

일부로 제한하여 인정할 수는 없다."

269) 곽윤직, 430면.

270) 김주수, 732면.

271) 김상용, 채권각론, 759면.

272) 송덕수, 채권법각론, 564면.

273) **대판 1983. 5. 24, 83다카208** "공사하도급계약에서 하수급인이 하도급공사 과정에 있어 안전관리 규칙을 철저히 준수하여야 하며 고의 또는 과실을 막론하고 발생한 인명 및 재산피해에 대하여 그 배상책임을 지겠다고 하도급인과 간에 약정한 바 있다고 하여 이 약정의 취지가 하도급인의 공동불법행위자로서의 배상책임을 배제하고 하도급계약상의 공사로 인하여 발생하는 모든 사고의 책임을 하수급인이 지기로 한 것으로 볼 수 없다."

274) **대판 1997. 4. 11, 97다3118; 대판 1998. 11. 10, 98다20059; 대판 2000. 9. 8, 99다48245; 대판 2007. 6. 14, 2005다32999** "공동불법행위의 경우 법원이 피해자의 과실을 들어 과실상계를 함에 있어서는 피해자의 공동불법행위자 각인에 대한 과실비율이 서로 다르더라도 피해자의 과실을 공동불법행위자 각인에 대한 과실로 개별적으로 평가할 것이 아니고

일부만을 상대로 손해배상을 청구한 경우에도 과실상계를 함에 있어 참작해야 할 쌍방의 과실은 피해자에 대한 공동불법행위자 전원의 과실과 피해자의 공동불법행위자 전원에 대한 과실을 전체적으로 평가하여야 한다고 한다.[275)]

(2) 공동불법행위자별로 별개의 소를 제기한 경우

피해자가 공동불법행위자들을 모두 피고로 삼아 손해배상청구의 소를 제기한 경우와 달리 공동불법행위자별로 별개의 소를 제기한 경우에는 과실상계비율과 손해액도 서로 달리 인정될 수 있다고 한다.[276)]

(3) 과실상계를 제한하는 경우

공동불법행위의 피해자에게 부주의가 있는 경우, 피해자의 부주의를 이용하여 고의로 불법행위를 저지른 자가 바로 그 피해자의 부주의를 이유로 자신의 책임을 감하여 달라고 주장하는 것은 허용될 수 없으나, 고의가 없는 다른 공동불법행위자는 과실상계의 주장을 할 수 있다고 한다.[277)]또한 피해자의 과실을 공동불법행위자 전원에 대한 과실로 전체적으로 평가하여야 한다는 것이 공동불법행위자

그들 전원에 대한 과실로 전체적으로 평가하여야 한다."

275) 참고로 ① 공동불법행위자별로 별개의 평가를 한 판례(대판 1992. 2. 11, 91다34233)가 있는가 하면, ② 사용자책임의 경우 사용자와 피용자는 부진정연대채무를 부담하나, 과실상계는 사용자와 피용자에 대해 각각 별도로 한 판례(대판 1994. 2. 22, 93다53696)도 있다.

276) **대판 2001. 2. 9, 2000다60227** "피해자가 공동불법행위자들을 모두 피고로 삼아 한꺼번에 손해배상청구의 소를 제기한 경우와 달리 공동불법행위자별로 별개의 소를 제기하여 소송을 진행하는 경우에는 각 소송에서 제출된 증거가 서로 다르고 이에 따라 교통사고의 경위와 피해자의 손해액산정의 기초가 되는 사실이 달리 인정됨으로 인하여 과실상계비율과 손해액도 서로 달리 인정될 수 있는 것이므로, 피해자가 공동불법행위자들 중 일부를 상대로 한 전소에서 승소한 금액을 전부 지급받았다고 하더라도 그 금액이 나머지 공동불법행위자에 대한 후소에서 산정된 손해액에 미치지 못한다면 후소의 피고는 그 차액을 피해자에게 지급할 의무가 있다."; 최성길, "고의의 불법행위로 인한 손해배상책임과 과실상계", 경남법조 7호, 창원지방변호사회 2006.

277) **대판 1987. 7. 21, 87다카637; 대판 1995. 11. 14, 95다30352; 대판 2007. 6. 14, 2005다32999; 대판 2009. 8. 20, 2008다51120·51144·51151; 대판 2016. 4. 12, 2013다31137** "피해자의 부주의를 이용하여 고의로 불법행위를 저지른 자가 바로 그 피해자의 부주의를 이유로 자신의 책임을 감하여 달라고 주장하는 것은 허용될 수 없으나, 이는 그러한 사유가 있는 자에게 과실상계의 주장을 허용하는 것이 신의칙에 반하기 때문이므로, 불법행위자 중 일부에게 그러한 사유가 있다고 하여 그러한 사유가 없는 다른 불법행위자까지도 과실상계의 주장을 할 수 없다고 해석할 것은 아니다."

중에 고의로 불법행위를 행한 자가 있는 경우에는 피해자에게 과실이 없는 것으로 보아야 한다는 의미도 아니다.[278)]

4. 구상권의 문제

(1) 연대채무와 달리 부진정연대채무에서는 채무자간에 주관적 공동관계가 없기 때문에 부담부분이 없고, 따라서 원칙적으로 구상관계가 발생하지 않는다. 공동불법행위에서는 그 책임의 성질을 부진정연대채무로 보는 것이 통설과 판례의 입장이다. 그런데 통설과 판례는 일관되게 공평한 손해분담의 차원에서 공동불법행위자 상호간에 그 과실의 비율에 따라 부담부분이 있는 것으로 보아, 공동불법행위자 중 1인이 자기의 부담부분 이상을 변제함으로써 그 전부를 변제하여 공동의 면책을 얻은 자는 다른 공동불법행위자의 부담부분에 대해 구상권을 행사할 수 있다고 본다(제425조 참조).[279)]

---

278) **대판 2010. 2. 11, 2009다68408** "공동불법행위책임은 가해자 각 개인의 행위에 대하여 개별적으로 그로 인한 손해를 구하는 것이 아니라 가해자들이 공동으로 가한 불법행위에 대하여 그 책임을 추궁하는 것이므로, 법원이 피해자의 과실을 들어 과실상계를 함에 있어서는 피해자의 공동불법행위자 각인에 대한 과실비율이 서로 다르더라도 피해자의 과실을 공동불법행위자 각인에 대한 과실로 개별적으로 평가할 것이 아니고 그들 전원에 대한 과실로 전체적으로 평가하여야 하나, 이는 과실상계를 위한 피해자의 과실을 평가함에 있어서 공동불법행위자 전원에 대한 과실로 전체적으로 평가하여야 한다는 것이지, 공동불법행위자 중에 고의로 불법행위를 행한 자가 있는 경우에는 피해자에게 과실이 없는 것으로 보아야 한다거나 모든 불법행위자가 과실상계의 주장을 할 수 없게 된다는 의미는 아니다."

279) **대판 1971. 2. 9, 70다2508 ; 대판 1981. 8. 11, 81다298 ; 대판 1983. 5. 24, 83다카208 ; 대판 1989. 9. 26, 88다카27232 ; 대판 1997. 12. 12, 96다50896 ; 대판 2005. 7. 8, 2005다8125 ; 대판 2013. 11. 14, 2013다46023** "연대보증인들 사이의 내부관계에서는 연대보증인 각자가 자신의 분담금액을 한도로 일부 보증을 한 것과 같이 볼 수 있어서 그 분담금액 범위 내의 출재에 관한 구상관계는 주채무자만을 상대로 해결할 것을 예정하고 있는 반면, 연대채무자들 사이에서는 연대채무자 각자가 행한 모든 출재에 관하여 다른 연대채무자의 공동부담을 기대하는 것이 보통이다. 그리하여 민법은 연대보증인 중의 한 사람이 공동면책을 이유로 다른 연대보증인에게 구상권을 행사하려면 '자기의 부담부분을 넘은'변제를 하였을 것을 그 요건으로 규정하였으나(제448조 제2항), 연대채무자 중의 한 사람이 공동면책을 이유로 다른 연대채무자에게 구상권을 행사하는 데 있어서는 그러한 제한 없이 '부담부분'에 대하여 구상권을 행사할 수 있는 것으로 규정하고 있다(제425조 제1항). 따라서 연대채무자 사이의 구상권행사에 있어서 '부담부분'이란 연대채무자가 그 내부관계에서 출재를 분담하기로 한 비율을 말한다고 봄이 타당하다. 그 결과 변제 기타 자기의 출재로 일부 공동면책되게 한 연대채무자는 역시 변제 기타 자기의 출재로 일부공동면책되게 한 다른 연대채무자를 상대로 하여서도 자신의 공동면책액 중 다른 연대채무자의

(2) 공동불법행위자간의 구상권은 피해자의 공동불법행위자에 대한 손해배상청구권과는 별개의 것이다. 따라서 공동불법행위자 중 1인의 피해자에 대한 배상채무가 시효로 소멸되더라도 다른 공동불법행위자가 피해자에게 배상을 하고 구상을 청구하는 경우 자신의 피해자에 대한 배상책임이 시효소멸 되었음을 이유로 구상을 거절할 수 없다.280)

(3) 공동불법행위자 중 1인에 대하여 구상의무를 부담하는 다른 공동불법행위자가 수인인 경우에는 특별한 사정이 없는 이상 그들의 구상권자에 대한 채무는 다수당사자 사이의 분할채무의 원칙이 적용된다.281) 예외적으로 내부적 부담부분

분담비율에 해당하는 금액이 다른 연대채무자의 공동면책액 중 자신의 분담비율에 해당하는 금액을 초과한다면 그 범위에서 여전히 구상권을 행사할 수 있다고 보아야 한다."

280) **대판 1997. 12. 23, 97다42830 ; 대판 1997. 12. 12, 96다50896** "[1] 공동불법행위자는 채권자에 대한 관계에서는 연대책임(부진정연대채무)을 지되, 공동불법행위자들 내부관계에서는 일정한 부담 부분이 있고, 이 부담 부분은 공동불법행위자의 과실의 정도에 따라 정하여지는 것으로서 공동불법행위자 중 1인이 자기의 부담 부분 이상을 변제하여 공동의 면책을 얻게 하였을 때에는 다른 공동불법행위자에게 그 부담 부분의 비율에 따라 구상권을 행사할 수 있다. [2] 공동불법행위자 중 1인이 다른 공동불법행위자에 대하여 구상권을 행사하기 위하여는 자기의 부담 부분 이상을 변제하여 공동의 면책을 얻었음을 주장·증명하여야 하며, 위와 같은 법리는 피해자의 다른 공동불법행위자에 대한 손해배상청구권이 시효소멸한 후에 구상권을 행사하는 경우라고 하여 달리 볼 것이 아니다. [3] 피해자가 부진정연대채무자 중 1인에 대하여 손해배상에 관한 권리를 포기하거나 채무를 면제하는 의사표시를 하였다 하더라도 다른 채무자에 대하여 그 효력이 미친다고 볼 수는 없다. [4] 공동불법행위자 간 구상권의 발생 시점은 구상권자가 현실로 피해자에게 손해배상금을 지급한 때이다."

281) **대판 2002. 9. 27, 2002다15917 ; 대판 2008. 2. 29, 2007다89494** "공동불법행위자는 채권자에 대한 관계에서는 부진정연대책임을 지되, 공동불법행위자들 내부관계에서는 일정한 부담부분이 있고, 이 부담 부분은 공동불법행위자의 과실의 정도에 따라 정하여지는 것으로서 공동불법행위자 중 1인이 자기의 부담 부분 이상을 변제하여 공동의 면책을 얻게 하였을 때에는 다른 공동불법행위자에게 그 부담 부분의 비율에 따라 구상권을 행사할 수 있고, 공동불법행위자 중 1인에 대하여 구상의무를 부담하는 다른 공동불법행위자가 여럿인 경우에는 그들 상호간에 사용자와 피용자 등과 같은 대체적인 책임관계 또는 이에 유사한 관계가 있어서 다른 공동불법행위자에 대한 관계에서도 일체를 이루어 구상에 응해야 하는 등의 특별한 사정이 없는 이상 그들의 구상권자에 대한 채무는 이를 부진정연대채무로 보아야 할 근거가 없으며, 오히려 다수 당사자 사이의 분할채무의 원칙이 적용되어 각자의 부담 부분에 따른 분할채무로 봄이 상당하고(대법원 2002. 9. 27. 선고 2002다15917 판결 등 참조), 공동불법행위자 중 1인과 체결한 보험계약에 따라 보험자가 손해배상금을 보험금으로 모두 지급하여 공동불법행위자들이 공동면책된 경우, 그 보험자는 보험자대위의 법리에 의하여 다른 공동불법행위자들에게 그 부담 부분의 비율에 따른 구상권을 행사할 수 있다(대법원 1998. 12. 22. 선고 98다40466 판결 등 참조)."

이 없는 자가 손해를 배상한 경우 다른 공동불법행위자들의 구상의무는 부진정연대채무라고 본 판례가 있다.[282] 그리고 제750조 또는 상법 제389조 제3항, 상법 제210조에 의하여 주식회사와 공동불법행위책임을 부담하는 공동대표이사 각자는 구상권자에 대하여 분할채무가 아니라 전액에 대해 구상의무를 부담한다.[283]

(4) 공동불법행위자의 1인이 동시에 피해자이더라도 다른 공동불법행위자가 손해를 입은 제3자에게 배상한 때에는 그 피해자인 공동불법행위자게 대하여 구상권을 가질 수 있다.[284]

---

282) **대판 2005. 10. 13, 2003다24147** "공동불법행위자 중 1인에 대하여 구상의무를 부담하는 다른 공동불법행위자가 수인인 경우에는 특별한 사정이 없는 이상 그들의 구상권자에 대한 채무는 각자의 부담 부분에 따른 분할채무로 봄이 상당하지만, 구상권자인 공동불법행위자측에 과실이 없는 경우, 즉 내부적인 부담 부분이 전혀 없는 경우에는 이와 달리 그에 대한 수인의 구상의무 사이의 관계를 부진정연대관계로 봄이 상당하다."

283) **대판 1980. 1. 15, 79다1230 ; 대판 2007. 5. 31, 2005다55473 ; 대판 2013. 6. 27, 2011다50165** "주식회사의 대표이사가 업무집행을 하면서 고의 또는 과실에 의한 위법행위로 타인에게 손해를 가한 경우 주식회사는 상법 제389조 제3항,제210조에 의하여 제3자에게 손해배상책임을 부담하게 되고, 대표이사도 민법 제750조 또는 상법 제389조 제3항, 제210조에 의하여 주식회사와 연대하여 불법행위책임을 부담하게 된다. 따라서 주식회사의 대표이사가 업무집행과 관련하여 정당한 권한 없이 직원으로 하여금 타인의 부동산을 지배·관리하게 하는 등으로 소유자의 사용수익권을 침해하고 있는 경우, 부동산의 점유자는 회사일 뿐이고 대표이사 개인은 독자적인 점유자는 아니기 때문에 부동산에 대한 인도청구 등의 상대방은 될 수 없다고 하더라도, 고의 또는 과실로 부동산에 대한 불법적인 점유상태를 형성·유지한 위법행위로 인한 손해배상책임은 회사와 별도로 부담한다고 보아야 한다. 대표이사 개인이 부동산에 대한 점유자가 아니라는 것과 업무집행으로 인하여 회사의 불법점유 상태를 야기하는 등으로 직접 불법행위를 한 행위자로서 손해배상책임을 지는 것은 별개라고 보아야하기 때문이다."

284) **대판 2005. 7. 8, 2005다8125 ; 대판 2013. 11. 14, 2013다46023** "연대보증인들 사이의 내부관계에서는 연대보증인 각자가 자신의 분담금액을 한도로 일부 보증을 한 것과 같이 볼 수 있어서 그 분담금액 범위 내의 출재에 관한 구상관계는 주채무자만을 상대로 해결할 것을 예정하고 있는 반면, 연대채무자들 사이에서는 연대채무자 각자가 행한 모든 출재에 관하여 다른 연대채무자의 공동부담을 기대하는 것이 보통이다. 그리하여 민법은 연대보증인 중의 한 사람이 공동면책을 이유로 다른 연대보증인에게 구상권을 행사하려면 '자기의 부담부분을 넘은'변제를 하였을 것을 그 요건으로 규정하였으나(제448조 제2항), 연대채무자 중의 한 사람이 공동면책을 이유로 다른 연대채무자에게 구상권을 행사하는 데 있어서는 그러한 제한 없이 '부담부분'에 대하여 구상권을 행사할 수 있는 것으로 규정하고 있다(제425조 제1항). 따라서 연대채무자 사이의 구상권행사에 있어서 '부담부분'이란 연대채무자가 그 내부관계에서 출재를 분담하기로 한 비율을 말한다고 봄이 타당하다. 그 결과 변제 기타 자기의 출재로 일부 공동면책되게 한 연대채무자는 역시 변제 기타 자기의 출재로 일부공동면책되게 한 다른 연대채무자를 상대로 하여서도 자신의 공동면책액 중 다른 연대채무자의 분담비율에 해당하는 금액이 다른 연대채무자의 공동면책액

(5) 피해자가 부진정연대채무자 중 1인에 대하여 손해배상에 관한 권리를 포기하거나 채무를 면제하는 의사표시를 하였다 하더라도 다른 채무자에 대하여 그 효력이 미친다고 볼 수는 없다.[285)]

(6) 부진정연대채무라고 할 공동불법행위로 인한 손해배상채무에 있어서는 그 변제에 관해서 채무자 상호 간에 통지의무관계를 인정할 수 없고 변제로 인한 공동면책이 있는 경우에 있어서는 채무자 상호간에 어떤 대내적인 특별관계에서 또는 형평의 관점에서 손해를 분담하는 관계가 있는데 불과하므로 진정연대채무에 있어서 변제에 관하여 채무자 상호간에 통지의무를 인정하고 있는 제426조의 규정을 유추적용할 수는 없다.[286)]

중 자신의 분담비율에 해당하는 금액을 초과한다면 그 범위에서 여전히 구상권을 행사할 수 있다고 보아야 한다."

285) **대판 1997. 12. 12, 96다50896 ; 대판 1997. 10. 10, 97다28391 ; 대판 2006. 1. 27, 2005다19378; 대판 2010. 12. 23, 2010다52225** "부진정연대채무자 중 1인을 위하여 보증인이 된 자가 피보증인을 위하여 그 채무를 변제한 경우에는 그 보증인은 피보증인이 아닌 다른 부진정연대채무자들에 대하여는 그 부담 부분에 한하여 구상권을 행사할 수 있고(대법원 1996. 2. 9. 선고 95다47176 판결, 대법원 2010. 5. 27. 선고 2009다85861 판결 등 참조), 공동불법행위자 중 1인의 손해배상채무가 시효로 소멸한 후에 다른 공동불법행위자 1인이 피해자에게 자기의 부담 부분을 넘는 손해를 배상하였을 경우에도, 그 공동불법행위자는 다른 공동불법행위자에게 구상권을 행사할 수 있다(대법원 1997. 12. 23. 선고 97다42830 판결, 대법원 2006. 1. 27. 선고 2005다19378 판결 등 참조)."

286) **대판 1976. 7. 13, 74다746** "부진정연대채무라고 할 공동불법행위로 인한 손해배상채무에 있어서는 그 변제에 관해서 채무자 상호간에 통지의무관계를 인정할 수 없고 변제로 인한 공동면책이 있는 경우에 있어서는 채무자 상호간에 어떤 대내적인 특별관계에서 또는 형평의 관점에서 손해를 분담하는 관계가 있는데 불과하므로 진정연대채무에 있어서 변제에 관하여 채무자 상호간에 통지의무를 인정하고 있는 민법 제426조의 규정을 유추적용할 수는 없다."

제 4 장
특별법상의 불법행위

제1절 자동차운행자의 책임

Ⅰ. 서 설

1. 자동차운행자의 책임이란 자기를 위하여 자동차를 운행하는 자가 자동차손해배상보장법(1999년 법5793호, 이하 '자배법'이라 한다) 제3조에 의하여 그 자동차의 운행으로 인하여 다른 사람을 사망 또는 부상하게 한 때에 지는 책임을 말한다. 자배법은 특별법으로서 민법에 우선하여 적용된다. 즉 피해자가 동법에 의한 손해배상을 주장하지 않더라도 법원은 민법에 우선하여 동법을 적용하여야 한다.[287)]

2. 자배법은 자동차의 운행으로 인하여 다른 사람을 사망 또는 부상하게 한 경우 일정한 면책사유를 운행자가 스스로 증명하지 않는 한 운행자에게 배상책임을 지게 함으로써 운행자에게 실질적으로 무과실책임을 지우고, 책임보험의 가입을 강제하여 피해자가 운행자에게 배상받는 것을 일정한 한도(현재 사망의 경우 1억 원, 후유장애의 경우 1억 원, 상해에 대해서는 2천만 원까지를 한도로 하고 있어 실제의 손해액이 이를 초과하는 때에는 동법의 적용이 없다)까지 보장하고 있다.

3. 자배법 제1조에 의하면 '자동차의 운행으로 사람이 사망하거나 부상'한 경우에만 운행자가 손해배상을 하여야 함을 정하고 있다. 즉 자동차가 아닌 것, 자동차라도 운행 중의 사고가 아닌 것, 운행 중의 사고라도 물적 손해에 관해서는 동법의 적용이 없다.

4. 자배법은 자동차운행자에게 가중된 무과실의 증명책임을 부과하여 사실상

---

287) **대판 1997. 11. 28, 95다29390** "자동차손해배상보장법 제3조는 불법행위에 관한 민법 규정의 특별 규정이라고 할 것이므로 자동차 사고로 인하여 손해를 입은 자가 자동차손해배상보장법에 의하여 손해배상을 주장하지 않았다고 하더라도 법원은 민법에 우선하여 자동차손해배상보장법을 적용하여야 한다."

무과실책임으로 하고 있다(동법 제3조). 이러한 운행자책임은 위험책임과 보상책임에 근거한 것이라고 한다.[288)]

Ⅱ. 운행자책임의 요건

자배법 제3조는 "자기를 위하여 자동차를 운행하는 자는 그 운행으로 다른 사람을 사망하게 하거나 부상하게 한 경우에는 그 손해를 배상할 책임을 진다. 다만, 다음 각 호의 어느 하나에 해당하면 그러하지 아니하다."라고 규정한다. 다음과 같은 세부적인 요건을 살펴본다.

1. '자기를 위하여 자동차를 운행하는 자'일 것

자배법상 책임을 지는 자는 '자기를 위하여 자동차를 운행하는 자,' 즉 「자동차운행자」이다. 판례는 "자동차손해배상보장법 제3조는 위험책임과 보상책임원리를 바탕으로 하여 자동차에 대한 운행지배와 운행이익을 가지는 자에게 그 운행으로 인한 손해를 부담하게 하고자 함에 있으므로 여기에서 말하는 '자기를 위하여 자동차를 운행하는 자'는 자동차에 대한 운행을 지배하여 그 이익을 향수하는 책임주체로서의 지위에 있는 자를 말한다."[289)]라고 하여 자동차운행자이기 위해서는 「운행지배」와 「운행이익」의 두 가지를 가지고 있어야 함을 설시하고 있다. 또한 판례는 운행지배는 현실적인 지배에 한하지 않고 사회통념상 간접지배 내지는 지배가능성이 있다고 볼 수 있는 경우도 포함한다는 입장이다.[290)]

---

288) 곽윤직, 431면 ; 김상용, 채권각론, 764면; **대판 1998. 7. 10, 97다52653** "자동차손해배상보장법 제3조 단서 제2호는 자동차사고에 관하여 일반불법행위책임과 달리 위험책임의 법리를 도입한 것으로서 헌법이 보장한 재산권을 침해한 규정으로 볼 수 없다."

289) **대판 1987. 7. 21, 87다카51** "자동차손해배상보장법 제3조는 위험책임과 보상책임원리를 바탕으로 하여 자동차에 대한 운행지배와 운행이익을 가지는 자에게 그 운행으로 인한 손해를 부담하게 하고자 함에 있으므로 여기에서 말하는 '자기를 위하여 자동차를 운행하는자'는 자동차에 대한 운행을 지배하여 그 이익을 향수하는 책임주체로서의 지위에 있는 자를 말한다."

290) **대판 1994. 9. 23, 94다21672 ; 대판 1995. 10. 13, 94다17253 ; 대판 2002. 11. 26, 2002다47181** "자동차손해배상보장법 제3조에서 자동차 사고에 대한 손해배상책임을 지는 자로 규정하고 있는 '자기를 위하여 자동차를 운행하는 자'란 사회통념상 당해 자동차에 대한 운행을 지배하여 그 이익을 향수하는 책임주체로서 지위에 있다고 할 수 있는 자를 말하고, 이 경우 운행의 지배는 현실적인 지배에 한하지 아니하고 간접지배 내지는 지배가능성이

"자동차운행자"는 「자동차보유자」나 「운전자」와 구별되는 개념이다. 「자동차보유자」는 자동차의 소유자 또는 자동차를 사용할 권리가 있는 자(임차인 등)로서 자기를 위하여 자동차를 운행하는 자이다(동법 제2조 제3호). 일반적으로 자동차의 보유자가 운행자가 되지만 그 외에 자기를 위하여 운행하는 자는 정당한 권리가 없더라도(예, 절도운전의 경우) 운행자가 될 수 있다. 운행자는 자신이 현실로 운전을 하지 않았더라도 운행지배를 하고 있는 한 운행자로서 책임을 진다. 한편 고용된 운전기사와 같이 자신이 운행지배와 운행이익을 갖지 않고 단지 운전만 하는 자는 운행자는 아니다. 「운전자」는 다른 사람을 위하여 자동차의 운전이나 운전의 보조에 종사하는 자이다(동법 제2조 제4호). 운전자는 운행지배와 운행이익이 없기 때문에 운행자가 아니다.[291] 이 경우 운행자는 운전자를 고용한 사용자(차주 등)가 운행자가 되어 손해배상을 하고, 손해배상을 한 사용자는 민법에 의해 피용자인 운전자에게 구상권을 행사할 수 있고, 이때에는 운전자의 고의 과실을 증명하여야 한다(제756조 제3항).

[운행자성 인정여부에 관한 구체적 판례]

(A) 자동차 대차의 경우

① 자동차 소유자가 지인에게 무상 대여한 경우 　 소유자는 운행지배와 운행이익을 상실하지 않는다. 자동차손해배상보장법 제3조 소정의 "자기를 위하여 자동차를 운행하는

있다고 볼 수 있는 경우도 포함한다."

291) **대판 1997. 11. 14, 95다37391** "제1점에 대하여 자동차손해배상보장법 제3조 소정의 '자기를 위하여 자동차를 운행하는 자'는 자동차에 대한 운행을 지배하여 그 이익을 향수하는 책임주체로서의 지위에 있는 자를 의미하므로 통상적으로 그러한 지위에 있다고 인정되는 자동차의 소유자는 비록 제3자가 무단히 그 자동차를 운전하다가 사고를 내었다고 하더라도 그 운행에 소유자의 운행지배와 운행이익이 완전히 상실되었다고 볼 특별한 사정이 없는 경우에는 그 사고에 대하여 이 법조 소정의 운행자로서 책임을 부담하게 되고, 그 운행지배와 운행이익의 상실 여부는 평소 자동차와 그 열쇠의 보관 및 관리 상태, 소유자의 의사와 관계없이 운행이 가능하게 된 경위, 소유자와 운전자의 인적 관계, 운전자의 차량의 반환 의사 유무, 무단운행 후 소유자의 승낙 가능성, 무단운행에 대한 피해자의 주관적 인식 유무 등 객관적이고 외형적인 여러 사정을 사회통념에 따라 종합적으로 평가하여 이를 판단하여야 하는 것인바(대법원 1995. 2. 24. 선고 94다41232 판결 등 참조), 이 사건에서 원심이 적법히 인정한 바와 같은 사고 차의 보관 및 관리 상태, 운행 경위 등에 비추어 보면, 이 사건 사고 당시 사고 차의 소유자인 태산주류가 그에 대한 운행지배와 운행이익을 상실한 것으로 볼 수는 없다고 할 것이다."

자"라 함은 일반적, 추상적으로 자동차의 운행을 지배하여 그 이익을 향수하는 책임주체의 지위에 있는 자를 말하므로, 자동차의 소유자가 그 친구 등 밀접한 인적관계에 있는 자에게 자동차를 무상으로 대여한 경우에도 특별한 사정이 없는 한 그 자동차에 대한 운행지배나 운행이익은 여전히 자동차소유자에게 있고(당원 1988. 9. 13. 선고 88다카80 판결 ; 1987. 11. 10. 선고 87다카376 판결 참조), 자동차를 빌린 자가 이를 이용했다는 사정만으로 그를 위 법조 소정의 "자기를 위하여 자동차를 운행하는 자"라고 볼 수는 없다. 원판결에 의하면, 원심은 이 사건 자동차의 소유자인 피고가 평소 친분이 있던 원고의 처로부터 경남 함양에서 열리는 어머니 회갑연에 다녀올 터이니 이를 무상으로 대여해 달라는 부탁을 받고 이를 승낙하였는데, 원고는 피고의 운전사이자 처의 외사촌동생이 운전하는 위 자동차에 타고 위 회갑연에 가던 도중 이 사건 사고를 당한 사실을 인정한 후, 피고에 대하여 "자기를 위하여 자동차를 운행하는 자"로서 자동차손해배상보장법 제3조에 의한 손해배상책임을 인정하고, 원고는 위 사고당시 피고에 대한 관계에서 위 법조 소정의 타인이 아니라 공동운행자의 지위에 있었다는 피고의 주장을 배척하였는바, 원심의 이러한 판단은 앞서 본 견해에 따른 것으로서 옳고, 또한 원심이 그 설시와 같은 원고가 위 자동차에 타게 된 경위, 운전자와 피고의 관계, 운행목적 등을 참작하여 피고의 배상액을 20퍼센트 감액한 것은 수긍할 수 있으며, 여기에 소론과 같은 위법은 없다.[292]

② 자동차 대여업자가 자동차를 대여한 경우 　　대여업자의 운행지배가 직접적·현재적으로 미친다.

(ㄱ) 자동차대여업체의 손수자동차대여약정에 임차인이 자동차운전면허증 소지자라야 하고 사용기간과 목적지를 밝혀서 임료를 선불시키고 임대인은 자동차대여 전에 정비를 해두고 인도해야 하고 임차인은 사용기간 중 불량연료를 사용하지 말아야 함은 물론 계약기간을 엄수해야 하고 자동차를 양도하거나 질권, 저당권을 설정할 수 없을 뿐 아니라 유상으로 운송에 사용하거나 전대할 수 없고 제3자에게 운전시킬 수도 없게끔 되어 있다면 대여업자는 임차인에 대한 인적관리와 임대목적 차량에 대한 물적관리를 하고 있음을 부정할 수 없어 대여업자와 임차인간에는 임대목적차량에 대하여 대여업자의 운행지배관계가 직접적이고 현재적으로 존재한다.[293]

(ㄴ) 손수운전 자동차 대여약정에 임차인이 자동차 운전면허증을 소지한 자라야 하고, 사용기간 등을 밝혀서 임료를 선불시키고 임대인은 자동차대여 전에 정비를 하여 인도해야 하고, 임차인은 계약기간을 준수해야 하며 제3자에게 운전을 시킬 수 없도록 되어 있고, 특히 그 사용기간이 1일밖에 되지 않는다면 대여업자는 임차인에 대한 인적관리와 대여차량에 대한 물적 관리를 하고 있음을 부정할 수 없어 대여업자와 임차인 사이에는 그 차량에 대하여 대여업자의 운행지배가 직접적이고 현재적으로 존재한다.[294]

③ 대여업자가 아닌 자동차보유자로부터 자동차를 임차한 경우 　　임차인이 운행자로 된다.

(ㄱ) 원심판결 이유에 의하면, 원심은 피고 회사와 소외 1과의 사이에 1988. 8. 26. 소외 1 소유의 버스를 피고 회사 직원들의 출퇴근용으로 제공하기로 하는 내용의 차량임대차계약이 체결되어 소외 1은 위 버스를 소외 2으로 하여금 운전하게 하여 피고가 지시하는 노선에 따라 운행하면서 피고 회사의 직원들을 출퇴근시켜 왔으며 출퇴근 이외의 시간에는 피고의 관여 없이 이를 임의로 운용하여 온 사실, 그러던 중 소외 2가 교통사고를 내어 구속되자 소외 1은 위 김동식에게 새로운 운전사를 구할 동안 이 사건 사고버스(대구 5라3412호)로 피고 직원들을 출퇴근시켜 달라고 부탁을 하여 1990. 12. 25.부터 위 김동식이 자기소유의 이 사건 사고버스의 전면에 이용자들이 용이하게 식별할 수 있도록 하기 위하여 피고 회사의 이름을 쓴 명판을 붙여 직원들의 출퇴근을 위하여 운행하다가 1990. 12. 31. 19 : 30경 이 사건 교통사고가 발생한 사실 등을 인정한 다음, 비록 이 사건 사고 당시 김동식이 피고 회사의 직원들을 출퇴근시키기 위하여 위 버스를 운행 중이었고, 그 전면에 피고 회사의 명판을 부착하고 있었다고 하더라도, 이는 단순히 피고와 소외 1 사이의 위 자동차임대차계약에 따라 소외 1이 유상으로 제공한 위 버스를 피고 회사가 그 직원들로 하여금 출퇴근 시 사실상 독점적으로 이용하도록 한 데 지나지 아니하고, 그러한 사정만으로는 피고를 자동차손해배상보장법 제3조에서 말하는 자기를 위하여 자동차를 운행하는 자라고 볼 수는 없다 하여 원고들의 이 사건 청구는 더 나아가 살펴볼 필요 없이 이유 없다고 판단하였다. 자동차손해배상보장법 제3조 소정의 "자기를 위하여 자동차를 운행하는 자"는 자동차에 대한 운행을 지배하여 그 이익을 향수하는 책임주체로서의 지위를 가진 자를 의미하며, 자동차의 임대차의 경우에는 특단의 사정이 없는 한 임차인이 임차한 자동차에 대하여 현실적으로 운행을 지배하여 그 운행이익을 향수하는 자라고 할 것이다.[295]

(ㄴ) ㉠ 자동차손해배상보장법 제3조 소정의 자기를 위하여 자동차를 운행하는 자는 자동차에 대한 운행을 지배하여 그 이익을 향수하는 책임주체로서의 지위를 가진 자를 의미하며, 자동차의 임대차의 경우에는 특별한 사정이 없는 한 임차인이 임차한 자동차에 대하여 현실적으로 운행을 지배하여 그 운행이익을 향수하는 자라고 할 것이다(당원 1992. 3. 31. 선고 91다39849 판결, 1993. 6. 8. 선고 92다27782 판결 참조). 원심판결 이유에 의하면 원심은 거시 증거에 의하여 이 사건 차량은 원래 소외 박영환의 소유인데, 박영환은 1990. 1.경 이 사건 차량을 그의 형인 소외 박규환에게, 위 박규환은 이를 다시 박창환에게 각 채무변제조로 양도하여 사고 당시에는 박창환이 이를 소외 이화마블산업의 업무용 차량으로 사용하고 있었으나, 다만 자동차등록원부상으로는 여전히 위 박영환이 그 소유자로 등록되어 있었다는 사실을 인정한 다음, 위 사실에 의하면 이 사건 차량의 운행지배나 운행이익은 자동차등록원부상 소유명의자인 위 박영환이나 그 실제 소유자인 소외 박창환에게 귀속된다고 보아 피고가 자동차손해배상보장법상 자기를 위하여 자동차를 운행하는 자의 지위에 있음을 전제로 한 원고들의 주장을 배척하고 있다. 그러나 기록에 의하여 살펴보면, 이 사건 차량이 위 박창환에게 채무변제조로 양도되었다는 사실에 부합하는 증거로는 유일하게 위 박영환의 증언이 있을 뿐이고 그 채무변제조로 양도된 사실에 부합하는 아무런 서증이 제출되지 아니하

고 있을 뿐 아니라 위 박영환이 피고의 동생인 점에서 그 증언을 그대로 믿기 어렵다고 아니할 수 없다. 오히려 피고의 1995. 5. 1.자 준비서면에 의하면 이 사건 차량을 피고가 운임을 주고 빌려서 사용하고 있다는 취지로 주장하고 있음을 알 수 있고(기록 103정), 이 사건 차량의 운전자인 소외 이철우의 최초 경찰에서의 피의자신문조서(갑 제7호증의 8)에 의하면 이 사건 차량은 이화마블산업 부장인 피고의 소유라고 진술하고 있으며(기록 138정), 이러한 진술은 검찰에서도 유지되고 있고(기록 243정), 당시 피고가 사용하고 있던 명함(을 제4호증)에 의하면 이화마블산업 생산부장이라는 직함을 기재하고 있으며, 더구나 이 사건 차량의 실질적 소유자라고 원심이 판시한 위 박창환은 1심 법정에서 피고측 증인으로 출석하여, "이 사건 차량의 소유관계를 전혀 모른다. 사고 당일 피고의 공장 이사짐을 이철우가 날랐다. 이 사건 차량운행을 증인이 지시한 적은 없다. 증인은 이 사건 차량을 당시 피고가 빌려다 사용하는 것으로 알고 있었다."라고 진술하고 있음을 알 수 있는바, 이러한 증거자료들은 바로 피고가 이 사건 차량을 위 박영환 또는 위 박규환으로부터 빌려서 사용한 자라는 점을 추측케 하는 유력한 자료가 된다고 할 것이다. 그럼에도 불구하고 원심이 거시 증거만으로 판시와 같은 사실을 인정한 다음 피고는 이 사건 차량의 운행지배나 운행이익이 없다고 단정하였음은 심리를 다하지 아니하였거나, 채증법칙을 위배하여 사실을 오인한 잘못이 있어 판결에 영향을 미친 것이라고 할 것이고, 이를 지적하는 논지는 이유 있다. ㉡또한 원심판결 이유에 의하면 원심은 을 제6호증의 1(합의서)의 피고의 서명날인은 피고가 위 이화마블산업의 사업자등록상 명의자임을 이용하여 피고의 의사와는 상관없이 위 박창환이 임의로 한 것으로 보여진다고 하여 그 합의서 기재만으로는 피고의 손해배상 약정사실을 인정하기 부족하다고 하여 원고들의 주장을 배척하고 있다.

그러나 을 제6호증의 1과 같은 일시 경에 작성되어 피고도 성립을 다투지 아니하는 갑 제13호증(합의서)에 의하면 거기에도 '가해자 이철우 대리인 피고'라고 기재되어 있음을 알 수 있고, 갑 제12호증의 1, 2(통장표지 및 내용)에 의하면 원고 이홍열에 대한 합의금으로 지급된 돈은 박창환이 전액 지급하였다고 볼 수 없는 점이 있으며(온라인 송금자가 박창환과 이화마블산업 2개로 되어 있음), 피고와 형제간인 위 박영환, 박창환 모두 증인으로 출석하여 피고가 원고들과 합의하였다거나, 피고가 있는 자리에서 박창환이 을 제6호증의 1의 내용을 기재하고 날인하였다고 증언하고 있는 점 등을 모두어 보고 이에 위에서 본 바와 같은 이 사건 차량의 이용관계를 더하여 보면, 위 합의서는 피고가 작성하였거나 적어도 위 박창환이 피고를 대리하여 작성한 것이라고 볼 여지가 있다고 할 것임에도 원심이 판시와 같은 사실만으로 위 합의서가 위 박창환에 의하여 함부로 작성된 것이라고 판단하였음은 채증법칙을 위배하여 사실을 오인한 잘못이 있어 판결에 영향을 미친 것이라고 하겠고, 이 점을 지적하는 논지도 이유 있다.[296]

(ㄷ) ㉠ 원심은 제1심판결 이유를 인용하여, 제1심 공동피고 학교법인 경명학숙(이하 '경명학숙'이라 한다) 앞으로 등록된 대구 77가1468호 현대에어로 버스는 소외 조천수가 경명학숙에 지입한 것으로서 경명학숙 산하의 경명여자중고등학교의 학생과 교직원

들의 통학 및 학교 행사용으로 운행하여 온 차량인데, 피고가 그 사업의 일환으로 설립, 운영하는 농협주부대학 총동창회의 주관 하에 체육대회를 개최하면서, 그 경비 절감을 위하여 주부대학회원 수송용 차량으로 학교 소속 차량을 빌리기로 하고, 경명학숙과 사이에 대형버스 관리위탁계약을 체결하여 경명학숙의 통학버스를 관리하고 있는 소외 여무치를 통하여 경명학숙의 법인과장인 소외 박민수로부터 경명학숙 소속의 통근버스를 위 수송용으로 사용하는데 승낙을 받은 다음, 조천수에게 하루 버스 이용 대가로 금 100,000원을 지급하기로 구두약정하고 임차한 사실을 인정하였는바, 기록에 의하여 살펴보면 원심의 이러한 사실인정은 수긍할 수 있고, 원심판결에 상고이유로 내세우고 있는 바와 같은 채증법칙 위반이나 심리미진의 위법이 있다고 할 수 없다. ㉡ 자동차의 운행지배와 운행이익에 관한 법리오해의 주장에 대하여 자동차손해배상보장법 제3조에서 자동차 사고에 대한 손해배상책임을 지는 자로 규정하고 있는 '자기를 위하여 자동차를 운행하는 자'란 사회통념상 당해 자동차에 대한 운행을 지배하여 그 이익을 향수하는 책임주체로서의 지위에 있다고 할 수 있는 자를 말하고, 자동차의 임대차의 경우에는 특단의 사정이 없는 한 임차인이 임차한 자동차에 대하여 현실적으로 운행을 지배하여 그 운행이익을 향수하는 자라고 할 것이다(대법원 1979. 12. 11. 선고 79다906 판결, 1993. 6. 8. 선고 92다27782 판결 등 참조). 따라서 원심이 위 사고버스를 임차한 피고가 위 사고버스에 대한 운행을 지배하여 그 이익을 향수한 운행자의 지위에 있다고 판단한 점은 위와 같은 법리에 따른 것으로서 정당하고, 거기에 상고이유로 주장하는 자동차의 운행지배나 운행이익에 관한 법리오해의 위법이 있다고 할 수 없다.297)

④ 자동차운전학원에서 피교습자가 교습용자동차를 이용하여 자동차운전연습을 하는 경우 피교습자가 임차인으로서 운행자이다.

(ㄱ) 원심판결 이유에 의하면, 원심은 그 판결에서 채용하고 있는 증거들을 종합하여, 피고가 1996. 5. 7. 16:50경 경북대구자동차학원 소속의 운전교습용 16호 승용차를 운전하여 위 학원 내 장거리 연습코스의 주행을 마친 후 위 승용차를 대기실 앞에 주차하기 위하여 연습코스에서 연장된 2차로의 일방통행로 중 왼쪽 내측코스를 진행하다가 진행방향 오른쪽에서 왼쪽으로 위 연습코스를 횡단하는 원고 이종길을 발견하였으나 운전미숙으로 미처 피하지 못하고 충격하여 동인에게 우측비골간부분쇄골절 등의 상해를 입게 한 사실을 인정한 다음, 피고는 자동차손해배상보장법 제3조 소정의 자기를 위하여 자동차를 운행하는 자로서 이 사건 사고로 인하여 원고들이 입은 손해를 배상할 책임이 있다는 원고들의 주장에 대하여, 이 사건 사고를 일으킨 위 운전교습용 자동차에 대한 운행을 지배하여 그 이익을 향수하는 자는 위 운전교습용 자동차를 이용하여 운전연습자를 교육하고 그 대가로서 그들로부터 교습비를 지급받는 경북대구자동차학원이라 할 것이고, 위 학원의 피교습자인 피고는 자동차손해배상보장법 소정의 '자기를 위하여 자동차를 운행하는 자'에 해당하지 않는다는 이유로 이를 배척하고, 나아가 그 판시와 같은 사고 경위에 비추어 보면 피고는 자동차 운전기능을

습득하고자 운전학원에서 운전교습을 받는 운전연습자로서의 보통인을 기준으로 할 때에 주의의무를 위반하였다고 보기 어려우므로 이 사건 사고에 대하여 과실이 있다고 할 수 없고, 그 결과 불법행위자로서의 책임도 부담하지 않는다고 판단하고 있다.

(ㄴ) 그러나 자동차운전학원에서 연습중인 피교습자에게 학원 소유의 교습용 자동차를 이용하여 운전연습을 하게 하는 경우, 학원과 피교습자 사이에 교습용 자동차에 관하여 임대차 또는 사용대차의 관계가 성립된다고 할 것이고, 이와 같이 임대차 또는 사용대차의 관계에 의하여 자동차를 빌린 차주(차주)는 자동차를 사용할 권리가 있는 자로서 자기를 위하여 자동차를 운행하는 자에 해당하므로, 그 교습용 자동차를 이용하여 운전연습을 하던 중 제3자에게 손해를 가한 경우에는 제3자에 대한 관계에서 자동차손해배상보장법 제3조 소정의 운행자책임을 면할 수 없다고 할 것이다.[298]

(B) 절취운전의 경우

1) 원 칙　원칙적으로 절취운전(자동차보유자와 아무런 인적 관계도 없는 자가 보유자에게 되돌려 줄 의도 없이 자동차를 절취하여 운전하는 것)의 경우 보유자는 운행자의 지위를 상실하고 절도자만이 운행자가 된다.

[관련판례]

원심판결 이유에 의하면, 원심은 판시 증거들을 종합하여 소외 박문기는 1995. 7. 14. 10:15경 전남 보성군 벌교읍 소재 벌교상업고등학교 구내 체육관 옆에서 시동열쇠가 꽂힌 채 주차되어 있던 소외 문석균 소유의 전남 3더3155호 승용차를 시동을 걸어 타고 가 이를 절취한 후, 같은 날 16:45경 위 차를 운전하여 광주 남구 사구동 소재 광주대학교 앞길에서 소외 이준호 운전의 택시와 충돌하는 사고를 내고도 아무런 조치 없이 도주하고, 같은 날 16:50경 위 차를 운전하여 같은 구 백운동 소재 백운우체국 앞길을 진행하다가 위 교통사고 신고를 받고 출동한 의무경찰인 원고 최준선의 정지 지시를 무시한 채 그대로 진행하여 위 차의 앞범퍼 부분으로 위 원고를 충격하여 땅에 넘어뜨림으로써 위 원고에게 제1요추 압박분쇄골절 등의 상해를 가한 사실, 벌교상업고등학교에는 출입문이나 주차장에 관리원

---

292) 대판 1991. 5. 10, 91다3918.
293) 대판 1991. 4. 12, 91다3932.
294) 대판 1991. 7. 12, 91다8418.
295) 대판 1993. 6. 8, 92다27782.
296) 대판 1997. 4. 8, 96다52724.
297) 대판 2000. 7. 6, 2000다560.
298) 대판 2001. 1. 19, 2000다12532.

이 따로 배치되어 있지 아니하고, 학부모 등 일반인들이 학교 구내에 자유롭게 출입할 수 있는 사실, 문석균은 차량 내부를 건조시키기 위하여 차의 문을 열고 시동열쇠까지 꽂아 놓은 채 위 차량을 주차하여 두었던 사실, 피고는 문석균과 사이에 위 승용차를 피보험차량으로 하여 위 차량의 운행으로 인하여 타인을 죽게 하거나 다치게 하여 자동차손해배상보장법에 의한 손해배상책임을 짐으로써 입게 될 손해를 보상하기로 하는 대인배상 자동차종합보험계약을 체결한 보험회사인 사실 등을 인정하고, 그와 같은 인정 사실을 바탕으로 이 사건 사고는 문석균이 위 승용차의 관리를 소홀히 한 과실로 발생한 것일 뿐만 아니라 피해자인 위 원고로서는 위 승용차가 소유자의 의사에 반하여 운행되고 있었다는 점을 알 수 없었던 점 등에 비추어 보면 문석균은 위 승용차에 대한 운행자의 지위를 계속 보유하고 있었다고 판단하고, 피고에 대하여 위 자동차종합보험계약에 따라 원고들에게 보험금을 지급할 것을 명하였다. 그러나 자동차손해배상보장법 제3조가 규정하는 '자기를 위하여 자동차를 운행하는 자'는 자동차에 대한 운행을 지배하여 그 이익을 향수하는 책임주체로서의 지위에 있는 자를 의미하므로(당원 1997. 11. 14. 선고 95다37391 판결, 1997. 7. 8. 선고 97다15685 판결, 1995. 2. 24. 선고 94다41232 판결 등 참조), 자동차 보유자와 고용관계 또는 가족관계가 있다거나 지인(知人) 관계가 있는 등 일정한 인적 관계가 있는 사람이 자동차를 사용한 후 이를 자동차 보유자에게 되돌려 줄 생각으로 자동차 보유자의 승낙을 받지 않고 무단으로 운전을 하는 협의의 무단운전의 경우와 달리 자동차 보유자와 아무런 인적 관계도 없는 사람이 자동차를 보유자에게 되돌려 줄 생각 없이 자동차를 절취하여 운전하는 이른바 절취운전의 경우에는 자동차 보유자는 원칙적으로 자동차를 절취당하였을 때에 운행지배와 운행이익을 잃어버렸다고 보아야 할 것이고, 다만 예외적으로 자동차 보유자의 차량이나 시동열쇠 관리상의 과실이 중대하여 객관적으로 볼 때에 자동차 보유자가 절취운전을 용인하였다고 평가할 수 있을 정도가 되고, 또한 절취운전 중 사고가 일어난 시간과 장소 등에 비추어 볼 때에 자동차 보유자의 운행지배와 운행이익이 잔존하고 있다고 평가할 수 있는 경우에 한하여 자동차를 절취당한 자동차 보유자에게 운행자성을 인정할 수 있을 것이다. 이 사건에 돌아와 보면 원심이 인정한 바와 같이 문석균이 시동열쇠를 꽂고 자동차 문을 열어 둔 채로 출입문이나 주차장에 관리원이 따로 배치되어 있지 아니하고, 학부모 등 일반인들이 자유롭게 출입할 수 있는 벌교상업고등학교 구내에 승용차를 주차시켜 두었고, 또한 기록에 의하면 문석균은 그 날 09:00경에 위와 같이 승용차를 주차시켜 놓고 같은 날 14:00경 벌교파출소로부터 연락을 받기까지 승용차를 절취당한 사실을 몰랐던 것으로 보이기 때문에 문석균이 승용차와 그 시동열쇠의 관리를 상당히 소홀히 하였다고 볼 수 있는 면이 있기는 하지만, 반면에 원심이 인정한 사실과 기록에 의하면 문석균이 승용차를 주차시킨 곳은 벌교상업고등학교 교문으로부터 200m 가량 떨어진 곳이고, 학교는 철책으로 둘러싸여 있는 것으로 보이고, 우리의 경험에 의하면 일반인들이 학교에 출입하는 것이 통제되지는 않는다고 하더라도 특별한 사정이 없으면 소외 1가 승용차를 절취한 같은 날 10:15경에는 다수의 일반인들이 학교에 출입하지 않으리라고 볼 수 있고, 또한 소외 1가 자동차를 절취한 벌교읍에서 사고 장소인 광주시 남구 백운동까지는 상당한 거리이고, 소외 1가 승용차를 절취한 때로부터 이 사건 사고를 일으키기까지는 약 6시간 30분가량의 시간이 경과하였으며, 문석균은 벌교파출소에서 같은 날 14:00경 빽소니운전자로 자신을 찾아오자 도난신고를 하였다고 진술하고 있는바(을 제1호증 참조), 이와 같은 사실관계 하에서는 문석균의 차량이나 시동열쇠 관리상의 과실이 중대하여 객관적으로 볼 때에 절취운전을 용인하였다고 평가할 수 있을 정도라고 보기 어려울 뿐 아니라, 또한 이 사건 사고 당시 승용차에 대한 문석균의 운행지배와 운행이익이 잔존하고 있다고 평가할 수 있는 경우라고 보기도 어렵다고 할 것이다. 결국 원심의 위와 같은 판단은 절취운전과 자동차 보유자의 운행자성 인정에 대한 법리를 오해한 위법이 있고, 그와 같은 위법은 판결 결과에 영향을 미친 것임이 분명하다. 이 점을 지적하는 논지는 이유가 있다. 다만 기록상 이 사건 보험계약의 약관이 제출되어 있지 아니하나, 기록에 발췌·편철된 피고 회사의 개인용자동차보험약관 제10조는 "회사는 피보험자동차를 소유, 사용, 관리하는 동안에 발생한 사고로 인하여 생긴 피보험자동차의 손해로 인하여 남을 죽게 하거나 다치게 하여(이하 '대인사고'라고 합니다) 법률상 손해배상책임을 짐으로써 입은 손해 중 대인배상 Ⅰ로 지급되는 금액 또는 피보험자동차가 대인배상에 가입되어 있지 아니한 경우에는 대인배상 Ⅰ로 지급될 수 있는 금액을 넘는 손해를 이 약관에서 정한 바에 따라 보상하는 책임을 집니다."로 되어 있고, 또한 위 보험계약의 보험증권(갑 제7호증의 23)에는 '가족한정'이라는 기재가 있어서 위 보험계약에는 이른바 가족운전자 한정운전특별약관이 적용되는 것으로 짐작되는바, 위 보험계약의 내용에 따라서는 문석균이 자동차손해배상보장법에 의한 손해배상책임을 지지 아니하더라도 민법상 불법행위책임을 지게 된다면 피고가 보험금 지급의무를 부담하는 경우가 있을 수 있으므로, 원심으로서는 그 점에 대하여도 심리·판단하여야 할 것임을 덧붙여 둔다.[299]

2) 예 외 　자동차보유자의 차량이나 시동열쇠 관리상의 과실이 중대하여 객관적으로 자동차보유자가 절취운전을 용인하였다고 평가할 수 있을 정도가 되는 경우 등에는 자동차보유자의 운행자성이 인정된다.

[관련판례]

1. 자동차손해배상보장법 제3조 소정의 '자기를 위하여 자동차를 운행하는 자'라 함은 자동차에 대한 운행을 지배하여 그 이익을 향수하는 책임주체로서의 지위에 있는 자를 의미하므로, 자동차 보유자와 아무런 인적 관계도 없는 사람이 자동차를 보유자에게 되돌려 줄 생각 없이 자동차를 절취하여 운전하는 이른바 절취운전의 경우에는 자동차 보유자는 원칙적으로 자동차를 절취당하였을 때에 운행지배와 운행이익을 잃어버렸다고 보아야 할 것이고, 다만 예외적으로 자동차 보유자의 차량이나 시동열쇠 관리상의 과실이 중대하여 객관적으로 볼 때에 자동차 보유자가 절취운전을 용인하였다고 평가할 수 있을 정도가

299) 대판 1998. 6. 23, 98다10380.

되고, 또한 절취운전 중 사고가 일어난 시간과 장소 등에 비추어 볼 때에 자동차 보유자의 운행지배와 운행이익이 잔존한다고 평가할 수 있는 경우에 한하여 자동차를 절취당한 자동차 보유자에게 운행자성을 인정할 수 있다고 할 것이다.[300)]

2. 원심이 인용한 제1심판결 이유에 의하면, 이 사건 차량의 소유자인 피고가 차량을 주차하여 둔 장소가 평소 아파트 경비가 관리하는 아파트 주차장인 점, 피고가 주차 시 비록 그 시정 여부를 확인하지는 않았다고는 하나 자동잠금장치를 작동한 점, 소외인 등이 이 사건 차량을 절취하여 간 시간이 02:40경인 점, 소외인 등은 위 아파트에 입주하여 사는 주민이 아닌 점 등에 비추어 피고가 이 사건 차량을 관리함에 있어 현저하게 주의를 결여하였다고 보기 어려워 피고는 소외인 등이 이 사건 차량을 절취하여 감으로써 그에 대한 운행지배와 운행이익을 상실하였다 할 것이어서 자동차손해배상보장법 제3조 소정의 운행자라 할 수 없고, 나아가 피고가 위와 같이 아파트 주차장 내에 이 사건 차량을 주차하고 자동잠금장치를 작동한 이상, 이 사건 차량의 문이 실제로 시정되었는지 여부를 확인하지 아니하고 대쉬 보드에 보조키를 넣어 두었다고 하더라도 그러한 사정만으로는 피고에게 이 사건 사고에 대한 민법상의 불법행위책임을 부담시킬 만한 과실이 있다고 할 수도 없다고 판단하였다.

위에서 본 법리와 기록에 비추어 살펴보면, 원심의 위와 같은 판단은 수긍할 수 있고, 거기에 심리를 다하지 아니하였거나 석명권불행사의 위법 또는 절취운전과 자동차 보유자의 운행자성에 대한 법리 또는 민법상의 불법행위책임에 있어 과실에 관한 법리를 오해한 위법 등이 있다 할 수 없다.[301)]

(C) 일반불법행위책임을 지는 경우

차량보관상의 과실이 있고 그 과실과 절취자의 사고 사이에 인과관계가 있는 경우이다.

[관련판례]

① 자동차사고로 인한 손해배상청구사건에서 자동차손해배상보장법이 민법에 우선하여 적용되어야 할 것은 물론이지만 그렇다고 하여 피해자가 민법상의 손해배상청구를 하지 못한다고는 할 수 없다. 따라서 이 사건 청구에 자동차손해배상보장법이 우선 적용되어야 한다는 전제에서 민법상의 불법행위책임을 인정한 원심의 조처에 자동차손해배상보장법에 관한 법리오해의 위법이 있다는 주장은 받아들일 수 없다. 또한 원심이 확정한 바와 같이 피고는 인천 5다4536호 봉고코치의 소유자인데, 그 남편으로서 평소 위 차량을 관리 운행하던 원심공동피고 김 홍이 1985. 1. 31. 위 차량을 운전하다가 같은 날 23:10경 인천직할시

300) **대판** 1998. 6. 23, 98다10380.
301) **대판** 2001. 4. 24, 2001다3788.

북구 부평동 201의12에 있는 피고 등 경영의 '아스내리' 미용실 앞 노상에 위 차량을 주차시키고 위 미용실에 잠시 볼 일이 있어 자동차의 키를 그대로 꽂아둔 채 출입문도 잠그지 아니하고 10여 분간 자리를 뜬 사이에 소외 성명불상자가 위 차안에 들어가서 엔진시동을 걸고 운전하여 차량을 절취한 후 1985. 2. 20. 08:40경 충남 논산쪽에서 대전쪽으로 위 차를 운전해 가던 중 충남 대덕군 진잠면 송정리 앞 노상에서 이 사건 교통사고를 일으킨 것이라면, 위와 같이 차량의 키를 뽑지 아니하고 출입문도 잠그지 아니한 채 노상에 주차시킨 행위와 그 차량을 절취한 제3자가 일으킨 이 사건 사고로 인한 손해와의 사이에 상당인과관계가 있다고 할 것이므로 같은 취지의 원심판결은 옳고 거기에 불법행위 로 인한 손해배상의 법리를 오해한 위법이 있다고 할 수도 없다.[302)]

② 자동차사고로 인한 손해배상청구사건에서 자동차손해배상보장법이 민법에 우선하여 적용되어야 할 것은 물론이지만 그렇다고 하여 피해자가 민법상의 손해배상청구를 하지 못한다고는 할 수 없으므로(대법원 1988. 3. 22. 선고 86다카2747 판결 참조), 원심이 자동차손해배상보장법상 손해배상책임을 배척한 후 민법상의 불법행위책임을 인정한 조치에 법체계 및 법적용에 관한 법리오해의 위법이 있다 할 수 없다. 이 점에 관한 상고이유는 받아들이지 아니한다. 원심은, 소외 1이 1999. 8. 13. 14:30경 그 소유의 이 사건 자동차를 주택가 앞 도로인 판시 장소에 열쇠를 꽂은 채 출입문을 잠그지 아니하고 주차해 놓았는데, 소외 2가 같은 날 15:00경 이를 절취하여 운전하며 돌아다니다가 같은 달 16일 00:30경 음주운전단속중이던 서귀포경찰서 위미파출소 소속 경찰관들인 피고(반소원고, 이하 '피고'라 한다)들의 정지신호를 무시하고 그대로 진행하다가 같은 날 00:45경 추격하여 온 피고들 탑승의 순찰차량을 들이받음으로써 이 사건 교통사고가 발생한 사실을 확정하고, 위 소외 1이 위와 같이 이 사건 자동차의 열쇠를 뽑지 아니하고 출입문도 잠그지 아니한 채 노상에 주차시킨 행위와 그 차량을 절취한 제3자가 일으킨 이 사건 사고로 인한 손해와의 사이에 상당인과관계가 있다고 판단하였는바, 이 같은 원심의 판단은 정당하고, 거기에 불법행위에 있어서의 상당인과관계와 그로 인한 손해배상의 법리를 오해한 위법이 있다고 할 수 없다.[303)]

(D) 자동차수리 및 세차를 위하여 자동차를 맡긴 경우

1) 수리업자에게 자동차를 맡긴 경우 일반적으로 수리업자가 운행자이다.

[관련판례]

자동차의 수리를 의뢰하는 것은 자동차수리업자에게 자동차의 수리와 관계되는 일체의 작업을 맡기는 것으로서 여기에는 수리나 시운전에 필요한 범위 안에서의 운전행위도 포함되는 것이므로 수리하는 동안에도 자동차의 소유자가 사고 당시 자동차의 운행에 대한 운행

302) 대판 1988. 3. 22, 86다카2747.
303) 대판 2001. 6. 29, 2001다23201·23218.

지배와 운행이익을 완전히 상실하지 아니하였다고 볼 특별한 사정이 없는 한 그 자동차의 운행지배권은 수리업자에게만 있다 할 것이다(대법원 1995. 2. 17. 선고 94다21856 판결, 1992. 9. 8. 선고 92다21487 판결, 1990. 4. 13. 선고 89다카29136 판결 등 참조).

원심판결 이유에 의하면, 원심은 그 채택한 증거들을 종합하여 피고는 1997. 11. 13. 15:10경 전남 함평군 나산면 월봉리에서 자동차정비업소를 경영하는 제1심 공동피고를 찾아가 피고 소유의 전남 91가1216호 와이드봉고 더블캡 화물자동차가 그 가속장치(accelerator)가 빡빡하고 오르막길을 올라가기에 힘이 약하다는 이유로 수리를 의뢰하였고, 이에 제1심 공동피고는 위 자동차를 인도받은 다음 그 성능을 시험하기 위하여 정비업소 마당에서 시운전을 하다가 좀 더 상세한 상태 점검을 위하여 같은 날 15:20경 피고를 조수석에 태운 채 자동차정비업소를 나서 편도 1차선 도로를 시속 60㎞의 속도로 시험 운행하던 중 이 사건 사고 장소에서 중앙선을 침범한 과실로 때마침 마주 오던 소외 이건복 운전의 전남 55가2162호 캐피탈 승용차를 충격하여 이건복과 그 승용차에 타고 있던 소외 이창하로 하여금 흉부압박에 의한 심정지 등으로 사망하게 한 사실을 인정하고, 그와 같은 인정 사실을 토대로 나아가 이 사건에서 피고는 가속장치가 빡빡하고 오르막길을 올라가기에 힘이 약하다는 이유로 수리를 의뢰하였고, 제1심 공동피고는 이를 인수하고 피고로부터 그 차량을 인도받았던 것이고, 그 후에 제1심 공동피고가 차량을 시운전한 목적은 수리 여부를 결정하기 위하여 그 고장 여부를 판단하려는 데에 있었던 것이 아니고, 수리계약의 이행으로서 고장의 원인이 어디에 있는지를 구체적으로 감지하기 위한 것이었다고 봄이 상당하므로 그 차량의 운행이익 및 운행지배는 위 사고 당시의 운행을 포함하여 수리하는 동안 제1심 공동피고에 옮겨졌고, 이는 시운전 당시 피고가 조수석에 앉아 그 점검과정을 지켜보고 있었다고 하여 달리 볼 것은 아니므로 이 사건 사고 당시 피고는 차량의 운행이익 및 운행지배를 상실하였다고 판단하여, 피고가 자동차손해배상보장법 제3조가 정하는 '자기를 위하여 자동차를 운행하는 자'에 해당함을 전제로 하는 원고들의 청구를 배척하였는바, 앞서 본 법리에 비추어 관련 증거들을 기록과 대조하여 검토하여 보면 원심의 위와 같은 사실인정과 판단은 정당하고, 여기에 상고이유에서 논하는 바와 같은 채증법칙 위반으로 인한 사실오인이나 자동차의 운행지배에 대한 법리오해 등의 위법이 있다고 할 수 없다. 논지는 이유가 없다.[304)]

2) 수리업자에게 맡긴 경우라도 소유자가 운행이익을 완전히 상실하지 않았다는 특별한 사정이 있는 경우 수리업자와 소유자가 공동운행자가 된다.

[관련판례 1]

자동차의 수리를 의뢰하는 것은 자동차수리업자에게 자동차의 수리와 관계되는 일체의

304) **대판** 1999. 12. 28, 99**다**50224 ; 이 판례와 유사한 판례로 **대판** 1988. 6. 14, 87**다카**1585 ; **대판** 1990. 4. 13, 89**다카**29136 ; **대판** 1995. 2. 17, 94**다**21856 등이 있다.

작업을 맡기는 것으로서, 여기에는 수리나 시운전에 필요한 범위 안에서의 운전행위도 포함되는 것이고, 자동차의 소유자는 수리를 의뢰하여 자동차를 수리업자에게 인도한 이상 수리 완료 후 다시 인도받을 때까지는 자동차에 대하여 관리지배권을 가지지 아니한다고 할 것이며, 수리하는 동안에도 자동차의 소유자가 사고 당시 자동차의 운행에 대한 운행지배와 운행이익을 완전히 상실하지 아니하였다고 볼 특별한 사정이 없는 한 그 자동차의 운행지배권은 수리업자에게만 있다고 함은 피고 학원의 상고이유의 주장과 같다(대법원 1990. 4. 13. 선고 89다카29136 판결, 1999. 12. 28. 선고 99다50224 판결 등 참조).

그러나 원심이 인정한 바와 같이, 이 사건 사고 당시 위 소외인이 위 버스의 수리를 피고 1에게 맡기고서도 위 버스의 시동키를 소지한 채 자리를 뜨지 않고 피고 1과 원고 박종선이 위 버스의 노즐파이프 교체작업을 할 수 있도록 위 버스의 보닛을 열어준 다음 피고 1 등이 위 버스의 노즐파이프 교체작업을 하는 동안 내내 이를 지켜보며 '노즐파이프가 흔들리지 않도록 잘 해 달라'고 주문하는 등 피고 1 등의 위 노즐파이프 교체작업을 보조·간섭하였을 뿐만 아니라, 위 노즐파이프 교체작업의 마지막 단계에 이르러서는 피고 1의 부탁에 따라 위 노즐파이프 속에 있던 공기를 배출시키기 위하여 위 버스의 시동까지 걸어 주었다면, 이는 위 버스의 소유자인 피고 학원이 이 사건 사고 당시 버스의 운행에 대한 운행지배와 운행이익을 완전히 상실하지 아니하였다고 볼 특별한 사정이 있는 경우에 해당한다 할 것이므로, 같은 취지에서 피고 학원이 위 버스의 노즐파이프 교체작업이 진행되고 있는 동안에도 위 소외인을 통하여 피고 1과 공동으로 위 버스에 대한 운행지배를 하고 있었다고 본 원심의 판단은 정당한 것으로 수긍이 되고, 거기에 자동차 수리의뢰의 경우에 있어서 운행지배의 상실에 관한 법리오해 등의 위법이 있다고 할 수 없다.[305]

[관련판례 2]

1. 원심은 그 채용한 증거들에 의하여, 소외 이광석은 2000. 10. 7.경 그 소유인 이 사건 화물차의 타임벨트 수리를 의뢰하도록 매형인 소외 정양섭에게 부탁하였고, 정양섭은 같은 날 12:00경 이 사건 화물차를 이광석으로부터 넘겨받아 직접 이 사건 화물차를 운전하여 평소 친분이 있던 피고 경영의 '한라오토카센터'에 고장난 타임벨트의 수리를 의뢰하며 이 사건 화물차를 맡긴 다음, 수리가 끝날 때까지 '한라오토카센터' 사무실에 머무르다가 수리가 어느 정도 마쳐진 것으로 보이자 피고에게 이 사건 화물차를 가져가겠다고 얘기하였으나, 피고는 아직 점검이 끝나지 않았으니 시운전을 해보자고 하며 정양섭에게 조수석에 타라고 한 사실, 피고는 같은 날 17:00경 정양섭을 조수석에 태운 채 이 사건 화물차를 운전하여 '한라오토카센터'로부터 2km 정도 떨어진 전남 영암군 삼호면 용당리에 있는 메밀항 마을 앞길을 원용당 삼거리 방면에서 메밀항 방면으로 진행하던 중 반대방향에서 마주오던 소외 정태중 운전의 오토바이를 뒤늦게 발견하고 충격하여 정태중으

305) 대판 2000. 4. 11, 98다56645.

로 하여금 사망에 이르게 한 사실, 한편 원고는 1999. 10. 28. 이광석과 사이에 이 사건 화물차에 관하여 자동차종합보험계약을 체결한 보험자로서 망 정태중의 유족에게 보험금을 지급하여 합의한 사실 등을 인정하였다. 그런 다음 원심은, 피고가 이 사건 화물차의 수리의뢰를 받고 이 사건 화물차를 인도받음으로써 그 운행이익 및 운행지배가 이광석 내지 정양섭으로부터 피고에게로 옮겨졌고, 이 사건 화물차를 시운전한 목적도 수리가 완료되었는지 여부를 판단하기 위한 것이어서 시운전 당시에도 그 운행이익 및 운행지배는 여전히 피고에게만 있었으며, 시운전 당시 정양섭이 조수석에 동승하였다고 하여 달리 볼 것도 아니라는 이유로, 이 사건 화물차의 소유자인 이광석이 이 사건 사고 당시 그 운행지배와 운행이익을 완전히 상실하였다고 판단하여, 이광석의 망 정태중의 유족에 대한 책임을 전제로 하는 원고의 이 사건 구상금 청구를 배척하였다.

2. 통상의 경우 자동차의 수리를 의뢰하는 것은 자동차수리업자에게 자동차의 수리와 관계되는 일체의 작업을 맡기는 것으로서, 여기에는 수리나 시운전에 필요한 범위 안에서의 운전행위도 포함되고, 자동차의 소유자는 수리를 의뢰하여 자동차를 수리업자에게 인도한 이상 수리완료 후 다시 인도받을 때까지는 자동차에 대하여 관리지배권을 갖지 않으므로, 그 운행지배권은 수리업자에게만 있는 것이지만, 자동차를 수리하거나 시운전하는 동안에 발생한 사고 당시 그 소유자가 자동차의 운행에 대한 운행지배와 운행이익을 완전히 상실하지 아니하였다고 볼 만한 특별한 사정이 있는 경우에는 달리 보아야 한다 (대법원 1996. 6. 28. 선고 96다12887 판결, 2000. 4. 11. 선고 98다56645 판결 등 참조). 그런데 기록에 의하면, 이 사건 사고 당시 수리업자인 피고는 수리완료 여부를 확인하고자 이 사건 화물차를 시운전하였던 것 이외에도, 조수석에 탑승한 수리의뢰자 정양섭이 피고에게 자기 또는 이광석이 거주할 방을 얻는다고 말하여 위 메밀항에 있는 방을 알아보고자 공사중의 이면도로인 사고 장소로무리하게 진입하였다가 이 사건 사고를 야기하였던 사실을 알 수 있는바(갑 제10호증의 20 및 제1심의 제7차 변론조서 등 참조), 사정이 이러하다면, 이 사건 사고 당시 소유자인 원고는 매형인 정양섭을 통하여 간접적으로 이 사건 화물차의 운행을 지배하면서 그 운행이익도 누리고 있었다고 봄이 상당하므로, 수리업자인 피고와 공동으로 이 사건 화물차의 운행지배와 운행이익을 가지고 있었다고 보아야 할 것이다.[306]

3) 수리업자가 자신이 의뢰 받은 자동차를 다른 수리업자에게 재의뢰를 한 경우 수리업자들이 공동운행자가 된다.

[관련판례]

1. 원심은 채택 증거에 의하여, 소외 김유현이 1998. 1. 3. 11:40경 자동차수리업자인 피고에게

---

306) **대판** 2002. 12. 10, 2002다53193.

이 사건 승용차의 수리를 의뢰하였고, 피고는 이 사건 승용차를 직접 수리하기가 곤란하자 다른 정비업자인 소외 윤용이에게 그 수리를 의뢰한 사실, 위 윤용이는 피고를 찾아가 피고로부터 수리할 부분에 관하여 설명을 들은 후 이 사건 승용차를 운전하여 자신의 작업장으로 돌아가다가 같은 날 13:50경 수원시 권선구 권선동 대원아파트 앞 사거리에서 전방의 안전함을 확인하지 않고 그대로 진행한 과실로 진행방향 우측에서 신호에 따라 진행하던 승용차를 충격하여 그 탑승자들에게 상해를 입게 한 사실 등을 인정한 다음 자동차의 소유자로부터 수리업자가 수리를 의뢰받은 경우뿐만 아니라 그 수리업자가 다시 다른 수리업자에게 자신이 수리를 의뢰받은 자동차의 전부 또는 일부에 대한 수리를 의뢰하고 자동차를 인도한 경우에도 원래의 수리업자는 그 운행지배 및 운행이익을 상실하고, 다른 수리업자만이 운행지배권을 가진다는 이유로 처음 수리를 의뢰받은 피고가 이 사건 사고 당시 그 운행지배와 운행이익을 완전히 상실하였다고 판단하여, 피고에게 여전히 이 사건 승용차에 대한 운행지배권이 있음을 전제로 하는 원고의 이 사건 구상금 청구를 배척하였다.

2. 그런데 기록에 의하면, 피고는 위 김유현으로부터 이 사건 자동차의 수리를 의뢰받은 후 위 김유현의 의사를 확인하지 않은 채 다시 다른 수리업자인 소외 권병연에게 전화를 걸어 이 사건 승용차의 수리를 의뢰하였고, 이에 따라 피고가 운영하는 카센터에 도착한 위 윤용이(위 권병연의 동업자이다)는 피고로부터 직접 이 사건 승용차를 건네받으며, 수리할 부분에 관한 설명과 지시를 받은 사실, 통상적으로 카센터에서 타 수리업자에게 수리를 의뢰할 경우 카센터 업자는 자신이 받은 수리비 중 소개비조로 일부를 공제한 후 나머지만을 타 수리업자에게 지급하는데, 이 사건 당시도 수리비용은 피고가 위 김유현으로부터 직접 받았던 사실(갑 제4호증 및 윤용이의 제1심 증언 참조)을 알 수 있는바, 사정이 이와 같다면, 이 사건 사고 당시 피고는 이 사건 승용차의 운행지배를 완전히 상실하였다고 할 수는 없고, 다른 수리업자인 위 윤용이와 공동으로 이 사건 승용차의 운행지배와 운행이익을 가지고 있었다고 보아야 할 것이다. 그런데도 원심은 앞서 본 이유만으로 이 사건 사고 당시 피고의 운행지배와 운행이익이 완전히 상실되었다고 단정한 나머지 보험자인 원고의 이 사건 구상금 청구를 배척하였으니, 거기에는 채증법칙을 위배하고 자동차 수리의뢰에 있어서 운행지배 및 운행이익의 상실에 관한 법리를 오해함으로써 판결에 영향을 미친 위법이 있다고 할 것이므로, 이를 지적하는 상고이유의 주장은 정당하다.[307)]

4) 세차작업 중 사고책임의 경우 세차업자가 운행지배권자이다.

[관련판례]

1. 원심판결은 그 이유에서 피고소유 전남 7아 3321호 화물자동차 운전원 민반식이 원고

307) 대판 2005. 4. 14, 2004다68175.

박종해 경영의 삼양세차장에서 위 차량의 세차를 의뢰하여 동 차량을 위 세차장의 세차독그에 주차시킨 사실은 당사자 사이에 다툼이 없다 하고 나아가 위 세차장의 종업원이 위 차량을 세차하기 위하여 경유를 칠하고 흙과 기름을 물로 닦아내기 위하여 물호수로 위 차량 뒷부분에 물을 끼얹자 위 차량은 그 운전수 민반식이가 기아를 빼지 않고 메인 스위치를 끄지 않았으며 사이드 브레이크를 당기지 아니한 채 주차시킨 과실로 인하여 자동시동이 되어 전진하여서 위 차량으로부터 약 5미터 앞에 있던 세차장 사무실 안으로 들어가면서 사무실 안 및 그 근처에 놓인 동 원고 소유의 냉장고전축, 녹음기, 소파등 다수의 물건과 동 사무실 출입구 문 및 벽 부위를 파손시키고 마침 그곳에서 전화를 걸고 있던 원고 손연석의 옆구리를 들이받아 동인으로 하여금 가료 약 2주일을 요하는 요주타박 및 찰과상 경부 타박상을 입게 한 사실들을 인정할 수 있다고 판시하였다.

2. 위 판시에 따르면 위 차량이 정차하여 일단 차량기관이 멎었다가 메인 스위치를 끄지 않았기 때문에 자동적으로 시동되었다는 것으로 풀이되는바 원심이 배척한 것으로 보이지 아니하는 을제1호증의 기재에 의하면 위 운전원 민반식은 위 차량을 세차도그 위에 정차시키고 발동을 끈 다음 약 40분간 세차원의 뒤를 따라 다니면서 세차광경을 구경하던 중 엔진에 발동이 걸리면서 순간적으로 차체가 약 5미터 가량 전진하였다고 하고 인위적인 시동이 없이는 수분으로 인한 전기 누전으로는 발동이 걸릴 수 없다고 되어 있고 제1심 검증조서 기재 및 증인 김동석의 증언에 의하면 세차도그의 지면과 사무실 전면 지면은 고저가 없는 평탄한 곳이라 하고 있으니 차량이 미끄러져 전진 또는 후퇴할리도 없다고 할 것이므로 일단 발동이 꺼진 자동차 엔진이 메인 스윗치를 꽂아놓고 있었다는 점만으로 자동적으로 엔진이 시동된다 함은 극히 이례에 속한다고 할 것인데 이점에 관하여 별반 심리한 바도 없이 또 명확한 증거도 없이 자동 발동되었다는 사실을 인정하였음은 증거 없이 사실을 인정하였거나 아니면 이유 불비의 위법을 범하였다고 아니 할 수 없다.

3. 그리고 자동차의 세차를 의뢰하는 법률관계는 세차작업의 완료를 목적으로 하는 계약관계이므로 본건 세차의 의뢰는 소위 도급계약이라고 봄이 타당하고 그렇다면 세차작업중의 본건 차량의 지배권은 세차업자인 원고 박종해에 있다고 할 것이니 특단의 사정이 없는 한 세차 작업 중의 본건 차량으로 인하여 야기된 사고에 의한 책임은 원고에 있다고 할 것인즉 이 사건 사고책임을 막연히 피고에게 있다고 단정한 원심의 조치는 도급에 관한 법리를 오해하고 심리를 다하지 아니하였다는 비난을 또한 면할 수 없다고 할 것이다.[308)]

5) 엔진오일 교환작업 중인 차량의 지배권　　엔진오일 교환업자에게 있다.

[관련판례]

원심판결 이유에 의하면, 원심은 피고회사 소유의 경기 8아7154호 2.5톤 카고트럭의 운전

---

308) **대판** 1976. 10. 26, 76다517.

사인 소외 여정구가 1985. 8. 5. 10:00경 원심피고 오종옥이 경영하는 타이어, 밧데리 및 엔지오일교환업소인 부여타이어 상회로부터 약 15미터 떨어진 도로건너편 공터에 위 트럭을 주차시킨 후 위 타이어상회 종업원인 소외 1에게 위 트럭의 열쇠를 차안에 꽂아 두었다고 하면서 위 트럭의 엔진오일의 교환을 의뢰하고 근처에 있는 음식점에 식사를 하러 간 사실, 그런데 소외 1은 엔진오일을 교환하기 위하여서는 차량을 작업대위에 올려놓을 필요가 있으므로 같은 날 17:40경 운전면허도 없이 위 트럭을 위 타이어상회 작업대까지 이동시키고자 후진시키다가 후방을 잘 살피지 않은 과실로 위 트럭 뒤에서 자전거를 타면서 놀고 있던 소외 장민완을 위 트럭 우측 뒷바퀴 부분으로 충격하여 소외 장민완을 사망에 이르게 하고 원고 장민완에게는 뇌진탕 등의 상해를 입힌 사실을 확정한 후, 소외 1이 위 트럭을 위 주차장소에서 위 타이어상회 작업대까지 운행한 것은 피고회사 운전사인 위 여 정구의 의뢰에 의한 것이므로 피고는 자동차손해배상보장법상의 자기를 위하여 위 트럭을 운행하는 자로서 위 사고로 인한 손해배상책임이 있다는 취지로 판단하고 있다.

그러나 엔진오일교환업자에게 차량의 엔진오일교환을 의뢰하는 법률관계는 엔진오일 교환 작업의 완료를 목적으로 하는 도급계약이므로 엔진오일 교환 작업 중인 차량의 지배권은 특단의 사정이 없는 한 엔진오일교환업자에게만 있다 할 것이고, 엔진오일 교환 작업을 의뢰한 사람이 차량을 엔진오일교환업자의 영업장소 내에 주차시킨 후 엔진오일교환업자의 종업원이 그 차량을 작업대 위에까지 올려놓기 위하여 운전하는 행위는 엔진오일 교환 작업의 일부라고 봄이 상당하다 할 것인 바, 이 사건에 있어서 피고회사의 운전사인 소외 여정구가 이 사건 트럭을 주차시킨 장소가 원심인정과 같이 위 타이어상회로 부터 15미터밖에 떨어지지 아니한 장소라면 그곳은 사회통념상 위 타이어상회의 영업장소와 동일하게 볼 수 있다 할 것이므로 위 타이어상회의 종업원인 소외 1이 위 트럭을 위 주차장소에서 작업대까지 운전한 행위는 엔진오일 교환 작업의 일부였다고 볼 것이다.[309)]

6) 수리업자가 수리를 완료한 후에 자동차를 반환하는 도중에 사고한 경우

여러 사정을 종합하여 판단해야 한다.

[관련판례]

원심판결 이유에 의하면 원심은 소외 1이 1989. 11. 20. 20:40경 피고 소유의 경기7고 6552호 1톤 봉고화물 자동차를 운전하여 경기 파주군 월룡면 위전1리에 있는 편도 2차선 통일로의 2차선을 따라 문산방면에서 금촌방면으로 시속 약 80Km의 속도로 진행하다가 같은 차선 전방 약 20m 지점에 서울8아2309호 11톤 화물트럭이 주차되어 있는 것을 뒤늦게 발견하고 급정차하였으나 피하지 못하고 위 봉고화물자동차의 우측 앞부분으로 위 트럭의 좌측 뒷부

---

309) **대판** 1987. 7. 7, 87**다카**449.

분을 들이받아 위 봉고화물자동차의 조수석에 타고 있던 소외 김완기로 하여금 두개골파열로 사망에 이르게 한 이 사건에 있어서 이 사건 봉고화물자동차를 운전한 소외 1은 피고의 피용자가 아니며 자동차정비업체의 직원으로서 피고로부터 차량수리를 의뢰받고 이를 수리하기 위하여 수리공장으로 운전하여 간 것이므로 위 차량을 다시 피고에게 인도할 때까지는 위 차량의 운행지배권은 수리업자에게 있고 피고로서는 운행지배권을 상실하였으니 위 사고에 대하여 책임이 없다는 취지의 피고의 주장에 대하여 거시증거에 의하여 피고는 그와 한동네에 살고 있고 그의 동생인 소외 이문승과 친구사이이며 자동차정비업체인 소외 진홍공업사의 직원인 소외 1과 평소 차량수리 등 관계로 잘 알고 있었고, 그 전에도 수차례에 걸쳐 차량의 수리를 의뢰하곤 하였는데(피고 또는 위 이문승이 차량을 직접 운전하여 위 진홍공업사의 수리를 의뢰한 경우도 있었다), 그 경우 소외 1은 피고의 차량을 위 공장으로 가지고 가서 수리한 다음 이를 가지고 오면 위 피고는 수리대금을 소외 1에게 지급하여 왔고, 위 진홍공업사 또는 소외 1은 서비스차원에서 수리를 마친 차량을 직접 운전하여 피고의 집에 갖다 주러 온 사실, 이 사건 사고 전날에도 위 봉고화물자동차가 고장이 나서 피고는 소외 1에게 전화를 걸어 위 차량의 수리를 의뢰하였고 소외 1은 사고 당일 아침에 피고 경영의 상호가 "중앙수도"인 가게로 가서 위 이문승으로부터 위 차량의 시동열쇠를 받아 위 차량을 직접 운전하고 문산읍에 있는 진홍공업사로 가져가 수리를 한 다음 다시 위 차량을 피고에게 가져다주기 위하여 위 차량을 운전하고 금촌읍으로 가다가 이 사건 사고를 낸 사실을 인정한 다음, 위 인정사실에 의하면 피고는 소외 진홍공업사에 그 직원인 소외 1을 통하여 이 사건 사고차량의 수리를 의뢰하였고, 소외 1은 수리를 마친 다음 서비스로서 위 차량을 피고에게 가져다주기 위하여 운전하고 가다가 이 사건 사고가 발생한 것인바, 자동차의 수리계약은 임차와 도급의 혼합계약이므로 수리완성 후 특약이 없으면 자동차의 반환은 민법 제700조의 규정에 의해 그 보관장소에서 반환하여야 할 것인데, 실제에 있어서는 수리업자가 차량의 수리완성 후 서비스로 고객의 집까지 운전하고 가서 인도하는 경우가 많고, 다른 특별한 사정이 있음이 보이지 아니하는 이 사건의 경우에 있어서도 위 진홍공업사(또는 소외 1)는 서비스차원에서 피고에게 이 사건 사고차량을 인도하기 위하여 운전한 경우라고 추인되며, 따라서 소외 1은 진홍공업사를 위해서와 동시에 의뢰인인 피고의 이익을 위해서도 운전하였던 것이므로, 피고는 이미 위 차량을 운행지배할 수 있는 관계에 있고 동시에 소외 1을 통하여 간접적으로 운행지배하고 있다고 볼 것이고(왜냐하면 피고는 위 진홍공업사에 대하여 사고차량을 스스로 인수하여 가지고 간다는 것을 명시할 수도 있고, 사고차량의 수리완성 후 위 진홍공업사로부터 서비스로서 인도받는 것을 수용하거나 경우에 따라서는 인도장소를 지시하는 것도 가능할 것이기 때문이다) 그렇다면 이 사건에 있어 피고가 위 서비스를 수용하지 않는다는 등의 특단의 사정이 없으므로 피고는 이 사건 사고차량의 운행공용자로서의 책임을 면할 수 없다고 판시하였다. 자동차의 수리를 위하여 차를 수리업자에게 인도한 경우에 수리하는 동안의 자동차에 대한 운행지배권은 특단의 사정이 없는 한 자동차 보유자(수리의뢰자)에게 있는 것이 아니라 수리업자에게 있다할 것이나 보유자의 의뢰를 받고 수리를 위하여 수리업자 측에서 의뢰자로부터 차를 인도받아 수리장소까지 운행하는 도중이나 수리를 마친 후 의뢰자에게 돌려주기 위하여 운행하는 도중에 있어서의 운행지배권이 누구에게 있는지에 관하여는 이를 일률적으로 단정할 수 없고 구체적인 경우에 따라 당해 수리의뢰계약의 내용, 특히 의뢰자가 자동차의 운반까지도 의뢰하였는지 여부, 의뢰자와 수리업소와의 종래부터의 거래관계 및 관행 등을 종합하여 결정하여야 할 것인 바, 이 사건의 경우 원심이 적법하게 확정한 바에 의하면 피고는 소외 1과 평소 차량수리 등 관계로 잘 알고 있어서 피고가 스스로 차를 운전하여 수리업소까지 가지 않더라도 동인에게 연락만 하면 그가 직접 피고에게 찾아와 차를 인도받아 운전하여 가서 이를 수리한 다음 그가 운전하여 도로 피고에게 갖다준 일이 흔하였고 이 사건에 있어서도 그와 같은 방법으로 자동차수리를 의뢰하였던 것이므로 그렇다면 이와 같은 경우에는 수리를 위한 운반 도중에 일어난 사고에 대하여도 수리를 의뢰한 피고에게 차량에 대한 운행지배권이 있다고 보아 운행공용자로서의 책임을 인정하여야 할 것이다.[310)]

(D) 무단운전의 경우

1) 무단운전의 경우 보유자의 운행지배 및 운행이익이 완전히 상실되었다고 볼 수 있는 특별한 사정이 없는 한 보유자의 운행자책임을 인정한다.

[관련판례 1]

자동차손해배상보장법 제3조 소정의 "자기를 위하여 자동차를 운행하는 자"라 함은 일반적 추상적으로 자동차의 운행을 지배하여 그 이익을 향수하는 지위에 있는 자를 말한다 할 것이므로 통상적으로 그러한 지위에 있다고 인정되는 자동차의 소유자는 비록 제3자가 무단히 그 자동차를 운전하다가 사고를 낸 경우라 하더라도 자동차나 그 자동차 열쇠의 보관상황, 자동차의 소유자와 제3자와의 고용 등 인적관계 기타 무단운전 행위와는 상관적으로 고려하여 구체적으로 그 운행에 있어 소유자의 운행지배 및 운행이익을 완전히 상실하였다고 인정되는 특단의 사정이 없는 한 "자기를 위하여 자동차를 운행하는 자"로서의 책임이 있다고 할 것이다(대법원 1981. 7. 7. 선고 81다2813 판결 참조). 그런데, 원심판결 이유에 의하면, 피고 경영의 정부양곡판매점 종업원인 소외인은 1978. 7. 11. 운전을 해보고 싶다는 생각에서 주인이 없는 틈을 타 운전면허도 없이 위 점포사무실 책상 서랍 속에 넣어 둔 열쇠를 꺼내어 판시 트럭을 운전하다가 위 점포로 돌아오던 중 판시와 같은 경위로 원고 1이 탄 오토바이를 충격하여 같은 원고 1에게 하반신 완전마비, 척추손상의 상해를 입힌 사실을 인정하고 있는바, 사실이 이와 같다면 피고는 판시 트럭이나 열쇠를 소외인의 무단운전이 가능한 상태로 잘못 보관하였다고 보여지고 또한 소외인으로서는 판시 트럭을 잠시 운전하다가 본래의 위치에 갖다 놓았을 것이라고 예상되는 바이니 소외인이 위와 같이 무단운전을 하였다고 하더라도 피고가 객관적 외형적으로 판시 트럭에 대한 일반적인 운행지배

310) **대판** 1993. 2. 9, 92다40167.

및 운행이익을 잃게 되어 운행공용자로서의 지위를 잃게 되었다고는 볼 수 없다. 따라서, 같은 취지에서 피고에게 자동차손해배상보장법 제3조 소정의 "자기를 위하여 자동차를 운행한 자"로서의 책임이 있다고 한 원심의 판단 조치는 정당하고, 거기에 소론과 같은 법 제3조의 법리를 오해한 잘못이 있다고는 할 수 없고, 논지가 지적하는 판례(대법원 1971. 3. 23. 선고 71다254 판결, 1973. 3. 27. 선고 73다97 판결, 1973. 6. 26. 선고 73다69 판결)는 각기 이 건에는 합당한 예가 되지 못한다 할 것이다.[311)]

[관련판례 2]

자동차손해배상보장법 제3조 소정의 자동차 운행으로 인한 손해배상의 책임주체인 운행공용지라 함은 일반적, 추상적으로 자동차의 운행을 지배하여 그 이익을 향수하는 지위에 있는 자를 말한다 할 것이므로 통상적으로 그러한 지위에 있다고 추인되는 자동차 소유자는 사고를 발생케 한 당해 운전행위가 비록 제3자의 무단운전에 의한 경우라 하더라도 자동차나 그 열쇠의 보관상황, 자동차의 소유자와 제3자와의 고용 등 인적 관계 기타 무단운전행위와를 상관적으로 고려하여 구체적으로 그 운행에 있어 소유자의 운행지배 및 운행이익을 완전히 상실하였다고 인정되는 특단의 사정이 없는 한 운행공용자로서의 책임을 면할 수 없다고 하여야 할 것이다. 원심이 인용하고 있는 제1심 판결에 의하면 판시 자가용 승용차는 피고의 소유이고 소외인은 피고 경영의 김영준 정형외과 의원의 사환으로 고용된 자로서 운전면허도 없이 호기심에서 판시일시에 숙직원이나 간호원 모르게 병원약제실에 걸어둔 판시차량의 출입문의 개폐와 엔진시동에 사용되는 열쇠를 들고 나와 평소 병원 맞은 편 파출소 옆 빈터에 주차시켜 둔 위 자동차를 무단 운전하여 판시 노상을 진행하다가 판시와 같은 경위로 원고들을 위 자동차의 앞 보디부위로 충격하여 상해를 입힌 사실을 확정하고 있는바 사실이 이와 같다면 본건 사고 자동차나 그 열쇠는 평소에 위와 같은 무단운전이 가능한 상태로 방치된 사정이 엿보이고, 무단운전자인 소외인은 피고의 피용자(운전면허가 없고, 운전업무와는 관계없는 사환이라 하더라도)로서 본건 사고가 아니라면 길지 아니한 시간 동안의 무단운전 후에는 그 자동차의 열쇠를 원래의 위치로 반환할 예정에 있었다고 추인되는 바이니, 소외인이 위와 같이 무단운전을 하였다 한들 피고가 객관적·외형적으로는 사고 자동차에 관한 일반적인 운행지배 및 운행이익을 잃게 되어 운행공용자로서의 지위를 상실하게 되었다고는 볼 수 없다 할 것이므로 같은 취지에서 피고를 자동차손해배상보장법 제3조 소정의 운행공용자로 본 원심의 판단조치는 정당하고 , 소론과 같이 원판결에 자동차손해배상보장법에 관한 법리오해가 있다거나 심리미진 또는 이유불비의 허물이 있다 할 수 없고, 논지가 지적하는 당원 1971. 3. 23. 선고 71다254호 판결은 자동차가 무단 운행되고 있는 사정을 피해자가 알면서 이에 동승하여 놀러 가다가 사고차량에서 추락한 경우로서 본건에 합당한 예가 되지 못한다. 또한, 기록을 자세히 살피면, 소외인은 앞서가다 정류장에

311) **대판** 1981. 12. 22, 81다331.

정차하는 버스를 피하려고 본건 사고자동차를 급히 우회전하여 전진하다가 우측 인도를 침범하여 들어가 피해자들을 충격한 사실이 인정되고, 피해자들에게 어떠한 과실이 있었음을 찾아볼 수 없으니 원심이 피해자 과실에 관하여 판단을 하지 아니하였다 하여 잘못이 있다 할 수 없다.[312)]

[관련판례 3]

자동차 손해배상보장법의 입법취지와 민법 제756조(사용자의 배상책임)에 관한 판례법의 취지를 아울러 고찰하면 설사 사고를 발생케 한 당해운전행위가 구체적으로는 제3자의 무단 운전에 의한 경우라 하더라도 자동차의 소유자와 제3자 사이에 고용관계 등 밀접한 관계가 있고 또 일상의 자동차의 운전 및 관리상황 등으로 보아서 객관적 외형적으로 자동차 소유자를 위하여 한 운행이라고 인정되는 경우는 그 자동차의 소유자는 "자기를 위하여 차량을 운행하는 자"라고 할 것이고 자동차 손해배상보장법 제3조의 손해배상책임을 면할 수 없다.[313)]

2) 동승자가 무단운전임을 알고 동승한 경우 차량보유자는 운행자가 아니다.

[관련판례 1]

1. 원심판결 이유에 의하면 원심은, 소외 1이 1991. 10. 5. 피고가 소외 김종구로부터 엔진오일 교환 및 점검수리를 의뢰받아 보관하고 있던 승용차에 고종사촌동생인 원고 1을 태우고 운행 중 도로 우측의 암벽을 들이받아 위 원고로 하여금 약 3개월간의 치료를 요하는 좌대퇴골복잡골절상 등을 입게 한 사실, 피고는 피고의 주소지 2층 건물에 거주하며 1층에서 청평밧데리라는 상호로 자동차수리업을 하고 있는데, 1990. 5.경 소외 1을 그 종업원으로 고용하여 위 수리업소 내에 있는 방에서 침식하도록 하면서 자동차수리작업에 종사하게 하였고, 평소 고객으로부터 수리를 의뢰받은 차량의 열쇠는 영업시간중인 09:00경부터 21:00경까지는 차량에 그대로 놓아두나 영업시간이 지난 21:00경 이후에는 위 수리업소의 1층 한쪽 구석에 놓여 있는 낡은 철제 책상의 서랍에 넣어 두고 잠그는 방법으로 보관한 사실, 소외 1은 운전면허가 없으면서도 영업시간이 끝날 무렵에 놀러온 위 원고가 차를 태워달라고 하자 운전을 해보고 싶은 호기심에 이에 동의하고 피고가 없는 사이 잠시 위 수리업소에서 멀지 않은 사고지점인 팔각정까지 차를 운행할 목적으로 위 수리업소 문을 닫은 후 피고 몰래 위 책상서랍을 드라이버로 열고 그 안에 피고가 넣어 둔 위

---

312) 대판 1981. 7. 7, 80다2813.
313) 대판 1978. 2. 28, 77다2271.

차량의 열쇠를 꺼내어 운전하다가 이 사건 사고를 낸 사실을 인정한 다음, 이 사건 사고는 소외 1이 피고가 보관해 둔 위 차량의 열쇠를 몰래 꺼내어 무단으로 운행하다가 야기한 것이고 원고 1은 소외 1에게 차를 태워달라고 요구하였을 뿐만 아니라 소외 1이 위와 같이 무단으로 운행한다는 사정을 알면서도 동승하여 놀러가다가 사고를 당한 것이므로, 피고는 자동차손해배상보장법 제3조 소정의 운행자에 해당하지 아니한다는 피고의 항변에 대하여, 이건과 같이 무단운전과 무상동승이 혼합된 사고의 경우 운행자책임의 인정여부는 무단운전으로 인하여 운행자의 운행지배가 상실되었는가에 의하여야 하고 무상동승에 있어 피해자의 무단운전에 대한 인식은 그 참작사유에 지나지 않는다고 할 것인데, 이 사건에 있어 소외 1은 피고 경영의 수리업소에서 침식을 하여 영업시간 이후 위 수리업소 및 차량의 관리는 그에게 맡겨져 있는 근무형태, 드라이버로도 쉽게 열수 있을 정도의 열쇠의 허술한 보관상태, 위 차량의 운행경위 및 그 임시성, 원고 1과 소외 1의 나이 및 신분관계에 비추어 위 원고가 소외 1에게 무상동승을 적극적으로 유도 내지 강권하였다고 보이지 않는 점 등을 고려하면 위 차량의 운행이 피고의 운행지배를 벗어났다고 보기 어렵다고 판단하고 피고의 위 항변을 배척하였다.

2. 일반적으로 자동차의 수리를 의뢰하는 것은 자동차수리업자에게 자동차의 수리와 관계되는 일체의 작업을 맡기는 것으로서 여기에는 수리나 시운전에 필요한 범위 내에서의 운전행위도 포함되는 것이므로 수리하는 동안의 자동차의 운행지배권은 수리업자에게 맡겨져 있는 것이며, 만일 그 피용자가 수리를 위하여 맡겨진 자동차를 운전하다가 일으킨 사고에 대하여는 수리업자가 자동차손해배상보장법 제3조의 자기를 위하여 자동차를 운행하는 자로서 손해배상책임을 진다고 하여야 할 것이나(당원 1988. 6. 14. 선고 87다카1585 판결, 1987. 7. 7. 선고 87다카449 판결 등 참조) 그가 운행자로서의 운행지배와 운행이익을 완전히 상실하였다고 볼 특별한 사정이 있는 경우에는 달리 보아야 할 것이고, 그 운행지배와 운행이익의 상실여부는 평소의 자동차나 그 열쇠의 보관 및 관리상태, 소유자의 의사와 관계없이 운행이 가능하게 된 경위, 소유자와 운전자의 인적관계, 운전자의 차량의사반환 유무, 무단운행 후 소유자의 승낙 가능성, 무단운행에 대한 피해자의 주관적 인식 유무 등 객관적이고 외형적인 여러 사정을 사회통념에 따라 종합적으로 평가하여 이를 판단하여야 하며(당원 1994. 9. 23. 선고 94다9085 판결, 1993. 7. 13. 선고 92다41733 판결 등 참조), 특히 피해자가 운전자의 호의로 무상동승한 경우에는 그가 무단운행의 정을 알았는지의 여부가 운행자의 운행지배 내지 운행이익의 상실여부를 판단하는 중요한 요소가 된다 할 것이다(당원 1989. 3. 23. 선고 88다카2134 판결, 1984. 11. 27. 선고 84다카858 판결 등 참조).

이 사건의 경우, 먼저 원심이 채용한 갑제6호증의14 내지 19의 각 기재, 1심 및 원심 증인 소외 1, 원심 증인 임종두의 각 증언에 의하면, 피고는 주소지 2층건물에 거주하며 1층에서 자동차수리업을 하고 있고, 그 종업원인 소외 1은 위 수리업소 내에 있는 방에서 침식하며 오일교환이나 자동차수리작업의 보조 등을 하는 사실, 피고는 소외 1이 만 17세로서 자동차 운전면허가 없는 것을 알고 평소 피고가 수리업소에 있는 영업시간 중에는 차량열쇠를 수리할 차량에 꽂아 두나 영업시간이 지난 21:00경 이후에는 자동차열쇠를 위 수리업소에 있는 철제책상의 서랍에 넣어 두고 잠글 뿐만 아니라 소외 1에게는 손님차를 운전하지 말라고 여러 차례 말하여 온 사실, 이 사건 사고 당일에도 피고는 영업시간이 끝나자 수리와 점검중인 이 사건 차량의 열쇠를 평소와 같이 책상서랍에 넣고 잠갔으나 친구문상관계로 평소와 달리 2층에 있는 살림집으로 올라가지 않고 병원으로 가서 부재중이었던 사실, 소외 1은 그 이후 고종사촌 동생인 원고 1이 놀러와 차를 태워달라고 하자 운전을 해보고 싶은 호기심에 위 원고가 지켜보는 가운데 책상서랍을 드라이버로 열고 차량열쇠를 꺼낸 다음 위 원고를 조수석에 태우고 S자로 굴곡된 편도 2차선 도로를 시속 60km로 운전해 가다가 운전미숙으로 이 사건 사고를 낸 사실을 알 수 있는 바, 사실관계가 위와 같다면 피고의 종업원인 소외 1은 이 사건 차량을 피고의 승낙을 받지 아니하고 개인용무에 무단으로 사용하였고 피해자인 위 원고 역시 그러한 사정을 알면서 위 차량에 무상동승한 것은 명백하다고 할 것이다. 물론 무상동승자가 운전자의 무단운행에 가담하였다거나 사고 당시 이를 알고 있었다 하더라도, 그 운행경위나 운행목적에 비추어, 당해 무단운행이 사회통념상 있을 수 있는 일이라고 선해할 만한 사정이 있다거나 그 무단운행이 운전자의 평소 업무와 사실상 밀접하게 관련된 것이어서 사후승낙 가능성을 전적으로 배제할 수 없는 사정이 있는 경우 등에는 위와 같이 무상동승자가 무단운행에 가담하였다거나 이를 알고 있었다는 점만으로 자동차에 대한 운행지배나 운행이익이 완전히 상실되었다고 단정할 수는 없다고 할 것이나, 이 사건의 경우 소외 1의 무단운행은 피고 회사의 업무와는 전혀 관련이 없이 영업시간 이후에 위 원고에게 차를 태워 줄 목적으로 이루어진 것이고, 더구나 소외 1은 운전면허가 없었음에도 책상서랍을 강제로 열어 열쇠를 무단절취한 다음 차량을 운전하기에 이르렀으며, 원고 1은 소외 1에게 먼저 차를 태워달라고 제의하였고 소외 1이 운전면허도 없이 위와 같이 비정상적인 방법으로 차량열쇠를 절취하여 운전하는 사정을 알면서도 이에 동승한 점 등을 아울러 고려해 보면, 위 원고 및 소외 1의 나이 및 신분관계, 소외 1의 무단운전 후의 차량반환의사와 운행의 임시성 등을 고려하더라도 적어도 이 사건 사고 당시에는 피해자인 위 원고에 대한 관계에 있어서 위 차량의 운행은 피고의 운행지배와 운행이익의 범위를 완전히 벗어난 상태에 있었다고 보는 것이 합당하다 할 것이다. 그럼에도 불구하고 원심은 증거 없이 이 사건 차량의 관리가 영업시간 이후에도 소외 1에게 맡겨져 있었고 열쇠의 보관이 허술하였다고 인정한 다음, 피고의 면책항변을 배척하였으니 필경 원심판결에는 자동차손해배상보장법 제3조 소정의 자동차운행자에 관한 법리를 오해하고 채증법칙에 위배하여 증거의 내용을 잘못 판단한 위법이 있다고 할 것이고 이는 판결에 영향을 미친 것임이 명백하므로 이 점을 지적하는 논지는 이유 있다.[314)]

[관련판례 2]

상고이유를 판단한다.

---

314) 대판 1995. 2. 17, 94다21856.

1 기록에 의하여 살피건대 피고 회사에 고용되어 본건 사고차량의 운전에 종사하는 소외 1은 원판결 설시와 같은 사유로 동 차량을 자기집 부근에 일시 주차케 되었는데 친구인 소외 2의 청으로 동 차량으로 이사짐을 운반하여 주기 위하여 피고 회사에는 무단히 동 차량에 이사짐을 싣고 위 소외 2 및 한 동리에 살면서 이사짐 운반을 도우려는 원고 1을 탑승시켜 운행도중 사소한 접촉사고를 수습하기 위하여 하차하면서 피고 회사와는 아무런 고용관계가 없는 위 소외 2로 하여금 사고차를 계속 운행케 하여 위 소외 2는 이사짐을 목적지에 운반하고 돌아오는 길에 본건 사고를 일으켜 위 원고로 하여금 설시 상해를 입게 하였다는 일련의 사실을 확정한 원심판결의 조치에 수긍이 가며 거기에 소론과 같은 채증법칙 위배, 심리미진이나 판단유탈 및 법리오해가 있다 할 수 없다.

2. 소론을 제1호증은 사실심에서 원고측이 아무 이의없이 그 성립을 인정하였음이 분명하므로 원심이 동 호증을 채증한 조치에 무슨 잘못이 있다 할 수 없는 바, 이제 와서 그 작성에 있어 의사표시의 하자가 있다 함은 원심판시를 공격할 적법한 방법이 되지 못한다 할 것이다.

3. 위 1에서 본 바와 같이 원고 1은 소외 2의 본건 차량의 무단운행의 정을 알고 오히려 이를 이용하여 동차에 편승하고 있었던 것인 만큼 사정이 이렇다면 소외 2의 본건 차량운행은 피고 회사를 위한 운행이라 할 수 없다 할 것이니(당원 1978. 2. 28. 선고 77다1987 판결 참조) 이런 취지에서 본건 차량사고에 있어 피고는 손해배상의 책임이 없다고 한 원심의 판단은 정당하고 반대의 견해로 나온 소론은 채택할 수 없고, 소론 적시의 당원 판례들은 본건에 적절한 것이 되지 못한다.

그러므로 논지는 이유없어 상고를 기각하고 상고 소송비용은 패소자의 부담으로 하기로 관여법관의 의견이 일치되어 주문과 같이 판결한다.[315)]

[관련판례 3]

원심은 판결이유에서 거시증거들을 종합하여 이 사건 사고 택시는 그 판시 사고당일 영업행위를 할 수 없는 비번 조에 속해 있었는데 그 소속운전사 이기석이 피고회사의 승낙없이 이를 수리공장에 입고한 것을 함부로 꺼내어 개인용무로 친구 김차열의 집까지 타고 갔다가 그 판시와 같은 경위로 다른 친구인 이용성 및 그의 여자친구들(원고를 포함)을 만나 함께 술을 먹은 후 그 사고차가 당일 비번이고 하니 드라이브나 하자고 제의하여 원고를 포함한 일행 4명이 동의하여 그 차를 모두 같이 타고 소속운전사가 아닌 위 이용성(운전면허를 받은 사람임)이 위 택시를 운전하여 드라이브를 하다가 과속으로 인하여 위 택시가 도로변으로 추락하여 이 사건 사고가 발생한 사실을 인정한 다음 원고는 위 이용성이 운전하는 위 택시에 드라이브의 목적으로 편승함에 있어서 위 택시는 당일 영업행위를 할 수 없음

315) **대판** 1981. 3. 10, 80다2973.

에도 불구하고 위 이기석이 개인용무를 위하여 운행하고 있는 것일 뿐만 아니라 이기석을 대신하여 위 사고 당시 운전한 위 이용성은 피고회사 소속 운전사도 아닌 것을 익히 알고 있었다 할 것이므로 이와 같은 사정아래 이루어진 위 택시의 운행을 가리켜 이른바 피고회사를 위한 운행이라 할 수 없으며 또한 그와 같은 사고를 피고회사의 피용인인 이기석의 직무집행 중에 발생한 것이라고 할 수 없다고 하여 피고에게 그로 인한 손해배상책임이 없다고 판단하였는바 그 거시증거들을 기록과 대조하여 검토하여 보니 원심 판시사실을 넉넉히 인정할 수 있고 원심이 그와 같은 사실을 인정하기 위하여 거친 채증과정에 채증법칙을 어긴 잘못을 찾아 볼 수 없고, 사실관계가 그러하다면 이 사건 사고택시의 운행에 있어서 피고회사는 자동차손해배상보장법 제3조에서 말하는 소위 자기를 위하여 자동차를 운행하는 자에 해당한다고 볼 수 없어 피고에 대하여 같은 법에 의한 손해배상책임을 물을 수 없고 또 위 사고가 피고의 피용자인 이기석의 직무집행중의 과실에 기인한 것이라고 볼 수도 없어 피고에 대하여 민법상 사용자책임을 물을 수도 없다 할 것이고, 기록에 의하면 논지가 주장하는 바와 같이 위 드라이브도중 이용성이 사고 직전에 다른 승객을 태워주고 요금 1,500원을 받은 일이 있음을 알 수 있으나 이는 피고회사의 영업으로서가 아니라 위 판시와 같이 드라이브를 하면서 당일 여자 친구들과의 유흥비를 마련하려고 승객을 한번 태워주고 요금을 받은 것에 불과하므로 그와 같은 사실이 있었다고 해서 위의 결론을 달리할 수 없다 할 것인바 같은 견해에서 피고에게 손해배상책임이 없다고 판단한 원심의 조치는 정당하고 논지는 이유 없다.[316)]

[관련판례 4]

[1] 자동차의 소유자는 비록 제3자가 무단히 그 자동차를 운전하다가 사고를 내었다고 하더라도 그 운행에 있어 소유자의 운행지배와 운행이익이 완전히 상실되었다고 볼 특별한 사정이 없는 경우에는 그 사고에 대하여 자동차손해배상보장법 제3조 소정의 운행자로서의 책임을 부담하고, 그 운행지배와 운행이익의 상실 여부는 평소의 자동차나 그 열쇠의 보관 및 관리 상태, 소유자의 의사와 관계없이 운행이 가능하게 된 경위, 소유자와 운전자의 인적 관계, 운전자의 차량 반환의사의 유무, 무단운행 후 소유자의 사후승낙 가능성, 무단운전에 대한 피해자의 인식 유무 등 객관적이고 외형적인 여러 사정을 사회통념에 따라 종합적으로 평가하여 이를 판단하여야 한다.

[2] 피해자가 무단운전자의 차량에 동승한 자인 경우에는 그가 무단운행의 정을 알았는지의 여부가 자동차 소유자의 운행지배 내지 운행이익의 상실 여부를 판단하는 중요한 요소가 되는 것이지만, 피해자인 동승자가 무단운행에 가담하였다거나 무단운행의 정을 알고 있었다고 하더라도 그 운행 경위나 운행 목적에 비추어 당해 무단운행이 사회통념상 있을 수 있는 일이라고 선해할 만한 사정이 있거나, 그 무단운행이 운전자의 평소 업무와

---

316) **대판** 1978. 2. 28, 77다1987.

사실상 밀접하게 관련된 것이어서 소유자의 사후승낙 가능성을 전적으로 배제할 수 없는 사정이 있는 경우에는 소유자가 운행지배와 운행이익을 완전히 상실하였다고 볼 수 없다.

1. 변호사 오수원의 상고이유 제1점 및 법무법인 한미합동법률사무소의 상고이유 제4점에 대하여 원심이, 소외 망 소외 1이 망 소외 2의 무단운행을 주도하였다고 인정되지 아니하고, 망 소외 1이 망 소외 2의 무단운행 사실을 알면서 이에 동승하였다고 하더라도 이 사건 승용차의 소유자인 소외 3에게 이 사건 승용차 및 그 열쇠의 관리를 소홀히 한 과실이 있다면 소외 3은 일단 운행지배자로서의 책임은 있는 것이고, 또한 이 사건 사고의 발생에 관하여 망 소외 1에게 과실이 있다면 이는 별도의 책임의 제한 문제로서 고려될 수 있을 뿐, 소외 3에게 손해배상책임을 묻는 것 자체가 신의칙상 허용되지 아니한다고 할 수는 없다고 하여 피고의 신의칙에 기한 항변을 배척하였는바, 이를 기록과 대조하여 살펴보면, 수긍이 가고, 거기에 상고이유 주장과 같은 신의칙에 관한 법리오해의 위법이나 논리칙과 경험칙에 반하는 판단을 한 위법이 있다고 할 수 없으므로 이 점에 관한 상고이유 주장은 받아들일 수 없다.

2. 변호사 오수원의 상고이유 제2점 및 법무법인 한미합동법률사무소의 상고이유 제1점에 대하여 자동차의 소유자는 비록 제3자가 무단히 그 자동차를 운전하다가 사고를 내었다고 하더라도 그 운행에 있어 소유자의 운행지배와 운행이익이 완전히 상실되었다고 볼 특별한 사정이 없는 경우에는 그 사고에 대하여 자동차손해배상보장법 제3조 소정의 운행자로서의 책임을 부담하고, 그 운행지배와 운행이익의 상실 여부는 평소의 자동차나 그 열쇠의 보관 및 관리상태, 소유자의 의사와 관계없이 운행이 가능하게 된 경위, 소유자와 운전자의 인적 관계, 운전자의 차량 반환의사의 유무, 무단운행 후 소유자의 사후승낙 가능성, 무단운전에 대한 피해자의 인식 유무 등 객관적이고 외형적인 여러 사정을 사회통념에 따라 종합적으로 평가하여 이를 판단하여야 하고, 특히 피해자가 무단운전자의 차량에 동승한 자인 경우에는 그가 무단운행의 정을 알았는지의 여부가 자동차 소유자의 운행지배 내지 운행이익의 상실 여부를 판단하는 중요한 요소가 되는 것이지만, 피해자인 동승자가 무단운행에 가담하였다거나 무단운행의 정을 알고 있었다고 하더라도 그 운행 경위나 운행 목적에 비추어 당해 무단운행이 사회통념상 있을 수 있는 일이라고 선해할 만한 사정이 있거나, 그 무단운행이 운전자의 평소 업무와 사실상 밀접하게 관련된 것이어서 소유자의 사후승낙 가능성을 전적으로 배제할 수 없는 사정이 있는 경우에는 소유자가 운행지배와 운행이익을 완전히 상실하였다고 볼 수 없을 것이다(대법원 1994. 9. 23. 선고 94다9085 판결, 1996. 7. 26. 선고 96다13194 판결, 1997. 7. 8. 선고 97다15685 판결 등 참조).

원심은, 앞서 본 법리에 따라 소외 3은 평소 위 승용차의 열쇠를 본인이 직접 관리하여 왔으나 이 사건 사고 발생 전날 22:00경 열쇠를 바지 호주머니에 넣어둔 채 다른 일행의 차편을 이용하여 완도로 낚시를 떠났고 그 사이에 망 소외 2가 밖에서 술을 마시던 망 소외 1 일행의 전화를 받고 소외 3 몰래 위 승용차의 열쇠를 꺼내어 이 사건 사고 발생일 03:00경

이들을 만나 드라이브 시켜 주다가 이 사건 사고를 일으키게 된 사실을 인정한 다음, 운전자인 망 소외 2와 차량 소유자인 소외 3과의 관계, 망 소외 2의 직업과 연령, 평소 소외 3의 차량과 열쇠의 보관 및 관리상태, 무단운행의 목적과 무단운행에 이르게 된 경위, 무단운행에 걸린 시간 등 제반 사정을 참작하여 보면, 피해자에 대한 관계에서 차량의 소유자인 소외 3은 운행자로서의 지위를 상실하였다고 볼 수 없다고 판단하였는바, 이를 기록에 비추어 살펴보면, 원심의 그 사실인정과 판단은 수긍이 가고, 거기에 상고이유 주장과 같이 자동차의 운행지배 및 운행이익에 관한 법리를 오해한 위법이 있다고 볼 수 없으므로 이 점에 관한 상고이유 주장도 역시 받아들일 수 없다.

상고이유의 주장에서 내세우는 대법원판결은 이 사건과는 사안을 달리하는 것이어서 이 사건에 원용하기에 적절하지 아니하다.[317]

(E) 자동차 매매의 경우

1) 대금을 완납하기 전에 자동차를 인도한 경우　　매도인이 운행자이다. 이는 등록명의이전 전까지 매도인 명의로 운행할 것을 허용한 것이라고 볼 수 있기 때문이다.

[관련판례 1]

원심판결 이유에 의하면, 원심은 그 거시증거에 의하여, 피고는 1978.12.5 소외 조중식에게 피고명의로 등록된 이 사건 자동차를 포함한 3대의 자동차를 금 990,000원에 매도하여, 그날 계약금으로 금 600,000원을 수령함과 동시에 이 사건 자동차를 검사증과 함께 인도하였으며, 잔금 390,000원은 같은 해 12월말까지 자동차등록명의 이전서류와 상환으로 지급받기로 약정하였는데, 위 조중식으로부터 이 사건자동차의 전매를 의뢰받은 소외 박사봉은 같은 날 소외 심홍섭에게 금 550,000원에 매도하여, 그날 계약금 300,000원을 수령함과 동시에 이 사건 자동차를 위 심홍섭에게 인도하고, 잔금 250,000원은 같은 해 12. 20. 자동차등록명의 이전서류와 상환으로 지급받기로 약정한 사실과, 위 심홍섭의 피용인인 소외 강길섭이 1978. 12. 8. 이 사건 자동차를 운전하다가 원고 최완식, 이길선, 김구철을 부상케 한 사실을 확정한 다음, 그렇다면 피고가 이 사건 사고당시에 이 사건 자동차를 위 조중식에게 매도하고 계약금 수령과 동시에 자동차 및 검사증을 인도하였다고 하더라도, 아직 잔대금을 받지 못하고, 자동차등록명의 이전서류도 교부하지 아니한 상태에 있었으므로, 비록 전전 매수한 위 심홍섭의 피용인이 이 사건 자동차를 운전하였다고 하더라도, 이 사건 자동차가 피고의 지배를 완전히 벗어났다고는 할 수 없으니, 피고는 이 사건 사고로 인하여 원고들이 입은 손해를 자동차손해배상보장법 제3조의 규정에 따라 배상할 책임이 있다는 취지로 판단하였음이

---

317) 대판 1998. 7. 10, 98다1072.

분명한 바, 기록에 의하여 살펴보니, 원심의 그와 같은 판단은 수긍이 가고, 거기에 피고가 주장하는 바와 같은 채증법칙을 어긴 잘못이 있거나, 자동차손해배상보장법 제3조의 법리를 오해한 허물이 있다고 할 수 없다.[318)]

[관련판례 2]

피고가 스스로 인정하고 있는 바와 같이 이 사건 사고당시까지 이 사건 사고 차량의 매매대금이 결재되지 아니한 채 피고 앞으로 등록되어 있었다면 피고는 그 차량을 소외인에게 인도하여 줌으로써 사실상의 이해관계가 없다 하더라도 자동차손해배상보장법 제3조의 "자기를 위하여 자동차를 운행하는 자"에 해당하는 것이므로 같은 취지의 원심판결에 지적하는 바와 같은 법리오해의 위법이 없다.[319)]

2) 대금 전액을 수령하면서 자동차를 인도하고 등록명의이전에 필요한 서류를 교부하였으나 그 절차를 마치지 못한 때 매수인이 운행자이다.

[관련판례 1]

원심은, 그 거시의 증거를 종합하여, 소외 박영화가 1978. 1. 20. 20:15경이건 부산 5가2086 버스를 운전하다가 그 판시와 같은 사고를 일으킨 사실과 이건 버스는 처음에 원심 상 피고였던 롯데공업주식회사의 소유였는데 위 회사가 1977. 7. 11. 피고 김휴일에게 이를 대금 1,000,000원에 매도하고 그날 대금전액을 지급받고 위 버스를 인도하였으며, 피고는 같은 해 7. 17. 위 소외 박영화에게 위 버스를 대금 1,300,000원에 매도하고 즉시 인도한 후 같은 해 9. 20. 대금의 잔금을 완급 받았는데 위 박영화는 위 버스를 소외 김태인 경영의 삼화기업사의 직원 통근용으로 운행하게 되어 같은 해 8. 10.경 피고를 통하여 위 롯데공업주식회사로부터 위 김태인 앞으로 등록명의를 이전하는데에 필요한 일체의 서류를 교부 받았으나 위 김태인이 위 버스의 지입을 거절하자 다시 화신섬유에 지입한 후 피고에게 위 롯데공업주식회사에 부탁하여 화신섬유 앞으로의 이전등록서류를 다시 작성하여 달라고 요청하면서 위 김태인 앞으로의 이전등록서류를 되돌려 주었는바, 그 후 위 화신섬유로부터 또 지입거절을 당하자 피고에게 지입할 사업체를 구하는 중이니 그 이전등록절차를 기다려 달라고 부탁한 후 동우봉제에 지입하였다가 얼마 못가 그만두고 미다섬유에 지입하였으나 미처 이전등록절차를 밟기 전에 위 사고가 발생한 것이라는 사실을 각 확정하고 나서 이어서 위와 같은 사실에 비추어보면, 위 버스에 관하여 매수인인 위 박영화가 지정하는 자에게 등록명의

318) 대판 1980. 6. 10, 80다591.
319) 대판 1991. 3. 12, 91다605.

이전절차를 끝낼 때까지는 위 버스의 운행은 피고의 지배범위 내에 속한다고 할 것이므로, 피고는 위 버스의 운행에 관하여 위 박영화를 지휘 감독할 지위에 있으며 자기를 위하여 위 버스를 운행하는 자라고 할 것이니, 그 운행 중의 사고로 인한 손해에 대하여 배상책임이 있다고 판단하고 있다. 그러나 사실관계가 위와 같다면, 피고는 위 버스의 등록명의자도 아니고 위 버스를 위 박영화에게 매도하고 또 인도하였으며 그 대금도 전액 수령하였고 그 등록명의 이전에 필요한 일체의 서류를 모두 건네주었으나 위 박영화의 사정으로 그 절차를 마치지 못한 것이고 그렇게 된 것이 피고가 협조를 하지 않았기 때문이 아니라고 할 것이므로 피고는 형식적으로나 실질적으로 위 버스의 소유자라고 할 수도 없고 달리 특별한 사정이 없는 한 위 버스의 운행에 관하여 어떠한 이익을 받는 것도 아니며 위 버스의 운행은 피고의 지배를 이탈하였다고 봄이 상당하다고 할 것이니, 피고가 위 버스의 운행에 관하여 위 박영화를 지휘 감독할 지위에 있다거나 자동차손해배상보장법 소정의 "자기를 위하여 자동차를 운행하는 자"라고는 할 수 없다 할 것이다.[320)]

[관련판례 2 - 비교] 예외 : 매매대금을 완납하고 등록명의 이전에 필요한 서류를 교부하지 않은 경우라도 매수인을 운행자로 본다.

원심이 취사, 선택한 증거들을 기록에 비추어 살펴보면, 원심의 사실인정은 옳은 것으로 수긍되고, 이에 소론이 지적하는 바와 같이 증거없이 사실을 인정하거나 심리미진 또는 채증법칙위배 등의 위법은 없다. 나아가, 원심이 적법하게 확정한 바와 같이, 피고가 이 사건 오토바이를 구입하여 자동차 등록원부에 명의등록하고 운행하여 오던 중 이를 소외 이석조에게 매도하여 그 대금 전액을 지급받고 인도하여 동인이 운행하여 오다가 동인은 이를 다시 소외 권태웅에게 매도하고 인도하였다면, 위 오토바이의 운행지배권은, 자동차등록원부상의 소유자 명의변경이 되지 아니하였다 하더라도, 등록명의인인 피고로부터 이탈되었다고 할 것이어서 피고를 자동차손해배상보장법 제3조 소정의 자기를 위하여 자동차를 운행하는 자로 볼 수 없다고 할 것이며(당원 1985. 4. 23. 선고 84다카1484 판결 ; 1984. 2. 28. 선고 83다카1532 판결 등 참조), 이 사건에서 피고가 인감증명서등 명의이전에 필요한 서류를 교부한 바가 없다고 하여 달리 볼 것은 아니므로(당원 1992. 10. 27. 선고 92다35455 판결 참조), 같은 취지의 원심판단은 정당하고, 이에 소론 지적의 법리오해의 위법은 없다.[321)]

---

320) **대판** 1980. 9. 24, 79다2238.
321) **대판** 1994. 2. 22, 93다37052.

[관련판례 3 - 비교] 매매대금 전액을 완납한 경우라도 특별한 사정이 있는 경우 매도인이 운행자이다.

원심이 확정한 바에 의하면, 피고의 아들인 소외 조병열이 피고를 대리하여 1990. 12. 13. 자동차매매업자인 소외 우대송에게 피고의 소유인 이 사건 자동차를 금 1,000,000원에 매도하면서 위 대금과는 별도로 위 자동차에 대한 할부금은 위 우대송이 부담하고, 자동차등록원부 상 차량의 소유명의는 피고에게 그대로 남겨두었다가 위 우대송이 위 자동차를 타인에게 전매하면 위 우대송을 거치지 않고 전전매수인에게 바로 이전하여 주기로 하여 계약금을 수령함과 동시에 위 자동차를 인도하고 잔대금까지 지급받았다는 것이고, 또한 을 제1, 2호증과 원심 증인 조정수의 진술에 의하면 위 매매 당시 자동차보험은 피고의 명의로 가입하기로 하여 매매당일인 1990. 12. 13. 위 자동차에 관한 기간 1년의 종합보험이 피고의 명의로 가입되어 있는 사실을 알아볼 수 있다. 자동차 보유자의 운행지배는 현실적으로 보유자와 운전자 사이에 사실상의 지배관계가 존재하는 경우뿐만 아니라 간접적이거나 제3자의 권리를 통한 관념상의 지배관계가 존재하는 경우도 포함하는 것이므로, 자동차를 매도하고도 자동차 등록명의를 그대로 남겨둔 경우에 매도인의 운행지배 유무는 매도인과 매수인 사이의 실질적 관계를 살펴서 사회통념상 매도인이 매수인의 차량운행에 간섭을 하거나 지배관리할 책무가 있는 것으로 평가할 수 있는지의 여부를 가려 결정하여야 할 것인바(당원 1992. 4. 14. 선고 91다4102 판결 참조), 이 사건에 있어서와 같이 피고가 자동차를 매도하여 인도하고 잔대금까지 완제되었다 하더라도, 매수인이 그 자동차를 타인에게 전매할 때까지 자동차등록원부상의 소유명의를 피고가 그대로 보유하기로 특약하였을 뿐 아니라 위 자동차에 대한 할부계약상 채무자의 명의도 피고가 그대로 보유하며, 자동차보험까지도 피고의 명의로 가입하도록 한 채 매수인으로 하여금 위 자동차를 사용하도록 하여 왔다면, 매도인인 피고는 매수인이 위 자동차를 전매하여 명의변경등록을 마치기까지 피고의 명의로 위 자동차를 운행할 것을 허용한 것으로서 위 자동차의 운행에 대한 책무를 벗어났다고 보기는 어렵다 할 것이므로 자동차손해배상보장법 제3조 소정의 자기를 위하여 자동차를 운행하는 자에 해당한다고 봄이 상당하다 할 것이다.[322]

(F) 대물변제를 위하여 채권자에게 자동차를 양도하기로 하고 자동차를 인도하였으나 소유권이전등록이 되지 않은 경우 채권자가 운행자이다.

[관련판례]

대물변제를 위하여 채권자에게 자동차를 양도하기로 하고 인도까지 하였으나 아직 채권자 명의로 그 소유권이전등록이 경료되지 아니한 경우에 아직 그 등록명의가 원래의 자동차

322) **대판** 1995. 1. 12, 94다381212.

소유자에게 남아 있다는 사정만으로 그 자동차에 대한 운행지배나 운행이익이 양도인에게 남아 있다고 단정할 수는 없고, 이러한 경우 법원이 차량의 양도로 인한 양도인의 운행지배권이나 운행이익의 상실 여부를 판단함에 있어서는 위 차량의 이전등록서류 교부에 관한 당사자의 합의 내용, 위 차량을 대물변제로 양도하게 된 경위 및 인도 여부, 정산절차를 거쳐야 할 필요성, 인수차량의 운행자, 차량의 보험관계 등 양도인과 양수인 사이의 실질적 관계에 관한 여러 사정을 심리하여 사회통념상 양도인이 양수인의 차량운행에 간섭을 하거나 지배·관리할 책무가 있는 것으로 평가할 수 있는지의 여부를 가려 결정하여야 할 것이다(대법원 1990. 12. 11. 선고 90다7203 판결, 1996. 7. 30. 선고 95다54716 판결 등 참조). 이 사건에 관하여 보건대 원심이 적법하게 취사, 선택한 증거에 의하여 확정한 바에 의하면 소외 김용규는 1994. 9. 이 사건 차량을 구입하면서 1가구 2차량 중과세를 피하기 위하여 자신이 경영하는 사우나 종업원이던 소외 허일량에게 이 사건 차량의 등록명의를 신탁하였는데 위 김용규가 1995. 8. 18. 무렵 부도를 내고 해외로 도피하자, 동인에 대하여 금 30,000,000원의 대여금 채권을 가지고 있던 소외 박양환은 1995. 10. 9. 무렵 위 허일량과 사이에 시가 약 금 20,000,000원 내지 금 30,000,000원 정도이던 이 사건 차량을 위 대여금채권의 변제에 갈음하여 양수하기로 합의한 후, 같은 날 위 허일량으로부터 동인의 차량이전용 인감증명서를 교부받고, 차량의 인도에 관하여는 위 허일량이 이 사건 차량의 열쇠를 가지고 있지 아니하였던 관계로 위 정대진이 소외 박양환을 시켜 위 김용규의 처가 부근 어린이 놀이터에 있던 이 사건 차량을 직접 가져갔으며, 그 후 위 정대진은 같은 달 11. 10:00 무렵부터 11:00 무렵까지 사이에 위 허일량으로부터 이 사건 차량에 관한 자동차등록증, 피위임자란이 백지로 된 자동차양도행위위임장, 매수인란이 백지로 된 자동차매매계약서, 위 허일양의 주민등록증 등을 교부받은 후 이 사건 차량을 다른 사람에게 매도하기 위하여 같은 날 위 박양환으로 하여금 이 사건 차량을 운전하여 매도할 장소로 가게 하였는데, 위 박양환이 위 장소로 운전하여 가던 도중 이 사건 사고를 발생시켰다는 것이다. 원심이 인정한 위 사실관계와 앞서 살펴본 법리에 비추어 보면, 비록 이 사건 차량의 명의수탁자인 위 허일량이 그 실소유자인 위 김용규의 위 정대진에 대한 채무에 관하여 정확한 액수를 알지 못하였다고 할지라도, 대외적으로 그 처분권한을 가지고 있는 위 허일량이 위 김용규의 채무변제를 위하여 이 사건 대물변제에 이르게 되었고, 이 사건 차량의 시가가 위 김용규의 위 정대진에 대한 채무액수에 미치지 못하는 것이 분명한 이상, 이 사건 차량의 운행에 있어서 그 운행지배와 운행이익은 모두 위 정대진에게 실질적으로 이전되었다고 봄이 상당하며, 대물변제계약이 요물계약이며 이 사건 차량에 대한 소유권이전등록이 행해지지 아니하였다고 할지라도 달리 볼 것은 아니다.[323)]

(G) 자동차매매를 위탁한 경우

1) 수임인이 전문영업자가 아닌 경우　　위임인이 운행자가 된다.

323) 대판 1999. 5. 14, 98다57501.

[관련판례]

1. 원심판결 이유에 의하면 원심은 소외 1이 자동차운전면허 없이 피고 소유의 프레스토승용차를 운전하여 일으킨 이 사건 사고에 대하여, 피고의 위임에 따라 위 자동차를 관리하고 있던 피고의 형인 소외 노문섭이 주차장을 경영하고 있는 소외 김상호에게 매도를 의뢰하여 위 김상호가 위 자동차를 보관하고 있던 중 소외 황귀종으로 부터 자동차를 구입할 사람이 있다는 연락을 받고 위 자동차와 열쇠를 위 황귀종에게 인도하였고, 그러나 원매자가 교통사고를 당하여 위 자동차를 살펴볼 수 없다는 사정을 연락받고 위 김상호가 위 황귀종에게 그대로 보관하고 있으라고 하게 되었고 이에 따라 위 황귀종은 이를 자기 가게 앞에다 주차시키게 된 사실과, 그런데 위 황귀종과같은 아파트에 살고 있는 소외 국정철이 운전 좀 해보자고 사정을 하자 위 황귀종이 이를 승낙하고 그 열쇠를 건네주었고, 위 국정철은 소외 1 등과 위 자동차를 타고 놀러갔다가 돌아왔는데 소외 1이 자기도 한번 운전하여 보겠다면서 위 국정철로부터 위 자동차의 열쇠를 넘겨받아 운전하다가 이 사건 사고에 이르게 된 사실을 인정하고, 피고의 위임을 받은 노문섭이 위 김상호에게 이 사건 사고자동차의 열쇠를 내주고 매매를 부탁하기는 하였지만 위 노문섭측과 위 김상호나 위 황귀종 사이에 고용이나 가족관계 등 하등의 밀접한 관계가 인정되지 아니하는 이 사건에 있어서 위 노문섭이 위 김상호에게 자동차의 열쇠를 맡긴 것은 오로지 그로 하여금 자동차의 원매자에게 차의 성능과 상태 등을 보여주기 위한 것에 한정된 것이라고 봄이 상당하다 할 것인데, 위 자동차를 원매자에게 보여준다며 위 김상호를 통하여 그 보관을 맡게 된 위 황귀종이 피고 등의 의사에 반하여 차량매매와 아무런 상관이 없이 단지 운전 좀 해보자는 위 국정철에게 함부로 열쇠를 건네주어 운행을 허용하였고, 다시 위 국정철로부터 차의 열쇠를 인도받은 소외 1에 의하여 이 사건 사고가 저질러진 이 사건에 있어서는, 그 운행은 객관적, 외형적으로 피고를 위하여 운행된 것이라고는 하기 어려워 이 사건 사고 당시의 운행이익이나 운행지배권이 피고에게 있다고 인정할 수 없다고 판단하였다.
2. 그러나 자동차의 소유자가 그 차량에 대한 운행지배 및 운행이익을 상실하였는지 여부는 자동차나 그 자동차 열쇠의 관리상태, 소유자의 의사와 관계없이 운행이 가능하게 된 경위, 소유자와 운전자의 관계, 운전자의 차량반환 의사의 유무와 무단운행 후의 보유자의 승낙가능성, 무단운전에 대한 피해자의 주관적 인식유무 등 객관적이고 외형적인 여러 사정을 사회통념에 따라 종합적으로 평가하여 이를 판단하여야 할 것인바(당원 1987. 4. 28. 선고 86다카667 판결, 1990. 4. 25. 선고 90다카3062 판결 각 참조), 원심이 인정한 사실에 의하면 피고는 그의 형인 노문섭에게 위임하여 이 사건 자동차의 매매를 의뢰하면서 자동차와 함께 그 열쇠를 소외 김상호에게 인도하였다는 것이므로, 피고나 위 노문섭은 위 김상호는 물론이고 다른 사람에 의하여 자동차가 운전되는 것을 예상하거나 용인하였다고 볼 것이고, 또 이 사건 사고자동차를 인도한 것도 전문영업자가 아닌 아는 사람을 통하여 이를 매도하고자 한 것이어서 그 매매가 완결되고 이행되기 까지는 피고인의 운행지배나 운행이익을 완전히 벗어난 것이라고 할 수 없으므로, 피해자인 원고 임재균이

소외 1이 운전을 하는 것이 무단운전이라고 주관적으로 인식하였다고 인정되지 아니하고, 피고가 자동차를 인도하여 이 사건 사고가 일어난 기간이나 장소적 간격이 근접한 이 사건에서는 피고가 객관적, 외형적으로 이 사건 자동차의 운행지배와 운행이익을 가지고 있었다고 보는 것이 상당하고, 피고나 노문섭과 위 김상호, 황귀종 사이에 고용이나 가족관계 등에 의한 밀접한 관계가 인정되지 아니한다고 하여 이것만 가지고 이를 부정할 것은 아니라고 할 것이다 .

3. 물론 위 노문섭이 위 김상호에게 이 사건 자동차와 열쇠를 맡긴 것은 자동차의 원매자에게 차의 성능과 상태 등을 보여주기 위한 것일 것임은 원심의 설시와 같다고 할 것이나, 자동차와 열쇠를 맡은 사람은 반드시 이를 맡긴 사람의 뜻대로만 사용한다고 볼 수 없고, 맡긴 뜻을 대외적으로 표시하는 방법도 없어, 특별한 사정이 없는 한 이 사건에 있어서와 같이 서로 아는 사람에게 운전을 허용하여 제3자에 의한 운전이 가능하고 또 이는 어렵지 않게 예상할 수 있는 일이고, 피해자로서는 원칙적으로는 자동차보유자와 운전자와의 관계를 알 수 없는 것이므로, 이 사건과 같은 경우에는 피해자인 원고들에 대한 관계에 있어서는 피고가 객관적, 외형적으로 이 사건 자동차의 운행지배와 운행이익을 유지하고 있었다고 보는 것이 상당할 것이다.[324)]

2) 수임인이 전문영업자인 경우 　최후의 전문영업자가 운행자이다.

[관련판례]

1. 원심은 그 채용한 증거들에 의하여, (1) 피고 1. 인문옥은 2000. 4. 18. 대우자동차 대덕영업소에 근무하는 소외 송충원으로부터 '마티스'차량을 682만 원에 새로 구입하면서 이전부터 사용하던 이스타나 승합차(이하 '이 사건 차량'이라 한다)를 980만 원에 팔아 그 돈으로 '마티스'차량 대금을 정산하여 줄 것을 부탁하였고, 이에 송충원은 고객에 대한 서비스 차원에서 이 사건 차량을 위 가격에 팔아주기로 하되, 그로부터 1달 후인 같은 해 5. 17.까지 그 매도대금으로 '마티스'차량의 대금과 정산하기로 약속하면서, 위 피고로부터 자동차등록증, 인감증명서 등 이 사건 차량의 이전등록에 필요한 서류를 건네받은 다음 이 사건 차량을 가지고 간 사실, (2) 그 후 송충원은 같은 날인 2000. 4. 18. 평소 고객이 새 차를 매수하면서 가지고 있던 중고차를 팔아달라고 요청할 경우 이를 매수하는 등의 거래가 많았던 소외 김주태를 불러, 그에게 자신이 피고 1. 인문옥과 대금을 정산할 수 있도록 같은 해 5. 17.까지 980만 원에 이 사건 차량을 매도하여 줄 것을 요청하였고, 김주태는 이를 승낙하여 "매매의 성사 여부나 그 매매가격이 얼마인지에 관계없이 위 날짜까지 송충원에게 980만 원을 지급한다."는 취지로 약정하고, 매매금액란에 '980만원(결제 5/17)', 매수인의 주소란에 '읍내동 한국상사', 주민등록번호란에 자신의 주민등록

---

324) 대판 1992. 5. 12, 92다6365.

번호를, 성명란에 '김주태'를 각 기재한 차량인수증(을 제9호증)을 송충원에게 교부한 다음 이 사건 차량을 인도받은 사실, (3) 당시 김주태는 피고 3. 이창제가 경영하는 중고자동차 매매업소인 '한국상사'에 소속되어 중고차매매를 하고 있었는데, 이 사건 차량의 매도를 위와 같이 위탁받고도 사장인 위 피고에게 알리지 아니한 채 그 구매자를 물색하다가 "한국상사는 매장이 작아 의뢰가격인 980만 원에 매도하기가 어렵다."고 판단하고, 같은 달 21.경 제1심 공동피고 조현희가 운영하는 대규모의 중고자동차 매매업소인 '원모터스 상사'에서 근무하며 중고차매매를 하고 있던 친구인 소외 왕윤종에게 "손님이 많은 원모터스 상사에서 전시하여 판매해 달라. 같은 해 5. 17.까지 이 사건 차량을 980만 원에 매도하면 된다."면서 매매를 위탁하고 이 사건 차량도 인도한 사실, (4) 이에 왕윤종은 위와 같이 위탁받은 당일인 2000. 4. 21.부터 '원모터스 상사' 주차장 부근에서 이 사건 차량을 전시하여 매매를 중개하던 중, 같은 달 27. 카센터에서 수리할 목적으로 소외 강만선에게 이 사건 차량을 자신의 집까지 가져다 달라고 부탁하였고, 강만선은 위 '원모터스 상사' 사무실에 보관되어 있던 이 사건 차량의 열쇠를 직원으로부터 받아다가 왕윤종의 집으로 이 사건 차량을 운전하여 가던 중 이 사건 사고를 일으킨 사실, (5) 그 후 강만선, 조현희, 송충원 등은 사고 다음날인 4. 28. 피고 1. 인문옥을 찾아와 사고수습 대책을 논의하던 중, "피고 1. 인문옥이 피고 2. 현대화재해상보험 주식회사(이하 '피고 2. 회사'라고 한다)와 체결한 보험계약으로 이 사건 사고를 처리하기로 하는 대신, '원모터스 상사'측에서 총 1,500만 원(당초 매도의뢰가격인 980만 원에다가 할증되는 보험료분 520만 원을 더한 금액)에 이 사건 차량을 매수한다."는 내용으로 합의가 이루어졌고, 이에 조현희는 같은 날 피고 1. 인문옥에게 1,500만 원을 입금하였으나, 피고 1. 인문옥은 이 사건 차량이 매도 위탁된 상태에서 이 사건 사고가 발생하였음을 들어 피고 2. 회사 측에서 보험금 지급을 거부하는 태도를 보이자, '보험처리에 협조할 수 없다'는 취지로 조현희에게 520만 원을 돌려준 사실, (6) 한편, 매도 위탁된 중고차의 매매가 성사되면 통상 매매업자(개인)는 위탁가격보다 고액으로 매매가 성사되었을 경우에만 그 차액을 이익금으로 취득하는 반면, 그 매매업자가 소속된 매매상사는 이전등록을 대행하여 주는 대가로 매매당사자로부터 매매대금의 2.2% 상당의 돈을 취득할 수 있게 되는 사실을 인정하였는바, 기록에 비추어 살펴보면 위와 같은 원심의 사실인정은 정당하고, 거기에 상고이유의 주장과 같은 채증법칙 위배나 심리미진의 위법이 없다.

2. 자동차손해배상보장법 제3조에서 자동차 사고에 대한 손해배상책임을 지는 자로 규정하고 있는 '자기를 위하여 자동차를 운행하는 자'란 사회통념상 당해 자동차에 대한 운행을 지배하여 그 이익을 향수하는 책임주체로서 지위에 있다고 할 수 있는 자를 말하고, 이 경우 운행의 지배는 현실적인 지배에 한하지 아니하고 간접지배 내지는 지배가능성이 있다고 볼 수 있는 경우도 포함하는 것 이므로(대법원 1995. 10. 13. 선고 94다17253 판결, 1998. 10. 27. 선고 98다36382 판결 등 참조), 자동차가 매매를 위하여 위탁된 경우 위탁자 등의 운행지배 유무는 그 당사자 사이의 실질적 관계를 살펴서 사회통념상 위탁자 등이 차량운행에 간섭을 하거나 지배·관리할 책무가 있는 것으로 평가할 수 있는지의 여부를

가려 결정하여야 한다(대법원 1978. 12. 13. 선고 78다1667 판결과 1992. 5. 12. 선고 92다6365 판결의 사안 및 대법원 1995. 1. 12. 선고 94다38212 판결, 1999. 5. 14. 선고 98다57501 판결 등 참조). 그런데 앞서 본 사실관계 및 기록에 의하면, 피고 1. 인문옥은 이 사건 차량의 매도를 송충원에게 부탁하였지만, 위 '마티스'차량을 송충원으로부터 받고 이 사건 차량의 소유권이전에 필요한 서류까지 송충원에게 넘겨줌으로써 이 사건 차량의 실질적인 매도인에 가까운 상태에 있었던 점, 김주태는 송충원과의 단순한 친분관계에 기하여 이 사건 차량의 매도를 위탁받은 것이 아니라 그가 전문으로 하는 중고차매매업무의 일환으로 매도위탁을 받은 것이고, 또 약정한 2000. 5. 17.이 되면 송충원에게 무조건 980만 원을 대금으로 지급하여야 하지만 더 높은 가격 또는 낮은 가격으로 매매를 성사시키면 그 차액을 취득하거나 손실을 부담하는 지위에 있었으며, 그 후 이 사건 차량을 다시 매도 위탁받은 왕윤종이나 그 업주인 조현희도 전문영업자이기는 마찬가지였던 점, 이와 같이 중고차 매매업자에게 차량의 매도위탁이 이루어지면 중고차 매매업자는 이익을 남기기 위하여 빠른 시기에 높은 가격으로 매매를 성사시키려고 노력하므로, 그 차량의 매도시기나 매도가격이 유동적일 뿐 그 차량의 매매가 성사되는 것이 일반적인데, 이 사건의 경우 피고 1. 인문옥으로서는 2000. 5. 17.이 되면 980만 원을 매매대금으로 지급받을 수 있도록 약정까지 되어 있었으므로, 이 사건 차량의 매도가 불능으로 되어 자신이 이를 재차 운행하게 될 입장도 아니었던 점, 중고차 매매업자는 보다 높은 가격으로 신속하게 매매를 성사시키기 위하여 통상 수탁차량을 수리하거나 판매를 위한 운전도 하는 것이고, 이 사건의 경우에도 수리를 위하여 이 사건 차량이 운행되는 과정에서 사고가 발생하였던 점, 또한 피고 3. 이창제의 경우에도, 그 직원인 김주태가 개인적으로 이 사건 차량의 매도위탁을 받기는 하였지만 위 피고도 모르는 상태에서 단기간 내에 이 사건 차량을 다시 다른 매매업자인 왕윤종에게 넘겨버렸고, 왕윤종은 자신이 소속된 매매상사의 직원으로서 이 사건 차량을 인도받아 관리하면서 전시하였을 뿐만 아니라 이 사건 사고 당시에는 이 사건 차량의 가치를 높이기 위하여 수리까지 하려고 하였던 점, 이에 따라 이 사건 차량은 이 사건 사고가 발생한 이후 왕윤종이 소속된 매매업체(원모터스 상사)에 의하여 실제로 매수되었고, 위 피고는 이 사건 사고를 수습하는 과정에도 참여하지 아니하였던 점(왕윤종의 사용자인 제1심 공동피고 조현희에 대하여는 운행자책임을 인정한 제1심판결이 그대로 확정되었다) 등을 알 수 있는바, 이러한 제반 사정을 종합하여 보면, 피고 1. 인문옥과 피고 3. 이창제는 이 사건 사고 당시 사회통념상 이 사건 차량의 운행에 간섭을 하거나 지배·관리할 책무가 있는 것으로 평가할 수는 없다고 봄이 상당하다. 같은 취지에서 피고 1. 인문옥과 피고 3. 이창제가 이 사건 사고에 관하여 '자기를 위하여 자동차를 운행하는 자'에 해당하지 않는다고 판단한 원심의 조치는 정당하고, 거기에 상고이유의 주장과 같은 법리오해 등의 위법이 있다고 할 수 없다.[325]

325) 대판 2002. 11. 26, 2002다47181.

(H) 양도담보의 경우

채권담보를 목적으로 자동차등록원부상 자동차의 소유자로 등록된 자는 특별한 사정이 없는 한 운행자가 아니다.

[관련판례]

원심판결 이유설시와 원심판결이 인용한 제1심 판결 이유설시에 의하면, 원심판결은 피고는 소외 최인영으로부터 피고의 동 소외인에 대한 유류판매 대금채권을 담보하기 위하여 동 소외인 소유의 서울 7가7687호 유조차를 양도담보로 제공받아 1976. 7. 24.자로 자동차등록원부에 피고 회사 소유명의로 등록한 후 점유개정의 방법에 의하여 위 소외인으로 하여금 계속 운영케 한 사실 및 그후 위 유조차의 운전수인 소외 장남덕은 원판시 일시경 원고 김진일 경영의 용강주유소에서 위사 탱크에 들어 있는 휘발유 50드럼을 동 주유소 저장탱크에 주입하게 되었는바, 이때 운전수인 위 소외 장남덕은 주유를 달리할 목적으로 자동차 엔진을 가동시킨 채 지나치게 빠른 속도로 급유한 잘못으로 가속된 유압으로 지하탱크에 연결된 급유호스가 튕겨 나오면서 세멘바닥으로 휘발유가 비산되어 가열된 유조차 엔진에 발화함으로써 동 차와 저장탱크에 인화되어 동 자동차 탱크의 기름마개를 막고 있던 위 원고의 처인 소외 곽용노가 사망하고 원고 김진일 소유의 주유기 2대 및 건물의 일부가 파괴된 사실 등을 인정하고 나서, 피고는 비록 양도담보의 목적으로 위 자동차를 피고소유 명의로 등록하였다 하더라도 대외적인 관경에 있어서는 피고는 위 자동차의 소유자로서 자동차손해배상보장법 제3조 소정의 「자기를 위하여 자동차를 운행하는 자」라 할 것이니 위 자동차의 운행으로 인하여 위 소외 곽용노의 생명을 잃게 함으로써 발생한 손해에 대하여 이를 배상할 책임이 있으며, 다른 한편으로는, 피고는 그 운행에 관하여 사실상의 이해관계가 없다고 하더라도 법률상 그 자동차의 소유자로서 위 자동차를 실제로 운행하는 위 소외 최인영과 더불어 그 자동차의 운행에 관한 한 종업원을 지휘 감독할 책임이 있다 할 것이므로 피고는 위 운전수의 사용자로서 위 운전수가 위 원고 김진일 소유의 재산에 가한 손해를 배상할 책임이 있다고 판시하였다. 그러나, 기록에 의하면, 피고는 제1심 및 원심의 변론에서, 피고는 유류판매업자인데 이건 자동차의 소유자인 소외 최인영에 대한 유류판매 대금채권을 위하여 위 자동차에 양도담보를 설정하여 그 등록명의만을 피고 앞으로 이전해 놓았을 뿐 그 자동차의 소유자인 소외 최인영이가 자기 자신의 유류업 경영을 위하여 그 자동차를 단독으로 지배, 운행하였고, 위 운전수를 선임하고 감독한 것도 최인영이며, 원고 김진일은 위 소외 최인영과의 사이에 유류수송계약을 맺고 유류거래를 하여 오다가 이건 사고가 발생한 것으로서, 원고측은 위 자동차 소유자가 피고 회사가 아님을 잘 알고 있었으니, 피고 회사에는 이건 사고에 대한 책임이 없다고 주장하고 있음을 알 수 있는바, 과연 위 피고의 주장하는바와 같이 위 소외 최인영이가 위 운전수를 선임 지휘 감독하였으며, 그가 자기를 위하여 자기 계산에서 위 자동차를 운행 지배하였고 이건 사고도 그러한 과정에서 발생한 것이며, 피고로서는 위 자동차의 운전수의 선임, 지휘 감독이나 기타의 운행에 관한 지배 및 운행이익에 전연 관여하는 바가 없었다면, 피고가 채권담보의 목적으로 자동차등록원부상 위 사고 자동차의 소유자로 등록되어 있다는 사유만으로써는 달리 특별한 사정이 없는 한, 피고를 가리켜 자동차손해배상보장법 제3조에서 말하는「자기를 위하여 자동차를 운행하는 자」라고는 볼 수 없다할 것이며, 또한 위 운전수를 피고의 피용자라고도 볼 수 없다할 것인바, 원심은 위의「자기를 위하여 자동차를 운행하는 자」의 법리나 위 피용자에 관한 법리를 오해한 나머지 위에서 본 피고의 주장에 대하여는 충분한 심리나 판단을 하지 아니한 채, 이건 사고에 대하여 피고의 책임을 인정한 위법이 있다고 하지 않을 수 없다.[326)]

(I) 파견근로자의 경우

파견근로자가 운전하는 자동차의 운행자는 사용사업주이고 파견사업주가 아니다.

[관련판례]

파견근로자가 운전하는 자동차의 운행으로 인한 운행이익은 사용사업주에 귀속하는 것이지 파견사업주에게 귀속하는 것이 아니고, 파견사업주는 파견근로자가 일으킨 사고에 있어 피보험자동차의 운행에 관하여 지휘·감독할 여지가 없기 때문에 피보험자동차를 지배하거나 지배할 가능성이 없으며, 파견사업주의 운행자성을 인정하게 되면 사용사업주가 자동차종합보험에 가입하지 않은 경우 파견근로자에 대한 선임·감독상의 과실이 없는 경우에도 자동차손해배상 보장법상의 배상책임을 부담하게 되어 부당하므로, 피보험자동차에 대하여 운행자의 지위를 갖지 않는 파견사업주를 승낙피보험자로 의제할 수는 없다.[327)]

(J) 대리운전의 경우

1) 제3자가 피해자인 경우 전문대리운전회사가 아닌 일반인에 의한 일시적 대리운전의 경우 소유자나 보유자는 피해자와의 관계에서 여전히 운행자이다.

[관련판례]

1. 자동차의 소유자 또는 보유자가 주점에서의 음주 기타 운전장애사유 등으로 인하여 일시적으로 타인에게 자동차의 열쇠를 맡겨 대리운전을 시킨 경우, 위 대리운전자의 과실로 인하여 발생한 차량사고의 피해자에 대한 관계에서는 자동차의 소유자 또는 보유자가 객관적, 외형적으로 위 자동차의 운행지배와 운행이익을 가지고 있다고 보는 것이 상당하

326) 대판 1980. 4. 8, 79다302.
327) 대판 2005. 9. 15, 2005다10531.

고, 대리운전자가 그 주점의 지배인 기타 종업원이라 하여 달리 볼 것은 아니며, 또한 이 경우 자동차의 소유자 또는 보유자가 당초 운전면허소지자에 의한 대리운전을 요구하였다 하더라도 동인으로부터 최초로 자동차의 열쇠를 맡은 사람은 반드시 그 요구에 따라 운전면허소지자에게만 대리운전을 시킨다고 볼 수 없고 오히려 무면허운전자에 의한 운전이 가능하리라는 것은 어렵지 않게 예상할 수 있는 일이므로, 자동차의 소유자 또는 보유자로서는 무면허운전자에 의하여 운전되는 것을 예상하거나 용인하였다고 볼 것이고, 이러한 뜻을 대외적으로 표시하는 방법 도 없어 피해자로서도 원칙적으로 자동차 보유자와 운전자와의 관계를 알 수 없으므로, 그러한 사정만으로는 자동차소유자 또는 보유자가 위 자동차의 운행지배와 운행이익을 상실하였다고 볼 수 없다.

2. 원심이, 피고 직원인 소외 김경배가 그 판시 주점에서 음주한 후 위 주점의 지배인인 소외 1에게 주점종업원 중 운전면허증이 있는 사람을 시켜 그 판시 주차장에 주차되어 있던 피고 소유의 이 사건 화물차량을 그 판시의 호텔로 옮겨달라고 부탁하였고 이에 소외 1이 평소에 대리운전을 하던 종업원을 찾았으나 퇴근하고 없어서 자신이 운전면허도 없이 위 차량을 직접 운영하여 위 호텔로 가던 중 이 사건 사고를 일으키게 되었으므로 소외 1의 위 차량운전은 피고를 위하여 운행한 것으로 볼 수 없다는 피고의 주장에 대고 주장의 위와 같은 사정만으로는 피고가 객관적, 외형적으로 위 차량에 대한 운행지배 및 운행이익을 상실한 것으로 볼 수 없다 하여 피고의 위 면책항변을 배척하였음은 옳고, 거기에 소론과 같은 잘못이 있다고 할 수 없다.[328]

2) 대리운전에서 차량소유자가 피해자인 경우 　차량소유자와 대리운전회사의 내부관계에서는 대리운전회사가 운행자이며, 차량소유자와 대리운전회사가 운행지배와 운행이익을 공유하는 것은 아니고 차량소유자는 단순한 동승자에 불과하다.

[관련판례]

2. 피고의 상고에 대하여

가. 원심이 적법하게 인정한 바와 같이, 원고 조병철과 자동차 대리운전 회사인 베스트카코리아 사이의 대리운전약정에 따라 위 회사의 직원인 석동민이 이 사건 차량을 운전하다가 경부고속도로에서 판시와 같은 사고를 야기한 것이라면, 원고 조병철과 대리운전 회사인 베스트카코리아 사이의 내부관계에 있어서는 베스트카코리아가 유상계약인 대리운전계약에 따라 그 직원인 석동민을 통하여 위 차량을 운행한 것이라고

---

328) **대판** 1994. 4. 15, 94다5502.

봄이 상당하므로 원고 조병철은 위 차량에 대한 운행지배와 운행이익을 공유하고 있다고 할 수 없고, 또한 자동차의 단순한 동승자에게는 운전자가 현저하게 난폭운전을 한다든가, 그 밖의 사유로 인하여 사고발생의 위험성이 상당한 정도로 우려된다는 것을 동승자가 인식할 수 있었다는 등의 특별한 사정이 없는 한, 운전자에게 안전운행을 촉구할 주의의무가 있다고 할 수 없다(대법원 2001. 10. 12. 선고 2001다48675 판결 등 참조). 따라서 원고들이 대리운전 회사인 베스트카코리아와 사이에 위 회사 소속 대리운전자의 대리운전 중 발생한 사고로 생긴 손해에 대한 손해배상책임을 인수하기로 하는 내용의 자동차종합보험계약을 체결한 피고를 상대로 위 사고로 인한 손해배상을 구하는 이 사건에서, 원고 조병철이 베스트카코리아와의 관계에서 운행지배와 운행이익을 어느 정도 공유하고 있음을 전제로 손해부담의 공평성 및 형평과 신의칙의 견지에서 그 배상액을 감경할 수는 없고, 또한 원고 조병철은 위 차량에 대한 운행지배와 운행이익을 공유하고 있다고 할 수 없는 이상 위 차량의 단순한 동승자에 불과하다고 할 것이니, 대리운전자인 석동민이 제한최고속도인 시속 100㎞를 초과하여 시속 115㎞의 과속으로 운전하다가 판시와 같은 사고를 야기한 것이라고 하더라도, 그와 같은 사정만으로 단순한 동승자에 불과한 원고 조병철에게 제한최고속도인 시속 100㎞ 이하로 속력을 줄여 운행하도록 촉구할 주의의무가 있다고 할 수 없으므로, 원고 조병철에게 대리운전자인 석동민의 위와 같은 과속운전을 제지하지 아니한 잘못이 있음을 전제로 그 배상액을 정함에 있어 이러한 점을 참작할 수도 없다. 원심의 이유 설시는 다소 미흡하기는 하나, 손해부담의 공평성 등을 이유로 한 배상액 감경 및 과실상계 주장을 배척한 결론에 있어서는 정당하고, 거기에 상고이유에서 주장하는 바와 같은 동승자가 운행자인 경우의 배상액 감경에 관한 법리오해 등의 위법이 있다고 할 수 없다.[329)]

(K) 호의동승자가 피해를 입은 경우

[관련판례]

자동차손해배상보장법 제3조에서 말하는 "자기를 위하여 자동차를 운행하는 자"라 함은 일반적, 추상적으로 자동차의 운행을 지배하여 그 이익을 향수하는 책임주체로서의 지위에 있는 자를 말하는 것으로서 자동차를 소유하거나 사용할 권리가 있는 자가 그 친구, 가족 등 밀접한 인적 관계에 있는 자에게 자동차를 무상으로 대여한 경우에도 특별한 사정이 없는 한 그 차량에 대한 운행지배나 운행이익을 상실하는 것은 아니라 할 것이고(대법원 1987. 1. 10. 선고 87다카376 판결 참조), 차량의 운행자가 아무대가를 받음이 없이 동승자의 편의와 이익을 위해서 동승을 제공하고 동승자로서도 그 자신의 편의와 이익을 위해서 이를

---

329) 대판 2005. 9. 29, 2005다25755.

제공받은 경우라 하더라도 동승자에게 바로 위 법 제3조에서 말하는 자동차의 보유자성을 인정하기 어렵다 할 것이며(대법원 1987. 12. 22. 선고 86다카2994 판결 참조), 동승자가 운행자와 친척이라거나 운행도중 일시 교대로 운전을 하였다 하여 그 사실만으로 사정이 달라진다 할 수 없다 할 것이다.

원심판결(원심판결이 인용한 제1심판결 포함)은 증거에 의하여 원고 박경철의 동생인 박만철이 추석 성묘 차 고향인 강릉에 다녀오기 위하여 피고로부터 이 사건 승용차를 이틀간 무상으로 빌린 뒤 위 차에 형인 원고 박경철과 그의 가족들을 태우고 위 차를 운전하여 영동고속도로를 따라 서울에서 강릉쪽으로 가다가 위 사고를 일으킨 사실, 그 도중에 가남휴게소에서 소사휴게소까지의 일부구간에서는 일시 원고 박경철이 위 차를 운전하기도 한 사실과 위 원고는 사고당시까지 피고를 알지 못하였으며 피고로서는 단지 친구인 박만철로부터 부탁을 받고서 직접 박만철에게 위 차를 빌려주었을 뿐인 사실을 인정한 다음 비록 사고당시 위 원고가 그 운행이익을 누리고 있었다 하더라도 피고로부터 위 차를 빌려서 직접 관리운행하는 지위에 있는 사람은 어디까지나 위 박만철일 뿐 위 원고는 단지 박만철과의 내부관계에서 박만철의 호의에 의하여 위 차에 동승한 것에 불과하고 위 원고가 도중에 한때 박만철과 교대하여 위 차를 운전한 일이 있었다고 하더라도 사고당시 실제로 운전을 담당하지 아니한 이상 곧바로 위 원고를 자기를 위하여 위 자동차를 운행하는 자에 해당한다고 볼 수 없다고 판단하고 있는 바, 원심의 위와 같은 판단은 정당하고 거기에 채증법칙위반의 위법이나 위 법 제3조의 해석을 그르친 위법이 있다고 할 수 없으며 피고가 내세우는 대법원 1985. 6. 25. 고지 85다카545 결정은 이 사건에 적절한 예가 되지 못한다. 또한, 원심이 이 사건 당시 위 차의 운행목적과 경위 및 원고의 과실내용에 비추어 이 사건 사고로 인한 손해 중 피고의 책임비율을 경감하였을 뿐 피고의 이 사건 손해배상책임을 면할 정도로 인정하지 아니한 데에 위법이 있다고 보이지 아니한다.[330]

(L) 손님으로부터 자동차보관을 의뢰받은 주점 경영주

고객의 보관차량을 종업원이 무단 운전하다 사고를 낸 것에 대해 주점 경영주의 운행자책임을 인정한다.

[관련판례]

원심판결 이유에 의하면, 원심은, 소외 강은경이 1993. 12. 23. 19:30경 자신의 모 소외 윤화선 소유의 이 사건 승용차를 운전하여 피고 경영의 이 사건 주점에 가서, 그 곳에서 주점 손님들의 차량을 주차해 주면서 술에 취한 손님들을 위하여 대리운전을 하던 제1심 공동피고 1에게 승용차 열쇠를 맡기고 술을 마신 후, 같은 날 23:00경 주점에서 나오면서

330) **대판** 1988. 9. 13, 88다카80.

주점 영업사장인 제1심 공동피고 2와 제1심 공동피고 1에게 자신은 술을 마셔서 운전할 수 없으니 위 승용차를 주점 주차장에 그대로 주차시켜 두고 다음날 아침에 찾아가겠다고 말하고 위 승용차 열쇠를 계속 보관시킨 채 귀가한 사실, 1심 공동피고 1, 2는 위 승용차 열쇠를 위 주점 안에 있는 열쇠함에 넣어 두고 퇴근하면서 위 주점의 도급 마담인 소외 최미란 밑에서 웨이터보조로 일하며 주점 기숙사에서 숙식하던 제1심 공동피고 3에게 다음날 아침 위 강은경이 위 승용차를 찾으러 오면 위 승용차 열쇠를 돌려주라고 말하고 그대로 퇴근한 사실, 위 제1심 공동피고 3은 같은 달 24. 04:45경 위 주점에서 웨이터로 같이 일하던 소외 손민구와 동인의 여자 친구를 만나러 가기 위하여 함부로 열쇠함에서 위 승용차 열쇠를 꺼내어 위 승용차를 운전하다가 이 사건 사고를 낸 사실을 인정한 다음, 피고는 위 주점의 경영주로서 위 제1심 공동피고 2 등을 통하여 손님인 위 강은경으로부터 위 승용차와 승용차 열쇠를 맡아 보관하게 됨으로써 위 승용차에 대한 관리권을 가지고 운행지배와 운행이익을 향유하게 되었으며, 한편 위 제1심 공동피고 3이 피고의 승낙 없이 무단으로 위 승용차를 운행하다가 위 사고를 일으켰다 하더라도 위와 같은 위 승용차 열쇠의 보관 및 관리 상태, 위 제1심 공동피고 3이 위 승용차를 운행하게 된 경위, 위 제1심 공동피고 3과 피고의 관계 등에 비추어 보면 이 사건 사고에 있어서 피고의 위 승용차에 대한 운행지배와 운행이익이 완전히 상실되었다고 볼 수 없다 고 판단하였는바, 기록에 비추어 살펴보면 원심의 위 인정과 판단은 정당한 것으로 수긍할 수 있고 거기에 소론과 같은 심리미진, 채증법칙 위배로 인한 사실오인 내지 자동차손해배상보장법 제3조에 정한 자기를 위하여 자동차를 운행하는 자에 관한 법리오해 등의 위법이 있다고 할 수 없다. 논지는 이유 없다.[331)]

(M) 공동으로 운행지배와 운행이익을 갖는 경우

[관련판례]

원심판결 이유에 의하면, 원심은 거시 증거를 종합하여 소외 망 전대훈이 1995. 10. 25. 02:40경 소외 전국냉동 합자회사(이하 전국냉동이라 한다) 소유의 인천 8아5756호 5t 화물차(이하 이 사건 화물차라 한다)를 운전하다가 안산시 중앙역 앞에서 정지신호에 따라 정지하여 있는 소외 망 이동희 운전의 경기 2버9582호 승용차를 들이받아 화재가 발생함으로써 이동희를 사망하게 한 사실, 피고 조합은 1995. 5. 18. 전국냉동과 그 보유 차량 100여 대 중 24대에 관하여 계약기간 1995. 3. 1.부터 1996. 2. 28.까지로 하여 제품운송 용역계약을 체결함에 있어 전국냉동은 ① 피고 조합이 생산한 제품을 그가 요구하는 지정 장소까지 보유 차량으로 운송하고 이에 대한 대가로 소정의 월 용역료를 받되, 기준 이상을 운행한 경우 성과급을 지급받으며, ② 차량의 적재함에 피고 조합이 제시하는 사양에 따라 보냉탑, 냉장·냉동기 등을 설치하되 수시로 피고 조합의 점검을 받아야 하고, 냉동기의 성능이 불량

331) 대판 1997. 12. 26, 97다35115.

한 차량에 대하여는 피고 조합이 즉시 배차 중지를 할 수 있으며, ③ 피고 조합의 차량운행 방침에 따른 제반 지시사항을 준수하여야 하고, 그 차량의 운전사도 피고 조합의 배차 지시를 성실히 이행한 다음 도착시간 및 제품 인도량에 대하여는 공급받는 자의 날인을 받은 영수증을 피고 조합에 제출하여야 하며, 매일 운행 차량은 월 3일의 유급휴가를, 격일 운행 차량은 월 2일의 유급휴가를 인정하되, 휴무일 이외의 공휴일 중 피고 조합의 사정으로 출하가 없거나 현저히 적은 물량이 출하될 때에는 차량 여유분을 감안하여 별도의 휴무를 인정할 수 있고, ④ 차량의 연료비 및 유료통행료는 피고 조합의 부담으로 하고 차량도색은 피고 조합이 지정하는 사양에 따라(사고 당시 이 사건 화물차의 적재함 외부에는 피고 조합의 명칭이 도색되어 있었다) 매년 1회 이상 전국냉동의 부담으로 하며, ⑤ 전국냉동은 계약 체결과 동시에 계약 차량에 종사할 운전자에 대한 운전면허증 사본, 주민등록증 사본, 기타 신상에 관한 서류를 피고 조합에 제출하여야 함은 물론 그 운전자는 피고 조합이 지급하거나 지정하는 근무복을 착용하고 근무에 임하여야 하며, 운전자를 교체하는 경우 사전에 피고 조합과 협의를 마친 후에 교체할 수 있도록 한 사실, 피고 조합은 1995. 2. 28. 현재 전국냉동을 포함한 22개 운송회사 등과도 위와 같은 취지의 운송계약을 체결하고서 피고 조합이 생산한 제품을 전국적으로 공급하고 있으며, 피고 조합의 생산 제품을 운송하는 차량들의 출발시간, 경유지 및 목적지, 도착시간을 지시하는 등 배차업무에도 관여하고 있는 사실 등을 인정한 다음, 이 사건 사고 당시 피고 조합과 전국냉동은 공동으로 이 사건 화물차에 대한 운행지배 및 운행이익을 누리고 있다고 판단하였다. 자동차손해배상보장법 제3조 소정의 자기를 위하여 자동차를 운행하는 자는 자동차에 대한 운행을 지배하여 그 이익을 향수하는 책임주체로서의 지위에 있는 자를 의미한다 할 것인바, 원심이 확정한 피고 조합과 전국냉동 간의 제품운송 용역계약의 내용에다가 이 사건 화물차가 피고 조합의 용도에 맞게 개조되었고, 적재함 외부에 피고 조합의 명칭이 도색되어 있으며, 피고 조합의 배차 지시에 따라 전적으로 피고 조합의 제품만을 운반하고 있었다고 보이는 점 및 사고 당시 이 사건 화물차를 운전한 전대훈은 피고의 배차 지시에 따라 피고 조합의 공장으로 오던 중이었던 점 등 기록상 나타난 사실을 종합해 보면, 피고 조합은 사고 당시 이 사건 화물차의 운행을 지배하는 책임주체로서의 지위에 있었다고 할 것이므로, 같은 취지의 원심판단은 정당하고 거기에 자동차의 운행지배 내지 운행이익에 관한 법리오해의 위법이 있다고 할 수 없다. 논지는 이유가 없다.

이에 상고를 기각하고 상고비용은 패소한 피고의 부담으로 하기로 관여 법관의 의견이 일치되어 주문과 같이 판결한다.[332)]

---

332) **대판** 1997. 5. 16, 97다7431.

2. 자동차의 운행에 의할 것

(1) 서 설

1) 자배법에서 '자동차'라 함은 자동차관리법의 적용을 받는 자동차와 건설기계관리법의 적용을 받는 건설기계 중 대통령령이 정하는 것을 말한다(자배법 제2조 제1호).

2) '운행'이라 함은 사람 또는 물건의 운송 여부에 관계없이 자동차를 그 용법에 따라 사용 또는 관리하는 것을 말한다(자배법 제2조 제2호).[333] 「운행」에 대한 학설은 다툼이 있다, 즉 자동차의 운행이란 자동차의 원동장치나 주행장치 외에 자동차에 설치되어 있는 모든 장치를 사용하는 것을 운행으로 보는 것이다(고유장치설). 이 설은 정차 중이나 주차 중의 사고에 대해서는 적용이 되지 않는 문제점이 있다. 다른 견해로는 차고에서 나온 때부터 차고에 들어가기 전까지의 사고를 운행 중의 사고로 보는 것이다(차고출입설). 한편 판례는 기본적으로 '고유장치설'을 따르고 있는 것으로 보인다.[334]한편 판례는 안전하게 주·정차하기 어려운 곳에 주·정차하거나 주·정차를 함에 있어서 지형과 도로상태에 맞추어 변속기나 브레이크 등을 조작하지 않음으 인하여 생긴 사고는 원칙적으로 운행 중의 사고라고 한다.[335]

---

333) 자동차손해배상보장법 제2조 제호가 1999년 개정되기 전에는 '운행'에 대한 정의로서 '자동차를 당해 장치의 용법에 따라 사용하는 것'이라고 규정하고 있었다.

334) **대판 2004. 7. 9, 2004다20340·20357** "자동차손해배상보장법 제3조 본문 및 제2조 제2호에 의하면, 자기를 위하여 자동차를 운행하는 자는 그 운행으로 인하여 다른 사람을 사망하게 하거나 부상하게 한 때에는 그 손해를 배상할 책임을 지고, 그 '운행'이라 함은 사람 또는 물건의 운송 여부에 관계없이 자동차를 그 용법에 따라 사용 또는 관리하는 것을 말한다고 규정되어 있는바, 여기서 '자동차를 그 용법에 따라 사용한다.'는 것은 자동차의 용도에 따라 그 구조상 설비되어 있는 각종의 장치를 각각의 장치목적에 따라 사용하는 것을 말하는 것으로서, 자동차가 반드시 주행 상태에 있지 않더라도 주행의 전후단계로서 주·정차 상태에서 문을 열고 닫는 등 각종 부수적인 장치를 사용하는 것도 포함하는 것이고, 한편 자동차의 용도에 따라 그 구조상 설비되어 있는 각종의 장치는 원칙적으로 당해 자동차에 계속적으로 고정되어 사용되는 것이지만 당해 자동차에서 분리하여야만 그 장치의 사용목적에 따른 사용이 가능한 경우에는, 그 장치가 평상시 당해 자동차에 고정되어 있는 것으로서 그 사용이 장치목적에 따른 것이고 당해 자동차의 운행목적을 달성하기 위한 필수적인 요소이며 시간적·공간적으로 당해 자동차의 사용에 밀접하게 관련된 것이라면 그 장치를 자동차에서 분리하여 사용하더라도 자동차를 그 용법에 따라 사용하는 것으로 볼 수 있다."

(A) 운행 중의 사고라고 본 판례

[관련판례 1]

자동차손해배상보장법 제2조 제2호에 자동차의 '운행'이라 함은 사람 또는 물건의 운송 여부에 관계없이 자동차를 당해 장치의 용법에 따라 사용하는 것을 말한다고 규정하고 있고, 여기서 당해 장치란 운전자나 동승자 및 화물과는 구별되는 당해 자동차에 계속적으로 고정되어 있는 장치로서 자동차의 구조상 설비되어 있는 당해 자동차 고유의 장치를 말하므로, 이와 같은 각종 장치의 전부 또는 일부를 각각의 사용 목적에 따라 사용하는 경우에는 운행 중에 있다고 할 것이다(당원 1993. 4. 27. 선고 92다8101 판결 참조). 원심은 거시 증거에 의하여 원고의 운전자가 공제에 가입되어 있는 이 사건 트랙터에 원고 소유의 곡물수송용 트레일러를 견인하여 운행하여 보니 위 트레일러의 적재함 좌우측에 부착된 지름 9cm, 길이 8m의 쇠파이프 2개의 용접 부분이 떨어져 덜거덕거려 이를 아예 떼어 버리기로 하고, 자동차 정비업소 마당에서 위 트랙터와 그에 견인된 위 트레일러를 주차시키고 위 정비업소의 종업원으로부터 위 쇠파이프를 분리시키는 수리를 받은 다음, 다른 사람과 함께 위 쇠파이프를 위 적재함에서 지렛대를 이용하여 정비업소의 마당으로 밀어내다가 위 쇠파이프가 마침 위 트레일러 옆을 지나가던 피해자의 왼쪽 다리를 충격하여 동인에게 좌대퇴골 분쇄골절상 등을 입힌 사실 등을 인정한 다음, 위 사실관계에 의하면 위 사고는 위 트레일러의 당해 장치인 위 철구조물을 그 사용 목적에 따라 사용하다가 발생한 것이 아니고, 오히려 위 철구조물을 철거하는 수리작업 과정에서 발생한 것에 불과하므로 운행중 일어난 것이라고 할 수 없다고 판시하였는바, 기록에 의하여 관계 증거를 살펴보면 원심의 위와 같은 사실인정 및 판단은 모두 정당한 것으로 수긍되고, 거기에 상고이유가 지적하는 바와 같은 채증법칙 위배로 인한 사실오인이나 자동차손해배상보장법상의 운행의 점에 관한 법리오해의 위법이 있다 할 수 없다.[336)]

[관련판례 2]

1. 원심법원의 사실인정 및 판단

가. 원심은 그 채용 증거들에 의하여 다음과 같은 사실을 인정하고 있다.

(1) 원고(반소피고, 이하 '원고'라고만 한다)는 2000. 10.경 사회복지법인 대한구급환자이송단(이하 '소외 법인'이라고 한다)과 사이에, 2000. 10. 2. 24:00~2001. 10. 2. 24:00의 기간 동안 소외 법인이 그 소유의 서울 73다2762호 환자수송용 구급차(이하 '이 사건 구급차'라고 한다)를 소유·사용·관리하는 동안에 생긴 이 사건 구급차의 사고로 인하

335) 대판 2004. 3. 12, 2004다445·452; 대판 2005. 3. 25, 2003다71232.
336) 대판 1996. 5. 28, 96다7359.
337) 대판 2004. 7. 9, 2004다20340·20357.

여 남을 죽게 하거나 다치게 하여 자동차손해배상보장법 또는 기타 법률상 손해배상책임을 짐으로써 입은 손해를 원고가 보상하여 주기로 하는 내용의 자동차책임보험 및 종합보험계약(이하 '이 사건 보험계약'이라고 한다)을 체결하고, 소외 법인으로부터 소정의 보험료를 지급받았다.

(2) 피고(반소원고, 이하 '피고'라고만 한다)는 1998. 3.경 경막하출혈로 서울중앙병원에서 수술을 받은 후 2000. 7.경부터 서울 강남구 삼성동 소재 광동한방병원에서 입원치료를 받고 2000. 11. 9. 자택으로 갔다가 같은 달 11. 백명기가 운전하는 이 사건 구급차를 타고 위 광동한방병원으로 되돌아오게 되었다.

(3) 백명기는 같은 날 10:15경 위 병원 주차장에 도착하여 이 사건 구급차에 실려 있던 들것(이하 '이 사건 들것'이라고 한다)을 이용하여 피고를 위 차에서 내리게 되었는데, 위 들것은 소위 자동들것으로서 뒤쪽(환자 다리방향) 2개의 다리는 일정한 힘이 가해지면 모두 꺾이고 그 끝에 달려 있는 바퀴가 방향전환이 되는 것이며, 앞쪽(환자 머리방향) 2개의 다리 역시 일정한 힘이 가해지면 모두 꺾이기는 하나 그 끝에 달려 있는 바퀴는 방향전환이 되지 않는 것이었는바, 당시 백명기는 피고가 누워 있는 들것을 뒤쪽부터 위 차에서 빼내어 들것의 앞뒤쪽 다리가 모두 펴져 지면에 닿게 되자 오른편으로 방향을 바꾸면서 들것을 끌려고 하던 중 들것의 앞쪽 오른편 부분을 잡고 있던 간병인 정해옥과의 사이에 협력이 제대로 이루어지지 않아 들것의 앞쪽 다리가 꺾이게 됨으로써 들것에 누워 있던 피고로 하여금 땅에 떨어져 뇌출혈 등의 상해를 입게 하였다(이하 '이 사건 사고'라고 한다).

나. 원심은 당사자들의 주장에 대하여 다음과 같이 판단하고, 원고의 본소청구를 인용하는 한편, 피고의 반소청구를 모두 기각하였다.

(1) 당사자들의 주장

원고는, 이 사건 사고가 이 사건 구급차의 운행 또는 소유·사용·관리로 인하여 발생한 것이 아니므로 이 사건 보험계약에 따른 손해배상채무가 없다고 주장하면서 본소로써 그 손해배상채무의 부존재확인을 구하였다. 이에 대하여 피고는, 이 사건 구급차의 고유의 장치인 이 사건 들것을 사용하는 과정에서 이 사건 사고가 발생하였으므로 소외 법인은 이 사건 구급차의 운행자로서 자동차손해배상보장법상의 책임을 지거나 또는 불법행위자인 백명기의 사용자로서 민법상의 책임을 지는 경우에 해당하여 원고에게는 이 사건 보험계약에 따른 손해배상채무가 있다고 주장함과 아울러 보험자에 대한 직접청구권에 기하여 반소로써 원고에게 위 사고로 인하여 자신이 입은 손해의 배상을 구하였다.

(2) 원심의 판단

(가) 자동차손해배상보장법상의 책임에 대한 부분

자동차손해배상보장법 제3조 본문 및 제2조 제2호에 의하면, 자기를 위하여 자동차를 운행하는 자는 그 운행으로 인하여 다른 사람을 사망하게 하거나 부상하게 한 때에는 그 손해를 배상할 책임을 지고, 그 '운행'이라 함은 사람 또는 물건의 운송 여부에 관계없이 자동차를 그 용법에 따라 사용 또는 관리하는 것을 말한다고 규정되어 있는바, 여기서 '자동차를 그 용법에 따라 사용'한다는 것은 운전자나 동승자 및 화물과 구별되는, 자동차의 용도에 따라 계속적으로 고정되어 있는 장치로서 자동차의 구조상 설비되어 있는 당해 자동차의 고유의 장치 전부 또는 일부를 각각의 사용목적에 따라 사용하는 것을 말한다. 이 사건에 관하여 살피건대, 이 사건 구급차에 있어서 이 사건 들것은, 구급차가 환자를 실어 나르는 과정에서 환자를 집, 병원, 사고장소 등 그가 있던 곳에서 차로 옮겨오거나 차에서 다시 병원 등 다른 곳으로 옮겨가는 데 사용하기 위하여 항상 구비되어 있는 보조 장비이기는 하나, 그것이 구급차에 '계속적으로 고정되어' 있는 장치로서 자동차의 '구조상' 설비되어 있는 장치라고 보기는 어려우므로, 이 사건 사고는 이 사건 구급차의 운행으로 인하여 발생한 사고라고 할 수 없어서, 이 사건 구급차에 대한 보험자인 원고에게 자동차손해배상보장법상의 책임이 있다고 할 수 없다.

(나) 민법상 사용자책임에 관한 부분

이 사건 사고는 백명기의 과실로 인하여 발생한 것임을 알 수 있으므로 백명기와 그 사용자인 소외 법인은 피고에 대하여 민법상 불법행위로 인한 손해배상책임을 부담한다 할 것이다. 그러나 이 사건 구급차에 대한 보험자인 원고는 이 사건 구급차의 소유·사용·관리 동안에 생긴 이 사건 구급차의 사고로 인하여 발생한 손해에 대해서만 배상책임을 인수한 것인바, 이 사건 사고는 이 사건 구급차에 갖추어진 보조 장비인 들것을 사용하던 중의 과실로 인하여 발생한 것으로서 위 들것이 이 사건 구급차의 고유장치에 해당하지 아니함은 앞서 본 바와 같으므로, 이를 이 사건 구급차의 소유·사용·관리 동안에 생긴 이 사건 구급차의 사고라고 할 수 없는 것인즉, 원고로서는 피고에 대하여 이 사건 보험계약에 따른 손해배상채무를 부담하지 않는다고 할 것이다.

2. 이 법원의 판단

자동차손해배상보장법 제3조 본문 및 제2조 제2호에 의하면, 자기를 위하여 자동차를 운행하는 자는 그 운행으로 인하여 다른 사람을 사망하게 하거나 부상하게 한 때에는 그 손해를 배상할 책임을 지고, 그 '운행'이라 함은 사람 또는 물건의 운송 여부에 관계없이 자동차를 그 용법에 따라 사용 또는 관리하는 것을 말한다고 규정되어 있는바, 여기서 '자동차를 그 용법에 따라 사용한다.'는 것은 자동차의 용도에 따라 그 구조상 설비되어 있는 각종의 장치를 각각의 장치목적에 따라 사용하는 것을 말하는 것으로서, 자동차가 반드시 주행 상태에 있지 않더라도 주행의 전후단계로서 주·정차 상태에서 문을 열고 닫는 등 각종 부수적인 장치를 사용하는 것도 포함하는 것이다(대법원 1988. 9. 27. 선고 86다카2270 판결, 1999. 11. 12. 선고 98다30834 판결, 2003. 12. 26. 선고 2003다21865 판결 등 참조). 한편, 자동차의 용도에 따라 그 구조상 설비되어 있는 각종의 장치는 원칙적으로 당해 자동차에 계속적으로 고정되어 사용되는 것이지만 당해 자동차에서 분리하여야만 그 장치의 사용목적에 따른 사용이 가능한 경우에는, 그 장치가 평상시 당해 자동차에 고정되어 있는 것으로서 그 사용이 장치목적에 따른 것이고 당해 자동차의 운행목적을 달성하기 위한 필수적인 요소이며 시간적·공간적으로 당해 자동차의 사용에 밀접하게 관련된 것이라면 그 장치를 자동차에서 분리하여 사용하더라도 자동차를 그 용법에 따라 사용하는 것으로 볼 수 있다 할 것이다. 이와 같은 법리에 비추어 이 사건 기록을 살펴보면, 원심이 이 사건 사고를 이 사건 구급차의 운행으로 인하여 발생한 것이 아니라고 판단한 조치는 다음과 같은 이유로 수긍할 수 없다. 응급의료에관한법률의 위임에 따라 제정된 '구급차의기준및응급환자이송업의시설등기준에관한규칙(1995. 7. 31. 보건복지부령 제9호, 건설교통부령 제25호, 이하 '규칙'이라고만 한다)' 제6조 [별표 2]에 의하면, 구급차에 갖추어야 할 장치로 '간이침대(Main Stretcher) 1식'과 '보조들것(Sub-Stretcher) 1식'을 규정하면서 '간이침대'는 평상시에 차량에 부착하고, '보조들것'은 평상시에 접어서 한쪽 편에 부착하여 보관하는 것으로 설치기준을 정하고 있는바, 이 사건 기록에 의하면, 백명기가 피고를 후송할 때 사용한 이 사건 들것은 위 규칙의 '간이침대'로 보이므로(기록 14~15면, 216~217면에 첨부된 사진 참조), 사실이 이와 같다면 이 사건 들것은 이 사건 구급차의 용도에 따라 그 구조상 설비되어 있는 장치에 해당한다고 볼 것이다. 또한, 이 사건 들것과 같이 구급차에 장치되는 '간이침대'는 환자후송 시 차량에 견고하게 부착된 상태에서 그 위에 누워 있는 환자를 띠로 고정하여 환자를 안전하게 후송하기 위한 목적(위 규칙 [별표 2]에 따르면 간이침대는 차량에서 분리 가능하되 견고하게 부착할 수 있는 부속장치가 있어야 하고, 시트에는 가슴, 엉덩이, 발목 등 3개 이상의 부위를 고정시킬 수 있는 너비 5㎝ 이상의 띠에 의한 환자 고정장치가 설치되어야 한다)과 아울러 보행이 불가능한 환자를 위 간이침대에 누워 있는 상태에서 그대로 승하차시키기 위한 목적을 가지고 있다 할 것인바, 원심이 그 채용 증거들에 의하여 적법하게 인정하고 있는 바와 같이 이 사건 사고는 백명기가 병원 입구에서 보행이 불가능한 피고를 이 사건 들것(간이침대)에 누워있는 상태에서 그대로 구급차에서 내리기 위하여 이 사건 들것을 차 밖으로 빼내어 들것 밑에 달려 있는 접이식 다리가 모두 펴진 직후 방향전환을 하는 과정에서 들것을 잘못 조작하여 들것의 앞쪽 다리가 꺾이게 되어 피고가 땅에 떨어지게 됨으로써 발생한 것이므로, 이 사건 사고는 이 사건 들것을 그 장치목적인 하차작업에 사용하던 도중에 발생한 것으로 볼 것이다. 이와 같이 이 사건 들것은 평상시 이 사건 구급차에 고정되어 있는 것으로서 이 사건 당시 백명기는 이 사건 들것을 그 장치목적에 따라 사용하고 있었고, 구급차에 들것을 장치하여 환자를 들것에 뉘어 후송하고 승하차시키는 것은 구급차의 사용목적을 달성하기 위한 필수적인 요소라 할 것이며, 이 사건 사고는 병원에 도착한 직후 이 사건 구급차에서 환자를 하차시키던 도중에 발생하여 시간적·공간적으로 이 사건 구급차의 사용과 밀접한 관계에 있었다고 볼 수 있으므로, 이 사건 들것이 이 사건 사고 당시 이 사건 구급차에서 분리되어 사용되었더라도 이는 자동차를 그 용법에 따라 사용한 것으로서 자동차손해배상보장법 제2조 제2호 소정의 운행에 해당한다고 할 것이고, 따라서 이 사건 사고는 이 사건 구급차의 운행으로 인하여 발생한 사고에 해당한다 할 것이다. 사정이 이와 같음에도 불구하고, 원심은 이

사건 들것이 구급차에 계속적으로 고정되어 있는 장치로서 자동차의 구조상 설비되어 있는 장치라고 볼 수 없다는 이유로 이 사건 사고가 자동차의 운행으로 인하여 발생한 사고가 아니라고 판단하였으니 이러한 원심판결에는 자동차손해배상보장법 제2조 제2호, 제3조 본문 소정의 '자동차의 운행으로 인하여'의 해석에 관한 법리오해의 위법이 있다 할 것이다.[337)]

(B)「운행에 의한」사고인지 여부에 관한 판례

1) 자동차의 운행에 의한 사고로 본 경우

① 동승자가 주차한 자동차에서 하차하다가 차량 밖의 터널바닥으로 떨어져 다친 경우[338)]

② 화물자동차의 운전수가 여고생을 태우고 가다가 강간할 마음이 생겨 내려주지 않고 계속 진행하던 중 그 학생이 문을 열고 뛰어내려 사망한 경우[339)]

③ 지게차로 화물차에 각재를 적재한 후 다시 각재를 싣고 오는 사이에 적재된 각재 다발이 떨어지면서 밑에 있던 사람을 사망하게 한 사고가 지게차의 운행으로 말미암아 일어난 것이라고 본 사례[340)]

④ 구급차로 환자를 병원에 후송한 후 구급차에 비치된 들것(간이침대)으로 환자를 하차시키던 도중 들것을 잘못 조작하여 환자를 땅에 떨어뜨려 상해를 입게 한 경우[341)]

⑤ 버스 내의 화재가 다른 직접적인 원인이외에도 그 버스의 원동기에 의한 진동 때문에 승객이 지참한 휘발유통의 마개 틈으로 휘발유가 스며 나왔다고 버스의 조명시설이 승객의 소지품을 찾는데 적당치 못하였으며 출입문 등 차의 구조가 대피에 부적당한 상태였음이 위 화재발생의 간접적 원인이 되었다면 이는 버스의 위 장치들을 그 용법에 따라 사용함으로써 비롯되었다고 할 것[342)]

⑥ 한강 선착장 주차장에 주차시킨 승용차가 비탈면을 굴러서 강물에 빠짐으로써 동승자가 사망한 경우[343)]

⑦ 활선자동차의 버킷을 수리할 목적으로 화물자동차를 운전하여 회사의 자재창고에 도착하여 창고 정문 안쪽의 내리막 경사지에 주차한 후 하차하여 수리하다가

---

338) **대판** 1998. 9. 4, 98다22604·22611.
339) **대판** 1989. 10. 27, 89다카432.
340) **대판** 1997. 4. 8, 95다26995.
341) **대판** 2004. 7. 9, 2004다20340·20357.
342) **대판** 1980. 8. 12, 80다904.
343) **대판** 1997. 8. 26, 97다5183.

날이 어두워지자 화물자동차에 시동을 걸고 전조등을 켜서 그 불빛을 이용하여 작업을 계속하던 중 화물자동차가 경사지에서 굴러 내려와 충격하는 바람에 운전자가 사망한 경우[344)]

⑧ 야간에 지하철공사장 부근을 주행하다가 불법주차 중이던 트럭에 추돌하여 발생한 사고에 대하여 그 사고가 트럭이 미등 및 차폭등을 켜지 않은 채 주차하여 둠으로써 발생하였다면, 이는 트럭 운전사의 트럭운행과 관련하여 발생한 것이어서 트럭소유자는 자동차손해배상보장법 소정의 자기를 위하여 자동차를 운행하는 자로서 위 사고로 피해자가 입은 손해를 배상할 의무가 있다.[345)]

2) 자동차의 운행에 의한 사고가 아니라고 본 경우

① 승용차를 운행하기 위하여 시동과 히터를 켜 놓고 대기하고 있었던 것이 아니라 잠을 자기 위한 공간으로 이용하면서 다만 방한 목적으로 시동과 히터를 켜놓은 상태에서 잠을 자다 질식사한 경우[346)]

② 인부가 통나무를 화물차량에 내려놓는 충격으로 지면과 적재함 후미 사이에 걸쳐 설치된 발판이 떨어지는 바람에 발판을 딛고 적재함으로 올라가던 다른 인부가 땅에 떨어져 입은 상해가 자동차의 운행으로 말미암아 일어난 사고가 아니라고 한 경우[347)]

③ 가해자가 화물차량의 적재함에 철근을 싣고 목적지인 공사장으로 운전하여 가서 골목길 도로 상에 차량을 정차시키고 적재함에 올라가 철근다발을 화물차량 우측편 도로 상으로 밀어 떨어뜨리는 방법으로 하역작업을 하던 중 그 철근다발을 화물차량의 뒤편에서 다가오던 피해자의 등 위로 떨어지게 함으로써 그를 사망에 이르게 한 경우[348)]

④ 화물 하차작업 중 화물고정용 밧줄에 오토바이가 걸려 넘어져 사고가 발생한 경우, 화물고정용 밧줄은 적재함 위에 짐을 실을 때에 사용되는 것이기는 하나 물건을 운송할 때 일반적·계속적으로 사용되는 장치가 아니고 적재함과 일체가 되어 설비된 고유장치라고도 할 수 없다는 이유로, 그 사고는 자동차의 운행으로 인한 것이라고는 볼 수 없다고 한 경우[349)]

---

344) **대판** 2005. 3. 25, 2004다71232.
345) **대판** 1993. 2. 9, 92다31101.
346) **대판** 2000. 1. 21, 99다41824.
347) **대판** 1993. 4. 27, 92다8101.
348) **대판** 1996. 9. 20, 96다24675.
349) **대판** 1996. 5. 31, 95다19232.

3) 운행과 사고 사이에 상당인과관계가 있어야 함

[관련판례][350]

[1] 자동차손해배상 보장법 제3조는 "자기를 위하여 자동차를 운행하는 자는 그 운행으로 인하여 다른 사람을 사망하게 하거나 부상하게 한 때에는 그 손해를 배상할 책임을 진다."라고 규정하고 있는바, 위 법조에서 '운행으로 인하여'라 함은 운행과 사고 사이에 상당인과관계를 인정할 수 있는지의 여부에 따라 결정되어야 한다.

[2] 속칭 날치기 범행을 하기로 마음먹고 승용차를 정상적인 용법에 따라 운행하여 가면서, 같은 방향 왼쪽 앞을 걸어가고 있던 피해자의 핸드백을 잡아채고는 피해자가 핸드백을 빼앗기지 않으려고 아직 잡고 있는 상태에서 위 승용차를 가속하여 도주함으로써, 피해자가 그 힘을 이기지 못하여 차에 끌려오다가 핸드백을 놓치면서 뒹굴면서 넘어졌고 그로 인하여 상해를 입은 사안에서, 승용차의 운행과 사고 사이에 상당인과관계가 있다.

(3) 다른 사람을 사망하게 하거나 부상하게 하였을 것(자배법 제3조)

1) 다른 사람이란?

피해자에 해당하는 '다른 사람'에는 책임주체인 운행자는 포함되지 않으며, 운전자도 포함되지 않는다.[351] 또한 안내원 등 운전보조자도 다른 사람에 해당하지

---

350) **대판 2006. 4. 13, 2005다73280.**

351) **대판 2000. 3. 28, 99다53827** "자동차손해배상보장법 제3조에 의한 배상책임은 자동차의 운행으로 인하여 '다른 사람'을 사망 또는 부상하게 한 때에 인정되는바, 사고 당시 당해 자동차를 운전한 자는 여기서의 '다른 사람'에 포함되지 않으며, 사고 당시 현실적으로 운전을 하지 않았더라도 당해 자동차를 운전하여야 할 지위에 있는 자가 법령상 또는 직무상의 임무에 위배하여 타인에게 운전을 위탁하였고, 상대가 운전무자격자나 운전미숙자인 때에는 역시 마찬가지로 보아야 한다."; **대판 2010. 5. 27, 2010다5175**; **대판 2016. 4. 28, 2014다236830·236847** "[1]자동차손해배상 보장법(이하 '자동차손배법'이라고 한다)제3조 본문은 "자기를 위하여 자동차를 운행하는 자는 그 운행으로 인하여 다른 사람을 사망하게 하거나 부상하게 한 경우에는 그 손해를 배상할 책임을 진다."라고 규정하고 있다. 위 규정의 '다른 사람'이란 '자기를 위하여 자동차를 운행하는 자 및 자동차의 운전자를 제외한 그 이외의 자'를 지칭하므로, 자동차를 운전하거나 운전의 보조에 종사한 자는 자동차손배법 제3조에 규정된 '다른 사람'에 해당하지 않는다. [2]사고 당시 현실적으로 운전을 하지 않았더라도 자동차를 운전하여야 할 지위에 있는 자가 법령상 또는 직무상의 임무에 위배하여 타인에게 운전을 위탁하였고 타인이 운전무자격자나 운전미숙자인 경우에는 운전을 위탁한 자는 여전히 운전자로서 자동차손해배상 보장법 제3조에 규정된 '다른 사람'에 해당하지 않고, 이때 타인이 자동차의 용법에 따른 사용행위를 실제 하였더라도 그는 특별한 사정이 없는 한 운전보조자에 해당할 수는 있으나 운전자에는 해당하지 않는다. [3]운전의 보조에 종사한 자에 해당하는지를 판단할 때에는, 업무로서 운전자의

않는다.[352] 즉 여기에서 '다른 사람'이란 운행자, 운전자, 운전보조자를 제외한 승객과 그 이외의 제3자를 의미한다(자배법 제3조 참조).

2) 다른 사람 여부의 판단사례

① 호의동승자의 경우

㉮ 호의동승자가 타인인지의 여부 호의동승자는 운행자가 아니며 승객으로서 다른 사람에 포함된다.[353] 따라서 호의동승자의 피해에 대해서는 원칙적으로 운행자가 책임을 진다.[354]

㉯ 호의동승의 경우 배상액 경감 여부 신의칙이나 형평의 원칙에 따라 그 배상액을 경감할 수 있다.[355]

운전행위에 참여하였는지 여부, 운전자와의 관계, 운전행위에 대한 구체적인 참여 내용, 정도 및 시간, 사고 당시의 상황, 운전자의 권유 또는 자발적 의사에 따른 참여인지 여부, 참여에 따른 대가의 지급 여부 등 여러 사정을 종합적으로 고려하여야 하는데, 자신의 업무와 관계없이, 별도의 대가를 받지 않고 운전행위를 도운 것에 불과한 자는 특별한 사정이 없는 한 운전의 보조에 종사한 자에 해당하지 않는다."

352) **대판 1979. 2. 13, 78다1536** "버스운전사의 과실로 일어난 사고에서 그 차의 안내원이 부상한 경우 안내원은 본조의 '타인'에 해당하지 아니하므로 회사는 본법에 의한 책임이 아니라 민법 제756조에 의한 사용자책임을 진다."

353) **대판 1987. 12. 22, 86다카2994 ; 대판 1988. 9. 13, 88다카80.**

354) **대판 1987. 12. 22, 86다카2994** "차량의 운행자로서 아무 대가를 받은 바 없이 오직 동승자의 편의와 이익을 위하여 동승을 제공하고, 동승자로서도 그 자신의 편의와 이익을 위해서 그 제공을 받은 경우라 하더라도 그 사실만 가지고서는 동승자에게 자동차손해배상보장법 제3조에서 말하는 자동차의 보유자성을 인정할 수 없으나 다만 운행의 목적·호의동승자와 운행자와의 인적관계, 피해자가 차량에 동승한 경위 특히 동승요구의 목적과 적극성 등의 제반사정에 비추어 가해자에게 일반의 교통사고와 같은 책임을 지우는 것이 신의칙이나 형평의 원칙에 비추어 매우 불합리한 것으로 인정되는 경우에는 그 배상액을 감경할 사유로 삼을 수도 있다."; **대판 1988. 9. 13, 88다카80** "차량의 운행자가 아무 대가를 받음이 없이 동승자의 편의와 이익을 위해서 동승을 제공하고 동승자로서도 그 자신의 편의와 이익을 위해서 이를 제공받은 경우라 하더라도 동승자에게 바로 위 법 제3조에서 말하는 자동차의 보유자성을 인정하기 어렵다 할 것이며, 동승자가 운행자와 친척이라거나 운행도중 일시 교대로 운전을 하였다 하여 그 사실만으로 사정이 달라진다 할 수 없다."

355) **대판 1996. 3. 22, 95다24302** "차량의 운행자가 아무런 대가를 받지 아니하고 동승자의 편의와 이익을 위하여 동승을 허락하고 동승자도 그 자신의 편의와 이익을 위하여 그 제공을 받은 경우 그 운행 목적, 동승자와 운행자의 인적관계, 그가 차에 동승한 경위, 특히 동승을 요구한 목적과 적극성 등 여러 사정에 비추어 가해자에게 일반 교통사고와 동일한 책임을 지우는 것이 신의칙이나 형평의 원칙으로 보아 매우 불합리하다고 인정될 때에는 그 배상액을 경감할 수 있으나, 사고 차량에 단순히 호의로 동승하였다는 사실만 가지고 바로 이를 배상액 경감사유로 삼을 수 있는 것은 아니다."

② 동일한 자동차에 대하여 복수로 존재하는 운행자 중 1인이 당해 자동자의 사고로 피해를 입은 경우

사고를 당한 운행자는 다른 운행자에 대하여 원칙적으로 '다른 사람'임을 주장할 수 없는 것이 원칙이다. 다만 사고를 당한 운행자의 운행지배 및 운행이익에 비하여 상대방의 그것이 보다 주도적이거나 직접적이고 구체적으로 나타나 있어 상대방이 용이하게 사고의 발생을 방지할 수 있었다고 보이는 경우에 한하여 비로소 자신이 '다른 사람'임을 주장할 수 있을 뿐이다.[356]

③ 운전자나 운전보조자

운전자나 운전보조자가 현실적으로 운전에 관여하지 않은 경우에는 타인으로서 보호된다.[357] 따라서 조수석에서 수면휴식 중이던 교대운전자, 자신이 배정받은 택시를 같은 회사의 다른 운전자에게 맡기고 옆좌석에 앉아 있던 자도 '다른 사람'에 해당한다.

④ 운전하여야 할 지위에 있는 자

현실적으로 운전에 관여하지 않았다 하여도 운전하여야 할 지위에 있는 자가 직무상 또는 법령상 임무에 위배하여 타인에게 운전을 위탁하였고 상대가 운전무자격자나 운전미숙자인 때에는 '다른 사람'에 포함되지 않는다.[358]

---

356) **대판 2009. 5. 28, 2007다87221.**

357) **대판 1999. 9. 17, 99다22328** "자동차손해배상보장법 제3조에서 말하는 '다른 사람'이란 '자기를 위하여 자동차를 운행하는 자 및 당해 자동차의 운전자를 제외한 그 이외의 자'를 지칭하므로, 당해 자동차를 현실로 운전하거나 그 운전의 보조에 종사한 자는 같은 법 제3조 소정의 타인에 해당하지 아니한다고 할 것이나, 당해 자동차의 운전자나 운전보조자라도 사고 당시에 현실적으로 자동차의 운전에 관여하지 않고 있었다면 그러한 자는 같은 법 제3조 소정의 타인으로서 보호된다."; **대판 1983. 2. 22, 82다카128** "운전사 2인이 장거리를 교대로 운전하여 오는 경우 비번인 교대운전자는 위험에 당하여 담당운전자로부터 요청이 있는 등 특단의 사정이 없는 한 자기의 당번에 대비하여 수면 휴식함이 허용된다 할 것이므로 사고당시 조수석에 앉아 수면휴식 중이던 교대운전자는 자동차손해배상보장법 제3조의 "타인"에 해당한다 할 것이다."; **대판 1989. 4. 2, 89다카2070** "사고자동차의 운전사가 자동차회사의 단체협약, 취업규칙, 인사관리규정 및 복무규정에서 규정한 운전대여 금지나 근무교대시간엄수 등을 제대로 지키지 못한 점이 있었다 하더라도 같은 회사 사고 택시의 운전사이며 운전숙련자인 자에게 운전을 맡기고 자신은 운전석 옆좌석에 앉아 있었던 것이라면 그 운전사가 사고 택시의 운전자라고는 볼 수 없어 자동차손해배상보장법 제3조 소정의 '타인'에 해당한다."

358) **대판 2008. 3. 28, 99다53827** "[1] 자동차손해배상보장법 제3조에 의한 배상책임은 자동차의 운행으로 인하여 '다른 사람'을 사망 또는 부상하게 한 때에 인정되는바, 사고 당시 당해

(4) 자동차 운행자에게 면책사유가 없을 것

자배법은 자동차운행에 따른 위험을 지배하고 이용하는 운행자에게 사실상 무과실책임에 가까운 무거운 책임을 인정한다. 운행자가 그 책임을 면하기 위해서는 다음의 사유를 증명하여야 한다.

1) 승객이 아닌 자가 피해자인 경우

운행자는 승객이 아닌 자가 사망·부상한 경우에는 ① 자기와 운전자가 자동차의 운행에 관하여 주의를 게을리 하지 않았고, ② 피해자 또는 자기 및 운전자 외의 제3자에게 고의 또는 과실이 있으며, ③ 자동차의 구조상의 결함 또는 기능에 장해가 없었다는 것을 증명하면 책임을 면한다(자배법 제3조 단서 제1호). 앞의 세 가지를 증명하지 못하면 운행자는 책임을 지게 된다.[359)]

2) 승객이 피해자인 경우

승객이 사망·부상한 경우에는 그 사망 또는 부상이 그 승객의 고의나 자살행위로 인한 것임을 증명하면 책임을 면한다(자배법 제3조 단서 제2호). 따라서 운행자는 승객의 사망 또는 부상이 그 승객의 고의나 자살행위로 인한 것임을 주장·증명하지 않는 한 운전상의 과실 유무를 가릴 것 없이 승객의 사망이나 부상에 따른 손해를 배상할 책임을 부담한다.

① 승객의 판단기준

「승객」이라 함은 '자동차 운행자의 명시적·묵시적 동의하에 승차한 사람을 의미하는데, 차량 내부에 있는 사람 외에 자동차에서 잠시 하차하였으나 운행 중인 자동차의 직접적인 위험범위에서 벗어나지 않은 사람도 포함한다.[360)]

자동차를 운전한 자는 여기서의 '다른 사람'에 포함되지 않으며, 사고 당시 현실적으로 운전을 하지 않았더라도 당해 자동차를 운전하여야 할 지위에 있는 자가 법령상 또는 직무상의 임무에 위배하여 타인에게 운전을 위탁하였고, 상대가 운전무자격자나 운전미숙자인 때에는 역시 마찬가지로 보아야 한다. [2] 이삿짐센터 화물차의 운전과 이에 부착된 고가사다리의 작동을 담당하던 종업원이 자신은 깔판을 타고 올라 탄 다음 이삿짐센터에서 짐을 나르는 종업원으로서 운전면허도 없는 자에게 고가사다리를 조작하도록 지시하여 그의 작동미숙으로 땅에 떨어져 사망한 경우, 망인이 자동차손해배상보장법 제3조 소정의 '다른 사람'에 해당하지 않는다."

359) **대판** 1993. 5. 27, 93다6560; **대판** 2017. 7. 18, 2016다216953.

360) **대판** 2008. 2. 28, 2006다18303 "[1] 자동차손해배상 보장법 제3조는 그 본문에서 자기를

② 승객의 고의·자살의 기준

'승객의 고의나 자살행위'에 대한 기준은 승객의 자유로운 의사결정에 기하여 의식적으로 행한 행위이어야 한다.[361)]

위하여 자동차를 운행하는 자는 그 운행으로 인하여 다른 사람을 사망하게 하거나 부상하게 한 때에는 그 손해를 배상할 책임을 진다고 규정하고, 그 단서 제2호에서는 승객이 사망하거나 부상한 경우에 있어서 그 사망 또는 부상이 그 승객의 고의나 자살행위로 인한 것인 때에 한하여 책임을 지지 아니한다고 규정하여, 자동차 사고로 승객이 사망하거나 부상당한 경우 운행자는 승객의 사망 또는 부상이 그 승객의 고의나 자살행위로 인한 것임을 주장·증명하지 않는 한 운전상의 과실 유무를 가릴 것 없이 승객의 사망이나 부상에 따른 손해를 배상할 책임을 부담한다. [2] 승객이란 자동차 운행자의 명시적·묵시적 동의하에 승차한 사람을 의미하는데, 반드시 자동차에 탑승하여 차량 내부에 있는 사람만을 승객이라고 할 수 없고, 운행 중인 자동차에서 잠시 하차하였으나 운행 중인 자동차의 직접적인 위험범위에서 벗어나지 않은 사람도 승객의 지위를 유지할 수 있으며, 그 해당 여부를 판단함에는 운행자와 승객의 의사, 승객이 하차한 경위, 하차 후 경과한 시간, 자동차가 주·정차한 장소의 성격, 그 장소와 사고 위치의 관계 등의 제반 사정을 종합하여 사회통념에 비추어 결정하여야 한다. [3] 고속도로 상에서 1차 사고로 정차한 관광버스의 승객 일부가 버스에서 하차하여 갓길에 서서 사고 상황을 살피다가 얼마 지나지 않아 2차 사고를 당하여 사망한 사안에서, 망인이 2차사고 시에도 운행 중인 관광버스의 직접적인 위험범위에서 벗어나지 않았으므로 자동차손해배상 보장법 제3조 단서 제2호의 승객에 해당한다."

361) **대판 1997. 11. 11, 95다25115** "자동차손해배상보장법의 목적이 자동차의 운행으로 사람이 사망하거나 부상한 경우에 있어서의 손해배상을 보장하는 제도를 확립함으로써 피해자를 보호하고 자동차 운송의 건전한 발전을 촉진함에 있음(위 법 제1조 참조)에 비추어 보면, 위 법 제3조의 "자기를 위하여 자동차를 운행하는 자는 그 운행으로 말미암아 다른 사람을 사망하게 하거나 부상하게 한 때에는 그 손해를 배상할 책임을 진다. 다만 승객이 사망하거나 부상한 경우에 있어서 그것이 그 승객의 고의 또는 자살행위로 말미암은 것인 때에는 그러하지 아니하다."라는 취지의 규정에서 말하는 '승객의 고의 또는 자살행위'는 승객의 자유로운 의사 결정에 기하여 의식적으로 행한 행위에 한정된다고 보아야 할 것이다. 그런데 이 사건에서 원심이 인정한 위 판시 사실관계를 보면 피해자인 원고 1이 달리는 택시에서 뛰어내린 것은 위 택시의 운전사인 소외 1의 강제적인 성행위, 폭행, 감금 등 급박한 범죄적 불법행위를 벗어나기 위하여 무작정 택시에서 뛰어내린 것으로서, 이는 위 원고가 여러 시간 전에 일시적으로 자살을 기도하였다고 하는 사정을 감안하더라도 원고의 자유로운 의사 결정에 따라 의식적으로 행한 자살행위라고 단정하기는 어렵고 오히려 운전자인 소외 1의 범죄행위로 유발된 자동차 사고일 뿐이라고 하지 않을 수 없는데도 불구하고, 원심이 이를 '승객의 고의 또는 자살행위'에 해당한다고 판단한 것은 위 법조 단서의 해석을 잘못하였거나 그 적용을 잘못한 위법이 있는 때에 해당 하고, 그 위법은 판결 결과에 영향을 미쳤음이 분명하다."; **대판 2017. 7. 18, 2016다216953** "자동차손해배상 보장법(이하 '자동차손배법'이라고 한다) 제3조는 '자기를 위하여 자동차를 운행하는 자는 그 운행으로 다른 사람을 사망하게 하거나 부상하게 한 경우에는 그 손해를 배상할 책임을 진다. 다만 승객이 고의나 자살행위로 사망하거나 부상한 경우에는 그러하지 아니하다.'라고 규정하고 있다. 위 조항은 승객이 사망하거나 부상한 경우를 승객이 아닌 자와 구별하여 더욱 보호하고 있다. 이는, 승객은 자동차에 동승함으로써 자동차의

Ⅲ. 자배법과 다른 법률과의 관계

1. 민법과의 관계

(1) 민법상 불법행위규정과의 관계

1) 자배법은 민법상 불법행위 규정의 특별법으로서 자동차사고로 손해를 입은 자가 자배법에 의하여 손해를 주장하지 않았더라도 법원은 민법에 우선하여 자배법을 적용하여야 한다.[362]그러나 자배법 제3조는 자동차의 운행으로 다른 사람이 사망하거나 부상당한 경우에만 운행자책임을 인정하고 있다. 따라서 사망·부상사고 이외의 경우에는 민법에 의하여 구제받을 수밖에 없다. 그리고 운행자가 아닌 운전자에 대하여는 민법에 의하여 배상을 청구하여야 한다. 또한 운행자로서 책임을 진 사용자가 과실있는 운전자에게 구상하려면 제756조에 의하여야 한다. 운행자책임이 성립하지 않는 경우에 민법에 의하여 배상청구를 할 수 있다.[363]

위험과 일체화되어 승객 아닌 자에 비하여 그 위험이 더 크다고 할 수 있으므로, 자동차사고로 승객이 사망한 경우 운행자는 승객의 사망이 고의 또는 자살행위로 인한 것임을 주장·증명하지 못하는 한 운전상의 과실 유무를 가릴 것 없이 승객의 사망에 따른 손해를 배상할 책임이 있다는 취지이다. 자동차손배법의 목적이 자동차의 운행으로 사람이 사망하거나 부상한 경우에 손해배상을 보장하는 제도를 확립함으로써 피해자를 보호하고 자동차 운송의 건전한 발전을 촉진함에 있음(제1조)에 비추어 보면, '승객의 고의 또는 자살행위'는 승객의 자유로운 의사결정에 기하여 의식적으로 행한 행위에 한정된다."

362) **대판 1997. 11. 28, 95다29390** "자동차손해배상보장법 제3조는 불법행위에 관한 민법 규정의 특별 규정이라고 할 것이므로 자동차 사고로 인하여 손해를 입은 자가 자동차손해배상보장법에 의하여 손해배상을 주장하지 않았다고 하더라도 법원은 민법에 우선하여 자동차손해배상보장법을 적용하여야 한다. 그러나 자배법의 적용요건을 갖추지 못한 때(운행자책임이 성립하지 않는 때)에는 민법이 적용된다(대판 1988. 3. 22, 86다카2747 ; 대판 2001. 6. 29, 2001다23201·23218). 즉 자배법 제3조는 자동차의 운행으로 다른 사람이 사망하거나 부상당한 경우에만 운행자책임을 인정하고 있어 사망이나 부상 이외의 경우에는 민법에 의하여 구제받을 수밖에 없다. 또한 운행자가 아닌 운전자에 대하여는 민법에 의하여 배상을 청구하여야 한다. 운행자로서 책임을 진 사용자가 과실 있는 운전자에게 구상하려면 제756조에 의하여야 한다."

363) **대판 1988. 3. 22, 86다카2747** "자동차사고로 인한 손해배상청구사건에서 자동차손해배상보장법이 민법에 우선하여 적용되어야 할 것은 물론이지만 그렇다고 하여 피해자가 민법상의 손해배상청구를 하지 못한다고는 할 수 없다. 따라서 이 사건 청구에 자동차손해배상보장법이 우선 적용되어야 한다는 전제에서 민법상의 불법행위책임을 인정한 원심의 조처에 자동차손해배상보장법에 관한 법리오해의 위법이 있다는 주장은 받아들일 수 없다. 또한 원심이 확정한 바와 같이 피고는 인천 5다4536호 봉고코치의 소유자인데, 그 남편으로서 평소 위 차량을 관리 운행하던 원심공동피고 김 홍이 1985.1.31 위 차량을 운전하다가

2) 피해자의 타인성이 없어 자배법이 적용될 수 없는 사안에 대해 민법상의 배상책임을 인정한다.[364)]

(2) **채무불이행책임과의 관계**

1) 운행자가 그 운행으로 타인의 생명 또는 신체를 사상한 때의 손해배상에 관하여는 민법의 해당 법조항에 우선하여 자배법이 우선 적용되는 것으로 보고 있다.[365)]

같은 날 23:10경 인천직할시 북구 부평동 201의12에 있는 피고 등 경영의 '아스내리' 미용실 앞 노상에 위 차량을 주차시키고 위 미용실에 잠시 볼 일이 있어 자동차의 키를 그대로 꽂아둔 채 출입문도 잠그지 아니하고 10여 분간 자리를 뜬 사이에 소외 성명불상자가 위 차안에 들어가서 엔진시동을 걸고 운전하여 차량을 절취한 후 1985. 2. 20. 08:40경 충남 논산쪽에서 대전쪽으로 위 차를 운전해 가던 중 충남 대덕군 진잠면 송정리 앞 노상에서 이 사건 교통사고를 일으킨 것이라면, 위와 같이 차량의 키를 뽑지 아니하고 출입문도 잠그지 아니한 채 노상에 주차시킨 행위와 그 차량을 절취한 제3자가 일으킨 이 사건 사고로 인한 손해와의 사이에 상당인과관계가 있다고 할 것이므로 같은 취지의 원심판결은 옳고 거기에 불법행위로 인한 손해배상의 법리를 오해한 위법이 있다고 할 수도 없다."; **대판 2001. 6. 29, 2001다23201·23218** "자동차사고로 인한 손해배상청구사건에서 자동차손해배상보장법이 민법에 우선하여 적용되어야 할 것은 물론이지만 그렇다고 하여 피해자가 민법상의 손해배상청구를 하지 못한다고는 할 수 없으므로(대법원 1988. 3. 22. 선고 86다카2747 판결 참조), 원심이 자동차손해배상보장법상 손해배상책임을 배척한 후 민법상의 불법행위책임을 인정한 조치에 법체계 및 법적용에 관한 법리오해의 위법이 있다 할 수 없다."

364) **대판 1987. 10. 28, 87다카1388** "자동차사고로 인하여 손해를 입은 자가 자동차손해배상보장법에 의하여 손해배상을 소구하는 주장을 하지 않았다 하더라도 법원이 민법에 우선하여 자동차손해배상보장법을 적용하여야 함은 주장과 같으나 그렇다고 하여 피해자가 민법상의 손해배상청구를 하지 못할 바는 아니며 더우기 피해자가 자동차손해배상법 제3조에서 말하는 '다른 사람'이 아닌 경우에는 그 법에 의한 손해배상청구의 길은 막히게 되므로 이때는 민법상의 손해배상청구를 할 수 밖에 없다 하겠다. 따라서 원심이 이 사건 사고로 인하여 사망한 장기훈이 소외인과 같이 이 사건 차량에 동승하여 운전하는 업무에 종사하여 오던 중 위 차량의 후진을 유도하면서 위 소외인의 운전업무에 관여한 사실을 확정하고 나서 위 망인은 자동차손해배상보장법 제3조의 '다른 사람'에 해당한다고 할 수 없어 그 법에 따른 손해배상책임을 물을 수 없다고 판시하고 피고에게 대하여 소외인의 불법행위에 대한 사용자책임을 지운 조치는 정당하고 거기에 주장하는 바와 같은 법리오해의 위법이 없다."

365) **대판 1969. 6. 10, 68다2071** "자기를 위하여 자동차를 운행하는 자가 그 운행으로 타인의 생명 또는 신체를 사상한 때의 손해배상에 관하여는 민법의 해당 법조에 우선하여 본법이 적용된다고 보아야 하고, 위 자동차의 운행으로 승객이 부상한 경우에는 그 승객에게 고의가 있다는 것이 증명되지 않는 한 그 운행자는 자기의 고의과실의 유무에 불구하고 손해배상책임을 진다."

2) 피해자와 운행자 사이에 운송계약이 체결된 경우(승객이 택시나 버스의 운행으로 인하여 부상당하거나 사망한 경우) 자배법이 민법상의 채무불이행책임에 대해서도 우선 적용해야 하는가가 문제된다. 판례는 위에서 본 것처럼 자배법이 민법의 해당 법조항에 우선하여 적용되는 것으로 보고 있고 학설은 견해가 나뉘어 있다. 즉 이 경우에도 자배법이 우선 적용되어야 한다는 견해[366]와 이 경우에는 채무불이행책임이 적용될 수 있고 다만 민법의 특칙인 여객운송인의 책임에 관한 상법 제148조가 적용된다는 견해[367]가 있다.

2. 국가배상법과의 관계

(1) 국가가 운행자인 경우

1) 공무원이 관용차를 운행한 경우 국가가 그 자동차의 운행자로서 직접 자배법상의 운행자책임을 진다.[368] 다만 그 배상절차는 국가배상법에 따른다.

2) 자동차가 공무원 개인의 소유라고 할지라도 국가가 운행지배를 가지고 있다면 국가가 운행자책임을 진다.[369]

3) 공무원이 관용차를 운전한 경우 그 공무원은 운행자가 아니어서 자배법상

---

366) 이은영, 887면.

367) 지원림, 1558면.

368) **대판 1992. 2. 25, 91다12356** "자동차손해배상보장법 제3조 소정의 "자기를 위하여 자동차를 운행하는 자"라고 함은 자동차에 대한 운행을 지배하여 그 이익을 향수하는 책임주체로서의 지위에 있는 자를 뜻하는 것인바, 공무원이 그 직무를 집행하기 위하여 국가 또는 지방자치단체 소유의 관용차를 운행하는 경우, 그 자동차에 대한 운행지배나 운행이익은 그 공무원이 소속한 국가 또는 지방자치단체에 귀속된다고 할 것이고, 그 공무원 자신이 개인적으로 그 자동차에 대한 운행지배나 운행이익을 가지는 것이라고는 볼 수 없으므로, 그 공무원이 자기를 위하여 관용차를 운행하는 자로서 같은 법조 소정의 손해배상책임의 주체가 될 수는 없다."

369) **대판 1987. 6. 3, 84다카2237** "군부대의 차량이 부족하여 군수장교인 대위가 평소 출퇴근 및 군무수행을 위해서 그의 소유인 오토바이 뒤에 부대표시의 번호판을 부착하고 운행에 소요되는 기름도 부대로부터 공급받으며 기름사용의 용도는 업무일지에 기재하여 대대장의 결재까지 받아 위 오토바이를 운행하던 중 군수업무를 마치고 위 오토바이를 타고 퇴근하다가 사고를 일으켰다면 비록 위 오토바이의 소유자가 사고를 일으킨 위 장교 개인이라고 하더라도 객관적으로는 국가가 위 오토바이의 운행을 지배 관리할 수 있는 지위에 있었다고 볼 수 있으므로 국가는 위 오토바이의 운행 중 일어난 사고에 대하여 자동차손해배상보장법상의 보유자로서 배상책임을 면할 수 없다."

의 운행자책임을 지지 않으며 국가배상법상의 법리가 적용된다. 그런데 그 공무원이 고의나 중과실이 있는 경우에는 직접 피해자에게 책임을 진다.370)

(2) 국가가 운행자가 아닌 경우

1) 공무원이 자배법상의 운행자책임을 지는 경우에도 그 자동차의 운행이 공무원의 직무집행과 밀접한 관련성이 있는 때에는 국가도 국가배상법에 의한 책임을 진다.371)

2) 공무원이 자신의 차량을 운전하였고 국가에 운행자성이 없는 경우에 공무원 자신이 자배법에 의한 운행자책임을 진다.372)

---

370) **대판(전) 1996. 2. 15, 95다38677** "공무원이 직무수행 중 불법행위로 타인에게 손해를 입힌 경우에 국가 등이 국가배상책임을 부담하는 외에 공무원 개인도 고의 또는 중과실이 있는 경우에는 불법행위로 인한 손해배상책임을 진다고 할 것이지만, 공무원에게 경과실뿐인 경우에는 공무원 개인은 손해배상책임을 부담하지 아니한다고 해석하는 것이 헌법 제29조 제1항 본문과 단서 및 국가배상법 제2조의 입법취지에 조화되는 올바른 해석이다."

371) **대판 1994. 5. 27, 94다6741** "국가배상법 제2조 소정의 "공무원이 그 직무를 집행함에 당하여"라고 함은 직무의 범위 내에 속한 행위이거나 직무수행의 수단으로써 또는 직무행위에 부수하여 행하여지는 행위로서 직무와 밀접한 관련이 있는 것도 포함되는바, 육군중사가 자신의 개인소유 오토바이 뒷좌석에 같은 부대 소속 군인을 태우고 다음날부터 실시예정인 훈련에 대비하여 사전정찰 차 훈련지역 일대를 살피고 귀대하던 중 교통사고가 일어났다면, 그가 비록 개인소유의 오토바이를 운전한 경우라 하더라도 실질적, 객관적으로 위 운전행위는 그에게 부여된 훈련지역의 사전정찰임무를 수행하기 위한 직무와 밀접한 관련이 있다고 보아야 한다."

372) **대판 1996. 3. 8, 94다23876** "자동차손해배상보장법의 입법취지에 비추어 볼 때, 같은 법 제3조는 자동차의 운행이 사적인 용무를 위한 것이건 국가 등의 공무를 위한 것이건 구별하지 아니하고 민법이나 국가배상법에 우선하여 적용된다고 보아야 한다. 따라서, 일반적으로 공무원의 공무집행상의 위법행위로 인한 공무원 개인 책임의 내용과 범위는 민법과 국가배상법의 규정과 해석에 따라 정하여 질 것이지만, 자동차의 운행으로 말미암아 다른 사람을 사망하게 하거나 부상하게 함으로써 발생한 손해에 대한 공무원의 손해배상책임의 내용과 범위는 이와는 달리 자동차손해배상보장법이 정하는 바에 의할 것이므로, 공무원이 직무상자동차를 운전하다가 사고를 일으켜 다른 사람에게 손해를 입힌 경우에는 그 사고가 자동차를 운전한 공무원의 경과실에 의한 것인지 중과실 또는 고의에 의한 것인지를 가리지 않고, 그 공무원이 자동차손해배상보장법 제3조 소정의 '자기를 위하여 자동차를 운행하는 자'에 해당하는 한 자동차손해배상보장법상의 손해배상책임을 부담한다."

제2절 환경오염책임

I. 의 의

오늘날 사회가 고도로 발달함에 따라 환경오염 내지 공해(매연·폐수·소음 등)로 인한 피해가 많이 발생하고 있다. 이에 대하여 민법은 상린관계에서 이를 규정하고 있고(제217조 이하), 헌법은 제35조 제1항에서 환경권을 하나의 기본권으로 규정하고 있으며,[373] 환경오염 내지 공해를 규제하는 법률로 「환경정책기본법」(1990년 법4257호)을 비롯한 다수의 개별법이 있다.

환경정책기본법은 환경오염에 대하여 "사업활동 기타 사람의 활동에 따라 발생되는 대기오염·수질오염·토양오염·해양오염·방사능오염·소음 및 진동·악취·일조방해 등으로써 사람의 건강이나 환경에 피해를 주는 상태를 말한다."고 정의하고 있다(동법 제3조 제4호).

환경정책기본법은 환경오염 야기자에게 오염된 환경을 회복·복원할 책임과 그로 인한 피해의 구제에 소요되는 비용을 부담시키는 오염원인자 책임원칙을 천명하고 있으며(동법 제7조), 사업장 등에서 발생되는 환경오염 또는 환경훼손으로 인하여 피해가 발생한 때에는 당해 사업자는 그 손해를 배상해야 할 무과실책임을 규정하고 있다(동법 제31조 제1항).

II. 환경오염피해에 대한 구제

환경오염피해에 대한 구제의 방법으로는 크게 두 가지가 있다. 즉 일반적인 환경오염의 경우 민법상 불법행위에 기한 손해배상청구(제750조), 물권적 청구권(제214조) 및 매연 등에 의한 생활방해금지청구(제217조) 등이 있고, 특별법인 환경정책기본법상 사업장에서 발생한 환경오염에 대한 손해배상청구(동법 제31조 제1

373) 판례는 헌법상의 기본권이 사법상의 권리로서의 환경권을 부여한 것으로 보기 어렵다고 한다(대결 1995. 5. 23, 94마2218).

항)와 기타 특별법상의 손해배상청구(원자력손해배상법 제3조, 광업법 제75조, 수산업법 제80조 등) 등이 있다. 이하에서는 환경정책기본법에 의한 구제를 살펴본다.

Ⅲ. 환경정책 기본법에 의한 구제

1. 무과실책임

환경정책기본법 제31조 제1항은 "사업장에서 발생되는 환경오염 또는 환경훼손으로 인하여 피해가 발생한 때에는 당해 사업자는 그 피해를 배상하여야 한다."고 규정하여 피해자에게 발생한 손해가 사업장 등에서 발생되는 환경오염으로 인한 손해라는 것만 증명되면 가해자의 과실여부에 관계없이 배상책임이 발생한다고 한다.[374] 이렇게 환경정책기본법은 일정한 경우에 무과실책임을 규정하고 있다. 배상책임을 지는 자(가해자)는 타인의 신체나 재산에 피해를 발생시키게 한 사업장 등을 운영하는 사업자이다(동법 제5조, 제31조 참조).

2. 환경정책기본법의 적용 요건

(1) 사업장 등에서 환경오염이 발생되었을 것

일반불법행위와 달리 환경정책기본법상의 환경오염책임은 사업장 등에서 발생한 환경오염에 대해서만 본법이 적용된다. "사업장 등"이라는 것은 오염물질을 배출하는 공장, 사업장, 기타 모든 설비를 말한다. 또한 "환경오염"이라 함은 사업활동 기타 사람의 활동에 따라 발생되는 대기오염, 수질오염, 토양오염, 해양오염, 방사능오염, 소음·진동, 악취, 일조방해 등으로서 사람의 건강이나 환경에 피해를 주는 상태를 말한다(동법 제3조 제4호).

(2) 환경오염으로 인하여 피해가 발생하였을 것

우선 어떤 사업장 등에서 환경오염을 발생시켰고 이어 그 환경오염으로 인하

---

374) **대판 2001. 2. 9, 99다55434** "환경정책기본법 제31조 제1항 및 제3조 제1호, 제3호, 제4호에 의하면, 사업장 등에서 발생되는 환경오염으로 인하여 피해가 발생한 경우에는 당해 사업자는 귀책사유가 없더라도 그 피해를 배상하여야 하고, 위 환경오염에는 소음·진동으로 사람의 건강이나 환경에 피해를 주는 것도 포함되므로, 피해자들의 손해에 대하여 사업자는 그 귀책사유가 없더라도 특별한 사정이 없는 한 이를 배상할 의무가 있다."

여 피해가 발생하였다는 인과관계가 존재하여야 한다. 피해자는 개연성을 증명하는 것으로 충분하고 사업자가 인과관계의 부존재를 증명하여야 한다.[375]

(3) 위법성여부

환경오염이 있다고 하여 언제나 위법한 것은 아니다. 따라서 환경오염의 경우 위법성의 판단기준으로서 그 침해의 정도가 사회공동생활을 영위함에 있어서 일반적으로 용인할 수 있는 정도(受忍限度)를 기준으로 하여 이를 넘어 피해자에게 구체적인 피해를 줄 정도가 되면 위법성을 인정한다. 어느 정도의 피해가 수인한도 내의 것이냐 하는 것은 피해자가 입은 피해의 성질과 그 정도이고, 그 밖에 가해기업의 공익성, 지역성, 토지이용의 선후관계, 피해자의 특수한 사정, 가해의 계속성, 가해행위에 대한 공법적 규제의 준수여부, 손해의 회피가능성과 가해자의 손해방지조치 등을 종합적으로 고려하여 이를 결정하여야 한다.[376]

---

375) **대판 1997. 6. 27, 95다2692** "오염물질인 폐수를 배출하는 등의 공해로 인한 손해배상을 청구하는 소송에 있어서는 기업이 배출한 원인물질이 물을 매체로 하여 간접적으로 손해를 끼치는 수가 많고 공해문제에 관하여는 현재의 과학수준으로도 해명할 수 없는 분야가 있기 때문에 가해행위와 손해의 발생 사이의 인과관계를 구성하는 하나하나의 고리를 자연과학적으로 증명한다는 것은 극히 곤란하거나 불가능한 경우가 대부분이므로, 이러한 공해소송에 있어서 피해자에게 사실적인 인과관계의 존재에 관하여 과학적으로 엄밀한 증명을 요구한다는 것은 공해로 인한 사법적 구제를 사실상 거부하는 결과가 될 우려가 있는 반면에 가해기업은 기술적, 경제적으로 피해자보다 훨씬 원인조사가 용이한 경우가 많을 뿐만 아니라 그 원인을 은폐할 염려가 있고 가해기업이 어떠한 유해한 원인물질을 배출하고 그것이 피해물건에 도달하여 손해가 발생하였다면 가해자측에서 그것이 무해하다는 것을 증명하지 못하는 한 책임을 면할 수 없다고 보는 것이 사회형평의 관념에 적합하다고 할 것이다."; **대판 2009. 10. 29, 2009다42666** "일반적으로 불법행위로 인한 손해배상청구사건에 있어서 가해행위와 손해발생간의 인과관계의 증명책임은 청구자인 피해자가 부담하나, 대기오염이나 수질오염에 의한 공해로 인한 손해배상을 청구하는 소송에 있어서는 기업이 배출한 원인물질이 대기나 물을 매체로 하여 간접적으로 손해를 끼치는 수가 많고 공해문제에 관하여는 현재의 과학수준으로도 해명할 수 없는 분야가 있기 때문에 가해행위와 손해의 발생사이의 인과관계를 구성하는 하나하나의 고리를 자연과학적으로 증명한다는 것이 매우 곤란하거나 불가능한 경우가 많으므로, 이러한 공해소송에 있어서 피해자에게 사실적인 인과관계의 존재에 관하여 과학적으로 엄밀한 증명을 요구한다는 것은 공해로 인한 사법적 구제를 사실상 거부하는 결과가 될 우려가 있는 반면에, 가해기업은 기술적·경제적으로 피해자보다 훨씬 원인조사가 용이한 경우가 많을 뿐만 아니라, 그 원인을 은폐할 염려가 있기 때문에, 가해기업이 어떠한 유해한 원인물질을 배출하고 그것이 피해물건에 도달하여 손해가 발생하였다면 가해자측에서 그것이 무해하다는 것을 증명하지 못하는 한 책임을 면할 수 없다고 보는 것이 사회형평의 관념에 적합하다."

376) 오현규, "위법성 판단기준으로서의 수인한도", 민사판례연구 제25권, 281면.

[위법성 판단과 수인한도 관련판례]

(1) 먼저 불법행위 성립요건으로서의 위법성은 관련 행위 전체를 일체로만 판단하여 결정하여야 하는 것은 아니고, 문제가 되는 행위마다 개별적·상대적으로 판단하여야 할 것이므로 어느 시설을 적법하게 가동하거나 공용에 제공하는 경우에도 그로부터 발생하는 유해배출물로 인하여 제3자가 손해를 입은 경우에는 그 위법성을 별도로 판단하여야 하고, 이러한 경우의 판단 기준은 그 유해의 정도가 사회생활상 통상의 수인한도를 넘는 것인지 여부라고 할 것이다(대법원 1991. 7. 23. 선고 89다카1275 판결, 1999. 7. 27. 선고 98다47528 판결 등 참조).[377)]

(2) 원심판결 이유에 의하면, 원심은 거시증거에 의하여 원고들은 경남 울주군 온산면 관내에 거주하면서 농업에 종사하여 왔는데 1974.경부터 위 온산면에 비철금속단지인 온산공단이 조성되어 피고들 공장이 각종 유해가스 및 분진을 배출하면서 가동되어 각종 오염물질이 온산면의 대기 및 수질 등의 오염을 초래하였고, 원고들은 이러한 오염지역에 거주하면서 인체에 해로운 각종 유해가스와 강하분진으로 오염된 대기에 노출된 결과 이 지역 각 부락에서 1년에 수백 명씩 피부병, 호흡기질환 및 눈병 등이 발생하여 집단적인 치료를 받았을 뿐만 아니라 그 외의 질병으로 인한 각종 자각증상을 호소하게 된 사실을 인정한 후, 피고들의 공장에서 배출된 공해물질로 인하여 초래된 환경오염의 정도에 비추어 볼 때 원고들이 구체적인 발병에 이르지는 아니하였다 하여도 적어도 장차 발병 가능한 만성적인 신체건강상의 장해를 입었고 이는 통상의 수인한도를 넘는다고 할 것인바, 위와 같은 환경오염을 초래한 피고들의 행위는 생활환경의 보호와 그 침해에 대한 구제를 규정하고 있는 헌법 제35조 및 환경보전법 제60조 등에 비추어 볼 때 그 위법성이 있다 할 것이므로 피고들은 공동불법행위자로서 이로 인한 손해를 배상할 책임이 있다 할 것인데, 원고들이 위와 같은 생활환경의 침해 및 이로 인한 발병 가능한 만성적인 신체건강상의 장해로 심대한 정신적 고통을 받았을 것임은 경험칙상 넉넉히 수긍되므로 피고들은 공동불법행위자로서 원고들이 받은 위와 같은 정신적 고통을 위자함에 상당한 위자료를 지급할 의무가 있다고 판시하였는바, 기록에 비추어 보면 원심의 위와 같은 사실인정과 법률판단은 정당하고 거기에 소론과 같은 채증법칙위배로 인한 사실오인의 위법이 있다거나 위자료나 소송물에 관한 법리오해의 위법이 있다고 볼 수 없고, 또한 이 사건 위자료는 위와 같이 피고들의 불법행위로 인한 생활환경의 침해 및 이로 인한 발병 가능한 만성적인 신체건강상의 장해로 인한 심대한 정신적 고통에 대한 것이지 재산권의 침해로 인한 위자료 청구가 아니므로 재산적인 손해의 배상에 의하여도 회복할 수 없는 특별한 정신적인 손해가 발생하였다는 증명이 없다는 논지도 이유 없다.[378)]

(3) [다수의견] 토지의 소유자 등이 종전부터 향유하던 일조이익(日照利益)이 객관적인 생활이익으로서 가치가 있다고 인정되면 법적인 보호의 대상이 될 수 있는데, 그 인근에서 건물이나 구조물 등이 신축됨으로 인하여 햇빛이 차단되어 생기는 그늘, 즉 일영(日影)이 증가함으로써 해당 토지에서 종래 향유하던 일조량이 감소하는 일조방해가 발생한 경우,

그 일조방해의 정도, 피해이익의 법적 성질, 가해 건물의 용도, 지역성, 토지이용의 선후관계, 가해 방지 및 피해 회피의 가능성, 공법적 규제의 위반 여부, 교섭 경과 등 모든 사정을 종합적으로 고려하여 사회통념상 일반적으로 해당 토지 소유자의 수인한도를 넘게 되면 그 건축행위는 정당한 권리행사의 범위를 벗어나 사법상(私法上) 위법한 가해행위로 평가된다.[379]

(4) 인과관계

일반불법행위에서 가해행위와 손해발생과의 사이에 인과관계의 존재를 증명할 책임은 피해자가 부담하는 것이 원칙이다. 그러나 대기·물 등의 매개체를 통한 간접적인 환경오염과 같은 것은 인과관계의 증명이 쉽지 않다. 그래서 종래의 판례는 그 증명을 완화하려는 시도를 하여 왔는데 가해행위와 손해 사이에 인과관계가 존재한다는 상당한 정도의 개연성만을 피해자가 증명하면 된다는 개연성설(蓋然性說)이 그것이다. 최근에는 개연성설을 보완하여 신개연성설(新蓋然性說)을 발전시켰다.[380] 신개연성설은 인과관계의 발전과정을 몇 단계로 구체화하여 피해자(원고)가 공해물질의 배출, 공해물질의 전이 경로, 피해의 발생을 연관하여 증명하면 인과관계가 추정되고, 가해자(피고)가 이에 대하여 원인물질의 무공해성과 안전성을 반증하지 못하는 한 인과관계가 성립한다고 함으로써 피해자(원고)의 증명부담을 완화하려는 견해이다.

[개연성설 및 신개연성설 관련판례]

○ 개연성설에 의한 판례

[관련판례]

근대산업의 발전에 따라 공업의 대기업화를 촉진하고, 그 결과로 기업이 경영하는 대단위 생산공장에서 사람의 생명 건강 및 재산에 유해로운 각종 오염물질, 소음 및 진동 따위를 배출 확산하여 사람의 건강에나 동식물의 생장에 위해를 미치게 하는 바 적지 아니하므로

377) 대판 2001. 2. 9, 99다55434.
378) 대판 1991. 7. 26, 90다카26607.
379) 대판(전) 2008. 4. 17, 2006다35865.
380) 대판 1984. 6. 12, 81다558; 대판 1997. 6. 27, 95다2692; 대판 2002. 10. 22, 2000다65666·65673; 대판 2004. 11. 26, 2003다2123.

법령에서 이런 공해를 방지하는 규제를 하고 있다(공해방지법등). 한편 이런 공해로 인한 손해배상청구소송에 있어도 가해행위와 손해발생 사이에 있어야 할 인과관계의 증명에 관하여도 이른바 개연성이론이 대두되어 대소 간에 그 이론이 사실인정에 작용하고 있음을 부인할 수 없는 추세에 있다고 하겠다. 개연성이론 그 자체가 확고하게 정립되어 있다고는 할 수 없으나 결론적으로 말하면 공해로 인한 불법행위에 있어서의 인과관계에 관하여 당해 행위가 없었더라면 결과가 발생하지 아니 하였으리라는 정도의 개연성이 있으면 그로써 족하다는 다시 말하면 침해행위와 손해와의 사이에 인과관계가 존재하는 상당정도의 가능성이 있다는 증명을 함으로써 족하고 가해자는 이에 대한 반증을 한 경우에만 인과관계를 부정할 수 있다고 하는 것으로 이는 손해배상을 청구하는 원고에 증명책임이 있다는 종래의 증명책임 원칙을 유지하면서 다만 피해자의 증명의 범위를 완화 내지 경감하는 반면 가해자의 반증의 범위를 확대하자는 것을 그 골자로 하고 있는 것으로 이해된다. 무릇 불법행위로 인한 손해배상에 있어서 불법행위의 성립요건으로서의 인과관계는 현실로 발생한 손해를 누구에게 배상책임을 지울 것인가를 가리키기 위한 개념이므로 자연과학의 분야에서 말하는 인과관계가 아니라 법관의 자유심증에 터 잡아 얻어지는 확신에 의하여 인정되는 인과관계를 말한다 할 것인데 이런 확신은 통상인이 일상생활에 있어서 그 정도의 판단을 얻을 때는 의심을 품지 않고 안심하고 행동할 것이라는 정도를 일컬어 말함이니 이런 관점에서 볼 때 개연성이론을 수긍 못할 바 아니다.[381)]

○ 신개연성설에 의한 판례

[관련판례]

(1) 일반적으로 불법행위로 인한 손해배상 청구사건에 있어서 가해행위와 손해발생과의 사이에 인과관계의 존재를 증명할 책임은 청구자인 피해자가 부담함에는 의문의 여지가 없다 할 것이나 이른바 오염물질인 폐수를 바다로 배출함으로 인한 이 사건과 같은 공해로 인한 손해배상을 청구하는 소송에 있어서는 기업이 배출한 원인물질이 물을 매체로 하여 간접적으로 손해를 끼치는 수가 많고 공해문제에 관하여는 현재의 과학수준으로도 해명할 수 없는 분야가 있기 때문에 가해행위와 손해의 발생사이의 인과관계를 구성하는 하나하나의 고리를 자연과학적으로 증명한다는 것은 극히 곤란하거나 불가능한 경우가 대부분이므로 이러한 공해소송에 있어서 피해자인 원고에게 사실적 인과관계의 존재에 관하여 과학적으로 엄밀한 증명을 요구한다는 것은 공해로 인한 사법적 구제를 사실상 거부하는 결과가 될 우려가 있는 반면에 가해기업은 기술적, 경제적으로 피해자보다 훨씬 원인조사가 용이한 경우가 많을 뿐만 아니라 그 원인을 은폐할 염려가 있고 가해기업이 어떠한 유해한 원인물질을 배출하고 그것이 피해물건에 도달하여 손해가 발생하였다면 가해자 측에서 그것이 무해하다는 것을 증명하지 못하는 한 책임을

---

381) 대판 1974. 12. 10, 72다1774.

면할 수 없다고 보는 것이 사회형평의 관념에 적합하다고 할 것이다. 요컨대, 불법행위 성립요건으로서의 인과관계는 궁극적으로는 현실로 발생한 손해를 누가 배상할 것인가의 책임귀속의 관계를 결정짓기 위한 개념이므로 자연과학의 분야에서 말하는 인과관계와는 달리 법관의 자유심증에 터 잡아 얻어지는 확신에 의하여 인정되는 법적인 가치판단이니 만큼 소위 수질오탁으로 인한 공해소송인 이 사건에 있어서 원심이 적법하게 확정하고 있는 바와 같이 (1) 피고공장에서 김의 생육에 악영향을 줄 수 있는 폐수가 배출되고, (2) 그 폐수중의 일부가 해류를 통하여 이 사건 어장에 도달되었으며, (3) 그 후 김에 피해가 있었다는 사실이 각 모순 없이 증명되는 이상 피고의 위 폐수의 배출과 원고가 양식하는 김에 병해가 발생하여 입은 손해와의 사이에 일응 인과관계의 증명이 있다고 보아야 할 것이고, 이러한 사정아래서 폐수를 배출하고 있는 피고로서는 (1) 피고공장 폐수 중에는 김의 생육에 악영향을 끼칠 수 있는 원인물질이 들어 있지 않으며 또는 (2) 원인물질이 들어 있다 하더라도 그 혼합율이 안전농도 범위 내에 속한다는 사실을 반증을 들어 인과관계를 부정하지 못하는 이상 그 불이익은 피고에게 돌려야 마땅할 것이다.[382)]

(2) 원심판결 및 원심이 인용한 제1심판결 이유에 의하면 원심은, 그 내세운 증거에 의하여 판시와 같이 사실을 인정한 다음, 이 사건과 같이 오염물질인 폐수를 배출하는 등의 공해로 인한 손해배상을 청구하는 소송에 있어서는 기업이 배출한 원인물질이 물을 매체로 하여 간접적으로 손해를 끼치는 수가 많고 공해문제에 관하여는 현재의 과학수준으로도 해명할 수 없는 분야가 있기 때문에 가해행위와 손해의 발생 사이의 인과관계를 구성하는 하나하나의 고리를 자연과학적으로 증명한다는 것은 극히 곤란하거나 불가능한 경우가 대부분이므로, 이러한 공해소송에 있어서 피해자인 원고에게 사실적인 인과관계의 존재에 관하여 과학적으로 엄밀한 증명을 요구한다는 것은 공해로 인한 사법적 구제를 사실상 거부하는 결과가 될 우려가 있는 반면에 가해기업은 기술적, 경제적으로 피해자보다 훨씬 원인조사가 용이한 경우가 많을 뿐만 아니라 그 원인을 은폐할 염려가 있고 가해기업이 어떠한 유해한 원인물질을 배출하고 그것이 피해물건에 도달하여 손해가 발생하였다면 가해자 측에서 그것이 무해하다는 것을 증명하지 못하는 한 책임을 면할 수 없다고 보는 것이 사회 형평의 관념에 적합하다고 할 것(대법원 1984. 6. 12. 선고 81다558 판결 참조)이라고 전제하고, 따라서 수질오염으로 인한 손해배상을 구하는 이 사건에 있어서는 ㉠ 피고의 주행시험장 설치공사현장에서 농어 양식에 악영향을 줄 수 있는 황토와 폐수를 배출하고, ㉡ 그 황토 등 물질의 일부가 물을 통하여 이 사건 양식어장에 도달되었으며, ㉢ 그 후 양식 농어에 피해가 있었다는 사실이 각 모순 없이 증명되는 이상 피고의 위 황토와 폐수의 배출과 원고가 양식하는 농어가 폐사하여 입은 손해와 사이에 일응 인과관계의 증명이 있다고 보아야 할 것이고, 이러한 사정 아래에서 황토와 폐수를 배출하는 피고로서는 ㉠ 피고의 공사현장에서 배출하는 황토와 폐수 중에는 양식 농어의 생육에 악영향을 끼칠 수 있는 원인물질이 들어 있지 않고, ㉡ 원인물질이 들어 있다 하더라도 그 혼합율이 안정농도 범위 내에 속한다는 사실에 관하여

반증을 들어 인과관계를 부정하지 못하는 이상 그 불이익은 피고에게 돌려야 마땅할 것이라고 하고, 원심의 그 판시 인정 사실은 결국 ㉠ 피고는 그 판시 주행시험장 설치공사 과정에서 황토와 폐수를 배출하고, ㉡ 그 주행시험장 설치공사현장에서 원고의 양식어장에 이르는 거리 등으로 보아 위 배출된 황토와 폐수가 원고의 어장까지 유입될 것이라고 보는데 경험칙 상 모순이 없으며, ㉢ 원고가 양식하던 농어는 피고가 위 공사를 하기 전에는 폐사하는 경우가 없었다가 위 공사가 시작되고부터 폐사하였는데, 일반적으로 황토와 폐수는 양식어장의 농어의 생육에 악영향을 미쳐 집단폐사의 주요 요인이 될 수 있다는 것으로 요약할 수 있다고 한 다음, 위 공유수면의 하천 상류 근처에 있던 축산농가들의 생활하수와 축산오물 등으로 위 하천이 오염된 상태로 위 공유수면에 유입되었으므로 위 공유수면의 오염원은 위 축산오물 등이고, 원고가 양식하던 농어의 폐사는 위 축산오물 등으로 인한 것이지 피고의 공사과정에서 발생하는 황토와 폐수로 인한 것은 아니라는 피고의 주장을 그 판시와 같은 이유로 배척하고, 결국 원고가 양식하던 농어의 폐사 원인은 피고가 시행한 위 공사 과정에서 발생한 황토와 폐수라고 봄이 상당하며, 위 공사의 시행자인 피고로서는 원고 경영의 양식어장이 위치한 위 공유수면과 접한 부분의 주행시험장 부지를 황토로 제방을 이루도록 성토하는 경우에 있어 황토가 위 공유수면으로 흘러내리지 못하도록 석축 등의 시설물을 설치하고, 위 주행시험장 설치공사 과정에서 발생하는 하수는 공유수면으로 흘려보내지 말아야 하며 공유수면으로 흘려보내는 방법 이외에 달리 하수를 처리할 방법이 없는 경우에는 하수를 흘려보내기에 앞서 이를 정화함으로써 공유수면을 오염시키지 않도록 하여야 할 주의의무가 있고, 이 사건에서의 농어 폐사 결과는 위와 같은 시설물을 설치하는 등의 필요한 조치를 취하지 아니한 과실로 인하여 발생하였다고 판단하였는바, 이를 기록과 대조하여 살펴보면, 원심의 그 사실인정과 판단은 옳다고 여겨지고, 거기에 상고이유로 주장하는 채증법칙 위배로 인한 사실오인이나 공해소송의 법리를 오해하여 증명책임의 분배를 그르친 위법이 있다고 할 수 없다. 그러므로 상고를 기각하고 상고비용은 패소자의 부담으로 하기로 관여 법관들의 의견이 일치되어 주문과 같이 판결한다.[383]

(3) 원심은 그 채용 증거를 종합하여, 원고(반소피고, 이하 '원고'라고 한다)는 1983. 3.경부터 충남 서천군 서면 마량리 소재 서해안 부근에 서천화력발전소를 설치, 가동하고 있고, 피고(반소원고, 이하 '피고'라고 한다)들은 원고의 발전소로부터 2 내지 7km 정도 떨어진 위 서면 앞바다인 비인만(비인만) 해역에서 김양식어업에 종사하여오던 어민들인데, 김은 저온성 생물로서 수온상승에 치명적인 영향을 받는 사실, 위 발전소는 1983. 3. 가동을 시작하면서부터 발전기를 냉각시킬 때 나오는 온배수를 배수구를 통하여 인근 바다로 배출하여 왔고, 그 양은 발전량의 증가와 함께 매년 점진적으로 증가한 사실, 피고들의 단위생산시설(책, 1책의 크기는 1.8m × 40m임)당 김수확량을 위 비인만 해역과 자연조건이 비슷한 전북 부안군 및 전남 완도군의 그것과 비교하여 보면, 1993년산 김의 경우 위 지역의 책 당 수확량이 92속인데 반하여 위 비인만 해역의 그것은 19.7속으로서 위 대조지역 수확량의 21.4%에 불과한 사실, 비인만 해역의 조류에 따라 위 발전소에서 배출된 온배수는 발전소로부터 약 8km 떨어진 비인만 해역까지 전달되어 피고들의 어장

이 위치한 위 비인만 해역 수온상승에 영향을 미치게 된 사실을 각 인정하고, 원고 소유의 위 발전소에서 배출된 온배수는 해류를 따라 밀물 시에 하루 6시간씩 피고들의 김양식어장에 유입되어 해수온도를 상승시켰고, 그로 인하여 수온상승에 치명적인 영향을 받는 피고들의 김 수확량이 현격히 감소된 것으로서 원고의 온배수 배출과 피고들의 1993년산 김 수확량의 감소 사이에는 상당한 인과관계가 있다고 하여, 원고는 위 인과관계를 부정할 만한 반증을 들지 못하고 있는 이상 그 손해배상책임을 면할 수 없다고 판단하였다.
일반적으로 불법행위로 인한 손해배상청구사건에 있어서 가해행위와 손해발생 간의 인과관계의 증명책임은 청구자인 피해자가 부담하나, 대기오염이나 수질오염에 의한 공해로 인한 손해배상을 청구하는 소송에 있어서는 기업이 배출한 원인물질이 물을 매체로 하여 간접적으로 손해를 끼치는 수가 많고 공해문제에 관하여는 현재의 과학수준으로도 해명할 수 없는 분야가 있기 때문에 가해행위와 손해의 발생 사이의 인과관계를 구성하는 하나, 하나의 고리를 자연과학적으로 증명한다는 것은 극히 곤란하거나 불가능한 경우가 대부분이므로, 이러한 공해소송에 있어서 피해자에게 사실적인 인과관계의 존재에 관하여 과학적으로 엄밀한 증명을 요구한다는 것은 공해로 인한 사법적 구제를 사실상 거부하는 결과가 될 우려가 있는 반면에 가해기업은 기술적, 경제적으로 피해자보다 훨씬 원인조사가 용이한 경우가 많을 뿐만 아니라, 그 원인을 은폐할 염려가 있고 가해기업이 어떠한 유해한 원인물질을 배출하고 그것이 피해물건에 도달하여 손해가 발생하였다면 가해자 측에서 그것이 무해하다는 것을 증명하지 못하는 한 책임을 면할 수 없다고 보는 것이 사회형평의 관념에 적합하다(대법원 1984. 6. 12. 선고 81다558 판결, 1991. 7. 23. 선고 89다카1275 판결, 1997. 6. 27. 선고 95다2692 판결 등 참조).
같은 취지에서 이 사건 발전소의 온배수 배출과 피고들이 양식하는 김 수확량이 감소됨으로써 입은 손해 사이의 인과관계가 증명되었다고 판단한 원심의 조치는 정당하고, 거기에 원고가 지적하는 바와 같은 공해소송에서의 인과관계에 관한 채증법칙 위반으로 인한 사실오인 및 법리오해의 위법이 있다고 할 수 없다. 상고는 이유 없다(원고가 원심이 위반하였다고 지적하는 위 대법원 1984. 6. 12. 선고 81다558 판결은 공해소송에서의 인과관계의 증명에 관하여 원심과 같은 태도를 취하고 있고, 그 판시에 위반하였다고 볼 점이 없다).[384)]

(4) 공해로 인한 손해배상청구소송에 있어서는 가해행위와 손해발생 사이의 인과관계의 고리를 모두 자연과학적으로 증명하는 것은 곤란 내지 불가능한 경우가 대부분이고, 가해기업은 기술적·경제적으로 피해자보다 원인조사가 용이할 뿐 아니라 자신이 배출하는 물질이 유해하지 않다는 것을 증명할 사회적 의무를 부담한다고 할 것이므로, 가해기업이 배출한 어떤 물질이 피해 물건에 도달하여 손해가 발생하였다면 가해자 측에서 그 무해함을 증명하지 못하는 한 책임을 면할 수 없다고 봄이 사회 형평의 관념에 적합하다. 따라서 수질오염으로 인한 공해소송인 이 사건에서 (1) 피고들 공장이 위치한 여천공단에서 재첩 양식에 악영향을 줄 수 있는 폐수가 배출되고, (2) 그 폐수 중 일부가 물의 흐름에 따라 이 사건 재첩 양식장에 도달하였으며, (3) 그 후 재첩에 피해가 있었다는 사실이 각 모순 없이 증명되면 여천공단 공장들의 폐수배출과 재첩 양식이 폐사함으로

> 발생한 손해 사이의 인과관계가 일응 증명되었다고 할 것이므로, 피고들이 반증으로 (1) 피고들이 배출하는 폐수 중에는 재첩의 생육에 악영향을 끼칠 수 있는 원인물질이 들어 있지 않으며, (2) 원인물질이 들어 있다 하더라도 안전농도 범위 내에 속한다는 사실을 증명하거나, 간접반증으로 원고(선정당사자, 이하 '원고'라 한다) 주정웅과 원고 주식회사 강양통상 및 나머지 선정자들의 재첩 양식장의 피해는 피고 공장들이 배출한 폐수가 아닌 다른 원인이 전적으로 작용하여 발생한 것임을 증명하지 못하는 이상 피고들은 그 책임을 면할 수 없다고 할 것이다.[385]

3. 공동불법행위의 구성

다수의 사업장(가해자)에 의하여 환경오염이 발생한 경우 각각의 가해행위가 단독으로 손해를 발생하게 할 수 있는 때에는 공동불법행위가 성립한다(제760조 제2항 ; 환경정책기본법 제44조 제2항 참조).

그러나 각각의 가해행위가 단독으로는 손해를 발생시키지 않지만 다른 가해행위와의 경합에 의하여 비로소 손해를 발생시키는 경우에는 견해가 대립되고 있다. 즉 첫째 모든 가해자가 연대하여 손해를 배상할 책임을 지고, 가해행위에 참여한 자들 상호간에는 기여의 정도에 따라 분담하고, 손해의 전부를 배상한 자는 다른 침해자에 대하여 구상할 수 있다.[386] 둘째 피해의 기여정도에 따른 분할책임을 인정해야 한다.[387] 셋째 가해자 불명의 경우에는 모든 가해자가 연대책임을 지나, 각자의 관여도가 증명된 경우에는 각자의 관여비율에 상응하는 책임만을 진다.[388]

4. 생활방해의 방지청구

일반적으로 환경오염 내지 공해는 한 번에 끝나는 것이 아니고 지속적으로 발행하는 경향을 가지고 있다. 따라서 이미 발생한 손해에 대하여는 손해배상청구

---

382) **대판** 1984. 6. 12, 81다558.
383) **대판** 1997. 6. 27, 95다2692.
384) **대판** 2002. 10. 22, 2000다65666·65673.
385) **대판** 2004. 11. 26, 2003다2123.
386) 김상용, 채권각론, 795면.
387) 곽윤직, 440면.
388) 이은영, 559면 ; 송덕수, 민법강의, 1454면.

를 할 수 있고 장래에 향하여는 손해가 더 이상 발생하지 않도록 조치를 취해야 할 필요가 있다(제217조 참조). 따라서 피해자는 가해자에 대하여 물권적 청구권을 행사하여 적당한 조치를 청구하거나 방해의 중지 내지 방지를 청구할 수 있다.[389]

[관련판례]

(1) 가. 토지의 소유자 등이 종전부터 향유하던 일조이익(日照利益)이 객관적인 생활이익으로서 가치가 있다고 인정되면 법적인 보호의 대상이 될 수 있는데, 그 인근에서 건물이나 구조물 등이 신축됨으로 인하여 햇빛이 차단되어 생기는 그늘, 즉 일영(日影)이 증가함으로써 해당 토지에서 종래 향유하던 일조량이 감소하는 일조방해가 발생한 경우, 그 일조방해의 정도, 피해이익의 법적 성질, 가해 건물의 용도, 지역성, 토지이용의 선후관계, 가해 방지 및 피해 회피의 가능성, 공법적 규제의 위반 여부, 교섭 경과 등 모든 사정을 종합적으로 고려하여 사회통념상 일반적으로 해당 토지 소유물 등이 준공되거나 외부골조공사가 완료되면 그 건축행위에 따른 일영의 증가는 더 이상 발생하지 않게 되고 해당 토지의 소유자는 그 시점에 이러한 일조방해행위로 인하여 현재 또는 장래에 발생 가능한 재산상 손해나 정신적 손해 등을 예견할 수 있다고 할 것이므로, 이러한 손해배상청구권에 관한 민법 제766조 제1항 소정의 소멸시효는 원칙적으로 그 때부터 진행한다(대법원 1966. 6. 9. 선고 66다615 전원합의체 판결 등 참조). 다만, 지극히 예외적이기는 하지만, 위와 같은 일조방해로 인하여 건물 등의 소유자 내지 실질적 처분권자가 피해자에 대하여 건물자의 수인한도를 넘게 되면 그 건축행위는 정당한 권리행사의 범위를 벗어나 사법상(사법상) 위법한 가해행위로 평가된다(대법원 2004. 10. 28. 선고 2002다63565 판결, 대법원 2007. 6. 28. 선고 2004다54282 판결 등 참조). 일반적으로 위와 같이 위법한 건축행위에 의하여 건 등의 전부 또는 일부에 대한 철거의무를 부담하는 경우가 있다면, 이러한 철거의무를 계속적으로 이행하지 않는 부작위는 새로운 불법행위가 되고 그 손해는 날마다 새로운 불법행위에 기하여 발생하는 것이므로 피해자가 그 각 손해를 안 때로부터 각별로 소멸시효가 진행한다고 볼 수 있을 것이다(대법원 1999. 3. 23. 선고 98다30285 판결 등 참조).
원심은 그 채택 증거를 종합하여 그 판시와 같은 사실을 인정한 다음, 피고가 건축주로서 1995. 11. 20. 사용승인을 받은 부영아파트의 신축으로 인하여 이 사건 아파트 부지에 발생한 일조방해의 정도는 사회통념상 일반적으로 인용해야 할 수인한도를 초과하는 것이지만 그 위법성의 정도가 피고에게 철거의무를 부과해야 할 정도에는 이르지 않는다고 보고, 원고들은 1995. 11. 20.경 피고가 부영아파트를 건축하였다는 점과 이러한 피고의 불법행위로 인하여 재산상 손해 및 정신적 손해가 발생한다는 점 등을 모두 알았다고 할 것이므로 그로부터 3년이 경과함으로써 이 사건 손해배상

389) 곽윤직, 441면 ; 송덕수, 민법강의, 1455면.

청구권의 소멸시효가 완성되었다고 판단하였다. 앞에서 본 법리에 비추어 볼 때 원심의 이러한 조치는 정당한 것으로 수긍이 가고, 거기에 상고이유로 주장하는 바와 같은 일조방해로 인한 손해배상청구권의 소멸시효에 관한 법리오해 등 판결에 영향을 미친 위법이 없다.

그러므로 상고를 기각하기로 하여 주문과 같이 판결한다. 이 판결에는 대법관 고현철, 대법관 김영란, 대법관 이홍훈, 대법관 김능환의 반대의견이 있는 외에는 관여 법관들의 의견이 일치하였다.

나. 대법관 고현철, 대법관 김영란, 대법관 이홍훈, 대법관 김능환의 반대의견은 다음과 같다. 다수의견은, 사회통념상 토지 소유자의 수인한도를 넘는 건축행위에 의하여 건물이 준공되거나 외부골조공사가 완료되면(이하 건물 준공이나 외부골조공사 완료를 '건물의 완성'이라 한다) 그 건축행위에 따른 일영의 증가는 더 이상 발생하지 않게 되고 해당 토지의 소유자는 건물의 완성 시점에 이러한 일조방해행위로 인하여 현재 또는 장래에 발생 가능한 손해를 예견할 수 있다고 할 것이므로, 이러한 손해배상청구권에 관한 민법 제766조 제1항 소정의 소멸시효는 원칙적으로 건물의 완성 시점부터 진행한다고 보고 있다. 그러나 다수의견의 견해 중 일조방해로 인하여 발생하는 정신적 손해에 대한 손해배상청구권에 관하여도 건물의 완성 시점부터 소멸시효가 진행한다는 부분에는 동의할 수 없다.

일조방해란 태양의 직사광선이 차단되는 불이익을 말하는 것이고, 그 일조방해의 정도가 사회통념상 일반적으로 인용하는 수인한도를 넘게 되면 사법상 위법한 가해행위로 평가되는 것이다. 우리 헌법 제35조 제1항이 모든 국민은 건강하고 쾌적한 환경에서 생활할 권리를 가진다고 선언하고 있는 점에 비추어 보더라도, 위법한 일조방해는 단순한 재산권의 침해에 그치는 것이 아니라 건강하고 쾌적한 환경에서 생활할 개인의 인격권을 침해하는 성격도 지니고 있다. 위법한 일조방해행위로 인한 피해 부동산의 시세 하락 등 재산상의 손해는 특별한 사정이 없는 한 가해 건물이 완성될 때에 일회적으로 발생한다고 볼 수 있으나, 위법한 일조방해로 인하여 직사광선이 차단되는 등 생활환경이 악화됨으로써 피해 건물의 거주자가 입게 되는 정신적 손해는 가해 건물이 존속하는 한 날마다 계속적으로 발생하는 것으로 보아야 한다. 다수의견은 가해 건물의 완성 시점에 일조방해행위로 인하여 장래에 발생 가능한 정신적 손해를 예견할 수 있으므로 그 때부터 소멸시효가 진행한다고 판단하고 있으나, 일조방해로 인한 정신적 손해는 피해 부동산의 시세 하락 등 재산상 손해로 인하여 겪게 되는 정신적 고통을 의미하는 것이 아니라 일조방해로 인하여 직사광선이 차단되는 등 생활환경이 악화됨으로써 거주자가 입게 되는 정신적 고통을 의미하는 것인데, 피해 건물의 거주자가 일조방해를 받는 상태에서 단기간을 거주한 경우와 장기간을 거주한 경우에 그 정신적 손해의 정도가 같을 수 없고, 이러한 거주 기간을 가해 건물의 완성 시점에는 예견할 수 없다는 점에서도 다수의견의 견해에 찬성할 수 없다. 따라서 이 사건에서 부영아파트가 신축되어 이 사건 아파트의 일조를 방해하는 상태로 존속하는 한, 날마다 새로운 일조방해행위가 되어 이 사건 아파트 주민인 원고들의 정신적 손해를 발생시키는 것으로 보아야 하고, 그 위자료 청구권의 소멸시효는 부영아파트가 존속하는 한 날마다 개별적으로 진행된다고 할 것이므로, 원심판결 중 위자료 청구 부분에 관한 원고들 패소 부분은 파기되어 원심법원으로 환송되어야 한다.

다. 대법관 김황식, 대법관 김지형, 대법관 안대희는 다음과 같이 다수의견을 보충하고자 한다. 다수의견은 제1항에서, 건물 등의 신축에 따른 위법한 일조방해로 인하여 그 소유자 내지 실질적인 처분권자가 철거의무를 부담하게 되는 지극히 예외적인 사안과 그에 해당하지 않는 일반적인 사안을 구분할 수 있음을 전제하고서, 그 불법행위의 성립시기, 계속 여부 및 그에 따른 소멸시효 진행 등에 관하여 각각 차이가 있음을 지적하였다.

그런데 반대의견은 위와 같은 구분에 대해서는 별다른 언급을 하지 아니한 채, 위법한 건축행위로 인한 재산적 손해와 정신적 손해를 달리 취급하여 정신적 손해만은 가해 건물이 존속하는 한 날마다 계속적으로 발생하고 그에 관한 위자료 청구권의 소멸시효도 위법 건물이 존속하는 한 날마다 개별적으로 진행된다고 보고 있다. 그러나 일조방해를 가져오는 위법한 건축행위라도 그 건물의 전부 또는 일부에 대한 철거의무가 인정되지 않는 일반적인 일조방해 사안에서는 그 건축행위의 완료와 함께 불법행위가 성립·종료하는 것이고, 이 경우 모든 손해는 그 시점에 발생한 것으로 보는 것이 법리상 옳다고 생각한다. 이는 자동차 사고로 인하여 피해자가 상해를 입는 등의 불법행위가 성립하는 경우 이에 관하여 장래에 발생하는 재산적 손해와 정신적 손해를 모두 불법행위의 성립시점에 발생하는 것으로 파악하는 것과 같은 이치일 것이다. 그렇다면 위와 같이 일반적인 일조방해 사안에서도 날마다 새로운 일조방해행위가 이루어진다거나 혹은 하나의 건축행위로 인하여 발생하는 재산적 손해와 정신적 손해에 관하여 각각 다른 법률적 취급을 해야 한다는 반대의견에는 찬성하기 어렵다. 한편, 우리 헌법은 제35조 제1항에서 모든 국민은 건강하고 쾌적한 환경에서 생활할 권리를 가진다고 선언하면서, 동시에 제23조 제1항에서 모든 국민의 재산권은 보장되고 그 내용과 한계는 법률로 정한다고 규정하고 있다. 그런데 이 사건은 일조이익의 보호와 타인 재산권의 보장, 법적 안정성 등 서로 대립할 수 있는 여러 법익을 종합적으로 고려하여 실제로 발생하는 손해의 전보 및 그 분담의 공평문제 등을 규율하게 되는 손해배상제도에 관한 것이기 때문에, 반대의견이 내세우는 헌법 제35조 제1항이 그 주장을 정당화하는 법리적 근거가 되기 어렵다. 실질적으로도 일조방해를 가져오는 위법한 건축행위가 완료되고 그에 관한 손해배상문제가 논의되는 경우, 재산적 손해와 정신적 손해에 관한 법적 분쟁을 한꺼번에 해결하는 것이 합리적인 분쟁해결방식이라고 할 것이다. 만일 반대의견과 같은 입장을 취하면 정신적 손해배상 청구의 시기·범위·방법이나 위법하게 건축된 건물과 피해 토지의 권리변동 등에 관련하여 그 법적 분쟁의 해결이 사실상 어렵게 되거나 매우 복잡하게 되기 때문에, 결국 부동산거래에 관한 법적 안정성 내지 거래 안전을 심하게 훼손하는 결과를 가져올 것이다.

이와 같이 반대의견을 취하는 경우 여러 가지 문제가 발생한다는 점을 다수의견의 보충의견으로서 덧붙이고자 한다.

라. 대법관 이홍훈은 다음과 같이 반대의견을 보충하고자 한다.

다수의견은, 위법한 일조방해로 인하여 가해 건물의 소유자 내지 실질적인 처분권자(이하 '소유자 등'이라 한다)가 철거의무를 부담하게 되는 지극히 예외적인 사안과 그에 해당하지 않는 일반적인 사안을 구분할 수 있고, 이에 따라 그 불법행위의 성립 시기, 계속 여부 및 그에 따른 소멸시효 진행 등에 관하여 각각 차이가 있다고 전제한 다음, 일반적인 일조방해의 경우에는 가해 건물의 완성 시점부터 소멸시효가 진행하는 것이지만, 소유자 등의 철거의무를 부담하게 되는 일조방해의 경우에는 손해가 날마다 새로운 불법행위에 기하여 발생하고 각별로 소멸시효가 진행하는 것이라고 설시하고 있다.

일조방해의 정도가 어느 수준을 넘게 되면 소유자 등의 철거의무가 발생한다는 것은 수긍할 수 있으나, 이로 인하여 불법행위의 성질이 일회적 불법행위에서 계속적 불법행위로 변하여 그 성립 시기나 소멸시효의 진행이 달라질 수 있다는 다수의견의 논리에는 선뜻 동의하기 어렵다. 자동차 사고로 인하여 피해자에게 심각한 신체장애가 발생하여 평생 개호가 필요하다고 하여 불법행위의 성질이 계속적 불법행위로 바뀔 수 없는 것과 마찬가지로, 일조방해라는 동일한 가해행위에 대하여 단지 일조방해의 정도가 중대하다는 이유만으로 그 성질이 계속적 불법행위로 변하여 불법행위의 성립 시기나 소멸시효 진행이 달라진다는 것은 불합리하기 때문이다. 또한, 이와 같이 소유자 등의 철거의무를 부담하게 되는 일조방해의 경우에 철거만 계속적으로 요구할 수 있는지, 아니면 재산상 손해나 정신적 손해도 날마다 발생하여 이에 대한 배상을 계속적으로 요구할 수 있는지에 관하여도 일관성 있는 설명에 어려움이 예상된다. 그러나 반대의견에서는 철거의무의 발생 여부와는 무관하게, 일조를 방해하는 가해 건물의 완성 시점에 예견 가능한 재산상 손해와 날마다 발생하는 정신적 손해를 구분하여 두 손해가 소멸시효의 진행을 달리한다고 일관성 있게 설명할 수 있다고 할 것이다. 다수의견에 대한 보충의견은, 자동차 사고로 인하여 피해자가 입게 되는 정신적 손해와 일조방해로 인하여 피해자가 입게 되는 정신적 손해를 동일하게 볼 수 있다는 전제 아래, 하나의 건축행위로 인하여 발생하는 재산적 손해와 정신적 손해에 관하여 다른 법률적 취급을 해야 하는 반대의견에는 찬성하기 어렵다고 설시하고 있다. 그러나 자동차 사고는 한 번 발생하는 것이지만, 일조방해는 날마다 발생하는 것이다. 자동차 사고로 인하여 발생한 정신적 손해는 일단 한 번 발생하면 사고가 없었던 상태로 되돌릴 수 없는 것이지만, 일조방해로 인한 정신적 손해는 영구적인 것이 아니라 가해 건물이 사라지게 되면 소멸한다는 점에서 자동차 사고와 일조방해를 동일시할 수는 없다고 본다.

끝으로, 다수의견은 일조방해를 둘러싼 법적 분쟁의 일회적이고 효율적인 해결의 필요성을 강조하는 입장에 서 있는 것으로 보이는데, 이는 가해 건물 소유자 등의 재산권을 보장하기 위한 측면에서는 바람직할 수 있다. 그러나 헌법 제35조와 환경정책기본법 제6조에서 보장하고 있는 환경권은 자유권이나 재산권 등 다른 기본권 보호의 전제가 되는 종합적 기본권의 성격을 가지고 있어 재산권 등 다른 기본권의 우위에 있는 권리라고 볼 여지도 있기 때문에 다수의견은 피해 건물 거주자의 환경권이나 인격권을 보장하는 데에는 미흡할 수 있다는 점을 지적하면서, 반대의견에 대한 보충의견을 밝히는 바이다.[390]

(2) 토지의 소유자 등이 종전부터 향유하던 일조이익(日照利益)이 객관적인 생활이익으로서 가치가 있다고 인정되면 법적인 보호의 대상이 될 수 있는데, 그 인근에서 건물이나 구조물 등이 신축됨으로 인하여 햇빛이 차단되어 생기는 그늘, 즉 일영(日影)이 증가함으로써 해당 토지에서 종래 향유하던 일조량이 감소하는 일조방해가 발생한 경우, 그 일조방해의 정도, 피해이익의 법적 성질, 가해 건물의 용도, 지역성, 토지이용의 선후관계, 가해 방지 및 피해 회피의 가능성, 공법적 규제의 위반 여부, 교섭 경과 등 모든 사정을 종합적으로 고려하여 사회통념상 일반적으로 해당 토지 소유자의 수인한도를 넘게 되면 그 건축행위는 정당한 권리행사의 범위를 벗어나 사법상(사법상) 위법한 가해행위로 평가된다(대법원 2008. 4. 17. 선고 2006다35865 전원합의체 판결 등 참조). 여기에서 객관적인 생활이익으로서 일조이익을 향유하는 '토지의 소유자 등'이란 토지소유자, 건물소유자, 지상권자, 전세권자 또는 임차인 등의 거주자를 말하는 것으로서, 당해 토지·건물을 일시적으로 이용하는 것에 불과한 사람은 이러한 일조이익을 향유하는 주체가 될 수 없다.
원심은 그 채택 증거를 종합하여 그 판시와 같은 사실을 인정한 다음, 원고(선정당사자)들 및 나머지 선정자들(이하 합하여 '원고 등'이라 한다)이 학생으로서 이 사건 학교 교실과 운동장 등 시설을 이용하더라도 이는 공공시설인 이 사건 학교시설을 방학기간이나 휴일을 제외한 개학기간 중, 그것도 학교에 머무르는 시간 동안 일시적으로 이용하는 지위에 있을 뿐이고, 이 사건 학교를 점유하면서 지속적으로 거주하고 있다고 할 수 없어서 생활이익으로서의 일조권을 법적으로 보호받을 수 있는 지위에 있지 않다고 판단하여, 원고 등이 이 사건 아파트 신축사업 시행자인 피고를 상대로 제기한 위자료 청구를 배척하였다.[391]

(3) 건물의 신축으로 인하여 그 이웃 토지상의 거주자가 직사광선이 차단되는 불이익을 받은 경우에 그 신축 행위가 정당한 권리행사로서의 범위를 벗어나 사법상 위법한 가해행위로 평가되기 위해서는 그 일조방해의 정도가 사회통념상 일반적으로 인용하는 수인한도를 넘어야 하고, 일조방해행위가 사회통념상 수인한도를 넘었는지 여부는 피해의 정도, 피해이익의 성질 및 그에 대한 사회적 평가, 가해 건물의 용도, 지역성, 토지이용의 선후관계, 가해 방지 및 피해 회피의 가능성, 공법적 규제의 위반 여부, 교섭 경과 등 모든 사정을 종합적으로 고려하여 판단하여야 한다(대법원 1999. 1. 26. 선고 98다23850 판결, 2000. 5. 16. 선고 98다56997 판결, 2002. 12. 10. 선고 2000다72213 판결 등 참조). 그리고 쾌적하고 건강한 생활에 필요한 생활이익으로서 법적 보호의 대상이 되는 주거의 일조는 현재 살고 있는 지역주민을 보호하기 위한 것이므로 일조방해행위가 수인한도를 넘었는지 여부를 판단하기 위한 지역성은 그 지역의 토지이용 현황과 실태를 바탕

으로 지역의 변화 가능성과 변화의 속도 그리고 지역주민들의 의식 등을 감안하여 결정하여야 할 것이고, 바람직한 지역 정비로 토지의 경제적·효율적 이용과 공공의 복리증진을 도모하기 위한 도시계획법 등 공법에 의한 지역의 지정은 그 변화 가능성 등을 예측하는 지역성 판단의 요소가 된다고 할 것이다. 또한, 구체적인 수인한도를 판단하기 위하여는 일조피해를 받는 건물이 이미 다른 기존 건물에 의하여 일조방해를 받고 있는 경우에는 그 일조방해의 정도와 신축 건물에 의한 일조방해와의 관련성 등도 고려하여 신축 건물에 의한 일조방해가 수인한도를 넘었는지 여부를 판단하여야 할 것이다. 기록에 의하면, 원고들의 다세대 주택과 피고의 건물인 숙박시설이 들어선 지역은 구 도시계획법(2002. 2. 4. 법률 제6655호로 폐지되기 전의 것)상 일반상업지역이고, 소송 외에서 이 사건 일조방해의 정도를 감정한 분석연구서(갑 제15호증)와 이를 작성한 제1심 증인도 원고들과 피고의 건물 남향 도로 건너편에 지상 19층의 해태프라자 빌딩이 있어 원고들의 다세대 주택 일부의 일조에 영향을 줄 가능성이 있음을 인정하고 있으므로, 원심으로서는 원고들이 피고가 신축한 건물로 인하여 받은 일조방해가 사회통념상 수인한도를 넘었는지 여부를 판단함에 있어, 원고들과 피고의 건물이 들어선 지역의 토지이용 현황과 실태를 살펴보고, 이것을 바탕으로 그 지역이 일반상업지역이라는 사정 등을 감안한 지역성과 원고들의 다세대 주택이 해태프라자 빌딩으로 인하여 받는 일조방해 정도, 피고의 건물에 의한 일조방해와의 관련성 등을 심리하여 판단하였어야 할 것이다. 그럼에도 불구하고, 원심은 해태프라자 빌딩에 의한 원고들 다세대 주택의 일조방해 여부를 고려하지 아니한 채 피고 건물에 의한 일조방해만을 감정한 분석연구서(갑 제15호증)에 의하여 피고의 건물에 의한 일조방해 정도를 인정하고, 또 이 사건 건물들이 위치한 지역의 현황과 구 도시계획법상 용도지역이 일반상업지역인 점에 관하여 고려함이 없이 일반적인 주거지역에서의 일조방해의 수인한도를 적용하여 피고의 건물로 인한 일조방해가 수인한도를 넘은 위법한 것으로서 불법행위가 된다고 판단하였는바, 이는 일조방해로 인한 불법행위의 법리를 오해하고, 채증법칙을 위배하거나 심리를 다하지 아니하여 사실을 오인함으로써 판결에 영향을 미친 잘못을 저질렀다고 할 것이고, 이 점을 지적하는 상고이유의 주장은 이유 있다.[392)]

(4) 1. 상고이유 제1점에 대하여

가. 원심의 판단

원심판결 이유에 의하면 원심은, 그 채용 증거에 의하여, 서림아파트재건축조합(이하 '소외 조합'이라 한다)은 서울 구로구 고척2동 296 대 16,301㎡와 같은 동 301 대 12,437.2㎡ 및 그 지상 건물의 소유자 432세대를 조합원으로 하여 오래된 불량주택을 철거하고 재건축사업을 시행하기 위하여 주택건설촉진법에 의해 설립된 주택조합으로서, 위 토지 위에 건립되었던 5층 아파트를 철거하고 그 지상에 16층 내지 21층의 아파트 13동(이하 '이 사건 아파트'라 한다)을 건축하기 위하여 피고에게 1995.경 이 사건 아파트 신축공사를 도급한 사실, 원고들은 이 사건 아파트의 북쪽에 위치한 서울 구로구 고척동 161, 162 일대 토지 및 지상건물의 소유자들로서 이 사건 아파트 공사기간 동안 판시와 같이 거주하고 있었던 사실, 피고는 1998. 말경 이 사건 아파트를 완공하였는데, 완공 후의 이 사건 아파트는 북위 37.5°에 자리를 차지하고, 경사진 언덕을 따라 쌓여진 여러 단의 축대 위에 들어서 있으며 소방도로 하나를 사이에 두고 원고들의 주택과 나란히 이어져 있는데, 각 동의 최고 높이는 101동 52.8m, 102동 62.9m, 103동 57.4m, 104동 65.7m, 105동 65.7m, 106동 62.9m, 107동 60.2m, 108동 62.9m, 109동 62.9m, 110동 54.6m, 111동 62.9m, 112동 51.7m, 113동 51.7m인 사실, 원고들 소유의 건물들은 판시와 같이 이 사건 아파트의 북서쪽 방면에 혼재하여 들어서 있으며 이 사건 아파트보다 13~15m 정도 낮은 저지대에 건립되어 있는 사실, 이 사건 아파트가 들어서기 전에 있던 서림아파트는 그 층수가 5층에 불과하여 원고들 소유 각 건물의 일조는 비교적 양호한 편이었는데, 이 사건 아파트가 완공된 후 이 사건 아파트의 그림자가 동지를 기준으로 오전 9시경 388.56m, 같은 날 오후 2시경 185.76m나 되어, 위 아파트 정북 방향으로 약 141.43m 안에 위치하며 저지대에 놓인 원고들 소유의 건물들은 동지를 기준으로 한 일조시간이 판시 일조시간표 기재와 같이 줄어들었으며, 그 이외에 일사량, 조망 등도 이 사건 아파트가 들어선 후 판시와 같이 감소된 사실 등을 인정한 다음, 건물의 신축으로 인하여 그 이웃 토지상의 거주자가 직사광선이 차단되는 불이익을 받은 경우에 그 신축행위가 정당한 권리행사로서의 범위를 벗어나 사법상 위법한 가해행위로 평가되기 위해서는 그 일조방해의 정도가 사회통념상 일반적으로 인용하는 수인한도를 넘는 것이어야 한다고 전제한 후, 판시 관계 법령의 규정과 위 인정 사실에 비추어, 동지를 기준으로 오전 9시부터 오후 3시까지 사이의 6시간 중 일조시간이 연속하여 2시간 이상 확보되는 경우 또는 동지를 기준으로 오전 8시부터 오후 4시까지 사이의 8시간 중 일조시간이 통틀어 4시간 이상 확보되는 경우에는 일응 수인한도를 넘지 않는 것으로, 위 두 가지 중 어느 것에도 속하지 않는 일조방해의 경우에는 일응 수인한도를 넘는 것으로 보아야 하는데, 원고 윤용순, 조규면, 김상현, 김순정, 박인호, 강재석, 류경환, 이원목, 정인현(이하 '원고 윤용순 등'이라 한다)의 경우에는 이 사건 아파트의 건축으로 인하여 위 두 가지 중 어느 것에도 속하지 아니하는 일조방해를 받아 그 수인한도를 넘었다고 할 것이고, 또한 원고들 중 일조방해가 수인한도를 넘는 위 원고들과 원고 정용설을 제외한 나머지 원고들(이하 '나머지 원고들'이라 한다)은 일조의 측면에서 볼 때 위와 같은 일응의 기준을 넘지 않는 제한만 받게 되었음에 불과하다고 하더라도, 이 사건 아파트가 언덕 위에 위치하고 있어 재건축 이후 원고들의 주택에서의 천공률(거실 중간 부분에 서서 창문을 통하여 외부를 바라볼 때 창문을 통해 보이는 하늘의 면적이 창문면적에서 차지하는 비율을 말한다)이 현저하게 낮아져 조망에 있어서도 상당한 장해를 받는 점, 이 사건 아파트의 신축으로 새로운 일조방해나 조망의 제한을 받게 된 경우는 그 고통이 더 크므로 단순한 일조시간뿐만 아니라 일조시간의 감소비율, 조망의 제한 정도 등도 나머지 원고들의 수인한도를 평가함에 있어서 고려함이 상당한 점, 이 사건 아파트의 신축 추진 당시 소외 조합은 각 동의 배치를 원고들의 일조 등에 침해가 가장 적은 동향으로 배치할 듯한 태도를 보이다가 결국 남향으로 신축한 점, 이 사건 아파트의 신축으로 소외 조합원들은 분양면적을 넓히고 대부분의 아파트를 남향으로 배치함으로써 쾌적한 주거를 마련하고, 피고도 잔여 세대수를 확보하고 쉽게 일반 분양을 마쳐 투자자금을 수월하게 회수하는 이익을 얻었으나, 원고들은 이 사건 아파트의 북쪽에 위치하고 있어 별다른 혜택을 얻지 못한 점 등을 종합하여, 비록 도시 인구의 과밀화 및 토지의 효율적 이용을 위한 아파트의 고층화가 필요하다는 점을 감안하더라도, 나머지 원고들도 이 사건 아파트 신축으로 인하여 수인한도를 넘는 일조방해, 조망권 제한 등의 피해를 입은 것으로 보아야 한다고 판단하였다.

나. 대법원의 판단

(1) 원고 윤용순 등에 관한 부분에 대하여

건물의 신축으로 인하여 그 이웃 토지상의 거주자가 직사광선이 차단되는 불이익을 받은 경우에 그 신축행위가 정당한 권리행사로서의 범위를 벗어나 사법상 위법한 가해행위로 평가되기 위해서는 그 일조방해의 정도가 사회통념상 일반적으로 인용하는 수인한도를 넘어야 하고, 건축법 등 관계 법령에 일조방해에 관한 직접적인 단속법규가 있다면 그 법규에 적합한지 여부가 사법상 위법성을 판단함에 있어서 중요한 판단자료가 될 것이지만, 이러한 공법적 규제에 의하여 확보하고자 하는 일조는 원래 사법상 보호되는 일조권을 공법적인 면에서도 가능한 한 보장하려는 것으로서 특별한 사정이 없는 한 일조권 보호를 위한 최소한도의 기준으로 봄이 상당하고, 구체적인 경우에 있어서는 어떠한 건물 신축이 건축 당시의 공법적 규제에 형식적으로 적합하다고 하더라도 현실적인 일조방해의 정도가 현저하게 커 사회통념상 수인한도를 넘은 경우에는 위법행위로 평가될 수 있으며, 일조방해행위가 사회통념상 수인한도를 넘었는지 여부는 피해의 정도, 피해이익의 성질 및 그에 대한 사회적 평가, 가해 건물의 용도, 지역성, 토지이용의 선후관계, 가해 방지 및 피해 회피의 가능성, 공법적 규제의 위반 여부, 교섭 경과 등 모든 사정을 종합적으로 고려하여 판단하여야 하고, 건축 후에 신설된 일조권에 관한 새로운 공법적 규제 역시 이러한 위법성의 평가에 있어서 중요한 자료가 될 수 있다(대법원 1999. 1. 26. 선고 98다23850 판결, 2000. 5. 16. 선고 98다56997 판결, 2002. 12. 10. 선고 2000다72213 판결 등 참조).

위와 같은 법리와 기록에 비추어 살펴보면, 원심의 원고 윤용순 등에 대한 위와 같은 사실인정과 판단은 정당한 것으로 수긍이 가고, 거기에 상고이유로 주장하는 바와 같이 일조권 침해로 인한 불법행위책임에 관한 법리를 오해하는 등의 위법이 있다고 할 수 없다.

(2) 나머지 원고들에 관한 부분에 대하여

그러나 나머지 원고들에 대하여, 일조방해가 수인한도를 넘지는 않았으나 이 사건 아파트의 신축으로 인한 조망의 제한 등을 함께 고려하여 볼 때 수인한도를 넘는 피해를 입었다고 본 원심의 판단은 다음과 같은 이유로 수긍하기 어렵다. 어느 토지나 건물의 소유자가 종전부터 향유하고 있던 경관이나 조망이 그에게 하나의 생활이익으로서의 가치를 가지고 있다고 객관적으로 인정된다면 법적인 보호의 대상이 될 수 있는 것인바(대법원 1997. 7. 22. 선고 96다56153 판결 등 참조), 이와 같은 조망이익은 원칙적으로 특정의 장소가 그 장소로부터 외부를 조망함에 있어 특별한 가치를 가지고 있고, 그와 같은 조망이익의 향유를 하나의 중요한 목적으로 하여 그 장소에 건물이 건축된 경우와 같이 당해 건물의 소유자나 점유자가 그 건물로부터 향유하는 조망이익이 사회통념상 독자의 이익으로 승인되어야 할 정도로 중요성을 갖는다고 인정되는 경우에 비로소 법적인 보호의 대상이 되는 것이라고 할 것이고, 그와 같은 정도에 이르지 못하는 조망이익의 경우에는 특별한 사정이 없는 한 법적인 보호의 대상이 될 수 없다고 할 것이다. 그리고 조망이익이 법적인 보호의 대상이 되는 경우에 이를 침해하는 행위가 사법상 위법한 가해행위로 평가되기 위해서는 조망이익의 침해 정도가 사회통념상 일반적으로 인용하는 수인한도를 넘어야 하고, 그 수인한도를 넘었는지 여부는 조망의 대상이 되는 경관의 내용과 피해건물이 입지하고 있는 지역에 있어서 건조물의 전체적 상황 등의 사정을 포함한 넓은 의미에서의 지역성, 피해건물의 위치 및 구조와 조망상황, 특히 조망과의 관계에서의 건물의 건축·사용목적 등 피해건물의 상황, 주관적 성격이 강한 것인지 여부와 여관·식당 등의 영업과 같이 경제적 이익과 밀접하게 결부되어 있는지 여부 등 당해 조망이익의 내용, 가해건물의 위치 및 구조와 조망방해의 상황 및 건축·사용목적 등 가해건물의 상황, 가해건물 건축의 경위, 조망방해를 회피할 수 있는 가능성의 유무, 조망방해에 관하여 가해자측이 해의(害意)를 가졌는지의 유무, 조망이익이 피해이익으로서 보호가 필요한 정도 등 모든 사정 을 종합적으로 고려하여 판단하여야 한다.

이 사건 아파트는 원고들 소유의 주택보다 남쪽방향으로 13~15m 정도 높은 언덕위에 있는 서울 구로구 고척2동 296 대 16,301㎡와 같은 동 301 대 12,437.2㎡ 및 그 지상 건물의 소유자 432세대가 재건축조합을 설립하여 노후된 5층 아파트를 철거하고 그 지상에 건축한 아파트로서 16층 내지 21층의 아파트 13동으로 구성되어 있음은 앞서 본 바와 같고, 기록에 의하면, 원고들의 주택 주위에는 특별히 경관으로서 내세울 만한 것이 없고, 이 사건 아파트 건축으로 인하여 원고들의 주택에서 남쪽으로의 조망이 종전보다 나쁘게 되었으나, 이 사건 아파트가 건축되기 전부터 원고들 소유의 주택에서 남쪽을 바라볼 때 대부분 위 언덕 및 그 위에 있던 이 사건 아파트 건축 전의 5층 아파트 단지에 의하여 시야가 가로막혀 남쪽으로의 조망이 양호하지 못하였던 사실을 알 수 있으며, 이 사건 아파트가 13동의 987세대에 이르는 비교적 대규모의 단지로서 원고들 주택보다 13~15m 정도 높은 언덕위에 건축되었다는 점을 고려하면 건축 당시 아파트의 방향이나 높이를 원고들의 조망에 유리하도록 배려할 여지가 있었다고 하더라도 단지 자체의 규모, 단지 배치의 합리성, 동 사이에 확보되어야 할 공간 등에 비추어 보면 원고들의 조망이 그리 크게 개선되었을 것으로 보이지는 아니하는바, 위와 같이 원고들의 주택이 경관과 특별한 관계가 없고, 단순히 원고들의 주택가에 이 사건 아파트가 건축되어 기존 건물에서 바라다 보이는 전망이 종전보다 나쁘게 되었음에 불과하므로, 나머지 원고들의 경우 원심이 일조방해의 정도가 수인한도를 넘지 않았다고 보는 이상, 나머지 원고들의 조망이익을 법적인 보호의 대상으로 할만한 특별한 사정이 있다고 보기는 어렵고, 또한 나머지 원고들의 조망이익이 법적인 보호의 대상이 될 만한 특별한 사정이 있다고 하더라도 앞에서 본 수인한도의 초과 여부에 관한 판단 기준에 비추어 볼 때, 원심이 내세우는 사정만으로는 조망이익에 대한 침해의 정도가 그 수인한도를 벗어난 것으로 보기도 어렵다고 할 것이고, 판시와 같이 일조방해와 조망이익의 침해 등 원심이 내세운 사정들을 모두 고려한다고 하더라도 이 사건 아파트의 건축으로 인하여 나머지 원고들에 대한 일조방해와 조망이익의 침해 정도가 사회통념상 일반적으로 인용하는 수인한도를 넘었다고 보기는 어렵다고 할 것이다. 그럼에도 불구하고, 원심은 나머지 원고들의 조망이익이 법적인 보호의 대상이 됨을 전제로 하여, 나머지 원고들이 이 사건 아파트의 신축으로 인하여 수인한도를 넘는 일조방해, 조망권 제한 등의 피해를 입게 되었다고 판단하였으니, 원심에는 조망이익의 침해로 인한 불법행위책임의 성립 등에 관한 법리를 오해하거나 조망이익의 침해 정도가 사회통념상 일반적으로 인용하는 수인한도를 넘었는지 여부에 관한 심리를 다하지 아니함으로써 판결 결과에 영향을 미친 위법이 있다고 할 것이다. 이 부분 상고이유의 주장은 이유 있다.

2. 상고이유 제2점, 제3점에 대하여

원심판결 이유에 의하면 원심은, 그 채용 증거에 의하여, 소외 조합은 재건축사업을 함에 있어서 조합원들이 소유한 토지 및 건축물을 현물출자하고 주택건설 전문업자를 공동사업자로 영입하여 참여조합원의 자격을 부여한 다음, 이 사건 아파트 및 부대시설을 시공하도록 한 사실, 피고는 이 사건 아파트 공사를 도급받으면서 조합원의 이주비 지급 및 금원융자비용 대여, 공사완공시까지의 조합운영비, 건축설계비, 기타 소외 조합이 필요로 하는 비용을 제공하기로 하고 나아가 이 사건 아파트 신축공사비를 자신의 비용으로 충당하는 등 참여조합원으로서 설계변경에서 시공 전반에 이르기까지 주도적 역할을 한 후, 그 대가로 이 사건 아파트의 신축 완료 후 조합원들에게 기존 분양면적(대지지분 기준)의 151%를 공급하고 나머지 잔여 세대를 피고가 일반에 분양하는 방법으로 위 투입자금을 회수하기로 한 사실, 비록 한라·세진종합건축사사무소에서 이 사건 아파트의 최초 설계안을 작성하였으나, 최초 작성된 이 사건 아파트의 배치도와 실제 건축된 후의 배치 상황이 상당히 다르고 실제 건축인허가를 받는 과정에서 피고의 요구가 반영된 설계변경이 이루어지는 등 이 사건 아파트 단지가 최초 배치도와는 다르게 재배치된 사실, 소외 조합과 원고들 사이의 일조권 등 침해에 대한 토론회에 피고의 현장소장이 참여하여 적극적으로 일조권문제와 관련한 설계변경 가능성을 언급하는 등 원고들과 소외 조합 사이의 분쟁에 관여한 사실을 인정한 다음, 그 인정 사실에 기하여, 피고는 이 사건 아파트 신축공사의 단순한 수급인으로서 이를 시공한 것이 아니라 위 재건축 사업을 수주하면서 소외 조합 및 조합원들의 필요비용을 모두 제공하고 나아가 이 사건 공사비를 자신의 비용으로 충당하는 등 이 사건 아파트 신축을 소외 조합과 함께 주도적으로 진행한 후, 그 대가로 조합원들 지분을 제외한 잔여 세대를 일반에 분양하는 방법으로 위 투입자금을 회수하기로 한 것으로 보이므로, 피고는 이 사건 아파트 신축의 사실상 공동 사업주체로서 소외 조합과 이해관계를 같이 하면서 이 사건 아파트를 신축하였다고 할 것이어서, 피고가 이 사건 아파트의 건축주가 아니라 시공사라고 하더라도 이 사건 아파트의 신축으로 인한 피해에 대하여 손해배상책임을 져야 한다고 판단하였다.

기록에 비추어 살펴보면, 원심의 위와 같은 사실인정과 판단은 정당한 것으로 수긍이 가고, 거기에 상고이유로 주장하는 바와 같이 채증법칙을 위반하여 사실을 잘못 인정하였거나 시공사의 불법행위 주체성 또는 피고와 소외 조합 사이의 계약에 관한 법리를 오해하는 등의 위법이 있다고 할 수 없다.

3. 결 론

그러므로 원심판결의 피고 패소 부분 중 원고 윤용순 등과 소음 등 피해에 대한 위자료 청구만이 인용된 원고 정용설을 제외한 나머지 원고들에 대한 부분 가운데 소음 등 피해에 대한 위자료를 제외한 부분, 즉 원고 송재봉, 김성환, 최한곤의 일조권 등 침해로 인한 재산적 손해 부분, 원고 유영숙, 고태형, 김득수, 장석구, 정종출, 유명봉, 한규상, 한상학, 이봉인, 김순복, 김성태, 성남경, 전희갑, 김진국, 송태남, 박규남, 임용희의 일조권 등 침해로 인한 재산적 손해와 위자료 부분을 파기하고, 이 부분 사건을 다시 심리·판단하게 하기 위하여 원심법원에 환송하기로 하고, 피고의 나머지 상고를 기각하며, 원고 윤용순 등 및 원고 정용설과 피고 사이의 상고비용은 피고가 부담하기로 하여 관여 법관의 일치된 의견으로 주문과 같이 판결한다.[393)]

(5) 1. 상고이유 제1점, 제2점에 관하여

국가배상법 제5조 제1항에 정하여진 '영조물의 설치 또는 관리의 하자'라 함은 공공의 목적에 공여된 영조물이 그 용도에 따라 갖추어야 할 안전성을 갖추지 못한 상태에 있음을 말하고(대법원 2002. 8. 23. 선고 2002다9158 판결 참조), 여기서 안전성을 갖추지 못한 상태, 즉 타인에게 위해를 끼칠 위험성이 있는 상태라 함은 당해 영조물을 구성하는 물적 시설 그 자체에 있는 물리적·외형적 흠결이나 불비로 인하여 그 이용자에게 위해를 끼칠 위험성이 있는 경우뿐만 아니라, 그 영조물이 공공의 목적에 이용됨에 있어 그 이용상태 및 정도가 일정한 한도를 초과하여 제3자에게 사회통념상 수인할 것이 기대되는 한도를 넘는 피해를 입히는 경우까지 포함된다고 보아야 할 것이다(대법원 2004. 3. 12. 선고 2002다14242 판결 참조). 그리고 수인한도의 기준을 결정함에 있어서는 일반적으로 침해되는 권리나 이익의 성질과 침해의 정도뿐만 아니라 침해행위가 갖는 공공성의 내용과 정도, 그 지역환경의 특수성, 공법적인 규제에 의하여 확보하려는 환경기준, 침해를 방지 또는 경감시키거나 손해를 회피할 방안의 유무 및 그 난이 정도 등 여러 사정을 종합적으로 고려하여 구체적 사건에 따라 개별적으로 결정하여야 할 것이다. 원심판결 이유에 의하면, 원심은 설령 피고가 김포공항을 설치·관리함에 있어 항공법령에 따른 항공기 소음기준 및 소음대책을 준수하려는 노력을 경주하였다고 하더라도, 김포공항이 항공기 운항이라는 공공의 목적에 이용됨에 있어 그와 관련하여 배출하는 소음 등의 침해가 인근 주민인 선정자들에게 통상의 수인한도를 넘는 피해를 발생하게 하였다면 김포공항의 설치·관리상에 하자가 있다고 보아야 할 것이라고 전제한 다음, 그 판시와 같은 여러 사정을 종합적으로 고려하면 이 사건 김포공항 주변지역의 소음과 관련하여서는 항공법시행규칙 제271조상의 공항소음피해예상지역(제3종구역)으로 분류되는 지역 중 85 WECPNL 이상의 소음이 발생하는 경우에는 사회생활상 통상의 수인한도를 넘는 것으로서 위법성을 띠는 것으로 봄이 상당하다고 할 것인데, 이 사건 선정자들의 거주지역이 이에 해당하므로 김포공항을 설치·관리하는 국가는 이에 대하여 손해를 배상할 책임이 있다고 판단하였다. 김포공항과 그 주변지역이 국내의 다른 민간공항이나 군용공항과 구별되는 특성을 기록에 비추어 살펴보면 원심이 구체적 사건인 김포공항 주변지역에 설정한 수인한도의 기준을 그 판시와 같이 정하고 이에 기하여 김포공항을 설치·관리하는 국가의 손해배상책임을 인정한 판단은 위 법리에 따른 것으로서 수긍이 가고, 거기에 상고이유에서 주장하는 바와 같이 영조물 설치·관리상의 하자에 관한 법리오해, 소음피해로 인한 수인한도에 관한 법리오해 등의 위법이 있다고 할 수 없다.

2. 상고이유 제3점에 관하여

원심판결 이유에 의하면, 원심은 피고가 선정자들 중 일부에 대하여 주택방음공사 등 항공기소음대책을 실시하였다고 하더라도, 일상생활의 상당 부분은 방음시설된 실내뿐만 아니라 실외에서도 이루어지는 점, 주택방음공사를 실시하였다고 하여 소음이 완전히 차단되는 것이 아닌 점, 실내를 밀폐하였을 경우 냉방이나 환기시설이 필요하고 이러한 시설의 유지를 위해서는 비용이 필요한 점 등을 고려하면, 주택방음공사를 실시한 이후에는 아무런 피해가 없다고 단정하기는 어렵고 다만 그 기간에 대하여 손해의 상당액을 감액함이 타당하다고 판단하여 피고의 면책주장을 배척하였다.

기록에 비추어 살펴보면, 원심이 피고의 이 부분 면책주장을 배척한 조치는 정당한 것으로 수긍이 가고, 거기에 상고이유에서 주장하는 바와 같이 손해배상책임에 관한 법리오해 등의 위법이 있다고 할 수 없다.

3. 상고이유 제4점에 관하여

소음 등을 포함한 공해 등의 위험지역으로 이주하여 들어가서 거주하는 경우와 같이 위험의 존재를 인식하면서 그로 인한 피해를 용인하며 접근한 것으로 볼 수 있는 경우에, 그 피해가 직접 생명이나 신체에 관련된 것이 아니라 정신적 고통이나 생활방해의 정도에 그치고 그 침해행위에 고도의 공공성이 인정되는 때에는, 위험에 접근한 후 실제로 입은 피해 정도가 위험에 접근할 당시에 인식하고 있었던 위험의 정도를 초과하는 것이거나 위험에 접근한 후에 그 위험이 특별히 증대하였다는 등의 특별한 사정이 없는 한 가해자의 면책을 인정하여야 하는 경우도 있을 수 있을 것이나(대법원

2004. 3. 12. 선고 2002다14242 판결 참조), 일반인이 공해 등의 위험지역으로 이주하여 거주하는 경우라고 하더라도 위험에 접근할 당시에 그러한 위험이 존재하는 사실을 정확하게 알 수 없는 경우가 많고, 그 밖에 위험에 접근하게 된 경위와 동기 등의 여러 가지 사정을 종합하여 그와 같은 위험의 존재를 인식하면서 굳이 위험으로 인한 피해를 용인하였다고 볼 수 없는 경우에는 손해배상액의 산정에 있어 형평의 원칙상 과실상계에 준하여 감액사유로 고려하는 것이 상당하다.

원심판결 이유에 의하면, 원심은 서울지방항공청장이 김포공항 주변에 대하여 소음피해지역 및 소음피해예상지역을 분류하여 지정·고시한 1993. 6. 21. 이후에 자신들의 주거지에 전입한 일부 선정자들이 항공기 소음으로 인한 피해를 인식하였거나 과실로 인식하지 못한 것만 가지고 소음으로 인한 피해를 용인하였다고 보기는 어렵고, 또한 그것만으로 피고의 위법한 침해행위가 위법하지 않게 된다거나 책임이 소멸한다고는 볼 수 없으며, 다만 손해배상액의 산정에 있어서 형평의 원칙상 위자료의 감액사유로 고려함이 상당하다고 판단하여 이 부분 피고의 면책주장도 배척하였다.

기록과 앞서 본 법리에 비추어 살펴보면, 원심의 판단은 정당한 것으로 수긍이 가고, 거기에 상고이유에서 주장하는 바와 같이 손해배상책임의 면제에 관한 법리오해 등의 위법이 있다고 할 수 없다.

4. 결 론

그러므로 상고를 기각하고, 상고비용은 패소자가 부담하는 것으로 하여 관여 대법관의 일치된 의견으로 주문과 같이 판결한다.[394]

(6) 1. 피고 1 주식회사의 상고이유 제1, 2점과 피고 2 주식회사의 상고이유 제1, 2, 3점에 대하여 본다.

가. 조망의 이익 침해 부분

(1) 어느 토지나 건물의 소유자가 종전부터 향유하고 있던 경관이나 조망이 그에게 하나의 생활이익으로서의 가치를 가지고 있다고 객관적으로 인정된다면 법적인 보호의 대상이 될 수 있는 것인바, 이와 같은 조망이익은 원칙적으로 특정의 장소가 그 장소로부터 외부를 조망함에 있어 특별한 가치를 가지고 있고, 그와 같은 조망이익의 향유를 하나의 중요한 목적으로 하여 그 장소에 건물이 건축된 경우와 같이 당해 건물의 소유자나 점유자가 그 건물로부터 향유하는 조망이익이 사회통념상 독자의 이익으로 승인되어야 할 정도로 중요성을 갖는다고 인정되는 경우에 비로소 법적인 보호의 대상이 되는 것이라고 할 것이고, 그와 같은 정도에 이르지 못하는 조망이익의 경우에는 특별한 사정이 없는 한 법적인 보호의 대상이 될 수 없다고 할 것이다. 그리고 조망이익이 법적인 보호의 대상이 되는 경우에 이를 침해하는 행위가 사법상 위법한 가해행위로 평가되기 위해서는 조망이익의 침해 정도가 사회통념상 일반적으로 인용하는 수인한도를 넘어야 하고, 그 수인한도를 넘었는지 여부는 조망의 대상이 되는 경관의 내용과 피해건물이 입지하고 있는 지역에 있어서 건조물의 전체적 상황 등의 사정을 포함한 넓은 의미에서의 지역성, 피해건물의

위치 및 구조와 조망상황, 특히 조망과의 관계에서의 건물의 건축·사용목적 등 피해건물의 상황, 주관적 성격이 강한 것인지 여부와 여관·식당 등의 영업과 같이 경제적 이익과 밀접하게 결부되어 있는지 여부 등 당해 조망이익의 내용, 가해건물의 위치 및 구조와 조망방해의 상황 및 건축·사용목적 등 가해건물의 상황, 가해건물 건축의 경위, 조망방해를 회피할 수 있는 가능성의 유무, 조망방해에 관하여 가해자측이 해의(害意)를 가졌는지의 유무, 조망이익이 피해이익으로서 보호가 필요한 정도 등 모든 사정을 종합적으로 고려하여 판단하여야 한다(대법원 2004. 9. 13. 선고 2003다64602 판결 등 참조).

(2) 원심판결 이유와 기록에 의하면, 서울 용산구 이촌동 300-30 외 60필지 대 46,133.15 ㎡ 위에는 원래 1970년경에 지어진 지상 5층짜리 외인아파트 18개동이 있었는데, 위 대지의 소유자인 피고 1 주식회사는 위 외인아파트를 철거하고 그 자리에 19층 내지 25층짜리 엘지한강빌리지 아파트 10개동을 건설하기 위하여 2000. 3. 25. 용산구청장으로부터 주택건설사업승인을 받고 2000. 5. 16. 피고 2 주식회사[원래의 명칭은 (명칭 생략) 주식회사였는데 2005. 3. 21. 현재의 명칭으로 변경되었다.]에게 그 건설공사를 도급한 사실, 피고 2 주식회사는 2003. 4.경 엘지한강빌리지 아파트 건설공사를 마쳤는데, 한강 쪽에서 바라보면, 강북강변도로에 접하여 동쪽부터 서쪽 방향으로 107동에서 110동까지(모두 24층) 4개동이 위치하고, 107동 북쪽에 106동(25층)이, 108동 북쪽에 105동(19층)이 있으며, 다시 106동 북쪽에는 103동(25층)이, 105동 북쪽에는 104동(25층)이 있고, 104동 북쪽에 101동(25층), 101동의 동북쪽에 102동(24층)이 있는 사실, 엘지한강빌리지 아파트는 한강 쪽에서 보아 V자 모양이거나 서쪽으로 기울어진 ㅗ자 모양으로 되어있는 사실, 원고들 및 원고 19의 승계참가인(이하 '원고들'이라고만 한다)이 구분소유하고 있는 리바뷰아파트는 엘지한강빌리지 아파트 단지의 북동쪽 모서리(즉, 엘지한강빌리지 아파트 103동의 북쪽이고, 102동의 동쪽에 있음)에 있는 서울 용산구 이촌동 300-27 대지 위에 있고, 1974년경 지어진 10층짜리 건물 중 4층 내지 10층에 있는 사실(1층 내지 3층은 상가), 리바뷰아파트 건물은 서쪽으로 약 21° 기울어진 ㄴ자 모양의 건물로서 ㄴ자의 가로획 바깥쪽에 해당하는 부분의 동쪽에서 서쪽 방향으로 각 층의 1호, 2호, 3호가 있고, ㄴ자의 세로획 바깥쪽에 해당하는 부분의 남쪽에서 북쪽 방향으로 각 층의 4호, 5호가 있으며, ㄴ자의 안쪽 부분에는 각 층의 6 내지 9호가 있어, 각 층의 1호, 2호, 3호는 남향, 각 층의 4호, 5호는 서향, 각 층의 6 내지 9호는 동향 또는 북향인 사실, 이 지역은 고층 아파트 건설이 가능한 지역이고 엘지한강빌리지 아파트를 건설함에 있어 이격거리나 높이 제한 등 건축법규에 위반한 사항은 없는 사실, 엘지한강빌리지 아파트 건설을 전후하여 원고들이 구분소유하는 리바뷰아파트의 각 호실의 일조시간(동짓날 오전 8시부터 오후 4시까지의 8시간 중 원고들 아파트 거실에 일조가 확보되는 시간), 한강조망률(원고들 아파트 거실 창문에서 연직 방향으로 한강을 바라보았을 때 거실 창문 면적 중 한강 경관이 차지하는 비율), 천공률

(원고들 아파트 거실 창문에서 바라보았을 때 하늘이 보이는 면적 비율), 사생활침해율을 비교하여 보면 원심판결의 별지 2 침해표의 각 해당항목 기재와 같이 대체적으로 원고들 아파트의 일조시간, 한강조망률, 천공률은 감소한 반면, 사생활침해 가능성은 증가한 곳도 있고 감소한 곳도 있는 사실(다만, 원고 1 소유인 401호, 원고 4 소유인 502호, 원고 7 소유인 503호의 한강조망률은 오히려 증가하였고, 원고 16 소유인 405호, 원고 11 소유인 504호는 원래부터 한강 조망이 불가능하였다)을 알 수 있는바, 원심은, 원고 1, 4, 7, 16, 11을 제외한 나머지 원고들이 누리던 한강 조망의 이익은 법적인 보호의 대상이 되는 것으로서 그에 대한 피고들의 침해행위의 정도가 수인한도를 초과하여 위법하므로 피고들의 한강 조망침해 행위는 불법행위에 해당한다고 판단하였다.

(3) 그러나 원고 1, 4, 7, 16, 11을 제외한 나머지 원고들의 한강 조망이익이 법적인 보호의 대상이 된다거나 피고들의 침해행위의 정도가 수인한도를 초과하여 위법하다는 원심의 판단은 다음과 같은 이유에서 수긍하기 어렵다.

(가) 우선, 위 원고들이 조망을 누리던 한강의 경관이 매우 아름다운 것으로서 법적으로 보호받는 조망의 대상이 되기에 충분하다고 할 것이지만, 위 원고들이 구분소유하는 리바뷰아파트가 그 장소로부터 한강을 조망함에 있어 특별한 가치를 가지고 있다고 할 수는 없다.

조망의 대상과 그에 대한 조망의 이익을 누리는 건물 사이에 타인 소유의 토지가 있지만 그 토지 위에 건물이 건축되어 있지 않거나 저층의 건물만이 건축되어 있어 그 결과 타인의 토지를 통한 조망의 향수가 가능하였던 경우 그 타인은 자신의 토지에 대한 소유권을 자유롭게 행사하여 그 토지 위에 건물을 건축할 수 있고 그 건물 신축이 국토의 계획 및 이용에 관한 법률에 의하여 정해진 지역의 용도에 부합하고 건물의 높이나 이격거리에 관한 건축관계법규에 어긋나지 않으며 조망향수자가 누리던 조망의 이익을 부당하게 침해하려는 해의에 의한 것으로서 권리의 남용에 이를 정도가 아닌 한 인접한 토지에서 조망의 이익을 누리던 자라도 이를 함부로 막을 수는 없으며, 따라서 조망의 이익은 주변에 있는 객관적 상황의 변화에 의하여 저절로 변용 내지 제약을 받을 수밖에 없고, 그 이익의 향수자가 이러한 변화를 당연히 제약할 수 있는 것도 아니다. 리바뷰아파트와 한강 사이에는 강북강변도로와 엘지한강빌리지 아파트의 부지인 토지가 있고 엘지한강빌리지 아파트가 건축되기 전에 그 토지 위에는 리바뷰아파트보다 먼저 건축된 외인아파트 18개 동이 있었음에도 위 원고들이 그동안 한강 조망을 누릴 수 있었던 것은 철거된 위 외인아파트가 5층인 반면 리바뷰아파트는 그보다 높은 10층이었기 때문인데, 리바뷰아파트와 엘지한강빌리지 아파트가 있는 이촌동 일대는 고층아파트의 건축이 허용되는 지역이고 엘지한강빌리지 아파트 부지에 있던 외인아파트는 이미 건축된 지 30년 정도 경과하여 그 자리에 재건축이 이루어지는 경우 고층아파트가 건축되리라는 점은 쉽게 예상할 수 있었다고 보아야 한다. 따라서 위 원고들이 한강 조망의 이익을 누리던 리바뷰아파트가 언제나 한강 조망에 있어 특별한 가치를 가진다고 볼 수는 없고, 나아가 5층짜리 외인아파트의 뒤에 그보다 높은 10층짜리 건물을 세움으로써 리바뷰아파트의 한강 조망을 확보한 것처럼, 보통의 지역에 인공적으로 특별한 시설을 갖춤으로써 누릴 수 있게 된 조망의 이익은 법적으로 보호받을 수 없다고 하여야 한다. 만일 이러한 경우까지 법적으로 보호받는 조망의 이익이라고 인정한다면 그 건물과 조망의 대상 사이에 있는 토지에는 그 누구도 고층 건물을 건축할 수 없다는 결론이 되어 부당하기 때문이다. 결국, 위 원고들이 구분소유하는 리바뷰아파트는 그 장소로부터 한강을 조망함에 있어 특별한 가치를 가지고 있어 그 조망의 이익이 사회통념상 독자의 이익으로 승인되어야 할 정도로 중요성을 갖는다고 인정하기 어렵다고 할 것이다.

(나) 나아가 앞서 본 법리에 비추어 위 원고들이 누리던 한강 조망의 이익의 중요성 및 그에 대한 보호의 필요성과 피고들의 엘지한강빌리지 아파트 건설의 필요성 및 상당성을 비교해보더라도, 피고들의 고층 아파트 건축으로 인한 위 원고들의 한강 조망의 이익 침해 정도가 사회통념상 일반적으로 인용하는 수인한도를 넘는다고 보기 어렵다. 앞서 본 것처럼 리바뷰아파트와 엘지한강빌리지 아파트가 있는 지역은 고층 아파트의 건설이 가능한 지역이므로 엘지한강빌리지 아파트 부지의 소유자인 피고 1 주식회사나 그로부터 아파트 건축공사를 수급한 피고 2 주식회사가 19층 내지 25층짜리 엘지한강빌리지 아파트를 건축하는 것은 토지의 소유권에 기초한 것으로서 특별한 사정이 없는 한 정당한 권리행사범위 내에 있다고 보아야 하고, 리바뷰아파트는 엘지한강빌리지 아파트 단지의 북동쪽 모서리에 자리잡고 있으므로 그 앞에 고층아파트가 건축되는 경우 리바뷰아파트에서의 한강 조망이 제한되는 것은 당연하다고 할 것이다. 그렇기 때문에 피고들로서는 가능한 한 리바뷰아파트 거주자들의 한강 조망이 가장 적게 침해되는 방법으로 아파트를 건축함으로써 리바뷰아파트 거주자들을 배려하여야 하고 만일 리바뷰아파트 거주자들이 종전에 누리던 한강 조망의 이익 침해를 최소화할 방법이 있다면 이를 외면하여 다른 방법을 선택하여서는 아니 된다고 할 것이다. 그런데 앞서 본 엘지한강빌리지 아파트의 동수 및 각 동의 층수(가장 낮은 19층짜리가 한 동, 24층짜리가 다섯 동, 25층짜리가 네 동임), 엘지한강빌리지 아파트의 배치 상황을 고려하여 보면, 건축 당시 아파트의 방향이나 높이를 위 원고들의 조망에 유리하도록 배려할 여지가 전혀 없었다고는 할 수 없겠지만 단지 자체의 규모, 단지 배치의 합리성, 각 동 사이에 확보되어야 할 공간 등에 비추어 보면 그 배치를 달리 하더라도 위 원고들의 조망이 그리 크게 개선될 것으로 보이지 않는다. 한편, 피고들이 위 원고들을 포함한 리바뷰아파트 구분소유자들에게 리바뷰아파트의 리모델링을 제의하였다거나, 피고들이 인근 한가람아파트 주민들에게 보상을 하였다는 점만으로는 피고들의 침해행위의 정도가 수인한도를 넘었다고 인정하기에 부족하다(리모델링 사업이 원활하게 진행되지 않은 사유에 관하여 위 원고들

과 피고들의 주장이 서로 다르고 기록을 살펴보아도 그 사유에 관한 자료가 없다. 또한 기록에 의하면, 피고들은 엘지한강빌리지 아파트 건축 공사 도중 위 원고들에게 1,125만 원 내지 3,500만 원의 합의금을 제시하였으나 위 원고들이 거절하였던 사실을 엿볼 수 있을 뿐 아니라, 피고들이 인근 주민들에게 보상을 하였다는 사정만 가지고 피고들에게 위 원고들에 대한 해의가 있었다고 단정할 수도 없다). 결국, 원심이 내세우는 사정만으로는 조망이익에 대한 침해의 정도가 그 수인한도를 벗어난 것이라고 보기도 어렵다고 할 것이다.

(4) 그럼에도 불구하고, 위 원고들이 종전에 누리던 한강 조망의 이익이 사회통념상 독자의 이익으로 승인되어야 할 정도로 중요하여 법적인 보호를 받을 수 있음을 전제로 하여 피고들의 침해행위의 정도가 수인한도를 넘어 위법하다고 판단한 원심 판결에는 조망의 이익 침해로 인한 불법행위의 성립에 관한 법리를 오해하여 판결에 영향을 미친 위법이 있다고 할 것이다.

나. 4, 5호 라인 거주 원고들에 대한 일조의 이익 침해 부분

(1) 건물의 신축으로 인하여 그 이웃 토지상의 거주자가 직사광선이 차단되는 불이익을 받은 경우에 그 신축 행위가 정당한 권리행사로서의 범위를 벗어나 사법상 위법한 가해행위로 평가되기 위해서는 그 일조방해의 정도가 사회통념상 일반적으로 인용하는 수인한도를 넘어야 하고, 일조방해행위가 사회통념상 수인한도를 넘었는지 여부는 피해의 정도, 피해이익의 성질 및 그에 대한 사회적 평가, 가해건물의 용도, 지역성, 토지이용의 선후관계, 가해 방지 및 피해 회피의 가능성, 공법적 규제의 위반 여부, 교섭 경과 등 모든 사정을 종합적으로 고려하여 판단하여야 한다. 또한, 가해건물의 신축으로 인하여 일조피해를 받게 되는 건물이 이미 다른 기존 건물에 의하여 일조방해를 받고 있는 경우 또는 피해건물이 남향이 아니거나 처마가 돌출되어 있는 등 그 구조 자체가 충분한 일조를 확보하기 어렵게 되어 있는 경우에는, 가해건물 신축 결과 피해건물이 동짓날 08시부터 16시 사이에 합계 4시간 이상 그리고 동짓날 09시부터 15시 사이에 연속하여 2시간 이상의 일조를 확보하지 못하게 되더라도 언제나 수인한도를 초과하는 일조피해가 있다고 단정할 수는 없고(한편, 피해건물이 종전부터 위와 같은 정도의 일조를 확보하지 못하고 있었던 경우라도 그 일조의 이익이 항상 보호의 대상에서 제외되는 것은 아니다), 가해건물이 신축되기 전부터 있었던 일조방해의 정도, 신축 건물에 의하여 발생하는 일조방해의 정도, 가해건물 신축 후 위 두 개의 원인이 결합하여 피해건물에 끼치는 전체 일조방해의 정도, 종전의 원인에 의한 일조방해와 신축 건물에 의한 일조방해가 겹치는 정도, 신축 건물에 의하여 발생하는 일조방해시간이 전체 일조방해시간 중 차지하는 비율, 종전의 원인만으로 발생하는 일조방해시간과 신축 건물만에 의하여 발생하는 일조방해시간 중 어느 것이 더 긴 것인지 등을 종합적으로 고려하여 신축 건물에 의한 일조방해가 수인한도를 넘었는지 여부를 판단하여야 한다(대법원 2002. 12. 10. 선고 2000다72213 판결, 2004. 10. 28. 선고 2002다63565 판결 등 참조).

(2) 원심판결 이유와 기록에 의하면, 원고 16(405호)의 경우 엘지한강빌리지 아파트가 건축되기 전에는 동짓날 오전 8시부터 오후 4시까지의 8시간 중 131.7분 동안 일조를 확보하고 있었는데, 위 아파트 건축 후에는 36분 동안만 일조를 확보하게 되어 기존 일조시간 중 72.6%가 감소되었고, 원고 11(504호), 12(604호)의 경우 종전에는 127.5분 동안 일조를 확보하고 있었는데 위 아파트 건축 후에는 30분(원심은 15분이라고 하였으나 이는 30분의 오기라고 보인다) 동안만 일조를 확보하게 되어 기존 일조시간 중 76.4%(원심은 88.2%라고 하였으나 오기를 정정하면 76.4%가 된다)가 감소되었고, 원고 13(704호)의 경우 종전에는 127.5분 동안 일조를 확보하고 있었는데 위 아파트 건축 후에는 30.6분(원심은 29.4분이라고 하였으나 이는 30.6분의 오기로 보인다) 동안만 일조를 확보하게 되어 기존 일조시간 중 76%(원심은 76.9%라고 하였으나 오기를 정정하면 76%가 된다)가 감소되었고, 원고 14(804호)의 경우 종전에는 127.5분 동안 일조를 확보하고 있었는데 위 아파트 건축 후에는 59.4분(원심은 30분이라고 하였으나 이는 59.4분의 오기로 보인다) 동안만 일조를 확보하게 되어 기존 일조시간 중 53.4%(원심은 76.5%라고 하였으나 오기를 정정하면 53.4%가 된다)가 감소되었고, 원고 18(805호)의 경우 종전에는 131.7분 동안 일조를 확보하고 있었는데 위 아파트 건축 후에는 66분 동안만 일조를 확보하게 되어 기존 일조시간 중 49.9%가 감소되었고, 원고 백승호(904호)의 경우 종전에는 131.7분 동안 일조를 확보하고 있었는데 위 아파트 건축 후에는 61.2분(원심은 37.5분이라고 하였으나 이는 61.2분의 오기로 보인다) 동안만 일조를 확보하게 되어 기존 일조시간 중 53.5%(원심은 71.5%라고 하였으나 오기를 정정하면 53.5%가 된다)가 감소되었으며, 승계참가인 19-1의 경우 종전에는 131.7분 동안 일조를 확보하고 있었는데 위 아파트 건축 후에는 71.7분 동안만 일조를 확보하게 되어 기존 일조시간 중 45.6%가 감소되는 등 리바뷰아파트 4, 5호 라인의 일조시간이 종전에 127.5분 내지 131.7분이던 것이 30분 내지 71.7분으로 감소된 사실, 그런데 리바뷰아파트 4, 5호 라인은 남쪽으로 21° 기울어진 서향일 뿐만 아니라 종전부터 인근에 일조를 방해하는 건물이 있어서 종전에도 오후 2시경 이전에는 일조를 확보할 수 없었던 사실을 알 수 있는바, 원심은 엘지한강빌리지 아파트 건축으로 인한 리바뷰아파트 4, 5호 라인에 거주하는 원고들에 대한 일조 침해가 수인한도를 넘었다는 취지로 판단하였다.

(3) 앞서 본 법리에 비추어 살펴볼 때, 리바뷰아파트 4, 5호 라인이 서향인데다가 종전부터 다른 기존 건물로 인하여 일조를 방해받아 온 관계로 종전부터 확보하고 있던 일조시간이 동짓날 오전 8시부터 오후 4시까지의 8시간 중 127.5분 내지 131.7분에 그쳤던 점, 엘지한강빌리지 아파트 신축으로 인하여 추가된 일조방해시간은 60분 내지 97.5분으로서 전체 일조방해시간인 408.3분(승계참가인 19-1의 경우, 480분 - 71.7분) 내지 450분(원고 11의 경우, 480분 - 30분)의 1/4에 미달하고, 종전부터 있던 일조방해시간(원고 16 등의 경우 480분 - 131.7분 = 348.3분, 원고 11 등의 경우 480분 - 127.5분 = 352.5분)의 1/3에 미달하는 점 등을 고려하여 보면, 피고들이 엘지한강빌

리지 아파트를 건축한 후 위 원고들이 누리게 된 일조시간이 더욱 짧아지게 되었다는 점만을 강조하여 피고들에게 통상의 경우보다 더 큰 양보를 강요하는 것은 형평에 맞지 않는다고 할 것이므로 결국 위 원고들에 대한 피고들의 일조 침해의 정도가 수인한도를 초과한다고 보기는 어렵다.

(4) 그럼에도 불구하고, 엘지한강빌리지 아파트 건축 전에 위 원고들이 확보하고 있던 일조시간과 위 아파트 건축 후 위 원고들이 확보하게 된 일조시간만을 비교하여 4, 5호 라인에 거주하는 위 원고들에 대한 일조 침해가 수인한도를 넘었다고 판단한 원심판결에는 일조의 이익 침해로 인한 불법행위의 성립에 관한 법리를 오해하여 판결에 영향을 미친 위법이 있다고 할 것이다.

다. 생활이익에 관한 수인한도 판단 부분

(1) 일조 장해, 사생활 침해, 조망 침해, 시야 차단으로 인한 압박감, 소음, 분진, 진동 등과 같은 생활이익에 대한 침해가 사회통념상의 수인한도를 초과하여 위법한지를 판단하고 그에 따른 재산상 손해를 산정함에 있어서는, 생활이익을 구성하는 요소들을 종합적으로 참작하여 수인한도를 판단하여야만 형평을 기할 수 있는 특별한 사정이 없다면, 원칙적으로 개별적인 생활이익별로 침해의 정도를 고려하여 수인한도 초과 여부를 판단한 후 수인한도를 초과하는 생활이익들에 기초하여 손해배상액을 산정하여야 하며, 수인한도를 초과하지 아니하는 생활이익에 대한 침해를 다른 생활이익 침해로 인한 수인한도 초과 여부 판단이나 손해배상액 산정에 있어서 직접적인 근거 사유로 삼을 수는 없다고 할 것이다.

(2) 원심은, 수인한도를 초과하여 조망 피해를 입었다고 인정한 원고들에 대하여 조망 피해 외에도 일조 침해, 천공률의 감소로 인한 압박감의 증가 및 사생활침해 가능성의 증가로 인하여 고통이 확대되고 있다는 사정을 인정한 다음, 조망 침해와 위 생활이익들을 함께 고려하여 볼 때에 환경이익의 침해가 수인한도를 넘는다고 판단하고, 또한 원고 16 및 원고 11에 대하여도 일조 피해 외에 천공률의 감소로 인한 압박감의 증가를 함께 참작하여 환경이익의 침해가 수인한도를 넘는다고 판단한 후, 위 생활이익들을 모두 시가 하락으로 인한 손해배상액 산정의 근거 사유로 반영하였다.

(3) 그러나 원심이 인정한 사실에 의하면, 조망 피해를 입었다고 인정된 원고들 중 1, 2, 3호 라인에 거주하는 원고들은 엘지한강빌리지 아파트 건축 후에도 동짓날 9시부터 15시 사이에 연속하여 2시간 이상, 동짓날 8시부터 16시 사이에 합계 4시간 이상의 일조를 확보하게 되어 위 아파트 건축으로 인한 일조 침해가 수인한도 내에 있음이 명백하므로 그들에 대하여는 일조 침해로 인한 손해가 발생하였다고 볼 수 없고, 원고 16 및 원고 11을 포함하여 4, 5호 라인에 거주하는 원고들의 경우에도 위에서 살펴본 것 같이 피고들의 일조 침해의 정도가 수인한도를 넘는다고 보기는 어렵다. 뿐만 아니라, 원심판결 이유와 기록에 의하여 알 수 있는 사실만으로는 위 아파트 신축 후 원고들 아파트에 대한 천공률 감소로 인한 압박감 증대나 사생활

침해의 가능성도 수인한도를 넘는다고 보기 어렵다.

(4) 그럼에도 불구하고, 여러 생활이익들을 종합적으로 참작하여 수인한도를 판단하여야만 형평을 기할 수 있는 특별한 사정이 있음을 인정하기 어려운 이 사건에서 조망 및 일조 침해로 인한 수인한도 초과 여부를 판단함에 있어서 수인한도를 초과하지 않는 다른 생활이익들에 관한 사정을 참작하고 나아가 그와 같은 다른 생활이익들에 관한 사정까지 모두 반영하여 손해배상액을 산정한 원심판결에는, 생활이익 침해로 인한 불법행위 성립 및 손해배상액 산정에 관한 법리를 오해하여 판결에 영향을 미친 위법이 있다고 할 것이다.

2. 피고 1 주식회사의 상고이유 제3점과 피고 2 주식회사의 상고이유 제4점에 대하여 본다. 원심은 그 채택 증거들을 종합하여 엘지한강빌리지 아파트 신축중이던 2000. 7. 7. 리바뷰아파트에서 공사로 인한 소음을 측정한 결과 소음진동규제법 소정의 생활소음 규제기준인 70.0dB을 초과하는 70.2dB이 측정되었고, 원고들은 공사장의 굉음으로 인한 고통으로 피고들에게 공사기간 중 이주시켜 줄 것을 요구할 정도였으며, 일부 리바뷰아파트 입주민들은 병원을 찾기까지 하는 등 엘지아파트의 신축공사 중 소음, 진동, 분진으로 생활상 큰 불편을 겪었던 사실을 인정한 다음, 원고들이 입은 소음, 진동, 분진으로 인한 고통 정도가 현저하게 커 수인한도를 넘었다고 보이므로, 피고들은 각자 원고들이 입은 정신적 손해를 배상할 의무가 있다고 판단하였는바, 기록에 의하여 살펴보면, 이러한 원심의 사실인정과 판단은 옳은 것으로 수긍이 가고, 거기에 채증법칙 위배나 심리미진 또는 건물 신축공사 중 발생한 소음, 진동, 분진으로 인한 불법행위 성립에 관한 법리오해 등의 위법이 있다고 할 수 없다.

3. 원고들의 상고이유에 대하여 본다.
원고들의 상고이유의 주장은 피고들이 엘지한강빌리지 아파트를 건축함으로써 원고들이 누리던 한강 조망과 일조의 이익 및 사생활을 침해하고 압박감을 증가시킨 것이 불법행위에 해당함을 전제로 하는 것인바, 위와 같은 피고들의 행위가 불법행위에 해당하지 않는다는 점은 앞서 본 바와 같아 설령 원심판결에 판단누락이 있었다고 하더라도 판결에 영향을 미쳤다고는 볼 수 없으므로, 원고들의 상고이유의 주장은 더 나아가 살필 필요 없이 이유 없다.

4. 결 론
그러므로 원심판결 중 원고 1, 4, 7을 제외한 나머지 원고들 및 원고 19의 승계참가인의 재산상 손해배상 청구에 관한 피고들 패소 부분을 파기하고, 이 부분 사건을 다시 심리·판단하게 하기 위하여 원심법원에 환송하며, 피고들의 나머지 상고와 원고들 및 원고 19의 승계참가인의 상고를 모두 기각하고, 원고 1, 4, 7과 피고들 사이의 상고비용은 각자가 부담하도록 하여 관여 법관의 일치된 의견으로 주문과 같이 판결한다.[395)]

390) 대판(전) 2008. 4. 17, 2006다35865.

391) 대판 2008. 12. 24, 2008다41499.
392) 대판 2004. 10. 28, 2002다63565.
393) 대판 2004. 9. 13, 2003다64602.
394) 대판 2005. 1. 27, 2003다49566.
395) 대판 2007. 6. 28, 2004다54282.

제3절 제조물책임

I. 서 론

제조물책임이란 제조물에 통상적으로 기대되는 안정성을 결여한 결함으로 인하여 생명, 신체나 제조물 그 자체 외의 다른 재산에 손해가 발생한 경우에 제조업자 등에게 지우는 손해배상책임을 의미한다.[396] 2000년 1월 12일에 제정된 "제조물책임법"(6109호) 이전에는 제조물책임에 대하여 민법 제750조를 적용하여 해결하였다. 즉 어떤 제품에 결함이 있고, 그 결함에 제조업자의 과실이 있으며, 그로 인하여 피해를 입은 때에는 불법행위를 이유로 손해배상을 청구할 수 있도록 하였다. 제조물책임법은 제조물의 결함으로 인해 제조물 이외의 "확대손해"가 발생한 경우를 규율대상으로 하고 있다. 제조물책임법에 의한 손해배상청구는 그 기본이 불법행위를 이유로 배상하도록 하는 점에 있어서는 종전의 이론과 크게 다르지 않다. 그러나 본 법은 민법에 대하여 특별법의 성격을 가지고 있어 민법 제750조의 일반불법행위보다 우선하여 적용되며 특히 제조업자의 과실을 묻지 않는 무과실책임, 징벌적 손해배상으로 규정(같은 법 제3조)된 점은 민법의 일반불법행위와 큰 차이가 있다.

제조물책임법의 특징을 요약하면 다음과 같다.

첫째, 계약관계에 있지 않은 제조자에게 그의 제품의 결함에 대하여 손해배상책임을 추궁할 수 있다.

둘째, 제조업자는 제조물의 결함으로 인하여 생명·신체 또는 재산에 손해(당해 제조물에 대해서만 발생한 손해를 제외한다)를 입은 자에게 그 손해를 배상하여야 한

396) **대판 1999. 2. 5, 97다26593** "이른바 제조물책임이란 제조물에 통상적으로 기대되는 안전성을 결여한 결함으로 인하여 생명, 신체나 제조물 그 자체 외의 다른 재산에 손해가 발생한 경우에 제조업자 등에게 지우는 손해배상책임이고, 제조물에 상품적합성이 결여되어 제조물 그 자체에 발생한 손해는 제조물책임이론의 적용 대상이 아니다."

다(제3조 제1항).

셋째, 피해자는 매수인에 한정되지 아니하고, 가해자는 제조업자에만 한정되지 않는다(제2조 제3호, 제5조 참조).

넷째, 제조업자는 무과실책임을 부담한다. 즉 제조자의 과실은 제조물책임의 발생요건이 아니다. 다시 말하면 피해자는 일반불법행위에서와는 달리 제조물의 결함과 손해 사이의 사실상의 인과관계를 증명하는 것으로 충분하다. 이는 그동안 판례상 제조자의 과실은 사실상 추정되었으며, 피해자의 인과관계의 증명책임도 경감되어 왔던 것[397]을 입법화함으로써 피해자를 더욱 두텁게 보호하게 되었다. 이하에서는 제조물책임법의 내용을 살펴보기로 한다.

Ⅱ. 제조물책임법의 내용

1. 적용범위

(1) 적용대상

본법의 적용을 받는 대상은 「제조물」이다. 제조물이라 함은 다른 동산이나 부

397) **대판 1977. 1. 25, 75다2092** "배합사료와 기초사료에 어떠한 불순물이 함유되었고 또 그것이 어떤 화학적 영양학적 내지는 생리적 작용을 하여 이를 사료로 한 닭들이 난소협착증을 일으켜 산란율을 급격 현저하게 저하케 한 것인지는 구체적으로 밝혀지지 않았어도 위 사료로써 사양시험을 한 결과 똑같은 시험결과를 보였고 급식방법이나 계사관리 또는 사료보관에 어떤 이상이 없었고 사양시험에 제공했던 사료들이 변질되거나 부패한 것도 아니고 또 이건 사료를 급식할 무렵 닭들에 시주한 뉴켓슬 예방주사의 시주방법이나 약품에 아무런 하자도 없어 적어도 그 시료에 어떤 불순물이 함유된 것이 틀림없어 제조과정에 과실이 있었고 이로 인하여 원고가 사육하던 닭들이 위와 같은 현상을 초래하게 된 경우에는 그 사료 제조판매자에게 불법행위의 책임이 있다."; **대판 2004. 3. 12, 2003다16771** "고도의 기술이 집약되어 대량으로 생산되는 제품의 결함을 이유로 그 제조업자에게 손해배상책임을 지우는 경우 그 제품의 생산과정은 전문가인 제조업자만이 알 수 있어서 그 제품에 어떠한 결함이 존재하였는지, 그 결함으로 인하여 손해가 발생한 것인지 여부는 일반인으로서는 밝힐 수 없는 특수성이 있어서 소비자 측이 제품의 결함 및 그 결함과 손해의 발생과의 사이의 인과관계를 과학적·기술적으로 증명한다는 것은 지극히 어려우므로 그 제품이 정상적으로 사용되는 상태에서 사고가 발생한 경우 소비자 측에서 그 사고가 제조업자의 배타적 지배하에 있는 영역에서 발생하였다는 점과 그 사고가 어떤 자의 과실 없이는 통상 발생하지 않는다고 하는 사정을 증명하면, 제조업자 측에서 그 사고가 제품의 결함이 아닌 다른 원인으로 말미암아 발생한 것임을 증명하지 못하는 이상 그 제품에게 결함이 존재하며 그 결함으로 말미암아 사고가 발생하였다고 추정하여 손해배상책임을 지울 수 있도록 증명책임을 완화하는 것이 손해의 공평·타당한 부담을 그 지도원리로 하는 손해배상제도의 이상에 맞다."

동산의 일부를 구성하는 경우를 포함한 제조 또는 가공된 동산을 말한다(동법 제2항 제1호). 즉 본법은 '동산'을 그 적용 대상으로 하고 '부동산'은 제외된다. 그리고 동산중에서도 '제조·가공'된 것이어야 하고, 미가공 농·수·축산물 및 소프트웨어, 정보의 결함으로 인한 손해에 대해서는 본법이 적용되지 않는다. 또한 동산에는 완성품으로서의 동산은 물론 다른 동산이나 부동산의 일부를 구성하는 '부품'으로서의 동산도 포함하고, 신제품은 물론 중고품, 재생품 및 수공업품, 예술작품에 대해서도 적용된다. 한편 여기의 제조물에는 여러 단계의 상업적 유통을 거쳐 불특정 다수 소비자에게 공급되는 것뿐만 아니라 특정 소비자와의 공급계약에 따라 그 소비자에게 직접 납품되어 사용되는 것도 포함된다.[398]

본법에서 '가공'이라 함은 동산을 재료로 하여 그 본질은 유지하면서 새로운 속성을 부가하거나 그 가치를 더한 것을 말하고, '제조'라 함은 제품의 설계, 제작, 검사, 표시를 포함하는 일련의 행위로 생산보다 좁은 개념이며 서비스를 제외한다.[399]

본법의 적용을 받는 제조물은 본법의 시행일(2002.7.1) 이후에 제조업자가 최초로 공급한 제품의 결함으로 인한 피해에 대해서부터 적용된다(동법 부칙 제1조, 제2조). 여기에서 '공급'이라 함은 제조업자가 자신의 의사에 따라 최초로 자기의 지배 밖에 있는 사람에게 당해 제조물을 인도하거나 이용에 제공하는 것을 말하며 소비자에게 인도하는 것을 의미하는 것이 아니다.

(2) 책임의 주체

1) 제조업자 제조를 업으로 하는 자이며 동종의 제조행위를 반복적으로 하는 자가 이에 해당된다. 이에 포함되는 자로 가공업자(가공을 업으로 하는 자), 수입업자(수입을 업으로 하는 자), 표시제조자[제조물에 성명이나 상호, 상표 기타 식별 가능한 기호 등을 사용하여 자신을 제조업자(가공업자, 수입업자)로 표시하거나 그로 오인시킬 수 있는 표시를 한 자(동법 제2조 제3호)]가 있다(동법 제3조 제1항). 그리고 주문자상표부착(OEM)방식으로 상표를 붙인 자도 이에 해당한다.[400] 한편 제조업자는 제조물

398) **대판** 2013. 7. 12, 2006다17539.

399) 재정경제부·소비자보호원, "제조물책임법의 시행배경과 주요 내용", 2002. 8, 4면 이하 참조.

400) **대판** 2013. 7. 12, 2006다17539.

을 영리목적으로 공급하지 않은 때에도 결함 있는 제조물에 대하여 책임을 진다.[401]

2) **공급업자** 영리를 목적으로 하여 판매·대여 등의 방법으로 물건을 공급한 자를 '공급업자'라고 한다. 제조업자를 알 수 없거나 공급업자가 제조업자나 자신에게 물건을 공급한 자를 알 수 있음에도 불구하고 상당기간 내에 제조업자나 공급한 자를 피해자나 피해자의 법정대리인에게 고지하지 않은 경우에 공급업자가 책임을 진다(동법 제3조 제2항).

3) 동일한 손해에 대하여 배상할 책임이 있는 자가 2인 이상인 경우에는 연대하여 그 손해를 배상하여야 한다(동법 제5조).

2. 책임성립요건

(1) 결함이 존재하여야 함

1) 의 의

'결함'이라 함은 유통 당시의 기술수준과 경제성에 비추어 기대 가능한 범위 내의 안정성과 내구성을 갖지 못한 것을 말한다.[402] 여기에서 '안전성'이란 단순히 품질, 성능의 장애를 뜻하는 것이 아니라 생명, 신체 또는 재산에 대한 피해나 위험을 의미한다.

2) 결함의 유형

제조물책임법상 결함의 유형에는 세 가지가 있다(동법 제2조 제2호).

① **제조상의 결함** 제조업자의 제조물에 대한 제조상·가공상 주의의무를 이행하였는지에 관계없이 제조물이 원래 의도한 설계와 다르게 제조·가공되어 안전상의 흠이 생긴 경우를 말한다(동법 제2조 제2호 가).

401) 동법 제3조 제2항이 이를 전제로 하고 있다.

402) **대판 2000. 2. 25, 98다15934** "무릇 물품을 제조·판매하는 제조업자 등은 그 제품의 구조, 품질, 성능 등에 있어서 그 유통 당시의 기술 수준과 경제성에 비추어 기대 가능한 범위 내의 안전성과 내구성을 갖춘 제품을 제조·판매하여야 할 책임이 있고, 이러한 안전성과 내구성을 갖추지 못한 결함으로 인하여 소비자에게 손해가 발생한 경우에는 불법행위로 인한 손해배상의무를 부담한다."

② **설계상의 결함** 　제조업자가 합리적인 대체설계를 채용하였더라면 피해나 위험을 줄이거나 피할 수 있었음에도 대체설계를 채용하지 아니하여 해당 제조물에 안전상의 흠이 생긴 경우를 말한다(동법 제2조 제2호 나).[403]

③ **표시상의 결함** 　제조업자가 합리적인 설명·지시·경고 기타의 표시를 하였더라면 당해 제조물에 의하여 발생될 수 있는 피해나 위험을 줄이거나 피할 수 있었음에도 이를 하지 아니한 경우를 말한다(동법 제2조 제2호 다).[404]

3) 결함의 존부에 대한 판단

결함의 존부를 판단할 때에는 위험의 빈도·크기와 해당제품의 유용성, 손해발생의 개연성 및 손해의 심대성, 제조업자가 해당 제품을 공급한 시기, 합리적으로 예견할 수 있는 해당 제품의 용도 및 사용형태, 위험을 방지하기 위한 설계·표시 등의 기술적·경제적 실현가능성, 기타 해당 제품의 안전과 관련된 사항 등을 종합적으로 고려해서 판단하여야 한다.

4) 면책되는 결함

당해 제조물을 공급한 때의 과학·기술수준으로는 발견할 수 없었던 결함인 경우 면책이 가능하다(개발위험의 항변: 동법 제4조 제1항 제2호). 그러나 이 경우에도 제조물책임을 지는 자가 그 제조물을 공급한 후에 당해 제조물에 결함이 존재한다는 사실을 알았거나 알 수 있었음에도 그 결함에 의한 손해의 발생을 방지하기 위한 적절한 조치를 하지 아니한 때에는 면책을 주장할 수 없다(동법 제4조 제2항).

(2) 결함 및 그 결함과 손해발생 사이의 인과관계의 증명

피해자는 결함의 존재와 결함과 손해 사이의 인과관계를 증명하여야 한다. 그러나 그 증명이 거의 불가능에 가깝기 때문에 제조물이 정상적으로 이용되는 상태에서 손해가 발생한 경우에는 사회통념상 개연성이 인정되면 이들을 사실상 추정하는 것이 합리적이다.[405] 즉 제조물책임은 무과실책임이다. 판례도 이러한 입장을 견지하고 있었다.[406][407]

---

403) **대판** 2014. 4. 10, 2011**다**22092.
404) **대판** 2014. 4. 10, 2011**다**22092.
405) 같은 입장으로 송덕수, 채권법각론, 589면.
406) **대판** 1977. 1. 15, 75**다**2092; **대판** 2000. 2. 25, 98**다**15934; **대판** 2013. 9. 26, 2011**다**88870; **대판** 2017. 11. 9, 2013**다**26708·26715·26722·26739.

이러한 학설이나 판례의 영향을 받아 제조물책임법에 추정규정을 신설하기에 이르렀다.[408] 본 신설규정에 따르면 다음의 세 가지 사실을 증명한 경우에는 제조물의 결함과 그 제조물의 결함으로 인하여 손해가 발생한 것으로 추정한다(동법 제3조의2 본문). 즉 ① 해당 제조물이 정상적으로 사용되는 상태에서 피해자의 손해가 발생하였다는 사실, ② 위 ①의 손해가 제조업자의 실질적인 지배영역에 속한 원인으로부터 초래되었다는 사실, ③ 위 ①의 손해가 해당 제조물의 결함 없이는 통상적으로 발생하지 않는다는 사실을 증명한 경우에는, 제조물을 공급할 당시 해당 제조물에 결함이 있었고 그 제조물의 결함으로 인하여 손해가 발생한 것으로 추정한다. 다만, 제조업자가 제조물의 결함이 아닌 다른 원인으로 인하여 그 손해가 발생한 사실을 증명한 경우에는 그렇지 않다(동법 제3조의 2 단서).

[관련판례]

원심판결 이유에 의하면 원심은, 원고가 1994. 10. 13. 김옥자와 사이에, 김옥자 소유의

---

407) **대판 2004. 3. 12, 2003다16771** "고도의 기술이 집약되어 대량으로 생산되는 제품의 결함을 이유로 그 제조업자에게 손해배상책임을 지우는 경우 그 제품의 생산과정은 전문가인 제조업자만이 알 수 있어서 그 제품에 어떠한 결함이 존재하였는지, 그 결함으로 인하여 손해가 발생한 것인지 여부는 일반인으로서는 밝힐 수 없는 특수성이 있어서 소비자 측이 제품의 결함 및 그 결함과 손해의 발생과의 사이의 인과관계를 과학적·기술적으로 증명한다는 것은 지극히 어려우므로 그 제품이 정상적으로 사용되는 상태에서 사고가 발생한 경우 소비자 측에서 그 사고가 제조업자의 배타적 지배하에 있는 영역에서 발생하였다는 점과 그 사고가 어떤 자의 과실 없이는 통상 발생하지 않는다고 하는 사정을 증명하면, 제조업자 측에서 그 사고가 제품의 결함이 아닌 다른 원인으로 말미암아 발생한 것임을 증명하지 못하는 이상 그 제품에게 결함이 존재하며 그 결함으로 말미암아 사고가 발생하였다고 추정하여 손해배상책임을 지울 수 있도록 증명책임을 완화하는 것이 손해의 공평·타당한 부담을 그 지도원리로 하는 손해배상제도의 이상에 맞다."; **대판 2013. 9. 26, 2011다88870** "고도의 기술이 집약되어 대량으로 생산되는 제품에 성능 미달 등의 하자가 있어 피해를 입었다는 이유로 제조업자 측에게 민법상 일반불법행위책임으로 손해배상을 청구하는 경우에, 일반 소비자로서는 제품에 구체적으로 어떠한 하자가 존재하였는지, 발생한 손해가 하자로 인한 것인지를 과학적·기술적으로 증명한다는 것은 지극히 어렵다. 따라서 소비자 측으로서는 제품이 통상적으로 지녀야 할 품질이나 요구되는 성능 또는 효능을 갖추지 못하였다는 등 일응 제품에 하자가 있었던 것으로 추단할 수 있는 사실과 제품이 정상적인 용법에 따라 사용되었음에도 손해가 발생하였다는 사실을 증명하면, 제조업자 측에서 손해가 제품의 하자가 아닌 다른 원인으로 발생한 것임을 증명하지 못하는 이상, 제품에 하자가 존재하고 하자로 말미암아 손해가 발생하였다고 추정하여 손해배상책임을 지울 수 있도록 증명책임을 완화하는 것이 손해의 공평·타당한 부담을 지도 원리로 하는 손해배상제도의 이상에 맞다."

408) 2017. 4. 18. 개정되어 2018. 4. 19. 시행되었다.

부산 영도구 신선동 2가 67의 7 지상 철근콘크리트조 슬래브지붕 2층 주택에 관하여 화재, 도난, 폭발 등으로 인한 손해가 발생한 경우 원고가 이를 보상하기로 하는 내용의 장기종합보험계약을 체결하면서, 보험가입금액은 금 100,000,000원, 보험기간은 1994. 10. 13.부터 2004. 10. 13.까지로 약정하고 그 무렵 김옥자로부터 제1회 보험료를 지급받은 사실, 김옥자의 딸인 김명희는 1996. 7. 3. 12:00경 이 사건 건물 내 2층 안방에서 피고 회사가 제조한 16″ 비디오비전(V.T.R 겸용의 텔레비전, 이하 '이 사건 텔레비전'이라 한다)을 시청하고 있던 중, 갑자기 이 사건 텔레비전 뒤편에서 검은 연기가 피어 올라 동작스위치를 끄고 전원플러그를 뽑았으나, 곧이어 이 사건 텔레비전에서 '펑'하는 폭발음과 함께 불이 솟아오르면서 커튼에 옮겨 붙어 급기야 위 건물의 2층 내부와 그 안의 가재도구가 전소한 사실, 위 사고는, 이 사건 텔레비전 수상관(일명, 브라운관) 내의 전자총 부분(고전압이 걸려 있음)이 누전으로 인하여 폭발하면서 발생한 것으로 추정될 뿐, 그 누전이 발생하게 된 경위에 관하여는 규명되지 아니한 사실, 이 사건 텔레비전은 피고 회사가 1988년 말경부터 1990년 초경까지 사이에 제조한 것으로서(모델명 SMV-1600), 김옥자는 화재 발생 약 6년 전에 이를 구입하여 위 사고시까지 사용하여 오면서, 당시까지 이를 수리하거나 내부구조에 변경을 가한 바가 전혀 없는 사실, 원고는 김옥자에게 위 사고로 인한 건물의 피해보험금으로 1996. 7. 24. 금 40,000,000원, 같은 해 8월 16일 금 16,531,262원 합계 금 56,531,262원을 지급한 사실을 인정한 다음, 위 인정 사실에 의하면 이 사건 텔레비전의 폭발의 원인이 된 전자총 부분의 누전 경위가 명백히 밝혀지지는 아니하였으나, 이 사건 텔레비전이 위와 같이 이를 정상적으로 수신하는 상태에서 폭발한 이상, 특단의 사정이 없는 한 이 사건 텔레비전은 그 이용시의 제품의 성상이 사회통념상 제품에 요구되는 합리적 안전성을 결여하여 '부당하게 위험한' 것으로서 그 제품에 결함이 있다고 볼 수밖에 없고, 이와 같은 결함은 피고가 이 사건 텔레비전을 제조하여 유통에 둔 단계에서 이미 존재하고 있었다고 추정되므로, 피고는 이 사건 텔레비전의 제조업자로서 그 결함으로 인한 폭발사고로 말미암아 김옥자가 입은 재산상 손해를 배상할 의무가 있고, 나아가 보험자인 원고는 김옥자와의 보험계약에 따라 동인에게 위 사고로 인한 보험금을 지급함으로써 그 지급한 금액 범위 내에서 김옥자의 피고에 대한 손해배상채권을 대위취득하였다고 판단하였다. 무릇 물품을 제조·판매하는 제조업자 등은 그 제품의 구조, 품질, 성능 등에 있어서 그 유통 당시의 기술수준과 경제성에 비추어 기대가능한 범위 내의 안전성과 내구성을 갖춘 제품을 제조·판매하여야 할 책임이 있고, 이러한 안전성과 내구성을 갖추지 못한 결함으로 인하여 소비자에게 손해가 발생한 경우에는 불법행위로 인한 손해배상의무를 부담한다 할 것이다(대법원 1992. 11. 24. 선고 92다18139 판결 참조). 따라서 물품을 제조·판매한 자에게 손해배상책임을 지우기 위하여서는 위와 같은 결함의 존재, 손해의 발생 및 결함과 손해의 발생과의 사이에 인과관계의 존재가 전제되어야 하는 것은 당연하다. 그러나 고도의 기술이 집약되어 대량으로 생산되는 제품의 경우, 그 생산과정은 대개의 경우 소비자가 알 수 있는 부분이 거의 없고, 전문가인 제조업자만이 알 수 있을 뿐이며, 그 수리 또한 제조업자나 그의 위임을 받은 수리업자에 맡겨져 있기 때문에, 이러한 제품에 어떠한 결함이 존재하였는지, 나아가 그 결함으로 인하여 손해가 발생한 것인지 여부는 전문가인 제조업자가 아닌 보통인으로서는 도저히 밝혀 낼 수 없는 특수성이 있어서 소비자 측이 제품의 결함 및 그 결함과 손해의 발생과의 사이의 인과관계를 과학적·기술적으로 완벽하게 증명한다는 것은 지극히 어렵다. 그러므로 이 사건과 같이 텔레비전이 정상적으로 수신하는 상태에서 발화·폭발한 경우에 있어서는, 소비자측에서 그 사고가 제조업자의 배타적 지배하에 있는 영역에서 발생한 것임을 증명하고, 그러한 사고가 어떤 자의 과실 없이는 통상 발생하지 않는다고 하는 사정을 증명하면, 제조업자 측에서 그 사고가 제품의 결함이 아닌 다른 원인으로 말미암아 발생한 것임을 증명하지 못하는 이상, 위와 같은 제품은 이를 유통에 둔 단계에서 이미 그 이용시의 제품의 성상이 사회통념상 당연히 구비하리라고 기대되는 합리적 안전성을 갖추지 못한 결함이 있었고, 이러한 결함으로 말미암아 사고가 발생하였다고 추정하여 손해배상책임을 지울 수 있도록 증명책임을 완화하는 것이 손해의 공평·타당한 부담을 그 지도 원리로 하는 손해배상제도의 이상에 맞는다 할 것이다.

기록에 비추어 살펴보면, 원심의 위와 같은 사실인정과 판단은 위 법리에 따른 것으로 수긍이 가고, 거기에 상고이유에서 지적하는 바와 같은 제품의 결함과 인과관계에 관한 채증법칙 위배 및 법리오해 등의 위법 등이 있다고 할 수 없다. 이 점을 다투는 상고이유는 모두 받아들일 수 없다.

제3, 4점에 대하여 원심판결 이유를 기록에 비추어 살펴보면, 원심이 이 사건 사고가 김옥자의 오사용(誤使用) 내지 관리소홀로 말미암아 발생한 것이므로 면책되어야 한다는 피고의 주장에 대하여 이를 인정할 만한 증거가 없다는 이유로 배척한 조치는 정당한 것으로 보이고, 또한 원심이 피고가 이 사건 텔레비전의 내구연한을 제품구입일로부터 5년으로 설정하였고, 그 내구연한을 도과한 이후에 이 사건 사고가 발생하였으나, 위 내구연한은 이 사건 텔레비전이 본래의 용도에 따라 정상적으로 성능을 발휘할 수 있는 최소한의 기간을 의미하는 것으로 보여질 뿐, 그 결함으로 인한 손해배상청구권의 권리행사기간 내지 피고의 손해배상채무의 존속기간을 정한 것이라고 볼 수는 없고, 나아가 오늘날 일반 국민에게 널리 보급된 대표적 가전제품인 텔레비전은 제조자가 설정한 내구연한이 다소 경과되었다 하더라도 사회통념상 이를 소비자의 신체나 재산에 위해를 가할 수 있는 위험한 물건으로는 여겨지지 아니하므로 텔레비전의 제조업자는 그 내구연한이 다소 경과된 이후에도 제품의 위험한 성상에 의하여 소비자가 손해를 입지 않도록 그 설계 및 제조과정에서 안전성을 확보해야 할 고도의 주의의무를 부담한다 할 것이어서 이 사건 텔레비전이 비록 그 내구연한으로부터 1년 정도 초과된 상태라 하더라도 그 정상적인 이용 상황 하에서 위와 같이 폭발한 이상, 그 제조상의 결함을 인정함에는 아무런 지장이 없다고 판단한 것도 정당한 것으로 수긍이 가며, 거기에 상고이유가 지적하는 바와 같은 제조물책임의 면책사유에 관한 사실오인 및 법리오해 등의 위법이 없다. 이 점을 다투는 상고이유도 받아들일 수 없다.

그러므로 상고를 기각하고, 상고비용은 패소자의 부담으로 하기로 관여 법관들의 의견이 일치되어 주문과 같이 판결한다.[409)]

---

409) 대판 2000. 2. 25, 98다15934.

3. 책임의 내용과 면책사유

(1) 제조업자·제조물공급자는 제조물의 결함으로 생면·신체 또는 재산에 손해[410]를 입은 자에게 그 손해를 배상하여야 한다(동법 제3조 제1항·제3항). 이때 제조업자 등에게 과실이 있는지는 묻지 않는다. 즉 무과실책임을 진다(통설).

(2) 그런데 최근에 제조물책임법이 개정되어 제조업자의 악의적인 불법행위를 막고 중대한 피해자의 실질적 보상을 위하여 징법적 손해배상제도를 도입하였다.[411] 그에 따르면, 동법 제3조 제1항에도 불구하고 제조업자가 제조물의 결함을 알면서도 그 결함에 대하여 필요한 조치를 취하지 않은 결과로 생명 또는 신체에 중대한 손해를 입을 자가 있는 경우에는 그 자에게 발생한 손해의 3배를 넘지 않는 범위에서 배상책임을 진다(동법 제3조 제2항 제1문). 이 경우 법원은 배상액을 정할 때 다음 고의성의 정도, 해당 제조물의 결함으로 인하여 발생한 손해의 정도 등 일정사항(동법 제3조 제2항 제1호-제7호 참조)을 고려하여야 한다(동법 제3조 제2항 제2문).

(3) 제조물책임을 지게 되는 제조업자 등은 다음 중 어느 하나의 사실을 증명하면 면책된다(동법 제4조).

① 제조업자가 당해 제조물을 공급하지 않은 사실(동법 제4조 제1항 제1호)

② 제조업자가 당해 제조물을 공급한 때의 과학·기술수준으로는 결함의 존재를 발견할 수 없었다는 사실(동법 제4조 제1항 제2호)

③ 제조물의 결함이 제조업자가 당해 제조물을 공급할 당시의 법령이 정하는 기준을 준수함으로써 발생한 사실(동법 제4조 제1항 제3호)

④ 원재료 또는 부품의 경우에는 당해 원재료 또는 부품을 사용한 제조물 제조업자의 설계 또는 제작에 관한 지시로 인하여 결함이 발생하였다는 사실(동법 제4조 제1항 제4호)

---

410) 여기의 '손해'는 그 제조물에 대해서만 발생한 손해를 제외한다. 이 손해에는 제조물 그 자체에 발생한 손해뿐만 아니라 제조물의 결함 때문에 발생한 영업 손실로 인한 손해도 포함되는데(대판 2015. 3. 26, 2012다4824), 이 손해는 제조물책임법의 적용대상이 아니고 하자담보책임·불완전급부책임에 의한다. 제조물책임법이 시행되기 전의 판례도 같은 입장이었다(대판 1999. 2. 5, 97다26593; 대판 2000. 7. 28, 98다35525).

411) 2017. 4. 18. 개정되어 2018. 4. 19. 시행되었다.

4. 면책불가능사유

손해배상책임을 지는 자가 제조물을 공급한 후에 당해 제조물에 결함이 존재한다는 사실을 알았거나 알 수 있었음에도 그 결함에 의한 손해의 발생을 방지하기 위한 적절한 조치를 하지 아니한 때에는 제조물책임법 제4조 제1항 제2호 내지 제4호의 규정에 의한 면책을 주장할 수 없다(동법 제4조 제2항).

5. 면책특약의 제한

제조물책임법에 의한 손해배상을 배제하거나 제한하는 특약은 무효로 한다(동법 제6조 본문). 다만, 자신의 영업에 이용하기 위하여 제조물을 공급받은 자가 자신의 영업용 재산에 대하여 발생한 손해에 관하여 그와 같은 특약을 체결한 경우에는 그러하지 아니하다(동법 제6조 단서).

Ⅲ. 손해배상청구권의 소멸시효기간

1. 3년의 소멸시효

손해배상의 청구권은 피해자 또는 그 법정대리인이 손해 및 손해배상책임을 지는 자를 안 날부터 3년간 이를 행사하지 아니하면 시효로 소멸한다(동법 제7조 제1항).

2. 10년의 소멸시효

본 법에 의한 손해배상의 청구권은 제조업자가 손해를 발생시킨 제조물을 공급한 날부터 10년 이내에 이를 행사하여야 한다(동법 제7조 제2항 본문). 다만, 신체에 누적되어 사람의 건강을 해하는 물질에 의하여 발생한 손해 또는 일정한 잠복기간이 경과한 후에 증상이 나타나는 손해에 대하여는 그 손해가 발생한 날부터 기산한다(동법 제7조 제2항 단서).

[관련판례]

1. 대판 2008. 2. 28, 2007다52287

(1) 일반적으로 제조물을 만들어 판매하는 자는 제조물의 구조, 품질, 성능 등에 있어서 현재의 기술 수준과 경제성 등에 비추어 기대 가능한 범위 내의 안전성을 갖춘 제품을 제조하여야 하고, 이러한 안전성을 갖추지 못한 결함으로 인하여 그 사용자에게 손해가 발생한 경우에는 불법행위로 인한 배상책임을 부담하게 되는바, 그와 같은 결함 중 주로 제조자가 합리적인 대체설계를 채용하였더라면 피해나 위험을 줄이거나 피할 수 있었음에도 대체설계를 채용하지 아니하여 제조물이 안전하지 못하게 된 경우를 말하는 소위 설계상의 결함이 있는지 여부는 제품의 특성 및 용도, 제조물에 대한 사용자의 기대의 내용, 예상되는 위험의 내용, 위험에 대한 사용자의 인식, 사용자에 의한 위험회피의 가능성, 대체설계의 가능성 및 경제적 비용, 채택된 설계와 대체설계의 상대적 장단점 등의 여러 사정을 종합적으로 고려하여 사회통념에 비추어 판단하여야 하고(대법원 2003. 9. 5. 선고 2002다17333 판결, 2004. 3. 12. 선고 2003다16771 판결 등 참조), 이와 같은 법리는 의약품의 경우에도 마찬가지로 적용되어야 하되, 다만 의약품은 통상 합성 화학물질로서 인간의 신체 내에서 화학반응을 일으켜 질병을 치유하는 작용을 하는 한편 정상적인 제조과정을 거쳐 제조된 것이라 하더라도 본질적으로 신체에 유해한 부작용이 있다는 측면이 고려되어야 한다.

(2) 한편, 제조상 내지 설계상의 결함이 인정되지 아니하는 경우라 할지라도, 제조업자 등이 합리적인 설명, 지시, 경고 기타의 표시를 하였더라면 당해 제조물에 의하여 발생될 수 있는 피해나 위험을 피하거나 줄일 수 있었음에도 이를 하지 아니한 때에는 그와 같은 표시상의 결함(지시·경고상의 결함)에 대하여도 불법행위로 인한 책임이 인정될 수 있고, 그와 같은 결함이 존재하는지 여부에 대한 판단을 함에 있어서는 제조물의 특성, 통상 사용되는 사용형태, 제조물에 대한 사용자의 기대의 내용, 예상되는 위험의 내용, 위험에 대한 사용자의 인식 및 사용자에 의한 위험회피의 가능성 등의 여러 사정을 종합적으로 고려하여 사회통념에 비추어 판단하여야 한다.

2. 대판 2004. 3. 12, 2003다16771

(1) 자동차의 제조·설계상의 결함 주장에 관하여
원심은 제1심판결의 일부를 인용하여, 원고는 서광건설산업 소속 주차관리원으로서 1997. 2. 3. 18:00경 위 건물 부설 주차장에 세워져 있던 주식회사 금강이앤아이 소유의 아카디아 승용차(이하 '이 사건 자동차'라고 한다)를 이동시키기 위하여 위 자동차에 탑승하여 시동을 켜고 자동변속기의 선택레버를 주차에서 전진으로 이동하였는데, 그러자 위 자동차가 갑자기 앞으로 진행하면서 그 곳에 주차되어 있던 다른 자동차를 충격하고 계속 전진하면서 다른 주차차량과 음식점의 벽면을 잇달아 충격한 후 정지하였고 그에 따라 위 자동차들 및 음식점 벽의 일부가 파손된 사실, 이 사건 자동차는 위 사고 이전에 엔진, 자동변속기, 브레이크 내지 전자제어장치에 이상이 생기거나 급발진사고를 일으킨 적이 없으며 사고 후 점검 결과 차량 부품 등의 이상이 발견되지 않은 사실, 위 자동차는 정리회사 대우자동차 주식회사(2000. 11. 30. 회사정리절차 개시)가 1996.에 제조한 사실을 인정하였다.

그 다음 원심은, 정리회사가 이 사건 자동차를 제조함에 있어 엔진제어장치를 부적절한 위치에 장착하고 전자파 간섭을 받지 않도록 하는 장치를 부가하지 않고 전자파 간섭시험을 하지 않은 등의 제조·설계상 결함이 있고, 그 결함이 사고 당시 전자파 간섭으로 인한 엔진제어장치의 작동불량상태를 일으켜 급발진사고를 초래하였다는 원고의 주장에 대하여, 판시 증거들을 종합할 때 자동차가 운전자의 의도와 달리 급발진(급전진 및 급후진)하여 사고로 연결되려면 분당 엔진회전수가 4000 정도까지 올라간 상태가 유지되고 스로틀 밸브가 완전히 열리며 브레이크에 의한 제동이 제대로 되지 않는 등의 조건을 갖추어야 하는데, 스로틀 밸브는 액셀러레이터 페달을 밟아야만 열리도록 되어 있고 엔진제어장치의 결함으로 공회전속도조절장치밸브 등이 열린다고 할지라도 급발진에 필요한 분당 엔진회전수에 이르지 못하는 등 자동차 공학상 운전자의 의사와 무관하게 즉, 운전자가 액셀러레이터 페달을 밟지 않은 상태에서 급발진이 일어나기는 사실상 어려운 사실, 미국에서는 국립도로교통안전청이 1989. 1.경 자동변속기 차량의 급발진사고 원인을 조사하여 자동차 자체에는 급발진에 직접적인 영향을 줄 기계적 결함을 발견할 수 없고 급발진사고 원인은 운전자의 조작 잘못으로 보인다는 결과를 발표한 바 있으며, 캐나다 및 일본에서도 유사한 연구조사 결과가 발표된 사실, 우리나라에서도 소비자보호원이 1998. 2.경 급발진사고 사례를 조사한 외 교통안전공단 자동차성능시험연구소가 1999. 11.경 건설교통부 주관 하에 연구 조사한 결과 급발진을 일으키는 자동차의 구조적인 결함은 발견되지 않고 일상생활에서 접할 수 있는 전자파 간섭의 영향력은 미미하여 운전자가 액셀러레이터 페달을 밟지 않는 한 급발진이 생길 수 없다는 조사결과가 발표된 사실 등을 인정하고, 그렇다면 이 사건 급발진사고는 원고가 시동을 걸고 자동변속기 레버를 전진으로 이동하는 단계에서 액셀러레이터 페달을 밟지 않아야 할 상황인데도 비정상적으로 액셀러레이터 페달을 밟음으로써 발생한 것으로 추인함이 상당한바, 그렇다면 이 사건 자동차의 엔진제어장치에 원고 주장과 같은 전자파 간섭과 관련한 제조·설계상 결함이 존재한다거나 그 결함으로 인하여 급발진사고가 발생하였다고 볼 수 없다고 판단하였다. 나아가 원심은 오랜 운전경력에 동종의 사고를 낸 적이 없는 원고가 통상적으로 자동차를 운전하던 중 급발진사고가 발생하였으니 정리회사가 이 사건 자동차를 제조·설계하는 과정에서 발생한 결함으로 인하여 급발진사고가 발생한 것으로 추정되어야 한다는 원고의 주장에 대하여, 원고의 페달 오조작으로 인하여 위 자동차가 급발진한 것으로 추인되는 한 이러한 사고경위에 비추어 볼 때 원고가 사고 당시 이 사건 자동차를 정상적으로 사용하고 있었음에도 제조업자의 배타적인 지배하에 있는 영역에서 사고가 발생하였다고 볼 수 없으므로 이 사건 자동차의 결함으로 인하여 급발진사고가 발생한 것으로 추정할 수도 없다는 취지로 판단하였다. 물품을 제조·판매하는 제조업자는 그 제품의 구조·품질·성능 등에 있어서 그 유통 당시의 기술수준과 경제성에 비추어 기대 가능한 범위 내의 안전성과 내구성을 갖춘 제품을 제조·판매하여야 할 책임이 있고, 이러한 안전성과 내구성을 갖추지 못한 결함으로 인하여 소비자에게 손해가 발생한 경우에는 불법행위로 인한 손해배상의무를 부담하며(대법원 1977. 1. 25. 선고 75다2092 판결, 1992. 11. 24. 선고 92다18139 판결 등 참조), 한편 고도의 기술이 집약되어 대량으로 생산되는 제품의 결함을 이유로 그 제조업자에게 손해배상책임을 지우는 경우 그 제품의 생산과정은 전문가인 제조업자만이 알 수 있어서 그 제품에 어떠한 결함이 존재하였는지, 그 결함으로 인하여 손해가 발생한 것인지 여부는 일반인으로서는 밝힐 수 없는 특수성이 있어서 소비자 측이 제품의 결함 및 그 결함과 손해의 발생과의 사이의 인과관계를 과학적·기술적으로 증명한다는 것은 지극히 어려우므로 그 제품이 정상적으로 사용되는 상태에서 사고가 발생한 경우 소비자 측에서 그 사고가 제조업자의 배타적 지배하에 있는 영역에서 발생하였다는 점과 그 사고가 어떤 자의 과실 없이는 통상 발생하지 않는다고 하는 사정을 증명하면, 제조업자 측에서 그 사고가 제품의 결함이 아닌 다른 원인으로 말미암아 발생한 것임을 증명하지 못하는 이상 그 제품에게 결함이 존재하며 그 결함으로 말미암아 사고가 발생하였다고 추정하여 손해배상책임을 지울 수 있도록 증명책임을 완화하는 것이 손해의 공평·타당한 부담을 그 지도 원리로 하는 손해배상제도의 이상에 맞는 것임(대법원 2000. 2. 25. 선고 98다15934 판결 등 참조)은 상고이유에서 주장하는 바와 같다. 그러나 위 법리에 비추어 살펴보더라도 앞서본 바와 같이 이 사건 자동차의 엔진제어장치에 원고 주장과 같은 결함이 있음을 인정할 수 없고, 나아가 이 사건 자동차가 정상적으로 사용되는 상태에서 제조업자의 배타적 지배하에 있는 영역에서 사고가 발생하였다는 점이 증명되지 아니하므로 원심이 위 급발진사고가 자동차의 결함으로 인하여 발생하였다고 추정할 수도 없다고 보아 이 부분 원고의 주장을 배척한 조치는 정당하고, 거기에 상고이유 주장과 같은 판결에 영향을 미친 채증법칙 위배로 인한 사실오인, 심리미진, 대법원판례 위반, 판단유탈 등의 위법이 있다고 할 수 없다. 한편, 자동차의 급발진은 엔진제어장치의 결함이 아니라 원고의 페달 오조작으로 인한 것으로 추인되는 이 사건에서 원심이 원고 주장의 다른 결함, 즉 고성능의 컴퓨터를 장착하지 않았다거나 전자파 간섭에 의한 작동불량유형 및 영향분석실험을 실시하지 않았다는 점에 대하여 별도로 판단하지 아니하였다 하여 판단유탈의 위법이 있다고 할 수 없다.

(2) 보다 안전한 대체설계를 하지 않음으로 인한 설계상의 결함 주장에 관하여 설령 이 사건 급발진사고가 운전자의 액셀러레이터 페달 오조작으로 발생하였다고 할지라도, 만약 제조자가 합리적인 대체설계를 채용하였더라면 급발진사고를 방지하거나 그 위험성을 감소시킬 수 있었음에도 대체설계를 채용하지 아니하여 제조물이 안전하지 않게 된 경우 그 제조물의 설계상의 결함을 인정할 수 있지만, 그러한 결함의 인정 여부는 제품의 특성 및 용도, 제조물에 대한 사용자의 기대의 내용, 예상되는 위험의 내용, 위험에 대한 사용자의 인식, 사용자에 의한 위험회피의 가능성, 대체설계의 가능성 및 경제적 비용, 채택된 설계와 대체설계의 상대적 장단점 등의 여러 사정을 종합적으로 고려하여 사회통념에 비추어 판단하여야 할 것이다(대법원 2003. 9. 5. 선고 2002다17333 판결 참조). 그런데 기록에 의하여 살펴보면, 이 사건에서 원고가 급발진사고를 방지할 수

있는 대체설계로서 주장한 쉬프트 록(Shift Lock)은 운전자가 브레이크 페달을 밟아야만 자동변속기 레버를 주차 위치에서 전(후)진 위치로 움직일 수 있도록 고안된 장치로서 쉬프트 록을 장착하더라도 모든 유형의 급발진사고에 대하여 예방효과가 있는 것이 아니고 시동을 켠 후 자동변속기의 레버를 주차 위치에서 후진 또는 전진 위치로 변속하는 단계에서 비정상적으로 액셀러레이터 페달을 밟는 경우에 한하여 이를 방지 또는 감소시키는 효과를 가질 뿐이며, 또한 설령 쉬프트 록이 장착된 차량이라고 할지라도 운전자가 자동변속기를 주차가 아닌 다른 위치에서 변속시키는 과정에서 급발진사고가 발생하는 위험성은 방지할 수 없어서 쉬프트 록의 장착으로 급발진 사고를 예방할 수 있는 효과가 크다고 보기 어렵고 그 정도를 가늠하기도 어려운 점, 운전자가 자동변속기 자동차의 기본적인 안전운전 요령만 숙지하여 실행하면 굳이 쉬프트 록을 장착하지 않더라도 동일한 사고예방효과가 있는데 자동차는 법령에 정하여진 바에 따른 운전면허를 취득한 사람만이 운전할 수 있고 액셀러레이터 페달의 올바른 사용은 자동차 운전자로서 반드시 숙지하여야 할 기본사항인 점, 일반적으로 자동변속기 또는 액셀러레이터 페달의 오조작을 감소시키려면 쉬프트 록 이외에도 여러 가지 안전장치를 강구할 수 있는 점, 통계상 급발진사고를 일으킨 차량은 그 이전에 동종의 사고를 일으킨 적이 없으며 그 후에도 그러하기 때문에 그 차량에 대하여 급발진사고를 대비한 안전장치가 없다고 하여 그 자동차가 통상적으로 기대되는 안정성을 결하였다고 보기 어렵다는 점 등 여러 사정에 비추어 볼 때 정리회사가 이 사건 자동차에 쉬프트 록을 장착하였더라면 급발진사고를 방지하거나 그 위험성을 감소시킬 수 있었음에도 이를 장착하지 아니하여 위 자동차가 안전하지 않게 된 설계상의 결함이 있다고는 볼 수 없는 것이다. 또한, 기록에 의하면 국내외의 조사 결과 급발진사고를 일으킨 차량들에 있어서 액셀러레이터 페달과 브레이크 페달 사이의 간격과 사고 사이에는 관련성은 없는 것으로 밝혀진 사실, 페달 간격을 넓게 배치하면 오히려 위급상황시의 대처가 어렵게 될 위험성이 있는 사실이 인정되는바, 그렇다면 이 사건 자동차의 페달 간격에 있어서 운전자의 오조작을 야기할 수 있는 설계상의 결함이 있다고 볼 수도 없다.

원심이 같은 취지에서 이 사건 자동차의 쉬프트 록 미장착 또는 액셀러레이터 페달과 브레이크 페달 사이의 간격과 관련한 설계상 결함이 운전자의 페달 오조작을 일으켜 급발진사고가 발생하였다는 원고의 주장을 배척한 조치는 정당하고, 거기에 상고이유의 주장과 같은 판결에 영향을 미친 사실오인, 법리오해의 위법이 없다.

(3) 표시상의 결함 주장에 관하여

제조자가 합리적인 설명·지시·경고 기타의 표시를 하였더라면 당해 제조물에 의하여 발생될 수 있는 피해나 위험을 줄이거나 피할 수 있었음에도 이를 하지 아니한 때에는 표시상의 결함에 의한 제조물책임이 인정될 수 있지만, 그러한 결함 유무를 판단함에 있어서는 제조물의 특성, 통상 사용되는 사용형태, 제조물에 대한 사용자의 기대의 내용, 예상되는 위험의 내용, 위험에 대한 사용자의 인식 및 사용자에 의한 위험회피의 가능성 등의 여러 사정을 종합적으로 고려하여 사회통념에 비추어 판단하여야 할 것이다(위 대법원 2002다17333 판결 등 참조). 기록에 의하면, 이 사건 자동차의 취급설명서에 엔진시동 시에는 액셀러레이터 페달과 브레이크 페달의 위치를 확인한 후 브레이크 페달을 밟고 시동을 걸고 자동변속기 선택레버를 이동시키라는 지시문구가 기재되어 있으므로 원고가 위 지시 내용을 확인하고 이에 따랐더라면 이 사건 사고는 충분히 예방할 수 있었던 점을 인정할 수 있으므로, 법령에 의한 면허를 갖춘 사람만이 운전할 수 있는 자동차에 있어서 위의 지시 외에 운전자가 비정상적으로 액셀러레이터 페달을 밟는 경우까지 대비하여 그에 대한 경고나 지시를 하지 아니하였다 하여 결함이 존재한다고 볼 수는 없다고 할 것이다.
같은 취지에서 지시상 결함을 부정한 원심의 조치는 정당하고, 거기에 상고이유의 주장과 같은 판결에 영향을 미친 사실오인, 법리오해의 위법이 없다.

제4절 의료과오책임

Ⅰ. 서 론

의료과오책임이란 의사 기타 의료종사자(이하 '의료인'이라고 한다)의 의료행위 중에 의료상의 과실로 인하여 발생한 손해에 대하여 지는 손해배상책임을 말한다. 의료과오상의 피해자는 계약책임(위임계약, 불완전급부책임)이나 불법행위책임을 물을 수 있다(청구권경합설). 그러나 종래 판례와 학설은 의료과오책임을 주로 불법행위를 원인으로 하여 구성함으로써 손해배상책임을 묻고 있다. 그 이유는 다음과 같다.

첫째, 불법행위를 원인으로 한 손해배상책임을 묻게 되면 정신상 고통에 대한 위자료청구권을 명문으로 정하고 있어서(제751조, 제752조) 계약책임[채무불이행으로 인한 손해배상에는 정신상 손해도 포함되지만(제390조), 이는 특별한 사정에 의한 손해(제393조 제2항)로 보는 것이 판례의 태도이다]에서보다 상대적으로 위자료청구의 인용이 쉽다.

둘째, 과실의 증명책임에서 실질적으로 '채무불이행'과 '불법행위'에 큰 차이가 없기 때문이다. 즉 채무불이행의 경우에는 채무자(의료인)가 자신의 과실이 없다는 것을 증명해야하기 때문에 채권자(피해자인 환자)가 의료인 측에 과실이 있다는 것을 증명하여야 하는 불법행위의 경우보다 환자 측에게 더 유리한 것처럼 보이지만 실질적으로는 거의 차이가 없다. 왜냐하면 '채무불이행'의 경우에도 환자 측에서 의료인의 채무불이행의 사실, 즉 진료채무를 제대로 이행하지 못하였다는 사실을 증명하여야 하고(제390조 본문), 이를 위해서는 그 전제로 완전한 진료채무의 내용을 밝혀야하기 때문이다. 그런데 의사가 환자에게 부담하는 진료채무는 「결과채무」(질병의 치유와 같은 결과를 반드시 달성해야 할 채무)가 아니고 「수단채무」(환자의 치유와 같이 선량한 관리자의 주의의무를 가지고 현재의 의학수준에 비추어 필요하고 적절한 진료조치를 다해야 할 채무)이어서[412] 결과적으로 진료채무의 내용을 증명하는 것과 의료인의 과실을 증명하는 것 사이에는 실질적으로 차이가 없다.

따라서 의료과오책임에서 손해배상을 청구하려면 제750조의 요건을 갖추어야 한다. 이하에서는 의료과오책임의 요건으로서 의료인의 과실, 그 과실로 인한 손해의 발생, 과실과 손해 사이에 인과관계, 책임의 주체 그리고 의료인의 설명의무의 위반에 대하여 살펴보기로 한다.

Ⅱ. 의료인의 과실

1. 의료과오는 주로 진단·주사·투약·수술·수혈·마취 등의 진찰이나 치료 등의 의료행위의 과정에서 발생하는 것이 일반적이다. 의료인이 이러한 의료행위를 함에 있어서 사람의 생명·신체·건강을 관리하는 업무의 성질에 비추어 환자의 구체적인 증상이나 상황에 따라 위험을 방지하기 위하여 요구되는 최선의 조치를 취하여야 할 주의의무가 있다.[413] 이러한 주의의무를 위반하는 경우에 의료인에게 과실이 있다고 한다.

2. 의료인의 과실에는 다음과 같은 특수성이 있다. 첫째, 의료인의 과실은 의료인이라는 직업인으로서 요구되는 주의의무를 위반한 '업무상 과실'이다. 따라서 그 과실 여부는 추상적인 일반인이 아니고 동일한 업무와 직무를 담당하는 자의 주의의무를 기준으로 판단하여야 한다(통설). 판례도 같다.[414] 둘째, 진료상의 주의의무(동일한 업무와 직무를 담당하는 자의 주의의무)는 환자의 구체적인 증상이나 사안에 따라 매우 다양하며, 의료행위는 의학의 발전과 더불어 진보하는 것으로서 주의의무의 기준도 그에 따라 달라진다. 그러나 보통 의료행위에 있어서 주의의무라 함은 의료행위를 할 당시 의료기관 등 임상의학분야에서 실행되고 있는 의료행위의 평균적인 의료수준이 의료인의 과실의 기준이 된다.[415] 여기서 '평균적인 의료수준'이란 통상의 의료인에게 의료행위 당시 일반적으로 알려져 있고 또 시인되고 있는 의학상식을 뜻하므로 의료환경 및 조건·의료환경의 특수성 등을

412) **대판** 1988. 12. 13, 85**다카**1491.
413) **대판** 1998. 2. 27, 97**다**38442 ; **대판** 1998. 7. 24, 98**다**12270.
414) **대판** 1996. 11. 8, 95**도**2710 ; **대판** 1999. 11. 23, 98**다**21403.
415) **대판** 1999. 3. 26, 98**다**45379·45386.

고려하여 규범적으로 파악되어야 한다.[416]셋째, 그리고 의료행위의 특성상 의료인의 의료행위는 재량이 인정된다. 따라서 의료인이 선택한 치료방법이 합리적인 재량의 범위를 벗어난 것이 아닌 한 그 방법을 선택한 것에 과실이 있다고 할 수 없다.[417]

[관련판례]

1. 대판 1998. 2. 27, 97다38442

의사가 진찰·치료 등의 의료행위를 함에 있어서는 사람의 생명·신체·건강을 관리하는 업무의 성질에 비추어 환자의 구체적인 증상이나 상황에 따라 위험을 방지하기 위하여 요구되는 최선의 조치를 행하여야 할 주의의무가 있고, 의사의 이와 같은 주의의무는 의료행위를 할 당시 의료기관 등 임상의학 분야에서 실천되고 있는 의료행위의 수준을 기준으로 판단하여야 하며, 특히 진단은 문진·시진·촉진·청진 및 각종 임상검사 등의 결과에 터 잡아 질병 여부를 감별하고 그 종류, 성질 및 진행 정도 등을 밝혀내는 임상의학의 출발점으로서 이에 따라 치료법이 선택되는 중요한 의료행위이므로 진단상의 과실 유무를 판단함에 있어서는 그 과정에 있어서 비록 완전무결한 임상진단의 실시는 불가능하다고 할지라도 적어도 임상의학 분야에서 실천되고 있는 진단 수준의 범위 내에서 그 의사가 전문 직업인으로서 요구되는 의료상의 윤리와 의학지식 및 경험에 터 잡아 신중히 환자를 진찰하고 정확히 진단함으로써 위험한 결과 발생을 예견하고 그 결과 발생을 회피하는 데에 필요한 최선의 주의의무를 다하였는지 여부를 따져 보아야 하고, 아울러 의사에게는 만일 당해 의료기관의 설비 및 지리적 요인 기타 여러 가지 사정으로 인하여 진단에 필요한 검사를 실시할 수 없는 경우에는 특단의 사정이 없는 한 당해 환자로 하여금 그 검사를 받을 수 있도록 해당 의료기관에 전원을 권고할 의무가 있다.

2. 대판 1998. 7. 24, 98다12270

(1) 원심판결의 요지

원심판결의 이유에 의하면, 원심은 거시 증거에 의하여, 소외 망 전인수는 1995. 3. 28. 약 3m 높이의 자신의 집 세탁실 창문에서 떨어져 양쪽 종골(踵骨) 골절, 왼쪽 손목 골절, 제 2, 4, 5 요추골 압박골절상을 입고 피고 경영의 병원에 입원하여 정형외과 과장인 소외 고광곤의 집도하에 같은 달 30. 양쪽 종골 부위에 대하여 관혈적 정복 및 내고정술을, 같은 해 4. 6.에는 왼쪽 손목 수술을 받은 사실, 소외 1은 수술 후 염증예방을 위하여 항생제인 세프메타졸과 토브라마이신을 망인에게 계속 투여하여 왔는데, 망인은 같은 해 4. 10.경 이래 변비 및 소화불량의 증세를 보여 같은 달 14. 병원측으로부

416) 대판 2004. 10. 28, 2002다45185 ; 대판 2005. 10. 28, 2004다13045; 대판 2011. 7. 14, 2009다65416.
417) 대판 1996. 6. 25, 94다13046 ; 대판 1999. 3. 26, 98다45379·45386; 대판 2012. 6. 14, 2010다95635.

터 소화제 및 관장약 등을 조제 받아 복용한 후 대변을 보아 오다가 같은 달 24. 06:00경에 이르러 항문 주위가 부어 통증을 호소하자 소외 1은 변비약을 처방한 사실, 그런데 같은 달 25. 오전부터 망인에게 고열 및 심한 항문 주위의 통증이 나타났으며 같은 날 22:00경 한 때 망인의 체온이 38.9℃까지 상승하자 해열제를 투여하여 1시간 후에는 망인의 체온이 정상으로 낮추어진 사실, 망인은 같은 달 26.에도 고열은 아니지만 그 체온이 37.4℃에 달하였으며 설사와 항문통증을 호소하여 소외 1이 지사제를 처방하였고, 같은 날 08:00경 회진시 망인의 항문 주위가 헐어 있자 항생제 연고를 주어 항문 주위에 바르게 하고 항문 부위를 통풍이 잘 되도록 부채질을 하여 줄 것을 지시하였으나 망인은 점심시간에 구토까지 한 사실, 망인이 같은 달 25. 22:00경부터 같은 달 26. 20:00경까지 설사·항문통·구토증세에 차도가 없고 전신쇠약·핍뇨(乏尿)·탈수증세 등을 보이며 같은 날 08:00경 항문 주위의 피부가 변색되자 같은 날 09:00경 복부 방사선 촬영을 지시하는 한편 혈액검사 결과 등을 토대로 일반외과 및 내과에 망인의 증세에 대한 진료를 의뢰한 결과 같은 날 16:30경 망인이 괴사성 대장염·장관염·패혈증이 의심되고 전신이 쇠약하다는 이유로 망인을 신장투석기·직장내시경·중심혈압측정기 등이 구비된 서울중앙병원으로 전원시키기로 결정하고, 같은 날 18:55경 서울중앙병원으로 전원시킨 사실, 망인은 서울중앙병원으로 전원되어 중환자실에서 치료를 받았으나 이미 망인의 장기에 패혈증이 퍼져 있었으며 빈맥·빈호흡·복통·항문통 등이 계속되다가 같은 달 30.에는 온 몸에 경련을 일으키고 같은 해 5. 1. 19:30경 사망한 사실, 망인의 사망원인은 항문 주위의 창상으로 침투한 녹농균이 1995. 4. 25.경 패혈증을 일으켰고 그 패혈증으로 인한 쇼크사로 추정된 사실, 패혈증(패혈증)은 혈액 속에 세균이 침투하여 그 독소에 의하여 중독증세를 일으키거나 세균이 혈액의 순환에 의하여 전신에 퍼져 여러 장기에 감염을 일으키는 병으로, 그 원인균은 연쇄상구균·대장균·녹농균·폐렴균 등이 있으며, 증세로는 심한 오한과 고열이 나는 것이 그 특징이고, 구토·설사·복통 등의 외부 징후로 시작하여, 중증인 경우에는 빈맥·혈압강하·감뇨·각종 장기의 부전증·패혈증성 쇼크를 일으켜 사망하는데, 그 치사율이 전체적으로는 20% 내지 50%, 특히 그람음성 장관성 패혈증의 경우는 40% 내지 60%에 이르는 치명적인 병이며 빠른 시일 내에 패혈증을 진단하여 치료를 하여야 하고 그에 대한 진단이 늦어 치료시기가 늦어지면 그 치료도 어렵고 치료 후의 예후도 좋지 아니한 사실, 이러한 패혈증의 진단은 환자에게 오한·발열 등의 증세가 있고 특히 화상이나 상처 등의 감염소가 있거나 면역기능이 떨어진 수술환자 등에게서 설사·구토·고열 등의 증세가 있으면 일단은 이를 의심하여야 하고, 그 치료방법으로는 우선 광범위 항생제를 투여한 후 혈액배양검사를 실시하여 원인균을 밝혀내고 그 원인균에 대한 적절한 항생제를 처방·투여하고 그 원인균 배양과 항생제 감수성 결과에 따라 처음에 사용하던 항생제의 교환 여부를 결정하며, 환자의 호흡을 유지시키고 수액 요법으로 중심정맥압 또는 폐동맥확장말기압을 유지시키며, 환부에 염증이 있는 경우 외과적 배농이나 절개하여 패혈병소를 제거하는 등이 있는 사실, 한편 녹농균은 그람음성균으로서 정상인에게는 독성이 약하나 가장 흔하고 심한 이차적 감염세균으로서 조산아·면역결핍환자 또는 심한 상처를 입은 경우 등에 잘 감염되고, 병원 전체에 광범위하게 존재하며 정상인의 장에서도 생존하는데 망인의 신체저항력이 약해져 있던 관계로 이를 이기지 못하고 패혈증으로까지 발전한 사실 등을 인정한 다음, 망인에게 1995. 4. 25. 오전부터는 패혈증을 의심할 만한 심한 고열, 항문 주위의 동통 및 피부의 괴사가 나타났으므로, 이러한 경우 망인의 치료를 전담하고 있던 의사인 소외 1으로서는, 직장염이나 녹농균 등의 병원균 감염에 의한 패혈증 발병을 의심하고 위와 같은 증세의 정확한 원인을 밝히기 위하여 혈액검사·항문 부위 염증 및 피부괴사의 원인균 배양을 실시하여 평소 사용하던 항생제감수성 측정 결과에 따른 항생제 교체 내지 투여량 증가 등의 조치를 취하여야 할 업무상 주의의무가 있음에도 불구하고 이를 게을리 한 채 망인의 패혈증에 대한 조속한 진단 및 그에 대한 응급치료 시기를 놓친 의료상의 과실로 인하여 망인으로 하여금 패혈증 쇼크로 인하여 사망하게 한 것이므로 피고는 고광곤의 사용자로서 그의 위와 같은 의료상 과실로 인하여 원고들이 입은 손해를 배상할 책임이 있고, 다른 한편, 망인에게 패혈증을 일으킨 녹농균은 정상인의 장내에도 존재하는 흔한 균으로서 저항력이 있는 정상인에게는 아무런 질병을 일으키지 아니하는데도 망인의 신체저항력이 낮았던 관계로 망인이 당초 수술 받은 부위가 아닌 항문 부위로 침투한 녹농균을 이기지 못하여 패혈증을 앓게 되고 이를 극복하지 못한 점 및 녹농균에 의한 그람음성장관성 패혈증은 치사율이 40% 내지 60%의 치명적인 병인 점 등에 비추어 망인의 사망으로 인한 손해를 치료를 담당하였던 의사측에게 전부 부담하게 하는 것은 공평의 원칙상 부당하다고 할 것이므로, 망인의 이 사건 패혈증 발병 경위와 그 치료 경위, 패혈증의 치사율 등 모든 사정을 참작하면 피고의 이 사건 손해배상책임을 40%로 제한함이 적정하다고 판단하였다.

(2) 피고의 상고이유에 대한 판단

의사가 진찰·치료 등의 의료행위를 함에 있어서는 사람의 생명·신체·건강을 관리하는 업무의 성질에 비추어 환자의 구체적인 증상이나 상황에 따라 위험을 방지하기 위하여 요구되는 최선의 조치를 취하여야 할 주의의무가 있고, 의사의 이와 같은 주의의무는 의료행위를 할 당시 의료기관 등 임상의학 분야에서 실천되고 있는 의료행위의 수준을 기준으로 삼되, 그 의료수준은 통상의 의사에게 의료행위 당시 일반적으로 알려져 있고 또 시인되고 있는 이른바 의학상식을 뜻하므로 진료환경 및 조건, 의료행위의 특수성 등을 고려하여 규범적인 수준으로 파악되어야 한다(대법원 1998. 2. 27. 선고 97다38442 판결, 1997. 2. 11. 선고 96다5933 판결, 1987. 1. 20. 선고 86다카1469 판결 등 참조). 원심이 적법하게 인정한 사실관계에 의하면, 망인이 피고 경영의 병원에 입원한 지 상당한 기간이 경과한 후인 1995. 4. 24. 제2차 감염을 일으킬 수 있는 항문 주위의 염증이 발생하였고, 같은 달 25.에는 38℃ 이상의 발열이 있었으며 설사와 구토가 이어졌는가 하면 같은 달 26. 08:00경에는 항문 주위에 궤사가 나타났고, 한편 기록에 의하면, 패혈증은 혈액 내에 있는 세균 또는 세균독소에 의하여 발생하는 질환으로서 입원환자들에게 쉽게 발생하며 오한과 38℃ 이상의 발열로서 시작하는 것이 보통이고 구토·설사·복통 등도 올 수 있으며 그 확진은 혈액배양으로 병원균을 증명하는 방법뿐이지만, 급격히 악화되는 치명적인 질환으로서 그에 대한 조기발견 및 치료가 필수적이고 확진

전 임상진단이 무엇보다도 중요하며, 일단 패혈증이라는 의심이 들면 우선 광범위 항생제를 투여한 후 혈액배양검사를 실시하여 원인균을 밝혀내고 그 원인균에 대한 적절한 항생제를 처방하여 투여하여야 하는 점 등은, 소외 1이 망인을 치료할 당시 표준적인 교과서 기타의 의학문헌을 통하여 임상의학의 분야에서 통상의 의사에게 일반적으로 알려져 있는 의학기술에 속한다고 보이므로, 의사인 소외 1으로서는 망인에게 38℃ 이상의 발열이 있는 등 패혈증의 증후가 보일 때 곧바로 패혈증을 의심하고 그에 대한 처치를 시작하거나 그러한 처치가 가능한 종합병원으로 신속히 전원시킴으로써 패혈증 쇼크로 인한 사망이라는 결과를 회피하기 위하여 최선을 다할 주의의무가 있음에도 이를 위반한 잘못이 있다고 할 것인바, 같은 취지의 원심 판단은 수긍이 가고 거기에 소론과 같은 의료과오에 관한 법리오인의 위법이 있다고 할 수 없다. 그리고 제1심법원의 감정촉탁에 대한 가톨릭대학교 의과대학 성모병원장의 회보결과 및 원심의 사실조회에 대한 대한의사협회장의 회보결과는, 사실인정에 관하여 특별한 지식과 경험을 요하는 경우에 법관이 그 특별한 지식, 경험을 이용하는데 불과한 것이며, 의료과오가 있었는지 여부는 궁극적으로는 그 당시 제반 사정을 참작하여 경험칙에 비추어 규범적으로 판단할 수밖에 없으므로, 위 각 회보결과에 의료과오의 유무에 관한 견해가 포함되어 있다고 하더라도 법원이 소외 1에게 과실이 있는지 여부를 판단함에 있어서 그 견해에 기속되지 아니한다. 논지는 모두 이유 없다.

3. 대판 2005. 10. 28, 2004다13045

(1) 피고의 상고에 대한 판단

가. 뇌성마비의 원인에 관하여

원심판결 이유에 의하면, 원심은 그 채용 증거를 종합하여 원고 2는 유산 1회의 분만력을 가진 29세의 초산부로서 피고 산하 인하병원(아래에서는 '피고 병원'이라 한다)에서 산전진찰을 받았는데 태아의 뇌성마비를 의심할 만한 증세는 없었던 사실, 원고 2는 임신 40주 5일이 되던 1994. 12. 1. 양막이 파열되어 17:30경 피고 병원에 입원하였는데 양수에는 태변이 착색되어 있었고 19:25경 전자태아감시장치상 나타나는 태아심박동수가 80회/분으로 떨어지면서 만기태아 심박동감소와 태아곤란증 소견이 나타난 사실, 분만담당의사인 소외인이 위 원고에게 산소공급을 하자 태아곤란증은 없어졌으나 경한 빈맥이 지속되고 태변착색된 양수가 계속 나왔는데 자궁경관이 완전히 개대되지 아니한 탓에 분만이 지연된 사실, 원고 5는 다음날 03:42경 질식분만으로 출생하였는데 당시 태변이 진하게 착색되어 있었고 위 원고는 같은 날 신생아실을 거쳐 중환자실에서 기관삽관에 의한 태변 흡인과 산소공급 등의 조치를 받다가 12. 15. 퇴원한 사실, 원고 5는 그 후에도 빠는 기능이 저조하고 목가누기가 곤란한 등의 증세를 보이다가 1995. 5. 18. 서울대학교 병원에서 태변흡증명후군(의증) 및 저산소성-허혈성 뇌손상으로 인한 뇌성마비의 진단을 받았으며 현재 노동능력의 100%를 상실한 사실을 인정하였다. 원심은 위 인정 사실에 기초하여, 원고 5는 태아를 보호하는 양막이 파열된 상태에서 자궁 내에 11시간 이상 머물러 있으면서 태아곤란증 및 주산기가사로 인한 태아저산소증 또는 출생 후 개선되지 아니한 심한 태변흡증명후군으로 인하여 저산소성-허혈성 뇌손상으로 뇌성마비증세가 초래된 것으로 추정된다고 판단하였다. 기록에 비추어 살펴보면, 원심에서의 증거취사와 사실인정은 정당한 것으로 수긍할 수 있고, 나아가 뇌성마비는 대부분의 경우 그 원인을 밝혀내기 어렵고 분만 중의 원인은 6~8%에 불과하다고 할지라도 이 사건에서는 뇌성마비의 가능한 원인 중 하나가 될 수 있는 분만 도중 발생한 저산소성-허혈성 뇌손상을 표상하는 간접사실들이 인정되는 반면, 선천적 또는 후천적인 다른 요인의 존재를 추인하게 할 만한 사정은 발견되지 않는다는 점 등에 비추어 볼 때 원고 5의 뇌성마비는 분만 중 저산소성-허혈성 뇌손상으로 인하여 발생하였다고 추정함이 상당하다고 할 것이어서 같은 취지의 원심판단 역시 정당하고, 거기에 상고이유의 주장과 같이 원고 5의 뇌성마비의 원인에 관하여 경험칙과 채증법칙 위반으로 인한 사실오인 등의 위법이 없다.

나. 분만담당의사의 과실에 관하여

의사가 진찰·치료 등의 의료행위를 함에 있어서는 사람의 생명·신체·건강을 관리하는 업무의 성질에 비추어 환자의 구체적인 증상이나 상황에 따라 위험을 방지하기 위하여 요구되는 최선의 조치를 취하여야 할 주의의무가 있고 의사의 이와 같은 주의의무는 의료행위를 할 당시 의료기관 등 임상의학 분야에서 실천되고 있는 의료행위의 수준을 기준으로 삼되 그 의료수준은 통상의 의사에게 의료행위 당시 일반적으로 알려져 있고 또 시인되고 있는 이른바 의학상식을 뜻하므로 진료환경 및 조건, 의료행위의 특수성 등을 고려하여 규범적인 수준으로 파악되어야 하는 것이다(대법원 2001. 3. 23. 선고 2000다20755 판결 등 참조).

한편, 제왕절개술은 분만이 지연되면 태아나 임산부에 심각한 손상을 주거나 질식분만이 안전하게 진행될 것을 기대하기 어려운 때 시행하는 것으로서 분만담당의사가 그 시술 여부를 결정하여야 하는 것이지만, 위에서 본 의사의 일반적인 주의의무에 비추어 볼 때 분만담당의사는 만기태아 심박동감소 등 태아곤란증을 의심할 만한 상황이 생기면 즉시 산모에 대한 산소공급 등 필요한 조치를 취하여 태아의 상태가 호전되는지 여부를 관찰하면서 태아상태가 호전되지 않을 경우에는 응급제왕절개술 등 조기에 태아를 만출시킬 수 있도록 적절한 조치를 취하고 설령 일시적으로 태아의 상태가 호전되었다고 할지라도 지속적으로 태아의 심박동에 이상이 있는지 여부 등을 주의 깊게 관찰함으로써 발생가능한 이상상황에 대처하여야 할 주의의무를 부담한다고 할 것이다. 나아가 만출된 신생아가 태변착색 등으로 태변흡증명후군이 의심되는 경우 담당의사는 신속히 태변을 흡인제거하고 산소를 공급하는 등 필요한 조치를 취하여야 할 것이다.

원심판결 이유에 의하면, 원심은 그 채용 증거를 종합하여 원고 2가 양막파열로 피고 병원에 입원하였고 그 때 이미 양수에 태변이 착색되어 있었는바, 의학계에서는 양수의 태변착색만 가지고 태아곤란증 등을 예견하기 어렵다는 견해도 있지만 대체로 태아가 저산소증에 노출되면 장운동의 항진과 항문괄약근의 이완으로 태변이 양수 내로 배출되고 태아의 헐떡호흡에 의하여 다시 기도 내로 흡입되면 기도폐쇄에 의한 호흡곤란 즉 태변흡증명후군이 발생하게 되므로 특히 중증의 태변착색이 있는 경우 나쁜 예후의 발생빈도가 높다고 보고되어 있는 사실, 소외인은 입원 당일 19:25경 원고 2에게 부착한 전자태아감시장치상 나타나는 태아심박동수가 80회/분으로 떨어지면서 만기태아 심박동감소와 태아곤란증 소견이 나타나자 위 원고에게 산소공급을 시행하였고 20:30경 상황이 호전되자 산소공급을 중단한 사실, 그런데 경한 빈맥이 지속되면서도 자궁경관이 완전히 개대되지 아니하여 즉시 질식분만을 시행할 수 없자 위 소외인은 21:10경 질식분만과 더불어 제왕절개 수술에도 대비하라는 지시를 하였으나 실제로 전문의나 마취과에 연락을 취하지는 아니하였을 뿐 아니라 전자태아감시장치를 통하여 태아의 상태를 주의깊게 관찰하는 등의 조치를 제대로 취하지 아니하고 만연히 질식분만을 위하여 자궁경관이 개대될 때까지 기다리다가 다음 날 03:42경이 되어서야 질식분만에 성공한 사실, 원고 5는 출생 당시 태변이 진하게 착색되어 있었는데 위 소외인 등은 위 원고에 대하여 정상아로서의 분만 후 처치만을 한 채 03:56경 신생아실로 인계한 사실(신생아실에서는 기관삽관을 통하여 태변을 흡인해 내고 산소를 주입하다가 09:30경 기관을 제거하고 12:00경 산소주입을 중지하였으나 18:10경 위 원고의 입술부에 청색증이 나타나자 비로소 위 원고를 태변흡증명후군으로 판단하고 중환자실로 옮겨서 처치를 하였다)을 인정하였다.

원심은 위 인정 사실에 기초하여, 분만담당의사인 소외인은 태변착색과 더불어 태아감시장치 부착 후 곧 만기태아 심박동감소 소견이 나온 이상 산모에 대한 산소공급으로 일시적으로 태아심박동감소 상태가 호전되었다고 할지라도 지속적으로 태아심박동수 등을 주의 깊게 관찰하면서 만일의 사태에 대비하고 즉시 질식분만을 시행할 수 없다면 태아의 저산소증으로 인하여 발생이 우려되는 뇌손상 등 치명적인 위험을 피하기 위하여 제왕절개수술에 의한 분만을 시도하는 등으로 적극적인 대처를 하여야 함에도 태아의 상태를 정확히 확인하지 않은 채로 몇 시간 동안 만연히 질식분만을 시도하였고, 나아가 원고 5가 태변이 진하게 착색된 상태로 출생하였음에도 신속하고도 필요한 응급처치를 시행하지 아니하고 정상아로서 출생한 것처럼 그대로 신생아실에 인계한 과실이 있다고 판단하였다. 앞서 본 법리 및 기록에 비추어 살펴보면, 원심의 증거취사와 사실인정 및 판단은 정당한 것으로 수긍할 수 있고 거기에 상고이유로 주장하는 바와 같이 분만담당의사의 분만방법의 선택 및 분만 중 또는 분만 직후 처치에 있어서의 과실 여부에 관하여 경험칙과 채증법칙 위반으로 인한 사실오인 등의 위법이 없다.

4. 대판 1999. 3. 26, 98다45379·45386

(1) 피고의 상고이유에 대하여

가. 원심판결 이유에 의하면, 원심은 피고 병원 의사들이 1992. 12. 25. 망 안종수(이하 '망인'이라고 한다)의 손바닥 파열상에 대한 이 사건 수술을 시행하기 전에 필요한 검사를 모두 마쳐 망인이 아무런 이상소견을 보이지 아니하였고, 망인이 이 사건 수술을 받은 날로부터 4일째 되는 같은 달 29. 피고 병원 화장실에서 담배를 피우고 소변을 본 다음 출입문 쪽으로 걸어나오다가 갑자기 바닥에 쓰러져 사지마비 등에 빠지는

이 사건 사고를 당하였으며, 이 사건 사고는 소변을 볼 때의 배뇨성 현기증과 수술 전, 후 수일간 금연하였다가 다시 담배를 피울 때의 혈류 내 산소부족성 현기증 등이 경합된 허혈 현상에 기인하였다고 추인되고, 망인에게는 경추의 기왕증으로 입원치료를 받은 병력이 있으며, 망인이 평소 비교적 많은 양의 흡연을 하여 왔음이 인정되므로, 피고 병원은 그 의사나 간호사 등을 통하여 수시로 망인에게 망인과 같은 기왕증이 있을 경우 전신마취 상태에서 수술을 받은 후 흡연을 하면 치명적인 결과가 초래될 수 있다는 것을 경고하고 반드시 금연하도록 주의를 주는 한편 입원기간 동안 망인의 동태에 특별한 관심을 갖고 망인이 담배를 피우지 않도록 감독하여야 할 것임에도, 피고 병원은 몇 군데에 금연표지만 설치하고, 의사나 간호사를 통하여 상투적이고 의례적으로 금연에 관한 주의를 주었을 뿐이므로, 이 사건 사고는 피고 병원이 위와 같은 경고나 주의, 감독조치 등을 게을리 한 과실이 그 한 원인이 되었다고 판단한 끝에 망인의 사망으로 인한 손해의 배상을 구하는 원고들의 이 사건 본소 청구를 그 판시와 같은 비율에 의한 과실상계를 한 범위 내에서 인용하고, 아울러 원고들에 대하여 망인에 대한 치료비의 지급을 구하는 피고의 이 사건 반소 청구를 그 판시와 같은 피고측 과실비율의 범위 내에서 기각하고 있다.

나. 일반적으로 의료행위에는 통상 진단과 치료 외에 환자에 대한 요양지도도 포함되고, 이러한 요양지도는 환자의 질병, 연령, 성별, 성격, 교양의 정도 등에 응하여 진료의 각 단계에서 적절한 시기에 환자의 상황에 따라 구체적으로 이루어져야 할 것이다. 그런데 통상 입원환자들은 환자 자신을 위해서나 다른 환자들의 보호를 위해서도 금연이 요구되고, 특히 수술환자에 있어서는 그 필요가 더욱 크다고 할 수 있으므로, 입원환자나 수술환자들의 금연에 대한 지시 혹은 지도는 의료종사자들의 요양지도의 한 구체적 내용을 이룬다고 할 것이다. 그러나 의료종사자들에게 이처럼 금연에 대한 지시 혹은 지도의무가 인정된다고 하더라도 흡연 자체가 환자에게 금기시되는 것은 굳이 의학적 지식이라고 할 것까지 없이 상식적인 사항에 해당하므로, 환자의 질병과 나이 또는 상황 등에 비추어 달리 특별한 사정이 있다고 인정되지 않는 한, 이러한 금연에 대한 지시 혹은 지도는 금연의 필요성에 대한 의학적 설명 내지 강조와 구두에 의한 금연의 수시 확인 정도로도 충분하고, 나아가 환자의 동태 등을 살펴 금연 여부를 상시 확인·감독할 의무까지 있는 것은 아니라고 할 것이다.

그런데 원심이 판시한 바에 의하면, 망인이 경추에 기왕증이 있고 그로 인하여 입원치료를 받은 병력이 있는 상태에서 평소 많은 양의 흡연을 하여 왔으므로, 피고 병원의 의료종사자들은 망인에 대하여 망인의 기왕증과 관련된 흡연의 위험성을 경고하고 망인의 동태를 살피면서 망인이 흡연을 하지 않도록 감독하여야 할 주의의무가 있음에도 망인이 화장실로 가 담배를 피우는 것을 방치함으로써 이 사건 사고가 발행하게 되었다는 것이나, 원심이 인정한 바에 의하더라도 망인이 피고 병원에서 입원 치료를 받게 된 것은 손바닥 파열상에 대한 봉합수술 후의 요양을 위한 것으로서 망인의 기왕증이나 병력과는 질병의 성격이나 정도 등에서 별다른 상관관계가 인정되지 않는 것이라고 할 수 있고, 또한 기록에 의하면 이 사건 사고 당시 망인은 분별력에 별다른 장애가 없는 50세 가량의 성인 남자였음을 알 수 있으므로, 이러한 망인에게 위와 같은 기왕증과 병력이 있다고 하더라도 금연과 관련한 피고 병원 의료종사자들의 지시 혹은 지도의무가 일반적인 요양지도의 범위를 넘어 병실을 벗어난 화장실에서의 흡연 여부까지 상시 확인·감독할 의무에까지 미친다고 할 수 없고, 망인이 평소 많은 양의 흡연을 하여 왔다고 하여 이와 달리 볼 수가 없다고 할 것이다. 그리고 기록에 의하면, 피고 병원 의료종사자들은 망인에 대한 일반적인 요양지도로서의 금연에 관한 지시 내지 지도조치는 이를 이행하였다고 볼 수가 있으므로, 결국 피고 병원 의료종사자들에게 이 사건 사고의 발생과 관련하여 요양지도의 한 내용으로서의 금연에 관한 지시 및 지도의무를 게을리 한 과실이 있다고 하기 어렵다. 따라서 원심이 망인의 기왕증 및 병력과 망인의 흡연습관만을 들어 피고 병원 의료종사자들에게 일반적인 요양지도의 범위를 넘어 화장실에서의 흡연 여부에 대하여까지 상시 확인·감독할 주의의무가 있다고 판단한 조치는 결국 의료종사자의 주의의무에 관한 법리를 오해하여 판결 결과에 영향을 미친 위법을 저지른 것이라고 할 것이다. 상고이유 중 이 점을 지적하는 부분은 이유 있다.

(2) 원고들의 상고이유에 대하여

가. 과실책임에 관한 법리오해, 판단유탈의 점에 대하여

의사가 치료 등의 의료행위를 함에 있어서는 사람의 생명·신체·건강을 관리하는 업무의 성질에 비추어 구체적인 증상이나 상황에 따라 위험을 방지하기 위하여 요구되는 최선의 조치를 행하여야 할 주의의무가 있다고 할 것이나 이와 같은 주의의무는 의료행위를 할 당시 의료기관 등 임상의학분야에서 실천되고 있는 의료행위의 수준을 기준으로 판단하여야 하고, 의사가 행한 의료행위가 그 당시의 의료수준에 비추어 최선을 다한 것으로 인정되는 경우에는 의사에게 환자를 진료함에 있어서 요구되는 주의의무를 위반한 과실이 있다고 할 수 없다(대법원 1994. 4. 26. 선고 93다59304 판결 참조). 특히 의사의 질병 진단의 결과에 과실이 없다고 인정되는 이상 그 요법으로서 어떠한 조치를 취하여야 할 것인가는 의사 스스로 환자의 상황 기타 이에 터잡은 자기의 전문적 지식·경험에 따라 결정하여야 할 것이고 생각할 수 있는 몇 가지의 조치가 의사로서 취할 조치로서 합리적인 것인 한 그 어떤 것을 선택할 것이냐는 당해 의사의 재량의 범위 내에 속하고 반드시 그 중 어느 하나만이 정당하고 이와 다른 조치를 취한 것은 모두 과실이 있는 것이라고 할 수 없다(대법원 1984. 6. 12. 선고 82도3199 판결 등 참조). 원심판결 이유를 위와 같은 법리와 기록에 비추어 살펴보면, 피고 병원 의사들이 이 사건 수술 당시 망인에 대하여 전신마취를 한 것 자체가 의료상의 과실에 해당하고 그 외 이 사건 수술 및 마취 과정에서 피고 병원 의사나 간호사 등의 과실이 개입되었다는 원고들의 주장을 배척한 원심의 조치는 정당한 것으로 수긍이 가고, 거기에 과실책임에 관한 법리를 오해하여 판결 결과에 영향을 미친 위법이 있다고 할 수 없다. 원심이 이 사건 수술 및 마취 과정에서 피고 병원 의사나 간호사 등의 과실이 개입되었다는 원고들의 주장을 배척한 것에는, 이 사건 수술 당시 원고들의 동의를 얻지 아니한 채 망인에 대하여 전신마취를 한 것이 이

사건 수술에 있어서의 과실에 해당한다는 취지의 원고들의 주장을 배척한 취지도 포함되어 있는 것이라고 할 것이므로, 거기에 상고이유에서 드는 바와 같은 판단유탈의 위법이 있다고 할 수도 없다. 이 부분 상고이유 역시 어느 것이나 받아들일 수 없다.

나. 채증법칙 위배 및 심리미진의 점에 대하여

원심판결 이유를 기록에 비추어 살펴보면, 피고 병원 의사들이 망인의 손바닥 파열상에 대한 이 사건 수술을 시행하기 전에 필요한 검사를 모두 마쳐 망인이 아무런 이상소견을 보이지 아니하였고, 망인이 이 사건 수술을 받은 날로부터 4일째 되는 1992. 12. 29. 피고 병원 화장실에서 담배를 피우고 소변을 본 다음 출입문 쪽으로 걸어 나오다가 바닥으로 쓰러져 사지마비 등에 빠지는 이 사건 사고를 당하였으며, 이 사건 사고는 망인이 소변을 볼 때의 배뇨성 현기증과 담배를 피울 때의 혈류 내 산소부족성 현기증 등이 경합된 허혈 현상에 기인한 것으로 추인되고, 피고 병원이 망인의 유족들인 원고들에 대하여 이 사건 수술 당시부터 망인이 1994. 8. 28. 사망할 때까지의 치료비를 면제하여 주었다고 인정할 증거가 없다고 본 원심의 조치는 수긍이 가고, 거기에 채증법칙을 위배하거나 필요한 심리를 다하지 아니하여 판결 결과에 영향을 미친 위법이 있다고 할 수 없다. 기록에 의하면, 원심이 채용하고 있는 을 제5호증상 일반적으로 담배를 피울 때의 혈류 내 산소부족성 현기증이 허혈현상의 한 원인이 될 수 있다고 되어 있으므로(기록 325면), 흡연으로 인한 현기증이 이 사건 사고의 한 원인이 된다고 본 원심의 조치가 이러한 자료에 기한 것인 이상, 망인의 금연 여부에 관한 원심의 사실인정이 증거 없이 이루어진 것이라고 하더라도 이러한 잘못은 판결 결과에 영향이 없다. 이 부분 상고이유는 받아들일 수 없다.

다. 과실상계에 관한 법리오해와 개호비 손해에 관한 채증법칙 위배의 점에 대하여 이 사건 사고에 관하여 피고측에 의료상의 과실이 인정되지 아니하는 이상, 그에 기한 손해배상책임의 존재를 전제로 하는 과실상계에 관한 법리오해와 개호비 손해에 관한 채증법칙 위배의 상고이유는 받아들여질 여지가 없다. 이 부분 상고이유도 받아들이지 아니한다.

3. 그러므로 피고의 나머지 상고이유에 대한 판단을 생략한 채 원심판결 중 피고 패소 부분을 파기하고, 이 부분 사건을 다시 심리·판단케하기 위하여 원심법원에 환송하며, 원고들의 상고는 모두 기각하고, 상고기각 부분에 대한 상고비용은 상고인인 원고들의 부담으로 하기로 관여 법관의 의견이 일치되어 주문과 같이 판결한다.

Ⅲ. 과실 있는 행위와 손해 사이의 인과관계 증명책임

의료사고에서 의료인의 과실 있는 행위와 손해 사이의 인과관계는 피해자인 원고가 증명하여야 한다. 그런데 의료사고에서 의료행위의 특성상 피해자(보통 전문가가 아니다)가 의료인의 의료행위상의 과실과 손해 사이의 인과관계를 엄밀히 증명한다는 것은 쉽지 않다. 그러므로 의료사고에 있어서 의료과오와 손해 사이의 증명을 일반불법행위와 마찬가지로 피해자인 환자측에게 증명을 엄격하게 요구한다면 손해배상을 받는 것이 사실상 불가능할 것이다. 그렇다고 하여 증명책임을 모두 의료인 측에 전환시키는 것도 온당하지 않다. 그렇게 되면 자칫 의료인의 치료가 소극적이 되어 오히려 환자에게 부리한 측면도 있을 수 있기 때문이다. 의료인측과 환자측 상호간의 합리적인 방안으로서 증명책임의 원칙을 유지하되 다소 완화하는 방법을 모색하는 것이다. 즉 피해자인 환자측에서 의료행위 이전에 그러한 결과의 원인이 될 만한 건강상의 결함이 없었다는 사정을 증명한 경우에는 의료행위를 한 의료인측이 손해결과가 의료행위로 인한 것이 아니라는 것을 증명하지 않는 한 의료상의 과실과 손해결과 사이의 인과관계는 '추정'되는 것으로 하고 있다(통설). 판례도 같은 입장이다.[418]

[관련판례]

1. 대판 2000. 9. 8, 99다48245

(1) 원심 인정의 기초사실

1) 피고 1은 경기 이천군 부발읍 아미리에서 축구장 등 각종 운동시설과 숙박시설을 설치하고 일반인들에게 이를 유료로 대여하는 관광농원의 소유자 겸 경영자이고, 피고 2는 소재 병원의 운영자, 피고 3은 위 병원에서 피고 3에게 고용된 외과의사이며, 소외 망 이윤길은 위 관광농원에서 체육시설을 사용하던 중 복부에 상해를 입고 위 병원에서 피고 3으로부터 치료를 받다가 다른 병원으로 이송 중 사망한 자이고, 원고 하금숙은 망인의 처, 원고 이중현, 이창현은 망인의 자, 원고 이웅호, 윤명희는 망인의 부모이다.

2) 소외 망인은 1995. 12. 11. 자신이 과장으로 근무하던 소외 현대전자산업 주식회사의 정보기기 마케팅부에서 위 관광농원의 숙박 및 운동 시설을 1박 2일 일정으로 빌려 개최하는 단합대회에 참가하여 같은 날 15:00경 동료 직원들과 어울려 위 농장의 족구장에서 족구를 한 다음 족구장에서 약 13m 정도 떨어진 축구장으로 이동하면서 축구장에 설치된 축구골대 뒷쪽에서 축구골대를 향하여 뛰어가면서 점프를 하여 축구골대의 전면 상단 가로대 부분을 손으로 잡다가 그 충격으로 앞으로 넘어지는 축구골대와 함께 지면으로 떨어지면서 축구골대의 전면 가로대 부분이 망인의 상복부를 충격하여

418) **대판** 2000. 9. 8, 99다48245 ; **대판** 2003. 1. 24, 2002다3822.

복강내출혈상 등을 입었다.

3) 위 축구골대는 사다리꼴 형태로 철제파이프로 제작되었고 지면에 고착시키는 장치가 없는 이동식으로 된 것으로서 전면 상단 가로대의 길이는 5m, 높이는 2.5m, 직경은 11.5cm이며, 전면 하단 가로대 및 후면 상단 가로대는 없었고, 그물망은 설치되어 있지 아니하였으며, 축구골대가 지면에 서 있을 수 있도록 지탱하는 밑변인 골대 전면부와 후면 하단 가로대 사이의 길이는 1.13m로서, 위 축구골대를 지면에 고착시키는 아무런 장치가 없는 경우 성인남자가 손으로만 밀어도 골대가 흔들려 넘어질 우려가 있는 불안정한 상태였는데 위 사고 당시 위 축구골대에는 아무런 고착장치가 설치되어 있지 아니하였다.

4) 위 사고 직후 동료 직원인 소외 지영회 등은 망인을 위 병원으로 후송하여 같은 날 15:25경 위 병원 응급실에 도착하여 위 병원 외과의사인 피고 3으로부터 치료를 받게 되었는데, 위 피고는 위 지영회 등으로부터 사고 경위를 듣고 망인의 상해부위를 촉진하는 등 진찰을 하고, 수액정맥주사를 하는 한편 흉부, 복부 엑스선 촬영을 지시하였는데 그 당시 망인의 의식은 정상적이었고, 복부통증을 호소하고 복부에 좌상이 있었으며, 혈압은 130-90으로 활력징후는 정상적이었다.

5) 피고 3은 위 엑스선촬영 결과 통상 장파열이 일어날 경우 장 안의 가스가 장 밖으로 나와 생기는 유리가스가 망인의 횡경막하 복강 내에 있는 소견이 나오자 지영회에게 망인이 장파열된 것 같아 수술을 해야 하니 보호자에게 연락을 취해 달라고 요청하고 간호사에게 수술준비를 하도록 지시하는 한편, 다른 장기의 동반 손상 여부 등 보다 자세한 상태를 확인하기 위해 같은 날 16:00경 복부 컴퓨터단층촬영을 실시하였으며, 위 촬영시 망인이 장파열 상태이므로 경구조영제가 아닌 혈관조영제를 사용하여 촬영하였다.

6) 같은 날 16:30경에 결과가 나온 복부 컴퓨터단층촬영 소견상 망인은 복강 내 공기와 소량의 복수가 있고, 비장에 가느다란 검은 선이 보여 비장손상의 가능성이 있으며, 복수 가운데 군데군데 고밀도 음영이 보여 복강내출혈 가능성이 있고, 장간막내에 혈종으로 생각되는 7×7×3cm 크기의 연부조직음영이 관찰되어, 외상에 의한 소장파열 및 장간막내 혈종의 가능성, 비장 손상의 가능성이 있는 상태였고, 피고 3도 위 촬영결과를 보고 비장손상 등을 의심하였다.

7) 한편, 지영회는 위 병원에 도착한 후 군포시 산본동에 있는 망인의 집으로 전화하여 망인의 처인 원고 하금숙에게 망인이 사고를 당하여 위 병원 응급실에 있는데 지금 엑스선 촬영중이고 촬영이 끝나면 다시 연락하겠다고 하면서 처음 통화를 한 후 피고 3으로부터 위와 같은 엑스선 촬영결과를 듣고 위 원고에게 전화하여 망인이 장파열로 수술을 해야 할 상태라고 이야기하자, 위 원고는 집과 가까운 병원에서 치료를 받을 수 있는지 여부를 알아봐 달라고 부탁하였다. 지영회가 피고 3에게 위와 같은 위 원고의 뜻을 전하자 피고 3은 보호자가 원한다면 다른 병원으로 옮겨도 좋다고 하였다.

8) 이에 원고 하금숙은 장파열 수술이 가능한 병원을 수소문하여 수원시 권선구 세류 3동

1079의 3에 있는 한마음외과의원에서 망인에 대한 수술을 받기로 하고 지영회와 통화시 한마음외과의원으로 이송하였으면 한다고 이야기하였고, 지영회는 피고 3에게 망인의 처가 수원시 소재 한마음외과의원으로의 이송을 원한다고 하자 위 피고는 위와 같이 컴퓨터단층촬영 결과 망인의 비장손상 의심이 있음에도 위 병원으로부터 자동차로 1시간 정도 걸리는 거리에 있는 한마음외과의원으로 이송하여도 이송 도중 망인의 상태가 크게 악화되지는 않을 것이라고 만연히 생각하고 전원을 하도록 하라고 하였다.

9) 피고 3은 망인에게 하트만 링거액(수액) 외에 혈액 1파인트(pint) 수혈지시를 하는 한편, 전원소견서에 혈압 130-70, 헤모글로빈(15.7), 혈색소(45.6) 정상, 흉부 엑스선상 유리공기가 보이며, 복부단층촬영에서 비장파열이 의심된다고 하면서 응급수술 예정이었으나 연고지 관계상 전원한다는 내용을 기재하여 위 병원의 구급차로 망인을 한마음외과의원으로 이송하게 하였다.

10) 망인은 위 병원 응급실에 도착할 때부터 이송할 무렵까지 의사소통이 가능할 정도로 의식이 있었는데, 피고 3은 망인의 전원을 결정함에 있어서 망인이나 망인의 처인 위 원고에게 직접 그 당시 망인이 시급히 수술을 받아야 하는 응급상태에 있었음에 대하여 설명을 한 바는 없었으며, 망인은 한마음외과의원으로 전원된다는 것을 알고 위 병원 간호조무사인 소외 연상미에게 통증을 호소하면서 여기서 수술을 받게 하지 어디로 데려가는 것이냐고 말하는 등 불만을 표시하였다.

11) 망인을 태운 구급차에는 망인 이외에 구급차의 운전기사와 지영회만이 승차한 후 같은 날 17:00경 위 병원을 출발하였는데 후송 도중인 18:00경 신갈인터체인지 부근에서 망인이 불편을 호소하는 등 의식이 있었으나 같은 날 18:10경 한마음외과의원에 도착하여 확인한 때에는 이미 사망한 상태였으며, 사후 부검을 실시하지 아니하였고, 망인의 사인은 장파열 및 복강내출혈 등으로 인한 허혈성 쇼크로 추정되었다.

12) 비장은 흉복과 복벽에 의해 보호받는 좌상복부 심부에 위치하고 있음에도 불구하고 손상을 받는 일이 많으며, 혈관이 많고 아주 취약한 기관인데, 손상되면 복강 내에 대출혈을 일으키는 수가 보통이며 이는 비교적 경한 손상인 경우에도 올 수 있고, 조기진단과 적절한 치료를 하지 않으면 생명을 잃는 수가 많으므로 극히 조심해야 되는 것으로 알려져 있다. 비장파열이 확진되거나 의심될 때에는 대개 응급 개복술을 실시하여야 하고, 수술준비를 하는 동안 혈액량감퇴증을 교정하고 적절한 검사를 시행한 후 즉시 개복하는데, 세밀한 검사 때문에 수술개시가 지연되는 일이 없도록 주의하여야 한다. 한편 위 엑스선 검사소견상 나타난 장파열의 경우에도 장파열 자체만으로는 즉시 사망하는 경우는 드물지만 심폐기능의 안정을 취하고 수액과 혈액을 공급하면서 적절한 수술준비를 하여 가능한 한 즉시 수술을 하여야 한다. 또한 위와 같은 장파열 또는 비장손상의 의심이 있어 응급환자로 분류되는 망인과 같은 경우에는 전원 도중 허혈성쇼크 및 심폐기능장애 등이 예상되므로 수액공급과 심폐기능을 유지받으면서 전원하는 것이 바람직하다.

13) 비장 단독손상시의 수술사망률은 1% 이하이며, 타장기의 치명적 손상시에만 사망률은

10~25%로 높아지고, 위와 같은 수술은 경험 있는 집도의 1인과 보조사 1인이 전신마취하에 실시할 수 있는 수술이다.

(2) 피고 1의 상고이유 제1점에 대하여
축구골대의 전면 가로대 부분이 망인의 상복부를 충격하여 복강내출혈상 등을 입게 되었다는 원심의 사실인정은 기록에 비추어 수긍할 수 있고(기록에 의하면 망인은 축구골대를 손으로 잡고 발로 허공을 차며 자신의 배 부분을 골대 상단부로 향하여 구르기까지 하다가 축구골대가 넘어지면서 망인의 상복부를 충격한 것으로 보인다), 거기에 사실오인이나 심리미진의 위법이 있다고 할 수 없다. 이에 관한 상고이유의 주장은 받아들일 수 없다.

(3) 피고 1의 상고이유 제2점에 대하여
사고로 인하여 상해를 입은 피해자가 치료를 받던 중 치료를 하던 의사의 과실 등으로 인한 의료사고로 증상이 악화되거나 새로운 증상이 생겨 손해가 확대된 경우에는, 의사에게 중대한 과실이 있다는 등의 특별한 사정이 없는 한 확대된 손해와 최초의 사고 사이에도 상당인과관계가 있다고 할 것이고(대법원 1997. 8. 29. 선고 96다46903 판결, 1998. 11. 24. 선고 98다32045 판결 등 참조), 위와 같은 특별한 사정의 존재에 관한 증명책임은 최초의 사고를 야기한 자에게 있다고 할 것이다. 아래에서 보는 바와 같이 피고 3의 과실은 인정되지만, 그에게 중대한 과실이 있음을 인정할 증거는 없는 이 사건에 있어, 원심이 최초의 사고와 망인의 사망 사이의 인과관계를 인정한 것은 정당하고, 거기에 상고이유로 주장하는 바와 같은 이유모순, 심리미진, 증명책임의 전도, 인과관계의 법리오해 등의 위법이 있다고 할 수 없다.
이에 관한 상고이유의 주장도 받아들일 수 없다.

(4) 피고 3, 2
원심판결 이유에 의하면 원심은, 망인은 장파열, 복강내출혈로 보였고 비장 손상의 가능성이 있었으며 이러한 경우 위급한 상황이므로 피고 3으로서는 그 당시 의식이 있었던 망인이나 병원에 동행한 동료인 지영회 또는 전화통화가 가능하였던 망인의 처인 원고 하금숙에게 망인의 상태가 조기에 수술을 하지 아니하면 생명이 위험한 상황이 될 수도 있음을 충분히 설명하여 그 동의를 얻어 즉시 응급개복술을 시행하고 수술개시가 지연되어 생명에 위험을 초래하는 일이 없도록 하여야 함에도 위와 같은 상황임을 충분히 설명하지 아니하여 이러한 사정을 알지 못한 위 원고가 집근처에서 수술받기를 희망하였다는 이유만으로 만연히 위 사고를 당한 지 2시간이 지난 같은 날 17:00경 망인을 위 파티마병원으로부터 자동차로 1시간 정도 거리에 있는 수원시 소재 의원으로 전원하도록 한 과실이 있다고 판단하였는바, 원심의 이와 같은 사실인정과 판단은 기록에 비추어 수긍할 수 있고 거기에 사실오인이나 이유불비, 의사의 설명의무 내지 설득의무에 관한 법리오해 등의 위법이 있다고 할 수 없다.이에 관한 상고이유의 주장도 받아들일 수 없다.

(5) 피고 3, 2의 상고이유 제2점에 대하여
원래 의료행위에 있어서 주의의무 위반으로 인한 불법행위 또는 채무불이행으로 인한 책임이 있다고 하기 위하여는 의료행위상의 주의의무의 위반과 손해의 발생과의 사이의 인과관계의 존재가 전제되어야 하나, 의료행위가 고도의 전문적 지식을 필요로 하는 분야이고, 그 의료의 과정은 대개의 경우 환자 본인이 그 일부를 알 수 있는 외에 의사만이 알 수 있을 뿐이며, 치료의 결과를 달성하기 위한 의료 기법은 의사의 재량에 달려 있기 때문에 손해 발생의 직접적인 원인이 의료상의 과실로 말미암은 것인지 여부는 전문가인 의사가 아닌 보통인으로서는 도저히 밝혀낼 수 없는 특수성이 있어서 환자측이 의사의 의료행위상의 주의의무 위반과 손해의 발생과 사이의 인과관계를 의학적으로 완벽하게 증명한다는 것은 극히 어려우므로, 환자가 치료 도중에 사망한 경우에 있어서는 피해자측에서 일련의 의료행위 과정에 있어서 저질러진 일반인의 상식에 바탕을 둔 의료상의 과실 있는 행위를 증명하고 그 결과와 사이에 일련의 의료행위 외에 다른 원인이 개재될 수 없다는 점, 이를테면 환자에게 의료행위 이전에 그러한 결과의 원인이 될 만한 건강상의 결함이 없었다는 사정을 증명한 경우에 있어서는, 의료행위를 한 측이 그 결과가 의료상의 과실로 말미암은 것이 아니라 전혀 다른 원인으로 말미암은 것이라는 증명을 하지 아니하는 이상 의료상 과실과 결과 사이의 인과관계를 추정하여 손해배상책임을 지울 수 있도록 증명책임을 완화하는 것이 손해의 공평·타당한 부담을 그 지도원리로 하는 손해배상제도의 이상에 맞는다고 하지 않을 수 없다(대법원 2000. 1. 21. 선고 98다50586 판결 등 참조). 원심판결 이유에 의하면 원심은, 망인에 대한 수술은 경험 있는 집도의 1인과 보조사 1인이 전신마취하에 실시할 수 있는 수술로서 그 준비가 크게 필요한 수술이 아닌 점, 비장 단독손상시 수술사망률이 낮고, 망인의 엑스선검사 결과가 나온 16:00경 수술준비를 지시하였고, 망인의 사망시각은 같은 날 18:00경에서 18:10경 사이인 점 등에 비추어 장파열 및 복강내출혈로 인한 허혈성 쇼크로 사망한 것으로 추정되는 이 사건에 있어서 다른 사망원인이나 위 피고가 즉시 개복수술을 시행하였어도 사망하였을 것이라는 점에 대한 증명이 없는 이상 위 피고가 즉시 수술을 실시하지 아니한 채 만연히 위와 같이 망인을 다른 병원으로 이송하도록 한 과실로 수술이 지연되어 망인이 사망하였다고 추정함이 상당하다고 판단하였는바, 이는 위와 같은 의료소송에 있어서의 인과 관계에 관한 법리에 부합하는 것으로서 정당하고, 거기에 인과관계의 증명책임을 전도한 위법이 있다고 할 수 없다.

이에 관한 상고이유의 주장도 받아들일 수 없다.

(6) 원고들의 상고이유 제1점에 대하여

피고 3이 망인의 비장 손상의 가능성을 의심하기는 하였다는 원심의 사실인정은 기록에 비추어 수긍할 수 있고 피고 3이 비장 손상의 가능성을 완전히 간과한 것으로는 보이지 아니하며 원심판결에 채증법칙 위배로 인한 사실오인 등의 위법이 있다고 할 수 없다.

이에 관한 상고이유의 주장도 받아들일 수 없다.

(7) 원고들의 상고이유 제3점에 대하여

망인이 한마음외과의원으로 전원된다는 것을 알고 위 병원 간호조무사인 소외 연상미에게 통증을 호소하면서 여기서 수술을 받게 하지 어디로 데려가는 것이냐고 말하는 등 불만을 표시하였음은 원심이 판시한 바와 같은바, 망인의 위와 같은 발언은 이미 결정된 이송방침에 따르면서 내심의 불만스러움을 표시한 것에 불과하고 이송을 거부하면서 위 병원에서 수술할 것을 요구한 것이라고는 보기 어려우며 피고 3이 망인의 수술요구를 거부하여 의료법상의 진료거부를 하였다고 보기 어렵다. 원심은 피고 3이 소극적으로 진료거부를 하였다는 원고들의 주장을 배척한 취지로 볼 수 있고 거기에 판결의 결과에 영향을 미친 심리미진 또는 이유불비의 위법이 있다고 할 수 없다. 이에 관한 상고이유의 주장도 받아들일 수 없다.

(8) 원고들의 상고이유 제5점에 대하여
공동불법행위 책임은 가해자 각 개인의 행위에 대하여 개별적으로 그로 인한 손해를 구하는 것이 아니라 그 가해자들이 공동으로 가한 불법행위에 대하여 그 책임을 추궁하는 것으로, 법원이 피해자의 과실을 들어 과실상계를 함에 있어서는 피해자의 공동불법행위자 각인에 대한 과실비율이 서로 다르더라도 피해자의 과실을 공동불법행위자 각인에 대한 과실로 개별적으로 평가할 것이 아니고 그들 전원에 대한 과실로 전체적으로 평가하여야 한다(대법원 1997. 4. 11. 선고 97다3118 판결, 1998. 6. 12. 선고 96다55631 판결, 1998. 10. 20. 선고 98다31691 판결 등 참조). 비록 망인의 사망에 대한 피고 1의 과실과 피고 3의 과실이 동일하지 않더라도 원심이 위와 같은 법리에 따라 원고측의 과실을 피고들 전원의 과실과 전체적으로 평가한 것은 정당하고 거기에 공동불법행위에 있어서의 과실상계의 법리를 오해한 위법이 있다고 할 수 없다.이에 관한 상고이유의 주장도 받아들일 수 없다.

(9) 피고 1의 상고이유 제3점과 원고들의 상고이유 제2, 4, 6점에 대하여
불법행위로 인한 손해배상 청구사건에서 과실상계 사유에 관한 사실인정이나 그 비율을 정하는 것은 그것이 형평의 원칙에 비추어 현저히 불합리하다고 인정되지 않는 한 사실심의 전권에 속하는 사항이다(대법원 2000. 1. 21. 선고 98다50586 판결 등 참조). 원심은 이 사건 변론에 나타난 여러 사정을 참작하여 피고들의 손해배상책임을 40%로 제한하였는바, 기록에 비추어 살펴보면(원심이 설시한 쌍방의 잘못 이외에도, 망인은 축구골대를 손으로 잡고 발로 허공을 차며 자신의 배 부분을 골대 상단부로 향하여 구르기까지 하여 적극적으로 위험을 초래한 잘못이 있는 반면에, 피고 3은 망인에게 의식이 있는데도 망인의 의향은 물어보지도 않고 이송한 잘못과 이송중의 망인에 대한 배려를 소홀히 한 잘못이 있는 것으로 보여진다) 원심의 위와 같은 판단은 정당한 것으로 수긍이 가고, 책임제한 비율을 현저히 과다하게 정하거나 현저히 과소하게 정한 위법이 있다고 할 수 없다.
이 점에 관한 쌍방의 상고이유의 주장은 모두 받아들일 수 없다.

2. 대판 2003. 1. 24, 2002다3822

(1) 원심판결 이유에 의하면, 원심은 그 판시와 같은 사실을 인정한 다음, 이에 기초하여 다음과 같이 판단하였다.

가. 원고 2에 대한 피고의 산전진찰 및 분만과정 등을 종합하여 보면, 비록 견갑난산을 분만 전에 정확하게 진단하는 것이 불가능하고, 견갑난산이 발생할 위험요인으로 여러 가지가 있어 그것들이 다인적 요인으로 영향을 주며 단일 요인에 의하여 견갑난산이 발생한다고 판단할 수는 없다 할지라도, 임산부가 경산부이거나 임산부에게 당뇨가 있는 경우에 거대아를 임신할 가능성이 높고, 특히 당뇨가 있는 임산부의 경우에는 불균형하게 복부와 어깨가 큰 거대아를 임신할 가능성이 높아 견갑난산이 발생할 가능성이 일반적인 경우보다 높으므로, 산부인과 전문의인 피고로서는 일단 위 원고에게 당뇨의 증상이 있으면 그에 따른 견갑난산의 발생가능성을 예측하여 질식분만이 아닌 제왕절개술에 의한 분만도 고려하였어야 할 것인데, 1993. 12. 3. 실시한 산전진찰에서 위 원고에게 요당에 약양성의 반응이 있었으며 실제로 출산 후 당뇨증세가 있었으므로, 피고는 산전에 위 원고에게 당뇨증세가 있는지 여부를 확진하기 위하여 기왕력이나 가족력을 조사하고 임신성 당뇨검사를 실시하였어야 함에도 이를 게을리 한 과실이 있다. 또한, 산전진찰 과정에서 별다른 이상이 발견되지 않고 있던 원고 1에게 이 사건 분만 직후에 나타난 상완신경총 마비증세는 분만 도중 견갑난산에 처하자 피고가 위 원고의 어깨를 만출시키는 과정에서 미숙한 솜씨로 무리하게 견인함으로써 발생하였다고밖에 볼 수 없고, 따라서 위 원고의 그 증세가 산전진찰상의 과실 및 분만시술상의 과실로 인한 것이 아니라 전혀 다른 원인으로 말미암은 것이라는 점을 증명하지 못하는 이상, 피고는 불법행위로 인한 손해배상의 책임이 있다.

나. 원심은 또, 1993. 12. 3. 원고 2를 진찰할 당시 소변검사에서 당이 약양성으로 나왔으나, 이는 호르몬의 변화에 따른 것일 수도 있어 반드시 그 결과만으로 임신성 당뇨로 볼 수 없을 뿐만 아니라, 그 당시 미국에서 임신성 당뇨검사는 일정한 요건에 해당하는 경우 선별적으로 추천되고 있었을 뿐, 우리나라에서는 이에 관한 지침도 없고 의료보험의 대상도 아니었으므로, 임신성 당뇨검사를 하지 않은 데 과실이 없다는 피고의 주장에 대하여, 소변검사에서 당이 약양성으로 나오는 경우 임신성 당뇨의 가능성을 전적으로 배제할 수 없다면, 산부인과 전문의인 피고로서는 비록 임신성 당뇨검사에 대한 지침이 없고 의료보험 대상이 아니더라도, 당연히 같은 원고에게 당뇨검사의 실시를 권고하고 이를 시행하였어야 한다고 봄이 상당하다고 판단하여 이를 배척하였다.

(2) 의사가 진찰·치료 등의 의료행위를 하는 경우 사람의 생명·신체·건강을 관리하는 업무의 성질에 비추어 환자의 구체적인 증상이나 상황에 따라 위험을 방지하기 위하여 요구되는 최선의 조치를 행하여야 할 주의의무가 있고, 의사의 이와 같은 주의의무는 의료행위를 할 당시 의료기관 등 임상의학 분야에서 실천되고 있는 의료행위의 수준을 기준으로 판단하여야 하며, 특히 진단은 문진·시진·촉진·청진 및 각종 임상검사 등의 결과에 터 잡아 질병 여부를 감별하고 그 종류, 성질 및 진행 정도 등을 밝혀내는 임상의학의 출발점으로서 이에 따라 치료법이 선택되는 중요한 의료행위이므로, 진단상의 과실 유무를 판단하는 데에는 비록 완전무결한 임상진단의 실시는 불가능할지라도, 적어도

임상의학 분야에서 실천되고 있는 진단 수준의 범위 안에서 해당 의사가 전문직업인으로서 요구되는 의료상의 윤리와 의학지식 및 경험에 터 잡아 신중히 환자를 진찰하고 정확히 진단함으로써 위험한 결과 발생을 예견하고 그 결과 발생을 회피하는 데에 필요한 최선의 주의의무를 다하였는지 여부를 따져 보아야 한다(대법원 1998. 2. 27. 선고 97다38442 판결 등 참조). 또 인간의 생명과 건강을 담당하는 의사에게는 그 업무의 성질에 비추어 위험 방지를 위하여 필요한 최선의 주의의무가 요구되고, 따라서 의사로서는 환자의 상태에 충분히 주의하고 진료 당시의 의학적 지식에 입각하여 그 치료방법의 효과와 부작용 등 모든 사정을 고려하여 최선의 주의를 기울여 치료를 실시하여야 하며, 이러한 주의의무의 기준은 진료 당시의 이른바 임상의학의 실천에 의한 의료수준에 의하여 결정되어야 하나, 그 의료수준은 규범적으로 요구되는 수준으로 파악되어야 하고, 해당 의사나 의료기관의 구체적 상황을 고려할 것은 아니다(대법원 2000. 1. 21. 선고 98다50586 판결 등 참조). 그리고 원래 의료행위에 관하여 주의의무 위반으로 인한 불법행위 또는 채무불이행으로 인한 책임이 있다고 하기 위하여는 의료행위상 주의의무의 위반, 손해의 발생 및 주의의무 위반과 손해 발생 사이의 인과관계의 존재가 전제되어야 함은 물론이나, 의료행위가 고도의 전문적 지식을 필요로 하는 분야이고 그 의료의 과정은 대개의 경우 환자 본인이 그 일부를 알 수 있는 외에 의사만이 알 수 있을 뿐이며, 치료의 결과를 달성하기 위한 의료기법은 의사의 재량에 달려 있기 때문에, 손해 발생의 직접적인 원인이 의료상의 과실로 말미암은 것인지 여부는 전문가인 의사가 아닌 보통인으로서는 도저히 밝혀낼 수 없는 특수성이 있어서 환자측이 의사의 의료행위상 주의의무 위반과 손해 발생 사이의 인과관계를 의학적으로 완벽하게 증명한다는 것은 극히 어려운 일이므로, 의료사고가 발생한 경우 피해자 측에서 일련의 의료행위 과정에서 저질러진 일반인의 상식에 바탕을 둔 의료상의 과실이 있는 행위를 증명하고 그 결과와 사이에 일련의 의료행위 외에 다른 원인이 개재될 수 없다는 점, 이를테면 환자에게 의료행위 이전에 그러한 결과의 원인이 될 만한 건강상의 결함이 없었다는 사정을 증명한 경우에는, 의료행위를 한 측이 그 결과가 의료상의 과실로 말미암은 것이 아니라 전혀 다른 원인으로 말미암은 것이라는 증명을 하지 아니하는 이상, 의료상 과실과 결과 사이의 인과관계를 추정하여 손해배상책임을 지울 수 있도록 증명책임을 완화하는 것이 손해의 공평·타당한 부담을 그 지도원리로 하는 손해배상제도의 이상에 맞는다(대법원 1999. 6. 11. 선고 99다3709 판결, 2000. 9. 8. 선고 99다48245 판 결 등 참조).

(3) 그런데 원심이 인정한 사실과 기록(원심의 대한의사협회에 대한 사실조회결과 등)에 비추어 보면, 원고 2에 대해 피고가 임신 초기인 1993. 12. 3.(임신 12+4주) 실시한 소변검사결과 요당치가 약양성(+/-)의 반응을 나타내었는바, 이는 양성과 음성의 중간 정도로서 비록 그 자체가 곧바로 임신성 당뇨 상태임을 의미하는 것은 아니라 하더라도, 이러한 결과가 의학상 완전히 무시되어도 좋은 검사치는 아니고, 피고의 주장과 같이 호르몬의 변화에 따른 것일 수도 있지만, 임신성 당뇨의 가능성 또는 적어도 그 후 임신 주수가 증가함에 따라 임신성 당뇨로 진행될 가능성까지 배제할 수는 없을 것이므로 피고로서는 그와 같은 임신성 당뇨와의 관련성까지도 감안하여 그 소변검사결과를 토대로 같은

원고의 기왕력이나 가족력을 조사하여 그 요당치가 임신과 관련된 것일 가능성이 있는지부터 확인한 다음, 나아가 그 때에 임신성 당뇨의 선별검사 또는 진단적 검사(모두 혈중 당수치를 검사하는 것들임)를 실시하든가 아니면 적어도 임신 주수의 증가에 따른 임신성 당뇨로의 진행 여부를 확인하기 위하여 임신 주수가 24 내지 28주쯤의 중기에 이르렀을 무렵에라도 임신성 당뇨의 선별검사 또는 진단적 검사를 실시하는 등 필요한 조치를 취하였어야 할 것임에도 불구하고, 이러한 조치를 취하지 아니하였음을 알 수 있다. 더구나 당뇨 증세가 있는 경산부인 경우에는 거대아가 되어 견갑난산이 발생할 가능성이 높고, 질식분만 중 견갑난산이 발생하는 경우에는 그 분만 과정에서 상완신경총 마비의 후유증을 완전히 예방할 방법이 없어 그 후유증이 발생할 확률이 16.8%나 되며, 그와 같은 상완신경총 마비 증세가 올 경우 영구적인 후유장해가 발생하는 등 중대한 결과를 일으키는 반면에, 거대아인지 여부 등을 진단하기 위하여 일반적으로 실시되는 초음파검사방법이 피고의 주장과 같이 65% 정도의 비교적 낮은 정확도를 보이고, 특히 임산부가 비만한 경우나 태아가 거대아인 경우 그 정확도가 더욱 떨어지며, 4.5kg 이상의 태아에서 양성 예측률이 33%에 불과한 점 등 한계를 지니고 있다면, 피고로서는 더욱더 그 소변검사결과가 호르몬의 변화에 따른 것이거나 그 자체를 임신성 당뇨로 볼 수 없다는 등의 이유로 가볍게 보아 넘겨서는 아니 되었을 것이고, 여기에 당뇨 증세가 있는 경산부인 경우에는 거대아를 임신할 가능성이 높은데다가, 당시 원고 2가 피고로부터 초음파검사에 따르면 임신한 태아가 크다는 말을 듣고, 전에 맏딸인 원고 3을 출산할 당시 난산한 경험이 있고 임신한 태아가 크다는 말을 들어 정상적인 질식분만이 아닌 제왕절개술에 의한 출산을 희망한 사실과 임신성 당뇨의 선별검사나 진단적 검사, 특히 선별검사는 비용이 많이 들거나 복잡한 검사가 아닌 것으로 보이는 점까지 더하여 보면, 더욱 그러한 조치를 취할 필요가 있었다고 할 것이며, 피고의 주장과 같이, 소변검사에서 요당치가 약양성으로 나왔다고 하더라도 그 검사만으로 호르몬 변화에 의한 것인지, 임신성 당뇨에 의한 것인지 알 수 없어 곧바로 임신성 당뇨로 볼 수 없고, 요 검사상 당이 약양성이라는 것은 양성과 음성의 중간으로 의사에 따라서 양성으로 보지 않을 수도 있다거나, 그 당시 우리나라에서는 임신성 당뇨 선별검사에 관하여 학회 차원에서 정해진 지침(가이드라인)이 없었고, 의료보험의 급여대상이 아니어서 일부 의료기관에 따라 부분적으로 시행되었다고 하여 달리 볼 수는 없다.

(4) 그리고 이 사건의 경우 앞에서 본 피고의 주의의무 위반, 즉 과실과 원고 1의 상완신경총 손상으로 인한 후유장해와의 인과관계는, ① 피고가 원고 2가 임신성 당뇨 상태에 있게 된 것을 진단해 내지 못하였고, ② 위 원고의 임신성 당뇨로 인해(적어도 다른 원인들과 함께) 거대아를 출산하게 되었고, 이로 인해(적어도 다른 원인들과 함께) 견갑난산이 되었으며, ③ 피고가 거대아 출산과 견갑난산을 예견하지 못함으로써 제왕절개술이 아닌 질식분만 방법을 택하게 되었고, ④ 그 견갑난산 과정에서 피고의 분만시술상의 과실이 더하여지거나 또는 불가피하게 상완신경총 손상이 발생한 것인바, 이와 같은 인과관계는 원고들이 증명하여야 하는 것이 아니라 피고에게 증명책임이 전환되어 있으므로, 피고는 적어도 그 인과관계를 이루는 사실들 중 어느 하나의 부존재를 증명하여야

만 그 책임을 면하게 된다.

우선 피고는, 원고 2가 출산 당시까지 임신성 당뇨 상태에 있었다고 볼 증거가 없다(또는 위 원고의 출산 후 당뇨 증세가 임신성 당뇨에 의하여 진행된 것인지 여부가 불분명하다)거나, 나아가 출산 당일 실시한 소변검사 결과가 약양성(+/-)으로 나왔다는 점을 근거로 오히려 임신성 당뇨 상태가 아니었다고 주장하고 있으나, 위 원고가 임신기간 중에 임신성 당뇨 상태에 있었다는 점은 원고들이 증명할 사항이라고 보기 어렵고(원고 2를 임신기간 동안 계속 진단한 피고 스스로 필요한 혈당치 검사를 실시하지 않고는 이제 와서 원고들이 그 증명을 하지 못하였다고 주장하는 것도 부당하다), 한편 소변검사 결과가 약양성으로 나온 것을 두고 곧바로 임신성 당뇨라고 할 수 없지만, 반대로 이 점이 임신성 당뇨가 아니라는 것을 확실하게 증명한다고 할 수도 없다.

피고는 또, 원심이 거대아 출산 가능성이 높아지는 '과다한 혈당'이 어느 정도인지 등을 심리하지 않은 잘못이 있다고 주장하나, 이는 피고 자신에게 그 증명책임이 있는 사항에 대해 심리미진을 주장하는 것에 불과하다(거대아 출산 가능성이 높아지는 '과다한 혈당'이 어느 정도인지를 심리한다고 하더라도, 원고 2의 임신기간 중의 혈당치를 이제 와서 밝힐 수도 없는 이상 그 의미가 없고, 임신기간 중 계속해서 위 원고를 진단해 온 피고가 혈당측정을 실시하지 않고서 이러한 주장을 하는 것 또한 사리에 맞지 않는다). 한편, 임신성 당뇨의 경우 7% 정도에서 견갑난산이 발생한다는 것인바(기록 479쪽), 이와 관련하여 피고가 원고 2의 임신성 당뇨를 진단해 내고, 이 점을 위 원고에게 설명하였다고 하더라도, 위 원고가 그와 같은 위험을 감수하면서 굳이 제왕절개술이 아닌 질식분만을 원하였을 것이라는 점을 인정할 자료가 없을 뿐 아니라, 위 원고는 이미 본 바와 같이 제왕절개의 방식을 희망하였음에도 피고가 이를 듣지 아니하였다는 것이다. 그리고 비록, 피고 주장과 같이 피고에게 분만시술상의 과실이 없었다고 하더라도, 즉 견갑난산 과정에서 원고 1에게 상완신경총 손상이 발생한 것이 불가피한 것이었다고 하더라도, 앞에서 본 인과관계가 단절된다고 할 수도 없다(기록상 원심의 판시와 같이 '피고가 위 원고의 어깨를 만출시키는 과정에서 미숙한 솜씨로 무리하게 견인함으로써 발생하였다.'고 인정하거나 추정할 만한 사유는 없는 것으로 보이므로, 이러한 원심의 사실인정 내지 판단은 부적절한 것으로 보이나, 그 결론에는 영향이 없다).

(5) 따라서 원심판결의 이유 설시는 다소 부적절하거나 미흡하지만, 피고에게 손해배상책임이 있다고 판단한 결론은 옳은 것으로 수긍이 가고, 거기에 심리미진이나 채증법칙 위배로 사실을 오인하거나, 의료과실에 관한 법리를 오해한 위법이 있다고 할 수 없다. 이 점을 다투는 상고이유는 받아들이지 아니한다.

그러므로 상고를 기각하고, 상고비용은 패소자의 부담으로 하기로 하여 관여 법관의 일치된 의견으로 주문과 같이 판결한다.

3. 대판 2006. 9. 28, 2004다61402

의료진의 주의의무 위반으로 인한 불법행위의 책임을 묻기 위해서는 의료행위상 주의의무의 위반, 손해의 발생 및 그 양자 사이에 인과관계가 존재한다는 점이 각 증명되어야 할 것인바, 사람의 생명·신체·건강을 관리하는 업무인 의료행위의 속성상 환자의 구체적인 증상이나 상황에 따라 위험을 방지하기 위하여 요구되는 최선의 조치를 취하여야 할 주의의무를 부담하는 의료인 및 의료종사원 등 의료진이 그와 같은 환자의 기대에 반하여 환자의 치료에 전력을 다하지 아니한 경우에는 그 업무상 주의의무를 위반한 것이라고 보아야 할 것이지만, 그러한 주의의무 위반과 환자에게 발생한 악결과(惡結果) 사이에 상당인과관계가 인정되지 않는 경우에는 그에 관한 손해배상을 구할 수 없다 할 것이다. 다만, 그 주의의무 위반의 정도가 일반인의 처지에서 보아 수인한도를 넘어설 만큼 현저하게 불성실한 진료를 행한 것이라고 평가될 정도에 이른 경우라면 그 자체로서 불법행위를 구성하여 그로 말미암아 환자나 그 가족이 입은 정신적 고통에 대한 위자료의 배상을 명할 수 있다고 보아야 할 것이나, 이때 그 수인한도를 넘어서는 정도로 현저하게 불성실한 진료가 있었다는 점은 불법행위의 성립을 주장하는 원고들이 이를 증명하여야 할 것이다. 그런데 원심은, 망아(亡兒)가 피고 병원에서 전신마취 수술을 받은 후 기면 내지 혼미의 의식 상태에 놓여 있다가 사망한 이 사건에서, 망아의 사망은 뇌동정맥기형이라는 망아의 특이체질에 기한 급성 소뇌출혈로 인하여 발생한 것으로서 피고 병원 의료진에게 망아의 사망과 상당인과관계가 있는 과실이 있다고 인정할 수 없지만, 피고 병원 의료진이 망아의 기면 내지 혼미의 의식상태에 따른 환기 및 산소공급 조치를 제대로 취하지 아니하고 마취과 전문의 혹은 수술 집도의에게 적절한 보고 조치를 취하지 아니하는 등, 전신마취 수술 후 마취 회복 기간이 경과하도록 기면 내지 혼미의 의식 상태에 놓인 환자에 대한 사후 관리를 함에 있어 충분하고도 최선의 조치를 다한 것으로 볼 수 없고, 피고 병원 의료진의 위와 같은 불성실한 진료행위 그 자체로 곧바로 불법행위가 성립한다고 판단하여 피고 병원에게 그에 대한 손해배상책임으로 위자료의 지급을 명하였다. 그러나 앞서 본 법리에 비추어 볼 때, 비록 위와 같은 수술 후 관리 소홀의 점에 관한 피고 병원 의료진의 주의의무 위반의 점이 인정된다고 하더라도, 더 나아가 그러한 주의의무 위반의 정도가 일반인의 수인한도를 넘어설 만큼 현저하게 불성실한 진료를 행한 것으로 평가될 정도에 이르렀음이 증명되지 아니하는 한 피고 병원의 위자료 배상책임을 인정할 수 없다 할 것인데, 이 사건에 있어서 원심이 인정한 사실만으로 피고 병원에게 불법행위책임을 물을 수 있을 정도로 피고 병원 의료진이 일반인의 수인한도를 넘어서 현저하게 불성실한 진료를 행한 잘못이 있었다고 단정할 만큼 충분한 증명에 이르렀다고 볼 수 있는지 의문이 든다. 따라서 원심으로서는 이 사건 수술 이후 망아에게서 나타난 구체적 증상 하에서 망아의 수술 및 회복을 위한 입원치료를 맡은 병원의 의료진에게 일반적 의학상식 및 임상의학의 현실에 비추어 통상적으로 요구되는 필요한 조치가 무엇인지, 그러한 조치를 피고 병원의 의료진이 스스로 용이하게 취할 수 있었음에도 이를 게을리한 것인지, 아니면 담당 수술 집도의 등에게 보고하여 그로 하여금 즉각 필요한 조치를 취하도록 하였어야 함에도 이를 게을리 한 것인지 등 위 주의의무 위반의 정도가 일반인의 수인한도를 넘어서는 것인지 여부의 판단에 필요한 모든 사정에 관하여 먼저 심리한 다음 피고 병원의 위자료 배상책임의 존부 및 그 적정한 액수 여하를 판단하였어야만 할 것이다. 그런데도 불구하고, 원심은 이 점에 관한 심리를 제대로 하지 아니한 채 피고 병원의 의료진이 그 판시와 같은 주의의무를 다하지 못하였다는 이유만으로 위자료의 지급을 명하였으니, 이러한 원심판결에는 의료사고에 있어서의 과실과 손해배상책임에 관한 법리오해 등으로 판결 결과에 영향을 미친 위법이 있다 할 것이다. 이 점을 지적하는 상고이유의 주장은 이유 있다. 그러므로 피고의 나머지 상고이유에 대한 판단을 생략한 채 원심판결 중 피고 패소 부분을 파기하고, 이 부분 사건을 다시 심리·판단하게 하기 위하여 원심법원에 환송하기로 하여 관여 대법관의 일치된 의견으로 주문과 같이 판결한다.

4. 대판 2003. 11. 27, 2001다20127

(1) 피고들의 상고에 관한 판단

가. 원심의 판단

원심은 그 채용 증거를 종합하여, 망 김태형(이하 '망인'이라 한다)이 오른쪽 귀의 이명, 난청 등을 겪던 중 귀에 발생한 양성종양의 일종인 청신경초종의 진단을 받고 제거수술을 받기 위하여 1997. 9. 28. 피고 학교법인 한양학원에서 설립·운영하는 한양대학교 부속병원(이하 '피고 병원'이라 한다)에 입원한 사실, 피고 병원 소속 신경외과 의사인 피고 김광명은 1997. 10. 1. 망인의 두개골을 절개하여 경막과 지주막 사이에 있는 초종을 제거하고 다시 두부를 봉합하는 수술을 실시한 사실, 망인은 위 수술 후 별다른 이상을 보이지 않다가 같은 달 8. 세균성뇌막염 증세를 보여 피고 김광명이 3세대 항생제를 처방한 결과 뇌막염은 호전된 사실, 그런데 망인은 계속 식사를 제대로 하지 못하며 심한 두통을 호소하다가 같은 달 26. 의식을 상실하였는데 CT촬영결과 수술 부위의 출혈은 없었지만 측뇌실, 제3, 4뇌실 등 뇌실 전반에 걸친 뇌실내출혈, 뇌실의 심한 팽창, 뇌의 압박 소견과 함께 수두증이 발견된 사실, 망인은 그 무렵부터 자가호흡능력을 상실하였고 피고 김광명은 뇌실배액술 및 기관지절개술 등의 조치를 취하는 한편 망인에게 새로 나타난 뇌실염을 치료하기 위하여 항생제를 투여하였으나, 위 증세들의 합병증으로 혈소판감소증 및 위출혈과 나아가 전신내출혈이 발생하였고 망인은 1998. 1. 23. 전신출혈로 인한 심폐기능상실로 사망한 사실을 인정하였다. 그리고 원심은 위 인정한 사실에 기초하여, 1997. 10. 8. 진단된 뇌막염은 수술중 세균감염으로 발생한 것으로 추정되는바, 뇌막염의 치료 도중 뇌실내출혈과 수두증이 발생하였고 망인이 수술 이전에는 청신경초종 외에 뇌실내출혈을 일으킬만한 소인을 가지지 않았음에도 뇌막염치료를 위하여 장기간 항생제를 사용하고 두통에 시달리며 식사를 제대로 하지 못하는 등 전반적으로 건강상태가 나빠진 상태에서 뇌실내출혈이 발생하였으므로 뇌막염은 뇌실내출혈의 간접적인 원인이 되었다고 할 것인데, 그렇다면 피고 김광명에게는 수술로 인하여 발생할 수 있는 뇌막염의 감염을 예방하지 못한 과실이 있으므로 피고들은 각자 망인 및 원고들이 입은 손해를 배상할 의무가 있다고 판단하였다.

나. 이 법원의 판단

그러나 피고 김광명의 과실을 긍정한 원심의 판단은 수긍할 수 없다.

의료행위상의 주의의무 위반으로 인한 손해배상청구에서 피해자 측에서 일련의 의료행위 과정에 있어서 저질러진 일반인의 상식에 바탕을 둔 의료상의 과실 있는 행위를 증명하고 그 결과와 사이에 일련의 의료행위 외에 다른 원인이 개재될 수 없다는 점, 이를테면 환자에게 의료행위 이전에 그러한 결과의 원인이 될 만한 건강상의 결함이 없었다는 사정을 증명한 경우에는 의료상 과실과 결과 사이의 인과관계를 추정하여 손해배상책임을 지울 수 있도록 증명책임을 완화하는 것이 당원의 확립된 판례이나(대법원 1995. 2. 10. 선고 93다52402 판결 참조), 이 경우에도 일련의 의료행위 과정에 있어서 일반인의 상식에 바탕을 둔 의료상 과실의 존재는 환자측에서 증명하여야 하는 결과 의료과정에서 어떠한 주의의무 위반의 잘못을 인정할 수 없다면 그 청구는 배척될 수밖에 없는 것이다(대법원 1999. 9. 3. 선고 99다10479 판결, 대법원 2002. 8. 23. 선고 2000다37265 판결 등 참조). 그러므로 원심이 판단한 바와 같이, 1997. 10. 8. 망인에 대하여 진단된 뇌막염은 수술중 세균감염으로 발생한 것으로 추정되고 뇌막염의 치료 도중 뇌실내출혈과 수두증이 발생하였으며 망인은 이러한 뇌실내출혈과 수두증으로 인하여 사망에 이르게 되었고, 한편 망인이 수술 이전에는 뇌막염이나 뇌실내출혈 등 건강상 결함을 일으킬만한 소인을 가지지 않았던 점이 인정된다고 하더라도, 나아가 원고들로서는 이러한 일련의 의료행위 과정에 있어서 일반인의 상식에 바탕을 둔 의료상 과실의 존재를 증명할 책임이 있다고 할 것이므로, 이 사건에서 피고 김광명이 망인에게 나타난 위 뇌막염의 감염방지나 뇌실내출혈 등 망인의 신체·생명에 지장을 초래한 중대한 결과 발생의 방지를 위하여 시술의사로서 취하여야 할 구체적인 조치가 무엇이었는데 이를 다하지 아니함으로써 그러한 주의의무를 위반한 의료상 과실이 있었는지가 특정되어야 할 것이고 이 점은 원고들에게 주장·증명책임이 있다고 할 것이다. 그런데 피고 김광명은 뇌막염을 비롯한 질병의 감염을 방지하기 위하여 입원 당일부터 수술 전까지 망인에게 항생제를 투여하였고 수술중 항생제를 식염수에 섞어 수시로 수술부위를 세척하였으며 수술 후에도 계속 항생제를 투여한 점, 수술 도중 노출되는 수술 부위에 공기 중에 있는 세균의 침입에 의하여 감염이 발생할 수 있으나 그 확률은 피고 병원의 경우 1% 정도에 불과한 점, 한편 피고 김광명이 뇌막염을 진단한 후 3세대 항생제로 바꾸어 처방함으로써 뇌막염의 증세가 호전되고 있었는데 1997. 10. 26. 원인을 알 수 없는 뇌실내출혈이 발생하면서 수두증이 병발하였고 망인은 그 후 혼수상태에서 벗어나지 못하고 마침내 사망에 이른 점, 망인에게 발생한 뇌실내출혈의 원인은 현재로서는 밝혀지지 않았으며 뇌막염으로 뇌실내출혈이 발생한 사례는 아직까지 보고된 바 없는 점 등과 같은 제반 사정을 기록을 통하여 알 수 있는 이 사건에 있어서, 현대의학에서 수술 도중 노출되는 수술 부위에 공기 중에 있는 세균의 침입에 의하여 이루어지는 감염을 100% 방지할 수 있다는 것인지, 이 점에 관하여 피고 김광명이 취한 조치 이외에 의사가 취할 수 있는 조치는 과연 무엇인지 등에 관하여 원고들의 구체적인 주장·증명도 충분치 못한 바라면, 원심으로서는 피고 김광명이 수술 전후를 통하여 취한 조치가 적정하였는지 여부, 한편 뇌막염 등의 감염방지를 위하여 시술 의사가 취할 추가적인 조치는 어떠한 것이 있었는지, 그리고 그러한 추가적인 조치를 취하였어야 함에도 불구하고 위 피고가 이러한 조치를 다하지 아니한 것이 피고 김광명의 의료상 과실에 해당하는 것인지 등을 더 나아가 심리하여 이를 분명히 한 다음 피고측의 과실 여부를 판단하였어야 할 것인바, 그럼에도 불구하고 이 부분 심리를 다하지 아니한 채 망인에게 수술중의 감염으로 뇌막염이 발생하였다는 막연한 판단만에 의하여 피고 김광명에게 감염방지의무를 게을리 한 과실이 있다고 본 원심의 판단에는 판결 결과에 영향을 미친 의사의 주의의무 위반에 관한 법리를 오해한 위법이 있다고 할 것이니, 이 점을 지적하는 이 부분 상고이유의 주장은 이유 있다.

(2) 원고들의 상고에 관한 판단

원고들의 상고이유는, 피고들에게 손해배상책임이 있음을 전제로 하여 망인이 수술 전 사실상 청력에 제한이 있는 상태에서도 정상인과 똑같이 벌크트레일러 운전기사로 일하면서 수입을 얻고 있었으므로 이 사건 수술 후 청력을 상실하였더라도 종전과 동일한 수입을 얻었을 것으로 보아서 그 액수를 기준으로 일실수입을 산정하여야 하는데 원심은 오른쪽 청력을 상실한 자의 잔존노동능력에 상응한 수입을 기준으로 망인의 일실수입을 산정하였으므로 손해배상액 산정에 있어서 심리미진 등의 위법이 있다는 것이나, 위에서 본 바와 같은 이유로 피고들에게 손해배상책임을 인정한 원심판결을 파기하는 이상 이와 다른 전제에 선 위 원고들의 상고이유는 나아가 판단할 필요 없이 받아들일 수 없다.

(3) 결 론

그러므로 피고들의 나머지 상고이유에 대하여 판단할 필요 없이 원심판결 중 피고들 패소 부분을 파기하여 이 부분 사건을 다시 심리·판단하게 하기 위하여 원심법원으로 환송하고, 원고들의 상고는 이유 없어 각 기각하기로 하여 관여 법관의 일치된 의견으로 주문과 같이 판결한다.

5. 대판 2007. 5. 31, 2005다5867

(1) 원고의 상고이유 제1점에 관하여

의료행위는 고도의 전문적 지식을 필요로 하는 분야로서 전문가가 아닌 일반인으로서는 의사의 의료행위의 과정에 주의의무 위반이 있는지의 여부나 그 주의의무 위반과 손해발생 사이에 인과관계가 있는지 여부를 밝혀내기가 극히 어려운 특수성이 있으므로 수술 도중 환자에게 사망의 원인이 된 증상이 발생한 경우 그 증상 발생에 관하여 의료상의 과실 이외의 다른 원인이 있다고 보기 어려운 간접사실들을 증명함으로써 그와 같은 증상이 의료상의 과실에 기한 것이라고 추정하는 것도 가능하다고 하겠으나 (대법원 2000. 7. 7. 선고 99다66328 판결 참조), 그 경우에도 의사의 과실로 인한 결과발생을 추정할 수 있을 정도의 개연성이 담보되지 않는 사정들을 가지고 막연하게 중한 결과에서 의사의 과실과 인과관계를 추정함으로써 결과적으로 의사에게 무과실의 증명책임을 지우는 것까지 허용되는 것은 아니라고 할 것이다(대법원 2004. 10. 28. 선고 2002다45185 판결 참조). 위 법리와 기록에 비추어 살펴보면, 원심이 그 채용 증거를 종합하여 판시와 같은 사실을 인정한 다음, 내시경적 역행성 담췌관조영술(Endoscopic Retrograde Cholangio-Pancreatography, ERCP) 검사 후의 급성췌장염은 검사 건수의 5% 정도에서 발생할 수 있고 특별한 병적인 상태가 없는 경우에도 발생할 수 있다는 점, 망 소외인(이하 '망인'이라 한다)에 대한 ERCP 검사 경과 중에 문제가 될 만한 사정이 보이지 않는다는 점, 당시 망인의 상태에 비추어 급성췌장염의 발생기전이 망인에게 전혀 없다고 볼 수만도 없는 점 등을 고려하여 ERCP 검사 후 망인에게 급성췌장염이 발생하였다는 사실만으로 피고 병원 의료진에게 그 검사과정에서 원고 주장과 같은 과실을 인정하기 어렵다고 판단한 것은 정당한 것으로 수긍이 가고, 거기에 상고이유로 주장하는 바와 같은 채증법칙 위배, 의료소송에서 과실의 추정에 관한 법리오해 등의 위법이 없다.

(2) 원고의 상고이유 제2, 4점에 관하여

의사는 진료를 행함에 있어 환자의 상황과 당시의 의료수준 그리고 자기의 지식경험에 따라 적절하다고 판단되는 진료방법을 선택할 상당한 범위의 재량을 가진다고 할 것이고, 그것이 합리적인 범위를 벗어난 것이 아닌 한 진료의 결과를 놓고 그 중 어느 하나만이 정당하고 이와 다른 조치를 취한 것은 과실이 있다고 말할 수는 없다(대법원 1992. 5. 12. 선고 91다23707 판결 참조). 위 법리에 비추어 기록을 살펴보면, 원심이 원고들의 주장을 배척하면서 콩팥기능의 손상가능성을 들고 있는 것은 다소 부적절한 점이 있기는 하나, 당시 망인이 다발성 장기부전상태를 보여 중환자실에 긴급히 이실되어 응급치료를 받기 시작하는 등 상당히 중한 상태에 있었음을 근거로 망인에게 내과적 치료를 선택한 의료진의 조치에 과실이 있다하기 어렵다고 판단한 조치는 정당한 것으로 수긍이 가고, 거기에 상고이유에서 주장하는 바와 같은 채증법칙 위배로 인한 사실오인 등의 위법이 있다고 할 수 없다.

(3) 원고의 상고이유 제3점 및 피고의 상고이유 제1, 2점에 관하여

가. 일반적으로 의사는 환자에게 수술 등 침습을 가하는 과정 및 그 후에 나쁜 결과 발생의 개연성이 있는 의료행위를 하는 경우 또는 사망 등의 중대한 결과 발생이 예측되는 의료행위를 하는 경우에 있어서 응급환자의 경우나 그 밖에 특단의 사정이 없는 한 진료계약상의 의무 내지 침습 등에 대한 승낙을 얻기 위한 전제로서 당해 환자나 그 법정대리인에게 질병의 증상, 치료방법의 내용 및 필요성, 발생이 예상되는 위험 등에 관하여 당시의 의료수준에 비추어 상당하다고 생각되는 사항을 설명하여 당해 환자가 그 필요성이나 위험성을 충분히 비교해 보고 그 의료행위를 받을 것인가의 여부를 선택할 수 있도록 할 의무가 있고, 의사의 설명의무는 그 의료행위에 따르는 후유증이나 부작용 등의 위험 발생 가능성이 희소하다는 사정만으로 면제될 수 없으며, 그 후유증이나 부작용이 당해 치료행위에 전형적으로 발생하는 위험이거나 회복할 수 없는 중대한 것인 경우에는 그 발생가능성의 희소성에도 불구하고 설명의 대상

이 된다 할 것이다(대법원 1995. 1. 20. 선고 94다3421 판결, 2002. 10. 25. 선고 2002다48443 판결 등 참조). 한편, 설명의무는 침습적인 의료행위로 나아가는 과정에서 의사에게 필수적으로 요구되는 절차상의 조치로서, 그 의무의 중대성에 비추어 의사로서는 적어도 환자에게 설명한 내용을 문서화하여 이를 보존할 직무수행상의 필요가 있다고 보여질 뿐 아니라, 응급의료에 관한 법률 제9조, 같은 법 시행규칙 제3조 및 [서식] 1에 의하면, 통상적인 의료행위에 비해 오히려 긴급을 요하는 응급의료의 경우에도 의료행위의 필요성, 의료행위의 내용, 의료행위의 위험성 등을 설명하고 이를 문서화한 서면에 동의를 받을 법적 의무가 의료종사자에게 부과되어 있는 점, 의사가 그러한 문서에 의해 설명의무의 이행을 증명하기는 매우 용이한 반면 환자측에서 설명의무가 이행되지 않았음을 증명하기는 성질상 극히 어려운 점 등에 비추어, 특별한 사정이 없는 한 의사측에 설명의무를 이행한 데 대한 증명책임이 있다고 해석하는 것이 손해의 공평·타당한 부담을 그 지도원리로 하는 손해배상제도의 이상 및 법체계의 통일적 해석의 요구에 부합한다고 할 것이다. 위 법리에 비추어 기록을 살펴보면, 피고 병원 의료진이 망인에게 ERCP의 내용 및 발생이 예상되는 위험에 관하여 설명하였음을 인정할 증거가 없는 이 사안에서, 원심이 거시 증거에 의하여 당시 피고 병원에서는 의약분업 문제로 전공의들이 파업을 하고 있는 상황이었던 사실, 망인에 대한 간호기록에 '10/17 ERCP permission 없이 하기로 함'이라고 기재되어 있는 사실을 인정한 후 피고 병원 의료진이 망인에 대한 설명의무를 위반하였다고 인정한 조치는, 그 이유 설시에 있어 다소 부적절한 점이 있기는 하나 결론에 있어서는 정당한 것으로 수긍이 가고, 거기에 상고이유에서 주장하는 바와 같은 채증법칙 위배의 위법이 있다고 할 수 없다.

나. 의사가 설명의무를 위반한 채 수술 등을 하여 환자에게 사망 등의 중대한 결과가 발생한 경우에 환자 측에서 선택의 기회를 잃고 자기결정권을 행사할 수 없게 된 데 대한 위자료만을 청구하는 경우에는 의사의 설명 결여 내지 부족으로 인하여 선택의 기회를 상실하였다는 점만 증명하면 족하고, 설명을 받았더라면 사망 등의 결과는 생기지 않았을 것이라는 관계까지 증명하여야 하는 것은 아니지만, 그 결과로 인한 모든 손해를 청구하는 경우에는 그 중대한 결과와 의사의 설명의무 위반 내지 승낙취득 과정에서의 잘못과의 사이에 상당인과관계가 존재하여야 하며, 그때의 의사의 설명의무 위반은 환자의 자기결정권 내지 치료행위에 대한 선택의 기회를 보호하기 위한 점에 비추어 환자의 생명, 신체에 대한 구체적 치료과정에서 요구되는 의사의 주의의무 위반과 동일시할 정도의 것이어야 한다(대법원 1994. 4. 15. 선고 93다60953 판결 참조). 위 법리에 비추어 기록을 살펴보면, 앞서 본 바와 같이 피고 병원 의료진의 설명의무 위반으로 망인이 선택의 기회를 상실하였음이 인정되는 이 사안에서, 원심이 그 채용 증거를 종합하여 판시와 같은 사실을 인정한 다음, 피고 병원의 의료진이 망인에 대하여 ERCP 검사가 필요한 상태라 판단하여 이를 시행한 것은 망인의 구체적인 증상이나 당시의 의료수준에 비추어 상당하다는 점, 위 검사의 과정이나 급성췌장염이 생긴 후의 조치 등에 있어 피고 병원 의료진에게 의료상의 과실이 없었다는

점, 급성췌장염은 ERCP 검사에 따르는 전형적인 부작용이기는 하지만 그 발생빈도가 높지 않다는 점, 망인이 황달의 정확한 원인을 찾기 위하여 피고 병원에 2주 예정으로 입원한 점 등에 비추어 피고 병원 의료진이 이 사건 ERCP 검사에 앞서 망인에게 설명의무를 다하였다 하더라도 망인이 반드시 위 검사를 거부하였을 것이라고 단정하기는 어렵다고 판단하여 피고의 손해배상의 범위를 망인의 사망으로 인한 전 손해가 아니라 설명의무 위반으로 인한 위자료로 한정한 조치는 정당한 것으로 수긍이 가고, 원심이 인정한 위자료가 자기결정권 침해에 대한 손해뿐 아니라 망인의 사망으로 인한 정신적 고통까지 위자한 금액이라고 단정할 근거도 없으므로, 거기에 상고이유로 주장하는 바와 같은 채증법칙 위배, 설명의무 위반으로 인한 손해배상에 관한 법리오해 또는 위자료 산정에 관한 법리오해의 위법이 있다고 할 수 없다.

Ⅳ. 책임주체

원칙적으로 의료과오책임을 지는 자는 진료를 담당하면서 과실 있는 의료행위를 한 의료인이 부담한다. 여기의 "의료인"에는 의사는 물론 간호사 등의 의료보조자도 포함된다.[419] 진료에 참여한 의사가 여럿이고 과실 있는 진료의사가 누구인지 알 수 없을 경우에는 참여 진료의사 모두가 공동불법행위책임을 진다.[420] 그리고 간호사 등 의료보조인의 과실에 대해서는 그의 책임 외에 담당의사는 대리

---

419) 의료법 제2조 제1항; **대판** 2003. 8. 19, 2001도3667; **대판** 2012. 5. 10, 2010도5964.

420) 제760조 제2항; **대판** 1998. 11. 24, 98다32045 "교통사고로 인하여 상해를 입은 피해자가 치료를 받던 중 치료를 하던 의사의 과실로 인한 의료사고로 증상이 악화되거나 새로운 증상이 생겨 손해가 확대된 경우, 의사에게 중대한 과실이 있다는 등의 특별한 사정이 없는 한 확대된 손해와 교통사고 사이에도 상당인과관계가 있고, 이 경우 교통사고와 의료사고가 각기 독립하여 불법행위의 요건을 갖추고 있으면서 객관적으로 관련되고 공동하여 위법하게 피해자에게 손해를 가한 것으로 인정되면 공동불법행위가 성립한다." ; **대판** 2005. 9. 30, 2004다52576 "다수의 의사가 의료행위에 관여한 경우 그 중 누구의 과실에 의하여 의료사고가 발생한 것인지 분명하게 특정할 수 없는 때에는 일련의 의료행위에 관여한 의사들 모두에 대하여 민법 제760조 제2항에 따라 공동불법행위책임을 물을 수 있다고 봄이 상당하다."; **대판** 2014. 11. 27, 2012다11389 "교통사고로 인하여 상해를 입은 피해자가 치료를 받던 중 치료를 하던 의사의 과실로 인한 의료사고로 증상이 악화되거나 새로운 증상이 생겨 손해가 확대된 경우, 의사에게 중대한 과실이 있다는 등의 특별한 사정이 없는 한 확대된 손해와 교통사고 사이에도 상당인과관계가 있고, 이 경우 교통사고와 의료사고가 각기 독립하여 불법행위의 요건을 갖추고 있으면서 객관적으로 관련되고 공동하여 위법하게 피해자에게 손해를 가한 것으로 인정되면 공동불법행위가 성립한다."

감독자로서, 의료기관은 사용자로서 각각 그 배상책임을 질 수도 있다. 또한 의사가 의료기관에 고용되어 근무하는 경우에는 의료기관의 장은 사용자로서 배상책임을 질 수 있다(제756조). 이렇게 사용자책임을 지는 자가 있는 경우에 과실 있는 당해 의료행위를 한 자도 불법행위책임을 지는 것은 물론이다. 이 경우 사용자와 당해 의료행위를 한 자의 책임은 부진정연대채무의 관계에 있다. 의료기구의 결함으로 의료사고가 발생한 경우에 의료인에게 의료과오책임이 주어질 수 있다(당해 의사가 그 의료기구의 결함을 전혀 발견할 기대가능성이 전혀 없는 경우는 제외함).[421] 이때에는 결함 있는 의료기구의 제조자와 당해 의료인은 공동불법행위책임을 부담하게 된다(제760조 제2항). 한편 무면허로 의료행위를 하다가 의료과오로 손해를 발생시킨 경우에도 책임이 발생한다. 그리고 이 경우에는 자격 있는 의사의 주의의무를 기준으로 무면허자의 과실 유무를 판단한다.

Ⅴ. 의사의 설명의무

1. 의 의

의료행위는 일반적으로 환자의 신체에 대한 침습(侵襲)을 포함한다. 의료인은 의료행위를 개시하기 전에 그 침습에 대한 승낙을 받아야 한다. 그러므로 의료인은 환자나 그의 보호자(법정대리인)에게 질병의 증상, 치료방법의 내용 및 필요성, 발생이 예상되는 위험 등에 관하여 설명함으로써 당해 환자가 그 필요성이나 위험성을 충분히 비교해 보고 그 의료행위를 받아들일 것인지의 승낙여부를 결정할 수 있도록 할 의무가 있다.[422] 의료인이 충분히 설명함으로써 실질적으로 승낙이

---

421) **대판** 1985. 8. 13, 85다카372.

422) **대판** 1995. 2. 10, 93다52402 "의사가 환자에게 수술 등 인체에 위험을 가하는 행위를 함에 있어 그에 대한 승낙을 얻기 위한 전제로서 환자 본인 또는 그 가족에게 그 질병의 증상, 치료방법의 내용 및 필요성, 발생이 예상되는 위험 등에 관하여 당시의 의료수준에 비추어 상당하다고 생각되는 사항을 설명하여 그 환자가 필요성이나 위험성을 충분히 비교하여 그 의료행위를 받을 것인가의 여부를 선택할 수 있도록 하여야 할 의무가 있다."; **대판** 2002. 1. 11, 2001다27449 "설명의무를 위반한 채 수술이나 투약을 하여 환자에게 사망 등의 중대한 결과가 발생한 경우에 환자측에서 선택의 기회를 잃고 자기결정권을 행사할 수 없게 된 데 대하여 위자료만을 청구하는 경우에는 설명결여 내지 부족으로 선택의 기회를 상실하였다는 사실만을 증명함으로써 족하나, 위자료만이 아닌 전 손해의 배상을 구하는 경우에는 그 설명의무의 위반이 구체적 치료과정에서 요구되는 의사의 주의의무의 위반과 동일시할 정도의 것이어야 하고 그러한 위반행위와 환자의 사망과의

가능하게 되어 환자 측의 승낙이 있게 되면 의료인의 수술 등 의료행위가 비록 환자를 침습하더라도 위법성이 조각된다. 따라서 의사의 설명의무 위반은 환자의 승낙을 무의미하게 하며 승낙이 없는 치료는 환자의 자기결정권을 침해하는 위법행위(의료계약의 경우 채무불이행; 불법행위의 경우 인격권침해로 인한 가행위)가 된다.[423] 또한 진료목적을 달성하기 위하여 환자 또는 그 보호자에게 요양의 방법 기타 건강관리에 필요한 사항을 상세히 설명하여 후유증에 대비하도록 할 의무가 있다.[424]

사이에 인과관계가 존재함이 증명되어야 한다."; **대판 2015. 10. 29, 2014다22871** "의사가 설명의무를 위반한 채 수술을 시행하여 환자에게 중대한 결과가 발생하였다는 것을 이유로 결과로 인한 모든 손해를 청구하는 경우에는, 그 중대한 결과와 의사의 설명의무 위반 내지 승낙취득 과정에서의 잘못과의 사이에 상당인과관계가 존재하여야 한다. 그리고 위 경우에 의사의 설명의무 위반은, 환자의 자기결정권 내지 치료행위에 대한 선택의 기회를 보호하기 위한 설명의무의 취지에 비추어, 환자의 생명, 신체에 대한 구체적 치료과정에서 요구되는 의사의 주의의무 위반과 동일시할 정도의 것이어야 한다."

423) **대판 2017. 2. 15, 2014다230535.**

424) **대판 1997. 7. 22, 95다49608** "일반적으로 의사는 환자에게 수술을 시행하는 과정 및 그 후에 나쁜 결과가 발생할 개연성이 있는 의료행위를 하는 경우에 있어서는, 응급환자의 경우나 그 밖의 특별한 사정이 없는 한, 진료계약상의 의무로서 또는 수술에 대한 승낙을 얻기 위한 전제로서 당해 환자나 법정대리인에게 질병의 증상, 치료 방법의 내용 및 필요성, 발생이 예상되는 위험 등에 관하여 당시의 의료수준에 비추어 상당하다고 생각되는 사항을 설명하여 당해 환자가 그 필요성이나 위험성을 충분히 비교해 보고 그 의료행위를 받을 것인가의 여부를 선택할 수 있도록 하여야 할 의무가 있을 뿐만 아니라, 그 진료 목적의 달성을 위하여 환자 또는 그 보호자에 대하여 요양의 방법 기타 건강관리에 필요한 사항을 상세히 설명하여 후유증 등에 대비하도록 할 의무가 있으며, 한편 의료행위로 인하여 중대한 결과가 발생하여 환자가 의사의 설명의무 위반으로 인한 위자료를 청구하는 경우에도 환자에게 발생한 중대한 결과가 의사의 의료행위로 인한 것이어야 한다(백내장 수술에 따른 후유증인 망막박리의 발생 가능성에 대한 의사의 설명의무 위반을 이유로 위자료 청구를 인정한 사례).; **대판 2006. 11. 23, 2005다11688** "의사가 진찰·치료 등의 의료행위를 함에 있어서는 사람의 생명·신체·건강을 관리하는 업무의 성질에 비추어 환자의 구체적인 증상이나 상황에 따라 위험을 방지하기 위하여 요구되는 최선의 조치를 취하여야 할 주의의무가 있고, 의사의 이와 같은 주의의무는 의료행위를 할 당시 의료기관 등 임상의학 분야에서 실천되고 있는 의료행위의 수준을 기준으로 삼되, 그 의료수준은 통상의 의사에게 의료행위 당시 일반적으로 알려져 있고 또 시인되고 있는 이른바 의학상식을 뜻하므로 진료환경 및 조건, 의료행위의 특수성 등을 고려하여 규범적인 수준으로 파악되어야 한다(대법원 2005. 10. 28. 선고 2004다13045 판결 등 참조). 또한 일반적으로, 의사는 환자에게 수술을 시행하는 과정 및 그 후에 나쁜 결과가 발생할 개연성이 있는 의료행위를 하는 경우에 있어서는, 응급환자의 경우나 그 밖의 특별한 사정이 없는 한, 진료계약상의 의무로서 또는 수술에 대한 승낙을 얻기 위한 전제로서, 당해 환자나 법정대리인에게 질병의 증상, 치료 방법의 내용 및 필요성, 발생이 예상되는 위험 등에 관하여 당시의 의료수준에 비추어, 상당하다고 생각되는 사항을

한편 의료인의 설명은 의학지식의 미비 등을 보완하여 실질적인 자기결정권을 보장하기 위한 것이므로, 환자가 이미 알고 있거나 상식적인 내용까지 설명할 필요는 없고, 환자가 위험성을 알면서도 스스로의 결정에 따라 진료를 거부한 경우에는 특별한 사정이 없는 한 위와 같은 설명을 하지 아니한 데 대하여 의료인의 책임을 물을 수는 없다. 그리고 이 경우 환자가 이미 알고 있는 내용인지 여부는, 해당 의학지식의 전문성, 환자의 기존 경험, 환자의 교육수준 등을 종합하여 판단할 수 있다.[425]

2. 설명의무의 면제

설명의무가 면제되는 경우도 있다. 즉 응급환자의 경우[426]나 당시의 의료수준에 비추어 위험을 예견할 수 없었던 경우[427]와 같이 특별한 사정이 있는 때에는

설명하여 당해 환자가 그 필요성이나 위험성을 충분히 비교해 보고 그 의료행위를 받을 것인가의 여부를 선택할 수 있도록 하여야 할 의무가 있을 뿐만 아니라, 그 진료 목적의 달성을 위하여 환자 또는 그 보호자에 대하여 요양의 방법 기타 건강관리에 필요한 사항을 상세히 설명하여 후유증 등에 대비하도록 할 의무가 있다(대법원 1997. 7. 22. 선고 95다49608 판결 등 참조)."; **대판 2010. 7. 22, 2007다70445.**

425) **대판 2011. 11. 24, 2009다70906.**

426) **대판 1994. 4. 15, 93다60953** "일반적으로 의사는 환자에게 수술 등 침습을 가하는 과정 및 그 후에 나쁜 결과 발생의 개연성이 있는 의료행위를 하는 경우 또는 사망 등의 중대한 결과 발생이 예측되는 의료행위를 하는 경우에 있어서 응급환자의 경우나 그 밖에 특단의 사정이 없는 한 진료계약상의 의무 내지 위 침습 등에 대한 승낙을 얻기 위한 전제로서 당해 환자 또는 그 가족에게 질병의 증상, 치료방법의 내용 및 필요성, 발생이 예상되는 위험 등에 관하여 당시의 의료수준에 비추어 상당하다고 생각되는 사항을 설명하여 당해 환자가 그 필요성이나 위험성을 충분히 비교하여 그 의료행위를 받을 것인가 여부를 선택할 수 있도록 하는 의무가 있다."; **대판 2013. 4. 26, 2011다29666** "의사가 설명의무를 위반한 채 수술 등을 하여 환자에게 중대한 결과가 발생한 경우에 환자 측에서 선택의 기회를 잃고 자기결정권을 행사할 수 없게 된 데 대한 위자료만을 청구하는 경우에는 의사의 설명 결여 내지 부족으로 인하여 선택의 기회를 상실하였다는 점만 증명하면 족하고, 설명을 받았더라면 중대한 결과는 생기지 않았을 것이라는 관계까지 증명하여야 하는 것은 아니지만, 그 결과로 인한 모든 손해의 배상을 청구하는 경우에는 그 중대한 결과와 의사의 설명의무 위반 내지 승낙 취득 과정에서의 잘못과 사이에 상당인과관계가 존재하여야 하며, 그때의 의사의 설명의무 위반은 환자의 자기결정권 내지 치료행위에 대한 선택의 기회를 보호하기 위한 점에 비추어 환자의 생명, 신체에 대한 구체적 치료과정에서 요구되는 의사의 주의의무 위반과 동일시할 정도의 것이어야 한다."

427) **대판 1999. 9. 3, 99다10479** "일반적으로 의사는 환자에게 수술 등 침습을 가하는 과정 및 그 후에 나쁜 결과 발생의 개연성이 있는 의료행위를 하는 경우 또는 사망 등의

설명의무가 면제된다. 그리고 즉시 추가검사 등 의료행위를 시행하지 않고 경과관찰을 선택한 의사의 판단이 합리적인 범위에 있다면, 환자의 상태가 당시의 의료수준에서 예상할 수 있는 통상의 예후와는 달리 갑자기 악화될 예외적 가능성까지 고려하여 환자의 상태가 갑자기 악화될 수 있다거나 그에 대비한 추가검사를 받을 것인지에 관한 설명을 하지 않았다고 하더라도, 의료인이 설명의무를 위반하여 환자의 치료기회를 상실시켰다거나 자기결정권을 침해하였다고 할 수 없다.[428] 그러나 해당 의료행위에 따르는 후유증이나 부작용 등의 위험발생 가능성이 희소하다는 사정만으로는 설명의무가 면제되지 않으며, 그 후유증이나 부작용이 당해 치료행위에 전형적으로 발생하는 위험이거나 회복할 수 없는 중대한 것인 경우에는 그 발생 가능성의 희소성에도 불구하고 설명의무가 있다.[429] 그리고

중대한 결과 발생이 예측되는 의료행위를 하는 경우에 있어서 진료계약상의 의무 내지 침습 등에 대한 승낙을 얻기 위한 전제로서 당해 환자나 그 법정대리인에게 질병의 증상, 치료 방법의 내용 및 필요성, 발생이 예상되는 위험 등에 관하여 당시의 의료수준에 비추어 상당하다고 생각되는 사항을 설명하여 당해 환자가 그 필요성이나 위험성을 충분히 비교해 보고 그 의료행위를 받을 것인가의 여부를 선택할 수 있도록 할 의무가 있는 것이지만, 의사에게 당해 의료행위로 인하여 예상되는 위험이 아니거나 당시의 의료수준에 비추어 예견할 수 없는 위험에 대한 설명의무까지 부담하게 할 수는 없으며, 설명의무의 주체는 원칙적으로 당해 처치의사라 할 것이나 특별한 사정이 없는 한 처치의사가 아닌 주치의 또는 다른 의사를 통한 설명으로도 충분하다."

428) **대판** 2013. 2. 28, 2011**다**36848.

429) **대판** 2007. 5. 31, 2005**다**5867 "일반적으로 의사는 환자에게 수술 등 침습을 가하는 과정 및 그 후에 나쁜 결과 발생의 개연성이 있는 의료행위를 하는 경우 또는 사망 등의 중대한 결과 발생이 예측되는 의료행위를 하는 경우에 있어서 응급환자의 경우나 그 밖에 특단의 사정이 없는 한 진료계약상의 의무 내지 침습 등에 대한 승낙을 얻기 위한 전제로서 당해 환자나 그 법정대리인에게 질병의 증상, 치료방법의 내용 및 필요성, 발생이 예상되는 위험 등에 관하여 당시의 의료수준에 비추어 상당하다고 생각되는 사항을 설명하여 당해 환자가 그 필요성이나 위험성을 충분히 비교해 보고 그 의료행위를 받을 것인가의 여부를 선택할 수 있도록 할 의무가 있고, 의사의 설명의무는 그 의료행위에 따르는 후유증이나 부작용 등의 위험 발생 가능성이 희소하다는 사정만으로 면제될 수 없으며, 그 후유증이나 부작용이 당해 치료행위에 전형적으로 발생하는 위험이거나 회복할 수 없는 중대한 것인 경우에는 그 발생가능성의 희소성에도 불구하고 설명의 대상이 된다."; **대판** 2013. 6. 27, 2010**다**96010·96027 "의사는 환자에게 수술 등 침습을 가하는 과정 및 그 후에 나쁜 결과 발생의 개연성이 있는 의료행위를 하는 경우 또는 사망 등의 중대한 결과 발생이 예측되는 의료행위를 하는 경우, 응급환자라는 등의 특별한 사정이 없는 한 진료계약상의 의무 내지 침습 등에 대한 승낙을 얻기 위한 전제로서 환자나 그 법정대리인에게 질병의 증상, 치료방법의 내용 및 필요성, 발생이 예상되는 위험 등에 관하여 당시의 의료수준에 비추어 상당하다고 생각되는 사항을 설명하여 환자가 그 필요성이나 위험성을 충분히 비교해 보고 그 의료행위를 받을 것인가의 여부를 선택할

의료인의 설명이 환자로 하여금 의학지식 및 기술상 합리적인 진료행위를 비합리적인 근거로 거부하게 하는 결과를 초래할 염려가 있다는 사정만으로는 설명의무가 면제된다고 할 수 없다.[430] 또한 환자가 의료인으로부터 올바른 설명을 들었더라도 수술에 동의하였을 것이라는 이른바 가정적 승낙에 의한 의료인의 면책은 의료인 측의 항변사항으로서 환자의 승낙이 명백히 예상되는 경우에만 허용된다.[431]의료인뿐 아니라 약사가 의약품을 제조판매하는 경우[432]에도 약사의 설명의무를 인정하고, 한약업사가 한약재를 판매하는 경우에도 한약업사의 설명의무를 인정한다.[433]

수 있도록 할 의무가 있다. 의사의 설명의무는 의료행위에 따르는 후유증이나 부작용 등의 위험 발생 가능성이 희소하다는 사정만으로 면제될 수 없고, 후유증이나 부작용이 당해 치료행위에 전형적으로 발생하는 위험이거나 회복할 수 없는 중대한 것인 경우에는 그 발생가능성의 희소성에도 불구하고 설명의 대상이 된다."

430) **대판 1995. 1. 20, 94다3421** "의사의 설명이 환자로 하여금 의학지식 및 기술상 합리적인 진료행위를 비합리적인 근거로 거부하게 하는 결과를 초래할 염려가 있다는 사정만으로는 의사의 설명의무가 면제된다고 할 수 없는 것이고, 또 기록상 의사의 후유증 위험에 대한 설명이 원고를 직접적으로 위태롭게 하는 신체적, 정신적 반응 또는 치료목적을 좌절시키는 반응을 일으킬 염려가 있었다고 인정할 만한 증거를 찾아볼 수 없으므로, 위와 같은 염려가 있었음을 전제로 하여 이른바 의사의 치료특권의 차원에서 설명의무가 면제되어야 한다는 소론 주장도 받아들일 수 없는 것이다."

431) **대판 1995. 1. 20, 94다3421; 대판 2002. 1. 11, 2001다27449.**

432) **대판 2002. 1. 11, 2001다27449** "환자에 대한 수술은 물론, 치료를 위한 의약품의 투여도 신체에 대한 침습(침습)을 포함하는 것이므로, 의사는 긴급한 경우 기타의 특별한 사정이 없는 한, 그 침습에 대한 승낙을 얻기 위한 전제로서 환자에 대하여 질환의 증상, 치료방법 및 내용, 그 필요성, 예후 및 예상되는 생명, 신체에 대한 위험성과 부작용 등, 환자의 의사결정을 위하여 중요한 사항에 관하여 사전에 설명함으로써 환자로 하여금 투약에 응할 것인가의 여부를 스스로 결정할 기회를 가지도록 할 의무가 있고, 이러한 설명을 아니한 채 승낙 없이 침습한 경우에는, 설령 의사에게 치료상의 과실이 없는 경우에도 환자의 승낙권을 침해하는 위법한 행위가 된다고 할 것이고(대법원 1994. 4. 15. 선고 92다25885 판결 참조), 투약에 있어서 요구되는 의사의 이러한 설명의무는 약사가 의약품을 조제하여 판매함으로써 환자로 하여금 복용하도록 하는 경우에도 원칙적으로 적용된다고 봄이 상당하다고 할 것이다."

433) **대판 2002. 12. 10, 2001다56904** "한약업사 제도의 취지 및 한약재의 특성에 비추어 볼 때, 한약업사는 한약재의 성분과 효능 및 용법 등에 관한 전문적 지식을 가진 자이므로 적어도 그 용법이나 용량이 어떠한지에 따라 인체에 치명적인 결과를 초래할 수도 있는 한약재를 일반인에게 판매함에 있어서는, 신의칙상 매수인에게 그 효능 내지 위험성과 안전한 용법 등을 상세히 알려 줌으로써 매수인 등으로 하여금 그 복용 여부나 복용방법에 관하여 스스로 선택, 결정할 기회를 가지도록 할 의무가 있다고 보아야 할 것이고, 만일 이러한 의무를 다하지 아니하여 한약재의 매수인 등이 잘못된 복용방법을 선택함으로써 그 생명 또는 신체의 위험이 초래된 경우에는 위와 같은 선택 내지 결정권을 침해하는

3. 설명의무의 주체 및 그 범위

설명의무의 주체는 원칙적으로 당해 처치의사라 할 것이나 특별한 사정이 없는 한 처치의사가 아닌 주치의 또는 다른 의사를 통한 설명으로도 충분하다.[434] 이때 설명은 추상적인 주의사항의 고지나 약품설명서에 부작용에 관한 일반적 주의사항이 기재되어 있다는 것만으로는 충분하지 않고 구체적으로 이루어져야 한다.[435]

4. 면 책

환자가 의료인으로부터 올바른 설명을 들었더라도 의료행위(수술, 투약 등)에 동의하였을 것이라는 이른바 가정적 승낙에 의한 의료인의 면책은 의료인 측의 항변사항으로서 환자의 승낙이 명백히 예상되는 경우에만 허용된다.[436]

위법한 행위가 된다고 할 것이고, 그러한 위법한 행위와 복용자에게 발생된 생명, 신체의 위험 사이에 상당인과관계가 있는 경우에는 한약업사가 그 위험 발생으로 인한 모든 손해를 배상할 의무를 지는 것이지만, 그렇지 아니한 경우에는 복용자가 선택의 기회를 잃고 복용 여부나 복용방법에 관한 자기결정권을 행사할 수 없게 된 데 대하여 위자료의 지급을 구할 수 있을 뿐이다."

434) **대판 1999. 9. 3, 99다10479** "일반적으로 의사는 환자에게 수술 등 침습을 가하는 과정 및 그 후에 나쁜 결과 발생의 개연성이 있는 의료행위를 하는 경우 또는 사망 등의 중대한 결과 발생이 예측되는 의료행위를 하는 경우에 있어서 진료계약상의 의무 내지 침습 등에 대한 승낙을 얻기 위한 전제로서 당해 환자나 그 법정대리인에게 질병의 증상, 치료 방법의 내용 및 필요성, 발생이 예상되는 위험 등에 관하여 당시의 의료수준에 비추어 상당하다고 생각되는 사항을 설명하여 당해 환자가 그 필요성이나 위험성을 충분히 비교해 보고 그 의료행위를 받을 것인가의 여부를 선택할 수 있도록 할 의무가 있는 것이지만, 의사에게 당해 의료행위로 인하여 예상되는 위험이 아니거나 당시의 의료수준에 비추어 예견할 수 없는 위험에 대한 설명의무까지 부담하게 할 수는 없으며, 설명의무의 주체는 원칙적으로 당해 처치의사라 할 것이나 특별한 사정이 없는 한 처치의사가 아닌 주치의 또는 다른 의사를 통한 설명으로도 충분하다."

435) **대판 2005. 4. 29, 2004다64067** "시각이상 등 그 복용 과정에 전형적으로 나타나는 중대한 부작용을 초래할 우려가 있는 약품을 투여함에 있어서 그러한 부작용의 발생 가능성 및 그 경우 증상의 악화를 막거나 원상으로 회복시키는 데에 필요한 조치사항에 관하여 환자에게 고지하는 것은 약품의 투여에 따른 치료상의 위험을 예방하고 치료의 성공을 보장하기 위하여 환자에게 안전을 위한 주의로서의 행동지침의 준수를 고지하는 진료상의 설명의무로서 진료행위의 본질적 구성부분에 해당한다 할 것이고, 이때 요구되는 설명의 내용 및 정도는, 비록 그 부작용의 발생가능성이 높지 않다 하더라도 일단 발생하면 그로 인한 중대한 결과를 미연에 방지하기 위하여 필요한 조치가 무엇인지를 환자 스스로 판단, 대처할 수 있도록 환자의 교육정도, 연령, 심신상태 등의 사정에 맞추어 구체적인 정보의 제공과 함께 이를 설명, 지도할 의무가 있다."

5. 증명책임

의료인의 설명의무의 위반의 증명책임은 환자에게 있지 않다. 즉 설명의무를 다 하였다는 것을 의료인 측에서 증명하여야 한다.437)

6. 설명의무 위반

의료인 등이 설명을 하지 않고 환자 측의 승낙 없이 침습한 경우에는 설사 의료인에게 치료상의 과실이 없는 경우에도 환자의 승낙권을 침해하는 위법한 행위가 된다.438)

---

436) **대판 1995. 1. 20, 94다3421 ; 대판 2002. 1. 11, 2001다27449** "환자가 올바른 설명을 들었더라도 투약에 동의하였을 것이라는 이른바 가정적 승낙에 의한 면책은 항변사항으로서 환자의 승낙이 명백히 예상되는 경우에만 허용된다." ; **대판 2015. 10. 29, 2014다22871** "환자가 의사로부터 설명을 듣지 아니하였지만 만약 올바른 설명을 들었더라도 의료행위에 동의하였을 것이라는 이른바 가정적 승낙에 의한 면책은 항변사항으로서, 환자의 승낙이 명백히 예상되는 경우에만 예외적으로 허용된다."

437) **대판 2007. 5. 31, 2005다5867** "설명의무는 침습적인 의료행위로 나아가는 과정에서 의사에게 필수적으로 요구되는 절차상의 조치로서, 그 의무의 중대성에 비추어 의사로서는 적어도 환자에게 설명한 내용을 문서화 하여 이를 보존할 직무수행상의 필요가 있다고 보일 뿐 아니라, 응급의료에 관한 법률 제9조, 같은 법 시행규칙 제3조 및 [서식] 1에 의하면, 통상적인 의료행위에 비해 오히려 긴급을 요하는 응급의료의 경우에도 의료행위의 필요성, 의료행위의 내용, 의료행위의 위험성 등을 설명하고 이를 문서화한 서면에 동의를 받을 법적 의무가 의료종사자에게 부과되어 있는 점, 의사가 그러한 문서에 의해 설명의무의 이행을 증명하기는 매우 용이한 반면 환자측에서 설명의무가 이행되지 않았음을 증명하기는 성질상 극히 어려운 점 등에 비추어, 특별한 사정이 없는 한 의사측에 설명의무를 이행한 데 대한 증명책임이 있다고 해석하는 것이 손해의 공평·타당한 부담을 그 지도원리로 하는 손해배상제도의 이상 및 법체계의 통일적 해석의 요구에 부합한다."

438) **대판 1998. 2. 13, 96다7854** "의사는 응급환자의 경우나 그 밖의 특별한 사정이 없는 한, 환자에게 수술 등 인체에 위험을 가하는 의료행위를 함에 있어 그에 대한 승낙을 얻기 위한 전제로서, 당해 환자에 대하여 사전에 질병의 증상, 치료 방법의 내용 및 필요성, 예후 및 예상되는 생명, 신체에 대한 위험과 부작용 등에 관하여 당시의 의료수준에 비추어 상당하다고 생각되는 사항을 설명함으로써 환자로 하여금 수술이나 투약에 응할 것인가의 여부를 스스로 결정할 기회를 가지도록 할 의무가 있고, 이와 같은 의사의 설명의무는 그 예상되는 생명, 신체에 대한 위험과 부작용 등의 발생가능성이 희소하다는 사정만으로는 면제될 수 없으며, 위험과 부작용 등이 당해 치료행위에 전형적으로 발생하는 위험이거나 회복할 수 없는 중대한 경우에는 그 발생가능성의 희소성에도 불구하고 설명의 대상이 된다고 보아야 하고, 이러한 설명을 하지 아니한 채 환자의 승낙 없이 의료행위를 한 경우에는, 설령 의사에게 치료상의 과실이 없는 경우에도 그 의료행위는 환자의 승낙권을 침해하는 위법한 행위가 된다."; **대판 2002. 1. 11, 2001다27449** "설명의무를 위반한 채 수술이나 투약을 하여 환자에게 사망 등의 중대한 결과가 발생한 경우에

환자측에서 선택의 기회를 잃고 자기결정권을 행사할 수 없게 된 데 대하여 위자료만을 청구하는 경우에는 설명결여 내지 부족으로 선택의 기회를 상실하였다는 사실만을 입증함으로써 족하나, 위자료만이 아닌 전 손해의 배상을 구하는 경우에는 그 설명의무의 위반이 구체적 치료과정에서 요구되는 의사의 주의의무의 위반과 동일시할 정도의 것이어야 하고 그러한 위반행위와 환자의 사망과의 사이에 인과관계가 존재함이 입증되어야 한다."; **대판** 2007. 5. 31, 2005다5867; **대판** 2013. 4. 26, 2011다29666 "의사의 환자에 대한 설명의무가 수술 시에만 한하지 않고, 검사, 진단, 치료 등 진료의 모든 단계에서 각각 발생한다 하더라도, 설명의무 위반에 대하여 의사에게 위자료 등의 지급의무를 부담시키는 것은 의사가 환자에게 제대로 설명하지 아니한 채 수술 등을 시행하여 환자에게 예기치 못한 중대한 결과가 발생하였을 경우에 의사가 그 행위에 앞서 환자에게 질병의 증상, 치료나 진단방법의 내용 및 필요성과 그로 인하여 발생이 예상되는 위험성 등을 설명하여 주었더라면 환자가 스스로 자기결정권을 행사하여 그 의료행위를 받을 것인지를 선택함으로써 중대한 결과의 발생을 회피할 수 있었음에도 불구하고 의사가 설명을 하지 아니하여 그 기회를 상실하게 된 데에 따른 정신적 고통을 위자하는 것이므로, 설명의무 위반으로 인하여 지급할 의무가 있는 위자료에는, 설명의무 위반이 인정되지 않은 부분과 관련된 자기결정권 상실에 따른 정신적 고통을 위자하는 금액 또는 중대한 결과의 발생 자체에 따른 정신적 고통을 위자하는 금액 등은 포함되지 아니한다고 보아야 한다. 그리고 의료행위로 인하여 환자에게 나쁜 결과가 발생하였는데 의사의 진료상 과실은 인정되지 않고 설명의무 위반만 인정되는 경우, 설명의무 위반에 대한 위자료의 명목 아래 사실상 재산적 손해의 전보를 꾀하여서는 아니 된다."

제 5 장
불법행위의 효과

제1절 서 론

Ⅰ. 손해배상청구권의 발생

민법은 불법행위가 성립하면 그 효과로서 피해자는 가해자에 대하여 손해배상청구권을 갖고 가해자는 손해배상책임을 부담하는 것으로 한다(제750조). 즉 불법행위의 효과로서 피해자는 가해자에 대하여 "손해배상채권"을 갖게 되는데 이 점에서 사무관리 및 부당이득과 마찬가지로 법정채권에 속한다. 손해배상은 금전배상이 원칙(제763조, 제394조)이나 그 이외의 방법(제764조)도 가능하다. 여기의 '손해'는 크게 재산적 손해와 비재산적 손해(제751조, 제752조)로 나눌 수 있다.

Ⅱ. 침해정지 및 예방청구

불법행위에 있어서 그 효과로서 손해배상청구 이외에 침해행위의 정지 또는 예방을 청구할 수 있는가가 문제이다. 민법은 이에 대하여 아무런 규정도 두고 있지 않으며 학설은 다음과 같이 견해가 대립되어있다. ① 이는 입법정책의 문제라고 하면서 우리 법제도 일정한 경우, 즉 물권침해(제206조, 제214조), 지적재산권의 침해, 생활방해금지의무(제217조)에서는 방해배제도 인정하고 있다는 견해,[439] ② 불법행위는 이미 손해가 발생한 경우에 그 손해를 전보해 주는 제도이기 때문에, 법률상 또는 이론상 방해의 배제나 예방의 청구가 인정되지 않는 한 '불법행위의 효과로서' 이들이 인정될 수 없다는 견해,[440] ③ 불법행위에 있어서도 생명·신체·건강 또는 명예의 훼손을 방지하기 위하여 이와 같은 청구권이 인정되어야 한다는 견해,[441] ④ 피침해이익의 보호방법으로서 유익할 때에는 이를 인정함이 타당하다는 견해[442] 등으로 나뉘어 있다.

439) 곽윤직, 446면; 그 외에 인격권침해 시에는 특별한 입법은 없으나 인정하고 있다고 한다.
440) 송덕수, 채권법각론, 603면.
441) 김형배, 민법학강의, 1655면.

한편 판례는 부작위(留止)청구권을 인정하고 있다.[443]

---

442) 김상용, 채권각론, 851면.

443) **대결 2005. 1. 17, 2003마1477** "명예는 생명, 신체와 함께 매우 중대한 보호법익이고 인격권으로서의 명예권은 물권의 경우와 마찬가지로 배타성을 가지는 권리라고 할 것이므로 사람의 품성, 덕행, 명성, 신용 등의 인격적 가치에 관하여 사회로부터 받는 객관적인 평가인 명예를 위법하게 침해당한 자는 손해배상(민법 제751조) 또는 명예회복을 위한 처분(민법 제764조)을 구할 수 있는 이외에 인격권으로서 명예권에 기초하여 가해자에 대하여 현재 이루어지고 있는 침해행위를 배제하거나 장래에 생길 침해를 예방하기 위하여 침해행위의 금지를 구할 수도 있다. 그러나 언론·출판 등의 표현행위에 의하여 명예의 침해를 초래하는 경우에는 인격권으로서의 개인의 명예보호와 표현의 자유가 충돌하고 그 조정이 필요하므로 어떠한 경우에 인격권의 침해행위로서 이를 규제할 수 있는지에 관하여는 헌법상 신중한 고려가 필요하다(대법원 2004. 2. 27. 선고 2001다53387 판결 참조). 따라서 표현행위에 대한 사전억제는 표현의 자유를 보장하고 검열을 금지하는 헌법 제21조 제2항의 취지에 비추어 엄격하고 명확한 요건을 갖춘 경우에만 허용된다고 할 것인바, 출판물에 대한 발행·판매 등의 금지는 위와 같은 표현행위에 대한 사전억제에 해당하고, 그 대상이 종교단체에 관한 평가나 비판 등의 표현행위에 관한 것이라고 하더라도 그 표현행위에 대한 사전금지는 원칙적으로 허용되어서는 안 될 것이지만, 다만 그와 같은 경우에도 그 표현내용이 진실이 아니거나, 그것이 공공의 이해에 관한 사항으로서 그 목적이 오로지 공공의 이익을 위한 것이 아니며, 또한 피해자에게 중대하고 현저하게 회복하기 어려운 손해를 입힐 우려가 있는 경우에는 그와 같은 표현행위는 그 가치가 피해자의 명예에 우월하지 아니하는 것이 명백하고, 또 그에 대한 유효적절한 구제수단으로서 금지의 필요성도 인정되므로 이러한 실체적인 요건을 갖춘 때에 한하여 예외적으로 사전금지가 허용된다고 할 것이다. 그리고 이러한 사전금지를 명하는 가처분은 임시의 지위를 정하기 위한 가처분에 해당하므로 그 심리절차에서 원칙적으로 변론기일 또는 채무자가 참석할 수 있는 심문기일을 열어 표현내용의 진실성 등의 주장·증명의 기회를 주어야 하는 것이지만, 그와 같은 기일을 열어 심리하면 가처분을 신청한 목적을 달성할 수 없는 사정이 있는 경우에 한하여 예외적으로 그와 같은 절차를 거치지 아니하고 가처분 결정을 할 수 있으나(민사집행법 제304조), 그와 같은 예외적인 사정이 있는지의 여부는 표현행위의 사전억제라고 하는 결과의 중대성에 비추어 일반적인 임시의 지위를 정하기 위한 가처분보다 더욱 신중하게 판단되어야 할 것이다."; **대판 2011. 10. 13, 2010다63720** "[1] 일반 공중의 통행에 제공된 도로를 통행하고자 하는 자는, 그 도로에 관하여 다른 사람이 가지는 권리 등을 침해한다는 등의 특별한 사정이 없는 한, 일상생활상 필요한 범위 내에서 다른 사람들과 같은 방법으로 도로를 통행할 자유가 있고, 제3자가 특정인에 대하여만 도로의 통행을 방해함으로써 일상생활에 지장을 받게 하는 등의 방법으로 특정인의 통행 자유를 침해하였다면 민법상 불법행위에 해당하며, 침해를 받은 자로서는 그 방해의 배제나 장래에 생길 방해를 예방하기 위하여 통행방해 행위의 금지를 소구할 수 있다고 보아야 한다. [2] 갑이 일반인들의 통행에 제공되어 온 도로에 토지관리소를 축조하고 개폐식 차단기를 설치한 다음 자동차 운전자들에게 행선지 및 방문목적 등을 확인한 후 차단기를 열어 통행할 수 있게 하면서 을 등이 운행하는 자동차에 대하여는 통행을 금지한 사안에서, 갑의 을 등에 대한 통행방해 행위는 을 등의 통행의 자유를 침해하는 것이므로, 을 등으로서는 갑에게 도로에 대한 통행방해 행위의 금지를 구할 수 있다고 본 원심판단을 정당하다고 한 사례."; **대판 2021. 3. 11, 2020다229239** "불특정 다수인인 일반 공중의 통행에 공용된 도로, 즉 공로(공로)를 통행하고자 하는 자는 그

제2절 손해배상청구권

Ⅰ. 손해 및 손해배상

1. 손해의 의의

손해란 일반적으로 불법행위로 인하여 발생된 재산상의 불이익을 말한다. 학설은 손해를 차액설과 구체적 손해설(현실적 손해설)로 나누어져 있다. 통설은 「차액설」에 따라 손해를 설명하고 있다. 판례도 통설과 같다. 즉 「가해원인이 없었더라면 존재하였을 이익상태와 가해가 행하여진 현재의 이익상태와의 차」가 재산적 손해 내지 불이익이라고 한다.[444] 한편 「구체적 손해설」은 법익에 대한 구체적

도로에 관하여 다른 사람이 가지는 권리 등을 침해한다는 등의 특별한 사정이 없는 한, 일상생활상 필요한 범위 내에서 다른 사람들과 같은 방법으로 그 도로를 통행할 자유가 있고, 제3자가 특정인에 대하여만 그 도로의 통행을 방해함으로써 일상생활에 지장을 받게 하는 등의 방법으로 특정인의 통행의 자유를 침해하였다면 민법상 불법행위에 해당하며, 침해를 받은 자로서는 방해의 배제나 장래에 생길 방해를 예방하기 위하여 통행방해 행위의 금지를 소구할 수 있다."

444) 곽윤직, 106면 ; **대판(전) 1992. 6. 23, 91다33070** "불법행위로 인한 재산상 손해는 위법한 가해행위로 인하여 발생한 재산상 불이익, 즉 그 위법행위가 없었더라면 존재하였을 재산상태와 그 위법행위가 가해진 현재의 재산상태의 차이를 말하는 것이고, 그것은 기존의 이익이 상실되는 적극적 손해의 형태와 장차 얻을 수 있을 이익을 얻지 못하는 소극적 손해의 형태로 구분된다." ; **대판 1998. 9. 22, 98다2631** "불법행위로 인한 재산상 손해는 위법한 가해행위로 인하여 발생한 재산상 불이익, 즉 그 위법행위가 없었더라면 존재하였을 재산 상태와 그 위법행위가 가해진 현재의 재산 상태의 차이를 말하는 것이므로, 무효인 소유권이전등기를 유효한 등기로 믿고 그 경매절차에서 이를 경락받았다면 그를 위하여 출연한 금액 즉 경락대금과 그 이후 소유권이전등기를 하는 데 들어간 등록세와 등기비용은 소유권이전등기말소등기청구의 소가 제기되었음에도 수소법원이 예고등기의 촉탁을 하지 아니한 불법행위와 상당인과관계 있는 손해로 볼 수 있다."; **대판 2009. 9. 10, 2009다30762** "불법행위로 인한 재산상 손해는 위법한 가해행위로 인하여 발생한 재산상 불이익, 즉 그 위법행위가 없었더라면 존재하였을 재산상태와 그 위법행위가 가해진 현재의 재산상태의 차이를 말하는 것이므로, 위법행위가 있었다 하더라도 그로 인한 재산상태와 그 위법행위가 없었더라면 존재하였을 재산상태 사이에 차이가 없다면 다른 특별한 사정이 없는 한 위법행위로 인한 손해가 발생하였다고 할 수 없다."

불이익이 손해라고 한다.[445] 그리고 「일정한 원인(채무불이행, 불법행위, 기타)에 의하여 피해자가 입은 불이익」을 손해라고 이해하는 견해도 있다.[446] 이 견해는 불법행위로 인하여 발생된 재산상의 불이익에는 재산적인 것과 비재산적인 것이 있는바, 재산적인 것은 차액설로 설명되고 계산될 수 있으나 비재산적인 것은 그럴 수 없어 손해 전체를 차액설로 설명하는 것은 적절하지 않다고 한다.

2. 규범적 손해

손해가 개개의 피해자에게 귀속되지 않고 타인이나 사회보장담당자에게 전가되는 경우가 많아짐으로써 전통적인 차액설로는 손해를 인식할 수 없는 상황이 발생하게 됨에 따라 손해를 규범적으로 파악해야 한다는 견해가 대두되었다. 즉 차액설이나 현실적 손해로 설명될 수 없는 손해가 있다는 것이다. 예컨대 어떤 노동자가 교통사고를 당하여 신체침해를 당했다. 이 경우 치료비는 의료보험에 의하여 지급받고, 그가 노무제공을 하지 못하였음에도 임금을 지급받았다면 손해가 없는 것인가? 이렇게 피해자의 재산상태가 피해 전후에 차이가 없는 경우에도 손해가 존재하는 것으로 하는데 이를 규범적 손해(Normativer Schaden)라고 한다. 이 설에 의하면 현실적인 소득의 감소 내지 상실을 손해의 기초로 보지 아니하고 노동능력의 상실 내지 상실비율 그 자체를 손해로 보며,[447] 현실적인 소득은 그 산

---

445) 김상용, 채권각론, 155면.

446) 송덕수, 채권법총론, 159면.

447) **대판 1990. 11. 23, 90다카21022** "타인의 불법행위로 인하여 상해를 입고 노동능력의 일부를 상실한 경우에 피해자가 입은 일실이익의 산정방법에 대하여서는 일실이익의 본질을 불법행위가 없었더라면 피해자가 얻을 수 있는 소득의 상실로 보아 불법행위 당시의 소득과 불법행위 후의 향후 소득과의 차액을 산출하는 방법(소득상실설 또는 차액설)과 일실이익의 본질을 소득창출의 근거가 되는 노동능력의 상실 자체로 보고 상실된 노동능력의 가치를 사고 당시의 소득이나 추정소득에 의하여 평가하는 방법(가동능력 상실설 또는 평가설)의 대립이 있는데, 당해 사건에 현출된 구체적 사정을 기초로 하여 합리적이고 객관성 있는 기대수익액을 산정할 수 있으면 족한 것이고 반드시 어느 하나의 산정방법만을 정당한 것이라고 고집해서는 안된다고 할 것이지만 사고 전후에 있어서의 현실적인 소득의 차액이 변론과정에서 밝혀지지 않고 있는 경우에는 앞에서 본 차액설의 방법에 의하여 일실이익을 산정하는 것은 불가능하고 평가설의 방법에 의하여 산정하는 것이 합리적이고 정의와 형평에도 합당하다. 일실이익의 산정을 피해자의 가동능력상실률의 인정평가의 방법에 의할 경우 그 가동능력 상실률을 정함에 있어 그 상실률은 단순한 의학적 신체기능장애율이 아니라 피해자의 연령, 교육정도, 종전 직업의 성질과 직업경력 및 기능 숙련정도, 신체기능장애 정도 및 유사직종이나 타 직종에의 전업 가능성과

정을 위한 참고자료에 지나지 않는다.

이 규범적 손해가 인정되기 위해서는 다음의 두 요건이 필요하다. 첫째 피해가 가해자에 의해서가 아니고 다른 방법(의료보험 등)으로 전보되어 피해자에게 재산적 손실이 존재하지 않아야 한다. 둘째 그러한 전보에 의하여 가해자가 면책되지 않아야 하는 법적인 평가가 인정되어야 한다.[448)]

3. 손해의 종류

손해는 여러 가지 기준에 따라 그 모습이 다양하다. 다음과 같이 손해의 종류를 나눌 수 있다.

(1) 재산적 손해와 비재산적 손해

재산적 손해와 비재산적 손해를 구별하는 기준은 침해되는 법익이 무엇이냐이다. 즉 재산에 관하여 생긴 손해가 재산적 손해이고, 생명·신체·자유·명예 등의 비재산적 법익에 관하여 생긴 손해가 비재산적 손해라고 하는 견해[449)]가 있다. 그리고 침해행위의 결과로서 발생하는 손해가 재산적인 것인 경우에는 재산적 손해이고, 침해행위의 결과 발생하는 손해가 비재산적인 것인 경우에는 비재산적 손해라고 하는 견해[450)]가 있다. 한편 판례는 후자의 견해를 따르고 있다.[451)] 일반적

그 확률 기타 사회적, 경제적 조건 등을 모두 참작하여 경험칙에 따라 정하여지는 수익상실률로서 법관의 자의가 배제된 합리적이고 객관성 있는 것이어야 한다."; **대판 2003. 10. 10, 2001다70368** "노동능력상실율은 단순한 의학적 신체기능장애율이 아니라 피해자의 연령, 교육 정도, 종전직업의 성질과 직업경력 및 기능숙련 정도, 신체기능장애 정도, 유사 직종이나 타직종에의 전업가능성과 그 확률, 기타 사회적·경제적 조건을 모두 참작하여 경험칙에 따라 정한 수익상실율로서 법관의 자의가 배제된 합리적이고 객관성 있는 것이라야 한다."; 윤석찬, "신체침해에 따른 비재산적 침해배상에 관한 법리", 법조 통권634호, 2009; 박동진, "손해배상액의 산정", 민사법학 36호, 2007.

448) Brox, Allgemeiner Teil des Bürgerliches Gesetzbuchs, 15.Aufl., 1991, S. 186.

449) 곽윤직, 107면.

450) 김상용, 채권각론, 156면.

451) **대판(전) 1992. 6. 23, 91다33070** "불법행위로 인한 재산상 손해는 위법한 가해행위로 인하여 발생한 재산상 불이익, 즉 그 위법행위가 없었더라면 존재하였을 재산상태와 그 위법행위가 가해진 현재의 재산상태의 차이를 말하는 것이고, 그것은 기존의 이익이 상실되는 적극적 손해의 형태와 장차 얻을 수 있을 이익을 얻지 못하는 소극적 손해의 형태로 구분된다."; **대판 1996. 2. 9, 91다33070**; **대판 1998. 9. 22, 98다2631**; **대판 2014. 1. 23, 2012다53048** "갑이 을 지방자치단체의 산지전용허가를 신뢰하여 임야에 대한 소유권을 취득하였으나 산지전용허가의 효력이 발생하지 아니하여 건물을 신축할 수 없게 되자

으로 비재산적 손해를 정신적 손해라고도 한다(그러나 '정신적 손해'라는 표현은 정확하지 않다. 왜냐하면 비재산적 손해에는 순수한 정신적 손해[심리적 고통]만 있는 것이 아니고 실제로 느끼는 신체적 고통도 있기 때문이다). 비재산적 손해에 대한 배상을 위자료(慰藉料)라고 한다.

(2) 적극적 손해와 소극적 손해

불법행위로부터 발생한 손해에는 위에서 설명한 것처럼 재산적 손해와 비재산적 손해(정신적 손해라고도 한다)로 구분되고, 다시 재산적 손해에는 적극적 손해와 소극적 손해로 구별된다. 손해 가운데 기존의 이익의 멸실 또는 감소로 인하여 발생한 불이익이 적극적 손해이고, 장래에 얻을 수 있는 이익을 얻지 못함으로 인하여 생긴 불이익(逸失利益)이 소극적 손해이다. 예컨대 어떤 물건이 멸실된 경우 그 물건이 가지고 있던 가치, 또는 어떤 사람이 사고로 상해를 입어서 치료한 경우 그 치료비 등이 적극적 손해이고, 어떤 물건을 전매하여 얻을 수 있었던 이익을 얻지 못한 경우 그 잃게 된 이익, 어떤 사람이 상해를 입어 노동수입상실이 있는 경우 그 상실이익 등이 소극적 손해이다.

이렇게 불법행위로 인한 손해는 재산에 대해 피해를 준 "재산적 손해"와 정신상(생명·신체·자유·명예 등) 고통을 준 '비재산적 손해(정신적 손해)'로 나눌 수 있고, 다시 '재산적 손해'는 재산에 대해 기존의 이익의 멸실 또는 감소를 주는 「적극적 손해」와 장래의 이익의 획득이 방해됨으로써 받는 손실인 「소극적 손해」의 둘로 나눠진다. 따라서 불법행위로 인한 손해에는 적극적 손해, 소극적 손해, 비재산적 손해(정신적 손해)의 세 가지가 된다. 이를 「손해 3분설」이라고 한다. 판례도 불법행위로 인한 손해배상 사건에서 손해를 「손해 3분설」에 따라 판단하고 있다.[452)]

을을 상대로 손해배상을 구한 사안에서, 갑이 입은 시가차액 상당의 통상적인 손해는 임야를 매수하는 데 실제로 지출한 매매대금 범위 내에서 산지전용허가가 종국적으로 유효할 경우의 시가와 산지전용허가가 이루어지지 아니한 경우의 임야에 대한 매수 당시의 정상적인 시가의 차액이다."

452) **대판 1976. 10. 12, 76다1313** "불법행위로 말미암아 신체의 상해를 입었기 때문에 가해자에게 대하여 손해배상을 청구할 경우에 있어서는 그 소송물인 손해는 통상의 치료비 따위와 같은 적극적 재산상 손해와 일실수익 상실에 따르는 소극적 재산상 손해 및 정신적 고통에 따르는 정신적 손해(위자료)의 3가지로 나누어진다고 볼 수 있고 일실수익상실로 인한 소극적 재산상 손해로서는 예를들면 일실노임 일실상여금 또는 후급적 노임의 성질을 딴 일실퇴직금 따위가 모두 여기에 포함된다."

적극적 손해와 소극적 손해의 구별실익은 적극적 손해는 통상손해(제393조 제1항)가 되고, 소극적 손해는 특별손해(제393조 제2항)가 되는 경우가 많다는 데 있다.

판례도 이 두 손해의 구별을 인정한다.[453]

(3) 이행이익과 신뢰이익

제535조에서 이행이익의 배상과 신뢰이익의 배상을 구별한다. 이 경우 이행이익(적극적 이익)의 손해는 법률행위 특히 계약이 이행되지 않음으로써 생긴 손해이다. 신뢰이익(소극적 이익)의 손해는 법률행위의 유효를 믿음으로써 생긴 손해이다. 이행이익은 법률행위가 유효한데 이행되지 않는 경우에 문제되고, 신뢰이익은 계약이 무효로 된 경우(원시적 불능, 착오로 인한 취소에 의하여 무효로 된 경우 등)에 문제된다.

이행이익(예, 인도할 물건의 가치)은 법률행위가 이행되었으면 있었을 재산 상태에서 피해자의 현재의 재산 상태를 빼는 방법으로 계산한다. 그리고 신뢰이익(예, 계약체결비용, 계약서작성비용 등)은 피해자가 문제되는 법률행위에 관하여 몰랐었더라면 있었을 재산 상태에서 현재의 재산 상태를 빼는 방법으로 계산한다. 일반적으로 이행이익이 신뢰이익보다 크다. 그러나 어떤 계약이 유효하다고 믿음으로써 더 유리한 계약의 체결을 거절한 때에는 신뢰이익이 이행이익보다 큰 경우도 있다. 그러한 경우에는 이행이익의 한도에서 신뢰이익을 배상하도록 하여야 한다. 그러지 않으면 채무불이행을 한 자는 그가 이행한 경우보다 더 큰 손실을 입게 되어 부당하기 때문이다. 민법은 원시적 불능에 있어서 계약체결상의 과실책임으로 신뢰이익의 배상을 인정하면서 이와 같은 취지를 명문으로 규정하고 있다(제535조 제1항 단서). 판례도 같은 취지이다.[454]

---

453) **대판(전)** 1992. 6. 23, 91**다**33070 ; **대판** 1998. 7. 10, 96**다**38971 "불법행위로 인한 재산상 손해는 위법한 가해행위로 인하여 발생한 재산상 불이익, 즉 그 위법행위가 없었더라면 존재하였을 재산 상태와 그 위법행위가 가해진 현재의 재산 상태의 차이를 말하는 것이고, 그것은 기존의 이익이 상실되는 적극적 손해의 형태와 장차 얻을 수 있을 이익을 얻지 못하는 소극적 손해의 형태로 구분된다."

454) **대판** 2002. 6. 11, 2002**다**2539 ; **대판** 2003. 10. 23, 2001**다**75295 "채무불이행을 이유로 계약해제와 아울러 손해배상을 청구하는 경우에 그 계약이행으로 인하여 채권자가 얻을 이익 즉 이행이익의 배상을 구하는 것이 원칙이지만, 그에 갈음하여 그 계약이 이행되리라고 믿고 채권자가 지출한 비용 즉 신뢰이익의 배상을 구할 수도 있다고 할 것이고, 그 신뢰이익 중 계약의 체결과 이행을 위하여 통상적으로 지출되는 비용은 통상의 손해로서 상대방이 알았거나 알 수 있었는지의 여부와는 관계없이 그 배상을 구할 수 있고, 이를 초과하여

(4) 직접적 손해와 간접적 손해

직접적 손해는 침해된 법익 자체에 대한 손해(예, 신체침해 그 자체)이고, 법익침해의 결과로 생기는 손해를 간접적 손해(예, 신체침해로 인한 노동수입의 결손)라고 한다.

4. 손해의 배상

불법원인으로 인한 손해를 피해자 이외의 자가 전보(塡補 : 메워서 채워줌)하는 것을 손해의 배상이라 하고, 적법원인으로 인한 손실을 전보하는 것을 보상(補償)이라고 한다(예, 제216조 제2항 ; 제218조 제1항 ; 제219조 제2항 ; 제220조 제1항 ; 제226조 제2항 ; 제230조 제1항 ; 제261조 등).

Ⅱ. 손해배상청구권자

1. 의 의

(1) 피 해 자

불법행위에 의해 (재산적·정신적)손해를 입은 직접적 피해자는 가해자에게 그 배상을 청구할 수 있다(제750조). 그에 비하여 간접적 피해자(다른 자에 대한 침해의 결과로 피해를 입는 데 불과한 피해자)는 법률에 명문규정이 있는 경우에만 예외적으로 손해배상청구권을 갖는다(제752조 참조 ; 이설있음). 간접피해자에게 이를 인정하면 한계를 정할 수 없기 때문이다. 예컨대 타인에게 상해를 당하거나 재산의 멸실을 당한 자는 그 타인에게 손해배상청구권을 가진다. 그러나 살해당한 자의 친구는 배상청구권이 없다. 법인의 사회적 명성, 신용을 훼손하여 법인의 사회적 평가가 침해된 경우에 그 법인에 대하여 명예훼손이 성립하며,[455] 권리능력 없는 법인

지출되는 비용은 특별한 사정으로 인한 손해로서 상대방이 이를 알았거나 알 수 있었던 경우에 한하여 그 배상을 구할 수 있다."; **대판** 2007. 1. 25, 2004**다**51825 "채무불이행을 이유로 계약해제와 아울러 손해배상을 청구하는 경우 그 계약이행으로 인하여 채권자가 얻을 이익 즉 이행이익의 배상을 구하는 것이 원칙이고, 다만 일정한 경우에는 그 계약이 이행되리라고 믿고 채권자가 지출한 비용 즉 신뢰이익의 배상도 구할 수 있는 것이지만, 중복배상 및 과잉배상 금지원칙에 비추어 그 신뢰이익은 이행이익에 갈음하여서만 구할 수 있고, 그 범위도 이행이익을 초과할 수 없다."

455) **대판** 1996. 6. 28, 96**다**12696 "법인의 목적사업 수행에 영향을 미칠 정도로 법인의 사회적

에서도 같다.456)

(2) **위자료청구권자**

1) 불법행위에 의해 입은 손해에는 재산적 손해뿐만 아니라 비재산적 손해(정신적 손해)도 포함되어 비재산적 손해, 즉 정신적 손해를 입은 자는 이에 대한 배상청구권 즉 위자료청구권을 가진다. 제751조는 신체·자유·명예를 침해당하거나 기타 정신상 고통을 입은 자는 위자료청구권을 가지는 것으로 규정하고 있다. 그리고 제752조는 생명침해의 경우의 간접적 피해자인 일정한 유족에게 위자료청구권을 인정하고 있다. 제751조는 정신적 손해를 입은 직접적 피해자가 제750조에 의하여 위자료청구권을 행사할 수 있음을 주의적으로 규정하고 있는 것에 불과하지만,457) 제752조는 생명침해의 경우 간접적 피해자인 일정한 유족에게 위자료청구

명성, 신용을 훼손하여 법인의 사회적 평가가 침해된 경우에는 그 법인에 대하여 불법행위를 구성한다."; **대판 2008. 10. 9, 2006다53146** "민법 제751조 제1항은 불법행위로 인한 재산 이외의 손해에 대한 배상책임을 규정하고 있고, 재산 이외의 손해는 정신상 고통만을 의미하는 것이 아니라 그 외에 수량적으로 산정할 수 없으나 사회통념상 금전평가가 가능한 무형의 손해도 포함하므로, 법인의 명예나 신용을 훼손한 자는 그 법인에게 재산 이외의 손해에 대하여도 배상할 책임이 있다. 그런데, 법인의 명예나 신용을 훼손하는 행위에는 법인의 목적사업 수행에 영향을 미칠 정도로 법인의 사회적 평가를 저하하는 일체의 행위가 포함되므로, 이에는 구체적인 사실을 적시하거나 의견을 표명하는 행위 등뿐만이 아니라, 고급 이미지의 의류로서 명성과 신용을 얻고 있는 타인의 의류와 유사한 디자인의 의류를 제조하여 이를 저가로 유통시키는 방법 등으로 타인인 법인의 신용을 훼손하는 행위도 포함된다."; 이헌, "타인의 의류와 유사한 디자인의 의류를 제조·판매한 자의 법적 책임에 관한 연구", LAW & TECHNOLOGY 제7권 제6호, 서울대학교 기술과법센터 2011.

456) **대판 1997. 10. 24, 96다17851** "민법 제764조에서 말하는 명예라 함은 사람의 품성, 덕행, 명예, 신용 등 세상으로부터 받는 객관적인 평가를 말하는 것이고 특히 법인의 경우에는 그 사회적 명예, 신용을 가리키는 데 다름없는 것으로 명예를 훼손한다는 것은 그 사회적 평가를 침해하는 것을 말하고 이와 같은 법인의 명예가 훼손된 경우에 그 법인은 상대방에 대하여 불법행위로 인한 손해배상과 함께 명예회복에 적당한 처분을 청구할 수 있고, 종중과 같이 소송상 당사자능력이 있는 비법인사단 역시 마찬가지이다."

457) 통설; **대판 2004. 4. 28, 2001다36733** "1969년 유류오염손해에대한민사책임에관한국제협약에서는 제1조 제6호에서 유류오염손해를 "유출 또는 배출의 발생 장소에 관계없이 선박으로부터의 유류의 유출 또는 배출로 인한 오염에 의하여 유류를 운송하는 선박의 외부에서 발생한 손실 및 손해를 말하며, 예방조치의 비용 및 예방조치에 의하여 야기된 그 밖의 손실 및 손해를 포함한다."고 정의하고 있으나 유류오염손해의 배상범위에 관하여는 따로 규정을 하지 않고, 1971년 유류오염손해보상을위한국제기금의설치에관한국제협약에서는 유류오염손해에 관한 정의나 그 배상범위에 관한 규정을 두지 않고, 위 민사책임협약상의 유류오염손해를 원용하여 제4조 제1항에서 "유류오염손해를 입은 자가 다음의

권을 부여하는 특별규정이라고 한다(이설 있음). 그러므로 제751조에 열거된 '신체·자유·명예침해' 이외의 불법행위의 경우에도 정신적 손해를 입은 자는 위자료청구권을 가지며, 어느 경우이든 청구권의 근거는 제750조이다.

[불법행위로 인한 피해자 본인의 위자료청구권을 인정한 판례]

① 일반적으로 의사는 환자에게 수술을 시행하는 과정 및 그 후에 나쁜 결과가 발생할 개연성이 있는 의료행위를 하는 경우에 있어서는, 응급환자의 경우나 그 밖의 특별한 사정이 없는 한, 진료계약상의 의무로서 또는 수술에 대한 승낙을 얻기 위한 전제로서 당해 환자나 법정대리인에게 질병의 증상, 치료 방법의 내용 및 필요성, 발생이 예상되는 위험 등에 관하여 당시의 의료수준에 비추어 상당하다고 생각되는 사항을 설명하여 당해 환자가 그 필요성이나 위험성을 충분히 비교해 보고 그 의료행위를 받을 것인가의 여부를 선택할 수 있도록 하여야 할 의무가 있을 뿐만 아니라, 그 진료 목적의 달성을 위하여 환자 또는 그 보호자에 대하여 요양의 방법 기타 건강관리에 필요한 사항을 상세히 설명하여 후유증 등에 대비하도록 할 의무가 있으며, 한편 의료행위로 인하여 중대한 결과가 발생하여 환자가 의사의 설명의무 위반으로 인한 위자료를 청구하는 경우에도 환자에게 발생한 중대한 결과가 의사의 의료행위로 인한 것이어야 한다(백내장 수술에 따른 후유증인 망막박리의 발생 가능성에 대한 의사의 설명의무 위반을 이유로 위자료 청구를 인정한 사례)(대판 1997. 7. 22, 95다49608).

② 침해행위와 피해법익의 유형에 따라서는 계약교섭의 파기로 인한 불법행위가 인격적 법익을 침해함으로써 상대방에게 정신적 고통을 초래하였다고 인정되는 경우라면 그러한 정신적 고통에 대한 손해에 대하여는 별도로 배상을 구할 수 있다(대판 2003. 4. 11, 2001다53059).

③ 대학교수는 자신의 전공분야에 대해 강의하고 이를 통해 자신의 학문연구를 보다 발전시키는 것이 그 인격권 실현의 본질적 부분에 해당하므로, 대학교수의 사용자인 학교법인이 그 업무지휘권 등의 행사에 지장을 초래하는 등의 특별한 사정이 없는데도, 오로지 소속 대학교수를 본연의 업무에서 배제하려는 의도 하에 그 의사에 반하여 전공분야와 관련 없는 과목의 강의를 배정함으로써 결국 강의할 수 없게 하는 행위는 교원의 인격적

사유로 인하여 손해에 대하여 충분하고 적절한 보상을 받을 수 없는 경우에는 기금은 그 오염손해의 피해자에게 보상금을 지급할 의무를 부담한다."고 규정하고 있을 뿐이므로, 위 조약상 유류오염손해와 그 배상범위에 관하여는 법정지법인 우리나라의 일반 손해배상 법리에 따를 수밖에 없다 할 것인데, 우리 민법은 제751조와 제752조에서 정신적 손해를 규정하고 있으나, 위 조항에 열거된 사항에 한하지 않고 정신적 손해가 있는 경우에는 민법 제750조에 의하여 위자료청구권이 발생한다고 보는 것이 일반적 법리이므로 위 협약 및 유류오염손해배상보장법에 규정된 유류오염손해를 경제적, 재산상 손해로 제한하여 해석할 이유는 없다."

법익을 침해하는 것이 되고, 학교법인은 그로 인하여 그 대학교수가 입게 되는 정신적 고통에 대하여 배상할 의무를 부담한다(대판 2008. 6. 26, 2006다30730).

④ 우편역무종사자의 고의 또는 중과실에 의한 직무상 의무 위반으로 내용증명우편물이 도달되지 않거나 그 증명기능이 발휘되지 못하게 된 경우, 발송인 등이 그로 인하여 정신적 고통을 입었을 것임은 경험칙상 넉넉히 인정할 수 있고, 이러한 정신적 고통은 단순히 내용증명우편물의 발송비용을 전보 받는 것만으로 회복된다고 볼 수 없으므로, 이러한 경우에는 당해 발송인 등은 그 정신적 고통에 대한 위자료를 통상손해로서 청구할 수 있다(대판 2009. 7. 23, 2006다81325).

2) 재산권이 침해된 경우에도 위자료청구권이 발생하는지가 의문이다. 생각건대 제750조의 "손해"에는 정신적 손해도 포함되므로 재산권침해로 정신적 손해가 생긴 경우에는 위자료청구권이 인정된다고 할 것이다. 그러나 재산권이 침해된 경우에 일반적으로 재산적 손해의 배상에 의하여 정신적 손해도 회복되는 것이 보통이므로 그 밖의 정신적 손해는 특별손해일 것이다. 따라서 그 특별손해는 침해자에게 예견가능성이 있는 경우에만 배상이 인정되어야 한다는 것이 통설과 판례[458]의 입장이다. 한편 법인의 명예·신용 등이 훼손된 경우에 이를 「무형의 손해」라고 하면서 그 배상을 위자료로 보는 점에서 법인에게도 위자료청구권을 인정한다.[459]

---

458) **대판** 1995. 5. 12, 94**다**25551 ; **대판**(전) 2004. 3. 18, 2001**다**82507.

459) **대판** 1996. 4. 12, 93**다**40614·40621 "이 사건 광고들로 인하여 원고의 인격과 명예, 신용 등이 훼손됨으로써 분유제조업체인 원고의 사회적 평가가 낮아지고 그 사업수행에 커다란 악영향이 미쳤으리라는 점은 경험칙에 비추어 쉽게 인정할 수 있으므로, 피고는 위 사회적 평가의 침해에 따라 원고가 입은 무형의 손해를 배상할 의무가 있다고 판단한 다음, 원고가 입은 손해의 종류와 성격, 원고의 지명도와 영업의 신용도, 원고 회사의 규모 및 영업실적, 이 사건 광고들의 허위성의 정도와 비방성의 강도, 피고의 광고행태 전반에서 드러나는 악의성의 정도, 조제분유 제품을 선택하는 소비자들의 보수성, 부정적 광고가 미치는 영향의 즉각성과 지속성, 부정적 영향으로부터 회복함이 곤란한 점, 부정적 광고에 대하여 효율적인 구제수단인 사죄광고가 허용되지 아니하는 점, 피고 회사의 규모와 재산 정도 등 여러 사정을 참작하여 그 손해액을 금 300,000,000원으로 정하였는바, 피고에게 원고가 입은 무형의 손해를 배상할 책임이 있다는 원심의 판단은 옳고(민법 제764조 참조), 또한 기록에 비추어 보건대, 원심이 산정한 손해액도 적정하다고 보여지므로 원심판결에 위자료에 관한 법리오해나 이를 과다하게 정한 위법이 있다는 논지도 모두 받아들일 수 없다."

[판 례] 불법행위로 재산권이 침해된 경우 위자료를 인정하기 위한 요건

① 불법행위로 인한 재산권 침해 시 위자료청구를 부정한 판례

대판(전) 2004. 3. 18, 2001다82507

1. 원고들의 상고이유에 대한 판단

가. 원심은, 원고들의 피상속인인 소외 홍실광이 이 사건 사고로 인하여 그 소유의 피해 선박이 침몰로 멸실되자 대체 선박을 마련한 후 1999. 11. 9.부터 어업을 재개하였다고 주장하면서 사고일인 같은 해 7. 11.부터 조업재개일인 같은 해 11. 9.까지 약 4개월간 홍실광이 입은 영업수익 상실손해인 금 76,273,648원의 지급을 구하는 원고들의 청구에 대하여, 선박이 침몰하여 멸실된 경우 선박소유자가 입은 손해액은 그 멸실된 선박의 교환가격에 그치고 그 이외에 선박을 이용하여 얻을 수 있는 수입 상당은 그 교환가격의 이자 상당액에 포괄된다 할 것이어서 교환가격의 배상을 구하는 외에 선박을 이용함으로써 얻을 수 있었던 이익을 별도의 손해로 청구할 수는 없다는 제1심의 판결 이유를 인용하여 원고들의 위 청구를 배척하였다. 그러나 불법행위로 영업용 물건이 멸실된 경우, 이를 대체할 다른 물건을 마련하기 위하여 필요한 합리적인 기간 동안 그 물건을 이용하여 영업을 계속하였더라면 얻을 수 있었던 이익, 즉 휴업손해는 그에 대한 증명이 가능한 한 통상의 손해로서 그 교환가치와는 별도로 배상하여야 하고, 이는 영업용 물건이 일부 손괴된 경우, 수리를 위하여 필요한 합리적인 기간 동안의 휴업손해와 마찬가지라고 보아야 할 것이다. 이와 달리 불법행위로 영업용 선박, 자동차, 건물 등의 물건이 멸실된 경우에 그 물건의 교환가격 상당액의 배상 이외에 그 물건을 대체할 다른 물건의 제조 또는 구입 시까지의 기간 동안 그 멸실된 물건을 사용·수익하지 못하여 입은 손해의 배상을 구할 수 없다는 취지로 판시한 대법원 2001. 1. 16. 선고 2000다29325 판결, 대법원 1990. 10. 16. 선고 90다카20210 판결, 대법원 1990. 8. 28. 선고 88다카30085 판결, 대법원 1980. 12. 9. 선고 80다1840 판결을 비롯하여 이 판결의 견해에 배치되는 판결들은 그 배치되는 범위 내에서 이를 변경하기로 한다. 따라서 이와 반대의 견해에서 대체 선박을 마련하는 데 필요한 합리적인 기간 및 그 기간 동안의 조업수입액 등에 관하여 심리하지 아니한 채 원고들의 위 청구를 배척한 원심판결에는 불법행위로 인하여 영업용 물건이 멸실된 경우의 손해배상액 산정에 관한 법리를 오해하여 판결에 영향을 미친 위법이 있다 할 것이다. 이 점을 지적하는 상고이유의 주장은 정당하다.

나. 원심판결 중 위자료 청구를 일부 기각한 부분에 대하여는, 원고들이 상고이유서 제출기간 내에 상고이유를 제출하지 아니하였다.

2. 피고의 상고이유에 대한 판단

원심은, 위 홍실광이 이 사건 선박충돌 사고로 생활기반이 되는 어선이 완전 파손됨으로 인하여 상당한 정도의 정신적 충격을 받았음이 인정되고, 이로 인하여 상당한 기간 동안 생업에 종사하지 못하였으며 대체선박을 구입하여 다시 생업에 종사한지 얼마 되지

않아 사망하는 등의 사정이 있었으므로 피고는 이 사건 사고로 인하여 위 홍실광이 입은 정신적 손해를 배상할 책임이 있다고 할 것이고, 이 사건 자료에 나타난 제반 사정을 참작하면 그 액수는 금 20,000,000원으로 정함이 상당하다고 판단하였다. 그러나 일반적으로 타인의 불법행위 등에 의하여 재산권이 침해된 경우에는 그 재산적 손해의 배상에 의하여 정신적 고통도 회복된다고 보아야 할 것이므로 재산적 손해의 배상에 의하여 회복할 수 없는 정신적 손해가 발생하였다면, 이는 특별한 사정으로 인한 손해로서 가해자가 그러한 사정을 알았거나 알 수 있었을 경우에 한하여 그 손해에 대한 위자료를 청구할 수 있는 것이다(대법원 1996. 11. 26. 선고 96다31574 판결 등 참조). 따라서 이 사건 선박충돌 사고로 위 홍실광이 입게 된 정신적 고통을 위자할 의무가 있다고 하기 위해서는 위 홍실광에게 위와 같은 특별한 사정이 있고, 피고가 이를 알았거나 알 수 있었어야 할 것인데, 원심이 이러한 점에 관하여 제대로 심리·판단을 하지 않은 채 만연히 앞서 설시한 이유만으로 피고에게 정신적 손해에 대하여도 위자할 의무가 있다고 판단하였으니 이는 재산권 침해로 인한 위자료의 인정에 관한 법리오해, 심리미진 내지 이유불비의 위법을 저지른 것이라고 할 것이다. 이 점을 지적하는 상고이유의 주장은 이유 있다.

② 불법행위로 인한 재산권 침해 시 위자료청구를 인정한 판례

㉠ 대판 1991. 6. 11, 90다20206

1. 원심판결 이유에 의하면, 원심은 그 증거들을 종합하여, 피고가 1989. 8. 초순경 강남구청장으로부터 피고 명의로 건축허가를 받아 이 사건 건물의 지층으로부터 근접한 거리에서 지하굴착공사를 함으로써 이 사건 건물의 담장이 약 13 내지 15미터 가량 붕괴되고, 위 담장과 그 건물 사이의 폭 약 1미터의 시멘트바닥이 약 10센티미터 참하되면서 그 건물의 내, 외벽 및 바닥에 수많은 균열이 발생하게 된 사실, 피고가 위 지하굴착작업을 시행하게 되면 지하수 및 토사가 유출되거나 진동이 발생되고 이에 따른 인접지반의 교란에 의한 진동으로 인하여 인접지 건물에 균열을 발생시키거나 심한 경우에는 붕괴에 이르게 할 위험성이 있음에도 불구하고 이를 방지하기 위한 안전조치를 취하지 아니한 채 굴토면에 콘크리트기둥을 설치하는 씨. 아이. 피. 공법을 사용하여 지하 약 4미터 깊이로 굴토공사를 강행하여 그 때문에 이 사건 건물에 위와 같이 균열 등이 생긴 사실 등을 인정하고 나서 피고의 주장 중 피고가 건축공사를 소외 이경연에게 도급 주었음을 이유로 한 면책항변은 형식상 도급인인 피고가 수급인인 위 이경연을 사실상 지시, 감독하였음을 이유로 배척하고, 또 원고가 이 사건 건물의 건축자재 수축에 따른 자체균열을 적시에 수리하지 않고 방치하여 손해가 확대되었다는 주장에 대하여는 이 사건 사고 전에 이 사건 건물에 자체균열이 있었다거나, 이를 원고가 방치하였음을 인정할 자료가 없다는 이유로 이를 배척하고 있는바, 기록에 비추어 원심의 판단은 수긍이 가고 거기에 지적하는 바와 같은 채증법칙을 어긴 위법이 없다. 주장은 이유 없다.
2. 원심판결은 그 이유에서 피고의 위 지하굴착공사로 인하여 원고 소유의 이 사건 건물이

앞서 본 바와 같이 파손, 균열됨으로써 원고가 입은 통상의 재산상 손해는 이 사건 건물의 수리가 가능함을 전제로 보수 등 공사비 금 8,393,696원과 보수 후 예상되는 건물시가하락 상당액 금 8,225,000원을 합산한 금액인 금 16,618,696원이 된다고 판단하였다. 그러나 불법행위로 인하여 물건이 훼손된 경우 그 손해는 수리가 가능하면 그 수리비가, 수리가 불가능하면 그 교환가치의 감소가 통상의 손해에 해당한다고 할 것인바(대법원 1982. 6. 22. 선고 81다8 판결 ; 1989. 6. 27. 선고 88다카25861 판결 각 참조), 기록에 의하면 원고도 이 사건 건물은 그 수리가 가능함을 전제로 하여 보수 등 공사비로 금 8,393,696원이 소요된다고 주장하고 있는 것이므로 결국 원고가 이 사건 건물의 교환가치 감소액의 지급을 구하는 것은 특별사정으로 인한 손해라 할 것인데, 이를 뒷받침하기에 부족한 제1심 증인 김기환의 증언 외에는 그와 같은 특별사정의 존재 및 그 사정을 피고가 알았거나 알 수 있었다고 인정할 만한 아무런 증거가 없다. 그런데도 원심이 이에 건물시가하락 상당액인 금 8,225,000원까지를 이 사건 재산상 손해로 인정한 것은 물건이 훼손된 경우에 있어서의 손해배상의 범위에 관한 법리를 오해하여 판결결과에 영향을 미쳤다 할 것이다. 이점을 지적하는 주장은 이유 있다.

3. 일반적으로 타인의 불법행위로 인하여 재산권이 침해된 경우에는 그 재산적 손해의 배상에 의하여 정신적 고통도 회복된다고 보아야 할 것이나 재산적 손해의 배상만으로는 회복할 수없는 정신적 손해가 있다면 이는 특별한 사정으로 인한 손해로서 그 위자료를 인정할 수 있다고 할 것이므로(대법원 1990. 1. 12. 선고 88다카28518 판결 ; 1989. 8. 8. 선고 88다카27249 판결 각 참조) 원심이 확정한 바와 같이 원고가 거주하고 있던 이 사건 건물이 지하굴착공사로 인하여 원심판시와 같은 정도로 훼손되었다면 원고는 그 충격과 주거생활의 불안 등으로 상당한 정신적 고통을 받았을 것임은 경험칙상 인정된다고 할 것이므로 원심이 같은 취지에서 원고에 대한 위자료를 인정한 조치는 정당하고 거기에 위자료에 관한 법리오해의 위법이 없다. 주장은 이유 없다.

㉡ 대판 1995. 5. 12, 94다25551

1. 일반적으로 수익자가 법률상 원인 없이 이득한 재산을 처분함으로 인하여 원물반환이 불가능한 경우에 있어서 반환하여야 할 가액은 특별한 사정이 없는 한 그 처분 당시의 대가라 할 것이나(대법원 1965. 4. 27. 선고 65다181 판결 ; 1981. 8. 11. 선고 80다2885, 2886 판결 등 참조), 이 경우에 수익자가 그 법률상 원인 없는 이득을 얻기 위하여 지출한 비용은 수익자가 반환하여야 할 이득의 범위에서 공제되어야 할 것이고, 수익자가 자신의 노력 등으로 부당이득한 재산을 이용하여 남긴 이른바 운용이익도 그것이 사회통념상 수익자의 행위가 개입되지 아니하였더라도 부당이득된 재산으로부터 손실자가 당연히 취득하였으리라고 생각되는 범위 내의 것이 아닌 한 수익자가 반환하여야 할 이득의 범위에서 공제되어야 할 것이다.

   원심이 적법하게 확정한 바와 같이 피고가 정당한 권원 없이 원고 소유의 이 사건 임야에서 중장비인 포크레인과 덤프트럭을 이용하여 굴취한 토석을 전남 해남농지개량조합이 시행하는 해남지구 고천암 간척지 제방성토 작업장에 운반하여 사용하고 위 조합으로부터 그 토석성토대금으로 토석 1 ㎥ 재료비 388원, 노무비 277원, 경비 833원 합계 1,498원을 받았던 것이라면, 위 토석성토대금 중 노무비 및 경비명목의 금원에는 원심이 판시한 이 사건 임야에서 위 토석을 굴취하는데 지출된 경비(포크레인 사용비 및 노무비) 외에, 굴취한 위 토석을 위 작업장까지 덤프트럭을 사용하여 운반하기 위한 비용, 위 토석을 사용하여 제방성토작업을 함에 소요되는 비용 및 위 성토작업을 함으로써 얻게 되는 피고 자신의 이윤도 포함된 것이라고 봄이 상당하다. 따라서 피고가 위 토석을 취득하기 위하여 지출한 비용 및 위 토석을 사용하여 제방성토작업을 하기 위하여 지출한 비용은 반환할 이득의 범위에서 공제되어야 할 것이고, 또한 피고가 이 사건 임야에서 굴취한 토석을 위 작업장에 사용하여 위 조합으로부터 지급받은 위 토석성토대금 중에 이윤이 포함되어 있다 하더라도 이는 피고의 노력에 의한 것이지 사회통념상 위 토석 그 자체로부터 당연히 그 이윤이 발생한다고 할 수는 없으므로 그 이윤 상당 부분도 반환할 이득의 범위에 포함되지 아니한다 할 것이다. 원심이 위 토석성토대금 중 노무비 및 경비 부분을 반환이득의 범위에서 제외한 것은 결론적으로 정당하다고 판단된다. 상고이유 중 이 점을 지적하는 부분은 이유 없다.

2. 일반적으로 타인의 불법행위로 인하여 물적 침해를 입은 피해자는 그 재산상 손해의 배상에 의하여 정신적 고통도 회복된다고 보아야 할 것이므로 이를 이유로 위자료 청구권을 행사하는 것이 허용되지 아니한다 할 것이나(대법원 1991. 6. 11. 선고 90다20206 판결; 1991. 12. 10. 선고 91다25628 판결; 1992. 5. 26. 선고 91다38334 판결 등 참조), 재산상 손해의 배상이 이루어진다 하여도 그것만으로 회복될 수 없는 정신적 손해가 남는 경우라고 인정된다면 그 물적 침해로 인한 정신적 고통에 대한 위자료 청구를 그냥 배척할 것은 아니다.
원심이 적법하게 확정한 바에 의하면, 이 사건 임야는 원고의 조부모 묘가 설치되어 있는 임야인데, 피고는 산림훼손허가 등 적법한 절차를 거치지 아니한 채 1989.10.10.부터 같은 해 12.19.까지 사이에 원고 소유의 이 사건 임야 27,868㎡당 중 11,478㎡에서 중장비인 포크레인과 덤프트럭을 사용하여 약 52,038㎥의 토석을 굴취하여 이 사건 임야를 훼손하였다는 것인 바, 이에 의하면 피고가 이 사건 임야를 훼손함에 있어 적법한 절차를 거치지 아니하였음은 물론 그 훼손정도도 전체면적의 41%에 이를 정도로 광범위한데다가, 원심이 채용한 증거들에 의하면 그 피해정도가 심하여 그 원상회복을 위한 복구비만도 당해 임야의 교환가격을 훨씬 초과하는 과다한 것이고, 이 사건 임야는 원고의 조부모의 묘가 설치되어 있음에도 불구하고 이 때문에 원상복구가 불가능하여 흉하게 훼손된 상태대로 계속 남게 되어 있음을 알아볼 수 있으므로, 피고의 이 사건 임야의 훼손행위로 말미암아 이 사건 임야의 소유자인 원고가 그 재산상 손해의 배상이나 피고로부터 그가 얻은 이득을 반환받음에 의하여 회복될 수 없는 정신적 고통을 받았다고 보아야 할 것이다. 따라서 원심이 이 사건 임야가 훼손됨으로써 원고가 입은 정신적 고통은 재산상 손해의 배상에 의하여 회복될 수 없는 특별한 사정으로 인한 손해로 본 다음, 이 사건 임야에 원고의 조부모 묘소가 있다는 것만으로는 이러한 특별한 사정에 해당한다고 보기 어렵고, 달리 이 사건에서 특별한 사정으로 인한 손해가 발생하였고 또 피고가 이를

> 알았거나 알 수 있었다는 점에 관하여 아무런 주장·증명이 없다 하여 원고의 위자료 청구를 배척한 것은 심리를 미진하였거나 채증법칙을 위배한 잘못이 있다고 할 것이다. 상고이유 중 이 점을 지적하는 부분은 이유 있다.

(3) 기타 일반

법인이나 권리능력 없는(법인 아닌) 사단·재단도 손해배상청구권을 가질 수 있다. 다만 법인 등은 자연인에서와 같은 정신적 고통을 생각할 수 없으므로 위자료 청구권은 가지지 못하고,[460] 위에서 본 것처럼 법인의 사회적 명성·신용을 훼손하여 법인의 사회적 평가가 침해된 경우에 그 법인에 대하여 명예훼손이 성립한다. 즉 판례는 "불법행위로 인하여 법인의 명예와 신용이 침해되어 그 법인의 목적사업 수행이 영향을 입은 경우와 같이 법인의 사회적 평가가 침해된 경우에는 불법행위를 이유로 침해를 한 자에게 재산상 손해는 물론 위자료의 청구도 할 수 있다."고 한다.[461]

태아는 손해배상청구권에 관하여는 이미 출생한 것으로 보기(제762조) 때문에, 태아는 태아인 동안에도 고유한 손해배상청구권[462]을 가진다. 또한 태아 자신에 대한 불법행위도 성립한다. 예컨대 태아가 산모의 교통사고의 충격으로 조산되고 또 그로 인하여 제대로 성장하지 못하고 사망한 경우에 그 불법행위는 산모에 대한 불법행위인 동시에 태아 자신에 대한 불법행위가 된다.[463] 제762조에서 '출생한 것으로 본다.'라는 출생의제는 태아가 살아서 태어난 경우를 전제로 한 것이다. 따라서 태아가 모체에 대한 불법행위에 의하여 모체와 함께 사망한 경우에는 배상청구권을 가질 수 없다.[464]이는 태아의 법률상 지위에 관하여 정지조건설을 취하든 해제조건설을 취하든 마찬가지이다. 한편 피해자(태아의 父)가 즉사한 경우

460) 이설 있음: 곽윤직, 449면.
461) **대판** 1980. 2. 26, 792138.
462) 위자료 청구권 포함 ; 동지 **대판** 1962. 3. 15, 4294민상903.
463) **대판** 1968. 3. 5, 67다2869.
464) **대판** 1976. 9. 14, 76다1365 "태아가 특정한 권리에 있어서 이미 태어난 것으로 본다는 것은 살아서 출생한 때에 출생시기가 문제의 사건의 시기까지 소급하여 그 때에 태아가 출생한 것과 같이 법률상 보아 준다고 해석하여야 상당하므로 그가 모체와 같이 사망하여 출생의 기회를 못가진 이상 배상청구권을 논할 여지없다."; 김천수, "태아의 법적 지위", 비교사법 10권 2호 (2003.06) ; 이준현, "가해자의 불법행위로 인한 태아의 손해배상청구권", 법학연구 24집, 전북대학교 출판부, 2006.

에도 사망하기 직전의 치명상을 입은 순간에 손해배상청구권을 취득하고 상속인인 태아가 이를 상속하는 것이지만 이는 상속법(제1000조 제3항)에 의한 결과이지 제762조에 의한 것이 아니다.

[판 례] 태아의 손해배상청구권

① 대판 1962. 3. 15, 4294민상903

제1점에 대하여

사망으로 인한 잃은 이익의 손해배상 액의 산정에 있어서는 피해자가 사망하지 아니하였더라면 장래 그 수입이 증가될 것이라든지 또는 감소될 것이라는 특별한 사정이 예견되어 이것이 당사자에 의하여 주장 증명되지 아니한 이상 사망 당시의 수입을 기준으로 산정할 수밖에 없는 것이고 본 건에 있어서도 피해자가 장래에 그 유류상을 계속하지 아니하고 휴업 내지 폐업 하였을 것이라는 특별한 사정이 있어 피고가 그를 주장 증명하였다면 모르되 그러하지 아니한 이상 원판결의 이유는 정당하고 아무 위법이 없는 것이므로 논지는 이유 없다.

제2점에 대하여

그러나 태아도 손해배상의 청구권에 관하여는 이미 출생한 것으로 보는 것이고 또 위자료는 그 청구 권자가 피해 당시 정신상 고통에 대한 감수성을 갖추고 있지 않다 하더라도 장래 이를 감수할 것임이 현재 합리적으로 기대할 수 있는 경우에 있어서는 즉시 그 청구를 할 수 있다고 해석되는 것이므로 원판결에는 아무런 법리의 오해도 없는 것이다.

② 대판 1968. 3. 5, 67다2869

임신 중의 어머니가 교통사고에 의하여 불법행위를 당하고 이 충격 때문에 그 아이가 미숙아로서 정상기보다 조산이 되었고, 또 이것 때문에 제대로 성장하지 못하고 사망하였다면, 이불법행위는 한편으로 산모에게 대한 불법행위인 동시에 한편으로는 태아자신에 대한 불법행위라고 볼 수 있는 것이다. 따라서 이 아이는 그 생명침해로 인한 재산상 손해를 청구할 수 있다고 보아야 된다. 이 경우에 태아가 아직 권리능력을 취득하기 이전이니까 모체 내에서 독자적으로 불법행위의 객체가 될 수 없는 것이라고 볼 수는 없는 것이요, 또한 위에서 본바와 같은 결론을 이끌어내는데 있어서 민법제762조(손해배상청구권에 있어서의 태아의 지위)의 규정이 어떠한 장애를 주는 것도 아니다.

2. 직접 피해 당사자 이외의 청구권자

불법행위에 의하여 피해를 입은 경우 그 피해가 생명침해일 경우에는 직접 피해당사자가 손해배상청구권을 취득할 수 없게 되어 문제이다. 이러한 경우에 직접 피해를 입지 않은 자에게 손해배상청구권이 귀속되는지가 논란된다. 신체침해의 경우에도 같은 문제가 대두된다.

(1) **생명침해의 경우**

생명침해라는 불법행위로 인하여 직접 법익침해를 당한 당사자는 권리능력을 잃게 되어 생명침해를 이유로 한 손해배상청구권을 행사할 수 없게 된다. 그렇다면 생명침해의 경우에는 누가 피침해자를 대신하여 손해배상청구권을 갖게 되는지가 문제이다.

1) **재산적 손해에 대한 배상청구권자** 생명침해의 경우에 재산적 손해에 대한 배상청구권자가 누구인가에 관하여 학설이 대립된다.

① **제1설** 피살자가 치명상을 입은 때에 그에게 신체침해를 이유로 한 배상청구권이 발생하였다가 피살자가 사망하면 그 청구권이 상속인에게 상속된다.[465] 이 설은 그 이유를 다음과 같이 설명하다. 즉 즉사의 경우에도 피살자가 치명상을 입은 때와 사망한 때와의 사이에는 이론상 또는 실제상 시간적 간격이 있는 것이며, 생명침해를 당한 자가 즉사하지 않고 치명상을 입은 후 얼마 있다가 사망한 경우에 피해자 자신에게도 얼마 동안은 신체침해에 의한 손해배상청구권(치료비, 사망 시까지의 수입결손)이 발생하고 그의 사망으로 그 청구권이 상속인에게 승계된다(시간적 간격설)고 한다. 또한 이 청구권 이외에 유족 고유의 손해(부양청구권 상실에 따른 손해, 장례비 지출에 따른 손해 등)에 대한 배상청구권도 인정한다.

② **제2설** 이 설은 생명침해로 사망(卽死)에 이른 경우와 치명상을 당한 후 얼마 있다가 사망한 경우(重傷死亡)를 나누어서 설명한다.[466]

우선 전자의 경우(卽死)에는 사망으로부터 야기된 손해를 이유로 한 배상청구권은 - 피살자는 사망의 순간에 권리능력을 잃기 때문에 - 피살자 자신에게는 발생할 여지가 없고 그의 유족에게 손해배상청구권이 발생할 뿐이다. 따라서 생명침해로 인하여 재산상의 손해를 입은 자는 피살자에 대한 부양청구권을 가지고 있었거나 가졌을 자이고, 부양청구권자는 피살자의 사망으로 그의 부양에 관한 권리를 상실하게 되어 부양청구권을 행사할 수 있었던 범위에서 손해를 입게된

465) 곽윤직, 451면 ; 김상용, 채권각론, 911면.
466) 김주수, 780면 ; 송덕수, 채권법각론, 609-610면.

다. 일종의 재산권인 부양청구권의 침해는 제3자에 대한 채권침해로서 불법행위를 구성하기 때문에 부양청구권자는 그가 부양을 받을 수 없게 된 한도에서 가해자에 대하여 손해배상청구권을 취득한다. 그러므로 우리 민법상 생명침해는 부양청권자에 대한 독립한 불법행위가 되기 때문에 부양청구권자는 간접피해자가 아니어서 특별규정이 없이도 제750조에 의하여 배상청구권을 갖는다. 생명침해자는 피살자의 장례비 부담의무자에게 불법행위를 한 것이 되어 손해배상으로 장례비를 지급해야 한다.

다음으로 치명상을 당한 후 얼마 있다가 사망한 경우(重傷死亡)에는 피살자 자신에게도 손해(치료비·사망할 때까지의 수입결손 등)가 발생할 수 있다. 또한 이 경우에는 신체침해에 의한 정신적 손해(사망할 때까지의)도 발생하게 된다. 이러한 모든 손해에 대한 배상청구권은 치명상을 당한 후 얼마 있다가 사망하게 되면 그의 상속인에게 상속된다고 할 수 있다.

2) 정신적 손해에 대한 배상청구권자 　민법은 제752조에서 "타인의 생명을 해한 자는 피해자의 직계존속, 직계비속 및 배우자에 대하여는 재산상의 손해 없는 경우에도 손해배상책임이 있다."라고 규정한다. 본 조에서 생명침해의 경우에 피해자의 직계존속, 직계비속 및 배우자에게 위자료청구권을 인정하고 있어 이들이 배상청구권자임에는 분명하다.

그런데 여기에서 생명침해를 당한 직접 당사자인 피살자 자신이 과연 위자료청구권자가 될 수 없는가 하는 점과, 제752조에서 열거하고 있는 자(직계존속, 직계비속, 배우자)만이 위자료 청구권자가가 될 수 있고 다른 유족은 위자료 청구권자가 될 수 없겠는가 하는 '위자료청구권자의 범위'가 문제이다.

① 생명침해를 당한 직접 당사자인 피살자도 위자료 청구권자가 될 수 있는가?

판례는 생명침해에 의하여 피살자에게도 치명상과 사망과의 사이에 시간적 간격이 인정될 수 있기 때문에 정신적손해가 발생한다고 보아 피살자가 위자료 청구권자가 될 수 있다고 한다.[467] 그리고 이 위자료청구권은 피살자가 이를 포기했

467) **대판 1969. 4. 15, 69다268** "정신적 고통에 대한 피해자의 위자료 청구권도 재산상의 손해배상 청구권과 구별하여 취급할 근거 없는 바이므로 그 위자료 청구권이 일신 전속권이라 할 수 없고 피해자의 사망으로 인하여 상속된다 할 것이며 피해자의 재산상속인이민법 제752조 소정의 유족인 경우라 하여도 그 유족이 민법 제752조 소정 고유의 위자료 청구권과 피해자로 부터 상속받은 위자료 청구권을 함께 행사할 수 있다고 하여 그것이 부당하다

거나 면제했다고 볼 수 있는 특별한 사정이 없는 한 생전에 청구의 의사를 표시할 필요 없이 원칙적으로 상속된다고 한다.[468]이는 피살자가 즉사한 때에도 같다.[469] 학설은 판례를 지지하는 견해[470]가 있고, 반면 피살자에게 정신적 손해는 발생할 여지가 없어 위자료청구권이 생기지 않고 따라서 상속되지도 않는다는 견해[471]가 있다.

② 생명침해의 경우에 위자료청구권자의 범위가 제752에서 열거하는 유족만으로 제한되는가 아니면 그 이외의 유족도 위자료청구권자가 될 수 있는가?

이 문제는 제752조를 어떻게 해석할 것인가가 관건이다. 다시 말하면 본조가 제750조와 제751조의 예시적 열거규정으로 볼 것인가 아니면 제한적 규정으로 볼 것인가에 따라 위자료청구권자의 범위가 달라진다. 판례는 제752조가 예시적 열거규정에 지나지 않는다고 하면서 다음과 같이 설명하고 있다. 즉 생명침해의 경우에 제752조에서 열거하고 있는 친족은 정신상 고통에 대한 증명이 없이도 본조

할 수 없고 피해자의 위자료 청구권은 감각적인 고통에 대한 것뿐만 아니라 피해자가 불법 행위로 인하여 상실한 정신적 이익을 비재산 손해의 내용으로 할 수 있는 것이어서 피해자가 즉사한 경우라 하여도 피해자가 치명상을 받은 때와 사망과의 사이에는 이론상 시간적 간격이 인정 될 수 있는 것이므로 피해자의 위자료 청구권은 당연히 상속의 대상이 된다고 해석함이 상당하고 원판결의 이와 같은 판단에 위법이 있을 수 없으며 원판결이 확정한 사실에 의하면 피해자는 휴가차 사고 장소에 와서 노숙 취침 중 본건 피해를 보았다는 것이고 전투훈련 기타 직무집행 중에서 발생하였거나 국군의 목적상 사용하는 진지, 영내, 함정, 선박, 항공기, 기타 운반기구 안에서 발생한 전사, 순직 또는 공상으로 인한 것이 아니므로 국가배상법 제2조 단서 규정이 적용될 여지없는 것이어서 원판결에 위 규정을 적용하지 아니한 위법이 있을 여지없다. 논지는 모두 이유 없다." ; 김현태, "피해자가 즉사한 경우 위자료 청구권은 상속의 대상이 되느냐", 사법행정 11권 8호, 1970.

468) **대판 1967. 5. 23, 66다1025** "정신적 손해에 대한 배상(위자료) 청구권은 피해자가 이를 포기하거나 변제하였다고 볼 수 있는 특별한 사정이 없는 한 생전에 청구의 의사를 표시할 필요 없이 원칙적으로 상속되는 것이라고 해석함이 상당하다고 하는 것이 본원의 판례(1966. 10. 18. 선고 66다1335 판결 참조)이므로 이와 반대의 견해로써 위자료 청구권은 일신 전속권인 것으로서 사망자가 생전에 같은 청구권을 포기한 사실이 없음으로써 만은 부족하고 생전에 이 청구권을 행사하려고 한 의사를 표시한 사실이 있어야 한다고 판시한 원심 판시이유는 정신적 손해에 대한 배상청구권의 발생에 관한 법리를 오해한 위법이 있다고 할 것이다." ; 김주수, "위자료 청구권의 상속성", 손해배상법의 제문제 : 성헌황적인박사화갑기념 (90.10), 성헌 황적인박사화갑기념논문집 편찬위원회, 1990.

469) **대판 1969. 4. 15, 69다268.**

470) 곽윤직, 451면 ; 김상용, 채권각론, 912면.

471) 이은영, 773면 ; 송덕수, 민법강의, 1474면.

에 의해 위자료청구권을 갖는다고 한다.[472] 따라서 생명침해의 경우에 제752조에서 열거된 자가 아닌 자도 정신상 고통에 관한 증명을 함으로써 일반규정인 제750조 및 제751조에 의해 위자료를 청구할 수 있다고 한다.[473] 한편 신체·자유의 침해의 경우에도 피해자의 부모 등에게 제750조 및 제751조에 의한 위자료청구권을 생명침해의 경우와 마찬가지로 인정한다. 통설도 판례와 같다.[474] 그러나 유족이 근친의 사망으로 정신적 손해를 입었다고 가정할 때에는 유족의 보호법익을 확정하기 어렵기 때문에 독립한 불법행위를 인정할 수 없고, 유족은 단지 간접적으로만 피해를 받았을 뿐이며 간접피해자는 법률규정에 근거해서간 배상청구를 취득할 수 있다는 이유와, 제752조는 예외적으로 간접피해자에게 배상청구권을 인정하는 특별규정으로 이해해야 한다는 이유로 위자료청구권자는 제752조에 열거된 자에 한정해야 한다는 소수설이 있다.[475]

(2) 신체침해의 경우

신체침해의 경우에는 직접 피해를 입은 당사자가 손해배상청구권을 취득하는

---

472) **대판 1967. 9. 5, 67다1307** "소외 1 하사는 피해자인 망 소외 2 중사와는 전부터 안면이 있을 뿐 아니라, 본 건 사고당일에도 식당에서 우연히 만난 일이 있어서 소외 1은 피해자 소외 2를 잘 알고 있음에도 불구하고, 본 건 사고당일 오후 10시 30분경 소외 1 하사는 야간 순찰 중 피해자 망 소외 2 중사를 만나 피해자의 명찰과 부대마크를 비추어보자, 피해자 소외 2는 자기를 희롱한다고 격분하여 소외 1을 구타함으로써 서로 격투가 벌어졌으나, 소외 2는 위와 같은 사실을 소속대대 주심사관에게 보고 할 목적으로 소외 1을 소속대대로 연행을 하려고 하던 중, 소외 1은 소지중인 총을 발사하여 피해자 소외 2 중사를 사망케 하였다는 것이므로 위와 같은 경우에 있어서의 소외 1의 행위는 공무수행 중 또는 공무수행과 관련된 행위라 할 수 있을 것인즉, 위와 같은 취지에서 한 원심판단은 정당하다 할 것이며, 민법 제752조의규정은 생명 침해경우에 있어서의 위자료 청구권자를 규정하고 있으나, 위와 같은 위자료 청구권자의 규정은 제한적 규정이 아니고, 다만 위와 같은 자들은 그 정신적 고통에 관한 거증책임을 경감하는 취지의 규정에 불과하다고 함이 종래 본원의 판례이므로(1963. 10. 31. 선고 63 다 558 사건. 1967. 6. 27. 선고 66다1592 사건 판결)위의 제752조에 규정된 친족이외의 친족에 있어서도 그 정신적 고통에 관한 증명을 함으로써 일반원칙인 민법 제750조, 751조의 규정에 의하여 위자료를 청구할 수 있다고 해석하여야 할 것인 바, 본 건 동생이 본 건과 같은 사고로 인하여 사망한 경우에 그 누님 되는 원고 2에게 정신적 고통이 있으리라 함은 인정과 사회적 관념으로 보아 상례라 할 것인 즉, 원심이 동생인 망 소외 2의 사망으로 인하여서의 누님인 원고 2의 위자료청구를 인용하였음은 정당하다아니할 수 없을 것이다."

473) 피살자의 며느리(대판 1978. 1. 17, 77다1942), 피살자의 시어머니(대판 1967. 12. 18, 67다2047), 피살자의 누나(대판 1967. 9. 5, 67다1307)에게 위자료청구권을 인정하고 있다.

474) 곽윤직, 452면 ; 김상용, 채권각론, 890면 ; 이은영, 709면.

475) 송덕수, 민법강의, 1475면.

것은 당연하다. 그럼에도 불구하고 침해를 당한 당사자 이외의 자가 손해배상청구권을 가질 수 있는 경우도 있는가가 문제이다.

1) 재산적 손해에 대한 배상청구권자 신체침해가 있는 경우 피해자 이외의 자에게는 재산적 손해배상청구권이 생기지 않는 것이 원칙이다. 그러나 피해자에 대한 부양의무자가 의료비를 지출하거나 간호를 위하여 휴업으로 인한 일실이익이 있는 때와 같은 특별한 사정이 있는 때에는 그 피해자의 부양의무자에게 손해배상을 인정한다.[476]이렇게 피해자 이외의 자에게 손해배상청구권을 인정하게 되면 직접 피해를 입은 당사자의 권리는 근친자와 부진정연대관계에 있게 된다.

2) 정신적 손해에 대한 배상청구권자 신체침해가 있는 경우 피해자의 근친자가 자신의 고유한 위자료청구권자가 될 수 있는가? 다수설[477]은 이를 긍정하고, 소수설[478]은 이를 부정한다. 한편 판례는 이를 긍정하고 있다.[479] 대법원의 이에 대한 긍정의 판례를 구체적으로 살펴보면 다음과 같다. 상해를 입은 피해자의 조부모·부모,[480] 배우자(사실혼 포함),[481] 형제자매,[482] 유아인 자녀,[483] 태아인 자

476) **대판 1988. 2. 23, 87다카57** "피해자가 사고로 입은 부상으로 말미암아 개호가 필요하게 되어 부모나 배우자 등 근친자가 그 개호를 위하여 휴업한 경우에는 그 근친자가 휴업으로 인한 상실이익의 배상청구를 하거나 피해자가 개호비로서 배상청구하거나에 관계없이 개호비 상당액의 배상청구를 할 수 있다고 할 것이나 그 경우 배상액은 개호비상당액을 초과할 수 없고, 이를 초과하게 되면 그 초과부분은 상당인과관계가 있는 손해라고 볼 수 없다."

477) 곽윤직, 455면 ; 이은영, 669면.

478) 송덕수, 채권법각론, 613면은 "신체침해를 당한 자의 근친자는 간접적인 피해자로서 특별규정이 없는 한 가해자에 대하여 위자료청구권을 가지지 못한다. 그리고 신체침해의 경우에는 제752조와 같은 특별규정이 없다. 따라서 신체침해를 당한 자의 근친자는 자신의 고유한 위자료청구권이 없다고 하여야 한다."고 주장한다.

479) **대판 1967. 6. 27, 66다1592** "타인의 불법행위로 정신적 고통을 입은 경우에는 그 상해가 죽음에 비견할 수 있는 것이 아니라 하여도 피해자의 부모, 부부, 자식들은 그로 인한 정신적 손해의 배상을 청구할 수 있다 할 것이며 민법 제752조는 손해의 거증책임을 경하게 규정한데 불과하고 민법 제750조, 본조의 적용에 어떠한 제한을 가한 것이라고 볼 것이 아니다." ; **대판 1967. 9. 5, 67다1307** "본조에 의한 생명침해의 경우에 있어서의 위자료청구권자의 규정은 제한적 규정이 아니고 그 정신적 고통에 관한 거증책임을 경감하는 취지의 규정에 불과하므로 본조에 규정에 의하여 위자료를 청구할 수 있다."

480) **대판 1967. 9. 19, 67다1445** "피해자의 부모, 부부, 자식 등 친척관계 있는 자들도 그 정신적 이익의 침해에 대하여는 민법 제750·751조의 원칙규정에 따라 그 손해배상을 청구할 수 있고, 손해배상은 그 손해가 배상하여야 할 만한 것임과 동시 상당한 인과관계의 범위 내의 것이면, 족할 것이므로 피해자가 상해를 입은 경우에 그 상해가 죽음과 비등할

녀,[484] 피해자의 며느리[485] 등을 피해자의 신체침해로 인한 정신적 손해로의 배상

수 있는 정도의 것이 아니라 하여도 그 부모, 처자에 대하여, 특별한 사정이 없는 한 그 정신적 이익의 침해에 대한 손해를 배상하여야한다고 함이 종래 본원의 판례(1967. 6. 27. 선고 66다1592 판결)이며, 피해자의 조모에 대한 정신적 손해에 대하여도 위와 같이 해석함이 타당하다할 것이다."; **대판 1993. 9. 28, 92다42606** "교통사고로 말미암아 피해자 본인과는 별도로 그의 부모들도 그들이 입은 정신적 손해에 대하여 고유의 위자료청구권을 가진다 할 것이고, 피해자 본인이 전국택시공제조합과의 합의에 의하여 합의금을 수령하고 나머지 손해배상청구권을 포기하기로 약정하였다 하더라도 그의 부모들이 합의 당사자인 피해자 본인과 위 공제조합 사이에 합의가 성립되면 그들 자신은 별도로 손해배상을 청구하지 아니하고 손해배상청구권을 포기할 뜻을 명시적 혹은 묵시적으로 나타낸 바 있다는 등 특별한 사정이 없는 한 위 포기 등 약정의 효력이 당연히 고유의 손해배상청구권을 가지는 그의 부모들에게까지 미친다고는 할 수 없다."; **대판 1999. 6. 22, 99다7046** "교통사고의 경우, 피해자 본인과는 별도로 그의 부모들도 그 사고로 말미암아 그들이 입은 정신적 손해에 대하여 고유의 위자료청구권을 가진다 할 것이므로, 피해자 본인이 합의금을 수령하고 가해자측과 나머지 손해배상청구권을 포기하기로 하는 등의 약정을 맺었다 하더라도 그의 부모들이 합의 당사자인 피해자 본인과 가해자 사이에 합의가 성립되면 그들 자신은 별도로 손해배상을 청구하지 아니하고 손해배상청구권을 포기하겠다는 뜻을 명시적 혹은 묵시적으로 나타낸 바 있다는 등의 특별한 사정이 없는 한 위 포기 등 약정의 효력이 당연히 고유의 손해배상청구권을 가지는 그의 부모들에게까지 미친다고는 할 수 없다."

481) **대판 1969. 7. 22, 69다684** "원판결 이유에 의하면 원고 2는 원고 1의 처라고 판시하고 있으나, 원심의 채용한 증거에 비추어 볼 때 위 원심의 판단 취지는 원고 2는 본건 사고발생 당시(1967. 1. 18.) 원고 1과 사실상 혼인관계에 있던 배우자였음을 인정한 것이라고 할 것인 바, 이와 같은 사실상 혼인관계에 있는 배우자도 다른 배우자가 제3자의 불법행위로 인하여 상해를 입은 경우에는 자기가 받은 정신적 고통에 대한 위자료를 청구할 권리가 있다고 보는 것이 상당하다 할 것인 즉(대법원 1967. 1. 31. 선그 66다2216 사건 판결 참조), 원심이 원고 2에게도 원고 1의 본건 상해에 관한 위자료 청구권이 있다고 판시한 것은 정당하며, 위자료 청구권자의 범위에 관한 법리를 오해한 위법이 없다."; 이근식, "위자료 청구권자의 범위", 연세논총 12집, 연세대학교 대학원, 1975.

482) **대판 1967. 9. 5, 67다1307** "제752조에 규정된 친족이외의 친족에 있어서도 그 정신적 고통에 관한 증명을 함으로써 일반원칙인 민법 제750조, 751조의 규정에 의하여 위자료를 청구할 수 있다고 해석하여야 할 것인 바, 본 건에 있어서의 피해자인 망 소외 2가 원고 2의 동생(원고 2는 위의 망 소외 2의 누님)임이 명백하고 동생이 본 건과 같은 사고로 인하여 사망한 경우에 그 누님되는 원고 2에게 정신적 고통이 있으리라 함은 인정과 사회적 관념으로 보아 상례라 할 것인 즉, 원심이 동생인 망 소외 2의 사망으로 인하여서의 누님인 원고 2의 위자료청구를 인용하였음은 정당하다아니할 수 없을 것이다."; **대판 1971. 12. 28, 71다2256; 대판 1970. 11. 24, 70다2115.**

483) **대판 1968. 3. 19, 67다2512; 대판 1971. 4. 30, 71다467.**

484) **대판 1993. 4. 27, 93다4663** "태아도 손해배상청구권에 관하여는 이미 출생한 것으로 보는바, 부가 교통사고로 상해를 입을 당시 태아가 출생하지 아니하였다고 하더라도 그 뒤에 출생한 이상 부의 부상으로 인하여 입게 될 정신적 고통에 대한 위자료를 청구할 수 있다."

485) **대판 1978. 1. 17, 77다1942** "민법 제752조에 규정된 친족이외의 친족도 그 정신적 고통에

청구권자로 인정한다. 또한 판례는 타인의 불법행위로 부당하게 신체를 구금당한 피해자의 부모도 위자료청구권자로 인정한다.[486]

Ⅲ. 손해배상청구권의 성질

1. 양도성과 상속성

(1) **양 도 성** 불법행위에 의한 손해배상청구권은 원칙적으로 양도할 수 있다(제449조). 그러나 생명·신체의 침해로 국가배상을 받을 권리는 양도하지 못한다고 한다(국가배상법 제4조). 재산적 손해에 대한 배상청구권뿐만 아니라 정신적 손해에 대한 배상청구권도 양도성이 있다는 것이 다수설이다.[487] 그러나 위자료청구권은 양도성이 없다는 소수설도 있다.[488]판례는 위자료청구권이 일신전속권이 아니라는 이유로 양도성을 인정하고 있다.[489]

(2) **상 속 성** 불법행위에 의한 손해배상청구권은 상속성이 있다(제1005조). 다만 위자료청구권이 상속될 수 있는가에 대하여는 다음과 같은 의문이 있

관한 증명을 함으로써 위자료를 청구할 수 있는 바 타인의 불법행위로 생명을 잃은 피해자의 직계비속의 배우자는 경험칙상 그 직계비속에 비견할 정신적 고통을 받는다 할 것이므로 그에 대한 위자료를 청구할 수 있다."

486) **대판 1999. 4. 23, 98다41377** "민법 제752조는 생명침해의 경우에 있어서의 위자료 청구권자를 열거 규정하고 있으나 이는 예시적 열거 규정이라고 할 것이므로 생명침해 아닌 불법행위의 경우에도 불법행위 피해자의 부모는 그 정신적 고통에 관한 증명을 함으로써 일반 원칙인 같은 법 제750조, 제751조에 의하여 위자료를 청구할 수 있다고 해석하여야 할 것이다(대법원 1965. 5. 25. 선고 65다292 판결, 1978. 1. 17. 선고 77다1942 판결 등 참조). 일반적으로 타인의 불법행위로 부당하게 신체를 구금당한 피해자의 직계존속은 특별한 사정이 없는 한 경험칙상 정신적 고통을 받았다 할 것이므로 기록상 특별한 사정을 찾아 볼 수 없는 이 사건에 있어서 선정자 1의 부모인 선정자 선정자 2(이하 김정성이라고 한다), 원고도 그 정신적 고통에 대하여 위자료를 청구할 수 있다."

487) 곽윤직, 471면 ; 김상용, 채권각론, 911면 ; 송덕수, 민법강의, 1478면.

488) 김주수, 813면.

489) **대판 1976. 4. 13, 75다396** "생명 신체 등의 침해로 인한 위자료청구권의 양도성 : 위자료청구권은 생명 신체 등 피해자로부터 제3자에게 양도할 수 없는 법익의 침해에 의하여 생긴 것이지만, 그러한 법익의 침해로 인하여 생긴 위자료청구권은 재산적 손해의 배상청구권과 구별하여 그 상속성 양도성을 부인할 이유가 없는 바이므로 원심이 본 건 정신적 고통에 대한 위자료청구권의 일신전속성을 인정하지 아니하고 그 양도를 유효한 것으로 본 판단에 무슨 위법이 있을 수 없다."

다. 원래 피상속인의 일신전속적인 것은 상속되지 않는다(제1005조 단서). 그런데 정신적 고통이란 것이 다분히 주관적인 것이기 때문에 그 권리를 행사하기까지는 일신전속적인 권리가 아닌가 하는 점과, 또한 생명침해의 경우에는 피해자가 사망함으로써 피해자 자신이 위자료청구권을 가진다고 볼 수 없어 제752조에서 피해자인 사망자에게는 위자료청구권이 없다는 것을 전제로 하여 일정한 범위의 친족에게 위자료청구권을 부여한 것이 아닌가, 즉 생명침해의 경우에는 처음부터 위자료청구권의 상속이 발생할 여지가 없는 것이 아닌가 하는 점이 의문이다.[490] 그러나 판례는 위자료청구권의 상속을 긍정한다. 그 설시를 살펴보면 다음과 같다. 첫째, 위자료청구권을 재산상의 손해배상청구권과 구별하여 취급할 근거가 없으므로 이를 일신전속권이라 할 수 없어, 피해자가 이를 포기하거나 면제했다고 볼 수 있는 특별한 사정이 없는 한, 피해자의 사망으로 인해, 즉 생전에 청구의 의사표시를 하지 않았다고 하더라도 상속된다. 둘째, 위자료청구권은 감각적인 고통뿐만 아니라 상실한 장래의 정신적 이익을 내용으로 하는 것이며, 피해자가 즉사한 경우라 하여도 피해자가 치명상을 입은 때와 사망과의 사이에는 이론상 시간적 간격이 인정될 수 있어, 생명침해의 경우에도 피해자 본인에게 위자료청구권이 발생하고 이것은 상속된다. 따라서 피해자의 유족은 제752조에 의한 자신의 고유의 위자료청구권과 피해자로부터 상속받은 위자료청구권을 함께 행사할 수 있다.[491]

---

490) 자세한 것은 김주수, 친족상속법, 569면 이하 참조.

491) **대판 1969. 4. 15, 69다268** "피고 소송수행자의 상고이유에 대하여, 정신적 고통에 대한 피해자의 위자료 청구권도 재산상의 손해배상 청구권과 구별하여 취급할 근거 없는 바이므로 그 위자료 청구권이 일신 전속권이라 할 수 없고 피해자의 사망으로 인하여 상속된다 할 것이며 피해자의 재산상속인이 민법 제752조 소정의 유족인 경우라 하여도 그 유족이 민법 제752조 소정 고유의 위자료 청구권과 피해자로 부터 상속받은 위자료 청구권을 함께 행사할 수 있다고 하여 그것이 부당하다 할 수 없고 피해자의 위자료 청구권은 감각적인 고통에 대한 것뿐만 아니라 피해자가 불법 행위로 인하여 상실한 정신적 이익을 비재산 손해의 내용으로 할 수 있는 것이어서 피해자가 즉사한 경우라 하여도 피해자가 치명상을 받은 때와 사망과의 사이에는 이론상 시간적 간격이 인정될 수 있는 것이므로 피해자의 위자료 청구권은 당연히 상속의 대상이 된다고 해석함이 상당하고 원판결의 이와 같은 판단에 위법이 있을 수 없으며 원판결이 확정한 사실에 의하면 피해자는 휴가차 사고 장소에 와서 노숙 취침중 본건 피해를 보았다는 것이고 전투훈련 기타 직무집행 중에서 발생하였거나 국군의 목적상 사용하는 진지, 영내, 함정, 선박, 항공기, 기타 운반기구 안에서 발생한 전사, 순직 또는 공상으로 인한 것이 아니므로 국가배상법 제2조 단서 규정이 적용될 여지없는 것이어서 원판결에 위 규정을 적용하지

2. 상계의 금지

고의의 불법행위자는 피해자의 손해배상청구권을 수동채권으로 하여 상계하지 못한다(제469조). 불법행위의 피해자로 하여금 현실의 변제를 받게 하고, 채권자가 변제를 하지 않는 채무자에게 고의로 가해행위를 하는 등의 불법행위의 유발을 방지하기 위한 취지의 규정이다.

Ⅳ. 손해배상자의 대위

불법행위에 의해 훼손되거나 소재불명으로 된 물건 등에 관해 피해자에게 그 가액 전부를 배상한 때에는, 그 손해를 배상한 배상자는 그 물건에 관하여 당연히 피해자를 대위한다(제763조; 제399조). 이 경우 피해 물건에 대한 권리는 법률상 당연히 이전되는 것이고, 양도 기타 어떤 특별한 행위를 요하는 것이 아니다.[492]

Ⅴ. 손해배상청구권의 소멸시효

1. 서 설

제766조는 불법행위로 인한 손해배상청구권의 소멸시효를 3년의 단기소멸시효(제766조 제1항)와 10년의 장기소멸시효(제766조 제2항)로 구분하여 규정하고 있다. 일반적으로 채권의 소멸시효는 권리를 행사할 수 있는 때로부터 진행하고(제166조 제1항), 그 시효기간을 10년으로 정하고 있다(제162조 제1항). 그런데 제766조 제1항에서 불법행위로 인한 손해배상청구권의 소멸시효를 피해자나 그 법정대리인이 그 손해 및 가해자를 안 날로부터, 그리고 그 시효기간을 3년으로 정한 것은 일반채권의 소멸시효에 대한 특칙이다.

아니한 위법이 있을 여지없다."; **대판 1969. 10. 23, 69다1380** "정신적 상해에 대한 위자료청구권은 피해자가 이것을 파기하거나 면제한 것으로 볼 수 있는 특별한 사정이 없는 한 생전에 망인이 그것을 청구하겠노라는 의사를 표시하지 아니하더라도 그 상속인에게 상속되는 것이다."

492) **대판 1977. 7. 12, 76다408** "민법상 손해배상자의 대위의 취지는 채권자가 채권의 목적이 되는 물건 또는 권리의 가격 전부를 손해배상으로 받아 그 만족을 얻었을 때에는 그 물건 또는 권리에 관한 권리는 법률상 당연히 채무자에게 이전되는 것이고 그에 관하여 채권자나 채무자의 양도 기타 어떤 특별한 행위를 필요로 하는 것이 아니다."

제766조의 제1항에서 3년의 기간은 '시효기간'이라는 데 이설이 없으나, 제2항의 10년의 기간은 '제척기간'이라는 견해[493]와 '시효기간'이라는 견해[494]로 나누어져 있다. 생각건대 제766조의 표제와 법문의 표현으로 보아 제척기간으로 보아야 할 이유가 없는 것으로 판단되어 시효기간으로 보는 것이 타당하다. 판례는 이를 시효기간으로 보고 있다.[495]

3년과 10년의 두 기간 중 어느 하나가 만료되면 다른 기간의 경과를 기다리지 않고 손해배상청구권은 소멸한다. 특히 3년의 단기소멸시효를 특칙으로 정한 취

---

493) 곽윤직, 472면; 김상용, 채권각론, 915면.

494) 이은영, 819면; 송덕수, 민법강의, 1477면.

495) **대판(전) 1996. 12. 19, 94다22927** "민법 제766조 제2항이 규정하고 있는 '불법행위를 한 날로부터 10년'의 기간이나 예산회계법 제96조 제2항, 제1항이 규정하고 있는 '5년'의 기간은 모두 소멸시효기간에 해당한다."; **대판 2000. 4. 7, 99다53742**; **대판 2001. 4. 24, 2000다57856**; **대판 2005. 5. 13, 2004다71881** "채무자의 소멸시효에 기한 항변권의 행사도 우리 민법의 대원칙인 신의성실의 원칙과 권리남용금지의 원칙의 지배를 받는 것이어서, 채무자가 시효완성 전에 채권자의 권리행사나 시효중단을 불가능 또는 현저히 곤란하게 하였거나, 그러한 조치가 불필요하다고 믿게 하는 행동을 하였거나, 객관적으로 채권자가 권리를 행사할 수 없는 장애사유가 있었거나, 또는 일단 시효완성 후에 채무자가 시효를 원용하지 아니할 것 같은 태도를 보여 권리자로 하여금 그와 같이 신뢰하게 하였거나, 채권자보호의 필요성이 크고, 같은 조건의 다른 채권자가 채무의 변제를 수령하는 등의 사정이 있어 채무이행의 거절을 인정함이 현저히 부당하거나 불공평하게 되는 등의 특별한 사정이 있는 경우에는 채무자가 소멸시효의 완성을 주장하는 것이 신의성실의 원칙에 반하여 권리남용으로서 허용될 수 없다."; **대판 2016. 9. 30, 2016다218713·218720** "채무자의 소멸시효에 기한 항변권의 행사도 우리 민법의 대원칙인 신의성실의 원칙과 권리남용금지의 원칙의 지배를 받는 것이어서, 채무자가 시효완성 전에 채권자의 권리행사나 시효중단을 불가능 또는 현저히 곤란하게 하였거나, 그러한 조치가 불필요하다고 믿게 하는 행동을 하였거나, 객관적으로 채권자가 권리를 행사할 수 없는 장애사유가 있었거나, 또는 일단 시효완성 후에 채무자가 시효를 원용하지 아니할 것 같은 태도를 보여 권리자가 그와 같이 신뢰하게 하였거나, 채권자 보호의 필요성이 크고 같은 조건의 다른 채권자가 채무의 변제를 수령하는 등의 사정이 있어 채무이행의 거절을 인정함이 현저히 부당하거나 불공평하게 되는 등의 특별한 사정이 있는 경우에는 채무자가 소멸시효의 완성을 주장하는 것이 신의성실의 원칙에 반하여 권리남용으로서 허용될 수 없다. 다만 실정법에 정하여진 개별 법제도의 구체적 내용에 좇아 판단되는 바를 신의칙과 같은 일반조항에 의한 법원칙을 들어 배제 또는 제한하는 것은 중요한 법가치의 하나인 법적 안정성을 후퇴시킬 우려가 있다. 특히 소멸시효 제도는 법률관계의 주장에 일정한 시간적 한계를 설정함으로써 그에 관한 당사자 사이의 다툼을 종식시키려는 것으로서, 누구에게나 무차별적·객관적으로 적용되는 시간의 경과가 1차적인 의미를 가지는 것으로 설계되었음을 고려하면, 법적 안정성의 요구는 더욱 선명하게 제기된다. 따라서 소멸시효 완성의 주장이 신의성실의 원칙에 반하여 허용되지 아니한다고 평가하는 것은 신중을 기할 필요가 있다."

지가 무엇인가? 학설에 따르면 손해 및 가해자를 안 피해자가 3년이라는 세월이 지나면 감정도 가라앉게 마련이므로 나중에 새삼스럽게 분규를 일으키는 것은 타당하지 않아 법적 보호를 줄 필요가 없다[496]고 하거나, 피해자가 손해의 발생과 가해자까지 알면서 침묵한 경우에 법률관계의 안정을 위해 단기소멸시효를 인정한 것이라고 한다.[497]

2. 3년의 단기소멸시효

(1) 소멸시효의 기산점

3년의 시효기간은 "피해자나 그 법정대리인이 그 손해 및 가해자를 안 날"로부터 진행한다(제766조 제1항).

1) 피해자나 그 법정대리인 '피해자'는 직접피해자만이 아니라 손해배상청구권을 가지는 자를 포함한다. 예컨대 아들이 사고로 상해를 입은 경우, 그의 손해배상청구권과 그 부모의 위자료청구권은 피해자가 다른 독립된 별개의 청구권으로서 따로 시효가 진행한다.[498] 그리고 피해자가 그 손해 및 가해자를 모를 때에도 그 법정대리인이 안 때에는 그 때부터 시효는 진행한다.

2) 손해 및 가해자를 안 날 '가해자'라 함은 직접적인 가해자만이 아니라 손해배상청구권의 상대방이 되는 자를 포함한다.[499] 예컨대 피용자의 불법행위

---

496) 곽윤직, 472면.

497) 한편 일본의 판례에 의하면 이러한 단기소멸시효를 인정한 취지를 가해자의 정당한 신뢰를 보호하는 데 있다고 한다. ; "불법행위에 의한 법률관계가 보통 미지의 당사자 사이에 우연의 사고에 기하여 발생하는 것으로서, 가해자는 손해배상의 청구를 받을 것인가, 어떠한 범위에서 배상의무를 부담하는가 등이 불분명한 까닭에 매우 불안한 처지에 놓이며, 따라서 피해자가 손해 및 가해자를 알면서 상당한 기간 내에 권리행사를 하지 않을 때에는 손해배상청구권을 시효에 걸리는 것으로 하여 가해자의 정당한 신뢰를 보호하자는 데 그 취지가 있다."(日最判 1974. 12. 17. 참고).

498) **대판 1966. 12. 20, 66다1667** "사고로 인하여 갑이 상해를 입은 경우 이를 이유로 한 갑의 손해배상청구권과 갑의 근친자들의 위자료청구권은 그 발생원인이 같다하더라도 독립한 별개의 청구권이므로 위 갑의 손해배상청구권이 시효로 인하여 소멸하였다 하더라도 이는 위 위자료청구권에는 아무런 영향이 없다고 할 것이다."

499) **대판 1974. 1. 15, 73다150 ; 대판 1977. 6. 7, 76다2008** "민법 제766조 소정 손해를 안날이란 단지 손해가 발생한 것을 안 것만으로는 충분하지 아니하고 그것이 불법행위로 인하여 발생한 것까지도 함께 알았을 때를 의미한다 할 것이므로 위법한 토지구획사업으로 토지소유권을 상실한 자가 그 토지에 대한 환지처분이 위법하다고 인식한 때부터 그 손해배상청

에 대해 사용자가 배상책임을 지는 경우가 그러하다. 이때에는 피용자와 사용자가 각각 가해자가 되고, 피해자 측이 이들 가해자를 안 때로부터 따로 시효가 진행된다.

'손해 및 가해자를 안다'라 함은 손해의 발생뿐만 아니라 가해행위가 불법행위인 것이어서 소구(訴求)할 수 있다는 것까지 안 것을 말한다.[500] 따라서 과실의 존재, 위법한 가해행위의 존재, 손해의 발생, 가해행위와 손해와의 인과관계 등이 있는 것까지 알아야 한다.[501] 그리고 '가해자'란 손해배상청구의 상대방이 되는 자

구권의 소멸시효가 진행되는 것이며 권리자의 주관적 용태 즉 손해를 안 시기에 대한 증명책임은 시효이익을 주장하는 자에게 있다."; **대판** 2006. 10. 27, 2005다32913 "불법행위로 인한 손해배상청구권의 단기 소멸시효를 규정하고 있는 민법 제766조에서 말하는 "손해"란 위법한 행위로 인한 손해발생의 사실을, 그리고 "가해자"란 손해배상청구의 상대방으로 될 자를 의미하고, 또한 "안 날"이란 피해자나 그 법정대리인이 위 손해 및 가해자를 현실적이고도 구체적으로 인식하는 것을 뜻하며, 권리자인 피해자의 위와 같은 주관적 용태, 즉 손해를 안 시기는 시효의 이익을 주장하는 자가 증명할 책임이 있다."

500) **대판 1966. 1. 25, 65다2318 ; 대판 1975. 3. 25, 75다233**(訴求할 수 있다는 사실까지 안 때) ; **대판 1978. 10. 31, 78다1611** "원심판결의 설시 이유에 의하면, 원심은 그 거시의 증거에 의하여 소의 망 OOO이가 1973. 8. 9. 피고회사 OOO변전소에서 소외 망 OOO과 함께 연지 1호 오일스위치를 주입시키는 작업을 하다가 오일스위치의 폭발사고로 사망하였는바, 위 사고는 피고의 시설물의 설치보존의 하자와 피고의 피용인인 위 소외 OOO의 업무수행중의 과실로 인하여 발생한 것이므로 피고는 이 사건 사고로 인하여 원고들이 입은 손해를 배상할 의무가 있다고 판시하고, 피고의 시효소멸 항변에 대하여 원심판결 설시의 본건의 경우에 있어서 원고들의 산업재해보상금 청구 및 수령 사실이 있는 것만으로는 원고들이 본건 손해배상 책임의 원인을 알았다고 보기 어렵고, 원고들이 산업재해보상금을 청구 또는 수령한때에 또는 그 이전에 손해배상책임의 원인을 알았다는 점에 부합하는 제1심 증인 OOO의 증언을 배척한 후 제1심증인 OOO, OOO의 각 증언과 변론의 전 취지에 의하여 원고들은 1975. 8. 9. 소외 OOO으로부터 본건 사고가 피고 시설물의 설치보존의 하자와 피고의 피용자의 과실로 인하여 발생한 사실을 듣고 비로소 본건 손해배상 책임의 원인을 알았으므로 그로부터 3년 내인 1977. 3. 28.에 본소가 제기된 본건에 있어서 피고의 시효항변은 이유 없다고 설시하였는바, 기록을 전사하면서 원심이 위 사실을 인정하기 위하여 거친 체증의 과정을 살펴보면 적법하고 거기에 소론 체증법칙 위배의 위법이 없으며 민법 제766조 제1항 소정의 [손해를 안날]이라고 함은 단순히 손해발생의 사실을 안 것만을 뜻하는 것이 아니라 그것이 불법행위로 인하여 발생한 것까지도 함께 알았을 때를 뜻하는 것이라고 할 것이니 이와 같은 취지에서 피고의 시효항변을 배척한 원심의 조례는 정당하고 거기에 소론 손해배상의 소멸시효 기산점에 관한 법리를 오해한 위법도 없다."; **대판** 2010. 12. 9, 2010다71592 "민법 제766조 제1항에 정한 손해를 안다는 것은 단순히 손해 발생의 사실을 아는 것만으로는 부족하고 가해행위가 불법행위로서 이를 원인으로 하여 손해배상을 소구할 수 있다는 것까지 아는 것을 의미한다."; **대판** 2014. 2. 27, 2012다67061.

501) **대판** 1989. 9. 26, 88다카32371 ; **대판** 2002. 6. 28, 2000다22249 "불법행위로 인한 손해배상청구권의 단기소멸시효의 기산점이 되는 민법 제766조 제1항 소정의 '손해 및 가해자를 안

를 말한다.[502] 그리고 '손해 및 가해자를 안다'라 함은 손해의 발생사실과 그 손해가 가해자의 불법행위로 인해 발생한 것임을 피해자 측이 현실적이고도 구체적으로 인식하여야 하며 손해발생의 추정이나 의문만으로는 불충분하다.[503] 피해자

날'이라 함은 손해의 발생, 위법한 가해행위의 존재, 가해행위와 손해의 발생과의 사이에 상당인과관계가 있다는 사실 등 불법행위의 요건사실에 대하여 현실적이고도 구체적으로 인식하였을 때를 의미한다고 할 것이고, 피해자 등이 언제 불법행위의 요건사실을 현실적이고도 구체적으로 인식한 것으로 볼 것인지는 개별적 사건에 있어서의 여러 객관적 사정을 참작하고 손해배상청구가 사실상 가능하게 된 상황을 고려하여 합리적으로 인정하여야 한다."; **대판 2013. 7. 31, 2006다17553** "민법 제766조 제1항에서 정한 소멸시효가 완성되었는지 여부(가) 민법 제766조 제1항은 불법행위로 인한 손해배상청구권은 피해자나 그 법정대리인이 그 손해 및 가해자를 안 날부터 3년간 이를 행사하지 아니하면 시효로 소멸한다고 규정하고 있다. 여기서 '손해 및 가해자를 안 날'이란 피해자나 그 법정대리인이 손해 및 가해자를 현실적이고도 구체적으로 인식한 날을 의미하며, 그 인식은 손해발생의 추정이나 의문만으로는 충분하지 않고, 손해의 발생사실뿐만 아니라 가해행위가 불법행위를 구성한다는 사실, 즉 불법행위의 요건사실에 대한 인식으로서 위법한 가해행위의 존재, 손해의 발생 및 가해행위와 손해 사이의 인과관계 등이 있다는 사실까지 안 날을 뜻한다(대법원 2011. 3. 10. 선고 2010다13282 판결 등 참조). 그리고 피해자 등이 언제 불법행위의 요건사실을 현실적이고도 구체적으로 인식한 것으로 볼 것인지는 개별 사건의 여러 객관적 사정을 참작하고 손해배상청구가 사실상 가능하게 된 상황을 고려하여 합리적으로 인정하여야 하고(대법원 2002. 6. 28. 선고 2000다22249 판결 등 참조), 손해를 안 시기에 대한 증명책임은 소멸시효 완성으로 인한 이익을 주장하는 자에게 있다(대법원 2001. 9. 14. 선고 99다42797 판결 등 참조)."

502) **대판 1974. 1. 15, 73다150.**

503) **대판 1995. 2. 10, 94다30263; 대판 1999. 11. 23, 98다11529** "불법행위에 의한 손해배상청구권의 단기소멸시효의 기산점이 되는 민법 제766조 제1항 소정의 '손해 및 가해자를 안 날'이라 함은 손해의 발생 사실과 가해자를 알아야 할 뿐만 아니라 그 가해행위가 불법행위로서 이를 이유로 손해배상을 청구할 수 있다는 것을 안 때라고 할 것이고, 이 경우 손해의 발생 사실을 알았다고 하기 위해서는 손해의 액수나 정도를 구체적으로 알았다고 할 필요까지는 없다고 하더라도 손해를 현실적이고 구체적으로 인식하여야 한다."; **대판 2002. 6. 28, 2000다22249** "불법행위로 인한 손해배상청구권의 단기소멸시효의 기산점이 되는 민법 제766조 제1항 소정의 '손해 및 가해자를 안 날'이라 함은 손해의 발생, 위법한 가해행위의 존재, 가해행위와 손해의 발생과의 사이에 상당인과관계가 있다는 사실 등 불법행위의 요건사실에 대하여 현실적이고도 구체적으로 인식하였을 때를 의미한다고 할 것이고, 피해자 등이 언제 불법행위의 요건사실을 현실적이고도 구체적으로 인식한 것으로 볼 것인지는 개별적 사건에 있어서의 여러 객관적 사정을 참작하고 손해배상청구가 사실상 가능하게 된 상황을 고려하여 합리적으로 인정하여야 한다."; **대판 2013. 7. 12, 2006다17539** "민법 제766조 제1항은 불법행위로 인한 손해배상청구권은 피해자나 그 법정대리인이 그 손해 및 가해자를 안 날부터 3년간 이를 행사하지 아니하면 시효로 소멸한다고 규정하고 있다. 여기서 '손해 및 가해자를 안 날'이란 피해자나 그 법정대리인이 손해 및 가해자를 현실적이고도 구체적으로 인식한 날을 의미하며, 그 인식은 손해발생의 추정이나 의문만으로는 충분하지 않고, 손해의 발생사실뿐만 아니라 가해행위가 불법행위를 구성한다는 사실, 즉 불법행위의 요건사실에 대한 인식으로서 위법한 가해행위의

등이 언제 불법행위의 요건사실을 현실적이고도 구체적으로 인식한 것으로 볼 것인지는 개별 사건의 여러 객관적 사정을 참작하고 손해배상청구가 사실상 가능하게 된 상황을 고려하여 합리적으로 인정하여야 하다.[504] 그러나 법률상 어떠한 손해배상청구권이 발생하였는지를 알 필요는 없고,[505] 손해의 정도나 액수를 구체적으로 알아야 하는 것도 아니다.[506]후유증 등으로 인하여 불법행위 당시에는 전혀 예견할 수 없었던 새로운 손해가 발생하였거나 예상 외로 손해가 확대된 경우에는, 그러한 사유가 판명되었을 때 비로소 새로이 발생 또는 확대된 손해를 알았다고 보아야 하므로, 그때부터 시효가 진행된다.[507] 그리고 불법점유와 같이 불법

존재, 손해의 발생 및 가해행위와 손해 사이의 인과관계 등이 있다는 사실까지 안 날을 뜻한다. 그리고 피해자 등이 언제 불법행위의 요건사실을 현실적이고도 구체적으로 인식한 것으로 볼 것인지는 개별 사건의 여러 객관적 사정을 참작하고 손해배상청구가 사실상 가능하게 된 상황을 고려하여 합리적으로 인정하여야 하고, 손해를 안 시기에 대한 증명책임은 소멸시효 완성으로 인한 이익을 주장하는 자에게 있다."; **대판 2020. 4. 9. 2019다246573.**

504) **대판** 2013. 7. 12, **2006다17539**; **대판** 2020. 4. 9. **2019다246573**.

505) **대판** 1967. 1. 24, **66다2279** "본조에서 '손해를 안다'함은 타인의 불법행위로 손해가 발생한 사실만 알면 되고 법률상 어떠한 손해배상청구권이 발생하였는가의 문제까지 알 것을 필요로 하는 것은 아니다."

506) **대판 1992. 4. 14, 92다2011** "불법행위로 인한 손해배상의 청구권은 피해자나 그 법정대리인이 그 손해 및 가해자를 안 날로부터 3년간 행사하지 아니하면 시효로 인하여 소멸하는 것인바, 여기에서 그 손해 및 가해자를 안다는 것은 손해의 발생사실과 그 손해가 가해자의 불법행위로 인하여 발생한 것이라는 사실을 알면 되는 것이고 그 손해의 정도나 액수를 구체적으로 알아야 하는 것은 아니다."; **대판** 1995. 2. 3, **94다16359** "불법행위로 인한 손해배상청구권은 민법 제766조 제1항에 의하여 피해자나 그 법정대리인이 그 손해 및 가해자를 안 날로부터 3년 간 행사하지 아니하면 시효로 인하여 소멸하는 것인바, 여기에서 그 손해를 안다는 것은 손해의 발생사실을 알면 되는 것이고 그 손해의 정도나 액수를 구체적으로 알아야 하는 것은 아니므로, 통상의 경우 상해의 피해자는 상해를 입었을 때 그 손해를 알았다고 보아야 하지만, 그 후 후유증으로 인하여 불법행위 당시에는 전혀 예견할 수 없었던 새로운 손해가 발생하였다거나 예상외로 손해가 확대된 경우에 있어서는 그러한 사유가 판명된 때에 새로이 발생 또는 확대된 손해를 알았다고 보아야 하고, 이와 같이 새로이 발생 또는 확대된 손해 부분에 대하여는 그러한 사유가 판명된 때로부터 민법 제766조 제1항에 의한 시효소멸기간이 진행된다."

507) **대판** 1981. 7. 7, **80다2150**; **대판** 1988. 12. 27, **87다카2005**; **대판** 1995. 2. 3, **94다16359**; **대판 2001. 1. 19, 2000다11836**; **대판 2001. 9. 14, 99다42797** "불법행위로 인한 손해배상청구권은 민법 제766조 제1항에 의하여 피해자나 그 법정대리인이 그 손해 및 가해자를 안 날로부터 3년간 행사하지 아니하면 시효로 인하여 소멸하는 것인바, 여기에서 그 손해를 안다는 것은 손해의 발생사실을 알면 되는 것이고 그 손해의 정도나 액수를 구체적으로 알아야 하는 것은 아니므로, 통상의 경우 상해의 피해자는 상해를 입었을 때 그 손해를 알았다고 보아야 할 것이지만, 그 후 후유증 등으로 인하여 불법행위 당시에는 전혀 예견할 수 없었던 새로운 손해가 발생하였다거나 예상외로 손해가 확대된 경우에 있어서는

행위가 계속적으로 행하여지는 결과 손해도 역시 계속적으로 발생하는 경우에는 특별한 사정이 없는 한 그 손해는 날마다 새로운 불법행위에 기하여 발생하는 손해로서 그 각 손해를 안 때로부터 별개로 소멸시효가 진행한다.[508] 또한 피해자 등에게 손해의 발생사실과 그 손해가 가해자의 불법행위로 인하여 발생하였다는 사실을 현실적이고 구체적으로 인식할 만한 정신적 능력이 없다면 설사 사고발생 후 피해자 등이 사고경위 등에 관하여 들은 적이 있다고 하더라도 손해 및 가해자를 알았다고 할 수 없으므로 시효는 진행하지 않는다.[509]

(2) 증명책임

'손해 및 가해자를 안 날'에 관한 증명책임은 소멸시효를 주장하는 자가 증명하여야 한다.[510]

그러한 사유가 판명된 때에 새로이 발생 또는 확대된 손해를 알았다고 보아야 할 것이고, 이와 같이 새로이 발생 또는 확대된 손해 부분에 대하여는 그러한 사유가 판명된 때로부터 민법 제766조 제1항에 의한 시효소멸기간이 진행된다고 할 것이다."; **대판 2010. 4. 29, 2009다99105**; **대판 2014. 2. 13, 2013다59081.**

508) **대판(전) 1966. 6. 9, 66다615**; **대판 1999. 3. 23, 98다30285** "불법행위에 의한 손해배상청구권의 단기소멸시효의 기산점이 되는 민법 제766조 제1항 소정의 '그 손해 및 가해자를 안 날'이라 함은 현실적으로 손해의 발생과 가해자를 알아야 할 뿐만 아니라 그 가해행위가 불법행위로서 이를 이유로 손해배상을 청구할 수 있다는 것을 안 때를 의미하고, 불법행위가 계속적으로 행하여지는 결과 손해도 역시 계속적으로 발생하는 경우에는 특별한 사정이 없는 한 그 손해는 날마다 새로운 불법행위에 기하여 발생하는 손해로서 민법 제766조 제1항을 적용함에 있어서 그 각 손해를 안 때로부터 각별로 소멸시효가 진행된다고 보아야 한다."

509) **대판 1995. 2. 10, 94다30263** "민법 제766조 제1항에서 말하는 피해자나 그 법정대리인이 손해 및 가해자를 안다고 하는 것은 피해자나 그 법정대리인이 손해의 발생사실과 그 손해가 가해자의 불법행위로 인하여 발생하였다는 사실을 현실적이고도 구체적으로 인식함을 뜻하는 것이므로, 피해자 등에게 손해의 발생사실과 그 손해가 가해자의 불법행위로 인하여 발생하였다는 사실을 현실적이고도 구체적으로 인식할 만한 정신적 능력 내지 지능이 있었다고 인정되지 아니한다면 설사 사고 발생 후 피해자 등이 사고 경위 등에 관하여 들은 적이 있다 하더라도 손해 및 가해자를 알았다고 할 수는 없을 것이므로, 위 법조항 소정의 단기소멸시효는 진행되지 아니한다고 보아야 할 것이고, 이러한 정신적 능력 내지 지능이 있었는지 여부는 결국 구체적인 사건에 있어서 여러 사정들을 참작하여 판단할 사실인정의 문제라 할 것이다."

510) **대판 1971. 4. 6, 70다269** "그 손해 및 가해자를 안다"는 취지는 손해의 발생뿐만 아니라 그 가해행위가 불법행위인 것까지도 안 것을 말하고 그 안 시간은 손해배상청구권의 단기소멸시효를 주장하는 자가 증명하여야 한다."; **대판 1995. 6. 30, 94다13435** "불법행위로 인한 손해배상청구권의 단기소멸시효에 있어서 손해를 안 것이라 함은 단순히 손해발생사실을 안 것만으로는 부족하고 그 손해가 위법행위로 인하여 발생한 것까지도 알았음을

[손해배상청구권의 소멸시효에 관한 판례]

① 대판 1994. 4. 26, 93다59304

1. 피고들 소송대리인 변호사 김승진 및 정장훈의 각 상고이유 제1의 (1)·(2)점과 피고 2 소송대리인 변호사 박영식의 상고이유 제2점에 대한 판단.

가. 원심은, 원고 1이 1986.11.28. 06:50경 피고 1 의료법인 산하 병원(이 뒤에는 "피고병원"이라고 약칭한다)에서 제왕절개수술로 태어난 과숙아로서 산부인과 의사로부터 보통 건강한 신생아로 판정받고 06:50경 소아과 전문의인 피고 2에게 인계된 사실, 피고 2는 간호원으로부터 원고 1이 산부인과로부터 인계될 당시 몸에 태변이 착색되어 있다는 보고를 받고도, 기관내에 삽관을 하여 태변을 흡인제거하는 조치를 취하지 아니하고 다만 신생아의 머리를 낮추고 옆으로 돌려놓아 이물질이 자연적으로 배출되게 하는 자세배액처치와 푸로카인 페니실린 및 겐타마이신의 투약만을 간호원에게 지시하고 그 다음날인 11.29. 및 11.30.에도 동일한 처치만을 한 사실, 과숙아로서 태변이 착색되어 있는 신생아는 기도에 태변이 흡입되어 있을 가능성이 의학통계상 60%정도이고 태변의 흡입은 기도의 기계적 폐쇄와 화학적 간질성폐렴(간질성폐렴이란 폐 전체에 염증이 생기는 것을 말한다)을 초래할 위험성이 높으므로, 태변이 착색된 원고 1을 인계받은 피고 2로서는 우선 태변의 흡입 여부를 주의깊게 살피고 태변이 흡입되어 있는 경우에는 기관 내에 삽관을 하여 태변을 흡인제거하는 조치를 취하여야 할 것임에도 불구하고, 피고 2는 당시 원고 1이 호흡곤란의 상태가 아니므로 태변을 흡입하지 아니하였거나 또는 흡입하였어도 그 정도가 아주 경미하다고 가볍게 판단한 나머지 기관내에 삽관을 하여 기관지와 폐에 흡입되어 있는 태변을 흡인제거하는 조치를 취하지 아니함으로 말미암아, 원고 1의 기관지와 폐에 흡입되었다가 제거되지 아니하고 남아 있던 태변으로 인하여 태변흡입성 폐렴이 발병하고 다음날인 12.1. 시간 미상경 전신에 청색증이 나타나고 호흡이 중단된 사실, 원고 1은 12.1. 07:30경

요하고, 이 같은 손해를 안 시기에관한 증명책임은 시효의 이익을 주장하는 자에게 있으며, 시효제도의 존재이유는 영속된 사실상태를 존중하고 권리 위에 잠자는 자를 보호하지 않는다는 데 있고 특히 소멸시효에 있어서는 후자의 의미가 강하므로 권리자가 재판상 그 권리를 주장하여 권리 위에 잠자는 것이 아님을 표명한 때에는 시효중단사유가 되는바, 이러한 시효중단사유로서의 재판상의 청구에는 그 권리 자체의 이행청구를 하는 경우뿐만 아니라 그 권리가 발생한 기본적 권리관계에 관한 이행청구나 확인청구를 하는 경우에도그 기본적 권리관계의 이행청구나 확인청구가 그로부터 발생한 권리의 실현 수단이 될 수있어 권리 위에 잠자는 것이 아님을 표명한 것으로 볼 수 있는 때에는 그 기본적 권리관계에 관한 이행청구나 확인청구도 시효중단사유로서의 재판상 청구에 포함된다."; **대판** 2013. 7. 12, 2006**다**17539 "피해자 등이 언제 불법행위의 요건사실을 현실적이고도 구체적으로 인식한 것으로 볼 것인지는 개별 사건의 여러 객관적 사정을 참작하고 손해배상청구가 사실상 가능하게 된 상황을 고려하여 합리적으로 인정하여야 하고, 손해를 안 시기에 대한 증명책임은 소멸시효 완성으로 인한 이익을 주장하는 자에게 있다."; **대판** 2020. 3. 26, 2019**다**220526.

전신 청색증이 나타나고 호흡이 중단된 상태로 간호원에게 발견되었는데, 간호원으로부터 긴급연락을 받고 달려 온 피고 2가 원고 1을 진찰한 결과 전신청색증이 있고 호흡이 중단되어 있으나 심장이 약하게 박동하고 있음을 확인하고 곧바로 고무로 된 인공호흡관을 기관지에 삽입하여 인공호흡을 시키는 한편 인공호흡관 속에 다시 가느다란 관을 넣어 기관지내의 태변등 이물질을 배출하는 등 조치를 취한 결과, 30분 정도 경과한 후 원고 1은 자기 호흡으로 회복된 사실, 원고 1은 그 후 다른 특별한 증세가 나타나지 아니하여 1986. 12. 13. 피고병원에서 퇴원하였으나 퇴원 후 정상적으로 발육을 하지 못하므로 그의 부모인 나머지 원고들이 1987. 12. 4.부터 12. 24.까지 재활의학과에 입원시켜 진단을 받아 본 결과 뇌성마비임이 판명된 사실, 뇌성마비의 원인은 산소결핍 뇌에 대한 외상 뇌의 병균감염 등 다양하나 의학적인 통계에 의하면 심한 질식 상태가 15분 이상 지속된 경우 뇌성마비의 빈도는 9% 정도이고, 20분 이상 지속된 경우에는 그 빈도가 57%로 급등하게 되는데, 원고 1에게는 위와 같은 호흡중단 이외에 출산 전이나 출산과정 또는 출산 후에 있어서 뇌성마비의 원인이 될 수 있는 다른 원인이 있었다는 사정은 보이지 아니하는 사실 등을 인정한 다음, 출생당시에는 건강한 정상아이었던 원고 1이 상당한 기간 동안 호흡중단상태를 겪은 후 뇌성마비가 된 점, 의학통계상 호흡중단은 뇌성마비의 중요한 원인이 되는 점, 원고 1에게 위 호흡중단 이외에 뇌성마비의 원인이 될 수 있는 다른 원인이 있었다는 사정이 보이지 아니하는 점 등을 종합하여 보면, 원고 1의 뇌성마비는 위 12. 1.자 호흡중단으로 인한 것이라고 인정하기에 충분하고, 또 위 호흡중단은 피고 2가 위와 같이 원고 1의 기관과 폐에 흡입되어 있는 태변을 삽관의 방법으로 배출 제거하지 아니하고 그대로 남겨둔 과실로 인하여 발병한 "태변흡입으로 인한 간질성폐렴"이 그 원인이 되었다고 판단하여, 원고 1의 뇌성마비에 관하여 피고 2에게 의료과오로 인한 불법행위책임을 인정하였다.

나. 의사는 의료와 보건지도에 종사하는 임무를 수행함으로써 국민보건의 향상을 도모하고 국민의 건강한 생활 확보에 기여함을 사명으로 하는 의료인으로서(의료법 제2조 제2항), 진찰 치료 등의 의료행위를 함에 있어서는 사람의 생명 신체 건강을 관리하는 업무의 성질에 비추어 환자의 구체적인 증상이나 상황에 따라 위험을 방지하기 위하여 요구되는 최선의 처치를 행하여야 할 주의의무가 있다고 할 것이다. 그러나 의사의 이와 같은 주의의무는 의료행위를 할 당시 의료기관 등 임상의학분야에서 실천되고 있는 의료행위의 수준을 기준으로 판단하여야 할 것이므로, 의사가 행한 의료행위가 그 당시의 위와 같은 의료수준에 비추어 최선을 다한 것으로 인정되는 경우에는 그 의사에게 환자를 진료함에 있어서 요구되는 주의의무를 위반한 과실이 있다고 볼 수 없는 것이다.

다. 원심은 피고 2가 소아과 의사로서 산부인과로부터 신생아인 원고 1을 인계받으면서 태변이 착색되어 있다는 보고를 받고도 그의 기관 내에 태변이 흡입되어 있는지의 여부를 주의 깊게 살펴보아 태변이 흡입되어 있는 것으로 판명되는 경우에는 기관

내에 삽관을 하여 태변을 흡인제거하는 조치를 취하여야 함에도 불구하고 그와 같은 조치를 취하지 아니하였으므로, 위 피고에게는 위와 같은 환자를 진료하는 의사에게 요구되는 주의의무를 위반한 과실이 있다고 판단하고 있다.

라. 그러나 원심도 채용한 갑제7호증의 17, 19, 22, 24의 각 기재에 의하면, 위 피고가 위 원고를 진료할 당시 우리나라의 의료기관에서 행하여지고 있는 의료행위의 수준에 비추어 볼 때, 신생아가 태변을 흡입한 경우에 의사가 취하여야 할 처치는 태반흡입의 심한 정도에 따라 다른데, 경증인 경우에는 상태를 보아가면서 보통의 건강한 신생아와 같은 기본적인 처치를 하고, 중등증인 경우에는 산소의 공급 항생제의 투여 흉부의 엑스선촬영 동맥혈가스검사 등을 시행하며, 호흡곤란이 심한 중증(중증)인 경우에 비로소 인공호흡과 함께 기관내의 삽관을 통하여 태변을 흡인 제거하는 처치를 취하게 되는데, 위 원고는 출생할 당시 태변이 착색되어 있었지만 말초혈액검사와 급성염증반응검사를 시행한 결과 백혈구수가 정상보다 많아 폐렴이나 패혈증이 발생하였을 가능성이 있었던 점 외에는 호흡 심장박동 체온 등이 정상아와 같았으므로 그 증상이 경증 내지 중등증에 해당하고, 이와 같은 경우 의사로서는 항생제의 투여로 패혈증의 악화를 방지하면서 환자의 상태를 추적하면 되는 것으로서 곧바로 흉부의 엑스선촬영을 하거나 기관 내에 삽관을 하여 태변을 흡인해내는 것은 자칫하면 과잉진료가 될 수 있어 그와 같은 치료방법을 선택할 것인지의 여부는 의사의 진료상의 재량에 속함을 알 수 있는바, 위 피고가 위 원고를 진료할 당시 우리나라의 의료기관에서 일반적으로 행하여지고 있던 의료행위의 수준을 기준으로 할 때, 신생아가 태변을 흡입한 사실이 판명되면 그 증상의 정도에 불구하고 반드시 기관 내에 삽관을 하여 태변을 흡인제거하여야 할 의무가 소아과 의사에게 있었음을 인정할 만한 증거는 기록에서 찾아볼 수 없다.

마. 그럼에도 불구하고, 원심은 신생아의 기도에 태변이 흡입되어 있는 경우에는 환자의 상태가 어느 정도로 중한 것인지와는 관계없이 반드시 기관내의 삽관을 통하여 태변을 흡인제거하여야 할 의무가 소아과 의사에게 있는 것으로 단정하여 위 피고에게 위와 같은 환자를 진료하는 의사에게 요구되는 주의의무를 위반한 과실이 있다고 판단하였으니, 원심판결에는 심리를 제대로 하지 아니한 채 채증법칙을 위반하거나 의사의 진료상의 과실에 관한 법리를 오해하여 사실을 잘못 인정한 위법이 있다고 하지 않을 수 없고, 이와 같은 위법은 판결에 영향을 미친 것임이 분명하므로, 이 점을 지적하는 논지는 이유가 있다.

2. 피고들 소송대리인 변호사 김승진 및 정장훈의 각 상고이유 제1의(3)점에 대한 판단. 소론이 지적하는 점(원고 1의 위 12.1.자 호흡중단이 뇌성마비의 원인이 되었다는 점)에 관한 원심의 인정판단은 원심판결이 설시한 증거관계에 비추어 정당한 것으로 수긍이 되고, 그 과정에 소론과 같이 심리를 제대로 하지 아니한 위법이 있다고 볼 수 없으므로, 논지는 이유가 없다.

3. 피고들 소송대리인 변호사 김승진 및 정장훈의 각 상고이유 제2점과 피고 2 소송대리인 변호사 박영식의 상고이유 제1점에 대한 판단.

원심은, 불법행위로 인한 손해배상청구권의 단기소멸시효의 기산점이 되는 민법 제766조 제1항 소정의 "손해 및 가해자를 안 날"이라 함은 손해가 가해자의 불법행위로 인한 것임을 안 때라고 할 것이므로 / 가해행위와 손해의 발생 사이에 인과관계가 있으며 위법하고 과실이 있는 것까지도 안 때라고 할 것인 바, 원고 1의 어머니인 원고 2가 1988. 6. 17. 피고 2가 원고 1의 기관지로부터 태변을 흡인제거하는 과정에서 부주의로 위 원고의 뇌를 손상시켰다는 이유로 위 피고를 업무상과실치상죄로 고소한 사실은 인정할 수 있으나, 의료사고의 경우에 의료전문가가 아닌 일반인들로서는 의사에게 과실이 있는지의 여부 및 의사의 과실과 손해 사이에 인과관계가 있는지의 여부 등을 쉽게 알 수 없는 것이므로, 위와 같은 고소는 결국 위 피고의 진료 내지 처치와 위 원고의 뇌성마비 사이에 인과관계가 있는지의 여부 및 위 피고에게 과실이 있는지의 여부 등을 수사하여 만일 인과관계와 과실이 있다고 판명되면 위 피고를 처벌하여 달라는 취지에 불과하고, 따라서 원고 2가 위와 같이 고소하였다는 점만 가지고 고소를 할 당시에 위 피고의 진료와 원고 1의 뇌성마비 사이에 인과관계가 있고 또 위 피고에게 과실이 있었음을 알았다고 할 수는 없다고 할 것이므로 (위 고소의 결과는 위 피고에게 과실 또는 인과관계가 없다는 이유로 불기소처분이 되었다), 원고 2가 1988. 6. 17. 위 피고의 의료상의 과실에 대하여 위 피고를 업무상과실치상죄로 고소하였으므로 원고들은 적어도 그 때에는 손해 및 가해자를 알았다고 할 것이고 이 사건 소는 그 날로부터 3년이 경과하여 제기되었으니 위 불법행위로 인한 손해배상의 청구권은 시효로 인하여 소멸하였다는 피고들의 항변은 이유가 없는 것이라고 판단하였는바, 관계증거 및 기록과 관계법령의 규정내용에 비추어 볼 때, 원심의 위와 같은 인정판단은 정당한 것으로 수긍이 되고, 원심판결에 소론과 같이 채증법칙을 위반하거나 민법 제766조에 관한 법리를 오해하여 사실을 잘못 인정한 위법이 있다고 볼 수 없으므로, 논지는 이유가 없다.

4. 그러므로 원심판결 중 피고들의 패소부분을 파기하고, 기록에 의하면 원고들 소송대리인이 제1심과 원심에서 피고 2가 원고 1이 출생한 다음날인 토요일(11. 29.)과 그 다음날인 일요일(11.30)에 회진을 하지 아니함으로써 위 원고의 상태가 악화된 것을 알지 못하였고, 그 결과 그와 같은 상태의 악화에 따라 항생제를 변경하는 등 적절한 처치를 취하지도 못하였을 뿐더러, 일요일에는 항생제를 투약하라는 지시도 하지 아니한 결과 위 원고의 폐렴이 악화되어 그 다음날인 월요일 아침에 전신청색증과 호흡중단이 오게 된 것이므로, 위 피고에게는 위 원고의 상태를 예의주시하여 적절한 처치를 하지 아니한 과실이 있다고 주장하고 있음을 알 수 있으므로, 원심으로 하여금 이 점에 관하여도 심리하여 본 다음, 피고 2가 원고 1을 진료한 시기 위 피고의 전문분야 위 피고가 당시 처하여 있던 사회적 지리적 여건 및 환경 피고병원의 의료기관으로서의 성격 등 제반사정을 고려하여 위 피고에게 위 원고와 같은 환자를 진료하는 의사에게 요구되는 주의의무를 위반한 과실이 있다고 인정할 수 있는지의 여부에 관하여 다시 판단하게하기 위하여

사건을 원심법원에 환송하기로 관여 법관의 의견이 일치되어 주문과 같이 판결한다.

② 대판 1995. 2. 3, 94다16359

1. 원심판결 이유에 의하면 원심은, 원고 최병옥은 1988. 7. 27. 피고 회사에 배관조공으로 취업하여 피고 회사의 광양제철소 제2냉연공장 설치공사 중 시지엘(CGL)기계설치, 배관공사현장에 근무하여 오던 중 같은 해 9. 4. 11:00경 피고 회사의 작업반장인 소외 유승영으로부터 그 판시의 밸브를 잠그라는 지시를 받고 위 밸브를 잠그려다가 고압전선을 잡는 바람에 감전되어 추락하여 다발성골절상 등의 상해를 입은 사실, 원고 유일엽은 위 원고의 처, 원고 최애경, 최성규는 그의 자녀인 사실을 인정한 다음, 원고들이 위 유승영의 사용자인 피고는 위 유승영의 불법행위로 말미암아 원고들이 입은 손해를 배상할 의무가 있다고 주장하고, 피고는 원고들이 이 사건 사고 후 3년간 위 주장의 피고에 대한 손해배상채권을 행사하지 아니하여 위 채권이 이미 시효로 소멸하였다고 항변한데에 대하여 판단하기를, 원고들은 이 사건 사고 발생 당시 이로 인한 손해발생사실 및 가해자가 피고회사라는 사실을 구체적으로 알았다고 볼 것이고, 원고 최병옥에게 이 사건 사고로 말미암은 위 상해의 후유증 등으로 인하여 이 사건 사고 당시에는 전혀 예견할 수 없었던 새로운 손해가 발생하였다거나 예상외로 손해가 확대되었다고 인정할 수 있는 증거가 없는 이 사건에 있어서, 이 사건 사고일인 1988. 9. 4.로부터 3년이 경과하였음이 역수상 명백한 1992. 12. 2.에 이르러서야 비로소 원고들이 이 사건 소를 제기하였음이 기록상 명백하므로 원고들 주장의 피고에 대한 위 손해배상채권은 이미 시효로 소멸하였다고 보아 피고의 위 항변을 받아들이고 원고들의 이 사건 청구를 모두 기각하였다.

2. 불법행위로 인한 손해배상청구권은 민법 제766조 제1항에 의하여 피해자나 그 법정대리인이 그 손해 및 가해자를 안 날로부터 3년간 행사하지 아니하면 시효로 인하여 소멸하는 것인바, 여기에서 그 손해를 안다는 것은 손해의 발생사실을 알면 되는 것이고 그 손해의 정도나 액수를 구체적으로 알아야 하는 것은 아니므로, 통상의 경우 상해의 피해자는 상해를 입었을 때 그 손해를 알았다고 보아야 할 것이지만, 그 후 후유증으로 인하여 불법행위 당시에는 전혀 예견할 수 없었던 새로운 손해가 발생하였다거나 예상외로 손해가 확대된 경우에 있어서는 그러한 사유가 판명된 때에 새로이 발생 또는 확대된 손해를 알았다고 보아야 할 것이고, 이와 같이 새로이 발생 또는 확대된 손해 부분에 대하여는 그러한 사유가 판명된 때로부터 민법 제766조 제1항에 의한 시효소멸기간이 진행된다고 할 것이다.
기록에 의하면, 원고들은 원고 최병옥이 이 사건 사고로 인하여 다발성늑골골절, 제2, 3요추좌횡돌기 골절, 제9흉추 압박골절, 우견갑골 골절, 전기화상, 복두 둔상, 우주관절 외과골절, 척골 신경지연마비 등의 상해를 입어 치료가 종결된 후에도 흉요부 동통과 굴곡으로 인한 신전운동장애, 우전완부 및 수부의 척측으로의 이상감각 등의 후유증이 남았으므로 이로 인하여 입은 손해의 배상을 청구하고 있음이 기록상 명백한 바, 다음에서 보는 바와 같이 원고들이 이 사건 사고 당시 원고 최병옥에게 우전완부 및 수부의 척측으로의 이상감각이라는 후유증(병명으로는 우측 척골 신경지연마비)로 인한 손해가 발생할 것을 예상할 수 있었다고 단정하기는 어렵다.

즉 원심이 채용한 갑 제4호증의 기재와 성립에 다툼이 없는 갑 제7호증의 9의 각 기재 내용을 살펴보면, 1990. 12.에야 원고 최병옥이 이 사건 사고로 인하여 척골 신경지연마비의 증세가 있고 이로 인하여 우전완부 및 수부의 척측으로의 이상감각이라는 후유증의 남았음이 판명되었고, 이 사건 사고 후인 1988. 10. 22. 진단을 받았을 때에는 위 원고에게 위와 같은 증세가 나타나지 않았음을 엿볼 수 있는바, 위 척골 신경지연마비증의 내용과 그 병세의 판명경위가 이와 같다면, 원고들이 1990. 12. 이전에도 원고 최병옥에게 척골 신경지연마비의 증세가 나타나고 이로 인한 후유증이 남을 것이라는 점을 예상할 수 있었다고 볼 수 있는 아무런 증거가 없는 이 사건에 있어, 원고들이 이 사건 사고 당시에는 원고 최병옥에게 위와 같은 후유증이 남을 것이라는 점을 예상할 수 없었다고 볼 여지도 충분히 있다고 할 것이다.

따라서 원심으로서는 원고 최병옥에게 척골신경지연마비의 증세가 나타난 시기, 그 원인 등에 관하여 좀 더 심리하여 본 후 원고들이 이 사건 사고 당시 위 후유증이 발생할 것이라는 것을 예상할 수 없었는지 여부 등을 판단하였어야 함에도 불구하고 이에 이르지 아니한 채 위와 같이 이 사건 사고 당시 전혀 예상할 수 없었던 후유증으로 인한 손해가 발생하였다는 증거가 없다고 단정하여 원고들의 이 사건 청구를 모두 기각한 것은 증거가치의 판단을 그르쳤거나 필요한 심리를 다하지 아니한 위법을 저지른 것이고, 이와 같은 위법은 판결에 영향을 미쳤음이 명백하므로, 이 점을 지적하는 논지는 이유 있다.

그러므로 나머지 상고이유에 대한 판단을 생략하고 원심판결을 파기환송하기로 하여 관여 법관의 일치된 의견으로 주문과 같이 판결한다.

③ **대판 2001. 1. 19, 2000다11836**

가해행위와 이로 인한 현실적인 손해의 발생 사이에 시간적 간격이 있는 불법행위에 기한 손해배상채권에 있어서 소멸시효의 기산점이 되는 불법행위를 안 날이라 함은 단지 관념적이고 부동적인 상태에서 잠재하고 있던 손해에 대한 인식이 있었다는 정도만으로는 부족하고 그러한 손해가 그 후 현실화된 것을 안 날을 의미한다고 할 것이다(대법원 1992. 12. 8. 선고 92다29924 판결 등 참조).

원심은 내세운 증거를 종합하여, 그 판시와 같은 사실을 인정하고 나서, 그 인정 사실에 의하면, 이 사건 사고 당시 피고는 만 2세 남짓된 유아로서 좌족부의 성장판을 다쳐 의학적으로 피고의 뼈가 성장을 멈추는 만 18세가 될 때까지는 위 좌족부가 어떻게 변형될지도 모르는데다가 그 변형이 고정되어야 장해 정도 및 추가 수술 여부를 알 수 있는 상태였고, 또한 그 성장기간 동안에 변형의 추이를 잘 관찰하여 거기에 합당한 치료방법을 강구하여야 함은 물론 위 좌족부의 변형이 고정된 이후에 추가적 수술을 시행함으로써 위장해 회복이라는 치료 효과를 극대화할 수 있으며, 그 이전에는 위 후유장해로 인한 장래의 손해의 정도는 물론 그 손해 발생 자체도 불확실하여 피해자 및 가해자측, 나아가 담당의사 조차도 이를 예상하기 어려웠던 점, 피고의 법정대리인인 정일기는 이 사건 사고 직후 수술을 받고 퇴원할 당시 또 그 이후에 치료를 받으러 가서도 담당의사로부터 위와 같은 취지의 설명을 듣고서 그에 따라 피고의 성장기 동안 좌족부의 변형 상태를 관찰하고 그 이상 정도에 맞추어 병원을 찾아 진찰을 받아오던 중 피고가 고등학교 1학년에 재학 중이던 1998년 1월경에 이르러 담당의사에게 진찰을 받은 결과 피고의 좌족부 변형이 고정되어 이제는 추가로 성형외과 또는 정형외과 수술을 하면 어느 정도 기능이 회복될 수 있으나 그렇게 하고도 위 좌족부에 상당한 후유장해가 남는 것으로 판명되었고, 이에 따라 위 정일기는 원고 회사에 그 치료비 등 손해배상을 요구하게 된 사실을 알 수 있다고 하여, 이 사건 사고로 인한 피고의 손해는 그 동안 부동적인 상태에 있다가 1998년 1월경에 비로소 피고의 좌족부 변형에 따른 후유장해의 잔존 및 그 정도 등을 가늠할 수 있게 현실화됨으로써 그때서야 피고의 법정대리인인 위 정일기도 위와 같이 현실화된 손해를 구체적으로 알게 되었다고 봄이 상당하여 피고의 이 사건 손해배상청구권의 소멸시효의 기산점은 위 1998년 1월경이라는 이유로, 그 이전에 손해배상청구권이 소멸되었음을 전제로 한 원고의 이 사건 청구를 받아들이지 아니하였다. 앞서 본 법리를 전제로 하여 관련 증거를 기록에 비추어 살펴보면, 원심의 위와 같은 사실인정과 판단은 정당한 것으로 수긍할 수 있고, 거기에 상고이유에서 주장하는 바와 같은 채증법칙 위반, 심리미진 내지는 소멸시효의 기산점에 관한 법리오의 위법이 있다고 할 수 없다.

그러므로 상고를 기각하기로 하여 관여 법관의 일치된 의견으로 주문과 같이 판결한다.

④ **대판 1995. 11. 10, 95다32228**

1. 원심판결 이유에 의하면 원심은, 1991. 7. 2. 피고의 피용자인 소외 박보영의 과실로 인하여 원고가 제12흉추 압박골절, 제4-5요추간 수핵탈출증 등의 상해를 입은 이 사건 사고가 발생한 사실을 인정한 다음, 피고는, 산재사고로 상해를 입은 경우 통상 피해자는 사고로 상해를 입었을 때 그 손해를 알았다고 보아야 할 것인바 원고는 사고 발생일로부터 3년이 경과한 후 이 사건 소를 제기하였으므로 이 사건 사고로 인한 원고의 손해배상청구권은 시효로 소멸하였다고 항변하고, 이에 대하여 원고는, 위 사고 발생 당시 원고가 입은 제12흉추 압박골절상이 이 사건 사고로 인한 것이 아닌 진구성 골절이라는 진단이 나옴에 따라 노동부로부터 요양승인을 받지 못함으로써 그에 대한 치료를 받지 못하다가 이후 정밀검사를 한 결과 위 압박골절상도 위 사고로 인한 것이라고 판명되어 같은 해 12. 3. 요양승인을 받았는바 원고로서는 위 요양승인을 받고서야 비로소 위 사고로 인한 손해 발생 사실을 알게 되었다고 할 것이므로 위 청구권의 소멸시효 기산점은 사고 발생일이 아닌 위 요양승인을 받은 날이라고 다투는 데 대하여, 거시 증거에 의하여, 원고는 사고 발생 이후인 1991. 7. 15.부터 석정형외과의원에 입원을 하여 치료를 받았는바 당시 위 의원에서는 원고의 상해를 요추염좌와 제12흉추 압박골절상으로 진단하면서 다만 제12흉추에 대하여는 엑스선 촬영상 압박골절이 보였으나 이를 진구성 골절로 진단한

사실, 위 진단에 따라 노동부 인천북부사무소에서는 요추염좌에 대하여만 요양승인을 하였을 뿐 위 제12흉추 압박골절상에 대하여는 기존 질환으로 보아 요양승인을 하지 않은 사실, 원고는 이에 따라 위 압박골절상에 대한 치료를 받지 못하다가 같은 해 11.14. 성모자애병원에서 정밀검사를 받았는 바 그 결과 위 압박골절상이 진구성 골절이 아니라는 진단이 나옴에 따라 노동부에서는 같은 해 12. 3. 위 압박골절상의 요양승인을 한 사실을 인정하고 나서, 이에 의하면 원고는 이 사건 사고 발생 이후 초진시 요추부에 장해를 입었다는 진단을 받았을 뿐만 아니라, 제12흉추부에도 이미 엑스선 촬영상 압박골절이 나타나 있는 상태였으므로 원고로서는 위 사고 발생 당시 위 사고로 입은 손해를 알았고 그 때부터 위 손해배상 청구권을 행사할 수 있다고 보아야 할 것이며, 다만 노동부에서 위 압박골절상에 대한 요양승인을 하지 아니함으로써 원고가 위 압박골절상이 이 사건 사고로 인한 것인지가 불분명하여 정밀검사 결과 다시 요양승인을 받을 때까지 이에 대한 치료를 받지 못하였다는 것은 위 권리행사의 사실상의 장애사유에 불과하다고 할 것이므로, 위 손해배상 청구권의 소멸시효의 기산점은 위 사고 발생일인 1991. 7. 2.로 보아야 하고, 이 사건 소가 그로부터 3년의 손해배상 청구권의 소멸시효 기간이 경과한 이후인 1994. 11. 9. 제기되었음은 기록상 명백하므로 원고의 이 사건 손해배상 청구권은 시효로 소멸되었다 할 것이라고 판단하여 원고의 이 사건 청구를 배척하였다.

2. 불법행위로 인한 손해배상 청구권의 단기소멸시효의 기산점이 되는 민법 제766조 제1항 소정의 "손해 및 가해자를 안 날"이라 함은 손해가 가해자의 불법행위로 인한 것임을 안 때라고 할 것이므로, 손해 및 가해자를 알았다고 하기 위하여는 가해행위와 손해의 발생 사이에 인과관계가 있다는 것까지도 알 것을 요한다고 할 것이다(당원 1989. 9. 26. 선고 88다카32371 판결 ; 1994. 4. 26. 선고 93다59304 판결 등 참조).
원심이 확정한 바와 같이, 원고의 흉추부 압박골절상에 대하여 이 사건 사고 발생 얼마 후에 있었던 초진시에는 진구성 골절 즉 이 사건 사고와 관계없는 기존질환인 것으로 진단되었다가 그 후 정밀검사 결과 진구성 골절이 아닌 것으로 판명되어 비로소 요양승인도 받게 된 것이라면, 일반인에 불과한 원고로서는 당초 흉추부 압박골절상이 이 사건 사고로 인한 것임을 알지 못하고 있다가 빨라도 위 정밀검사 결과가 있고 나서야 흉추부 압박골절상도 이 사건 사고로 인한 것임을 알게 되었다고 봄이 상당할 것이다.
통상의 경우에는 상해의 피해자는 상해를 입었을 때 그 손해를 알았다고 보아야 하지만, 이 사건과 같이 사고 후 초진시 전문가인 의사로부터 그 상해가 그 사고로 인한 것이 아니라고 진단받은 적이 있는 경우에도 그와 같이 볼 것은 아니라 할 것이고, 요추부와 흉추부는 서로 별개의 것으로 요추부 장해가 흉추부 장해를 반드시 동반하는 것도 아니므로, 설사 원고가 초진시 무렵 요추부 장해가 이 사건 사고로 인한 것임을 알았다고 하더라도 그 때에 흉추부 장해로 인한 손해까지 알았다고 할 수는 없으며, 한편 갑제1호증의 26(신체감정서)의 기재에 의하면, 원고에게 현재 남아 있는 후유장해로 그 노동능력이 상실된 것은 주로 흉추부 압박골절에 기한 것이라는 것이므로, 원고가 흉추부 압박골절상을 알았는지 여부가 손해의 정도나 액수를 알았는지 여부의 문제에 불과하다 할 수도 없다 할 것이다.

결국 적어도 흉추부 압박골절로 인한 손해 부분에 대하여는 위 정밀검사 결과가 있은 1991. 11. 14. 원고가 그 손해 및 가해자를 알았다고 보아야 하고, 그 때로부터 이 사건 소가 제기된 1994. 11. 9.까지 3년이 경과하지 아니하였음은 역수상 분명하여, 원고가 위 갑제1호증의 26에 터 잡아 손해배상을 구하고 있는 이 사건에 있어서 그 손해배상 청구권이 시효로 소멸되었다고 할 수 없음에도 불구하고, 원심이 그 판시와 같은 이유로 원고의 이 사건 손해배상 청구권이 시효로 소멸되었다고 판단한 것은 단기소멸시효에 관한 법리를 오해하여 판결에 영향을 미친 위법이 있다 할 것이므로, 이 점을 지적하는 논지는 이유 있다.

3. 그러므로 원심판결을 파기하고 사건을 원심법원에 환송하기로 하여 관여 법관의 일치된 의견으로 주문과 같이 판결한다.

⑤ **대판(전) 1966. 6. 9, 66다615**

원판결 이유에 의하면, 원고는 소외 보성군 복내면이 원고소유 본건 토지를 1945. 4경 원고승낙 없이 유지로 조성하여 이를 복내수리조합에 양도하고, 1962. 1월 피고조합은 위 수리조합을 통합하여 이래 유지로 계속 사용중이므로 피고는 원고의 소유권을 침해하였다 할 것이니 불법행위에 인한 손해배상을 할 의무가 있다고 주장하나, 원고주장의 손해배상청구권은 피해자인 원고가 손해 및 가해자를 안 때라고 볼 수 있는 1947. 5. 1.부터 기산하여 3년이 경과되었고, 그 소멸시효의 기산점을 원고말대로의 불법행위시인 1945. 5. 1.부터 기산하더라도 이미 시효기간의 경과로 말미암아 소멸되었음이 분명하므로 원고의 청구는 부당하다고 하여 배척하였다. 그러나 기록에 의하여 원고의 주장을 보건대, 본건 토지에 관한 소유권이 원고에게 있다고 하면서 전보배상으로 토지의 싯가에 해당하는 금원을 청구함은 부당하다고 할 것이나 원고가 전보배상이라고 주장하는 것은 법률적 주장으로 원심으로서는 이 견해에 구애를 받을 필요는 없는 것이고, 더욱 원고가 본건 토지에 관한 소유권이 아직 자기에게 있다는 주장을 시종일관 상고이유에 이르기까지 주장하고 있음이 뚜렷하므로 원고의 주장은 원고소유의 본건 토지에 관한 피고조합의 불법점거에 의한 손해배상청구를 구하는 취지도 아울러 하는 것이 아닌가 의심이 가는 바이므로 원심으로서는 이점에 관하여 원고에게 석명을 구하여 주장의 취지를 명확히 했어야 할 것이다. 그리고 본건 불법행위로 인하여 원고의 본건 토지에 관한 소유권이 상실되어 원고에게 인도가 불가능하다면 피고의 가해행위는 종료하고 그 후에 손해만 계속 하는 것이므로 원고주장의 손해배상청구권의 소멸시효는 원고가 최초에 손해 및 가해자를 안 때부터 그 손해전부의 배상청구권에 관하여 진행한다고 할 것이나 그러하지 않고 원고의 본건 토지에 관한 소유권이 상실되지 아니하였다면 피고의 불법행위는 계속하여 이루어지고 그로 인하여 손해도 계속 발생하여 나날이 새로운 불법행위에 기인한 손해가 발생하는 것이라고 할 것 이고, 따라서 민법 제766조의 적용에 관하여서는 나날이 발생한 새로운 각 손해를 안날로부터 별개로 소멸시효가 진행한다고 할 것인바,

원심으로서는 본건 유지조성으로 원고의 본건 토지에 관한 소유권이 상실되었는가 여부에 대한 심리판단도 하지 아니하고, 위에서 본바와 같은 이유로 원고의 본건청구가 시효기간의 경과로 소멸되었다고 판시하였음은 석명의무불행사로 인한 심리미진 내지 이유불비의 위법이 있어 판결에 영향을 미쳤다고 할 것이므로 논지는 이유있다.
이에 관여법관의 일치한 의견으로 주문과 같이 판결한다.

⑥ 대판 1996. 8. 23, 95다33450

1. 원심판결 이유에 의하면, 원심의 사실인정과 판단은 다음과 같다.
피고 1이 1991. 5. 28. 17:30경 피고 주식회사 단양운수 소유의 그 판시 화물자동차를 운전하고 인천 남동구 운영동 입구 삼거리 교차로에 이르러 2차선을 따라 진행하던 중 차적 불상의 차가 그에 앞서 가던 소외인이 운전하던 원고 소유의 승합차가 먼저 좌회전하도록 2차선에서 일시 대기하고 있는데도 불구하고 이 차적 불상의 차를 추월하기 위하여 1차선으로 급차선변경을 하다가 좌회전하던 위 소외인이 운전하던 승합차를 미처 발견하지 못하고 중앙선을 침범하여 충돌하게 되었다. 위 사고 후 위 소외인은 수사기관에서 사고경위를 사실대로 진술하였으나, 피고 1은 자신이 2차선으로 진행하던 중 위 승합차가 갑자기 좌회전하여 들어왔고, 그 전방에 대기중인 차는 없었으며, 자신은 좌회전해 들어오는 위 승합차를 뒤늦게 발견하고 이를 피하려고 왼쪽으로 핸들을 틀었으나 중앙선 부근에서 충돌하게 된 것이어서 자신에게 전방주시의무를 태만히 하고 교차로에서 감속하지 않은 잘못은 있으나 위 소외인에게 더 큰 과실이 있다고 주장하였고, 결국 그 주장이 받아들여져 위 소외인은 도로교통법 제108조 위반으로 약식기소되고(당시 위 소외인이 운전하던 승합차는 무보험이었다), 피고 1은 공소권 없음 처분을 받고 다만 교차로에서의 통행방법 위반으로 범칙금만 부과되었다(당시 같은 피고 운전의 화물차량은 종합보험에 가입되어 있었다). 그 후 위 소외인의 불복으로 인한 정식재판절차에서 피고 1은 증인으로 출석하여 여전히 사실과 다르게 그 사고경위를 위와 같이 증언하였으나, 원고측의 진정으로 검찰에서 다시 수사한 결과 피고 1이 위증한 사실이 밝혀져 1994. 6. 22. 유죄판결이 선고되고 그 판결은 그 무렵 확정되었다.
원심은 위와 같은 사실관계를 바탕으로 하여 이 사건 직후 피고 1은 자신에게 전혀 과실이 없었다고 주장한 것이 아니라 소외인의 과실이 더 큰 것이라고 주장한 것이어서 가해자의 손해배상책임 자체가 부정되지는 않고 손해의 구체적인 범위에 관하여 다툼이 있었던 것에 불과하므로 그러한 사정만으로는 손해배상청구권을 행사할 수 없었다고 할 수 없고, 따라서 원고는 이 사건 사고발생시인 1991. 5. 28.에 이미 손해 및 가해자를 알고 있었다고 보아야 할 것이므로 사고 발생시부터 3년이 경과한 1994. 8. 6.에 이 사건 소가 제기된 이상 소제기 전에 이미 이 사건 손해배상청구권은 시효로 소멸하였다고 판단하고 있다.

2. 민법 제766조 제1항 소정의 손해를 안다는 것은 단순히 손해발생의 사실만을 아는 것으로는 부족하고 가해행위가 불법행위로서 이를 원인으로 하여 손해배상을 소구할 수 있다는

사실까지를 아는 것을 의미하는 것이다(대법원 1975. 3. 25. 선고 75다233 판결, 1981. 1. 13. 선고 80다1713 판결, 1990. 1. 12. 선고 88다카25168 판결 등 참조). 그런데 원심판결 이유에서 보는 바와 같이 이 사건 사고경위가 피고 1의 진술대로 인정된다면, 원고가 같은 피고 및 그 사용자인 피고 주식회사 단양운수에 대하여 손해배상청구를 한다고 하더라도 원고의 피용인인 소외인의 과실이 피고 1의 과실보다 더 큰 것으로 인정되어 전혀 손해배상을 받을 수 없거나 오히려 위 피고들에게 손해를 배상해 주어야 할 입장에 처할 수도 있게 될 것이므로 이와 같은 상황 아래서 원고가 이 사건 사고로 인한 손해배상 청구를 한다는 것은 전혀 실익이 없어 사실상 불가능하다고 보여지므로, 원고의 이 사건 손해배상청구는 피고 1의 위증에 대한 유죄판결이 확정된 때에야 비로소 사실상 가능하게 되었다고 보아야 할 것이고, 따라서 원고의 이 사건 손해배상청구권은 그 때로부터 시효가 진행된다고 하여야 할 것이다(대법원 1965. 5. 4. 선고 64다1696 판결, 1989. 9. 26. 선고 89다카6584 판결 참조). 그럼에도 불구하고 원심이 이 사건 사고발생시부터 원고의 손해배상청구권의 소멸시효가 진행된다고 본 것은 소멸시효 기산점에 관한 법리를 오해하여 판결에 영향을 미친 위법을 저질렀다고 하겠다. 상고이유는 이 점을 지적하는 범위 내에서 이유 있다.

3. 그러므로 원심판결을 파기하고, 사건을 다시 심리·판단케 하기 위하여 원심법원에 환송하기로 관여 법관의 의견이 일치되어 주문과 같이 판결한다.

⑦ 대판 1963. 11. 7, 63다626

가처분명령의 집행으로 인하여 손해를 받은 자는 그 당시 손해의 발생사실을 알았다고 할 수 있으나 아직 불법행위에 인한 손해임을 알았다고 할 수 없으므로 그 손해배상청구권의 시효는 상대방의 청구권 또는 청구권 실현의 위해가 가처븐명령 당시 없었다는 것이 재판상 확정된 것을 안 때부터 시효가 진행한다고 할 것인바 이 사건기록에 의하면 피고는 원고의 동산에 대하여 1959. 6. 13. 가처분 명령을 집행하였고 원고가 가처분 목적물에 대한 이의를 신립하여 같은 해 12.10에 원고가 승소(확정여부는 알 수 없다) 하였다는 것이므로 위 원고 승소의 판결이 즉일 확정하였다고 가정하더라도 그 다음날인 1959. 12. 11.부터 3년간의 시효가 진행한다 할 것이고 기록에 의하면 원고는 피고에게 대하여 1962. 12. 10.에 이 사건 손해배상청구를 한 것이 명백하므로 소멸시효가 완성되기 전의 재판상의 청구가 되어 소멸시효의 항변은 이유 없다 할 것이니 원심의 소멸시효 항변에 대한 판단유탈은 판결 결과에 영향이 없다 할 것이다

같은 상고이유 제2, 3점에 대하여 본다.

원심판결이유 설명에 의하면 피고는 원고소유의 정미공장에 대하여 소외 정인섭에 대한 채권보전의 목적으로 가처분 명령의 발급을 받아 1959.6.13 그 집행을 하였으므로 인하여 그날부터 가집행취소의 집행을 한 같은 해 12.10까지 전연 정미소를 운영하지 못하였고 원고는 소외 김동현에게 이 정미공장을 8개월간 140,000원으로 임대하였다가 피고의 가처분명령집행으로 인하여 계약이 해제되어 이로 인하여 취득할 수 있었던 140,000원의

손해를 받았다고 그 손해의 배상을 명하였다. 그러나 원고의 청구 원인은 피고의 불법한 가처분 명령집행으로 인하여 정미공장운영의 불능으로 인한 것이 아니고 소외 김동현과의 계약해제로 인한 것인바 원심이 증거로 한 갑 제5호증의 내용과 증인 김동현의 증언에 의하면 원고와 김동현간의 정미공장 임대차계약은 1959. 5. 3.에 이루어진 것으로서 같은 해 11월 1일부터 1960. 6. 30.까지의 8개월간으로 되어 있으며 한편 원심이 채용한 증인 정인섭의 증언에 의하면 피고가 가처분명령 집행당시에는 정인섭이가 정미공장을 운영하고 있었으며 원심이 증거로 하였거나 특히 배척하지 아니한 갑 제1,4호증의 기재에 의하면 가처분명령의 내용은 피신청인인 정인섭에게 대하여 정미공장에 설치되어 있는 동산의 매매 입질 기타 일체의 처분 행위를 금지하였고 그 집행방법도 피신청인에게 보관 관리를 명한 것으로 되어 있어서 증인 김동현의 증언에 나타난 것과 같이 원고와의 임대차계약 해제의 이유로 내세우는 처분명령을 집행하였기 때문에 공장운영을 못하게 되었다는 진술이나 증인 정인섭의 증언 중 가처분 집행 후에는 공장운영을 하지 못하였다는 진술이 바로 피고가 한 불법한 가처분명령집행과의 인과관계가 있는 것 같이 보이지 아니하니 이는 결국 채증법칙을 위배한 위법이 있다고 하지 않을 수 없을 뿐 아니라 앞에서 설명한바와 같이 원고는 소외 김동현에게 대하여 1959. 11. 1.부터 1960. 6. 30.까지 8개월간을 임차하였다가 계약이 해제되어 손해를 입었다고 하나 원고가 피고의 가처분명령집행을 취소한 것은 1959. 12. 10.이므로 그 이후에 있어서는 특단의 사유가 없으면 달리 임대할 수도 있고 다시 정미공장을 운영하여 소외 김동현과의 계약해제로 인하여 취득할 수 있었던 이익손실을 회복하였으리라고 추정할 수 있는 바이므로 피고에게 대하여 소외 김동현에 대한 임대료 140,000원 전부를 손해로 인정한 것은 이유불비의 위법이 있다 할 것이다.

⑧ 1995. 2. 10, 94다30263

1. 민법 제766조 제1항에서 말하는 피해자나 그 법정대리인이 손해 및 가해자를 안다고 하는 것은 피해자나 그 법정대리인이 손해의 발생사실과 그 손해가 가해자의 불법행위로 인하여 발생하였다는 사실을 현실적이고도 구체적으로 인식함을 뜻하는 것이므로(당원 1989. 9. 26. 선고 88다카32371 판결 ; 1992. 12. 8. 선고 92다42583 판결 등 참조), 피해자 등에게 손해의 발생사실과 그 손해가 가해자의 불법행위로 인하여 발생하였다는 사실을 현실적이고도 구체적으로 인식할 만한 정신적 능력 내지 지능이 있었다고 인정되지 아니한다면 설사 사고 발생 후 피해자 등이 사고 경위 등에 관하여 들은 적이 있다 하더라도 손해 및 가해자를 알았다고 할 수는 없을 것이므로, 위 법조항 소정의 단기소멸시효는 진행되지 아니한다고 보아야 할 것이고, 이러한 정신적 능력 내지 지능이 있었는지 여부는 결국 구체적인 사건에 있어서 여러 사정들을 참작하여 판단할 사실인정의 문제라 할 것이다.

2. 원심은, 1991. 7. 24. 이 사건 소를 제기하기 약 9년 전에 발생한 이 사건 교통사고로 인한 원고의 손해배상청구권은 민법 제766조 제1항 소정의 단기소멸시효가 완성되어

소멸하였다는 피고의 항변에 대하여, 거시 증거에 의하여 이 사건 사고로 뇌를 심하게 다쳤던 원고의 그 입원기간 및 퇴원 후 현재까지의 정신 상태를 짐작케 하는 그 판시와 같은 사실들을 인정한 다음, 그와 같은 사정들을 종합하여 볼 때 원고는 정신적으로 상당히 호전되고 혼자서 버팀목을 집고 일어서기 시작한 1989.경까지는 부분적으로 기억력과 언어능력 및 사물의 변식능력이 있었다 하더라도 이는 정신적으로 그 기능이 지극히 저하된 상태의 것에 불과하고, 전체적·종합적으로 볼 때 그 인식능력이나 판단능력은 정상인의 그것에 훨씬 미치지 못하였으므로, 그 때까지는 비록 원고가 이 사건 사고로 부상당하였다는 사실을 알게 되었다 하더라도 그런 정도로는 위 법조항에서 말하는 손해 및 가해자에 대하여 현실적이고도 구체적으로 인식하였다고 할 수는 없다는 취지로 판단하여 원고가 이 사건 소 제기 3년 전에 벌써 이 사건 사고로 인한 손해 및 가해자를 알고 있었음을 전제로 하는 피고의 위 항변을 배척하였는바, 기록에 의하여 살펴보면 원심의 사실인정은 정당한 것으로 수긍이 가며, 그 판단 또한 위와 같은 견해에 입각한 것으로 보여 옳고, 거기에 소론과 같이 불법행위로 인한 손해배상청구권의 단기소멸시효 및 그 기산점에 관한 법리를 오해하거나 채증법칙을 어겨 의사능력에 관한 사실인정을 잘못하고 그 이유에 서로 모순과 저촉이 있는 위법이 있다 할 수 없다. 논지는 모두 이유 없다.

3. 그러므로 상고를 기각하고, 상고비용은 패소자의 부담으로 하기로 하여 관여 법관의 일치된 의견으로 주문과 같이 판결한다.

⑨ 대판(전) 2008. 4. 17, 2006다35865

1. 토지의 소유자 등이 종전부터 향유하던 일조이익(일조이익)이 객관적인 생활이익으로서 가치가 있다고 인정되면 법적인 보호의 대상이 될 수 있는데, 그 인근에서 건물이나 구조물 등이 신축됨으로 인하여 햇빛이 차단되어 생기는 그늘, 즉 일영(日影)이 증가함으로써 해당 토지에서 종래 향유하던 일조량이 감소하는 일조방해가 발생한 경우, 그 일조방해의 정도, 피해이익의 법적 성질, 가해 건물의 용도, 지역성, 토지이용의 선후관계, 가해 방지 및 피해 회피의 가능성, 공법적 규제의 위반 여부, 교섭 경과 등 모든 사정을 종합적으로 고려하여 사회통념상 일반적으로 해당 토지 소유자의 수인한도를 넘게 되면 그 건축행위는 정당한 권리행사의 범위를 벗어나 사법상(사법상) 위법한 가해행위로 평가된다(대법원 2004. 10. 28. 선고 2002다63565 판결, 대법원 2007. 6. 28. 선고 2004다54282 판결 등 참조). 일반적으로 위와 같이 위법한 건축행위에 의하여 건물 등이 준공되거나 외부골조공사가 완료되면 그 건축행위에 따른 일영의 증가는 더 이상 발생하지 않게 되고 해당 토지의 소유자는 그 시점에 이러한 일조방해행위로 인하여 현재 또는 장래에 발생 가능한 재산상 손해나 정신적 손해 등을 예견할 수 있다고 할 것이므로, 이러한 손해배상청구권에 관한 민법 제766조 제1항 소정의 소멸시효는 원칙적으로 그 때부터 진행한다(대법원 1966. 6. 9. 선고 66다615 전원합의체 판결 등 참조). 다만, 지극히 예외적이기는 하지만, 위와 같은 일조방해로 인하여 건물 등의 소유자 내지 실질적 처분

권자가 피해자에 대하여 건물 등의 전부 또는 일부에 대한 철거의무를 부담하는 경우가 있다면, 이러한 철거의무를 계속적으로 이행하지 않는 부작위는 새로운 불법행위가 되고 그 손해는 날마다 새로운 불법행위에 기하여 발생하는 것이므로 피해자가 그 각 손해를 안 때로부터 각별로 소멸시효가 진행한다고 볼 수 있을 것이다(대법원 1999. 3. 23. 선고 98다30285 판결 등 참조). 원심은 그 채택 증거를 종합하여 그 판시와 같은 사실을 인정한 다음, 피고가 건축주로서 1995. 11. 20. 사용승인을 받은 부영아파트의 신축으로 인하여 이 사건 아파트 부지에 발생한 일조방해의 정도는 사회통념상 일반적으로 인용해야 할 수인한도를 초과하는 것이지만 그 위법성의 정도가 피고에게 철거의무를 부과해야 할 정도에는 이르지 않는다고 보고, 원고들은 1995. 11. 20.경 피고가 부영아파트를 건축하였다는 점과 이러한 피고의 불법행위로 인하여 재산상 손해 및 정신적 손해가 발생한다는 점 등을 모두 알았다고 할 것이므로 그로부터 3년이 경과함으로써 이 사건 손해배상청구권의 소멸시효가 완성되었다고 판단하였다. 앞에서 본 법리에 비추어 볼 때 원심의 이러한 조치는 정당한 것으로 수긍이 가고, 거기에 상고이유로 주장하는 바와 같은 일조방해로 인한 손해배상청구권의 소멸시효에 관한 법리오해 등 판결에 영향을 미친 위법이 없다.

그러므로 상고를 기각하기로 하여 주문과 같이 판결한다. 이 판결에는 대법관 고현철, 대법관 김영란, 대법관 이홍훈, 대법관 김능환의 반대의견이 있는 외에는 관여 법관들의 의견이 일치하였다.

2. 대법관 고현철, 대법관 김영란, 대법관 이홍훈, 대법관 김능환의 반대의견은 다음과 같다. 다수의견은, 사회통념상 토지 소유자의 수인한도를 넘는 건축행위에 의하여 건물이 준공되거나 외부골조공사가 완료되면(이하 건물 준공이나 외부골조공사 완료를 '건물의 완성'이라 한다) 그 건축행위에 따른 일영의 증가는 더 이상 발생하지 않게 되고 해당 토지의 소유자는 건물의 완성 시점에 이러한 일조방해행위로 인하여 현재 또는 장래에 발생 가능한 손해를 예견할 수 있다고 할 것이므로, 이러한 손해배상청구권에 관한 민법 제766조 제1항 소정의 소멸시효는 원칙적으로 건물의 완성 시점부터 진행한다고 보고 있다. 그러나 다수의견의 견해 중 일조방해로 인하여 발생하는 정신적 손해에 대한 손해배상청구권에 관하여도 건물의 완성 시점부터 소멸시효가 진행한다는 부분에는 동의할 수 없다.

일조방해란 태양의 직사광선이 차단되는 불이익을 말하는 것이고, 그 일조방해의 정도가 사회통념상 일반적으로 인용하는 수인한도를 넘게 되면 사법상 위법한 가해행위로 평가되는 것이다. 우리 헌법 제35조 제1항이 모든 국민은 건강하고 쾌적한 환경에서 생활할 권리를 가진다고 선언하고 있는 점에 비추어 보더라도, 위법한 일조방해는 단순한 재산권의 침해에 그치는 것이 아니라 건강하고 쾌적한 환경에서 생활할 개인의 인격권을 침해하는 성격도 지니고 있다. 위법한 일조방해행위로 인한 피해 부동산의 시세 하락 등 재산상의 손해는 특별한 사정이 없는 한 가해 건물이 완성될 때에 일회적으로 발생한다고 볼 수 있으나, 위법한 일조방해로 인하여 직사광선이 차단되는 등 생활환경이 악화됨으로써 피해 건물의 거주자가 입게 되는 정신적 손해는 가해 건물이 존속하는 한 날마다 계속적으로 발생하는 것으로 보아야 한다. 다수의견은 가해 건물의 완성 시점에 일조방해행위로 인하여 장래에 발생 가능한 정신적 손해를 예견할 수 있으므로 그 때부터 소멸시효가 진행한다고 판단하고 있으나, 일조방해로 인한 정신적 손해는 피해 부동산의 시세 하락 등 재산상 손해로 인하여 겪게 되는 정신적 고통을 의미하는 것이 아니라 일조방해로 인하여 직사광선이 차단되는 등 생활환경이 악화됨으로써 거주자가 입게 되는 정신적 고통을 의미하는 것인데, 피해 건물의 거주자가 일조방해를 받는 상태에서 단기간을 거주한 경우와 장기간을 거주한 경우에 그 정신적 손해의 정도가 같을 수 없고, 이러한 거주 기간을 가해 건물의 완성 시점에는 예견할 수 없다는 점에서도 다수의견의 견해에 찬성할 수 없다. 따라서 이 사건에서 부영아파트가 신축되어 이 사건 아파트의 일조를 방해하는 상태로 존속하는 한, 날마다 새로운 일조방해행위가 되어 이 사건 아파트 주민인 원고들의 정신적 손해를 발생시키는 것으로 보아야 하고, 그 위자료 청구권의 소멸시효는 부영아파트가 존속하는 한 날마다 개별적으로 진행된다고 할 것이므로, 원심판결 중 위자료 청구 부분에 관한 원고들 패소 부분은 파기되어 원심법원으로 환송되어야 한다.

3. 대법관 김황식, 대법관 김지형, 대법관 안대희는 다음과 같이 다수의견을 보충하고자 한다.

다수의견은 제1항에서, 건물 등의 신축에 따른 위법한 일조방해로 인하여 그 소유자 내지 실질적인 처분권자가 철거의무를 부담하게 되는 지극히 예외적인 사안과 그에 해당하지 않는 일반적인 사안을 구분할 수 있음을 전제하고서, 그 불법행위의 성립시기, 계속 여부 및 그에 따른 소멸시효 진행 등에 관하여 각각 차이가 있음을 지적하였다. 그런데 반대의견은 위와 같은 구분에 대해서는 별다른 언급을 하지 아니한 채, 위법한 건축행위로 인한 재산적 손해와 정신적 손해를 달리 취급하여 정신적 손해만은 가해 건물이 존속하는 한 날마다 계속적으로 발생하고 그에 관한 위자료 청구권의 소멸시효도 위법 건물이 존속하는 한 날마다 개별적으로 진행된다고 보고 있다. 그러나 일조방해를 가져오는 위법한 건축행위라도 그 건물의 전부 또는 일부에 대한 철거의무가 인정되지 않는 일반적인 일조방해 사안에서는 그 건축행위의 완료와 함께 불법행위가 성립·종료하는 것이고, 이 경우 모든 손해는 그 시점에 발생한 것으로 보는 것이 법리상 옳다고 생각한다. 이는 자동차 사고로 인하여 피해자가 상해를 입는 등의 불법행위가 성립하는 경우 이에 관하여 장래에 발생하는 재산적 손해와 정신적 손해를 모두 불법행위의 성립 시점에 발생하는 것으로 파악하는 것과 같은 이치일 것이다. 그렇다면 위와 같이 일반적인 일조방해 사안에서도 날마다 새로운 일조방해행위가 이루어진다거나 혹은 하나의 건축행위로 인하여 발생하는 재산적 손해와 정신적 손해에 관하여 각각 다른 법률적 취급을 해야 한다는 반대의견에는 찬성하기 어렵다. 한편, 우리 헌법은 제35조 제1항에서 모든 국민은 건강하고 쾌적한 환경에서 생활할 권리를 가진다고 선언하면서, 동시에 제23조 제1항에서 모든 국민의 재산권은 보장되고 그 내용과 한계는 법률로 정한다고 규정하고 있다. 그런데 이 사건은 일조이익의 보호와 타인 재산권의 보장, 법적 안정성 등 서로 대립할 수 있는 여러 법익을 종합적으로 고려하여 실제로 발생하는 손해의 전보 및 그 분담의 공평문제 등을 규율하게 되는 손해배상제도에 관한 것이기 때문에, 반대의견이 내세우는 헌법 제35조 제1항이 그 주장을 정당화하는 법리적 근거가 되기 어렵다. 실질적으로도 일조방해를 가져오는 위법한 건축행위가 완료되고 그에 관한 손해배상문제가 논의되는 경우, 재산적 손해와 정신적 손해에 관한 법적 분쟁을 한꺼번에 해결하는 것이 합리적인 분쟁해결방식이라고 할 것이다. 만일 반대의견과 같은 입장을 취하면 정신적 손해배상 청구의 시기·범위·방법이나 위법하게 건축된 건물과 피해 토지의 권리변동 등에 관련하여 그 법적 분쟁의 해결이 사실상 어렵게 되거나 매우 복잡하게 되기 때문에, 결국 부동산거래에 관한 법적 안정성 내지 거래 안전을 심하게 훼손하는 결과를 가져올 것이다. 이와 같이 반대의견을 취하는 경우 여러 가지 문제가 발생한다는 점을 다수의견의 보충의견으로서 덧붙이고자 한다.

4. 대법관 이홍훈은 다음과 같이 반대의견을 보충하고자 한다.
다수의견은, 위법한 일조방해로 인하여 가해 건물의 소유자 내지 실질적인 처분권자(이하 '소유자 등'이라 한다)가 철거의무를 부담하게 되는 지극히 예외적인 사안과 그에 해당하지 않는 일반적인 사안을 구분할 수 있고, 이에 따라 그 불법행위의 성립시기, 계속 여부 및 그에 따른 소멸시효 진행 등에 관하여 각각 차이가 있다고 전제한 다음, 일반적인 일조방해의 경우에는 가해 건물의 완성 시점부터 소멸시효가 진행하는 것이지만, 소유자 등의 철거의무를 부담하게 되는 일조방해의 경우에는 손해가 날마다 새로운 불법행위에 기하여 발생하고 각별로 소멸시효가 진행하는 것이라고 설시하고 있다. 일조방해의 정도가 어느 수준을 넘게 되면 소유자 등의 철거의무가 발생한다는 것은 수긍할 수 있으나, 이로 인하여 불법행위의 성질이 일회적 불법행위에서 계속적 불법행위로 변하여 그 성립 시기나 소멸시효의 진행이 달라질 수 있다는 다수의견의 논리에는 선뜻 동의하기 어렵다. 자동차 사고로 인하여 피해자에게 심각한 신체장애가 발생하여 평생 개호가 필요하다고 하여 불법행위의 성질이 계속적 불법행위로 바뀔 수 없는 것과 마찬가지로, 일조방해라는 동일한 가해행위에 대하여 단지 일조방해의 정도가 중대하다는 이유만으로 그 성질이 계속적 불법행위로 변하여 불법행위의 성립 시기나 소멸시효 진행이 달라진다는 것은 불합리하기 때문이다. 또한, 이와 같이 소유자 등의 철거의무를 부담하게 되는 일조방해의 경우에 철거만 계속적으로 요구할 수 있는지, 아니면 재산상 손해나 정신적 손해도 날마다 발생하여 이에 대한 배상을 계속적으로 요구할 수 있는지에 관하여도 일관성 있는 설명에 어려움이 예상된다. 그러나 반대의견에서는 철거의무의 발생 여부와는 무관하게, 일조를 방해하는 가해 건물의 완성 시점에 예견 가능한 재산상 손해와 날마다 발생하는 정신적 손해를 구분하여 두 손해가 소멸시효의 진행을 달리한다고 일관성 있게 설명할 수 있다고 할 것이다. 다수의견에 대한 보충의견은, 자동차 사고로 인하여 피해자가 입게 되는 정신적 손해와 일조방해로 인하여 피해자가 입게 되는 정신적 손해를 동일하게 볼 수 있다는 전제 아래, 하나의 건축행위로 인하여 발생하는 재산적 손해와 정신적 손해에 관하여 다른 법률적 취급을 해야 하는 반대의견에는 찬성하기 어렵다고 설시하고 있다.

그러나 자동차 사고는 한 번 발생하는 것이지만, 일조방해는 날마다 발생하는 것이다. 자동차 사고로 인하여 발생한 정신적 손해는 일단 한 번 발생하면 사고가 없었던 상태로 되돌릴 수 없는 것이지만, 일조방해로 인한 정신적 손해는 영구적인 것이 아니라 가해 건물이 사라지게 되면 소멸한다는 점에서 자동차 사고와 일조방해를 동일시할 수는 없다고 본다.

끝으로, 다수의견은 일조방해를 둘러싼 법적 분쟁의 일회적이고 효율적인 해결의 필요성을 강조하는 입장에 서 있는 것으로 보이는데, 이는 가해 건물 소유자 등의 재산권을 보장하기 위한 측면에서는 바람직할 수 있다. 그러나 헌법 제35조와 환경정책기본법 제6조에서 보장하고 있는 환경권은 자유권이나 재산권 등 다른 기본권 보호의 전제가 되는 종합적 기본권의 성격을 가지고 있어 재산권 등 다른 기본권의 우위에 있는 권리라고 볼 여지도 있기 때문에 다수의견은 피해 건물 거주자의 환경권이나 인격권을 보장하는 데에는 미흡할 수 있다는 점을 지적하면서, 반대의견에 대한 보충의견을 밝히는 바이다.

⑩ 대판 1998. 11. 10, 98다34126

1. 피고 1의 상고이유를 본다.

원심판결 이유에 의하면, 원심은 거시 증거에 의하여, 피고 1이 원그 조합의 조합장으로서 원고 조합의 직원들인 피고 2, 6, 7가 조합원들로부터 위탁받아 관리하던 대출 담보물인 이 사건 인삼을 대출금의 상환 없이 부당 출고하는 정을 알면서도 이를 방지하는 제반 조치를 취하지 아니한 채 묵인 내지 방치한 사실을 인정한 다음, 공동불법행위를 한 당사자로서 원고 조합이 입은 손해에 대하여 배상책임이 있다고 판단하였는바, 관계 증거를 기록과 대조·검토하여 보면, 원심의 이러한 사실인정 및 판단은 정당하고, 거기에 소론과 같은 채증법칙 위배로 인한 사실오인의 위법이 있다고 할 수 없다. 논지는 이유 없다.

2. 피고 2, 박문전, 박용전의 상고이유를 본다.

가. 담보물 시가의 점에 대하여

기록에 의하면, 원심이 관련 형사판결에서 확정한 바에 따라 부당 출고된 이 사건 인삼의 시가를 인정한 조치는 수긍이 가고, 거기에 소론과 같은 인삼의 시가에 관한 사실오인의 위법이 있다고 할 수 없다.

나. 공동불법행위자의 변제의 점에 대하여

소론은, 이 사건 인삼의 일부를 부당하게 출고 받은 공동불법행위자의 한 사람인 소외인이 그 동안 원고에게 변제한 합계 금 768,105,045원과 이와 별도로 원고가 수령 사실을 자인하고 있는 합계 금 61,227,419원에 대하여도 그로 인한 채무 소멸의 효력을 인정하여 원고의 이 사건 청구금액에서 공제하여야 한다는 데에 있다. 기록에 의하면, 소외인이 오래 전부터 원고 조합과 사이에 인삼에 대한 위탁판매거래를 하여 오면서 원고 조합으로부터 많은 금액을 대출받고 그 대출금 채무를 담보하기 위하여 위탁판매용 인삼을 담보로 제공하였는데 그 인삼을 부당하게 출고함으로 인하여 원고 조합에 가한 손해액이 1993. 9. 10.까지 금 677,337,400원에 달한 사실, 그 후 소외인은 형사재판 과정에서 그 중 일부를 변제하였으나 아직도 변제하지 못한 채무액이 금 4억 원이 넘으며, 그 밖에 원고가 소외인 소유의 대전 동구 대성동 70 전 1,484㎡에 관하여 1995. 11. 18. 채권최고액 금 4억 원의 근저당권을 설정 받았으나 위 부동산의 감정가격이 1997. 12. 10.을 기준으로 하여 금 112,784,000원에 불과한 사실을 엿볼 수 있고, 사실관계가 이와 같다면, 피고 2와 공동불법행위자의 지위에 있는 소외인이 자신의 원고에 대한 채무를 일부 변제하였다고 하더라도, 그 잔존 채무액이 피고 2의 원고에 대한 손해배상채무액을 초과하는 한편, 그 변제금액이 위 피고와 부진정연대채무관계에 있는 손해배상채무에 충당되었다는 주장과 증명이 없는 이상, 위 변제로 인하여 피고들의 이 사건 손해배상채무까지 아울러 소멸하였다고 볼 수 없는 바, 같은 취지로 보이는 원심 판단에 소론과 같은 공제항변에 대한 법리오인 또는 판단유탈의 위법이 있다고 할 수 없다. 논지는 모두 이유 없다.

3. 원고의 상고이유를 본다.
담보물을 권한 없이 멸실·훼손하거나 담보가치를 감소시키는 행위는 위법한 행위로서 불법행위를 구성하며, 이 때 채권자가 입게 되는 손해는 담보 목적물의 가액의 범위 내에서 채권최고액을 한도로 하는 피담보채권액으로 확정될 뿐 그 피담보채무의 변제기가 도래하여 그 담보권을 실행할 때 비로소 발생하는 것은 아니다. 또한 민법 제766조 제1항에서 규정하는 불법행위의 단기시효는 형사상의 소추와는 전혀 별도 관점에서 설정한 민사관계에 고유한 시효제도이므로 그 시효기간은 관련 형사사건의 소추 여부 및 그 결과에 영향을 받지 않고 오직 피해자나 그 법정대리인이 '그 손해 및 가해자를 안 날'로부터 진행하며, 법인의 경우 여기서 말하는 '손해 및 가해자를 안 날'이라 함은 통상 대표자가 이를 안 날을 뜻하지만, 법인의 대표자가 가해자에 가담하여 법인에 대하여 공동불법행위가 성립하는 경우에는, 법인과 그 대표자는 이익이 상반하게 되므로 현실로 그로 인한 손해배상청구권을 행사하리라고 기대하기 어려울 뿐만 아니라 일반적으로 그 대표권도 부인된다고 할 것이므로, 단지 그 대표자가 손해 및 가해자를 아는 것만으로는 부족하고, 적어도 법인의 이익을 정당하게 보전할 권한을 가진 다른 임원 또는 사원이나 직원 등이 손해배상청구권을 행사할 수 있을 정도로 이를 안 때에 비로소 위 단기시효가 진행한다고 해석함이 상당하다고 할 것이다. 이 사건의 경우, 농업협동조합법 제47조, 제48조, 제57조 및 제57조의2 등의 규정에 의하면, 원고와 같은 지역농업협동조합(구 단위농업협동조합)의 대표자인 조합장이 그 업무집행에 관하여 부정한 사실이 있는 경우에는 감사가 감사권을 행사하거나 그 부정 사실을 총회에 보고하고 나아가 조합을 대표하여 조합장을 상대로 소송을 제기하는 등의 방법으로 조합의 이익을 정당하게 보전할 권한을 가지는 임원이라고 할 수 있고, 그 불법행위에 가담하지 아니한 직원의 경우도 직무상 조합의 이익을 보전할 권한 및 책임을 진다고 볼 수 있으며, 그 밖에 조합원의 10분의 1 이상의 동의를 얻은 조합원도 조합장을 상대로 대표소송을 제기함으로써 그 이익을 보전할 수 있는 지위에 있다고 할 것인바, 기록에 의하면, 원고 조합의 감사들은 그 동안 피고들의 비리를 모르고 지내다가 1993. 11. 중순경 처음으로 당시 원고 조합의 조합장이던 피고 1으로부터 자체 비리에 대한 감사요청을 받고 같은 달 23.경부터 같은 달 30.까지 감사를 실시한 결과 담보로 보관 중이던 인삼을 부당 출고한 피고들의 비위 사실을 적발하게 되었고, 그 즉시 농업협동조합중앙회 군지회와 도지회에 보고함과 아울러 수사기관에 형사고발한 사실을 엿볼 수 있으므로, 원고의 피고들에 대한 이 사건 손해배상청구권의 단기시효는 원고 조합의 감사들이 피고들의 부정 사실을 적발하여 낸 자체 감사의 종료시점인 1993. 11. 30.부터 이 사건 손해배상청구권의 단기시효가 진행된다고 봄이 상당할 것이다.

그러함에도, 원심은, 피고 1이 원고 조합의 조합장으로서 피고 6, 7가 1990. 5. 20. 경부터 1991. 8. 24.까지 사이에 인삼 합계 14,424근 시가 합계 금 394,822,000원 상당을 부당 출고한다는 것을 그 무렵 모두 알고 있었던 이상, 원고 조합으로서도 피고 6, 7가 위 각 인삼을 부당 출고할 당시 그 가해자 및 손해의 발생에 대하여 모두 알았다고 봄이 상당하며, 한편 그로부터 3년의 단기시효기간 경과한 후인 1995. 5. 9.에 이 사건 소가 제기되었음이 기록상 명백하여 원고 조합의 이 부분 손해배상채권은 시효소멸하였다는 이유로 원고의 피고 1, 6에 대한 이 부분 청구 및 피고 7와 그 신원보증인인 피고 8와 위 망인에 대한 이 사건 청구를 모두 배척하였는바, 거기에는 불법행위로 인한 손해배상청구권의 단기시효의 기산점에 관한 법리오인의 위법이 있다고 할 것이고, 이 점을 지적한 논지는 이유 있다.

4. 그러므로 원심판결 중 피고 1, 6, 7, 8와 위 망인의 소송수계인인 피고 5, 9, 10, 11, 12에 대한 원고 패소 부분을 파기하고 이 부분 사건을 원심법원에 환송하며, 피고 1, 2, 3, 4의 각 상고를 기각하며, 상고 기각 부분에 관한 상고비용은 패소자들의 부담으로 하기로 하여 관여 법관의 일치된 의견으로 주문과 같이 판결한다.

⑪ **대판 2008. 4. 24, 2006다30440** [단기소멸시효의 기산이 되는 '손해 및 가해자를 안날'의 의미]

1. 채증법칙 위배 주장에 대하여

원심판결 이유에 의하면, 원심은 채용 증거들을 종합하여 판시사실을 인정한 다음, 그 판시와 같은 이유로, 피고 소속 공무원인 수사검사와 검찰계장의 원고에 대한 자백강요·유도, 증거조작, 위법한 공소제기 등으로 인해 정신적 피해를 입었다는 원고의 주장 부분을 모두 배척하였는바, 관련 증거들을 기록에 비추어 살펴보면, 원심의 이러한 사실인정과 판단은 정당한 것으로 수긍이 가고, 거기에 상고이유의 주장과 같은 채증법칙 위배 등의 위법이 있다고 볼 수 없다.

2. 단기소멸시효의 기산점 주장에 관하여

불법행위로 인한 손해배상청구권의 단기소멸시효의 기산점이 되는 민법 제766조 제1항 소정의 '손해 및 가해자를 안 날'이라 함은 손해의 발생, 위법한 가해행위의 존재, 가해행위와 손해의 발생과의 사이에 상당인과관계가 있다는 사실 등 불법행위의 요건 사실에 대하여 현실적이고도 구체적으로 인식하였을 때를 의미하고, 피해자 등이 언제 불법행위의 요건사실을 현실적이고도 구체적으로 인식한 것으로 볼 것인지는 개별적 사건에 있어서의 여러 객관적 사정을 참작하고 손해배상청구가 사실상 가능하게 된 상황을 고려하여 합리적으로 인정하여야 할 것이다(대법원 1998. 7. 24. 선고 97므18 판결, 대법원 1999. 9. 3. 선고 98다30735 판결 등 참조). 원심은, 제1심판결을 그대로 인용하면서, 원고에 대한 이 사건 긴급체포는 형사소송법 제200조의3 제1항의 요건을 갖추지 못한 것으로 이를 실행한 수사검사 등의 판단은 현저히 합리성을 잃어 위법한 것이므로 특별한 사정이 없는 한 피고는 그 소속공무원인 수사검사 등의 그와 같은 직무상 불법행위로 인하여 발생한 손해를 배상할 책임이 있다고 판시한 다음, 비록 원고에 대한 긴급체포·구금이 위법하다고 하더라도 그 불법상태는 구속영장 발부 집행시인 1999. 12. 11. 종료되었고, 원고는 그 무렵 가해자인 피고 소속 공무원인 수사검사와 검찰계장을 알고 있었으며, 또 원고가 관련 형사재판에서 긴급체포의 위법성을 다투었고 그 제1심법원도 2000. 5. 23. 판결을 하면서 긴급체포가 위법하다고 판단하였으므로, 적어도 위 제1심판결 선고시에는 긴급체포·구금이 불법행위에 해당함을 현실적으로 인식하였을 뿐만 아니라 피고를 상대로 손해배상을 청구할 수 있다는 사실까지 알았다 할 것이므로, 이 사건 소가 그때부터 3년을 도과한 후에 제기된 이상 위 불법체포로 인한 손해배상청구권은 시효로 소멸하였다고 판단하였다. 그런데 관련 증거들을 기록에 비추어 살펴보면, 원고에 대한 긴급체포의 적법성 여부는 주로 긴급체포의 요건 충족 여부와 관련된 것으로서 일반인을 기준으로 하여 볼 때 불법행위 당시 그 법적 평가의 귀추가 불확실하다고 볼 여지가 있는데다가, 실제로 원고가 관련 형사재판에서 자신에 대한 긴급체포가 위법하다고 다툰 데 대하여 검사는 오히려 긴급체포가 적법하게 이루어졌다고 주장하였으며, 또 제1심법원이 원고에 대한 긴급체포가 긴급체포의 요건을 충족하지 못한 상태에서 체포영장 없이 행한 위법한 구금이라고 판단하였음에도 검사는 항소, 상고하면서 여전히 긴급체포의 적법성을 주장하였을 뿐만 아니라, 원고에 대한 긴급체포의 적법성 여부는 검사 작성의 원고에 대한 피의자 신문조서의 증거능력 유무를 판단하기 위한 전제로서 항소심, 상고심에서도 주된 쟁점으로 다루어진 사실을 알 수 있다. 그렇다면 위와 같은 특수한 사정 아래에서 긴급체포의 위법성을 다투는 원고로서는 관련 형사판결이 확정된 때에 비로소 그로 인한 손해 등을 현실적·구체적으로 인식하였다고 볼 수 있을 것이다. 그럼에도 불구하고, 원심은 원고가 위 제1심판결 선고시에 그 손해의 발생 등을 현실적·구체적으로 인식하였을 것이라고 단정하였으니, 이에는 단기소멸시효의 기산점에 관한 법리를 오해하여 판결의 결과에 영향을 미친 위법이 있고, 이점을 지적하는 원고의 상고이유의 주장은 이유 있다.

대법원 2002. 6. 28. 선고 2000다22249 판결은 이 사건과 사안을 달리하는 것이어서 이 사건에서 원용하기에 적절하지 아니하다.

3. 그러므로 원심판결 중 불법체포로 인한 손해배상금청구 부분을 파기하여 이 부분 사건을 다시 심리·판단하게 하기 위하여 원심법원에 환송하고, 원고의 나머지 상고를 기각하기로 하여 관여 대법관의 일치된 의견으로 주문과 같이 판결한다.

3. 10년의 장기소멸시효

위에서 설명한 것처럼 10년은 소멸시효기간으로 보고, 판례도 이를 소멸시효기간으로 본다함은 이미 설명하였다. 한편 기산점이 문제이다. 즉 제766조 제2항은 '불법행위를 한 날로부터 10년을 경과하면 시효로 소멸한다.'라고 하여 법문으로만 보면 「불법행위를 한 날」을 소멸시효의 기산점으로 볼 여지가 있다. 판례도 과거에는 「불법행위를 한날=가해행위를 한 날」로 하여 소멸시효가 진행되는 것으로 하였으나,[511] 그 후 "불법행위를 한 날"이 "가해행위가 있었던 날"이 아니고 "「현실적으로 손해의 결과가 발생한 날」을 의미한다."[512]라고 하여 논지를 변경한 이후 이를 계속 유지하고 있다.[513] 즉 국가의 위법한 부동산의 매각조치로 인한

511) **대판 1974. 11. 12, 74다632** "농지분배에 있어서는 분배처분 뒤에 상환과정이 남아 있으므로 위법한 농지분배로 인하여 야기된 위법상태는 일응 상환이 완료될 때에 끝났다고 보아야 할 것이니 특단의 사정이 없는 한 국가의 위법한 농지분배로 인한 손해배상책임의 시효는 상환완료한 때부터 진행된다고 봄이 상당하다."

512) **대판(전) 1979. 12. 26, 77다1894** "국가의 위법한 부동산의 매각조치로 인한 손해배상청구권에 대한 소멸시효는 매수자 명의의 등기가 현실적으로 말소될 것이 확실시 되어, 이제까지는 그의 현실적인 행사를 기대할 수 없어서 단지 관념적이고 부동적인 상태에서 잠재적으로만 존재하고 있었다고 하여야 할 손해가 현실화 되었다고 볼 수 있는 때로부터 그 기간이 개시되는 것이라고 봄이 상당하다."

513) **대판 1990. 1. 12, 88다카25168 ; 대판 1998. 5. 8, 97다36613 ; 대판 2008. 6. 12, 2007다36445** "가해행위와 이로 인한 현실적인 손해의 발생 사이에 시간적 간격이 있는 불법행위에 기한 손해배상채권의 경우, 소멸시효의 기산점이 되는 '불법행위를 한 날'의 의미는 단지 관념적이고 부동적인 상태에서 잠재적으로만 존재하고 있는 손해가 그 후 현실화되었다고 볼 수 있는 때, 즉 손해의 결과발생이 현실적인 것으로 되었다고 할 수 있을 때로 보아야 할 것인바(대법원 1990. 1. 12. 선고 88다카25168 판결 등 참조), 무권리자가 위법한 방법으로 그의 명의로 부동산에 관한 소유권보존등기나 소유권이전등기를 마친 다음 제3자에게 이를 매도하여 제3자 명의로 소유권이전등기를 마쳐준 경우 제3자가 소유자의 등기말소청구에 대하여 시효취득을 주장하는 때에는 제3자 명의의 등기의 말소 여부는 소송 등의 결과에 따라 결정되는 특별한 사정이 있으므로, 소유자의 소유권 상실이라는 손해는 소송 등의 결과가 나오기까지는 관념적이고 부동적인 상태에서 잠재적으로만 존재하고 있을 뿐 아직 현실화되었다고 볼 수 없고, 소유자가 제3자를 상대로 제기한 등기말소청구 소송이 패소 확정될 때에 그 손해의 결과발생이 현실화된다고 볼 것이며, 그 등기말소

손해배상청구권에 대한 소멸시효는 매수인 명의의 등기가 현실적으로 말소될 것이 확실하게 된 때,[514] 공무원의 직무상 과실에 의해 근저당권설정등기를 말소당한 피해자가 담보권상실로 인한 손해배상을 구하는 경우에는 근저당권설정등기 말소판결이 확정된 때가 불법행위를 한 날에 해당한다.[515] 한편 손해의 결과발생

청구 소송에서 제3자의 등기부 시효취득이 인정된 결과 소유자가 패소하였다고 하더라도 그 등기부 취득시효 완성 당시에 이미 손해가 현실화되었다고 볼 것은 아니다(대법원 2001. 1. 30. 선고 2000다18196 판결, 대법원 2005. 9. 15. 선고 2005다29474 판결 등 참조). 위 법리와 기록에 비추어 살펴보면, 원고가 소외 2를 상대로 제기한 전 소송에서 이 사건 임야에 관하여 1982. 9. 18. 소외 2명의로 경료된 소유권이전등기의 말소를 청구하였으나, 소외 2가 위 소유권이전등기의 경료시부터 10년간 소유의 의사로 평온, 공연하게 선의이며 과실 없이 이 사건 임야를 점유함으로써 등기부 취득시효가 완성되었음이 인정되어 결국 원고의 위 말소등기청구가 2004. 2. 27. 패소 확정되었음을 알 수 있는바, 이 때 비로소 원고의 이 사건 임야 소유권 상실이라는 손해의 결과발생이 현실화되었다고 볼 것이므로, 원고의 피고들에 대한 손해배상청구권의 소멸시효의 기산점은 위 말소등기청구의 패소 확정 시점인 2004. 2. 27.이라고 할 것이다. 이 부분 원심판결의 이유 설시에는 다소 부적절한 점이 있으나, 원심이 원고의 피고들에 대한 손해배상청구권의 소멸시효의 기산점을 원고가 소외 2를 상대로 제기한 전 소송에서 이 사건 임야에 관한 소외 2명의의 소유권이전등기에 대한 말소청구가 패소 확정된 2004. 2. 27.이라고 판단한 결론에 있어 옳다고 할 것이므로, 거기에 상고이유의 주장과 같은 손해배상청구권의 소멸시효 기산점에 관한 법리오해 등의 위법이 있다고 할 수 없다."; **대판 2011. 9. 29, 2008다16776** "불법행위에 기한 손해배상채권에 있어서 민법 제766조 제2항에 의한 소멸시효의 기산점이 되는 '불법행위를 한 날'이란 가해행위가 있었던 날이 아니라 현실적으로 손해의 결과가 발생한 날을 의미한다. 그런데 감염의 잠복기가 길거나, 감염 당시에는 장차 병이 어느 단계까지 진행될 것인지 예측하기 어려운 경우, 손해가 현실화된 시점을 일률적으로 감염일로 보게 되면, 피해자는 감염일 당시에는 장래의 손해 발생 여부가 불확실하여 청구하지 못하고 장래 손해가 발생한 시점에서는 소멸시효가 완성되어 청구하지 못하게 되는 부당한 결과가 초래될 수 있다.따라서 위와 같은 경우에는 감염 자체로 인한 손해 외에 증상의 발현 또는 병의 진행으로 인한 손해가 있을 수 있고, 그러한 손해는 증상이 발현되거나 병이 진행된 시점에 현실적으로 발생한다고 볼 수 있다." 등 참조.

514) **대판 1979. 12. 26, 77다1894** "국가의 위법한 부동산의 매각조치로 인한 손해배상청구권에 대한 소멸시효는 매수자 명의의 등기가 현실적으로 말소될 것이 확실시 되어, 이제까지는 그의 현실적인 행사를 기대할 수 없어서 단지 관념적이고 부동적인 상태에서 잠재적으로만 존재하고 있었다고 하여야 할 손해가 현실화 되었다고 볼 수 있는 때로부터 그 기간이 개시되는 것이라고 봄이 상당하다."

515) **대판 1990. 1. 12, 88다카25168** "가해행위와 이로 인한 현실적인 손해의 발생 사이에 시간적 간격이 있는 불법행위에 기한 손해배상채권의 경우, 소멸시효의 기산점이 되는 "불법행위를 한 날"의 의미는 단지 관념적이고 부동적인 상태에서 잠재적으로만 존재하고 있는 손해가 그 후 현실화되었다고 볼 수 있는 때, ㅇㅇ시 ㅇㅇ면손해의 결과발생이 현실적인 것으로 되었다고 할 수 있을 때로 보아야 할 것이므로, 동장의 동일인 증명의 발급이 그 공무원의 직무상 과실에 인한 것임을 전제로 하여 근저당권설정등기를 말소 당한 피해자가 시장을 상대로 담보권상실로 인한 손해배상을 구하는 사안에 있어서 소멸시효의

이 현실적인 것으로 되었다면, 피해자가 손해의 결과발생을 알았거나 예상할 수 있는가 여부에 관계없이 가해행위로 인한 손해가 현실적인 것으로 되었다고 볼 수 있는 때로부터 그 소멸시효는 진행한다.[516] 그리고 가해행위와 그로 인한 현실적인 손해의 발생 사이에 시간적 간격이 있는 불법행위에 기한 손해배상채권에 있어서 소멸시효의 기산점이 되는 불법행위를 안 날이라 함은 단지 관념적이고 부동적인 상태에서 잠재하고 있던 손해에 대한 인식이 있었다는 정도만으로는 부족하고 그러한 손해가 그 후 현실화된 것을 안을 의미한다.[517] 이렇게 가해행위와

기산점이 되는 불법행위를 한 날은 손해의 결과발생이 현실적인 것으로 되었다고 할 수 있는 때인, 근저당권설정등기말소판결이 확정된 때라고 볼 것이다."; **대판 2008. 6. 12, 2007다36445** "가해행위와 이로 인한 현실적인 손해의 발생 사이에 시간적 간격이 있는 불법행위에 기한 손해배상채권의 경우, 소멸시효의 기산점이 되는 '불법행위를 한 날'의 의미는 단지 관념적이고 부동적인 상태에서 잠재적으로만 존재하고 있는 손해가 그 후 현실화되었다고 볼 수 있는 때, 즉 손해의 결과발생이 현실적인 것으로 되었다고 할 수 있을 때로 보아야 할 것인바(대법원 1990. 1. 12. 선고 88다카25168 판결 등 참조), 무권리자가 위법한 방법으로 그의 명의로 부동산에 관한 소유권보존등기나 소유권이전등기를 마친 다음 제3자에게 이를 매도하여 제3자 명의로 소유권이전등기를 마쳐준 경우 제3자가 소유자의 등기말소 청구에 대하여 시효취득을 주장하는 때에는 제3자 명의의 등기의 말소 여부는 소송 등의 결과에 따라 결정되는 특별한 사정이 있으므로, 소유자의 소유권 상실이라는 손해는 소송 등의 결과가 나오기까지는 관념적이고 부동적인 상태에서 잠재적으로만 존재하고 있을 뿐 아직 현실화되었다고 볼 수 없고, 소유자가 제3자를 상대로 제기한 등기말소 청구 소송이 패소 확정될 때에 그 손해의 결과발생이 현실화된다고 볼 것이며, 그 등기말소 청구 소송에서 제3자의 등기부 시효취득이 인정된 결과 소유자가 패소하였다고 하더라도 그 등기부 취득시효 완성 당시에 이미 손해가 현실화되었다고 볼 것은 아니다(대법원 2001. 1. 30. 선고 2000다18196 판결, 대법원 2005. 9. 15. 선고 2005다29474 판결 등 참조)."

516) **대판 1993. 7. 27, 93다357 ; 대판 2005. 5. 13, 2004다71881** "불법행위에 기한 손해배상채권에 있어서 민법 제766조 제2항에 의한 소멸시효의 기산점이 되는 '불법행위를 한 날'이란 가해행위가 있었던 날이 아니라 현실적으로 손해의 결과가 발생한 날을 의미하지만, 그 손해의 결과발생이 현실적인 것으로 되었다면 그 소멸시효는 피해자가 손해의 결과발생을 알았거나 예상할 수 있는가 여부에 관계없이 가해행위로 인한 손해가 현실적인 것으로 되었다고 볼 수 있는 때로부터 진행한다."; **대판 2011. 9. 29, 2008다16776** "불법행위에 기한 손해배상채권에 있어서 민법 제766조 제2항에 의한 소멸시효의 기산점이 되는 '불법행위를 한 날'이란 가해행위가 있었던 날이 아니라 현실적으로 손해의 결과가 발생한 날을 의미한다. 그런데 감염의 잠복기가 길거나, 감염 당시에는 장차 병이 어느 단계까지 진행될 것인지 예측하기 어려운 경우, 손해가 현실화된 시점을 일률적으로 감염일로 보게 되면, 피해자는 감염일 당시에는 장래의 손해 발생 여부가 불확실하여 청구하지 못하고 장래 손해가 발생한 시점에서는 소멸시효가 완성되어 청구하지 못하게 되는 부당한 결과가 초래될 수 있다. 따라서 위와 같은 경우에는 감염 자체로 인한 손해 외에 증상의 발현 또는 병의 진행으로 인한 손해가 있을 수 있고, 그러한 손해는 증상이 발현되거나 병이 진행된 시점에 현실적으로 발생한다고 볼 수 있다."

다른 시기에 손해가 발생한 경우에 손해의 발생시기에 대한 증명책임은 소멸시효의 이익을 주장하는 자에게 있다.518)

[판 례] 장기소멸시효의 기산점

① 대판(전) 1979. 12. 26, 77다1894·1895

1. 원고 소송수행자의 상고이유를 판단한다.

(1) 원판결이유에 의하면 원심은 그 채택한 증거에 의하여 원판결 첨부 별지목록 (1) 내지 (7) 기재 각부동산은 원래 1959. 3. 12.자 내무부고시 제461호에 의하여 시가지 계획상의 신세계 아동공원 용지로 지정 고시된 국유지인데 그 후 용도변경되어 1968. 6. 10.자 건설부고시 제362호에 의하여 도시계획상의 하수도 시설용 토지로 시설 결정 고시된 사실, 그런데 이 사건 각 토지의 관리청인 용산세무서장을 보좌하고 있던 위 세무서 관계직원 소외 윤재신이 위 각 토지의 매수신청을 접수하고 도시계획의 저촉여부를 서울특별시에 조회한 결과 1968. 9. 16.자로 서울특별시장으로부터 이 사건 각 토지는 도시계획에 해당되어 처분이 제한된 토지라는 내용의 회보공문을 접수하였는데 동년 11.14경 같은 조회에 대한 회보로서 이 사건 각 토지는 도시계획에 해당되지 않는다는 내용의 서울특별시장 명의의 위조공문이 재차 접수되자 위 윤재신은 아무런 확인조치도 취하지 아니한 채 뒤에 접수된 위조공문을 진정한 것으로 잘못 믿고 용산세무서장에게 보고하여 용산세무서장은 원심 설시와 같이 별지 목록(1) 토지를 소외 이창우에게, 같은 목록(2) 토지를 소외 이동만에게, 같은 목록(3) 토지를 피고 배광춘에게, 같은 목록 (4) 토지를 소외 이정길에게, 같은 목록 (5)(6) 토지를 소외 황명복에게, 같은 목록(7) 토지를 소외 박해춘에게 각 매도한 후 위 각 매수인들 앞으로의 소유권이전등기를 경료하였으며, 그 후 이 사건 각 부동산은 전전 양도되어 청구취지 기재와 같이 피고들 앞으로의 소유권이전등기가 경료된 사실을 인정한 후 그렇다면 이 사건 각 토지는 용산세무서장이 이를 매도하기 이전에 이미 시행중이던 도시계획법(1962. 1. 20. 법률 제983호) 제2조 1호 소정의 하수도 시설용 토지인만큼 그에 관하여 용산세무서장과 피고 배광춘 등과 사이에 체결된 위 각 매매계약은 같은 법 제48조에 저촉되어 당연무효라 하겠고, 따라서 이 사건 각 토지에 관한 피고들 명의의 위 각 소유권이전등기 역시 원인무효의 등기로서 이 사건 각 토지에 대한 소유권을 취득할 수 없게 되어 손해를 입게 되었다 하겠는 바, 이는 공무원인 소외 위 윤재신이 내용이 상반되는 회보공문에 대한 진위를 확인치 아니하고 용산세무서장으로 하여금 법률상 처분이 제한되어 있는 이 사건 각 토지를 매도케 한 과실과 위와 같은 이 사건 토지에 관한 무효인 매매를 원인으로 하여 경료된 소유권이전등기 등 무효인 등기부상의 표상을 즉시 말소하지 아니하고 방치하여 둔 과실로 인하여 발생된 것이라 하겠으므로 원고는

---

517) 대판 2001. 1. 19, 2000다11836.

518) 대판 2013. 7. 12, 2006다17539.

소외 위 윤재신의사용자로서 그 손해를 배상할 책임이 있다고 판단하고 위 손해금의 지급을 구하는 피고 배광춘의 반소청구의 일부를 인용하고 있는 바, 이 사건 토지에 대한 도시계획의 저촉여부에 관하여 내용이 상반되는 서울특별시장 명의의 두개의 회보공문이 접수되었다면 이 사건 토지의 매각사무를 보조하는 관계공무원인 위 윤재신으로서는 마땅히 이를 서울특별시 관계직원에게 그 진위를 확인하여 매각 여부를 결정토록 하여야 할 것임에도 불구하고 이를 태만히 하였으니 이는 공무원이 그 직무를 수행함에 있어 과실로 법령에 위반한 행위를 한 경우에 해당한다 할 것이고, 피고들의 이건 손해는 위 과실과 그로 인한 결과(유책의 결과)인 위법상태(원인무효의 등기)를 그대로 방치한 과실에 인한 것이라고 할 것인즉 이와 같은 취지에서 원고에게 위 손해배상 책임을 인정한 원심의 위 판단조처는 정당하고 거기에 소론과 같은 경험칙에 반한 위법사유가 없으므로 논지 이유 없다.

(2) 원판결이유에 의하면 원심은 피고 배광춘의 이 사건 손해배상청구권은 그 불법행위가 있은 날인 이 사건 지에 대한 용산세무서장과 위 피고와 사이에 매매계약을 체결한 1969.3.28로부터 예산회계법 제71조 소정의 소멸시효가 진행되어 그 완성으로 소멸되었다는 원고의 항변에 대하여 그 채택한 증거에 의하면 피고 배광춘은 1969. 3. 28. 용산세무서장으로부터 별지목록 (3) 기재 토지를 대금 428,000원에 매수하고 그 대금은 이를 5회에 걸쳐 동년 3. 28., 1970. 3. 27., 1971. 4. 23., 1972. 4. 6. 동년 7. 13.에 매각 금 85,600원씩 분할 지급한 후 1972. 12. 29. 그 소유권이전등기를 경료한 사실이 인정되므로 위 피고의 원고에 대한 위 손해배상 청구권의 소멸시효는 최종 매매대금을 납부한 1972. 7. 13.부터 진행된다 할 것인데 5년이 경과하기전인 1975. 6. 16.자로 이 사건 반소가 제기되었으므로 위 소멸시효의 진행이 중단되었다 하여 원고의 위 항변을 배척하고 있는 바, 동 항변을 배척한 결과는 정당하므르 논지 받아들일 수 없다(위 피고를 제외한 나머지 피고들의 상고이유에 대한 판단 참조).

2. 피고 배광춘의 반소청구에 관한 상고이유에 대하여 판단한다.
위에서 본 바와 같이 시효중단에 관한 피고의 주장을 받아들인 이건에 있어서 소멸시효의 기산점을 잘못 인정하였다는 논지는 이유없으며, 그 외의 단순히 피고의 반소청구에 대한 인용금액을 5,607,000원으로 하였어야 할 것이라는 그것만을 논지로 한 상고이유는 받아들일 바 못된다.

3. 피고 원선유를 제외한 피고 등의 패소부분에 대한 상고이유를 함께 판단한다.
본소에 관한 피고들 패소부분에 대하여는 상고이유의 제출이 없고 상고장에도 그 기재를 찾아볼 수 없으므로 동 부분에 대한 상고는 기각을 면치 못할 것이다.
위 1, 2, 3의 판단은 관여법관의 일치된 의견에 의한 것이다.

4. 피고 원선유, 같은 신정식, 같은 표화자, 같은 조한용, 같은 박해영의 반소 패소에 대한 상고이유를 함께 판단한다.
원심은 피고들이 이 사건 토지에 관한 소유권을 취득할 수 없게 되므로써 생긴 국가의 손해배상책임은 이건 토지를 당초 용산세무서장으로부터 매수한 사람이 그 대금을 완납하고 소유권이전등기를 경료한 날부터 그의 소멸시효기간이 진행 될 것이므로 그때부터 이미 모두 5년이 경과됨으로써 예산회계법 제71조 소정의 소멸시효 완성으로 소멸되었다는 원고 주장을 인용하고 있다. 그러나 어느 개인이 국가와 어느 거래관계를 맺을 때 또는 국가의 어느 조치의 결과를 기초로 하고 제3자와 거래관계를 맺게 될 때에는 특수한 예외적인 경우를 제외하고는 그 개인은 국가를 믿고 국가의 그와 같은 조치가 적법하게 이루어졌을 것이라는데 대해서 의심을 하지 아니하려고 하는 것이 일반적이라고 할 것이고 이와 같이 거래관계에 있어서 국가를 믿은 것을 탓할 수도 없는 것이라고 함도 의당 시인되어 마땅하다 할 것이며 뿐만 아니라 국가의 위와 같은 조치가 그 성립과정에 담당공무원의 부주의가 개입되어 그로 인해서 위법의 하자를 띠게 된 경우에 있어서도 기히 국가의 그와 같은 조치에 터 잡고 이해관계를 맺고 있는 당사자로서는 가사 그가 그 후에 그와 같은 위법사유를 알았다고 하더라도 국가가 그에 대한 적절하고 책임있는 대응조치를 신속히 배려할 것이라고 기대하고 그를 믿고 될 수 있는 한 기히 이루어진 거래관계의 결과에 안주하려고 하는 것 또한 일반적인 현실성이라고 할 수 있으며, 국가도 당사자의 국가에 대한 이와 같은 기대와 신뢰를 존중하고 그에 상응하기 위하여 그와 같은 위법조치로 인한 결과에 의해서 기히 형성된 생활관계를 적시하고 가능한 한 그것을 그대로 유지하기 위하여 적절한 조치를 취하게 됨으로써 그 결과를 소위 현실화 시키는 사례가 왕왕있는 것도 실정이라고 할 수 있는데다가 더욱이 위와 같은 담당공무원의 부주의로 인한 위법의 하자가 외부에서는 좀처럼 알아보기 힘든 경우에는 일반국민인 거래관계자로서는 국가의 그와 같은 조치에 전적인 신뢰를 두고 그것을 기초로 하고 안심하고 거래관계를 맺게 되는 것 또한 실정이라고 아니할 수 없으니 현실적인 문제로서는 특수한 이례적인 예외의 경우를 제외하고는 거래관계에 있어서 그가 기초로 한 국가의 어느 조치가 위법하다고 하여 그것이 문제가 되는 경우에 그로 인한 결과가 어떻게 처리될 것인가는 우선 그에 대한 국가의 일방적인 정책적인 고려에 기대하게 되는 것은 부득이한 일이라고 아니할 수 없으며, 따라서 국가에 의해서 그들 조치의 위법함이 주장되고 그로 인한 결과가 무시당하게 되는 경우가 아니면 이해관계인으로서는 그들이 터잡고 거래관계를 맺게 된 국가의 조치에 대하여 자진해서 그 위법을 문제 삼으려고 하지 않는 것이 일반적인 실정이고 특히 그와 같은 위법의 하자가 거래관계인으로서는 용이하게 알 수 있는 것이 아닌 경우에는 그와 같은 위법사유를 곧 알 수 있고 또 의당 알아야 할 처지에 있는 국가에 의한 일방적인 어떤 조치가 있을 때까지는 개인인 거래관계인으로서는 사실상 그들이 자진해서 그 위법을 문제 삼고 그에 대해서 어떤 적절한 대응책을 마련한다는 것은 좀처럼 기대하기 어려운 일이라고 아니할 수 없어서 현실적인 문제로서는 그와 같은 위법은 국가만이 일방적으로 문제 삼을 수 있는 상태에 있게 되는 것이라고 할 수 있다. 과연 그렇다면 이건에 있어서와 같이 담당공무원의 부주의로 인해서 처분이 제한된 이건 부동산을 매각한 경우에 국가로서는 사정이 허락되면 용도폐지등 필요한 적절한 조치를 취하여 그 결과를 그대로 유지함으로써 매수자 또는 전득자에게 손해가 없도록 하거나 사정이 그렇지 못하여 그 결과를 백지화하지 않으면 안 될 경우에 있어서는 그와 더불어 그 위법조치가 결과한 모든 이해관계인의 손해를 전보하는 동시에 그것을 기초로 하고 장차 거래관계를 맺게 되는 자가 없도록 하는 등 그에 대한 적절한 조치를 신속히 취하여야 할 것은 위와 같은 경우에 있어서의 국가의 당연한 책무라고 할 것이고, 이는 일반적으로 거래관계에 있어서의 국민의 국가에 대한 강한 신뢰와 더불어 위에서 본 바와 같이 거래과정에서의 담당공무원의 부주의로 결과된 위법조치에 관해서는 현실적으로 국가는 그에 관련된 개인보다 훨씬 적극적이고 능동적으로 대처할 수 있는 위치에 있다는 사실등을 감안할 때 국가와 이해관계인과의 관계를 다루는데 있어서 형편의 원칙상 당연히 요구되는 것이타고 아니할 수 없는 것이다. 과연 그렇다면 처분이 제한된 재산인 이 건 부동산을 원고인 국가의 담당공무원의 부주의로 인해서 각 매각된 것이 1969. 1. 7. 내지 같은 해 3. 28.이고 그에 대한 각 매수자 명의로 소유권이전등기가 경료된 것이 각 같은 해 2. 24. 내지 8. 20.(피고 배광춘에게 매각된 분은 제외)인데 이건 부동산이 위와 같이 국유재산법상 처분이 제한된 재산이라는 이유로서 각 그 매각의 당연무효임을 주장하고 각 피고명의 등기의 말소를 구하기 위하여 이건 소를 제기한 것이 1975. 2. 26.임이 기록상 명백한데 그동안 위 위법에 대하여 하등의 조치를 취함이 없이 있다가 이제 와서 그간 위 매각이 위법한 것이 아니라고 믿었던 피고들에게 위와 같은 소멸시효완성의 주장을 하고 그로 인해서 피고들이 받은 손해에 대해서는 하등의 고려를 하려 하지 아니하고 이건 등기의 회복만을 구하려고 하는 것은 위와 같이 이건 청구가 이건 부동산이 위와 같이 법률상 처분이 제한된 재산임을 이유로 하고 있어서 묵시적인 추인이라던가 또는 오랫동안 그 권리를 행사하지 아니하므로 인하여 형성된 권리불행사에 대한 이해관계인의 기대를 그대로 존중하고 보호하여야 한다거나(이 건과 같은 경우에 현실적 문제로서는 국가만이 그 위법을 문제삼을 수 있다는 것은 위에서 본 바와 같다) 실체 관계에 부합되지 아니하는 외관(등기)을 존재케 하게 한 것이 원고의 책임(원고 공무원의 과실)에 인한 것이고 그것을 믿은데 대하여 피고들에게는 책임이 없으니 그 외관에 상응하는 권리관계를 인정하여야 한다거나 하는 등의 주장(이 건과 같이 법률상 처분이 제한된 재산이 아닌 경우에는 위와 같은 주장들은 모두 그에 대하여 의당 충분히 고려되어야 할 이유가 있다고 할 수 있다)이 용납될 수 없는 이 건에 있어서 신의칙상 또는 형편의 원칙상 허용할 수 없는 것이라고 하여야 할 것이다. 과연 그렇다면 이 건에 있어서 이 건 부동산의 매각조치로 결과된 피고들의 손해배상청구권에 대하여 그의 소멸시효는 당사자 상호간의 위와 같은 특수관계에 비추어 이건 피고들 명의의 등기가 현실적으로 말소될 것이 확실시 되어 이제까지는 그의 현실적인 행사를 기대할 수 없어서 단지 관념적이고 부동적인 상태에서 잠재적으로만 존재하고 있었다고 하여야 할 손해 가 현실화 되었다고 블 수 있는 때(손해의 결과의 발생이 현실적인 것으로 되었다고 할 수 있을 때)로부터 그 기간이 개시되는 것이라고 봄이 상당하다 할 것이므로(그렇지 아니하면 경우에 따라서는 전득자는 손해배상청구권이 발생하기 전에 이미 그 청구권에 대한 소멸시효가 완성된 이상한 결과가 있게 될 수도 있을 것이다) 원고가 피고들 명의의 소유권이전등기말소를 위하여 이건 소를 제기한 것이 1975. 2. 26.이고 피고들이 반소로서 그로인한 손해배상청구를 한 것이 같은 해 6. 16.임이 기록상 명백한 이 건에 있어서 예산회계법 제71조 제2항에 의한 5년의 소멸시효완성을 이유로 피고들(피고 배광춘 제외)의 청구를 배척한 조치는 이 건이 있어서 소멸시효 기간의 기산점에 관한 법리를 오해하였다고 아니할 수 없으며 이 점을 지적하는 취지로 보이는 상고논지는 이유있다고 할 것이니 위와 견해를 달리하는 당원의 종래의 판례(원심이 인용한 당원 1974. 7. 26. 선고 74다3 판결, 같은 해 10. 22. 선고 74다647 판결 등)에서 표시된 의견은 대법원 판사 양병호, 안병수, 김윤행, 라길조, 김용철을 제외한 관여 법관의 일치된 의견으로 변경하기로 한다.

그러므로 소송비용의 부담에 관해서는 민사소송법 제95조, 제89조에 의하고 주문과 같이 판결한다.

대법원판사 양병호, 안병수, 김윤행, 라길조, 김용철의 소수의견은 다음과 같다.

1. 민법 제766조는 그 제1항에서 불법행위로 인한 손해배상의 청구권은 피해자나 그 법정대리인이 그 손해 및 가해자를 안 날로부터 3년간 이를 행사하지 아니하면 시효로 인하여 소멸한다고 규정하였고, 제2항에는 불법행위를 한날로부터 10년을 경과한 때에도 전항과 같다고 규정하고 있으며, 금전의 급부를 목적으로 하는 국가의 권리 또는 국가에 대한 권리관계의 소멸시효에 관하여 규정하고 있는 예산회계법 제71조와의 관계에 있어서는 위 민법 제766조 제2항의 10년의 기간이 5년으로 단축되는 것이라고 보는 것이 우리 판례의 태도이다(본원 1967. 7. 4. 선고 67다751 판결 참조) 위와 같이 민법 제766조 제2항에서, 불법행위로 인한 손해배상청구권은 불법행위가 있은 날로부터 10년이 경과하면 시효로 인하여 소멸한다고 규정하고 있는 것은 같은 제1항의 3년의 소멸시효기간의 규정만으로서는 피해자나 그 법정대리인이 손해 및 가해자를 알지 못하는 한 비록 과실에 의하여 이를 알지 못한 것이라고 해도 그 손해배상청구권이 영구하게 시효소멸되지 않는 불합리한 결과가 있게 되는 때문에 이러한 불합리를 제거하기 위함이고, 따라서 피해자나 그 법정대리인이 손해 및 가해자를 알지 못하여 사실상 손해배상청구권을 행사할 수가 없었다 해도 위 제2항에 의하여 그 소멸시효 기간은 불법 행위가 있은 때로부터 기산되는 것이라고 할 것이다(이런 의미에서 민법 제766조 제2항에서 규정하고 있는 10년의 기간은 시효소멸이라는 법문상의 표현에 불구하고 이를 제척기간이라고 하는 견해가 많다). 물론 불법행위라고 하는 "행위"의 개념에는 적극적인 "작위"만을 말하는 것이 아니고 "부작위"도 여기에 포함되는 것은 사실이지만, 부작위가 불법행위로 되려면 먼저 작위의무가 있음이 그 전제가 되는 것이므로 그러한 부작위에 위법성이 있다고 인정되는 경우에 한하는 것이라고 이해되어야 할 것이다.

2. 그런데 이 사건에서 볼 때, 원고 국가측이 원심 판시와 같은 과실로서 이 사건 국유부동산들은 법률상 그 처분이 제한되어 있었는데도 이를 그대로 매도한 법률상 무효인 매매를 한 행위 그 자체가 원고측의 불법행위라는 것이므로 원고측의 이러한 불법행위는 원고가 최초의 매수인으로부터 매각대금을 수령하였거나 적어도 그 매수인에 대하여 법률상 무효인 매매를 원인으로 하는 소유권이전등기를 넘겨준 때에 그 불법행위는 완료되었다

할 것이고, 그 원인무효등기에 관하여 원고가 말소등기절차를 밟지 않고 있었다고 해도 이는 말소청구를 할 권리를 행사하지 않고 있다는 것일뿐, 이것이 타인의 재산에 대한 불법점유를 계속하고 있는 경우와 똑같은 불법행위의 계속상태가 된다거나 또는 작위의무에 위반하고 있는 위법상태로서 새로운 불법행위가 되는 것이라고는 볼 수가 없다 할 것이며, 따라서 본건과 같은 경우에는 피해자라고 하는 피고들이 비록 원고의 행위로 인한 손해사실을 모르고 있었던 것이라고 해도 이에 대한 손해배상청구권의 소멸시효기간의 진행은 민법 제766조 제2항에 의하여 최소한도 최초의 매수인에게 매매를 원인으로 한 소유권이전등기가 경료된 때부터 기산된다고 봐야 할 것이다.

3. 다수의견은 한편으로는 이 사건에 있어서와 같이 원인무효의 등기에 관하여 그 권리자가 말소청구를 하지 않은 것은 권리의 불행사에 해당한다고 보는 듯하면서도, 다른 한편으로는 일반적으로 국민은 국가의 행위에 대하여 그 설시와 같은 기대와 신뢰를 갖는 것이기 때문에 이 사건에서 국가가 위와 같은 원인무효의 등기에 관하여 말소청구를 하지 않은 것은 불법행위에 해당하는 것이라고 보고, 또 피고들의 원고 국가에 대한 손해배상청구권의 소멸시효기간은 피고들 명의의 등기가 말소될 것이 확실시 되어 피고들이 손해배상청구권을 현실적으로 행사할 수 있는 상태에 이르게 되었다고 볼 수 있는 때, 다시 말해서 국가가 위 원인무효의 등기와 이에 터 잡은 피고들의 등기에 관하여 소송으로서 그 말소를 청구한 때로부터 민법 제766조 제2항의 10년(예산회계법상의 5년)이 기산되는 것이라고 봄이 상당하다고 결론 지우고 있다. 그러나 일반적으로 국민은 국가의 행위에 대하여 다수의견이 지적하는 바와 같은 기대와 신뢰를 갖는 것이 사실이라고 해도 이러한 관계 때문에 국가가 원인무효의 등기에 관하여 말소청구를 하지 않은 사법상의 권리의 불행사가 느닷없이 불법행위로 변하게 된다는 이론적 근거는 될 수 없다고 할 것이며 다수의견은 이 사건에서 원고 국가가 원인무효의 등기에 관하여 말소 청구를 하지 않는 한 그 원인된 불법행위가 계속되는 상태라고 본 것인지 또는 그 등기를 말소하지 않은 것이 작위의무의 위반으로서 새로운 불법행위가 된다고 본 것인지도 명백하게 밝히지 않고 있고, 또 다수의견이 그 설시에서 국민의 국가에 대한 기대와 신뢰관계를 강조하고 있는 점으로 보아, 국민과 국가사이가 아닌 일반 사인간의 거래 관계에 있어서의 이와 유사한 사안에는 그 이론이 적용 될 수 없다는 취지같이도 보이는테, 다 같은 사법상의 관계에 있어서 국민과 국가사이 또는 일반 사인과 사인사이에서로 그 이론을 달리하여야 한다는 것도 납득이 되지 않는다. 그리고 본건의 경우 손해배상청구권의 소멸시효 기간은 원고 국가가 피고들에게 말소등기를 소구하므로써, 피고들이 손해배상청구권을 현실적으로 행사할 수 있는 때로부터 기산 되어야 한다는 다수의견은 우에서 이미 밝힌 바에 비추어 피해자나 그 법정대리인이 그 손해 및 가해자를 안 날로부터 소멸시효가 개시된다는 민법 제766조 제1항만을 염두에 두고 있는 것이지, 이러한 사실을 알지 못하므로써 손해배상청구권이 영구하게 시효소멸되지 않는 불합리 때문에 피해자나 그 법정대리인이 그 손해 및 가해자를 알지 못하여 사실상 손해배상청구권을 행사할 수가 없다 해도 불법행위가 있는 때로부터 소멸시효기간 진행이 개시된다는 같은 조문 제2항을 전연

도외시한 이론이 되거나 그렇지 않으면 위 제1항의 3년의 기간과 제2항의 10년(예산회계법상은 5년)의 기간을 혼동한 결과가 되어 우리들은 이에 찬동할 수가 없다.

② **대판 1990. 1. 12, 88다카25168**

원심이 획정한 사실관계에 따르면, 소외 유굉리 소유명의로 있던 이 사건 부동산에 관하여 그 동생 유굉지가 피고산하 대구 남산 제 1동장 명의의 동일인 증명을 발급 받고 등기명의인 표시경정신청을 하여 1976. 1. 22. 그 명의로 경정등기를 하였고, 1981. 1. 23. 위 유굉지와 소맥분 거래를 하여 오던 원고는 위 등기를 믿고 위 부동산에 채권최고액 2억 7천만 원의 근저당권설정등기를 하였는데 나중에 위 유굉리가 이를 알고 원고를 상대로 위 근저당권설정등기의 말소등기청구소송을 제기하였던 바, 제1,2심에서는 유굉지 명의의 경정등기가 실체관계에 부합한다는 이유로 패소하였으나 1985. 11. 12. 대법원에서 파기 환송되어 1986. 8. 12. 환송된 후의 항소심에서 위 근저당권설정등기의 말소등기절차를 이행하라는 원고 패소판결이 선고되어 이 판결이 확정되었다는 것이고, 원고는 피고에 대하여 남산 제1동장의 동일인 증명발급이 그 공무원의 직무상 과실에 인한 것임을 전제로 위 등기가 말소됨으로써 담보권을 상실하는 손해를 입었다 하여 손해배상의 청구를 한 것이 이 사건 내용이다. 그리고 원심은, 피고의 손해배상책임이 있다 하더라도 유굉지의 신청에 의하여 동일인 증명이 발급된 1976. 1. 20. 내지 이 사건 부동산에 관한 등기명의인 경정등기가 마쳐진 같은 해 1. 22.부터 이미 10년이 경과한 후 원고가 이 사건 소를 제기하였으니, 원고의 피고에 대한 손해배상청구권은 불법행위를 한 날로부터 10년을 경과함으로써 시효소멸 하였다고 하는 피고의 항변을 배척하였다. 이 사건과 같이 가해행위와 이로 인한 현실적인 손해의 발생 사이에 시간적 간격이 있는 불법행위에 기한 손해배상채권의 경우, 소멸시효의 기산점이 되는 불법행위를 한 날의 의미는 단지 관념적이고 부동적인 상태에서 잠재적으로만 존재하고 있던 손해가 그 후 현실화되었다고 볼 수 있는 때 다시 말하자면 손해의 결과발생이 현실적인 것으로 되었다고 할 수 있을 때로 보아야 할 것이고(당원 1979. 12. 26. 선고 77다1894, 1895, 79다684 판결 ; 1988. 10. 11. 선고 85다카693 판결 참조), 원고의 위 근저당권설정등기 말소의무가 1986. 8.경 원고의 패소판결로 확정되었음은 앞에서 본 바와 같으므로 위 근저당권은 그 패소판결이 확정된 때에 비로소 말소될 것이 현실화되었다 할 것이다. 원심이 이와 같은 취지에서 피고의 소멸시효항변을 배척한 것은 정당하다. 또한 민법 제766조 제1항의 손해를 안다고 하는 것은 단순히 손해발생의 사실만을 안 때라는 뜻이 아니고 가해행위가 불법행위로서 이를 원인으로 하여 손해배상을 소구할 수 있다는 사실을 안다는 뜻으로 해석함이 타당하고(당원 1971. 1. 26. 선고 69다1113 판결 ; 1975. 3. 25. 선고 75다233 판결 참조) 이 사건과 같은 경우 위 근저당권설정등기의 말소를 명하는 판결이 확정된 때에 비로소 원고는 손해의 발생을 알았다고 할 것이므로 같은 취지의 원심판결은 정당하고 소론과 같은 법리오해가 있다고 할 수 없다. 논지는 이유없다.

이에 상고를 기각하고, 상고비용은 패소자의 부담으로 하여 관여법관의 일치된 의견으로 주문과 같이 판결한다.

③ 대판 2005. 5. 13, 2004다71881

1. 원심의 사실인정 및 판단

가. 원심은 그 채용 증거들을 종합하여 아래와 같은 요지의 기초사실을 인정하였다.

(1) 원고는 1950. 11. 학도의용군으로 입대하여 육군 제8사단에서 복무하다가 1953. 7. 제대하였다.

(2) 1956. 원고는 피고로부터 징집영장을 받고 학도의용군 참전사실을 들어 징집 면제를 요청하였으나, 학도의용군으로 참전했는지 알 수 없을 뿐만 아니라 학도의용군은 군번이 없고 정식 군인이 아니라는 이유로 거절된 다음, 1956. 9. 11. 육군에 입대하여 복무하다가 1959. 8. 1. 만기제대하였다.

(3) 피고 산하 국방부장관은 1999. 3. 11.에야 비로소 원고가 위와 같이 학도의용군으로 복무한 사실을 공식 확인하였다.

(4) 이에 원고는 1999. 12. 1. 서울지방병무청장에게 위와 같은 군복무에 대한 적절한 보상 기타 배상을 해 달라고 진정하였으나 받아들여지지 않자 2002. 12. 12. 이 사건 소를 제기하였다.

(5) 한편, 원고가 재복무 중이던 1957. 8. 15.부터 시행된 구 병역법(법률 제444호로 전문 개정되어 1962. 10. 1. 법률 제1163호로 전문 개정되기 전의 것, 이하 '구 병역법'이라 한다)에는 부칙 제62조 제1항으로 "단기 4283년 6월 25일 북한괴뢰집단의 침투를 방위하기 위하여 당시 학교에 재적중인 자로서 지원에 의하여 군에 복무하여 전투에 참가한 자(학도의용군이라 약칭한다)는 본법에 의한 현역에 복무한 자로 간주하여 제1예비역에 편입한다."라는 규정이 신설되었다.

나. 원심은 위 기초사실에 터 잡아, 원고의 손해배상청구에 대하여 다음과 같이 판단하여 원고의 청구를 일부 인용하였다.

(1) 피고는 구 병역법 부칙 제62조 제1항에 의하여 그 시행일인 1957. 8. 15.부터 병적(병적) 관리자로서 학도의용군에 관한 사항을 조사하여 기록할 의무가 있고, 특히 당시 군 복무자 가운데 학도의용군으로 복무하였던 자가 있는지 조사하여 이에 해당하는 경우에는 위 규정에 따라 상당한 기간 내에 전역시킬 의무가 있음에도, 피고 산하 국방부가 이를 간과한 잘못으로 복무연한인 1959. 8. 1.에야 원고를 만기 전역시켰으므로 피고는 위와 같은 불법행위로 인하여 원고가 입은 손해를 배상할 의무가 있다.

(2) 피고는 이 사건 청구가 시효소멸하였다는 취지로 항변하지만, 채무자의 소멸시효에 기한 항변권의 행사도 민법의 대원칙인 신의성실과 권리남용금지의 원칙의 지배를 받는 것이어서 채무자가 시효완성 전에 채권자의 권리행사를 불가능 또는 현저히 곤란하게 하였거나 객관적으로 채권자가 권리를 행사할 수 없는 장애사유가 있는 등 채무이행의 거절을 인정함이 현저히 부당하거나 불공평하게 되는 등의 특별한 사정이 있는 경우에는 채무자가 소멸시효의 완성을 주장하는 것이 신의성실의 원칙

에 반하여 권리남용으로서 허용될 수 없고, 또한 국가는 국민을 보호할 의무가 있어 국민이 국가가 취한 조치가 적법하다고 믿은 것에 어떠한 잘못이 있다고 볼 수는 없어 국가에 의한 어떤 조치가 있기 전까지는 국민이 자진해서 국가의 행위에 대하여 위법을 문제 삼고 그에 대해서 적절한 대응책을 마련한다는 것은 좀처럼 기대하기 어려운 일이라고 할 것인데, 병적 관리자인 피고가 원고의 학도의용군 복무사실을 공식적으로 확인하지 아니한 1999. 3. 11. 전에는 피고 산하 국방부가 구 병역법 조항에 위반한 불법행위를 하였음을 객관적으로 외부에서 거의 알기 어려워 일반 국민인 원고로서는 국가의 그와 같은 조치에 전적인 신뢰를 둘 수밖에 없는 실정이며, 더구나 위법행위를 한 국가가 그 위법에 대해 아무런 조치를 취하지 않고 있다가 이제 와서 그 위법을 몰랐던 원고에 대해 소멸시효 완성을 주장한다는 것은 신의칙상 또는 형평의 원칙상 도저히 허용될 수 없다고 보아야 하므로, 이 사건 청구에 대한 소멸시효는 피고가 원고의 학도의용군 복무사실을 공식적으로 확인하여 준 1999. 3. 11.부터 그 기간이 개시되는 것이라고 봄이 상당하다고 할 것이니 피고의 소멸시효 항변은 이유 없다.

2. 상고이유 제1점에 대한 판단

구 병역법 부칙 제62조 제1항은 징집과 병적 관리의 주체인 국가의 의무를 규정하고 있는 것임이 문언상 명백하고, 별도의 경과규정이 없어 그 시행 당시 군 복무자에게도 적용된다고 할 것이므로, 원심이 같은 취지에서 피고가 위 규정 시행 후 상당한 기간 내에 원고를 전역시키지 아니한 것이 원고에 대한 불법행위가 된다고 본 것은 정당하고, 거기에 상고이유로 주장하는 바와 같은 법리오해의 위법이 있다고 할 수 없다.

3. 상고이유 제2점에 대한 판단

가. 피고의 소멸시효 주장이 신의칙에 반하는지 여부

채무자의 소멸시효에 기한 항변권의 행사도 우리 민법의 대원칙인 신의성실의 원칙과 권리남용금지의 원칙의 지배를 받는 것이어서, 채무자가 시효완성 전에 채권자의 권리행사나 시효중단을 불가능 또는 현저히 곤란하게 하였거나, 그러한 조치가 불필요하다고 믿게 하는 행동을 하였거나, 객관적으로 채권자가 권리를 행사할 수 없는 장애사유가 있었거나, 또는 일단 시효완성 후에 채무자가 시효를 원용하지 아니할 것 같은 태도를 보여 권리자로 하여금 그와 같이 신뢰하게 하였거나, 채권자보호의 필요성이 크고, 같은 조건의 다른 채권자가 채무의 변제를 수령하는 등의 사정이 있어 채무이행의 거절을 인정함이 현저히 부당하거나 불공평하게 되는 등의 특별한 사정이 있는 경우에는 채무자가 소멸시효의 완성을 주장하는 것이 신의성실의 원칙에 반하여 권리남용으로서 허용될 수 없다 할 것임은 이미 당원이 여러 번 천명한 바 있다(대법원 1997. 12. 12. 선고 95다29895 판결, 2002. 10. 25. 선고 2002다32332 판결 등 참조). 그러나 국가에게 국민을 보호할 의무가 있다는 사유만으로 국가가 소멸시효의 완성을 주장하는 것 자체가 신의성실의 원칙에 반하여 권리남용에 해당한다고 할 수는 없으므로(대법원 1999. 9. 17. 선고 99다21257 판결, 2001. 7. 10. 선고 98다38364 판결 등 참조), 국가의 소멸시효 완성 주장이 신의칙에 반하고 권리남용에 해당한다고 하려면 앞서 본 바와 같은 특별한 사정이 인정되어야 할 것이고, 또한 위와 같은 일반적 원칙을 적용하여 법이 두고 있는 구체적인 제도의 운용을 배제하는 것은 법해석에 있어 또 하나의 대원칙인 법적 안정성을 해할 위험이 있으므로 그 적용에는 신중을 기하여야 할 것이다. 이 사건에서 기록에 의하면, 원고가 1959. 8. 1. 전역한 후 1999. 3. 11. 피고로부터 학도의용군 참전에 대한 확인을 받기 전까지 자신의 학도의용군 참전사실을 확인받거나 또는 이중복무에 따른 보상 또는 배상을 받기 위하여 어떠한 조치를 취한 바 있는지, 여기에 대하여 피고가 어떻게 대응하였는지가 전혀 나타나지 아니하며, 원고 스스로도 1999.부터 증인을 확보하여 학도의용군 참전민원을 제기하자 피고 산하 국방부장관이 1999. 3. 11. 비로소 원고의 학도의용군 참전사실을 공식적으로 확인하였다고 주장할 뿐인바, 그렇다면 기록에 나타난 사정만으로는 피고가 원고의 손해배상청구권 행사를 불가능 또는 현저히 곤란하게 하거나 그런 조치가 불필요하다가 믿게 할 만한 언동을 하였다고 보기에는 부족하고, 객관적으로도 원고가 손해배상청구권을 행사할 수 없는 장애사유가 있었다거나 권리행사를 기대할 수 없는 상당한 사정이 있었다고도 보이지 아니하며, 피고가 원고에게 참전사실확인서를 작성하여 준 사정만으로 이를 시효의 이익을 포기하거나 시효를 원용하지 아니할 것 같은 태도를 보인 것이라고 평가할 수도 없고, 다른 손해배상청구권의 채권자들과 달리 원고에게 특별한 보호의 필요성이 있다거나 같은 처지의 다른 채권자들이 배상을 받았다는 사정도 보이지 아니하여 피고가 소멸시효 완성을 이유로 채무이행을 거절하는 것이 현저히 부당하거나 불공평하게 되는 경우에 해당한다고 볼 수도 없다 할 것이므로, 피고의 소멸시효 완성 주장이 신의칙에 반하는 권리남용으로서 또는 형평의 원칙상 허용될 수 없다고는 보이지 아니한다. 따라서 피고의 소멸시효 완성 주장이 신의칙상 또는 형평의 원칙상 허용될 수 없다는 이유로 이 사건 청구에 대한 소멸시효는 피고가 원고의 학도의용군 복무사실을 공식적으로 확인하여 준 1999. 3. 11.부터 진행한다고 봄이 상당하다고 한 원심의 판단에는 소멸시효 완성 주장의 신의칙 위반 여부에 대한 심리를 제대로 하지 아니하였거나 그에 관한 법리를 오해함으로써 판결 결과에 영향을 미친 위법이 있다고 할 것이다.

나. 이 사건 청구에 대한 소멸시효의 기산점에 관하여

나아가 원심의 판단 중, 이 사건 청구에 대한 소멸시효의 기산점은 원고의 전역일 1959. 8. 1.이 아닌 피고의 확인일 1999. 3. 11.이라고 보아야 하므로 2002. 12. 12. 소송이 제기된 이 사건 청구의 소멸시효가 완성하지 아니하였다고 본 부분도 아래와 같은 이유에서 수긍하기 어렵다. 불법행위에 기한 손해배상채권에 있어서 민법 제766조 제2항에 의한 소멸시효의 기산점이 되는 '불법행위를 한 날'이란 가해행위가 있었던 날이 아니라 현실적으로 손해의 결과가 발생한 날을 의미하지만(대법원 1979. 12. 26. 선고 77다1894, 1895 전원합의체 판결 참조), 그 손해의 결과발생이 현실적인 것으로 되었다면 그 소멸시효는 피해자가 손해의 결과발생을 알았거나 예상할 수 있는가 여부에 관계없이 가해행위로 인한 손해가 현실적인 것으로 되었다고 볼 수 있는 때로부터 진행한다고 할 것인바(대법원 1993. 7. 27. 선고 93다357 판결 참조), 이 사건에서는 피고가 상당한 기간 내에 원고에 대한 전역조치를 취하지 아니한 채 만기까지 복무시킴으로써 손해가 현실적으로 발생하였다고 할 것이지, 피고가 뒤늦게 참전사실확인서를 작성해 준 때에 비로소 손해의 발생이 현실화되었다고 할 수는 없을 것이다. 또한, 민법 제766조 제1항은 불법행위로 인한 손해배상청구권은 피해자가 '그 손해 및 가해자를 안 날'로부터 3년간 이를 행사하지 아니하면 시효로 인하여 소멸한다고 규정하고 있고, 기록에 의하면 피고는 원고의 손해배상청구권이 시효로 소멸하였다고 항변할 뿐 위 규정에 의한 3년 단기소멸시효의 완성 주장인지 앞서 본 같은 조 제2항에 의한 10년의 소멸시효의 완성 주장인지는 명백히 하고 있지 아니하므로 이를 3년의 단기소멸시효 완성 주장도 포함하는 취지로 볼 수 있을 것인바, 이 사건에서 원고는 늦어도 위 확인서를 받았을 때에는 당연히 피고의 불법행위의 존재, 그로 인한 손해의 현실적 발생과 그 인과관계 등을 모두 알았고, 손해배상청구에 있어서 증명의 어려움도 해결되었다고 볼 것이어서, 위 제1항에 정한 3년의 단기소멸시효 역시 원고가 위 확인서를 받은 1999. 3. 11.부터는 진행한다고 하여야 할 것인데, 이 사건 소는 그로부터 3년이 경과하였음이 역수상 명백한 2002. 12. 12.에야 제기되었으므로, 원심이 피고가 위 확인서를 작성해 준 날이 소멸시효의 기산점이 된다고 판단하였다면 바로 민법 제766조 제2항에 정한 10년의 소멸시효기간이 완성하지 아니하였다고 단정할 것이 아니라 같은 조 제1항에 정한 3년의 단기소멸시효가 완성되었는지, 시효중단의 사유가 있는지 여부에 대하여도 심리, 검토하였어야 할 것으로 보인다. 그러므로 위와 같은 점에서도 원심판결에는 소멸시효에 대한 법리를 오해하였거나 심리를 미진함으로써 판결에 영향을 미친 위법이 있다.

3. 결 론

따라서 원심판결을 파기하고, 사건을 다시 심리·판단하게 하기 위하여 원심법원으로 환송하기로 하여 관여 대법관의 일치된 의견으로 주문과 같이 판결한다.

제3절 손해배상의 방법

Ⅰ. 금전배상원칙의 적용

1. 금전배상의 원칙

민법 제394조에서 채무불이행의 경우 「손해배상의 방법」을 규정하고 있는데 불법행위에도 이를 준용하고 있다(제763조). 즉 우리 민법상 손해배상은 금전으로 하여야 하며 다만 법률에 특별규정(제764조)이 있거나 당사자의 다른 의사표시가 있는 때(제394조)에는 예외로 한다. 따라서 불법행위에 의한 손해배상의 방법으로 원상회복주의와 금전배상주의 중 금전배상주의가 우리 민법의 원칙인 셈이다. 그러므로 당사자 사이에 별다른 의사표시가 없고 법률에 특별한 규정도 없는 때에는 불법행위자에게 원상회복청구를 할 수 없다.[519] 이 금전배상주의는 재산적 손해의 경우뿐만 아니라 정신적 손해의 배상인 위자료청구의 경우에도 동일하게 적용된다.

2. 금전배상의 지급방법

(1) 금전배상의 지급방법으로는 일시금지급과 정기금지급의 두 가지가 있다. 민법은 손해배상의 지급방법으로 일시금지급을 원칙으로 한다. 그러나 타인의 신체나 자유 또는 명예를 해가거나 기타 정신상 고통을 가한 자의 위자료(정신상 손해)에 관하여 법원이 정기금채무로 지급할 것을 명할 수 있고, 그 이행을 확보하기 위하여 상당한 담보의 제공을 명할 수 있다(제751조 제2항)고 하여 예외를 인정한다.

---

519) **대판 1994. 3. 22, 92다52726 ; 대판 1997. 3. 28, 96다10638** "민법 제763조에 의하여 불법행위에 준용되는 민법 제394조가 금전배상의 원칙을 규정하고 있으므로, 법률에 다른 규정이 있거나 당사자가 다른 의사표시를 하는 등 특별한 사정이 없는 이상 불법행위자에 대하여 원상회복청구는 할 수 없다."

(2) 그러나 현실적으로 정기금지급이 필요한 것은 신체침해나 생명침해의 경우의 재산적 손해이고, 위자료(정신상 손해)는 피해자의 정신상 고통을 해소해주는 기능을 고려할 때 오히려 일시에 지급하는 것이 타당하다. 이러한 현실을 감안하여 우리 대법원은 정기금지급에 관하여 민법과 거리가 있는 판례를 형성하여 오고 있다. 즉 판례는 식물인간이 된 경우에 그 치료비에 대해서는, 그가 언제 사망할지 모르는 점에서 피해자가 치료비의 일시금 배상을 청구하더라도 정기금으로 치료비용을 배상할 것을 명할 수 있다고 한다.[520] 그리고 장래 일정시기마다 발생하는 이익을 상실하였다고 하여 손해배상을 청구하는 경우에 피해자는 정기금으로 지급할 것을 청구할 수도 있고 중간이자를 공제하고 일시금으로 지급할 것을 청구할 수도 있다.[521] 또한 향후 계속적으로 치료비 또는 개호비를 지출하여야 하는 손해를 입은 경우에도 같다.[522]위에서 본 것처럼 정기금배상을 명하느냐 일시

---

520) **대판 1995. 6. 9, 94다30515 ; 대판 1996. 8. 23, 96다21591** "불법행위로 입은 상해의 후유장애로 인하여 장래에 계속적으로 치료비나 개호비 등을 지출하여야 할 손해를 입은 피해자가 그 손해의 배상을 정기금에 의한 지급과 일시금에 의한 지급 중 어느 방식에 의하여 청구할 것인지는 원칙적으로 손해배상청구권자인 그 자신이 임의로 선택할 수 있는 것으로서, 다만 식물인간 등의 경우와 같이 그 후유장애의 계속기간이나 잔존여명이 단축된 정도 등을 확정하기 곤란하여 일시금 지급방식에 의한 손해의 배상이 사회정의와 형평의 이념에 비추어 현저하게 불합리한 결과를 초래할 우려가 있는 때에는 손해배상청구권자가 일시금에 의한 지급을 청구하였더라도 법원이 재량에 따라 정기금에 의한 지급을 명하는 판결을 할 수 있다." ; **대판 2002. 11. 26, 2001다72678** "전문 감정인의 감정 결과에 의하더라도 피해자의 기대여명의 예측이 불확실한 경우에는 법원으로서는 일실수입 손해와 향후 치료비 손해 등을 산정함에 있어서 피해자가 확실히 생존하고 있으리라고 인정되는 기간 동안의 손해는 일시금의 지급을 명하고 그 이후의 기간은 피해자의 생존을 조건으로 정기금의 지급을 명할 수밖에 없으므로 그와 같은 산정방식을 두고 법원의 재량의 범위를 넘어섰다고 할 수는 없다."

521) **대판 1968. 3. 5, 68다92 ; 대판 1988. 1. 12, 87다카2240** "장래일정기간에 걸쳐 일정시기마다 발생하는 일정한 이익을 상실하였다하여 손해배상을 청구하는 경우에 그 피해자는 위 이익의 발생시기마다 그 금원을 정기적으로 지급하라고 청구할 수도 있고 또 중간이자를 공제하고 그 이익의 현가를 일시에 청구할 수도 있다." ; **대판 1992. 1. 21, 91다36628** "불법행위로 입은 상해의 후 유장애로 장래 얻을 수 있는 수익을 상실하거나 향후 계속적으로 치료비 또는 개호비를 지출해야 하는 손해를 입은 경우 정기금 지급을 구할 것인가 일시금 지급을 구할 것인가는 당사자가 임의로 선택할 수 있는 것이며, 또 법원이 정기금 지급을 명할 것인가는 그 자유재량에 속한다."

522) **대판 1990. 11. 9, 90다카26102 ; 대판 1992. 1. 21, 91다36628** "불법행위로 입은 상해의 후 유장애로 장래 얻을 수 있는 수익을 상실하거나 향후 계속적으로 치료비 또는 개호비를 지출해야 하는 손해를 입은 경우 정기금 지급을 구할 것인가 일시금 지급을 구할 것인가는 당사자가 임의로 선택할 수 있는 것이며, 또 법원이 정기금 지급을 명할 것인가는 그 자유재량에 속한다." ; **대판 1994. 1. 25, 93다48526** "불법행위로 입은 상해의 후유장애로

금배상을 명하느냐는 법원의 자유재량에 속하며,[523] 피해자가 일시금을 청구하더라도 법원은 정기금지급을 명할 수 있다.[524]

인하여 장래에 계속적으로 치료비나 개호비 등을 지출하여야 할 손해를 입은 피해자가, 그 손해의 배상을 정기금에 의한 지급과 일시금에 의한 지급 중 어느 방식에 의하여 청구할 것인지는 원칙적으로 손해배상청구권자인 그 자신이 임의로 선택할 수 있는 것으로서 다만 식물인간 등의 경우와 같이 그 후유장애의 계속기간이나 잔존여명이 단축된 정도 등을 확정하기 곤란하여 일시금지급방식에 의한 손해의 배상이 사회정의와 형평의 이념에 비추어 현저하게 불합리한 결과를 초래할 우려가 있다고 인정될 때에는, 손해배상청구권자가 일시금에 의한 지급을 청구하였더라도 법원이 재량에 따라 정기금에 의한 지급을 명하는 판결을 할 수 있다."

523) **대판 1991. 1. 25, 90다카27587 ; 대판 1992. 1. 21, 91다36628 ; 대판 1992. 10. 27, 91다39368** "불법행위로 입은 상해의 후유장애로 장래 얻을 수 있는 수익을 상실하거나 향후 계속적으로 치료비나 보조용구비용 또는 개호비를 지출하여야 하는 손해를 입은 경우 그 손해배상의 청구는 정기금으로 지급할 것을 청구할 수도 있고, 중간이자를 공제하고 현가를 산정하여 일시금으로 지급할 것을 청구할 수도 있다 할 것이고, 이러한 경우 법원으로서도 그 판단에 따라 정기금 또는 일시금으로의 지급을 명할 수 있다 할 것이다." ; **대판 2002. 11. 26, 2001다72678** "전문 감정인의 감정 결과에 의하더라도 피해자의 기대여명의 예측이 불확실한 경우에는 법원으로서는 일실수입 손해와 향후 치료비 손해 등을 산정함에 있어서 피해자가 확실히 생존하고 있으리라고 인정되는 기간 동안의 손해는 일시금의 지급을 명하고 그 이후의 기간은 피해자의 생존을 조건으로 정기금의 지급을 명할 수밖에 없으므로 그와 같은 산정방식을 두고 법원의 재량의 범위를 넘어섰다고 할 수는 없다."

524) **대판 1994. 1. 25, 93다48526 ; 대판 1994. 1. 25, 93다51874** "불법행위로 입은 상해의 후유장애로 인하여 장래에 계속적으로 치료비나 개호비 등을 지출하여야 할 손해를 입은 피해자가, 그 손해의 배상을 정기금에 의한 지급과 일시금에 의한 지급 중 어느 방식에 의하여 청구할 것인지는 원칙적으로 손해배상청구권자인 그 자신이 임의로 선택할 수 있는 것으로서 다만 식물인간 등의 경우와 같이 그 후유장애의 계속기간이나 잔존여명이 단축된 정도 등을 확정하기 곤란하여 일시금지급방식에 의한 손해의 배상이 사회정의와 형평의 이념에 비추어 현저하게 불합리한 결과를 초래할 우려가 있다고 인정될 때에는, 손해배상청구권자가 일시금에 의한 지급을 청구하였더라도 법원이 재량에 따라 정기금에 의한 지급을 명하는 판결을 할 수 있다." ; **대판 1996. 8. 23, 96다21591** "불법행위로 입은 상해의 후유장애로 인하여 장래에 계속적으로 치료비나 개호비 등을 지출하여야 할 손해를 입은 피해자가 그 손해의 배상을 정기금에 의한 지급과 일시금에 의한 지급 중 어느 방식에 의하여 청구할 것인지는 원칙적으로 손해배상청구권자인 그 자신이 임의로 선택할 수 있는 것으로서, 다만 식물인간 등의 경우와 같이 그 후유장애의 계속기간이나 잔존여명이 단축된 정도 등을 확정하기 곤란하여 일시금 지급방식에 의한 손해의 배상이 사회정의와 형평의 이념에 비추어 현저하게 불합리한 결과를 초래할 우려가 있는 때에는 손해배상청구권자가 일시금에 의한 지급을 청구하였더라도 법원이 재량에 따라 정기금에 의한 지급을 명하는 판결을 할 수 있다." ; **대판 2002. 11. 26, 2001다72678** "전문 감정인의 감정 결과에 의하더라도 피해자의 기대여명의 예측이 불확실한 경우에는 법원으로서는 일실수입 손해와 향후 치료비 손해 등을 산정함에 있어서 피해자가 확실히 생존하고 있으리라고 인정되는 기간 동안의 손해는 일시금의 지급을 명하고 그 이후의 기간은 피해자의 생존을 조건으로 정기금의 지급을 명할 수밖에 없으므로 그와 같은 산정방식을 두고 법원의 재량의 범위를

(3) 그리고, 정기금의 지급을 명한 판결이 확정된 뒤에 그 액수산정의 기초가 된 사정이 현저하게 바뀜으로써 당사자 사이의 형평을 크게 침해할 특별한 사정이 생긴 때에는 그 판결의 당사자는 장차 지급할 정기금 액수를 바꾸어 달라는 소를 제기할 수 있다.[525)]

[금전배상의 지급방법에 관한 판례]

① 대판 1995. 6. 9, 94다30515

1. 상고이유 제1점에 대하여
기록에 의하여 원심이 취사한 증거관계를 검토하면, 이 사건 사고의 경위에 관한 원심의 사실인정은 정당한 것으로 수긍이 가고, 원심판결에 소론과 같이 심리를 제대로 하지 아니한 채 채증법칙을 위반하여 사실을 잘못 인정한 위법이 있다고 볼 수 없고, 사실관계가 원심이 확정한 바와 같다면 원심판결에 과실상계에 관한 법리를 오해하여 피해자의 과실을 과다하게 참작한 위법이 있다고 볼 수 없다. 논지가 내세우는 당원의 판결들은 이 사건과 사안을 달리하는 사건에 관한 것이어서 이 사건에 원용하기에 적절한 것이 아니다. 논지는 이유가 없다.

2. 상고이유 제2점에 대하여
불법행위로 입은 상해의 후유장애로 인하여 장래에 계속적으로 치료비나 개호비 등을 지출하여야 할 손해를 입은 피해자가 그 손해의 배상을 정기금에 의한 지급과 일시금에 의한 지급 중 어느 방식에 의하여 청구할 것인지는 원칙적으로 손해배상청구권자인 그 자신이 임의로 선택할 수 있는 것으로서 다만 식물인간 등의 경우와 같이 그 후유장애의 계속기간이나 잔존여명이 단축된 정도 등을 확정하기 곤란하여 일시금 지급방식에 의한 손해의 배상이 사회정의와 형평의 이념에 비추어 현저하게 불합리한 결과를 초래할 우려가 있다고 인정될 때에는, 손해배상청구권자가 일시금에 의한 지급을 청구하였더라도 법원이 재량에 따라 정기금에 의한 지급을 명하는 판결을 할 수 있다고 보아야 할 것이다(당원 1994. 1. 25. 선고 93다51874 판결 참조). 원심판결 이유에 의하면, 원심은, 원고가 이 사건 교통사고로 인하여 향후치료비와 향후개호비를 지출하게 됨으로써 입은

넘어섰다고 할 수는 없다. 특히, 여명 예측이 불확실하다고 보아 피해자가 확실히 생존하고 있으리라고 인정되는 기간을 기준으로 일시금과 정기금을 혼용하여 일실수입 손해의 지급을 명함에 있어서는 피해자가 확실히 생존하고 있으리라고 인정되는 기간 동안의 일실수입은 중간이자를 공제한 일시금으로, 그 기간 이후 가동연한까지의 일실수입은 생계비를 공제한 금액에서 중간이자를 공제한 일시금으로, 그 기간 이후 가동연한까지의 일실수입 중 생계비 상당의 손해는 피해자의 생존을 조건으로 매월 정기금으로 배상할 것을 명하여야 한다."

525) 민사소송법 제252조 제1항, 제10373호 2010. 7. 23.

손해에 대하여 일시금에 의한 배상을 청구하고 있지만, 원고는 이 사건 교통사고로 입은 중증뇌좌상과 그 후유증인 우측 완전반신마비, 언어불능 등으로 가동능력을 전부 상실하여 정상인에 비하여 10년 정도 그 여명이 단축될 것으로 일응 예상되는데, 현재의 의료기술 수준이나 통계자료만으로는 원고의 정확한 생존가능기간을 예측하기 곤란하다고 인정됨에 비추어 볼 때 위 향후치료비 및 향후개호비 손해는 원고의 생존을 조건으로 정기금으로 지급함이 상당하다는 이유로 위 각 손해의 배상을 정기금채무로 지급할 것을 명하였다. 그러나 관계증거와 기록에 의하면, 원고는 이 사건 교통사고로 입은 상해의 후유장애로 인하여 잔존여명이 10년 정도 단축된 것으로 인정되고, 기록을 검토하여 보아도 원고의 향후치료비와 향후개호비 손해에 대하여 일시금 지급방식에 의한 배상을 명하는 것이 사회정의와 형평의 이념에 비추어 현저하게 불합리한 결과를 초래할 우려가 있다고는 인정되지 아니하는바 그렇다면 원심으로서는 원고가 이 사건 교통사고로 입은 상해의 후유장애로 인하여 잔존여명이 단축된 정도를 10년으로 확정한 다음 원고가 청구하는 바에 따라 위 각 손해에 대하여도 일시금 지급방식에 의한 배상을 명하였어야 할 것이다. 그럼에도 불구하고, 원심은 그 판시와 같은 이유로 위 향후치료비 및 향후개호비 손해에 대하여 정기금지급방식에 의한 배상을 명하였으니, 원심판결에는 손해배상에 관한 법리를 오해하였거나 채증법칙을 위반한 위법이 있다 할 것이고, 이와 같은 위법은 판결에 영향을 미친 것임이 명백하므로 이 점을 지적하는 논지는 이유가 있다.

3. 상고이유 제3점에 대하여
원심판결 이유를 기록과 대조하여 검토하여 보면, 원심이 원고에게 성인여자 1인의 개호인이 필요하다고 인정한 것은 정당한 것으로 수긍이 가고, 원심판결에 소론과 같이 심리를 제대로 하지 아니한 채 채증법칙을 위반하여 사실을 잘못 인정한 위법이 있다고 볼 수 없으므로 논지는 이유가 없다.

4. 그러므로 원심판결 중 정기금으로 지급할 것을 명한 부분을 파기하고 이 부분에 관하여 다시 심리판단하게 하기 위하여 사건을 원심법원에 환송하고, 원고의 나머지 상고를 기각하며, 상고가 기각된 부분에 관한 상고비용은 패소자의 부담으로 하기로 관여 법관의 의견이 일치되어 주문과 같이 판결한다.

② 대판 1994. 1. 25, 93다51874

1. 제1점에 대하여
원심은, 원고의 이 사건 교통사고로 인한 두개골골절 등의 후유장애로 인하여 체위변경 및 이동, 착탈의, 대소변 처리 등 일상생활을 유지하는데 1일 성인여자 1인의 개호인이 필요하다고 인정하고 있는바, 원심이 원고에게 성인여자 1인의 개호가 인정된다고 함에 있어 거친 증거의 취사과정을 기록에 의하여 살펴보아도 정당하고 거기에 소론과 같은 채증법칙위반이나 법리오해의 위법이 없으므로 논지는 이유 없다.

2. 제2점에 대하여

불법행위로 입은 상해의 후유장애로 인하여 장래에 계속적으로 치료비나 개호비 등을 지출하여야 할 손해를 입은 피해자가, 그 손해의 배상을 정기금에 의한 지급과 일시금에 의한 지급 중 어느 방식에 의하여 청구할 것인지는 원칙적으로 손해배상청구권자인 그 자신이 임의로 선택할 수 있는 것으로서(당원 1991. 1. 25. 선고 90다카27587 판결; 1992. 1. 21. 선고 91다36628 판결 등 참조), 다만 식물인간 등의 경우와 같이 그 후유장애의 계속기간이나 잔존여명이 단축된 정도 등을 확정하기 곤란하여 일시금지급방식에 의한 손해의 배상이 사회정의와 형평의 이념에 비추어 현저하게 불합리한 결과를 초래할 우려가 있다고 인정될 때에는, 손해배상청구권자가 일시금에 의한 지급을 청구하였더라도 법원이 재량에 따라 정기금에 의한 지급을 명하는 판결을 할 수 있다고 보아야 할 것이다(당원 1994. 1. 25. 선고 93다48526 판결 참조). 원심은, 원고가 이 사건 교통사고로 인하여 두개골성형술비용 등 향후치료비, 향후개호비 등의 손해에 대하여 일시금에 의한 배상을 청구하고 있으나, 원고는 이 사건 교통사고로 입은 상해의 후유증으로 기동능력을 전부 상실하여 정상인에 비하여 그 여명이 3, 4년 정도 단축될 것으로 예상되나, 그 여명이 불확정적인 상태임을 고려할 때 위 손해에 대하여는 정기금 내지는 위 상태의 호전을 보아 지급함이 상당하다는 이유로, 위 손해의 배상을 정기금채무로 지급할 것을 명하였다. 그러나 제1심의 충북대학교 병원장에 대한 감정촉탁결과와 원심의 충남대학교병원장에 대한 감정촉탁결과에 의하면, 원고의 잔존여명이 3년 내지 5년정도 단축될 것으로 추정되며, 그 이상 단축되었음을 인정할 만한 증거를 달리 기록에서 찾아볼 수도 없으므로, 결국 원고는 이 사건 교통사고로 입은 상해의 후유장애로 인하여 잔존여명이 3년 내지 5년 정도 단축된 것으로 볼 수밖에 없는바, 관계증거와 기록에 의하여 인정되는 원고의 기대여명, 생활조건, 원고가 입은 상해의 부위와 그 후유장애의 정도, 정기금으로 지급될 경우 원고의 과실비율을 고려하면 기왕의 치료비 지급에도 부족한 점 등 여러 가지 사정으로 미루어 보면, 원고가 일시금에 의한 지급을 고집스럽게 주장하고 있는 만큼, 원심으로서는 위와 같은 증거에 의하여 원고가 이 사건 교통사고로 입은 상해의 후유장애로 인하여 잔존여명이 단축된 정도를 확정한 다음, 원고가 청구하는 바에 따라 위 손해에 대하여도 일시금에 의한 배상을 명하였어야 할 것이다.

원심이 그 판시와 같은 이유로 위 손해에 대하여 원고가 일시금에 의한 배상을 청구하였음에도 불구하고 정기금에 의한 배상을 명한 것은 손해배상에 관한 법리를 오해하였거나 채증법칙을 위반한 위법이 있다고 하지 아니할 수 없으므로, 이 점을 지적하는 논지는 이유가 있다.

3. 그러므로 원심판결 중 정기금채무로 지급할 것을 명한 부분을 파기하고 이 부분에 관하여 다시 심리 판단하게 하기 위하여 사건을 원심법원에 환송하는 한편, 원고의 나머지 상고를 기각하고 상고가 기각된 부분에 관한 상고비용은 패소자인 원고의 부담으로 하기로 관여 법관의 의견이 일치되어 주문과 같이 판결한다.

③ **대판 2002. 11. 26, 2001다72678**

1. 기대여명의 예측 및 일시금·정기금 혼용배상에 관하여
상해의 후유증이 평균여명에 어떠한 영향을 미쳐 얼마나 단축될 것인가는 후유증의 구체적 내용에 따라 의학적 견지에서 개별적으로 판단하여야 할 것인바, 신체감정촉탁에 의한 여명감정 결과는 의학적 판단에 속하는 것으로서 특별한 사정이 없는 한 그에 관한 감정인의 판단은 존중되어야 하되(대법원 1990. 11. 9. 선고 90다카26102 판결, 1992. 11. 27. 선고 92다26673 판결, 1995. 2. 28. 선고 94다31334 판결, 1996. 8. 23. 선고 96다21591 판결 등 참조), 이러한 전문 감정인의 감정 결과에 의하더라도 피해자의 기대여명의 예측이 불확실한 경우에는 법원으로서는 일실수입 손해와 향후 치료비 손해 등을 산정함에 있어서 피해자가 확실히 생존하고 있으리라고 인정되는 기간 동안의 손해는 일시금의 지급을 명하고 그 이후의 기간은 피해자의 생존을 조건으로 정기금의 지급을 명할 수밖에 없으므로 그와 같은 산정방식을 두고 법원의 재량의 범위를 넘어섰다고 할 수는 없으며(대법원 1992. 11. 27. 선고 92다26673 판결, 1994. 3. 25. 선고 93다43644 판결, 2000. 7. 28. 선고 2000다11317 판결 등 참조), 특히 여명 예측이 불확실하다고 보아 피해자가 확실히 생존하고 있으리라고 인정되는 기간을 기준으로 일시금과 정기금을 혼용하여 일실수입 손해의 지급을 명함에 있어서는 피해자가 확실히 생존하고 있으리라고 인정되는 기간 동안의 일실수입은 중간이자를 공제한 일시금으로, 그 기간 이후 가동연한까지의 일실수입은 생계비를 공제한 금액에서 중간이자를 공제한 일시금으로, 그 기간 이후 가동연한까지의 일실수입 중 생계비 상당의 손해는 피해자의 생존을 조건으로 매월 정기금으로 배상할 것을 명하여야 할 것이다(대법원 2000. 7. 28. 선고 2000다11317 판결 참조). 원심판결 이유 및 기록을 통하여 알 수 있는 원고의 여명에 관한 신체감정촉탁 결과 등 제반 전문적인 내용의 증거들에 의하면, 원래 원고와 같은 또래 남자의 기대여명은 이 사건 사고 당시를 기준으로 할 때 34.17년인데 이 사건 사고로 인하여 원고의 여명단축은 20~30% 정도가 예상된다고 하고, 원고는 이 사건 사고로 인한 만성 신부전증 때문에 혈액투석 또는 신장이식술을 필요로 하게 되었는데 신장이식술을 하지 않은 채 혈액투석만을 하는 경우 전체 투석환자의 1년 생존율은 91.3%, 3년 생존율은 82.5%, 5년 생존율은 76.6%로 예측하는 견해 또는 10년 생존율은 62.9%이고, 50% 정도가 생존하는 기간은 약 14년 정도라는 견해 등이 있고, 신장이식을 한 경우에는 환자 및 이식신의 생존율은 각각 1년 86%/84%, 3년 85%/84%, 5년 83%/78%, 7년 81%/70%이라는 보고와 1년 91%/87%, 5년 77%/66%이라는 보고 등이 나와 있으며, 한편 신장이식술을 받을 수 있는 가능성에 대하여 매년 투석환자 1,000명당 신장이식비율은 1990. 135명에서 1998. 57명으로 감소하여 신장이식의 증가율이 투석환자의 증가율에 미치지 못하고 있음을 알 수 있다. 따라서 이상과 같은 원고의 잔존여명에 관한 자료에서 알 수 있는 바와 같이, 이러한 전문 감정인의 감정 결과 등에 의하더라도 원고의 잔존여명에 영향을 미치는 원고에 대한 신장이식의 가능성이나 현대의학의 발달정도 등 장래 불확실한 요인들이 아직 많이 남아 있는 관계로 현재로서는 원고의 기대여명을 정확하게 예측해 내기란 어렵다고 여겨지므로, 이 사건의 경우 일단 원고가 확실히 생존할 수 있다고

인정되는 적절한 시점을 기준으로 일실수입에 관한 정기금·일시금의 혼용배상을 명하는 것이 사회정의와 형평의 이념에 비추어 타당하다고 할 것이고, 나아가 원심판결을 기록을 통하여 살펴보면, 원심이 위 법리에 따라 제반 사정을 참작하여 원고가 원심 변론종결일로부터 약 1년 정도가 경과한 2002. 8. 14.경에는 신장이식술을 받을 수 있을 것이고, 그 후로 적어도 약 7년간은 확실히 생존할 수 있다고 인정한 것은 사실심의 합당한 재량의 범위 내의 것으로서 확실시되는 생존기간을 과도하게 길게 인정한 것은 아니라고 보이므로 수긍할 수 있고, 따라서 신장이식술 후 7년이 되는 2009. 8. 13.까지의 일실수입 손해는 일시금으로, 그 기간 이후 가동연한까지는 일실수입에서 생계비를 공제한 손해는 일시금으로, 생계비 손해는 정기금으로 배상할 것을 명한 원심판결에 주장과 같은 채증법칙 위반 또는 심리미진, 법리오해 등의 위법이 있다고 할 수 없다.

2. 향후치료비에 관하여
원심판결 이유에 의하면, 원심은 향후치료비 중 이식신에 관한 향후치료비는 정기금 배상을 명한 반면, 혈액투석과 신장이식술 시행 등과 관련된 각 비뇨기과 만성 신부전 부분, 비뇨기과 발기부전 부분, 재활의학과 부분(원고의 우측 경골 골절부위에 삽입된 금속정과 나사못의 제거술 등), 성형외과 부분(반흔성형술), 일반외과 부분에 관한 향후치료비는 앞서 본 바와 같이 원고가 확실히 생존해 있을 기간 중에 그와 같은 치료비가 소요될 것이라는 전제에서 일시금 배상을 명하였는바, 원심판결을 기록에 비추어 살펴보면, 원심의 위와 같은 사실인정과 판단은 수긍할 수 있고, 거기에 주장과 같은 채증법칙 위반 또는 심리미진, 법리오해 등의 위법이 있다고 할 수 없다.

3. 원고의 과실에 관하여
원심판결 이유에 의하면, 원심은 원고에게도 안전띠를 착용하지 아니하는 등 이 사건 사고 발생에 과실이 있으므로 피고의 책임이 제한되어야 한다는 피고의 주장에 대하여 원고가 사고운전자 소외인의 중앙선 침범과 같은 비정상적인 운행을 미리 예상하였거나 예상할 수 있었음을 인정할 증거가 없을 뿐만 아니라, 원고가 안전띠를 착용하지 않았음을 인정할 증거 역시 없다는 이유로 피고의 위 주장을 배척하였다.
원심판결을 기록에 비추어 살펴보면, 원심의 위와 같은 사실인정과 판단은 옳다고 여겨지고, 거기에 주장과 같은 채증법칙 위반 또는 심리미진, 법리오해 등의 위법이 있다고 할 수 없다.

4. 결 론
그러므로 상고를 기각하고, 상고비용은 패소자의 부담으로 하기로 하여 관여 법관의 일치된 의견으로 주문과 같이 판결한다.

Ⅱ. 원상회복원칙의 적용

1. 원상회복의 일반

민법은 금전배상원칙의 예외로서 원상회복이 인정되는 경우를 다음의 두 가지로 정하고 있다. 첫째, 당사자가 다른 의사표시를 한 때이다(제394조). 따라서 원상회복의 방법으로 배상할 것을 당사자가 합의한 때에는 그 방법에 따라야 한다. 둘째, 법률에 특별히 규정을 한 때이다. 민법은 명예훼손에 있어서 피해자의 청구에 의하여 법원이 손해배상에 갈음하거나 손해배상과 함께 '명예회복에 적당한 처분"을 명할 수 있다고 규정한다(제764조). 그리고 이와 유사한 규정은 특별법에도 있다. 즉 광업법 제77조는 광업으로 인한 손해에 관해 원칙적으로 금전배상으로 하고 다만 배상금액에 비하여 과다한 비용을 들이지 않고 원상을 회복할 수 있는 경우에는 피해자는 원상회복을 청구할 수 있는 것으로 규정하고 있다. 그 이외에 부정경쟁 방지 및 영업비밀 보호에 관한 법률 제6조, 특허법 제131조, 실용신안법 제30조, 디자인보호법 제66조, 저작권법 제127조 등의 규정이 있다.

명예훼손의 경우를 좀 더 설명하기로 한다.

2. 명예훼손

(1) 의 의

명예라 함은 사람의 품성, 덕행, 신용 등 세상으로부터 받는 객관적인 평가를 말하고, 명예를 훼손한다는 것은 그 사회적 평가를 침해하는 것을 말한다.[526] 민

526) **대판 1997. 10. 24, 96다17851** "민법 제764조에서 말하는 명예라 함은 사람의 품성, 덕행, 명예, 신용 등 세상으로부터 받는 객관적인 평가를 말하는 것이고 특히 법인의 경우에는 그 사회적 명예, 신용을 가리키는 데 다름없는 것으로 명예를 훼손한다는 것은 그 사회적 평가를 침해하는 것을 말하고 이와 같은 법인의 명예가 훼손된 경우에 그 법인은 상대방에 대하여 불법행위로 인한 손해배상과 함께 명예 회복에 적당한 처분을 청구할 수 있고, 종중과 같이 소송상 당사자능력이 있는 비법인사단 역시 마찬가지이다."; **대판 2005. 1. 17, 2003마1477** "명예는 생명, 신체와 함께 매우 중대한 보호법익이고 인격권으로서의 명예권은 물권의 경우와 마찬가지로 배타성을 가지는 권리라고 할 것이므로 사람의 품성, 덕행, 명성, 신용 등의 인격적 가치에 관하여 사회로부터 받는 객관적인 평가인 명예를 위법하게 침해당한 자는 손해배상 또는 명예회복을 위한 처분을 구할 수 있는 이외에 인격권으로서 명예권에 기초하여 가해자에 대하여 현재 이루어지고 있는 침해행위를 배제하거나 장래에 생길 침해를 예방하기 위하여 침해행위의 금지를 구할 수도 있다."

법은 “타인의 명예를 해하는 때에는 재산 이외의 손해에 대하여도, 즉 정신상 손해도 배상할 책임이 있다”(제751조 참조)고 하며, 제764조에서는 금전배상의 원칙에 대한 특칙으로서 명예회복에 적당한 처분을 명할 수 있다고 한다.

(2) 요 건

명예훼손은 헌법상 보장된 두 개의 법익, 즉 「표현의 자유」와 「개인의 명예의 보호」가 충돌할 때 문제가 되며(헌법 제21조 제4항 참조), 명예훼손의 성립 여부에 대한 판단은 구체적인 사안에 따라 위 양 법익의 가치를 비교형량하여 결정하여야 한다.[527] 명예훼손이 성립하기 위해서는 ① 「공연함」(어느 특정 개인이 아니라 불특정 다수인에게 알리는 것)이 필요하고, ② 어느 특정 개인의 명예와 관련되는 「사실을 적시」하여야 하며, ③ 위법성조각사유가 없어야 한다.

[명예훼손의 요건에 관한 판례]

① 대판 2009. 2. 26, 2008다27769(피해자의 특정정도)

1. 피해자의 특정에 관한 상고이유에 대하여
명예훼손에 의한 불법행위가 성립하려면 피해자가 특정되어 있어야 하지만, 그 특정을 할 때 반드시 사람의 성명이나 단체의 명칭을 명시해야만 하는 것은 아니고, 사람의 성명을 명시하지 않거나 두문자(두문자)나 이니셜만 사용한 경우라도 그 표현의 내용을 주위 사정과 종합하여 볼 때 그 표시가 피해자를 지목하는 것을 알아차릴 수 있을 정도이면 피해자가 특정되었다고 할 것이다(대법원 2002. 5. 10. 선고 2000다50213 판결 등 참조).
원심은 그 채택증거에 의하여 판시와 같은 사실을 인정한 다음, 제1심판결의 별지 1, 2, 3 기재 각 기사(이하 “이 사건 각 기사”라 한다)에서 “A 변호사”, “B 사무장” 등으로 익명처리를 하고 있기는 하나, 그들의 직업이 특정되어 있고, A 변호사에 고용되어 있던 B 사무장의 나이 및 그가 민사사무장으로 근무한 시기 등을 적시해 놓고 있어 변호사업

527) **대판 1998. 7. 14, 96다17257** “민주주의 국가에서는 여론의 자유로운 형성과 전달에 의하여 다수의견을 집약시켜 민주적 정치질서를 생성·유지시켜 나가는 것이므로 표현의 자유, 특히 공익사항에 대한 표현의 자유는 중요한 헌법상의 권리로서 최대한 보장을 받아야 하지만, 그에 못지않게 개인의 명예나 사생활의 자유와 비밀 등 사적 법익도 보호되어야 할 것이므로, 인격권으로서의 개인의 명예의 보호와 표현의 자유의 보장이라는 두 법익이 충돌하였을 때 그 조정을 어떻게 할 것인지는 구체적인 경우에 사회적인 여러 가지 이익을 비교하여 표현의 자유로 얻어지는 이익, 가치와 인격권의 보호에 의하여 달성되는 가치를 형량하여 그 규제의 폭과 방법을 정하여야 한다.”

계 종사자나 그 주변 사람들이 "A 변호사"가 원고를 가리키는 것으로 쉽게 알아차릴 수 있었다고 봄이 상당하여 피해자가 특정되었다고 판단하였다.

위 법리 및 기록에 비추어 살펴보면, 원심의 위와 같은 판단은 정당하고, 거기에 상고이유에서 주장하는 바와 같은 채증법칙 위반, 명예훼손에 있어서 피해자의 특정에 관한 법리오해 등의 위법이 없다.

2. 위법성조각사유에 관한 상고이유에 대하여

가. 언론을 통해 사실을 적시함으로써 타인의 명예를 훼손하는 행위를 한 경우에도 그것이 공공의 이해에 관한 사항으로서 그 목적이 오로지 공공의 이익을 위한 것인 때에는 진실한 사실이라는 것이 증명되면 그 행위에 위법성이 없고, 또한 그 진실성이 증명되지 아니하더라도 행위자가 그것을 진실이라고 믿을 만한 상당한 이유가 있는 경우에는 위법성이 없다고 보아야 한다. 그리고 그 표현 내용이 진실이라고 믿을 만한 상당한 이유가 있는지의 여부는 적시된 사실의 내용, 진실이라고 믿게 된 근거나 자료의 확실성과 신빙성, 사실 확인의 용이성, 피해자의 피해 정도 등 여러 사정을 종합하여 행위자가 적시 내용의 진위 여부를 확인하기 위하여 적절하고도 충분한 조사를 다하였는가, 그 진실성이 객관적이고도 합리적인 자료나 근거에 의하여 뒷받침되는가 하는 점에 비추어 판단하여야 한다.

나. 원심은 판시와 같은 이유로 이 사건 기사는 그 내용이 진실하다는 증명이 없다고 판단하고, 나아가 피고들이 소외인의 고발내용 자체가 진실이라는 점을 확인하기 위하여 객관적인 자료를 확인하는 등의 충분한 취재활동을 하였다고 인정할 증거가 없는 점, 위 고발내용의 보도가 원고의 명예나 신용에 미치는 영향이 심각하다는 점, 그 보도가 추가적인 사실 확인 없이 속보를 요할 만큼 시급한 것은 아니라는 점 등을 종합하여, 피고들이 이 사건의 주된 내용을 이루는 소외인의 고발내용이 진실이라고 믿을 만한 상당한 이유가 있었다고 보기 어렵다고 판단하고, 이 사건 기사의 보도행위는 그 위법성이 조각된다는 취지의 피고들의 주장을 배척하였다.

다. 앞서 본 법리에 비추어 기록을 살펴보면, 제1심판결의 별지 3 기재 기사(2006. 3. 30.자)에 의한 불법행위에 관하여는 원심의 판단이 정당한 것으로 수긍이 간다. 따라서 이 부분 원심판결에 상고이유에서 주장하는 바와 같은 채증법칙 위반, 명예훼손에 있어서의 위법성조각사유에 관한 법리오해 등의 위법이 있다고 할 수 없다.

라. 그러나 위 기사에 앞서 작성된 제1심판결의 별지 1, 2 기재 각 기사(2006. 3. 14.자 및 2006. 3. 15.자)에 의한 명예훼손에 관하여는 원심의 판단을 수긍하기 어렵다. 기록에 의하면, 위 별지 1, 2 기재 각 기사의 내용은 소외인이 원고에 대하여 제기한 형사고발 및 민사소송의 내용, 그로 인한 검찰의 수사 착수의 경위와 그 진행상황 등 사건의 객관적 경과를 보도한 것으로서 별지 3 기재와 같은 추측에 의한 보도가 포함되어 있지 않으며, 원심이 인정한 바에 의하더라도 그 객관적 경과 자체는 모두 진실한 사실임을 알 수 있다. 또한 원심 판시와 같이 변호사 사무실의 직원이 그 변호사가 업무수행과 관련하여 불법행위를 저질렀다고 수사기관에 고발하였다는 내용

등은 변호사업의 공공적 특성 및 수임비리에 따른 폐해를 척결할 필요성 등에 비추어 위 별지 1, 2 기재 각 기사는 공공의 이익에 관한 것을 다루고 있다고 보아야 한다. 이와 같이 공공의 이익에 대한 사항과 관련하여 제3자의 형사고발로 시작된 수사 등 절차의 그 외적인 경과만을 객관적으로 보도하는 경우에는, 기사의 제목이나 보도의 방식이나 표현 등을 종합적으로 고려하여 고발된 내용 자체가 진실이라는 인상을 통상의 독자들에게 준다거나 고발 자체를 저급한 흥미에 영합하는 방식으로 취급하여 고발 상대방의 인격적 이익을 도외시하거나 고발의 내용이 합리적인 사람이 볼 때 진실인지를 쉽사리 의심하게 하는 것인 등의 특별한 사정이 없는 한, 보도를 하는 측에서 고발의 구체적인 내용에까지 들어가 그것이 진실인지 여부를 확인할 의무가 있다고 할 수 없다. 그러한 특별한 사정이 엿보이지 않는 이 사건에서, 위 별지 1, 2 기재 각 기사에 관하여는 그것이 공공의 이해에 관한 사항으로서 그 목적이 오로지 공공의 이익을 위한 것이고, 그것이 진실한 사실이라는 것이 증명되었으므로 위 각 기사의 보도행위에는 위법성이 없다고 할 것이다. 또한 앞서 본 바와 같이 위 별지 3 기재 기사에 의한 불법행위에서 위법성이 조각되지 않는다는 이유로 그에 앞서 보도된 일련의 관련 기사라는 이유만으로 독립적으로 행하여진 별지 1, 2 기재 각 기사의 보도에 위법성을 인정할 수 없다. 그렇다면 원심판결 중 제1심판결 별지 1, 2 기재 각 기사에 의한 불법행위 부분은 원심이 명예훼손에 있어서의 위법성조각사유에 관한 법리오해 내지 채증법칙 위반으로 판결에 영향을 미친 위법이 있다. 그런데 원심은 이 사건 각 기사 전부를 불법행위로 인정하여 그 전체에 관하여 위자료를 산정함으로써 별지 3 기재 기사에 의한 불법행위의 손해배상 인용액을 특정할 수 없으므로, 이를 포함하여 원심판결 중 피고들 패소부분 전부를 파기할 수밖에 없다.

3. 결 론

그러므로 원심판결 중 피고들 패소부분을 파기하고 이 부분 사건을 다시 심리·판단하게 하기 위하여 원심법원에 환송하기로 하여, 관여 대법관의 일치된 의견으로 주문과 같이 판결한다.

② **대판 1999. 2. 9, 98다31356**(의견 또는 논평)

1. 상고이유 제1점에 대하여

가. 원심의 사실인정과 판단

원심판결 이유에 의하면, 원심은 피고가 언론회사로서 일간신문을 발간하면서 1993. 7. 13.자 신문 제19면(사회면) 왼쪽 상단에 '벗기기 위험 수위 … 연극 이대로 좋은가'라는 제목 아래 "어린이들 출연 변태 성희 '충격'"이라는 대제목과 '내달 공연 「0.917」 논란'이라는 소제목과 함께 기사 중간에 "중년 남녀와 「관계」 섬뜩 … 술·담배도 연출가 '군부의 국민유린묘사' 주장"이라는 소제목을 삽입하여 원심판결문 첨부 별지 제1 기재와 같은 내용의 기사(이하 이 사건 제1기사라고 한다)와 같은 달 16.자 같은 신문 같은 면 하단의 '여울목'이라는 난에 '연극 0.917 공연취소'라는 제목과 '성논란 …

아역부모 자녀출연거부로'라는 소제목 아래 원심판결문 첨부 별지 제2 기재와 같은 내용의 기사(이하 이 사건 제2기사라고 한다)를 게재한 사실을 인정하고, 이 사건 제1, 제2 기사들(이하 이 사건 기사들이라고 한다)의 내용에 의하면 이 사건 기사들은 원고가 발표한 '0.917'이라는 희곡(이하 이 사건 희곡이라고 한다)과 소외 1이 원고의 공연승낙을 받고 이 사건 희곡을 기초로 하여 1993. 8. 1.부터 같은 달 14.까지 한국문화예술진흥원 문예회관에서 공연할 계획이었던 '0.917'이라는 연극(이하 이 사건 연극이라고 한다)이 남녀 어린이와 중년 남·여성 사이의 변태적 성행위를 묘사함으로써 벗기기 연극으로 관객을 끌려고 하는 천박한 상업주의의 외설작품이라는 데에 주안점을 둔 보도로서 이 사건 희곡의 작가인 원고의 이름까지 보도함으로써 작가인 원고의 사회적 평가를 저하시켜 원고의 명예를 훼손하였다고 판단하였다.

나아가 원심은 위법성 조각 사유가 있는가 하는 점과 관련하여 판시 증거들을 종합하여 다음과 같은 사실을 인정하였다.

(1) 이 사건 희곡은 3개의 이야기가 옴니버스 스타일로 구성되어 있고, 그 줄거리는 원심판결문 첨부 별지 제3 기재와 같다. 이 사건 희곡은 부조리연극의 일종이고, 그 작품 제목인 '0.917'은 얼음의 비중 수치를 나타내는 것으로서 물속에 잠겨 눈으로는 볼 수 없는 빙산의 대부분을 뜻한다. 이 사건 희곡은 평론가들에 의하여 성(성)에 관한 주제를 통하여 비현실적인 사건을 등장시켜 일상적 삶 속의 환상세계를 자각하게 하고, 현실적인 삶에 대하여 상징적이고 암시적인 일깨움을 주어 '없음(무)'에서 '있음(유)'을 발견해 낼 수 있는 강한 힘을 가지고 있어서 동화가 가져다주는 환상적 세계로의 접근을 가능하게 한다는 평을 듣고 있다. 원고는 1984. 대한민국문학상을 수상한 것을 비롯하여 1976.부터 발표한 작품마다 작품상을 받아 온 순수예술계열의 작가로 인정되고 있다.

(2) 이 사건 희곡에서 작가인 원고가 표현하고자 한 작품의 의도는 어린이들로 상징되는 어린 백성 즉 우민(우민)은 실제로는 결코 어리석지 아니하고, 거대한 권력에 의하여 침묵을 강요당하고 있으나 어느 누구보다도 강렬하게 자유와 정의를 갈구하는 민중이라는 것을 상징화하여 제1막에 해당하는 〈하나〉에서는 어린이로 상징화된 우민들이 무지하게 보이지만 알 것은 다 알고 있음을 나타내어 '숨겨진 앎에 대한 공포'를 표현하고 있고, 제2막에 해당하는 〈둘〉에서는 소년이 힘으로 여인을 기어오게 만듦으로써 '숨겨진 힘에 대한 공포'를 표현하고 있으며, 제3막에 해당하는 〈셋〉에서는 억눌려 있는 우민이 성인으로 상징화된 부도덕한 권력에 눌려 한탄하면서 민주화의 때를 기다리는 것을 표현하려고 한 것이다.

(3) 이 사건 희곡은 소외 1의 연출로 1981. 1. 공간사랑에서 연극으로 초연되었고, 1984. 3.부터 1985. 3.까지 문예회관 소극장, 대전카톨릭문화회관 등에서 약 500회 이상 공연되어 평론가들은 물론 관객들로부터도 좋은 평을 받았다.

(4) 이 사건 취재기자인 소외 2는 이 사건 기사를 작성하기 위하여 취재하면서 연출가인 소외 1을 만나 인터뷰를 하고, 연극평론가인 소외 김미도에게 전화로 이 사건 연극에

대한 평을 부탁하였으며 그 외에 극단에서 배포한 보도자료, 이 사건 연극 초연 당시 배포하였던 공연선전물 등의 자료를 참고하였을 뿐 이 사건 희곡을 전부 읽어보거나 10여 년 전에 공연된 연극을 직접 관람한 적은 없었으며, 초연 당시의 연극평도 찾아보지 아니하였다.

(5) 소외 2는 이 사건 희곡이 순수문학예술전문지인 월간 '문학사상' 1981. 4.호에 발표된 이래 연극화되어 공연윤리위원회의 대본심의를 거쳐서 1985.까지 약 500회 이상 공연된 작품이고, 1984. 대한민국문학상 수상작품이라는 것도 모르는 상태에서 이 사건 보도기사를 작성하였다.

(6) 소외 2는 연극담당기자로 옮긴지 얼마 되지 아니하여 이 사건 기사 작성 당시 부조리극이 어떠한 내용의 연극인지 그 개념을 정확히 알지 못하였고, 부조리극 계열의 연극을 본 적이 없었다.

원심은 나아가 이 사건 희곡 중에는 〈하나〉에서 7세 소녀가 나이답지 않게 대담하고 저돌적으로 30대 중반의 남자를 유혹하면서 비에 젖은 옷을 벗겨 달라고 하고, 스스로 옷을 벗어 갈기갈기 찢은 다음 자신의 몸에 상처를 낸 뒤 그 남자로 하여금 상처부위를 입으로 닦도록 요구하는 장면과 〈둘〉에서 30대 중년 여성이 장난기로 7세 소년에게 키스를 가르쳐 주려 하고, 7세 소년이 역시 나이답지 않게 대담하고 저돌적으로 그 여자의 가슴을 만지고 벌거벗은 자신의 몸에 술을 부은 다음 그 여자로 하여금 기어오도록 명령하는 장면(이 사건 제1기사는 소년이 자신의 알몸에 위스키를 끼얹어 중년 여자로 하여금 핥게 만드는 것으로 표현되어 있으나, 이 사건 희곡에는 없는 내용이다)이 성적으로 가장 선정적인 표현이라고 할 수 있고, 판시 증거들에 의하면 이 사건 연극의 연출가인 소외 1은 1984년 공연 당시 공연선전물을 통하여 '단내 나는 아이들에 의해 침몰하는 성인의 밤' 또는 '밤마다 자극을 찾아 헤매는 무서운 아이들의 이야기', '욕망의 전화번호 영점구일칠' 등의 자극적인 표현을 사용하여 일반인들에게 이 사건 연극이 선정적인 연극인 것으로 선전하려는 의도가 있었음은 인정되나, 이 사건 희곡의 위와 같은 표현이 이 사건 기사들과 같은 어린이와 중년 남·여성 사이의 변태적 성행위를 직접적으로 표현하거나 직접적으로 이른바 벗기기 연극을 연상하게 하는 장면을 표현한다고는 볼 수 없는 반면 위 (1) 내지 (6)에서 인정한 사실들에 비추어 보면 소외 2는 취재기자로서 충분한 조사를 하여 나름대로의 진실 확인 작업을 하거나 합리적인 자료나 근거에 의하여 보도기사를 작성하였다고 인정하기에 부족하고, 오히려 어린아이와 중년의 어른들 사이에서 전개되는 성적인 이야기라는 것에 터 잡아 을 제1호증의 보도자료와 을 제2호증의 1 내지 8의 이 사건 연극 연습장면을 찍은 사진들 및 을 제3호증의 1, 2의 각 공연선전물 만을 보고 성을 소재로 한 이 사건 희곡이나 연극에 7세 내지 10세 전후의 어린이가 출연하는 것 자체가 비도덕적이라는 주관적인 판단 아래 이 사건 희곡이 전체적으로 변태적이고 선정적인 음란한 작품이라고 속단하여 과장보도하는 기사를 작성한 것으로서 이 사건 기사들은 전체적으로 허위의 내용을 담고 있으며, 나아가 피고나 취재기자인 전정희가 그 내용이 진실하다고 믿었다고 할지라도 그렇게 믿은 데에 상당한 이유가 있다고 볼 수 없기 때문에 피고가 이 사건 기사를 보도한 행위에 위법성이 없다고 볼 수 없다고 판단하였다.

나. 의견 또는 논평에 의한 명예훼손과 그 경우의 위법성 조각 사유

사실을 적시하는 표현행위로 인한 명예훼손의 불법행위에 있어서는 그 행위가 공공의 이해에 관한 사항에 관계되고, 그 목적이 오로지 공익을 도모하기 위한 것일 때에는 적시된 사실이 진실이라는 증명이 있거나 적시된 사실이 진실이라는 증명이 없더라도 표현행위를 한 사람이 적시된 사실이 진실이라고 믿을 만한 상당한 이유가 있는 경우에는 위법성이 없다 할 것이다(대법원 1998. 7. 14. 선고 96다17257 판결, 1998. 5. 8. 선고 97다34563 판결, 1988. 10. 11. 선고 85다카29 판결 등 참조). 그런데 민사상 타인에 대한 명예훼손 즉 사람의 품성, 덕행, 명성, 신용 등의 인격적 가치에 관하여 사회로부터 받는 객관적인 평가를 저하시키는 것은 사실을 적시하는 표현행위 뿐만 아니라 의견 또는 논평을 표명하는 표현행위에 의하여도 성립할 수 있을 것인바, 어떤 사실을 기초로 하여 의견 또는 논평을 표명함으로써 타인의 명예를 훼손하는 경우에는 그 행위가 공공의 이해에 관한 사항에 관계되고, 그 목적이 공익을 도모하기 위한 것일 때에는 그와 같은 의견 또는 논평의 전제가 되는 사실이 중요한 부분에 있어서 진실이라는 증명이 있거나 그 전제가 되는 사실이 중요한 부분에 있어서 진실이라는 증명이 없더라도 표현행위를 한 사람이 그 전제가 되는 사실이 중요한 부분에 있어서 진실이라고 믿을 만한 상당한 이유가 있는 경우에는 위법성이 없다고 보아야 할 것이다. 이와 같이 의견 또는 논평을 표명하는 표현행위로 인한 명예훼손에 있어서는 그 의견 또는 논평 자체가 진실인가 혹은 객관적으로 정당한 것인가 하는 것은 위법성 판단의 기준이 될 수 없고, 그 의견 또는 논평의 전제가 되는 사실이 중요한 부분에 있어서 진실이라는 증명이 있는가, 혹은 그러한 증명이 없다면 표현행위를 한 사람이 그 전제가 되는 사실이 중요한 부분에 있어서 진실이라고 믿을 만한 상당한 이유가 있는가 하는 것이 위법성 판단의 기준이 되는 것이므로, 어떠한 표현행위가 명예훼손과 관련하여 문제가 되는 경우 그 표현이 사실을 적시하는 것인가 아니면 의견 또는 논평을 표명하는 것인가, 또 의견 또는 논평을 표명하는 것이라면 그와 동시에 묵시적으로라도 그 전제가 되는 사실을 적시하고 있는 것인가 그렇지 아니한가를 구별할 필요가 있다.

그런데 신문 등 언론매체가 특정인에 대한 기사를 게재한 경우 그 기사가 특정인의 명예를 훼손하는 내용인지 여부는 당해 기사의 객관적인 내용과 아울러 일반의 독자가 보통의 주의로 기사를 접하는 방법을 전제로 기사에 사용된 어휘의 통상적인 의미, 기사의 전체적인 흐름, 문구의 연결 방법 등을 기준으로 하여 판단하여야 할 것(대법원 1997. 10. 28. 선고 96다38032 판결 참조)인데, 이는 앞에서 본 사실 적시와 의견 또는 논평 표명의 구별, 의견 또는 논평 표명의 경우에 전제되는 사실을 적시하고 있는 것인지 여부의 판별에 있어서도 타당한 기준이 될 것이고, 아울러 사실 적시와 의견 또는 논평 표명의 구별, 의견 또는 논평 표명의 경우에 전제되는 사실을 적시하

고 있는 것인지 여부의 판별에 있어서는 당해 기사가 게재된 보다 넓은 문맥이나 배경이 되는 사회적 흐름 등도 함께 고려하여야 할 것이다. 즉, 신문기사 가운데 그로 인한 명예훼손의 불법행위책임 인정 여부가 문제로 된 부분에 대하여 거기서 사용된 어휘만을 통상의 의미에 좇아 이해하는 경우에는 그것이 증거에 의하여 그 진위를 결정하는 것이 가능한 타인에 관한 특정의 사항을 주장하고 있는 것이라고 바로 해석되지 아니하는 경우라도 당해 부분 전후의 문맥과 기사가 게재될 당시에 일반의 독자가 가지고 있는 지식 내지 경험 등을 고려하여 볼 때에 그 부분이 간접적으로 증거에 의하여 그 진위를 결정하는 것이 가능한 타인에 관한 특정의 사항을 주장하는 것이라고 이해된다면 그 부분은 사실을 적시하는 것으로 보아야 할 것이고, 이를 묵시적으로 주장하는 것이라고 이해된다면 의견 또는 논평의 표명과 함께 그 전제되는 사실을 적시하는 것으로 보아야 할 것이다.

다. 이 사건 기사들의 위법성에 대한 대법원의 판단

(1) 이 사건 기사들 중 원심이 명예훼손책임을 물은 부분

앞서 본 원심판결의 사실인정과 판단을 보면 이 사건 기사들 중 원심이 명예훼손책임을 물은 부분은 이 사건 기사들 중 다음 각 부분(원심이 붙인 번호를 그대로 붙이고 이하 번호만으로 해당 부분을 특정한다)과 관련되어 있는 것으로 보인다.

이 사건 제1기사 중 원심이 판시한 대제목과 소제목 전부. ① 「불의 가면」과 같은 벗기기 연극에 관객이 몰리고 있는 가운데 이번에는 10세 전후의 소년소녀가 성적 학대를 당하는 연극이 1일부터 문예회관 소극장 무대에 올려질 예정이어서 큰 충격을 던지고 있다. ② 지난 10일부터 연습에 들어간 문제작은 「0.917」(원고작·소외 1 연출). 아역배우 소외 3(전곡국교 4년) 등 5명이 출연, 중년 남·여성과의 변태적 성행위를 하는 등의 파격성을 보여주고 있다. ③ 극중 7세의 남녀 어린이는 키스를 가르쳐 주려던 30대 주부의 성적 학대 의도를 앞질러 스스로 전라가 돼 자신의 몸에 위스키를 끼얹고 오히려 핥게 만들거나 숙직하는 중년남성에게 접근 『강제추행당했다고 신고하겠다』고 협박해 상처난 자신의 몸을 탐하게 하는 섬뜩함을 보여준다. 또 『숙직할 때면 으레 한 번쯤 여자 생각하게 마련 아녜요』, 『나는 사랑도 할 줄 알아요』, 『저한테 유혹을 느끼지 않으세요』라며 스스럼없이 옷을 벗고 술과 담배를 즐긴다.의 각 부분.

이 사건 제2기사 중 7세 전후의 소년소녀와 중년 남·여성의 변태 성행위를 통해 독재권력의 폭압을 다루려던 연극 「0.917」(원고작·소외 1연출)이 드센 비난 여론에다 아역 배우의 부모가 자녀의 출연을 거부함으로써 공연 자체가 취소됐다.의 부분.

(2) 대법원의 판단

우선 이 사건 제1기사 중 ③의 내용은 문맥상 연극의 내용을 그대로 설명하고 있는 것이어서 사실의 적시라고 볼 수 있고, 이 사건 희곡(갑 제6호증의 2)의 대사 또는 지문과 대체로 일치하고 있어서 대체로 그 적시된 사실이 진실하다는 증명이 있다고 할 수 있다. 이 사건 희곡의 〈둘〉에는 소년이 포도주를 자신의 몸에 끼얹고

30대 여성으로 하여금 이를 먹으라는 것으로 되어 있어서 ③의 내용 중 소년이 위스키를 끼얹었다는 것은 엄밀한 의미에서 진실은 아니지만, 전체적인 문맥에서 이 사건 희곡의 내용상 소년이 알몸이 되어 자신의 몸에 술을 끼얹었다는 것이 중요한 것이지 술의 종류가 중요한 것은 아니라고 볼 수 있으므로 그 차이를 가지고 ③의 내용 중 중요한 부분이 허위라고 볼 것은 아니라고 생각된다. 다만 ③의 내용 중 '성적 학대 의도'라는 부분은 ③에 별도로 적시되어 있는 '30대 주부가 소년에게 키스를 가르쳐 주려고 하는 것'을 전제사실로 하여 그에 대한 평가를 한 것인지, 아니면 이 사건 희곡 중에는 '30대 주부가 소년에게 키스를 가르쳐 주려고 하는 것' 이외에도 30대 주부가 예정하고 있는 별도의 '성적 학대'가 있다는 것인지 애매하다. 이와 같이 애매한 점은 이 사건 제1기사 중 ①에 나오는 '성적 학대'에 관하여도 마찬가지라고 할 수 있다. 만약 ①과 ③의 '성적 학대'라는 부분이 ③에 별도로 적시되어 있는 '30대 주부가 소년에게 키스를 가르쳐 주려고 하는 것'을 전제사실로 하여 그에 대한 평가를 한 것이라고 본다면 그 부분에 대하여는 진실 증명을 요구할 수 없을 것이지만, ①과 ③의 '성적 학대'라는 부분을 그 어느 쪽으로 읽는다 하더라도 '성적 학대'라는 표현은 뒤에서 보는 이 사건 제1기사 중 ②와 이 사건 제2기사의 '성행위'라는 표현 부분과 관련하여 독자들이 가지게 되는 그릇된 인상을 강화하는 역할을 할 것으로 보인다. 또한 ③ 중 '자신의 몸을 탐하게'라는 부분 역시 그 자체로는 증거에 의하여 진위를 증명할 수 있는 것인지 애매하지만, 이 사건 희곡 중 〈하나〉의 내용은 소녀의 홀연한 출현과 당돌한 언동에 숙직을 하고 있던 30대 남성이 당혹감을 감추지 못하고 소녀에게 집으로 돌아갈 것을 권하다가 소녀의 강요에 이를 거절할 방법을 찾지 못하여 마지못해 소녀의 몸에 난 상처를 핥는다는 것이어서 역시 뒤에서 보는 이 사건 제1기사 중 ②와 이 사건 제2기사의 '성행위'라는 표현 부분과 관련하여 독자들이 가지게 되는 그릇된 인상을 강화하는 역할을 할 것으로 보인다. 이 사건 제1기사 중 ②와 이 사건 제2기사의 '성행위'라는 표현 및 이 사건 제1기사 중 소제목의 「관계」라는 표현은 그 전체적인 문맥으로 볼 때에 이 사건 희곡에 7세 남녀 어린이와 중년 남녀 사이의 성행위가 묘사되어 있다는 사실을 적시하고 있다. 그런데 사전적인 의미에서 '성행위'라는 단어는 성적으로 관계하는 행위를 의미하고, '관계'라는 단어는 남녀 사이의 정교라는 뜻도 가지고 있으며, 일반인들이 '성행위' 또는 ② 중의 '성행위를 한다'라는 표현에서 연상하는 것은 남녀간의 성교이지 자신이나 다른 사람의 몸을 핥는 등 이 사건 희곡에 묘사되어 있는 것과 같은 성교에 이르지 아니한 성적인 행위는 아니기 때문에 위 각 표현은 이 사건 희곡이 7세 남녀 어린이와 중년 남녀 사이의 성교 행위를 묘사하였다는 사실을 적시하고 있는 것으로 볼 수 있다. 이 사건 기사들의 위 각 '성행위'라는 표현 앞에는 '변태적' 또는 '변태'라는 수식어가 붙어 있으나 그와 같은 수식어가 붙어 있다 하여 적시된 사실의 의미 내용이 달라진다고 볼 수 없다. 그러나 이 사건 희곡의 내용에 의하면 〈하나〉에서는 소녀의 요구에 따라 남자가 마지못해 소녀의 상처를 입으로 핥다가 소녀가 남자의 목을 끌어안자 질겁하여 이를 뿌리치고 소녀의 뺨을 때리고, 그래도 소녀가 계속 달라붙자 소녀의 목을 누르는 장면이 나오고 이어 장면이 바뀌어 남자의 아내가 등장하고, 소녀는 환영(환영)처럼 사라진 것으로 되어 있어서 위와 같은 의미에서의 성행위 장면은 없고, 〈둘〉에서는 소년이 알몸을 드러내고 여자에게 무릎을 꿇고 기어 올 것을 명령하고, 소년이 가슴팍에 술을 부은 후 여자에게 한 방울도 남기지 말고 술을 먹을 것을 명령하고 여자는 그 과정에서 당황한 나머지 계속 "어... 어... 어..."라는 대사만 한 후 조명이 암전(암전. fade out)하여 〈둘〉이 끝나는 것으로 되어 있어서 역시 위와 같은 의미에서의 성행위 장면은 없다. 따라서 이 사건 제1기사 중 ②와 이 사건 제2기사의 '성행위'라는 표현 및 이 사건 제1기사 중 소제목의 「관계」라는 표현은 그 적시된 사실이 진실이라는 증명이 없다. 다음으로 이 사건 제1기사의 제목 중 '벗기기'라는 표현은 사회통념상 연극 또는 영화 등에 있어서 관객의 저속한 성적 호기심을 유발시키기 위하여 주제 표현과는 관계없이 필요 이상으로 출연자의 신체를 노출시키는 것을 의미하는 것으로 볼 수 있는바, 이 역시 그 자체로는 이 사건 제1 기사에 적시된 다른 사실들을 전제로 하여 그와 같은 희곡의 내용을 벗기기로 평가한 것으로 볼 소지도 있고, 반대로 이 사건 희곡에는 이 사건 제1기사에 별도로 적시된 사실 이외에도 관객의 저속한 성적 호기심을 유발시키기 위하여 출연자의 신체를 노출시키는 부분이 있음을 암시함으로써 그와 같은 별도의 전제사실을 적시하는 것으로 볼 소지도 있다. 그런데 이 사건 제1기사의 내용에 '아역 배우들이 출연하여 중년 남녀성과 변태적 성행위를 하는'이라는 부분이 있고, 이 사건 기사가 문예비평란에 희곡 또는 연극에 대한 비평으로 게재된 것이 아니고, 사회면에 '벗기기 연극'이 위험 수위에 달하였다고 하면서 이 사건 연극을 그와 같은 벗기기 연극의 하나로 비판하는 직접적인 사실보도 형식으로 기사로 실린 점, 아직 여성 또는 남성으로서의 2차 성징이 발현되기에는 너무 어린 나이인 7세의 남녀 어린이가 이 사건 제1기사 ③에 적시되어 있는 것처럼 상반신을 벗거나(여자 어린이의 경우) 혹은 알몸이 된다(남자 어린이의 경우). 하더라도 일반인의 경우 그것을 보고 성적 호기심이 유발된다고 보기는 어려울 것이라는 점 등에 비추어 보면 일반적인 독자들은 위 '벗기기'라는 표현을 후자로 받아들일 개연성이 상당히 크다고 생각된다. 그러나 이 사건 희곡에는 7세의 남녀 어린이가 상반신을 벗거나(여자 어린이의 경우) 혹은 알몸이 되는 것(남자 어린이의 경우) 이외에 성인 남녀가 옷을 벗는 장면은 일체 없다. 이와 같이 볼 때에 '벗기기'라는 표현을 위 후자로 받아들인다면 이는 그 전제된 사실이 진실이라는 증명이 없는 경우에 해당한다. 또한 위 표현을 위 전자와 같이 본다 하더라도 그 전제가 되어 있는 사실 중 '성행위'라는 사실이 진실한 것이라는 증명이 없는 경우에 해당한다.

결국 원심은 앞서 본 법리와는 달리 이 사건 기사들의 문제가 되는 부분이 사실을 적시한 것인지, 아니면 의견 또는 논평을 표명한 것인지 여부, 또 의견 또는 논평을 표명한 것이라면 그와 동시에 전제되는 사실을 적시한 것인지 여부 등에 관하여 잘 따져 보지 아니하고 종합적으로 이 사건 기사들은 이 사건 희곡이 남녀 어린이와 중년 남·여성 사이의 변태적 성행위를 묘사함으로써 벗기기 연극으로 관객을 끌려고 하는 천박한 상업주의의 외설작품이라는 데에 주안점을 둔 보도라고 판단하고, 나아가 그와 같은 보도는 그 적시된 사실이 진실이라는 증명이 없다는 취지로 판단한 것이기는 하나, 앞서 본 법리에 따라 따져 보더라도 이 사건 기사들은 사실 적시 부분에서 적시한 사실과 의견 또는 논평으로 볼 수 있는 부분에서 그 전제로서 적시한 사실들이 그 중요한 부분에 있어서 진실이라는 증명이 있다고 할 수 없으므로 원심의 위와 같은 판단은 이를 수긍할 수 있다. 더 나아가 이 사건 기사들이 사실 적시 부분에서 적시한 사실과 의견 또는 논평의 표명으로 볼 수 있는 부분에서 그 전제로서 적시한 사실들이 그 중요한 부분에 있어서 진실이라고 믿을 상당한 이유가 있는가 하는 점에 관하여 기록과 대조하여 살펴 보건대, 원심이 그 판시 증거를 종합하여 위 가.의 (1) 내지 (6) 기재 사실을 인정한 것은 모두 옳고, 그 사실들과 특히 소외 2가 이 사건 희곡을 단 한 번도 통독하지 아니한 채 이 사건 기사들을 작성한 이상 그와 같은 상당한 이유가 있다고 할 수도 없다.

결국 이 사건 기사들과 관련하여 피고에 대하여 명예훼손으로 인한 손해배상책임을 인정한 원심의 판단은 정당하고, 여기에 논하는 바와 같은 평론 및 사실보도에 대한 법리오해, 채증법칙 위반 또는 심리미진 등의 위법이 있다고 할 수 없다. 논지는 이유가 없다.

2. 상고이유 제2점에 대하여

원심판결 이유에 의하면, 원심은 이 사건 기사들의 내용과 취재 경위, 허위기사 부분이 기사 전체의 내용에 미치는 영향, 이 사건 기사들의 게재·반포행위로 인하여 원고가 입은 피해 정도, 특히 문단에 등단한 후 대한민국 문학상 희곡부문 수상경력까지 있는 중견희곡작가로서의 원고의 명성에 오점을 남긴 점, 원고의 연령 및 가족관계 및 기타 이 사건 변론에 나타난 여러 사정들을 참작하여 피고가 원고에게 지급할 위자료의 수액을 그 판시와 같은 금액으로 결정하였는바, 기록에 의하여 살펴보면 원심의 위와 같은 조치는 정당하고, 여기에 논하는 바와 같은 채증법칙 위반 또는 심리미진으로 인하여 다액의 위자료를 인정한 위법이 있다고 할 수 없다. 논지도 이유가 없다.

3. 그러므로 상고를 기각하고 상고비용은 패소자의 부담으로 하기로 하여 관여 법관의 일치된 의견으로 주문과 같이 판결한다.

③ **대판 2000. 7. 28, 99다6203**(풍자만화 등으로 인한 명예훼손여부)

1. 민법상 불법행위가 되는 명예훼손이란 사람의 품성, 덕행, 명성, 신용 등 인격적 가치에 대하여 사회로부터 받는 객관적인 평가를 침해하는 행위를 말하고, 그와 같은 객관적인 평가를 침해하는 것인 이상, 의견 또는 논평을 표명하는 표현행위에 의하여도 성립할 수 있다(대법원 1988. 6. 14. 선고 87다카1450 판결, 1997. 10. 28. 선고 96다38032 판결, 1999. 2. 9. 선고 98다31356 판결 등 참조). 다만 단순한 의견 개진만으로는 상대방의 사회적 평가가 저해된다고 할 수 없으므로, 의견 또는 논평의 표명이 사실의 적시를

전제로 하지 않은 순수한 의견 또는 논평일 경우에는 명예훼손으로 인한 손해배상책임은 성립되지 아니하나, 한편 여기에서 말하는 사실의 적시란 반드시 사실을 직접적으로 표현한 경우에 한정할 것은 아니고, 간접적이고 우회적인 표현에 의하더라도 그 표현의 전 취지에 비추어 그와 같은 사실의 존재를 암시하고, 또 이로써 특정인의 사회적 가치 내지 평가가 침해될 가능성이 있을 정도의 구체성이 있으면 족하다(대법원 1991. 5. 14. 선고 91도420 판결 참조).

2. 원심은 제1심판결 이유를 인용하여 다음과 같은 요지로 인정·판단하였다.

가. 사실관계

피고 주식회사 경향신문사는 피고 김상택이 기고한 만평으로서, ① 1997. 12. 20.자 경향신문 제1면의 '경향만평란'(지면 크기 약 10㎝×10.5㎝)에, 출입문에 '미국여행사'라고 표시된 여행사 사무실 안에 '전 경제수석', '강경식', '전 한은총재'로 표시된 세 사람이 여행용 가방을 들고 서서 그 중 '전 경제수석'으로 표시된 사람이 오른 손가락 3개를 들어 보이며 항공권을 주문하고 있고, '이사철', '정형근', '재'라고 표시된 세 사람이 여행사 문 밖에서 "우리도 가자"라고 말하는 장면과 여행사 사무실 벽에 설치된 텔레비전 화면에 한 사람이 오른 손을 들고 "경제 망친 ×들 사그리…"라고 말하고 있으며, 여행사 직원들이 항공권을 주문하는 세 사람을 쳐다보거나 손가락으로 가리키며 웃는 장면 및 컴퓨터 단말기 모니터에 'LA 3장'이라는 자막이 나와 있는 장면을 담고 있는 제1심판결 별지 제1만평을, ② 1998. 1. 21.자 같은 신문 제1면 같은 난에, 공항의 출국장 한 쪽 구석에 '윤', '이×식', '김인×', '강경×', '강'으로 표시된 다섯 사람이 모여 서서 "'어른'은 살릴 거야. 퍼뜩 튀자"고 말하고 있고, 출국심사대에 앉아 있는 경찰관과 그 앞에 줄 서 있는 사람들이 그 다섯 사람이 있는 쪽을 쳐다보고 있으며, 출국심사대가 놓인 벽면에 '출국금지 박지만 마약복용'이라고 표시된 출국금지 포스터가 부착되어 있고, 출국심사대 옆으로 보이는 공항 활주로에 미국 항공기가 착륙해 있는 장면이 담긴 제1심판결 별지 제2만평을 각 게재하였다.

나. 원고의 주장

원고가 해외로 도피하려는 의도를 가지거나 해외 도피를 계획 또는 모의한 적이 전혀 없음에도, 피고들이 이 사건 각 만평을 통하여 원고 등이 외환위기에 대한 처벌을 면하기 위하여 해외로 도피하려 하고 있거나 도피를 모의하고 있다는 내용의 허위사실을 각 적시함으로써 명예를 훼손하였다.

다. 판 단

언론보도에 의한 명예훼손이 성립하기 위하여는 특정인의 사회적 평가를 저하시킬 만한 구체적인 사실의 적시가 있어야 하고, 구체적인 사실의 적시에는 사실을 직접 표현하는 경우뿐만 아니라 간접적이고 우회적인 표현을 사용하여 그와 같은 사실의 존재를 암시함으로써 독자들로 하여금 그 사실의 존재를 인식할 수 있게 하는 경우도 포함된다. 그러한 구체적인 사실의 적시 없이 단지 특정 인물이나 사건에 관하여 비평하거나 견해를 표명한 것에 불과할 때에는 명예훼손이 되지 않고, 나아가 이 사건과 같이 한 두 컷(Cut)의 그림과 이에 관한 압축된 설명 문구를 통해 인물 또는 사건을 희화적(희화적)으로 묘사하거나 풍자(풍자)하는 만평(만평) 또는 풍자만화(Cartoon)의 경우에는 인물 또는 사건 풍자의 소재가 되는 구체적인 사실관계를 직접 적시하지 아니하고 이에 풍자적 외피(외피)를 씌우거나 다른 사실관계에 빗대어 은유적(은유적)으로 표현하는 기법을 사용하는 만큼, 그 만평을 통하여 어떠한 사상(사상)이 적시 또는 표현되었는가를 판단하는 데에는 이와 같은 풍자적 외피 또는 은유를 제거한 다음, 작가가 그 만평을 게재한 동기, 그 만평에 사용된 풍자나 은유의 기법, 그 만평을 읽는 독자들의 지식 정도와 정보 수준, 그리고 그 만평의 소재가 된 객관적 상황이나 사실관계를 종합하여 그 만평이 독자들에게 어떠한 인상을 부여하는가를 기준으로 삼아야 한다.

이 사건 각 만평의 경우에도 원고 등 3인 또는 5인이 항공권을 구입하거나 해외 도피를 의논하고 있는 장면은 그 자체가 표현의 목적 또는 대상이라기보다는 어떤 사상을 희화적으로 묘사하기 위하여 사용된 풍자적 외피 또는 은유에 지나지 않는 만큼, 이 사건 각 만평이 원고 등이 해외 도피를 계획하거나 모의하고 있다는 사실 자체를 표현하고 있는 것이라고는 볼 수 없다. 나아가, 이 사건 각 만평이 게재된 시점을 전후하여 원고 등이 실제로 해외 도피를 계획 또는 모의한 적이 없고, 그와 관련된 소문이나 언론보도도 없어서 이 사건 각 만평을 기고한 피고 김상택이나 독자들로 하여금 원고 등이 해외로 도피하려 하고 있다는 생각을 가지게 할 만한 사정이 전혀 없었던 점, 그 무렵 우리나라의 경제위기를 둘러싸고 전개된 여론 및 정치권의 동향과 그와 관련된 언론보도의 내용 및 이 사건 각 만평과 같은 정치만평을 읽는 독자들의 지식 정도와 정보 수준, 그 밖에 원고를 비롯하여 이 사건 각 만평에 등장한 인물들의 과거 경력이나 행적 등 변론에 나타난 사정들을 종합하면, 이 사건 각 만평은 원고 등이 경제위기의 책임자로 지목되면서 이들에 대한 검찰수사와 감사원 특감이 거론되는 한편, 새로 출범할 정부가 경제위기의 원인 규명과 책임자 처벌에 대하여 강한 의지를 피력하고 있어, 원고 등이 경제위기와 관련된 책임 추궁이나 처벌을 면하기 어려운 절박한 상황에 처해 있음을 공항 출국장을 빌려 희화적으로 묘사한 것이거나, 원고 등이 그와 같은 절박한 상황에 처해 있는 만큼 해외로 도피할 가능성이 없지 않음을 암시함과 아울러 이들에 대한 출국금지조치가 필요하다는 견해를 우회하여 표현한 것일 뿐, 원고 등이 해외로 도피할 의사를 가지고 있다거나 해외 도피를 계획 또는 모의하고 있다는 사실을 암시하고, 이를 대하는 독자들 또한 그와 같은 판단을 하거나 그러한 인상을 받았으리라고는 보기 어려우며, 달리 이 사건 각 만평이 원고의 명예를 훼손할 만한 구체적인 사실을 적시하였다고 볼 만한 증거가 없다.

3. 의견이나 논평 또는 만평의 형식에 의한 명예훼손의 성립에 관한 법리와 기록에 비추어 살펴보면, 원심의 사실인정과 판단은 정당한 것으로 수긍이 가고, 거기에 상고이유에서 주장하는 바와 같이 사실을 은폐, 왜곡하는 등 사실인정을 그르치거나, 명예훼손의 법리를 오해한 위법이 있다고 할 수 없다.

상고이유는 받아들일 수 없다.

그러므로 상고를 기각하고, 상고비용은 패소자의 부담으로 하기로 하여 관여 법관의 일치된 의견으로 주문과 같이 판결한다.

④ **대판 1996. 6. 28, 96다12696**(법인에 대한 명예훼손이 불법행위를 구성하는지 여부)

1. 원고들의 상고이유에 대하여

법인의 목적사업 수행에 영향을 미칠 정도로 법인의 사회적 명성, 신용을 훼손하여 법인의 사회적 평가가 침해된 경우에는 그 법인에 대하여 불법행위를 구성한다고 할 것이다(대법원 1965. 11. 30. 선고 65다1707 판결, 1988. 6. 14. 선고 87다카1450 판결 등 참조). 원심판결 이유에 의하면, 원심은 거시 증거에 의하여, 소외 주식회사(이하 '소외 회사'라 한다)의 대표이사인 소외 인에게 기망당하여 판시 1차 상가 중 1, 3, 4층 부분의 이 사건 상가건물을 분양받은 수분양자들은 피고로부터 그 계약의 효력을 인정받지 못하고 위 소외인마저 분양대금을 횡령한 채 잠적하여 버리자, 피고가 위와 같은 불법 분양을 방치하였다는 사유를 내세워 피고를 상대로 숱한 민원을 제기하는 한편 보전처분과 본안소송을 제기하여 현재 계속 중에 있는 등 위 소외인의 위와 같은 행위로 말미암아 피고 회사의 신용도나 명예가 심히 실추됨으로써 그 사업수행에 지장을 초래한 사실을 인정하고, 피고가 지금까지 쌓아온 명성이나 신용을 회복하려면 오랜 시간과 노력을 요하는 사실은 경험칙상 인정된다고 한 다음, 위 소외 회사는 그 대표이사인 위 소외인의 위와 같은 행위로 인하여 피고의 명예가 실추됨으로 인한 손해를 배상할 의무가 있다고 할 것인바, 그 손해배상액은 피고 회사의 규모와 국내 건설업계에서 차지하는 비중, 위 소외 회사의 무단 분양경위, 현재의 무단 분양 상가에 관한 분쟁의 진행 상태 등 이 사건 변론에 나타난 여러 사정을 참작하여 이를 금 30,000,000원으로 평가함이 상당하다고 판단하였다. 기록과 위에서 본 법리에 비추어 보면, 원심의 위 인정 판단은 모두 수긍이 가고, 거기에 소론과 같이 채증법칙에 위배하여 합리적 근거 없이 사실을 인정한 위법이나 인과관계 및 손해액 산정에 관한 법리를 오해한 위법이 있다고 할 수 없다. 논지는 모두 이유 없다.

2. 피고의 상고이유에 대하여

가. 불법행위에 있어서 과실상계는 공평 내지 신의칙의 견지에서 손해배상액을 정함에 있어 피해자의 과실을 참작하는 것으로 그 적용에 있어서는 가해자와 피해자의 고의 과실의 정도, 위법행위의 발생 및 손해의 확대에 관하여 어느 정도의 원인이 되어 있는가 등의 제반 사정을 고려하여 배상액의 범위를 정하는 것이며(대법원 1992. 2. 14. 선고 91다4249 판결, 1995. 9. 15. 선고 94다61120 판결 등 참조), 그 과실상계 사유에 관한 사실인정이나 그 비율을 정하는 것은 그것이 형평의 원칙에 비추어 현저히 불합리하다고 인정되지 않는 한 사실심의 전권사항에 속한다 할 것이다(대법원 1995. 7. 25. 선고 95다17267 판결, 1996. 1. 23. 선고 95다24340 판결 등 참조).

원심은, 위 소외 회사가 피고 소유의 이 사건 상가건물을 무단 분양하여 수분양자들로 하여금 입주하여 점유 사용케 하는 과정에서 피고 회사가 위 소외 회사가 마치 그 분양권이 있는 것처럼 오인케 할 소지를 만들었고, 위 소외 회사가 위 상가건물 1층에 분양사무실을 차리고 있었으므로 조금만 주의를 기울였더라면 위 소외 회사의 무단 분양행위를 사전에 막을 수 있었을 것임에도 이를 방치함으로써 그 손해가 확대된 사실을 인정할 수 있어 피고의 과실이 인정된다고 한 다음, 이와 같은 피고의 과실은 위 소외 회사의 피고에 대한 판시 손해배상액을 정함에 있어 참작함이 마땅하되, 그 비율은 현재의 상태에 이르게 된 경우, 피고 회사 및 위 소외 회사의 규모 등 이 사건 변론에 나타난 제반 사정을 참작하면 전체의 50% 정도로 봄이 상당하다고 판단하였다.

기록에 비추어 살펴보면, 원심의 위 인정 판단은 모두 수긍이 가고, 원심은 피고 회사와 위 소외 회사 사이에서 발생한 사유를 기초로 과실상계를 하고 있으므로, 거기에 소론과 같이 과실상계의 사유 및 과실비율의 평가에 관한 법리를 오해한 위법이 있다고 할 수 없다.

논지는 모두 이유 없다.

나. 원심이, 위 소외 회사의 판시 무단 분양행위로 말미암아 피고 회사의 명예가 실추됨으로써 인하여 피고가 입은 손해는 이를 금 30,000,000원으로 평가함이 상당하다고 판단한 것은, 원고들의 상고이유에서 본 바와 같이 수긍이 가고, 거기에 소론과 같이 법인의 신용훼손에 대한 보상액 산정에 관한 법리를 오해한 위법이 있다고 할 수 없다.

논지도 이유 없다.

다. 논지는, 피고 회사가 위 소외 회사를 상대로 하여 별도로 제기한 소송의 결과에 따라 피고가 위 소외 회사에 반환할 정산금이 확정되고, 그 후에야 위 소외 회사의 채권자인 원고가 제3채무자인 피고에 대하여 채권자대위권을 행사할 수 있다는 것이나, 위 소송에 기한 판결의 기판력이 이 사건에 미친다고 할 수 없으므로 받아들일 수 없다.

논지 역시 이유 없다.

3. 그러므로 상고를 모두 기각하고, 상고비용은 패소자 각자의 부담으로 하기로 하여 관여 법관의 일치된 의견으로 주문과 같이 판결한다.

⑤ **대판 1997. 10. 24, 96다17851**(법인 아닌 사단에 대하여 명예훼손이 적용되는지 여부)

1. 피고 보조참가인 상춘식, 이우자의 소송대리인의 상고이유 제1점에 대하여 원심판결 이유에 의하면 원심은 그 판결에서 채용하고 있는 증거들을 종합하여, 원고 종중이 그 중시조인 소외 망 상진(성안공)의 묘소 등 선조들의 묘소를 보존하기 위하여 그 산소를 중심으로 하는 종중의 토지를 피고 법인의 기본재산으로 출연하여 위 토지 상에 학교를 설립하기로 하고 위 토지 중 우선 15,000평을 피고 법인의 기본재산으로 출연하였으며 원고 종중의 회장이던 상헌 등으로 학교법인 설립을 위한 이사회를 구성하여 정관을 작성하고 세부절차를 거친 다음 상헌이 대표자로서 학교법인 설립허가신청서를 제출하여 1969. 6. 26. 문교부장관으로부터 피고 법인의 설립허가를 받아 같은 해 7. 7. 피고

법인의 설립등기를 마친 사실 등을 인정한 다음, 위 인정 사실에 의하면 피고 법인은 원고 종중이 상문고등학교의 부지를 비롯한 종중 토지 등을 피고 법인의 기본재산으로 출연하고 정관을 작성하여 관계 행정청의 설립허가를 받아 1969. 7. 7. 설립등기를 마침으로써 성립된 법인으로서 원고 종중이 설립하였다고 판단하고 있는바, 기록에 비추어 살펴보면 원심의 위와 같은 사실인정과 판단은 정당한 것으로 수긍이 가고, 거기에 상고이유에서 지적하는 학교법인의 설립행위의 해석에 관한 법리오해, 이유불비, 심리미진 및 채증법칙 위배 등의 잘못이 있다고 할 수 없다. 이 점을 지적하는 상고이유는 받아들일 수 없다.

2. 피고 보조참가인 상춘식, 이우자의 소송대리인의 상고이유 제2점에 대하여

가. 민법 제764조에서 말하는 명예라 함은 사람의 품성, 덕행, 명예, 신용 등 세상으로부터 받는 객관적인 평가를 말하는 것이고 특히 법인의 경우에는 그 사회적 명예, 신용을 가리키는 데 다름없는 것으로 명예를 훼손한다는 것은 그 사회적 평가를 침해하는 것을 말하고 이와 같은 법인의 명예가 훼손된 경우에 그 법인은 상대방에 대하여 불법행위로 인한 손해배상과 함께 명예 회복에 적당한 처분을 청구할 수 있고(대법원 1988. 6. 14. 선고 87다카1450 판결 참조), 종중과 같이 소송상 당사자능력이 있는 비법인사단 역시 마찬가지라고 할 것인바(대법원 1990. 2. 27. 선고 89다카12775 판결 참조), 사람(종중 등의 경우에도 마찬가지이다)이 갖는 이와 같은 명예에 관한 권리는 일종의 인격권으로 볼 수 있는 것으로서, 그 성질상 일단 침해된 후에는 금전배상이나 명예 회복에 필요한 처분 등의 구제수단만으로는 그 피해의 완전한 회복이 어렵고 손해 전보의 실효성을 기대하기 어려우므로, 이와 같은 인격권의 침해에 대하여는 사전 예방적 구제수단으로 침해행위의 정지·방지 등의 금지청구권이 인정될 수 있다고 보아야 할 것이다(대법원 1996.4. 12. 선고 93다40614, 40621 판결 참조).

나. 그런데 원심판결 이유에 의하면, 원심은, 피고 법인이 유지·경영하는 상문고등학교에서는 매년 원심 첨부 별지 1 내지 3과 같은 내용의 '학교운영계획서'를 발행하여 배포하고 있는데 그 책자 중에 '설립자 상헌'이라는 기재를 하고 있으며, 앞으로도 피고 법인이 위 '학교운영계획서' 책자에 종전과 같이 '피고 법인의 설립자 상헌'이라고 기재할 것으로 보여지는 사실을 인정한 다음, 위 인정 사실에 의하면 원고 종중이 종중 총회의 결의 하에 종중재산을 출연하여 후세의 교육을 위한 교육기관인 피고 학교법인을 설립하였다는 사실은 단체로서의 종중뿐만 아니라 종중원 총원의 명예 및 사회적 신용과 관계되는 사항이라고 할 것이어서 그 설립자의 지위는 일종의 인격권으로 볼 수 있다 할 것이고, 피고 법인이 그가 발행·배포하는 위 '학교운영계획서' 책자에 '피고 법인의 설립자가 상헌'이라고 사실과 다른 기재를 하는 것은 결과적으로 원고 종중이 피고 학교법인의 설립자임을 부정하는 것으로 되어 원고 종중의 명예, 신용 등 인격권을 침해하는 행위이므로, 피고 학교법인이 장래에도 계속 이와 같은 침해행위를 할 염려나 위험성이 있는 한 원고에게는 그 인격권에 대한 방해의 제거나 예방을 위하여 피고 법인에 대하여 그가 위 상문고등학교 명의로 발행·배포하는 '학교운영계

획서'에 '피고 법인의 설립자가 상헌'이라는 기재를 하지 아니할 것을 구할 권리가 있다고 판단하여, 원고의 이 부분 청구를 인용하였다.

다. 그러나 원심판결 이유와 기록에 의하면, 원고 종중은 1968. 8. 21. 정기총회를 개최하여 현재의 상문고등학교 부지로 되어 있는 종중 토지를 출연함으로써 학교법인을 설립하기로 하고 그 법인의 이사장 등 임원 전원을 원고 종중의 회장인 상헌 외 14명의 종중원으로 결정하기로 결의하고, 위 결의에 따라 구성된 학교법인 설립을 위한 이사회에서는 같은 해 12. 7. 학교법인 인가 사무의 진행을 신속하게 하기 위하여 상헌 외 6인으로 소위원회를 구성하는 등 학교법인의 설립에 필요한 세부절차를 결의하였으며, 이에 따라 원고 종중의 회장인 상헌이 설립 대표자로서 1969. 3. 5. 학교법인 설립허가신청서를 제출하고 같은 해 6. 26. 문교부장관으로부터 상헌 명의로 피고 법인의 설립허가를 받아 같은 해 7. 7. 피고 법인의 설립등기를 마치고, 그 무렵 위 상헌이 피고 법인의 초대 이사장에 취임한 사실이 인정되는바, 이와 같이 피고 법인을 실질적으로 설립한 주체는 원고 종중이고, 상헌은 단지 원고 종중의 대표자로서 피고 법인의 설립행위에 관여하였을 뿐이라고 하더라도, 원고 종중이 정기총회에서 별도의 이사회를 구성하여 학교법인의 설립에 관한 사무를 위임하고, 그 이사회에서 학교법인의 설립에 관한 세부절차를 결의하였으며, 그와 같은 결의에 따라 원고 종중의 회장인 상헌이 개인 명의로 학교법인의 설립 대표자가 되어 그 명의로 피고 법인의 설립허가를 받도록 한 이상, 다른 특단의 사정이 없는 한 원고 종중으로서는 피고 법인의 설립 당시에 이미 원고 종중의 대표자였던 상헌이 피고 법인의 설립자로 표기될 가능성이 있음을 알면서도 이를 용인한 것으로 봄이 상당하다고 할 것이므로, 그 후 피고 법인이 그가 운영하는 상문고등학교 명의로 발행·배포하는 '학교운영계획서'에 피고 법인을 실질적으로 설립한 주체가 원고 종중이라거나 '상헌'이 원고 종중의 대표자로서 설립행위를 하였다는 점을 명백하게 밝히지 않은 채 단지 그 설립자가 '상헌'이라고 기재한다고 하여, 이로 인하여 새삼스럽게 원고 종중의 사회적 명예나 신용이 침해된다고 보기는 어렵다고 하겠다.

그럼에도 불구하고 원심이, 피고 법인이 발행·배포하는 위 '학교운영계획서' 책자에 '피고 법인의 설립자가 상헌'이라고 기재를 하는 것은 결과적으로 원고 종중이 피고 학교법인의 설립자임을 부정하는 것으로 되어 원고 종중의 명예, 신용 등 인격권을 침해하는 행위라고 단정하고, 피고 법인에 대하여 그와 같은 기재를 하지 아니할 것을 명한 조치는, 인격권으로서의 명예권 및 그에 기한 금지청구권의 성립 요건에 관한 법리를 오해한 나머지 판결에 영향을 미친 위법을 저지른 것이라고 할 것이다. 상고이유 중 이 점을 지적하는 부분은 이유 있다.

3. 그러므로 나머지 상고이유에 대한 판단을 생략한 채 원심판결 중 피고 패소 부분을 파기하고, 이 부분 사건을 다시 심리·판단케 하기 위하여 원심법원에 환송하기로 관여 법관의 의견이 일치되어 주문과 같이 판결한다.

(3) 위법성조각사유

판례는 위법성조각사유를 다음과 같이 기술하고 있다. "도서·잡지에 의하여 사실을 적시하여 개인의 명예를 훼손하는 행위를 한 경우에도 그 목적이 오로지 공공의 이익을 위한 것일 때에는 적시된 사실이 진실이라는 증명이 있거나 그 증명이 없다 하더라도 행위자가 그것을 진실이라고 믿었고 또 그렇게 믿을 상당한 이유가 있으면 위법성이 없다고 보아야 할 것이나…".[528] 위법성 조각사유에 대한 증명책임은 명예훼손을 한 자에게 있다.[529]

판례에 따르면 공공의 이익과 관계가 없는 경우에는, 그것이 진실이라도 명예훼손이 되는 것으로 보고 있다.[530]

[위법성조각사유에 대한 판례]

① 대판 1999. 4. 27, 98다16203(위법성조각 사유)

1. 제1점에 대하여
도서·잡지에 의하여 사실을 적시하여 개인의 명예를 훼손하는 행위를 한 경우에도 그 목적이 오로지 공공의 이익을 위한 것일 때에는 적시된 사실이 진실이라는 증명이 있거나 그 증명이 없다 하더라도 행위자가 그것을 진실이라고 믿었고 또 그렇게 믿을 상당한 이유가 있으면 위법성이 없다고 보아야 할 것이나, 그에 대한 증명책임은 어디까지나 명예훼손 행위를 한 도서·잡지의 집필자 또는 발행인에게 있고(대법원 1998. 5. 8. 선고 97다34563 판결 참조), 피해자가 종교단체라 하여 증명책임이 바뀌는 것은 아니라고 할 것이다. 이와 같은 취지의 원심판결은 정당하고, 거기에 증명책임에 관한 법리오해가 없다.

2. 제2점에 대하여
원심이 인용한 제1심판결은, 이 사건 도서·잡지의 기재 내용 중 소외인(원고 교회의 설립자)은 작은 문선명이라는 점, 소외인이 재림주로 행세한다는 점, 원고 교회가 진화론을 채택하며 대속교리를 부정한다는 점, 원고 교회에 비밀교리가 있다는 점, 원고 교회가

---

528) **대판 1999. 4. 27, 98다16203** "도서·잡지에 의하여 사실을 적시하여 개인의 명예를 훼손하는 행위를 한 경우에도 그 목적이 오로지 공공의 이익을 위한 것일 때에는 적시된 사실이 진실이라는 증명이 있거나 그 증명이 없다 하더라도 행위자가 그것을 진실이라고 믿었고 또 그렇게 믿을 상당한 이유가 있으면 위법성이 없다고 보아야 할 것이나, 그에 대한 증명책임은 어디까지나 명예훼손 행위를 한 도서·잡지의 집필자 또는 발행인에게 있고, 피해자가 종교단체라 하여 증명책임이 바뀌는 것은 아니다."

529) **대판 1998. 5. 8, 97다34563 ; 대판 1999. 4. 27, 98다16203.**

530) **대판 1967. 7. 25, 67다1000.**

씨속임 교리를 가르치며 거짓으로 속이라고 가르치고 있다는 점 등이 진실이라고 인정되지 않는다는 취지로 판시한 후, 피고들이 이 사건 도서와 잡지를 통해 원고 교회에 관하여 행한 비판은 단순한 교리비판을 넘어서 모욕적인 내용까지 담고 있는 점, 피고들은 자신들의 주장을 도서·잡지로 발간하여 불특정다수인에게 우편으로 배포하거나 구독하게 한 점, 이로 인하여 설립한 지 약 30년이 되었고 다수의 신자를 가진 원고 교회의 명예가 훼손된 점, 피고들은 진실하다고 믿을 만한 상당한 이유도 없이 불명확한 자료나 자신의 추측만을 근거로 그와 같은 행위를 한 점 등에 비추어 볼 때, 이는 헌법이 허용한 종교비판의 자유를 넘는 것으로서 위법하다고 판단하였는바, 기록에 의하여 살펴보면, 원심 및 제1심의 위와 같은 사실인정과 판단은 정당한 것으로 여겨지고, 거기에 판결의 결과에 영향을 미친 사실오인이나 위법성 조각 여부에 관한 법리오해의 위법이 있다고 할 수 없다.

3. 제3점에 대하여
원심이 인용한 제1심판결은 원고 교회 주장의 기독교 교리와 피고들 주장의 기독교 교리 중 어느 쪽이 정당한지에 대하여 판단한 것이 아니라, 원고 교회 및 그 설립자가 주장·행동한 것으로 인정되지 않는 내용을 피고들이 원고 교회 및 그 설립자가 주장·행동하였다고 공표한 것이 위법하다고 판단한 것이므로, 이를 들어 어느 쪽의 기독교 교리가 정당한지에 대한 사법적(사법적) 판단이라고 할 수 없으며, 거기에 상고이유의 주장과 같은 종교의 자유와 표현의 자유에 관한 법리오해가 있다고 할 수 없다.
상고이유의 주장은 모두 받아들일 수 없다.
그러므로 상고를 모두 기각하고, 상고비용은 패소자들의 부담으로 하기로 하여 관여 법관의 일치된 의견으로 주문과 같이 판결한다.

② **대판 1998. 5. 8, 97다34563**(명예훼손행위의 위법성조각사유 증명책임)

1. 제1점에 대하여
방송 등 언론매체가 사실을 적시하여 개인의 명예를 훼손하는 행위를 한 경우에도 그 목적이 오로지 공공의 이익을 위한 것일 때에는 적시된 사실이 진실이라는 증명이 있거나 그 증명이 없다 하더라도 행위자가 그것을 진실이라고 믿었고 또 그렇게 믿을 상당한 이유가 있으면 위법성이 없다고 보아야 할 것이나, 그에 대한 증명책임은 어디까지나 명예훼손 행위를 한 방송 등 언론매체에 있고, 피해자가 공적(공적)인 인물이라 하여 방송 등 언론매체의 명예훼손 행위가 현실적인 악의에 기한 것임을 그 피해자측에서 증명하여야 하는 것은 아니다(대법원 1996. 10. 11. 선고 95다36329 판결, 1997. 9. 30. 선고 97다24207 판결 등 참조).
원심판결 이유에 의하면, 원심은 제1심판결 이유를 인용하여, 그 판시 증거들만으로는 이 사건 드라마 중 1961년부터 1973. 11. 10.까지 국내 각 일간지와 방송사인 피고의 워싱턴 특파원을 지내고 그 이후에도 미국에서 언론활동을 하여 온 원고가 소외 1에게 취직을 부탁하여 경향신문 주미특파원에 임명되었다는 내용 및 대통령 박정희의 처인 소외 육영수에게 아부하는 듯한 발언을 하여 환심을 샀다는 내용과 기사자료를 얻기 위하여 미국으로 망명한 소외 1에게 민주주의의 수호자인 것처럼 아부하며 친밀하게 지냈다는 내용이 진실하다거나, 혹은 피고측에서 그 내용이 진실한 것이라고 믿은 데에 상당한 이유가 있다고 인정하기에 부족하고, 달리 이를 인정할 만한 증거가 없다고 하여, 이 사건 드라마의 내용이 진실하고 그렇지 않더라도 피고가 진실하다고 믿은 데에 상당한 이유가 있다는 피고의 항변을 배척한 후, 원고가 공적인 인물로서 자신의 입장을 해명하고 방어할 수단을 가지고 있으므로 이 사건 드라마 방송과 관련하여 피고에게 명예훼손에 기한 불법행위책임을 묻기 위하여는 피고가 현실적인 악의에 기하여 이 사건 드라마를 방송하였음을 원고측에서 증명하여야 한다는 피고의 항변에 대하여, 다시 피해자가 공적인 인물이라 할지라도 언론기관에 그 사람의 명예를 훼손하려는 현실적인 악의가 있는 경우에만 제한적으로 명예훼손이 성립되는 것은 아니라는 이유로 배척하고 있다.

기록에 비추어 살펴보면, 원심의 위와 같은 사실인정과 판단은 정당하고, 거기에 공인(공인)에 대한 명예훼손책임의 성립요건에 관한 법리를 오해하고 심리를 다하지 아니한 위법이 있다고 할 수 없다. 이 점에 관한 상고이유는 받아들일 수 없다.

2. 제2점에 대하여

방송 등 언론매체의 명예훼손 행위와 관련하여 적시된 사실이 진실이라고 믿을 상당한 이유가 있는지의 여부를 판단함에 있어서는 그 방송 등이 신속성이 요청되는 것인가, 그 방송 등의 자료가 믿을 만한가, 피해자와의 대면 등 진실확인이 용이한가 하는 점을 종합적으로 고려하여 판단하여야 할 것인데(대법원 1997. 9. 30. 선고 97다24027 판결 참조), 실명에 의한 논픽션 라디오 드라마에 있어서는 일반의 청취자 등이 그 내용을 사실이라고 받아들이기가 쉬운 반면에 신속성의 요청은 일반 보도에 비하여 그다지 크다고 할 수가 없으므로, 그 방송에 있어서는 단순히 풍문이나 억측이 아닌 신빙성 있는 자료에 의거하여야 할 필요성이 보다 크다고 할 것이다. 따라서 다른 특별한 사정이 없는 이상 방송의 기초가 되는 그 자료 내용의 진위를 당사자 본인이나 그 주변인물을 통하여 확인하는 등의 충분한 조사활동을 사전에 거침이 마땅하다 할 것이어서, 이러한 확인 내지 조사활동을 거치지 아니한 채 명예훼손의 내용이 담긴 논픽션 라디오 드라마를 그대로 방송하였다면 방송사 측에서 그 내용이 진실이라고 믿었다 하더라도 그에 상당한 이유가 있다고 할 수는 없다(대법원 1988. 10. 11. 선고 95다카29 판결, 1994. 5. 10. 선고 93다36622 판결, 1996. 5. 28. 선고 94다33828 판결 등 참조).

원심판결 이유에 의하면, 원심은 제1심판결 이유를 인용하여, 피고가 실명에 의한 논픽션 라디오 드라마인 이 사건 드라마를 방송함에 있어 소외 김경재가 쓴 '소외 1 회고록'과 소외 이상우가 쓴 '비록 박정희 시대' 등의 저서와 1973. 12. 1. 일본에서 발행된 '주간독매'에 실린 원고의 수기 및 소외 이기봉이 제공한 소외 1 관련 자료에 의하여 소외 2가 집필한 방송대본에 따라 방송을 하였으나, 위 각 자료는 위 방송대본의 내용이 진실함을 뒷받침하기에 부족함에도, 김교식이 이 사건 드라마의 방송에 앞서 원고나 위 저서의 저자들을 만나 의견을 묻거나 달리 사실관계를 확인하지는 아니하였으므로, 소외 2가 위 방송대본에 의한 이 사건 드라마의 내용이 진실이라고 믿었더라도 그에 상당한 이유가 있다고 볼 수 없다고 하여, 상당한 이유가 있었음을 주장하는 피고의 항변을 배척하고 있다.

위와 같은 법리와 기록에 비추어 살펴보면, 원심의 위와 같은 사실인정과 판단은 정당한 것으로 수긍이 가고, 거기에 방송작가의 주의의무의 내용 및 정도에 관한 법리를 오해하거나 채증법칙을 위배하는 등의 위법이 있다고 할 수 없다. 이 점에 관한 상고이유도 받아들일 수 없다.

3. 제3점에 대하여

원심판결 이유에 의하면, 원심은 제1심판결 이유를 인용하여, 그 판결에서 채용하고 있는 증거들을 종합하여, 피고가 방송한 이 사건 드라마에서 원고를 그 판시와 같이 묘사한 사실을 인정한 후, 그 방송 내용이 일반의 시청자에게 주는 인상을 기준으로 판단하면 원고가 이중적이고 비굴하며 목적을 위해서는 수단과 방법을 가리지 않는 인물이라는 인상을 주고 있으므로 이 사건 드라마가 방송됨으로 인하여 기자로서의 원고에 대한 사회적 평가가 현저하게 훼손되었음이 명백하다고 판단하여 피고에 대하여 명예훼손책임을 인정하고 있다.

기록에 비추어 살펴보면 원심의 이러한 사실인정과 판단은 정당한 것으로 수긍이 가고, 거기에 심리를 다하지 아니하였거나 증거 없이 사실을 인정하여 채증법칙을 위배한 위법이 있다고 할 수 없다. 이 점에 관한 상고이유 역시 받아들일 수 없다.

4. 그러므로 상고를 기각하고, 상고비용은 상고인인 피고의 부담으로 하기로 관여 법관의 의견이 일치되어 주문과 같이 판결한다.

③ **대판 1967. 7. 25, 67다1000**(진실한 사실을 유포한 경우라도 명예훼손이 된다. 공익과 무관하므로)

원고 소송대리인의 상고 이유 제1점에 대한 판단,

원판결 이유에 의하면, 피고는 1965.2경 원고와 정교하였다는 말을 부락 사람들에게 한 사실을 엿볼 수 있으나, 원고는 피고와 정교관계를 하여, 이로 인하여 임신이 되어 낙태한 사실이 인정되므로, 피고가 전혀 허위 사실을 유포하였음을 전제로 하는 이 사건 위자료 청구는 이유 없다고 하여, 원고의 이 사건 청구를 배척하였다. 그러나 기록에 의하면, 원고는 장성한 자식들과 동거하고 있는 과부이므로, 원판결이 확정한 바와 같이 피고와 정교관계가 있었다 하더라도, 피고가 그러한 사실을 부락사람들에게 유포시켰다면, 특단의 사정이 없는 한 피고는 원고의 명예를 훼손시켰다 할 것이므로, 손해배상의 책임이 있다고 하지 않을 수 없으며, 원고의 변론취지에 의하더라도, 원고는 피고와의 정교관계가 있었다면 본건 위자료 청구를 하지 않겠다는 취지로 주장하였다고는 보기 어려우므로, 원심으로서는 원고에게 석명을 구하여 원고의 본건 청구가 그와 같은 경우에는 본건 청구를 유지할 의사가 없다는 등 사정을 확인하지 아니하고서 만연이 위에서 본바와 같은 이유만으로서, 원고의 본건 청구를 배척하였음은 위법이므로, 이 점에 관한 논지 이유 있다.

3. 명예훼손에 대한 손해배상의 방법

원래 불법행위로 인한 손해배상은 금전배상이 원칙이다(제394조, 제763조). 그러나 민법은 제764조에서 금전배상원칙의 예외로서 명예훼손의 경우 "법원은 피해자의 청구에 의하여 손해배상에 갈음하거나 손해배상과 함께 명예훼손에 적당한 처분을 명할 수 있다."라고 함으로써 특칙을 규정하고 있다.

(1) 피해자의 청구가 있어야 한다. 즉 법원이 직권으로 명예회복에 적당한 처분을 내릴 수 없고 피해자가 원할 때에(청구가 있을 때에) 한하여 위 처분을 명할 수 있다.

(2) 판례에 의하면 "명예훼손이 인정되는 경우에 피해자가 손해배상과 아울러 명예회복처분을 함께 청구하고 있다면 금전배상만을 명하거나, 금전배상에 갈음하여 명예회복처분만을 내리거나, 또는 금전배상과 함께 명예회복처분을 명할 수 있다."고 한다.[531)]

---

531) **대판 1988. 6. 14, 87다카1450** ; "1. 피고 소송대리인의 상고이유에 대하여,
원심은 증거에 의하여 서울 잠실 우성 1, 2, 3차 아파트 1,842세대에 관한 위탁관리계약을 에워싸고 이미 관리계약을 갱신하면서 이를 관리하고 있는 원고와 이에 참여하고자 하는 소외 주식회사 사이에 경쟁을 하는 과정에서 위 회사의 대표이사로서 위 아파트관리 수탁을 위하여 모든 업무를 처리해온 피고가 그 대표이사 명의로 원고가 위 회사를 모략 중상하므로써 아파트의 수탁관리계약을 맺지 못하고 있으며 원고가 위 아파트를 관리함에 있어서 관리비를 부당부과하고 전기검침료와 콘도라사용료를 부정사용하는 등 많은 부정과 비리를 저질렀으며 이러한 범죄가 노출될까 두려워서 은폐할 시간적 여유를 마련하고자 위 아파트의 관리를 계속적으로 수탁 받으려 하고 있다는 등 판시내용을 기재한 유인물 따위를 건설부장관, 위 아파트의 입주자대표, 통·반장 및 그 입주자들에게 배포함으로써 공동주택관리를 업으로 하는 회사인 원고의 명예와 신용을 훼손하였다고 인정하고 피고의 위 유인물 등 배포행위는 소외회사와 위 아파트대표회의 사이의 위탁관리계약체결에 대한 원고의 방해 행위로부터 위 회사의 이익을 지키기 위한 것이고 원고의 불법행위로 위 회사가 입은 손해를 회복하기 위한 정당한 권리행사에 해당한다는 취지의 원고의 주장을 배척하였다.
원심의 위와 같은 인정판단은 정당하고, 소론과 같은 판단유탈이나 법리오해의 위법이

(3) 명예회복처분의 방법으로서 예전에는 「사죄광고」를 이용하였다. 그러나 이 방법은 헌법 제19조의 양심의 자유를 제약하고 또 인격권을 침해하는 것이라고 하여 헌법재판소가 위헌이라는 결정이 내렸다.[532] 따라서 사죄광고 대신 '명예회복에 적당한 처분'의 방법으로서 이용할 수 있는 예는 다음과 같다. 즉 가해자의 비용으로 그가 패소한 민사손해배상판결의 내용이나 형사명예훼손죄의 유죄

있다 할 수 없다. 논지는 이유 없다.
2. 원고 소송대리인의 상고이유에 대하여,
원심은 앞에서 본 바와 같이 피고가 원고법인의 명예와 신용을 훼손한 불법행위로 인하여 원고가 입은 손해에 관하여 그 침해의 정도와 내용, 피고가 아파트관리를 수탁받기 위하여 원고와의 경쟁에 참여한 이래 판시와 같은 유인물을 배포하기에 이르기까지의 경위 및 그 배경 등 변론에 나타난 모든 사정을 참작하여 손해배상으로 금 3백만 원을 지급함이 상당하다고 인정하고 금전배상 외에 아파트의 관리소 앞에 설치되어 있는 게시판에 그 주장과 같은 사과 광고문을 게재하도록 요구한 부분에 관하여 원심은 유인물을 배포한 대상이 아파트의 주민 등 특정인물에 한정되어 있을 뿐 아니라 그 유인물을 배포 받은 당사자들이 그 경위를 이미 소상하게 알고 있는 점, 원고나 피고가 대표이사로 있는 소외회사가 다 같이 공동주택의 관리를 영업으로 하고 있는 점, 피고가 위 유인물을 배포하게 된 경위와 원고가 현재에도 위 아파트의 위탁관리를 계속하고 있는 점 등 제반사정을 종합하면, 원고가 위 손해전보의 일환으로 구하는 사과광고는 피고에 의하여 훼손된 명예 및 신용을 회복하기 위한 조치로서 필요하고 효과적이며 또 판결로서 강제하는 것이 정당하다고 인정되지 아니한다는 이유로 이를 배척하였다.
소론은 원고가 피고의 불법행위로 인하여 원고의 명예와 신용이 훼손되었음을 주장하였고 명예훼손으로 인한 구제방법으로 사죄광고를 청구하고 신용훼손으로 인한 침해에 대하여 금전배상을 청구하였을 뿐인데 원심은 원고의 명예훼손으로 인한 원상회복청구에 대하여 원고가 바라지도 아니한 금전배상을 명한 것은 판단유탈과 처분권주의 위반이라는 것이다. 민법 제764조에서 말하는 명예란 사람의 품성, 덕행, 명성, 신용 등 세상으로부터 받는 객관적인 평가를 말하는 것이고 특히 법인의 경우 그 사회적 명성, 신용을 가리키는데 다름없는 것이며 명예를 훼손한다는 그 사회적 평가를 침해하는 것을 말하는 것이다. 원고가 명예훼손으로 인한 피해자로서 손해배상과 아울러 사죄광고를 함께 청구하고 있다면 법원은 그 명예훼손이 있는 것으로 인정될 때 원고의 청구범위 내에서 명예회복처분을 금전배상과 함께 명하거나 또는 전자만을 명하거나 아니면 전자를 인정함이 없이 후자만을 명할 수 있는 것이다. 원심이 피고의 명예권침해행위에 대하여 원고의 청구범위 내에서 금전배상만을 인용하고 사죄광고의 배상방법을 배척한 조치는 정당하고 그 주장과 같은 법리오해의 위법이 없다. 논지는 이유 없다.
이에 상고를 모두 기각하고, 상고비용은 각자의 부담으로 하여 관여법관의 일치된 의견으로 주문과 같이 판결한다."

532) **헌법재판소 1991. 4. 1, 89헌마160** "민법(民法) 제764조가 사죄광고(謝罪廣告)를 포함하는 취지라면 그에 의한 기본권제한(基本權制限)에 있어서 그 선택(選擇)된 수단(手段)이 목적(目的)에 적합(適合)하지 않을 뿐만 아니라 그 정도(程度) 또한 과잉(過剩)하여 비례(比例)의 원칙(原則)이 정한 한계(限界)를 벗어난 것으로 헌법(憲法) 제37조 제2항에 의하여 정당화(正當化)될 수 없는 것으로서 헌법(憲法) 제19조에 위반(違反)되는 동시에 헌법상(憲法上) 보장(保障)되는 인격권(人格權)의 침해(侵害)에 이르게 된다."

판결의 내용을 광고의 형식으로 신문·잡지 등에 게재함으로써 일반에게 알리는 것 등이 있다. 또한 명예훼손기사의 취소광고 등도 있다.

제4절 손해배상의 범위

Ⅰ. 손해배상의 범위

불법행위상 손해배상의 범위에 대하여는 제763조에서 채무불이행에 관한 규정(제393조)을 준용하도록 하고 있어 손해배상범위에 관한 이론은 채무불이행에서의 그것이 그대로 적용된다. 불법행위에 의한 손해 가운데에는 불법행위가 성립하면서 발생하는 것과 그 밖의 것이 있는데 전자가 직접적 손해이고, 후자가 후속손해이다. 직접적 손해는 가해행위에 의하여 발생된 한 상당인과관계가 없어도 배상되어야 한다(제750조). 그러나 후속손해는 그 배상범위를 합리적으로 제한하여야 한다. 이에 대한 규정이 바로 제393조이다. 즉 제393조 제1항은 "통상의 손해"를 한도로 한다고 규정하는 바 상당인과관계의 원칙을 선언한 것이고, 동조 제2항은 "특별한 사정으로 인한 손해" 즉 특별손해의 배상을 인정하기 위한 규정이라고 이해된다. 특별손해는 가해자가 특별한 사정을 알았거나 알 수 있었을 경우에 예외적으로 배상을 인정한 것이고, 원칙적으로 배상하지 않는 것이다.

불법행위로 인한 손해배상청구소송에서 재산적 손해의 발생 사실은 인정되나 구체적인 손해를 증명하는 것이 사안의 성질상 곤란한 경우에 법원은 증거조사의 결과와 변론 전체의 취지에 의하여 밝혀진 당사자들 사이의 관계, 불법행위와 그로 인한 재산적 손해가 발생하게 된 경위 등 관련된 모든 간접사실들을 종합하여 손해의 액수를 판단할 수 있지만 그 경우에도 행위와 재산적 손해사이에는 상당인과관계가 있어야 한다.

[손해배상의 범위에 관련된 판례]

① 대판 1995. 12. 12, 95다11344

1. 피고 제삼특장 주식회사에 대한 상고이유에 대하여

원심판결 이유에 의하면 원심은, 피고 제삼특장 주식회사(이하 피고 제삼특장이라 한다)

의 피용인인 소외 박현수는 1993. 1. 13. 19:30경 미금시 도농동 339의 25 소재 주차장에서 같은 피고 소유의 판시 카고트럭을 주차시키기 위하여 후진을 하던 중 판시 전신주를 충격하여 넘어뜨리는 바람에 판시 전신주들을 연쇄적으로 넘어뜨려 파손케 하는 사고가 발생하여 이로 인하여 일반수용가로의 전력 공급이 중단된 사실, 원고는 미금시 지금동 336의 24 답 2,000㎡에서 비닐하우스 2동을 설치하여 서양란, 벤자민 등을 재배하고 있었고, 위 화초들은 모두 최저온도 영상 7도 내지 8도, 최고온도 영상 30도의 기온을 유지하여야 하는바, 원고는 피고 한국전력공사(이하 피고 한전이라 한다)로부터 공급받는 전기를 이용하여 겨울철이던 이 사건 사고 당시 전기온풍기를 가동하여 위 비닐하우스 내의 적정 온도를 유지하고 있었던 사실, 그런데 이 사건 사고로 위와 같이 정전됨으로써 원고가 약 12시간 30분 가량 전기온풍기를 사용하지 못하게 되었고, 그 복구가 완료되어 다시 전기가 공급될 무렵에는 위 비닐하우스 내의 온도가 이 사건 사고 당시의 외부 온도인 영하 1.4도 내지 4.4도와 비슷하게 되어 위 화초의 적정 최하온도 이하로 떨어짐으로써 위 화초들이 동해를 입게 된 사실을 인정한 다음, 원고가 피고 제삼특장에 대하여 위 전력 공급의 중단으로 인하여 위 작물상 동해로 입은 손해의 배상을 구하고 있는 이 사건 청구에 대하여, 원고가 위 피고에게 배상을 구하는 손해는 앞서 인정한 사실에서와 같이 위 피고의 운행 차량이 일으킨 이 사건 사고로 인하여 정전이 되었고 그로 인하여 원고가 위 전기온풍기를 사용하지 못하여 원고가 설치한 위 비닐하우스 안의 기온이 외부 온도에 가깝게 떨어져 원고가 재배하고 있는 서양란과 벤자민이 동사하게 되거나 동해를 입게 된 것임을 전제로 산정한 손해인바, 위와 같은 손해는 특별한 사정으로 인한 손해라 할 것이므로 피고 제삼특장 또는 위 소외인이 그러한 사정을 알았거나 알 수 있었을 경우에 한하여 그 배상책임이 있다고 할 것인데, 원심 증인 윤현식의 증언만으로는 이를 인정하기 부족하고 달리 이를 인정할 증거가 없다는 이유로 원고의 청구를 기각하고 있다.

불법행위의 직접적 대상에 대한 손해가 아닌 간접적 손해는 특별한 사정으로 인한 손해로서 가해자가 그 사정을 알았거나 알 수 있었을 것이라고 인정되는 경우에만 배상책임이 있다고 할 것인바, 이 사건에서 위 소외인이 위 전신주를 충격하여 전선을 절단케 함으로써 위 전선으로부터 전력을 공급받아 비닐하우스 내 전기온풍기를 가동하던 원고가 전력 공급의 중단으로 전기온풍기의 작동이 중지됨으로 인하여 입은 손해는 특별한 사정으로 인한 손해로서 소외인이 이 사건 사고 당시에 이러한 사정을 알았거나 알 수 있었을 때에만 그 책임을 부담한다고 보아야 할 것이다.

그런데 소외인으로서는 이 사건 전신주는 비닐하우스가 밀집한 농촌지역에 위치하고 있고, 통상 비닐하우스에는 전기설비 내지 전기비품 등이 설치 또는 비치될 수 있으므로 위 전신주의 전선을 통하여 인근 비닐하우스 내에 전력이 공급된다는 사정 및 위 비닐하우스 내에는 보온 유지가 필수적인 농작물이 재배되고, 이러한 농작물의 보온 유지에 필요한 전기용품이 비치되어 작동되리라는 사정은 알았거나 알 수 있었다고 하더라도, 기록에 의하면 위 전신주의 충격으로 전선이 절단되어 전력의 공급이 중단된 부근의 같은 종류의 농작물을 재배하고 있던 다른 비닐하우스에는 1시간 만에 절단된 전선이 복구되어 전력이 공급되었기 때문에 아무런 피해를 입지 아니한 사정을 알 수 있고, 이에 비추어 보면 이 사건 농작물의 동해는 위 비닐하우스 내 전기온풍기의 작동이 중단된 상태로 장시간 방치되고 달리 비닐하우스 내 보온 유지에 필요한 적절한 조치를 취하지 아니함으로 인한 것인바(통상 전력의 공급은 여러 가지 사정으로 인하여 중단될 수 있으므로, 전력을 공급받아 비닐하우스 내 재배 작물을 위해 필요한 보온 유지를 하는 수용가로서는 불시에 전력의 공급이 중단되는 사태에 대비하여 필요한 대비책을 강구하여 가능한 한 보온 유지가 되지 아니한 채로 방치되지 아니하도록 할 것이 요구된다), 소외인이 이러한 사정까지 알았거나 알 수 있었다고 보기는 어렵다 할 것이다. 원심판결은 그 이유 설시에 있어 다소 미흡한 점이 있기는 하나 결국 같은 취지로 판단하고 있으므로 정당하고, 거기에 소론과 같은 법리오해, 채증법칙 위반 및 이유불비 등의 위법이 있다고 할 수 없다. 논지는 이유 없다.

2. 피고 한전에 대한 상고이유에 대하여

가. 제1점에 대하여

기록에 의하여 살펴보면 피고 한전이 이 사건 사고로 파손된 판시 전기공급 시설의 복구를 게을리 하였다고 보기 어렵다고 본 원심의 조치는 수긍이 되고, 거기에 소론과 같은 채증법칙을 위반한 위법이 있다고 할 수 없다. 논지는 이유 없다.

나. 제2점에 대하여

기록에 의하여 살펴보면 원고는 피고 한전과 이 사건 전기공급계약을 체결할 당시에 피고 한전의 전기공급규정을 준수하기로 약정하였는데, 위 전기공급규정 제51조 제3호, 제49조 제3호에는 피고 한전의 전기 공작물에 고장이 발생하거나 발생할 우려가 있는 때 피고 한전은 부득이 전기의 공급을 중지하거나 그 사용을 제한할 수 있는데 이 경우 피고 한전은 수용가가 받은 손해에 대하여 그 배상책임을 지지 않는다는 규정을 두고 있는바, 이러한 규정은 면책약관의 성질을 가지는 것으로서 피고 한전의 고의, 중대한 과실로 인한 경우까지 적용된다고 보는 경우에는 약관의규제에관한법률 제7조 제1호에 위반되어 무효라고 볼 수밖에 없다고 할 것이나, 그 외의 경우에 한하여 피고 한전의 면책을 정한 규정이라고 해석하는 한도 내에서는 유효하다고 할 것이다. 원심이 위 규정은 피고 한전에게 고의 또는 중과실이 없는 한 전기공급 중단으로 인하여 수용가에게 발생하는 손해에 대하여 채무불이행 책임이 면제된다는 취지로 보아야 할 것이고, 판시 이 사건 정전사고의 발생 경위에 비추어 볼 때 피고 한전에게 이 사건 정전사고의 발생과 그 복구에 관하여 고의 또는 중대한 과실이 있다고 보기는 어렵다고 할 것이므로 피고 한전의 위 정전사고로 인한 손해배상 책임은 위 면책규정에 의하여 면제된다고 판단하고 있는바, 원심의 이러한 조치는 정당하고 거기에 소론과 같은 약관의규제에관한법률을 위반한 위법이 있다고 할 수 없다. 원심은 이 사건 전기공급계약 체결 시 피고가 위 면책규정의 내용을 설명하지 아니하였으므로 원고에게 그 내용으로 주장할 수 없다는 주장에 대하여 아무런 판단을 하지 아니함으로써 원심판결에 지적하는 바와 같은 잘못이 있기는 하나, 위 면책규정을 피고 한전의 고의·중대한 과실이 아닌 경우에만 적용되는 것으로 보는 한 객관적으로 보아 원고가 이 사건 전기공급계약을 체결할 당시 위 면책규정의 내용에 관하여 피고로부터 설명을 들어 이를 알았더라면 위 전기공급계약을 체결하지 아니하였으리라고 인정할 만한 사정도 엿보이지 않는 이 사건에서 위 면책규정의 이러한 사항은 약관의 규제에관한법률 제3조 제2항에서 규정하고 있는 약관의 중요한 내용에 해당하지 아니한다고 봄이 상당하므로 결국 위 면책규정에 따라 판단한 원심의 조치는 정당하고 원심의 위와 같은 잘못은 결과에 아무런 영향이 없다고 할 것이다.

논지는 모두 이유 없다.

3. 그러므로 상고를 기각하고 상고비용은 패소자의 부담으로 하여 관여 법관의 일치된 의견으로 주문과 같이 판결한다.

② 대판 1995. 10. 12, 94다16786

1. 피고의 상고이유 제1점에 대하여

원심은, 피고 회사의 직원인 소외 김준수가 원고들의 보유주식을 관리하던 중, 원고들의 위임도 받지 아니한 채 1991.6.21.부터 원고들의 보유주식을 임의로 매도, 매수하여 왔는데, 원고들을 대리하여 매매주문을 하여 오던 소외 황두연은 1992. 4. 3. 주식가격이 다소 오른 것으로 판단하고 위 김준수에게 원고들의 모든 주식을 전날 종가(종가)로 매도하여 달라고 주문하자 이때 위 김준수가 위와 같은 임의매매사실을 실토함으로써 비로소 원고들이 그 사실을 알게 되었다고 인정하였는바, 원심이 설시한 증거관계를 기록과 대조하여 검토해 보면 원심의 위 사실 인정은 정당하고, 거기에 논하는 바와 같이 채증법칙을 위반하여 사실을 오인한 위법이 있다고 볼 수 없다. 논지는 이유가 없다.

2. 피고의 상고이유 제2점 및 원고들의 상고이유 제1점에 대하여

원심은, 원고들이 위탁한 주식들에 대한 잔고확인 등을 장기간 게을리 하여 방치한 과실도 이 사건 손해발생 및 손해확대의 한 원인이 되었는데 그 과실비율은 전체의 10%로 봄이 상당하다고 판단하였는바, 뒤에서 보듯이 손해액 산정의 기준시점을 원심과는 달리 불법행위 발생시로 볼 경우 과실상계의 비율 또한 달리 볼 여지를 배제할 수는 없다 하겠으나, 그러한 사정을 감안하더라도 원심이 인정한 과실상계비율이 형평의 원칙에 비추어 현저하게 불합리하다고는 보이지 아니하므로, 논지 또한 이유가 없다.

3. 피고의 상고이유 제3점에 대하여

증권회사가 고객 소유의 주식을 위법하게 처분한 불법행위로 인하여 고객이 입게 된 손해의 액은 처분 당시의 주식의 시가를 기준으로 결정하여야 하고 그 후 주식의 가격이 올랐다고 하더라도 그로 인한 손해는 특별한 사정으로 인한 것이어서 증권회사가 주식을 처분할 때 그와 같은 특별한 사정을 알았거나 알 수 있었고, 또 고객이 주식의 가격이 올랐을 때 주식을 매도하여 그로 인한 이익을 확실히 취득할 수 있었던 경우에 한하여 고객은 그와 같이 오른 가격에 의한 손해배상을 청구할 수 있다고 할 것이다(당원 1993.

9. 28. 선고 93다26618 판결 참조).
원심은, 원고들이 입은 손해액은 당초 위탁한 주식을 그대로 보유하고 있었더라면 매도위임을 하였을 당시 이를 시가로 처분하여 얻을 수 있었을 매득금과 수익할 수 있었을 배당금 및 구좌에 예치한 현금의 합계액으로부터 위 김준수가 주식을 임의로 매매함으로써 매도위임 당시 원고들이 현실적으로 보유하고 있었던 주식의 시가와 임의거래로 수익하게된 배당금 및 구좌에 예치된 현금을 공제한 차액 상당이라 판단하였는바, 위 김준수가 임의처분한 시점의 주식가격과 원심이 손해액 산정의 기준시점으로 잡은 원고들이 매도주문을 낸 시점의 주식가격의 차액 상당액은 불법행위 후의 주식 가격의 상승이라는 특별한 사정으로 인한 손해라 할 것인데, 원심이 위 김준수가 그와 같은 사정을 알았거나 알 수 있었는지 여부에 관하여 심리, 판단도 하지 아니한 채 위와 같은 특별사정으로 인한 손해를 이 사건 손해배상의 범위에 포함시킨 것은 손해배상의 범위에 관한 법리를 오해하여 판결 결과에 영향을 미친 위법이 있다는 비난을 면하기 어렵다 할 것이므로, 이 점을 지적한 논지는 이유가 있다.

4. 원고들의 상고이유 제2점에 대하여
피고의 상고이유 제3점을 받아들여 원심판결을 파기하는 이상 피고가 이 사건 손해배상의 범위에 관하여 항쟁함이 상당하다고 할 것이므로, 논지는 이유 없음이 명백하다.

5. 그러므로 피고의 상고를 받아들여 원심판결 중 피고 패소 부분을 파기하여 이 부분 사건을 원심법원에 환송하고, 원고들의 상고는 기각하며, 상고기각된 부분의 상고비용은 패소자들의 부담으로 하기로 하여 관여 법관의 일치된 의견으로 주문과 같이 판결한다.

③ 대판 1998. 7. 10, 96다38971

1. 원고 전화섭, 김광종, 박찬용, 성효석, 오옥환, 권순채, 오형순, 박을(위 원고 8인을 상고한 원고들이라고 한다)의 상고이유와 기간이 지난 뒤에 제출된 원고 김광종, 박찬용, 오형순, 박을의 상고이유보충서 중 상고이유를 보충하는 부분을 함께 본다.
   가. 피고의 이 사건 토지의 매도인으로서의 책임의 유무에 관하여
   기록에 의하여 살펴보면, 소외 잔디마을 취락구조개선사업 추진위원회(이하 추진위라고 한다)의 권리·의무 귀속주체로서의 실체를 부정할 수 없고, 피고는 추진위를 도시계획법상의 도시계획사업자로 허가하여 추진위에게 이 사건 토지에 관한 권리·의무를 귀속시키고 피고 스스로는 이 사건 토지에 관한 권리·의무를 취득하지 아니하면서 추진위의 사업을 대행하거나 적극 장려한 것에 불과할 뿐이라고 할 것이므로 이 사건 토지의 매도인은 추진위이지 피고가 아니고, 따라서 피고에게는 이 사건 토지의 매도인으로서의 책임이 없다고 본 원심의 판단은 옳고, 거기에 상고이유로 주장하는 바와 같은 위법이 없다. 이 부분 상고이유의 주장은 이유가 없다.
   나. 상고한 원고들의 손해가 토지의 시가인지 매매대금인지에 관하여
   토지수용보상금을 공탁함에 있어서 토지소유권 이전에 필요한 일체의 서류를 반대급

부로 제공할 것을 요구할 수 없는 경우에 위와 같은 반대급부를 제공할 것을 조건으로 하여 공탁함으로써 그 공탁이 보상금지급으로서의 효력을 발생하지 못하였고 이에 따라 토지수용재결이 토지수용법 제65조 소정의 '기업자가 수용시기까지 수용보상금을 지급 또는 공탁하지 아니한 때'에 해당하여 그 효력을 상실한 때에는, 그 토지의 소유권은 여전히 재결 전의 원래의 소유자에게 있는 것이고 기업자는 그 토지의 소유권을 취득한 바가 없으며 수용을 원인으로 한 기업자 명의의 소유권이전등기는 원인무효이다. 그리고 불법행위로 인한 재산상 손해는 위법한 가해행위로 인하여 발생한 재산상 불이익, 즉 그 위법행위가 없었더라면 존재하였을 재산상태와 그 위법행위가 가해진 현재의 재산상태의 차이를 말하는 것이고, 그것은 기존의 이익이 상실되는 적극적 손해의 형태와 장차 얻을 수 있을 이익을 얻지 못하는 소극적 손해의 형태로 구분되며, 위와 같은 부적법한 공탁에 기하여 기업자 명의의 원인무효의 소유권이전등기가 경료되고 다시 그 토지가 다른 사람에게 매도되어 순차로 소유권이전등기가 경료된 후에 토지의 진정한 소유자인 원래의 소유자가 최종매수인을 상대로 말소등기 청구소송을 제기하여 그 소유자 승소의 판결이 확정된 경우, 위 부적법한 공탁으로 인하여 최종매수인이 입은 손해는 무효의 소유권이전등기를 유효한 등기로 믿고 그 토지를 매수하기 위하여 출연한 금액, 즉 매매대금으로서 이는 기존이익의 상실인 적극적 손해에 해당하고, 최종매수인은 처음부터 그 토지의 소유권을 취득하지 못하였고 또한 취득할 수도 없었던 것이어서 위 말소등기를 명하는 판결의 확정으로 비로소 그 토지의 소유권을 상실하였거나 취득할 수 없게 된 것이 아니므로 그 토지의 소유권의 상실이나 소유권을 취득할 수 없게 된 것이 최종매수인의 손해가 될 수는 없다(대법원 1992. 6. 23. 선고 91다33070 판결 참조).

따라서 피고 소속 공무원 소외 1이 추진위의 보상금공탁을 대행하면서 부적법한 공탁을 하여 토지수용이 무효로 되게 함으로써 이 사건 토지의 원래의 소유자인 소외 김희경이 이 사건 토지의 최종매수인인 원고들을 상대로 말소등기 청구소송을 제기하여 김희경 승소의 판결이 확정된 이 사건에 있어서, 소외 1의 과실로 인하여 상고한 원고들이 입은 손해는, 상고한 원고들이 위 부적법한 공탁에 의하여 실효된 토지수용재결을 유효한 것으로 믿고 이 사건 각 토지를 매수하기 위하여 출연한 금액, 즉 강남구청에 납부한 수용기탁금액 내지 중간취득자에게 지급한 매매대금 상당액이라고 본 원심의 판단은 정당하고, 이를 다투는 상고이유도 받아들일 수 없다.

다. 원고 전화섭, 김광종, 박찬용, 성효석, 오옥환의 위자료청구에 관하여

재산상의 손해로 인하여 받는 정신적 고통은 그로 인하여 재산상 손해의 배상만으로는 전보될 수 없을 정도의 심대한 것이라고 볼 만한 특별한 사정이 없는 한 재산상 손해배상으로써 이는 위자된다 할 것인데, 원고 전화섭, 김광종, 박찬용, 성효석, 오옥환이 토지 매수를 위하여 금원을 지출한 후 오랜 기간이 지나 그 소유자에게 소유권을 추급당하였고 그 지상의 건물이 철거될 운명에 있으며 오랜 기간 동안 등귀한 토지가격과 매수대금과의 차이가 크다는 이유만으로는 위와 같은 특별한 사정이 있다고

볼 수 없다. 이 부분 상고이유 역시 받아들일 수 없다.

2. 피고의 상고이유를 본다.

가. 행정지도로 인한 행정주체의 국가배상책임 성립의 가능성에 관하여

국가배상법이 정한 배상청구의 요건인 '공무원의 직무'에는 권력적 작용만이 아니라 행정지도와 같은 비권력적 작용도 포함되며 단지 행정주체가 사경제주체로서 하는 활동만 제외되는 것이고(대법원 1994. 9. 30. 선고 94다11767 판결 등 참조), 기록에 의하여 살펴보면, 피고 및 그 산하의 강남구청은 이 사건 도시계획사업의 주무관청으로서 그 사업을 적극적으로 대행·지원하여 왔고 이 사건 공탁도 행정지도의 일환으로 직무수행으로서 행하였다고 할 것이므로, 비권력적 작용인 공탁으로 인한 피고의 손해배상책임은 성립할 수 없다는 상고이유의 주장은 이유가 없다.

나. 피고의 행위가 사무관리라는 주장에 관하여

피고가 적극적으로 이 사건 도시계획사업을 추진한 것은 위에서 본 바와 같이 주무관청으로서 직무수행을 한 것이지, 아무런 의무 없이 타인을 위하여 민법상의 사무관리를 한 것으로 볼 수 없으므로, 이 부분 상고이유도 받아들일 수 없다.

다. 피고 측의 과실과 원고들의 매수대금 지급과의 인과관계에 관하여

피고 측이 위와 같이 공탁을 부적법하게 함으로써 이 사건 토지수용을 무효로 만들었는데도 등기부상으로는 진정한 권리관계와 달리 위 수용을 원인으로 한 추진위 명의의 소유권이전등기가 경료되어 유지되고 있는 한, 등기부의 기재를 일응 진정한 것이라고 믿고 해당 토지를 전전매수하는 사람이 나타나는 것은 통상 있을 수 있으므로, 피고 측의 위 과실과 원고들(원고 최중구 등의 피상속인인 소외 망 정덕녀 포함)이 위 수용 및 추진위 명의의 소유권이전등기가 유효하게 이루어진 것으로 믿고 수용기탁금을 피고 산하의 강남구청에 지급하거나 매수대금을 중간취득자에게 지급한 것과의 사이에는 상당인과관계가 있다고 할 것이고, 이와 같은 취지로 본 원심의 판단은 정당하며, 이와 다른 상고이유 역시 받아들일 수 없다.

라. 김희경의 단독소유가 아닌 토지에 관하여

기록에 의하여 살펴보면, 이 사건 토지 중 원심판결 별지 2. 다 지목록 (1), (4) 내지 (8)항 기재 토지(원고 전화섭, 김광종, 박찬용, 성효석, 오옥환, 박을이 매수한 토지)는 김희경이 단독소유하고 있는 것이 아니라 같은 목록 기재만큼의 공유지분을 가지고 있을 뿐이고, 나머지 공유지분은 위 원고들이 김희경이 아닌 다른 사람으로부터 취득하였음이 명백하다. 따라서 위 원고들이 각 해당 토지의 매수대금으로 지급한 금액 중 김희경의 지분에 상응한 금액만 손해를 입은 것이지 매수대금 전액의 손해를 입은 것이 아니다. 그런데도 위 원고들이 위 각 토지의 매수대금 전액의 손해를 입은 것으로 본 원심의 판단은 위법하며, 이 점을 지적하는 상고이유의 주장은 이유 있다.

마. 건물철거로 인한 손해에 관하여

이 사건 토지 위에 원고들이 소유하고 있는 건물에 대한 철거를 명한 판결이 확정된

이상 위 건물의 철거로 인한 손해배상을 구하는 이 사건 사실심 변론종결일까지 위 건물이 철거되지 아니하였다 하여도 그 손해는 이미 확정되어 있다고 보아야 하므로 (대법원 1992. 8. 14. 선고 92다2028 판결 참조), 조건부나 시기부로 그 손해의 배상을 명할 것이 아니고, 따라서 즉시 배상을 명한 원심의 조치는 정당하며, 이 점에 관한 상고이유의 주장은 이유가 없다.

바. 과실상계에 대하여

원고들 중, 추진위로부터 직접 해당 토지를 매수한 사람들에게 추진위가 적법하게 토지보상대금을 공탁하는지를 감시 내지 감독할 주의의무가 있다고 할 수 없고, 그 후 전전매수한 나머지 원고들에게 등기부에 나타나지 않은 수용재결취소소송의 결과를 예견할 주의의무가 있다고 할 수 없으므로 이와 다른 취지의 상고이유의 주장은 이유가 없다.

그러나 기록에 의하여 살펴보면, 이 사건 토지의 진정한 소유자인 김희경의 신청에 의한 이 사건 토지에 대한 처분금지가처분이 1989. 11. 24. 등기부에 기재되었고, 김희경이 1990. 9. 19. 소유권이전등기말소와 건물철거 등의 청구소송을 제기하여 1990. 9. 24. 말소예고등기가 경료된 후에, 원고 권순채는 해당 토지 및 그 지상의 건물에 관하여 1991. 12. 11. 매수계약을 체결하고 그 무렵 매수대금 640,000,000원을 지급하였음을 알 수 있는바, 등기부의 기재를 믿고 부동산을 매수하는 원고 권순채로서는 등기부에 처분금지가처분과 말소예고등기가 나타난 이상 매수대금을 지급하기 전에 위 말소 등 청구소송의 경과를 알아볼 필요가 있었고 그 경과를 알아보았더라면 수용재결의 실효로 인하여 추진위 명의의 소유권이전등기 및 그 이후의 소유권이전등기가 원인무효임을 수용재결취소소송의 확정판결에 의하여 알 수 있었을 터인데도, 이에 이르지 아니한 채 매수대금을 지급하여 손해를 입은 과실이 있고, 이러한 원고 권순채의 과실도 그 자신의 손해발생의 한 원인이 되었다고 할 것이다. 따라서 원고 권순채에 대한 손해배상액을 산정함에 있어서는 위와 같은 원고 권순채의 과실을 참작하여야 할 것인바, 이를 지적하는 상고이유의 주장은 이유 있다.

3. 결 론

그러므로 원심판결 중 원고 전화섭, 김광종, 박찬용, 성효석, 오옥환, 권순채, 박을에 대한 피고 패소 부분을 파기하고, 이 부분 사건을 서울고등법원에 환송하며, 상고한 원고들의 상고와 피고의 원고 최중구, 최황석, 최완수, 최윤수, 오형순, 김춘강에 대한 상고를 모두 기각하고, 이 부분 상고비용은 패소자인 상고인 각자의 부담으로 하기로 하여 관여 법관의 일치된 의견으로 주문과 같이 판결한다.

[경제적 수리불능과 휴업손해에 관한 판례]

〈경제적 수리불능〉

① **대판 1990. 8. 14, 90다카7569**

1. 사고로 인하여 자동차가 파손된 경우에 그 수리가 가능한 경우에 인정되는 수리비용은 특별한 사정이 없는 한 그 수리비용의 전액이 되어야 하나 그 수리는 필요하고도 상당한 것이어야 하는 것이지 이른바 편승수리나 과잉수리 등의 비용이 여기에 포함될 수 없음은 당연하다. 그리고 사고 당시의 피해차량의 교환가격을 현저하게 웃도는 수리비용을 지출했다 하더라도 사고 당시의 교환가격으로부터 고물(고철)대금을 뺀 나머지만을 손해배상으로 청구할 수 있을 뿐이어야 하는 것임은 당해 피해차량이 기술적으로는 수리가 가능하다 하더라도 피해 직전 상태의 차량을 구입 사용하는 것이 경제적으로 합리적이기 때문에 경제적인 면에서 수리불능으로 보아야 하고 이렇게 보아야만 손해배상제도의 이상인 공평의 관념에 합치되는 것이다. 그러기 때문에 교환가격보다 높은 수리비를 요하는 경우에 굳이 수리를 고집하는 피해자가 있는 경우에는 그 소망을 들어 주어야 하는 것이 사회통념에 비추어 시인되어야 할 특별한 사정이 없는 한 그 수리비 가운데 교환가격을 넘는 부분은 그에게 부담시켜야만 한다. 그런데 원심은 설시증거에 의하여 이 사건 교통사고로 피해를 입은 원고로부터 그 피해버스의 수리요구를 받은 피고는 피고가 손해보험계약을 맺고 있던 소외 현대해상화재보험(주)에게 그 버스의 수리를 의뢰하여 위 보험회사가 같은 계열회사인 현대자동차써비스(주) 대전영업소에 수리를 맡기게 되어 대전영업소가 금 15,795,938원의 수리비를 들여 수리하기에 이른 것을 확정한 다음 사고 당시의 버스 시가가 금 6,000,000원에 불과하므로 그 범위 내에서만 배상책임이 있다는 피고의 항변을 배척하면서 설시하기를 피해버스의 수리비를 원고가 부담하게 된 경위가 위와 같다면 버스의 사고 당시의 교환가치가 그 수리비보다 적다하더라도 그 교환가치 감소를 초과하는 부분 상당의 수리비 손해는 수리비가 교환가치 감소를 초과하는지 여부를 따져 볼 것도 없이 그 수리를 의뢰한 피고에게 그 잘못이 있다 할 것이므로 피고는 위 교환가치 감소를 초과하는 부분을 포함한 위 수리비 전액을 원고에게 배상할 책임이 있다고 판단하고 있다. 그러나 피고가 그와 보험계약을 맺고 있는 보험자에게 그 계약자 또는 피보험자의 입장에서 피해자의 요구에 따라 수리를 의뢰했다는 사정만으로 교환가격을 초과하는 차량수리비 손해를 감수해야 할 이유는 있다고 볼 수 없는 것이며 위에서 본 법리에 비추어 볼 때 사고로 인한 피해차량의 교환가격을 증거에 의하여 확정하지 않고서는 수리비 청구의 범위가 타당한지가 밝혀지지 아니할 것임에도 불구하고 이에 이르지 아니한 채 위와 같이 판단해 버린 것은 손해배상의 법리오해이고 이는 현저히 사회정의와 형평에 반하는 중대한 법령위반이라 할 것이므로 이점을 비난하는 논지는 이유 있다.

2. 영업용 차량이 사고로 인하여 파손되어 그 유상교체나 수리를 위하여 필요한 기간 동안 그 차량에 의한 영업을 할 수 없었던 경우에는 영업을 계속 했더라면 얻을 수 있었던

수익상실은 통상의 손해로 인정되어야 한다.
같은 취지 아래에서 내린 원판결 판단은 옳고 이를 비난하는 논지는 이유없다.

3. 이에 원판결의 피고 패소부분 가운데 수리비 손해에 대한 부분을 파기하여 다시 심판하게 하기 위하여 원심법원에 환송하고 영업불능 손해에 관한 부분에 대한 상고는 기각하기로 관여 법관의 의견이 일치되어 주문과 같이 판결한다.

② 대판 1998. 9. 8, 98다22048

1. 상고이유 제1점에 대하여
불법행위로 인하여 건물이 훼손된 경우, 수리가 가능하면 그 수리비가 통상의 손해이며, 훼손 당시 그 건물이 이미 내용연수가 다 된 낡은 건물이어서 원상으로 회복시키는 데 소요되는 수리비가 건물의 교환가치를 초과하는 경우에는 형평의 원칙상 그 손해액은 그 건물의 교환가치 범위 내로 제한되어야 할 것이고(대법원 1987. 11. 24. 선고 87다카1926 판결 참조), 또한 수리로 인하여 훼손 전보다 건물의 교환가치가 증가하는 경우에는 그 수리비에서 교환가치 증가분을 공제한 금액이 그 손해라 할 것이다.
기록에 비추어 살펴보면, 원심이 인정한 수리비는 피고 소유 건물의 철거시 안전조치 미흡으로 인하여 직접 발생한 원고 소유 건물의 전면 벽 또는 기둥 그리고 지붕의 훼손 부분에 대하여 산정된 것임을 인정할 수 있고, 한편, 이 사건에서는 위 수리비가 원고 소유 건물의 교환가치를 초과한다거나 수리로 인하여 위 건물의 교환가치가 증가한다고 볼 만한 사정이 없으므로 위 수리비를 피고가 배상할 재산상 손해로 인정한 원심의 조치는 정당하고, 거기에 건물 훼손으로 인한 수리비 인정에 있어서의 형평원칙을 위배하였거나 심리미진, 채증법칙 위배에 의한 사실오인의 위법이 있다고 할 수 없다. 논지는 이유 없다.

2. 상고이유 제2점에 대하여
소송비용의 재판에 대한 불복은 본안의 재판에 대한 상고의 전부 또는 일부가 이유 있는 경우에 한하여 허용되는 것이고, 본안의 상고가 이유 없는 때에는 허용될 수 없으므로(대법원 1995. 3. 10. 선고 94후1091 판결, 1996. 1. 23. 선고 95다38233 판결 참조), 본안에 대한 상고논지가 이유 없는 이상 원심판결의 소송비용의 재판에 위법이 있다는 주장은 받아들일 수 없다. 논지는 이유 없다.

3. 그러므로 상고를 기각하고 상고비용은 패소자의 부담으로 하기로 하여 관여 법관의 일치된 의견으로 주문과 같이 판결한다.

〈휴업손해〉

① 대판(전) 2004. 3. 18, 2001다82507

1. 원고들의 상고이유에 대한 판단
가. 원심은, 원고들의 피상속인인 소외 홍실광이 이 사건 사고로 인하여 그 소유의 피해

선박이 침몰로 멸실되자 대체 선박을 마련한 후 1999. 11. 9.부터 어업을 재개하였다고 주장하면서 사고일인 같은 해 7. 11.부터 조업재개일인 같은 해 11. 9.까지 약 4개월간 홍광실이 입은 영업수익 상실손해인 금 76,273,648원의 지급을 구하는 원고들의 청구에 대하여, 선박이 침몰하여 멸실된 경우 선박소유자가 입은 손해액은 그 멸실된 선박의 교환가격에 그치고 그 이외에 선박을 이용하여 얻을 수 있는 수입 상당은 그 교환가격의 이자 상당액에 포괄된다 할 것이어서 교환가격의 배상을 구하는 외에 선박을 이용함으로써 얻을 수 있었던 이익을 별도의 손해로 청구할 수는 없다는 제1심의 판결 이유를 인용하여 원고들의 위 청구를 배척하였다.

그러나 불법행위로 영업용 물건이 멸실된 경우, 이를 대체할 다른 물건을 마련하기 위하여 필요한 합리적인 기간 동안 그 물건을 이용하여 영업을 계속하였더라면 얻을 수 있었던 이익, 즉 휴업손해는 그에 대한 증명이 가능한 한 통상의 손해로서 그 교환가치와는 별도로 배상하여야 하고, 이는 영업용 물건이 일부 손괴된 경우, 수리를 위하여 필요한 합리적인 기간 동안의 휴업손해와 마찬가지라고 보아야 할 것이다. 이와 달리 불법행위로 영업용 선박, 자동차, 건물 등의 물건이 멸실된 경우에 그 물건의 교환가격 상당액의 배상 이외에 그 물건을 대체할 다른 물건의 제조 또는 구입시까지의 기간 동안 그 멸실된 물건을 사용·수익하지 못하여 입은 손해의 배상을 구할 수 없다는 취지로 판시한 대법원 2001. 1. 16. 선고 2000다29325 판결, 대법원 1990. 10. 16. 선고 90다카20210 판결, 대법원 1990. 8. 28. 선고 88다카30085 판결, 대법원 1980. 12. 9. 선고 80다1840 판결을 비롯하여 이 판결의 견해에 배치되는 판결들은 그 배치되는 범위 내에서 이를 변경하기로 한다. 따라서 이와 반대의 견해에서 대체 선박을 마련하는 데 필요한 합리적인 기간 및 그 기간 동안의 조업수입액 등에 관하여 심리하지 아니한 채 원고들의 위 청구를 배척한 원심판결에는 불법행위로 인하여 영업용 물건이 멸실된 경우의 손해배상액 산정에 관한 법리를 오해하여 판결에 영향을 미친 위법이 있다 할 것이다. 이 점을 지적하는 상고이유의 주장은 정당하다.

나. 원심판결 중 위자료 청구를 일부 기각한 부분에 대하여는, 원고들이 상고이유서 제출기간 내에 상고이유를 제출하지 아니하였다.

2. 피고의 상고이유에 대한 판단

원심은, 위 홍실광이 이 사건 선박충돌 사고로 생활기반이 되는 어선이 완전파손됨으로 인하여 상당한 정도의 정신적 충격을 받았음이 인정되고, 이로 인하여 상당한 기간 동안 생업에 종사하지 못하였으며 대체선박을 구입하여 다시 생업에 종사한지 얼마 되지 않아 사망하는 등의 사정이 있었으므로 피고는 이 사건 사고로 인하여 위 홍실광이 입은 정신적 손해를 배상할 책임이 있다고 할 것이고, 이 사건 자료에 나타난 제반 사정을 참작하면 그 액수는 금 20,000,000원으로 정함이 상당하다고 판단하였다. 그러나 일반적으로 타인의 불법행위 등에 의하여 재산권이 침해된 경우에는 그 재산적 손해의 배상에 의하여 정신적 고통도 회복된다고 보아야 할 것이므로 재산적 손해의 배상에 의하여 회복할 수 없는 정신적 손해가 발생하였다면, 이는 특별한 사정으로 인한 손해로서 가해자가 그러한 사정을 알았거나 알 수 있었을 경우에 한하여 그 손해에 대한 위자료를 청구할 수 있는 것이다(대법원 1996. 11. 26. 선고 96다31574 판결 등 참조). 따라서 이 사건 선박충돌 사고로 위 홍실광이 입게 된 정신적 고통을 위자할 의무가 있다고 하기 위해서는 위 홍실광에게 위와 같은 특별한 사정이 있고, 피고가 이를 알았거나 알 수 있었어야 할 것인데, 원심이 이러한 점에 관하여 제대로 심리·판단을 하지 않은 채 만연히 앞서 설시한 이유만으로 피고에게 정신적 손해에 대하여도 위자할 의무가 있다고 판단하였으니 이는 재산권 침해로 인한 위자료의 인정에 관한 법리오해, 심리미진 내지 이유불비의 위법을 저지른 것이라고 할 것이다. 이 점을 지적하는 상고이유의 주장은 이유 있다.

3. 그러므로 원심판결 중 일실 휴업손해에 관한 부분 및 위자료에 관한 피고 패소 부분을 각 파기하고, 이 부분 사건을 다시 심리·판단하도록 하기 위하여 원심법원에 환송하며, 원고들의 나머지 상고는 이유 없어 이를 기각하기로 관여 대법관 전원의 의견이 일치되어 주문과 같이 판결한다.

[계약교섭의 부당한 중도파기로 인한 손해배상책임]

대판 2003. 4. 11, 2001다53059

1. 상고이유 제1점에 대하여

계약이 성립하기 위하여는 당사자의 서로 대립하는 수개의 의사표시의 객관적 합치가 필요하고 객관적 합치가 있다고 하기 위하여는 당사자의 의사표시에 나타나 있는 사항에 관하여는 모두 일치하고 있어야 하는 한편, 계약 내용의 '중요한 점' 및 계약의 객관적 요소는 아니더라도 특히 당사자가 그것에 중대한 의의를 두고 계약성립의 요건으로 할 의사를 표시한 때에는 이에 관하여 합치가 있어야 계약이 적법·유효하게 성립하는 것이다. 그리고 계약이 성립하기 위한 법률요건인 청약은 그에 응하는 승낙만 있으면 곧 계약이 성립하는 구체적, 확정적 의사표시여야 하므로(대법원 1992. 10. 13. 선고 92다29696 판결, 1993. 10. 22. 선고 93다32507 판결, 1998. 11. 27. 선고 97누14132 판결 등 참조), 청약은 계약의 내용을 결정할 수 있을 정도의 사항을 포함시키는 것이 필요하다 할 것이다.

기록과 원심판결 이유에 의하면, 피고가 무역센터 부지 내에 수출 1,000억 $ 달성을 기념하는 영구조형물(이하 '이 사건 조형물'이라고 한다)을 건립하기로 하고 그 건립방법에 관하여 분야별로 5인 가량의 작가를 선정하여 조형물의 시안(시안) 제작을 의뢰한 후 그 중에서 최종적으로 1개의 시안을 선정한 다음 그 선정된 작가와 이 사건 조형물의 제작·납품 및 설치계약을 체결하기로 한 사실, 피고는 원고 등 조각가 4인에게 시안(試案)의 작성을 의뢰하면서 시안이 선정된 작가와 조형물 제작·납품 및 설치계약(이하 '이 사건 계약'이라고 한다)을 체결할 것이라는 사실을 알렸으나 당시 이 사건 조형물의 제작비, 제작시기, 설치장소를 구체적으로 통보하지 않은 사실, 피고는 작가들이 제출한 시안 중 원고가 제출한 시안을 당선작으로 선정하고 원고에게 그 사실을 통보한 사실, 그 후 피고는 여러 가지 피고 협회의 내부적 사정과 외부의 경제여건 등으로 원고와 사이에 그 제작비, 설치기간, 설치장소 및 그에 따른 제반사항을 정한 구체적인 이 사건 계약을 체결하지 아니하고 있다가 당선사실 통지시로부터 약 3년이 경과한 시점에 원고에게 이 사건 조형물의 설치를 취소하기로 하였다고 통보한 사실을 알 수 있는바, 사실관계가 그러하다면 비록 피고가 작가들에게 시안 제작을 의뢰할 때 시안이 당선된 작가와 사이에 이 사건 계약을 체결할 의사를 표명하였다 하더라도 그 의사표시 안에 이 사건 조형물의 제작·납품 및 설치에 필요한 제작대금, 제작시기, 설치장소를 구체적으로 명시하지 아니하였던 이상 피고의 원고 등에 대한 시안제작 의뢰는 이 사건 계약의 청약이라고 할 수 없고, 나아가 원고가 시안을 제작하고 피고가 이를 당선작으로 선정하였다 하더라도 원고와 피고 사이에 구체적으로 이 사건 계약의 청약과 승낙이 있었다고 보기는 어렵다고 할 것이다. 같은 취지에서 원·피고 사이에 이 사건 계약이 체결되지 아니하였다는 원심의 판단은 정당하고, 거기에 주장과 같은 채증법칙 위배로 인한 사실오인이나 계약의 성립요건에 관한 법리오해의 위법이 없다.

2. 상고이유 제2점에 대하여

어느 일방이 교섭단계에서 계약이 확실하게 체결되리라는 정당한 기대 내지 신뢰를 부여하여 상대방이 그 신뢰에 따라 행동하였음에도 상당한 이유 없이 계약의 체결을 거부하여 손해를 입혔다면 이는 신의성실의 원칙에 비추어 볼 때 계약자유 원칙의 한계를 넘는 위법한 행위로서 불법행위를 구성한다고 할 것이다(대법원 2001. 6. 15. 선고 99다40418 판결 참조). 그리고 그러한 불법행위로 인한 손해는 일방이 신의에 반하여 상당한 이유 없이 계약교섭을 파기함으로써 계약체결을 신뢰한 상대방이 입게 된 상당인과관계 있는 손해로서 계약이 유효하게 체결된다고 믿었던 것에 의하여 입었던 손해 즉 신뢰손해에 한정된다고 할 것이고, 이러한 신뢰손해란 예컨대, 그 계약의 성립을 기대하고 지출한 계약준비비용과 같이 그러한 신뢰가 없었더라면 통상 지출하지 아니하였을 비용상당의 손해라고 할 것이며, 아직 계약체결에 관한 확고한 신뢰가 부여되기 이전 상태에서 계약교섭의 당사자가 계약체결이 좌절되더라도 어쩔 수 없다고 생각하고 지출한 비용, 예컨대 경쟁입찰에 참가하기 위하여 지출한 제안서, 견적서 작성비용 등은 여기에 포함되지 아니한다고 볼 것이다. 한편 그 침해행위와 피해법익의 유형에 따라서는 계약교섭의 파기로 인한 불법행위가 인격적 법익을 침해함으로써 상대방에게 정신적 고통을 초래하였다고 인정되는 경우라면 그러한 정신적 고통에 대한 손해에 대하여는 별도로 배상을 구할 수 있다고 할 것이다. 돌이켜 이 사건에 관하여 살피건대, 원심판결 이유 및 기록에 나타나는 제반정황에 의하면, 비록 원·피고 사이에 이 사건 계약에 관하여 확정적인 의사의 합치에 이르지는 못하였다고 하더라도 그 계약의 교섭단계에서 피고가 원고 등 조각가 4인에게 시안의 작성을 의뢰하면서 시안이 선정된 작가와 조형물 제작·납품 및 설치에 관한 이 사건 계약을 체결할 것을 예고한 다음 이에 응하여 작가들이 제출한 시안 중 원고가 제출한 시안을 당선작으로 선정하고 원고에게 그 사실을 통보한 바 있었으므로 당선사실을 통보받은 시점에 이르러 원고로서는 이러한 피고의 태도에 미루어 이 사건 계약이 확실하게 체결되리라는 정당한 기대 내지 신뢰를 가지게 되었다고 할 것이고 그 과정에서 원고는 그러한 신뢰에 따라 피고가 요구하는 대로 이 사건 조형물 제작을 위한 준비를 하는 등 행동을 하였을 것임에도, 앞서 본 바와 같이 피고가 원고와는 무관한 자신의 내부적 사정만을 내세워 근 3년 가까이 원고와 계약체결에 관한 협의를 미루다가 이 사건 조형물 건립사업의 철회를 선언하고 상당한 이유 없이 계약의 체결을 거부한 채 다른 작가에게 의뢰하여 해상왕 장보고 상징조형물을 건립한 것은 신의성실의 원칙에 비추어 볼 때 계약자유원칙의 한계를 넘는 위법한 행위로서 불법행위를 구성한다고 할 것이다. 나아가 그 손해배상의 유형과 범위에 관하여 보건대, 이 사건과 같은 피고의 계약교섭의 부당파기는 조형물 작가로서의 원고의 명예감정 및 사회적 신용과 명성에 대한 직간접적인 침해를 가한 불법행위에 해당된다고 할 것이므로 피고는 그로 인하여 원고가 입은 정신적 고통에 대하여 이를 금전으로 위자할 책임이 있다고 할 것이지만, 원고가 재산적 손해라고 주장하는 추정 총 제작비 20% 상당의 창작비 3억 원의 손해는 결과적으로 이 사건 계약이 정당하게 체결되어 그 이행의 결과에 따라 원고가 얻게 될 이익을 상실한 손해와 같은 성질의 것이어서 계약교섭이 중도파기되었을 뿐 종국에 가서 적법한 계약이 체결되지 아니한 이 사건에 있어서 원고로서는 계약의 이행을 청구할 수도 없고 또한 그 불이행책임을 청구할 아무런 법적 지위에 놓여 있지 아니하게 된 이상 계약의 체결을 전제로 한 이와 같은 손해의 배상을 구할 수는 없다고 할 것이고, 또한 이 사건 조형물의 제작을 준비하기 위하여 지출하였다는 비용 중 피고의 공모에 응하여 시안을 제작하는 데 소요된 비용은 아직 피고로부터 계약체결에 관한 확고한 신뢰가 부여되기 이전 상황에서 지출된 것으로서 원고로서는 그 대가로 500만 원을 지급받는 것에 만족하고 그 공모에 응하여 당선되지 않더라도 무방하다고 생각하고 지출한 비용에 불과하여 이 사건에서 용인될 수 있는 신뢰손해의 범위에 속한다고 볼 수도 없다고 할 것이며, 그 이외에 달리 원고가 이 사건 계약의 체결을 신뢰하고 지출한 비용이 있음을 뒷받침할 아무런 자료도 기록상 찾아볼 수 없다. 따라서 원고의 위자료 청구를 인용한 반면 주장과 같은 재산상 손해에 관한 청구를 배척한 원심판결은 그 이유설시에 있어 다소 미흡한 점이 있으나 그 결론에 있어서 수긍할 수 있고, 거기에 재판 결과에 영향을 미친 손해배상의 범위에 관한 법리오해의 위법이 없다.

3. 결 론

그러므로 상고를 기각하고, 상고비용은 패소자가 부담하도록 하여 관여 법관의 일치된 의견으로 주문과 같이 판결한다.

Ⅱ. 손해배상액의 산정

불법행위로 인해 발생한 손해는 앞에서 언급한 배상기준(통상손해 및 특별손해)에 따라 배상범위가 정해진다. 이미 설명한 것처럼 원칙적으로 손해배상은 금전배상으로 해야 하기(제394조, 제763조)때문에 배상되어야 할 손해를 금전으로 평가해야 하는데 이를 손해배상액의 산정이라 한다.

1. 배상액산정의 기준시기

불법행위로 인한 손해배상액산정의 기준시기는 소유물 멸실의 경우 원칙적으로 불법행위시를 기준으로 하여[533] 그때의 교환가격으로 손해액을 산정한다. 그리고 그 후의 목적물의 가격 등귀와 같은 특별사정에 의한 손해는 예견가능성이 있었던 경우에 한하여 배상액에 포함시켜야 한다.[534]

2. 지연이자의 발생시기

불법행위에 의한 손해배상채무는 금전배상을 원칙으로 하므로 금전채무의 일종이다. 그런데 불법행위에 의한 손해배상채무는 손해발생과 동시에 이행기에 있고 따라서 손해가 발생한 때(불법행위가 있었던 때)에 이행지체에 빠지게 되어 이때부터 지연이자를 붙인다. 즉 민법에 금전채무의 이행이 지체된 때에는 연 5푼의 지연이자(제379조)를 붙이게 되어 있으므로(제397조 제1항) 불법행위가 있었던 때부터 지연이자를 붙인다는 것이 통설[535]과 판례[536]의 입장이다. 이에는 재산적 손해

---

533) **대판** 2003. 1. 10, 2000다34426; **대판** 2010. 4. 29, 2009다91828.

534) 곽윤직, 앞의 책 456면 ; **대판** 1994. 3. 22, 92다52726 "불법행위로 인하여 건물이 훼손된 경우 그 손해는 금전으로 배상함이 원칙이고 당사자가 다른 의사표시를 하는 등의 특별한 사정이 없는 이상 원상회복청구는 할 수 없다." ; **대판** 1997. 3. 28, 96다10638 "민법 제763조에 의하여 불법행위에 준용되는 민법 제394조가 금전배상의 원칙을 규정하고 있으므로, 법률에 다른 규정이 있거나 당사자가 다른 의사표시를 하는 등 특별한 사정이 없는 이상 불법행위자에 대하여 원상회복청구는 할 수 없다." ; 이설: 김상용, 채권각론, 862면(구두변론종결시설).

535) 통설, 앞의 책 456면 ; 송덕수, 민법강의, 1481면.

536) **대판** 2010. 4. 29, 2009다91828 "불법행위로 인한 재산상 손해는 위법한 가해행위로 인하여 발생한 재산상 불이익, 즉 그 위법행위가 없었더라면 존재하였을 재산상태와 그 위법행위가 가해진 현재의 재산상태의 차이를 말하는 것이며, 그 손해액은 원칙적으로 불법행위시를 기준으로 산정하여야 한다. 즉, 여기에서 '현재'는 '기준으로 삼은 그 시점'이란 의미에서

뿐만 아니라 정신적 손해도 마찬가지다. 그리고 불법행위에 의한 손해배상채무의 이행을 구하는 소장(訴狀) 또는 이에 준하는 서면이 채무자(가해자)에게 송달된 다음 날부터는 연 100분의 40 이내의 범위에서 지연이자를 지급해야 한다(소송촉진 등에 관한 특례법 제3조 제1항 본문의 법정이율에 관한 규정, 개정 2010. 5. 17.).

3. 배상액의 산정방법

불법행위로 인한 손해에는 「재산적 손해」와 「비재산적 손해(정신적 손해)」의 둘로 나누어진다함은 이미 앞에서 설명하였다. 그리고 '재산적 손해'에 대해 기존의 이익의 멸실 또는 감소를 주는 「적극적 손해」와 장래의 이익의 획득이 방해됨으로써 받는 손실인 「소극적 손해」의 둘로 나누어진다. 따라서 불법행위로 인한 손해에는 「적극적 손해」, 「소극적 손해」, 「비재산적 손해(정신적 손해)」의 세 가지가 있다. 이를 "손해 3분설"이라 한다. 판례도 손해 3분설을 취한다.[537] 피해자는 각각의 손해를 증명할 책임이 있고 이 세 가지 손해 간에는 전용이 인정되지 않는다.

이하에서는 재산적 손해와 비재산적 손해(정신적 손해)의 산정에 대하여 자세히 살펴보고 이어서 손익상계, 과실상계 및 배상액의 경감에 대하여 살펴본다.

'불법행위시'를 뜻하는 것이지 '지금의 시간'이란 의미로부터 '사실심 변론종결시'를 뜻하는 것은 아니다."; **대판 2015. 11. 27, 2013다211032** "증권신고서와 투자설명서의 중요사항에 관한 부실 기재로 사채권의 가치평가를 그르쳐 사채권 매입으로 손해를 입게 되었다는 이유로 민법상 불법행위에 기한 손해배상을 청구하는 경우, 손해액은 사채권의 매입대금에서 사채권의 실제가치, 즉 증권신고서와 투자설명서의 중요사항에 관한 부실 기재가 없었더라면 형성되었을 사채권의 가액을 공제한 금액으로서 원칙적으로 불법행위 시인 사채권의 매입 시를 기준으로 산정하여야 한다. 그리고 불법행위로 인한 손해배상채무에 대하여는 원칙적으로 별도의 이행 최고가 없더라도 공평의 관념에 비추어 불법행위로 채무가 성립함과 동시에 지연손해금이 발생하므로, 증권신고서와 투자설명서의 중요사항에 관한 부실 기재로 인한 손해배상채무에 대하여도 마찬가지로 보아야 한다."

537) **대판 1976. 10. 12, 76다1313** "불법행위로 말미암아 신체의 상해를 입었기 때문에 가해자에게 대하여 손해배상을 청구할 경우에 있어서는 그 소송물인 손해는 통상의 치료비 따위와 같은 적극적 재산상 손해와 일실수익 상실에 따르는 소극적 재산상 손해 및 정신적 고통에 따르는 정신적 손해(위자료)의 3가지로 나누어진다고 볼 수 있고 일실수익상실로 인한 소극적 재산상 손해로서는 예를 들면 일실노임 일실상여금 또는 후급적 노임의 성질을 딴 일실퇴직금 따위가 모두 여기에 포함된다."

(1) 재산적 손해의 산정

1) 소유물 및 소유권의 멸실·훼손 및 상실의 경우

판례에 따르면 소유물이 멸실된 경우에는 원칙적으로 불법행위로 소유물이 멸실 당시의 교환가격이 통상손해이고, 그 교환가격 속에는 현재 및 장래에 있어서 그 물건을 통상의 방법으로 사용하여 얻을 수 있는 이익이 포함되어 있으므로 그 이익을 따로 청구하지는 못한다.538) 다만 불법행위로 영업용 건물이 멸실된 경우에는 휴업손해를 배상하여야 한다.539)

한편 소유물이 훼손된 경우에는 수선이 가능한지에 따라 다르다. 즉 수선이 가능한 때에는 그 수선비와 수선기간 중 통상의 방법으로 사용하지 못함으로 인하여 발생한 손해가 통상의 손해이다.540) 이 경우 수리가 되었더라도 교환가치가 감소하였는지에 대하여 판례는 이를 통상손해로 인정하기도 하였고,541) 수리가 가능한 경우에 수리비 외에 언제나 상당한 교환가치의 감소가 따른다는 경험칙이 있다거나 또는 이러한 손해가 통상 예견할 수 있는 것이라고 볼 수 없다고 한 경우도 있다.542) 그러나 수선이 불가능한 경우에는 그 훼손 당시의 교환가치(시가)가

---

538) **대판 1963. 6. 20, 63다242 ; 대판 1966. 12. 6, 66다1684** "불법행위로 인하여 물건이 소실된 경우 피해자는 불법이자와 손해와의 사이에 상당한 인과관계가 있는 한도에서 소실당시의 교환가격 및 그 이후의 지연이자를 청구할 수 있는 것이고 장차 그 물건을 통상의 방법으로 사용하여 얻을 수 있었던 이익은 위의 교환가격에 포함되어 있는 것이라고 볼 것이다."

539) **대판(전) 2004. 3. 18, 2001다82507 ; 대판 2004. 3. 25, 2003다20909·20916** "불법행위로 영업용 물건이 멸실된 경우, 이를 대체할 다른 물건을 마련하기 위하여 필요한 합리적인 기간 동안 그 물건을 이용하여 영업을 계속하였더라면 얻을 수 있었던 이익, 즉 휴업손해는 그에 대한 증명이 가능한 한 통상의 손해로서 그 교환가치와는 별도로 배상하여야 하고, 이는 영업용 물건이 일부 손괴된 경우 수리를 위하여 필요한 합리적인 기간 동안의 휴업손해와 마찬가지라고 할 것이고, 한편 불법행위로 인하여 영업용 건물이 철거해야 할 정도로 파손된 경우, 철거 및 신축에 소요되는 기간뿐만 아니라 철거 여부에 대한 판단을 위하여 필요한 합리적인 기간 역시 사회통념상 곧바로 철거에 착수할 수 없는 특별한 사정이 인정되는 기간으로서 통상의 손해로서의 휴업손해의 배상이 요구되는 기간에 해당한다."

540) **대판 1970. 12. 29, 70다2445** "불법행위로 인하여 소유물이 소실되었거나 훼손되었을 때의 손해배상액은 그 당시의 교환가치나 보수비 또는 감소된 교환가치를 통상의 손해로 하여 산정하여야 한다."

541) **대판 1992. 3. 10, 91다42883** "피해 자동차의 파손 부위와 수리에 소요된 비용의 액수(금 4,289,800원)에 비추어 자동차의 파손 부위를 수리한다고 하여도 그 교환가치의 감소가 있을 것으로 보여지고, 그 정도의 사고로 인한 자동차의 파손이 있는 경우에는 그 교환가치가 감소되리라는 것은 이를 알 수 있다고 보는 것이 경험법칙에 합치된다."

542) **대판 1982. 6. 22, 81다8** "불법행위로 인하여 물건이 훼손된 경우에 있어서 그 손해는

통상손해이다.[543] 이때 훼손당시의 물건의 가치가 남아 있으면 그 대금을 공제한다. 그리고 그 훼손된 물건이 수입통관을 마친 제품인 경우에는 특별한 사정이 없는 한 같은 제품의 국내 시가를 기준으로 손해를 산정하여야 한다.[544] 그런데 주의할 점은 건물이 훼손되었고 그것의 사용 및 수리가 불가능한 경우에 통상 불법행위로 인한 손해배상액의 기준이 되는 건물의 시가에는 건물의 철거비용은 포함되지 않는다는 점이다.[545] 그리고 수선이 가능하더라도 수선비가 물건의 교환가치를 초과하는 경우에는 형평의 원칙상 그 손해액은 그 물건의 교환가치의 범위 내로 제한되어야 한다. 즉 교환가치의 감소분이 손해액이 된다.[546] 한편 수리로 인하여 훼손 전보다 물건의 교환가치가 증가한 경우에는 그 수리비에서 교환가치 증가분을 공제한 금액이 손해가 된다고 한다.[547] 또한 손해액의 산정에 있어

수리가 가능한 때에는 수리비, 수리가 불가능한 때에는 교환가치의 감소가 통상의 손해라 할 것이고, 차량이 충돌사고로 인하여 파손되었으나 수리가 가능한 경우에 수리비 외에 언제나 상당한 교환가치의 감소가 따른다는 경험측이 있다거나 또는 이러한 손해가 통상 예견할 수 있는 것이라고 볼 수 없다."; **대판 1991. 7. 23, 90다9070** "건물이 훼손된 경우에 있어 그 수리비 외에 언제나 상당한 교환가치의 감소가 따른다는 경험칙이 있다거나 이러한 손해를 통상 예견할 수 있는 것이라고 볼 수는 없다."

543) **대판 1991. 7. 12, 91다5150**; **대판 1995. 7. 28, 94다19129** "불법행위로 인하여 건물이 훼손된 경우 그 손해는 수리가 가능하다면 그 수리비, 수리가 불가능하다면 그 교환가치(시가)가 통상의 손해이고, 사용 및 수리가 불가능한 경우 통상 불법행위로 인한 손해배상액의 기준이 되는 건물의 시가에는 건물의 철거비용은 포함되지 않는다."

544) **대판 2008. 4. 10, 2007다7751** "수입통관을 마친 제품의 교환가치는 국내에서 유통되는 같은 제품의 교환가치인 국내 시가로 보아야 할 것이므로, 수입통관절차를 완료한 제품이 불법행위로 인하여 원상회복이 불가능할 뿐 아니라 남은 가치가 없을 정도로 훼손되었다면, 그로 인한 손해는 특별한 사정이 없는 한 같은 제품의 국내 시가를 기준으로 산정하여야 한다."

545) **대판 1995. 7. 28, 94다19129.**

546) **대판 1998. 9. 8, 98다22048**; **대판 1999. 12. 21, 97다15104** "임대차 목적물이 훼손된 경우에 그 수리나 원상복구가 불가능하다면 훼손 당시의 임대차 목적물의 교환가치가 통상의 손해일 것이고 수리나 원상복구가 가능하다면 그 수리비나 원상복구비가 통상의 손해일 것이나 그것이 임대차 목적물의 교환가치가 감소된 부분을 현저하게 넘는 경우에는 특별한 사정이 없는 한 일반적으로 경제적인 면에서 수리나 원상복구가 불능이라고 보아 형평의 원칙상 그 손해액은 임대차 목적물의 교환가치 감소 부분 범위 내로 제한되어야 한다."

547) **대판 1998. 9. 8, 98다22048** "불법행위로 인하여 건물이 훼손된 경우, 수리가 가능하면 그 수리비가 통상의 손해이며, 훼손 당시 그 건물이 이미 내용연수가 다 된 낡은 건물이어서 원상으로 회복시키는 데 소요되는 수리비가 건물의 교환가치를 초과하는 경우에는 형평의 원칙상 그 손해액은 그 건물의 교환가치 범위 내로 제한되어야 할 것이고, 또한 수리로 인하여 훼손 전보다 건물의 교환가치가 증가하는 경우에는 그 수리비에서 교환가치 증가분을 공제한 금액이 그 손해이다."

서 교환가격이 기준이 될 때에는 그 물건을 사용·수익할 수 있었을 이익은 교환가격에 포함되어 있으므로 이를 따로 청구할 수 없다. 다만, 불법행위로 영업용 물건이 일부 손괴된 경우에는 휴업손해를 배상하여야 한다.[548)]

그리고 소유권이 상실된 경우에는 소유물이 멸실된 경우에 준한다고 한다. 판례에 따르면 매수한 토지상에 불법행위로 근저당권이 설정되고 매수인의 소유권 이전등기 후 그 근저당권의 실행으로 토지가 제3자에게 경락된 때에는 경락 당시의 시가를 기준으로 손해액을 산정해야 한다.[549)] 또한 공매처분으로 소유권을 취득한 자가 담당공무원의 과실로 그 공매처분이 취소됨으로써 소유권을 상실한 때에는 손해액은 공매처분 취소 당시의 시가이다.[550)] 한편 타인의 부동산에 등기서류를 위조하여 원인무효의 등기를 한 자로부터 부동산을 매수한 자는 처음부터 소유권을 취득한 바가 없으므로 그의 손해액은 부동산의 시가가 아니고 그 부동산을 취득한 것으로 믿고 지급한 매매대금 상당액이다.[551)] 이때 원래의 부동산 소

---

548) **대판** 1990. 8. 28, 88**다카**30085; **대판(전)** 2004. 3. 18, 2001**다**82507 "불법행위로 영업용 물건이 멸실된 경우, 이를 대체할 다른 물건을 마련하기 위하여 필요한 합리적인 기간 동안 그 물건을 이용하여 영업을 계속하였더라면 얻을 수 있었던 이익, 즉 휴업손해는 그에 대한 증명이 가능한 한 통상의 손해로서 그 교환가치와는 별도로 배상하여야 하고, 이는 영업용 물건이 일부 손괴된 경우, 수리를 위하여 필요한 합리적인 기간 동안의 휴업손해와 마찬가지라고 보아야 할 것이다."; **대판** 2005. 10. 13, 2003**다**24147.

549) **대판** 1991. 6. 14, 91**다**8333.

550) **대판** 1970. 7. 24, 70**다**560 "공매처분으로 인한 경매자로부터 소유권을 취득하였는데 그 후 공매담당 공무원의 직무상 과실로 인한 절차상의 하자를 이유로 그 공매처분이 취소됨으로써 소유권을 상실하게 된 경우에는 위 담당공무원의 위법행위와 소유권상실에 따른 손해발생 간에는 상당한 인과관계가 있다고 할 것이고 그 손해액은 손해발생당시인 공매처분취소당시의 시가를 기준으로 하여 산정하여야 한다."

551) **대판** 1982. 7. 27, 81**다**1006 ; **대판(전)** 1992. 6. 23, 91**다**33070 ; **대판** 1993. 4. 27, 92**다**44312 "타인의 부동산에 관하여 불법으로 등기를 마친 자로부터 부동산을 매수한 자가 그 후 진정한 권리자의 제소로 인하여 소유권을 상실한 경우, 불법등기에 관여한 자의 불법행위로 인하여 입은 통상의 손해는 그 부동산을 취득할 수 있는 것으로 믿고 지급한 매매대금상당액이다."; **대판** 1998. 7. 10, 96**다**38971 "부적법한 공탁에 기하여 기업자 명의의 원인무효의 소유권이전등기가 경료되고 다시 그 토지가 다른 사람에게 매도되어 순차로 소유권이전등기가 경료된 후에 토지의 진정한 소유자인 원래의 소유자가 최종매수인을 상대로 말소등기청구소송을 제기하여 그 소유자 승소의 판결이 확정된 경우, 위 부적법한 공탁으로 인하여 최종매수인이 입은 손해는 무효의 소유권이전등기를 유효한 등기로 믿고 그 토지를 매수하기 위하여 출연한 금액, 즉 매매대금으로서, 이는 기존이익의 상실인 적극적 손해에 해당하고, 최종매수인은 처음부터 그 토지의 소유권을 취득하지 못하였고 또한 취득할 수도 없었던 것이어서 위 말소등기를 명하는 판결의 확정으로 비로소 그 토지의 소유권을 상실하였거나 취득할 수 없게 된 것이 아니므로 그 토지의 소유권의 상실이나 소유권을

유자는 소유권을 잃은 것은 아니므로 소유권을 회복하기 위한 비용이나 회복할 때까지 목적물을 이용하지 못한 손실 등이 청구하여 받을 손해액이 된다.

[판 례]

① **대판 1996. 1. 23, 95다38233**

1. 원고의 상고이유를 본다.
   기록에 비추어 살펴보면, 원심이 그 거시 증거에 의하여 피고가 훼손한 그 판시 이 사건 임야의 면적이 426㎡이고, 훼손된 소나무가 모두 87그루 정도로서 이를 같은 수령과 크기의 소나무를 구입, 식재하여 원상회복하는 데 드는 비용이 금 3,189,413원이라고 인정하면서, 이에 반하는 내용의 소론 사실조회 결과를 배척한 것은 정당한 것으로 수긍이 되고 거기에 논지가 지적하는 바와 같이 경험칙 및 채증법칙에 위배하여 사실을 오인한 위법이 있다고 할 수 없다. 불법행위로 인한 손해는 특별한 사정이 없는 한 불법행위 당시를 표준으로 하여 그 손해액을 결정하여야 하므로, 원심이 피고의 이 사건 불법행위 당시인 1987년을 기준으로 훼손임야에 대한 복구비용을 산정한 것은 정당하고, 거기에 소론과 같이 손해배상액 산정의 법리를 오해한 위법이 없다.
   원심은 교통호의 사방공사를 위한 비용으로서 그 판시와 같은 정도의 금액이 소요된다고 인정하는 한편, 원고의 위자료 청구에 대하여는 재산권의 침해로 인한 정신적 고통에 대한 위자료는 특별사정으로 인한 손해로서 불법행위자가 그 사정을 알았거나 그 사정을 예견할 수 있었을 경우에 한하여 인정되는 것이라고 전제한 다음 소외 신성균이나 피고 회사가 원고가 주장하는 바와 같은 특별한 사정을 알았거나 알 수 있었다고 인정할 증거가 없다는 이유로 이를 배척하고 있는바, 기록에 비추어 살펴보면, 원심의 위와 같은 사실인정 및 판단은 정당한 것으로 수긍할 수 있고, 거기에 소론이 지적하는 바와 같은 위법이 있다고 할 수 없다.
   원심은 원고의 훼손된 산죽, 진달래, 산철쭉, 수태 등의 복구비 청구에 대하여, 산죽 등은 조경을 위하여 특별히 식재한 것이 아니라 야생의 것으로서 소나무와 달리 자생하는 그 상태에서 특별한 교환가치를 가진다거나 이의 훼손으로 인하여 이 사건 임야의 교환가격에 감소를 가져온다고 보기 어렵고, 또 사방공사비로서 교통호 복구비를 별도로 인정하는 터이므로 위 산죽 등 복구비를 따로 인정하지 아니한다는 취지로 판단하고 있는바, 원심의 위 판시취지는 위 산죽 등의 교환가치가 전혀 없다는 것이 아니라, 어느 정도의 가치가 있다고 하더라도 이 사건 임야의 교환가격에는 영향을 미치지 않을 뿐만 아니라, 임야의 교환가격에 다소 영향이 있다고 하더라도 교통호의 사방공사비를 인정하는 터이고 그 공사에 의하여 위 훼손된 산죽 등이 복구될 수 있고 임야의 교환가격도 원래대로 회복될 수 있으므로 따로 손해의 배상을 인정할 필요가 없다는 취지로 보이고, 이는 기록에 비추어 보면, 정당한 것으로 수긍할 수 있으므로, 이 부분에 관한 원심의

취득할 수 없게 된 것이 최종매수인의 손해가 될 수는 없다."

판단을 다투는 논지는 받아들일 수 없다.
그리고 소송비용의 재판에 대한 불복은 본안의 재판에 대한 상고의 전부 또는 일부가 이유 있는 경우에 한하여 허용되고, 본안의 상고가 그 이유가 없는 경우에는 허용되지 아니한다 할 것이므로, 원고의 상고논지가 위와 같이 전부 이유 없는 이상 원심의 소송비용의 부담에 대한 재판을 다투는 논지도 받아들일 수 없다. 논지는 모두 이유 없다.

2. 피고의 상고이유를 본다.
일반적으로 불법행위로 인한 손해는 물건이 멸실되었을 때에는 멸실 당시의 시가를, 물건이 훼손되었을 때에는 수리 또는 원상회복이 가능한 경우에는 수리비 또는 원상회복에 드는 비용을, 수리 또는 원상회복이 불가능하거나 그 비용이 과다한 경우에는 훼손으로 인하여 교환가치가 감소된 부분을 통상의 손해로 보아야 할 것인바, 이 사건에 있어서와 같이 임야의 소나무가 절단됨으로써 산림이 훼손되고 그로 인하여 비가 올 경우에 흙이 무너져 내리고 심할 경우 산사태가 날 가능성까지 있는 경우에는, 대체교환이 가능한 소나무에 대한 대체비용과 산사태 등을 방지하기 위한 사방공사비용이 모두 원상회복에 필요한 비용으로서 통상의 손해액이라고 할 것이다.
원심판결 이유에 의하면, 원심은 수목의 절단과 토석의 굴취 또는 절개 등으로 이 사건 임야가 훼손됨으로써 원고가 입게 되는 통상의 손해는 훼손된 임야 부분을 원상회복시키는데 드는 비용 상당액이라고 전제한 후, 피고가 임간도로를 개설하면서 절단한 소나무 87그루와 같은 수령과 크기의 소나무를 구입, 식재하여 원상회복하는 데 드는 비용 및 여기에 교통호를 따라 토석이 굴취되고 절개됨으로써 이 사건 임야가 훼손되어 외관상 보기가 좋지 않을 뿐 아니라 비가 올 경우 흙이 무너져 내리고 심할 경우 산사태의 염려가 없지 아니하므로 이를 막기 위하여는 사방공사를 하여야 한다고 하여 그 사방공사비용을 피고가 배상하여야 할 통상의 손해라고 하였는바, 기록과 위에서 본 법리에 비추어 보면, 원심의 위와 같은 인정 및 판단은 정당한 것으로 수긍할 수 있고, 거기에 소론과 같이 심리를 다하지 아니하거나 채증법칙을 위배하여 사실을 그릇 인정하거나 손해배상 책임의 발생 및 그 범위에 관한 법리를 오해한 위법이 있다고 할 수 없다. 논지는 이유 없다.

3. 그러므로 상고를 모두 기각하고 상고비용은 각 패소자의 부담으로 하기로 하여 관여 법관의 일치된 의견으로 주문과 같이 판결한다.

② 대판 1991. 6. 14, 91다8333

1. 원고 김우환의 상고에 대하여 판단한다.
기록에 의하면, 원고들 소송대리인은 1991.2.7. 원심판결 정본을 송달받고, 원고 김우환을 제외한 나머지 원고들을 상고인으로 표시한 상고장을 원심법원에 제출한 후 같은 해 3.18.에 이르러 원고 김우환을 상고인으로 추가하는 당사자표시 정정신청서를 당원에 제출하였음이 명백하다. 그러나 당사자 표시변경은 당사자로 표시된 자의 동일성이 인정되는 범위 내에서 그 표시만을 변경하는 경우에 한하여 허용되는 것이므로 종래의 당사자에 곁들여서 새로운 당사자를 추가하는 것은 당사자표시변경으로서 허용될 수 없는 것이고, 이는 추가된 당사자에 관한 새로운 상소제기로 보아야 할 것인바(당원 1980.7.8. 선고 80다885 판결 참조), 원고 김우환의 상고는 상고제기기간 경과 후에 제기된 것으로서 각하를 면할 수 없다 할 것이다.

2. 원고 김우환을 제외한 나머지 원고들의 상고이유를 판단한다.
원심판결 이유에 의하면, 원심은 이 사건 토지에 관한 등기의무자인 소외 손한수와 등기권리자인 원고들로부터 소유권이전등기신청의 위임을 받은 법무사 사무원인 피고가 위 손한수로부터 그 명의의 이전등기 관계서류의 반환요청을 받고 등기권리자인 원고들이 이에 관하여 명시적인 부동의의 의사를 표시하였음에도 원고들 앞으로의 소유권이전등기신청을 보류한 채 위 서류들을 위 손한수에게 교부한 과실로 말미암아 위 손한수가 임의로 이 사건 토지에 근저당권을 설정한 결과 그 근저당권이 실행되어 제3자에게 경락되는 바람에 위 근저당권 설정 후에 소유권이전등기를 경료받은 원고들이 이 사건 토지의 소유권을 상실하는 손해를 입었는바, 이로 인하여 원고들이 입은 손해액은 적어도 이 사건 토지의 경락 당시의 시가인 경락대금 55,970,000원에서 원고들이 배당받은 금 35,944,010원을 공제한 나머지 금 20,025,990원이 된다고 판시하였다.
논지는, 피고의 불법행위로 인하여 원고들이 입은 손해액은 위 손한수로부터 이 사건 토지를 매수하여 원고들에게 전매한 소외 진주수와 원고들 사이에서 정한 매매대금 상당액인 금 62,300,000원이라 할 것이고, 경락대금을 손해액으로 본 것은 위법하다는 것이나 피고의 위와 같은 불법행위로 인한 원고들의 손해는 원고들 소유의 이 사건 토지가 제3자에게 경락됨으로써 그 소유권을 상실하게 된 손해이므로 경락 당시의 시가를 기준으로 하여 그 손해액을 산정하여야 할 것인바, 기록에 의하면 이 사건 토지의 경락가액이 경매법원의 당초 감정평가액과 동일함을 알 수 있으므로 별다른 사정이 있다고 보여지지 아니하는 이 사건에서 이 사건 토지의 경락당시의 시가를 경락대금으로 보고 그 대금에서 원고들이 배당받은 금원을 공제한 나머지 금원을 원고들이 입은 손해액으로 인정한 원심의 조치는 위법하다고 할 수 없고, 거기에 소론과 같은 손해발생의 시기와 손해액 산정의 기초에 관한 심리미진이나 법리오해의 위법이 있다 할 수 없다. 논지는 이유 없다.

3. 그러므로 원고 김우환의 상고를 각하하고, 나머지 원고들의 상고를 모두 기각하며 상고비용은 패소자들의 부담으로 하여 관여법관의 일치된 의견으로 주문과 같이 판결한다.

③ **대판(전) 2004. 3. 18, 2001다82507**(휴업손해산정)

1. 원고들의 상고이유에 대한 판단

가. 원심은, 원고들의 피상속인인 소외 홍실광이 이 사건 사고로 인하여 그 소유의 피해선박이 침몰로 멸실되자 대체 선박을 마련한 후 1999. 11. 9.부터 어업을 재개하였다고 주장하면서 사고일인 같은 해 7. 11.부터 조업재개일인 같은 해 11. 9.까지 약 4개월간

홍광실이 입은 영업수익 상실손해인 금 76,273,648원의 지급을 구하는 원고들의 청구에 대하여, 선박이 침몰하여 멸실된 경우 선박소유자가 입은 손해액은 그 멸실된 선박의 교환가격에 그치고 그 이외에 선박을 이용하여 얻을 수 있는 수입 상당은 그 교환가격의 이자 상당액에 포괄된다 할 것이어서 교환가격의 배상을 구하는 외에 선박을 이용함으로써 얻을 수 있었던 이익을 별도의 손해로 청구할 수는 없다는 제1심의 판결 이유를 인용하여 원고들의 위 청구를 배척하였다.

그러나 불법행위로 영업용 물건이 멸실된 경우, 이를 대체할 다른 물건을 마련하기 위하여 필요한 합리적인 기간 동안 그 물건을 이용하여 영업을 계속하였더라면 얻을 수 있었던 이익, 즉 휴업손해는 그에 대한 증명이 가능한 한 통상의 손해로서 그 교환가치와는 별도로 배상하여야 하고, 이는 영업용 물건이 일부 손괴된 경우, 수리를 위하여 필요한 합리적인 기간 동안의 휴업손해와 마찬가지라고 보아야 할 것이다. 이와 달리 불법행위로 영업용 선박, 자동차, 건물 등의 물건이 멸실된 경우에 그 물건의 교환가격 상당액의 배상 이외에 그 물건을 대체할 다른 물건의 제조 또는 구입시까지의 기간 동안 그 멸실된 물건을 사용·수익하지 못하여 입은 손해의 배상을 구할 수 없다는 취지로 판시한 대법원 2001. 1. 16. 선고 2000다29325 판결, 대법원 1990. 10. 16. 선고 90다카20210 판결, 대법원 1990. 8. 28. 선고 88다카30085 판결, 대법원 1980. 12. 9. 선고 80다1840 판결을 비롯하여 이 판결의 견해에 배치되는 판결들은 그 배치되는 범위 내에서 이를 변경하기로 한다. 따라서 이와 반대의 견해에서 대체 선박을 마련하는 데 필요한 합리적인 기간 및 그 기간 동안의 조업수입액 등에 관하여 심리하지 아니한 채 원고들의 위 청구를 배척한 원심판결에는 불법행위로 인하여 영업용 물건이 멸실된 경우의 손해배상액 산정에 관한 법리를 오해하여 판결에 영향을 미친 위법이 있다 할 것이다. 이 점을 지적하는 상고이유의 주장은 정당하다.

나. 원심판결 중 위자료 청구를 일부 기각한 부분에 대하여는, 원고들이 상고이유서 제출기간 내에 상고이유를 제출하지 아니하였다.

2. 피고의 상고이유에 대한 판단

원심은, 위 홍실광이 이 사건 선박충돌 사고로 생활기반이 되는 어선이 완전파손됨으로 인하여 상당한 정도의 정신적 충격을 받았음이 인정되고, 이로 인하여 상당한 기간 동안 생업에 종사하지 못하였으며 대체선박을 구입하여 다시 생업에 종사한지 얼마 되지 않아 사망하는 등의 사정이 있었으므로 피고는 이 사건 사고로 인하여 위 홍실광이 입은 정신적 손해를 배상할 책임이 있다고 할 것이고, 이 사건 자료에 나타난 제반 사정을 참작하면 그 액수는 금 20,000,000원으로 정함이 상당하다고 판단하였다.

그러나 일반적으로 타인의 불법행위 등에 의하여 재산권이 침해된 경우에는 그 재산적 손해의 배상에 의하여 정신적 고통도 회복된다고 보아야 할 것이므로 재산적 손해의 배상에 의하여 회복할 수 없는 정신적 손해가 발생하였다면, 이는 특별한 사정으로 인한 손해로서 가해자가 그러한 사정을 알았거나 알 수 있었을 경우에 한하여 그 손해에 대한 위자료를 청구할 수 있는 것이다(대법원 1996. 11. 26. 선고 96다31574 판결 등 참조).

따라서 이 사건 선박충돌 사고로 위 홍실광이 입게 된 정신적 고통을 위자할 의무가 있다고 하기 위해서는 위 홍실광에게 위와 같은 특별한 사정이 있고, 피고가 이를 알았거나 알 수 있었어야 할 것인데, 원심이 이러한 점에 관하여 제대로 심리·판단을 하지 않은 채 만연히 앞서 설시한 이유만으로 피고에게 정신적 손해에 대하여도 위자할 의무가 있다고 판단하였으니 이는 재산권 침해로 인한 위자료의 인정에 관한 법리오해, 심리미진 내지 이유불비의 위법을 저지른 것이라고 할 것이다. 이 점을 지적하는 상고이유의 주장은 이유 있다.

3. 그러므로 원심판결 중 일실 휴업손해에 관한 부분 및 위자료에 관한 피고 패소 부분을 각 파기하고, 이 부분 사건을 다시 심리·판단하도록 하기 위하여 원심법원에 환송하며, 원고들의 나머지 상고는 이유 없어 이를 기각하기로 관여 대법관 전원의 의견이 일치되어 주문과 같이 판결한다.

④ 대판 1998. 9. 8, 98다22048

1. 상고이유 제1점에 대하여

불법행위로 인하여 건물이 훼손된 경우, 수리가 가능하면 그 수리비가 통상의 손해이며, 훼손 당시 그 건물이 이미 내용연수가 다 된 낡은 건물이어서 원상으로 회복시키는 데 소요되는 수리비가 건물의 교환가치를 초과하는 경우에는 형평의 원칙상 그 손해액은 그 건물의 교환가치 범위 내로 제한되어야 할 것이고(대법원 1987. 11. 24. 선고 87다카1926 판결 참조), 또한 수리로 인하여 훼손 전보다 건물의 교환가치가 증가하는 경우에는 그 수리비에서 교환가치 증가분을 공제한 금액이 그 손해라 할 것이다.

기록에 비추어 살펴보면, 원심이 인정한 수리비는 피고 소유 건물의 철거 시 안전조치 미흡으로 인하여 직접 발생한 원고 소유 건물의 전면 벽 또는 기둥 그리고 지붕의 훼손 부분에 대하여 산정된 것임을 인정할 수 있고, 한편, 이 사건에서는 위 수리비가 원고 소유 건물의 교환가치를 초과한다거나 수리로 인하여 위 건물의 교환가치가 증가한다고 볼 만한 사정이 없으므로 위 수리비를 피고가 배상할 재산상 손해로 인정한 원심의 조치는 정당하고, 거기에 건물 훼손으로 인한 수리비 인정에 있어서의 형평원칙을 위배하였거나 심리미진, 채증법칙 위배에 의한 사실오인의 위법이 있다고 할 수 없다. 논지는 이유 없다.

2. 상고이유 제2점에 대하여

소송비용의 재판에 대한 불복은 본안의 재판에 대한 상고의 전부 또는 일부가 이유 있는 경우에 한하여 허용되는 것이고, 본안의 상고가 이유 없는 때에는 허용될 수 없으므로(대법원 1995. 3. 10. 선고 94후1091 판결, 1996. 1. 23. 선고 95다38233 판결 참조), 본안에 대한 상고논지가 이유 없는 이상 원심판결의 소송비용의 재판에 위법이 있다는 주장은 받아들일 수 없다. 논지는 이유 없다.

3. 그러므로 상고를 기각하고 상고비용은 패소자의 부담으로 하기로 하여 관여 법관의 일치된 의견으로 주문과 같이 판결한다.

2) 생명침해

① **적극적 손해**

㉠ **치 료 비** 생명을 침해당하여 즉사하지 않고 중상이후 사망한 때에는 치료비를 배상하여야 한다. 이에는 치료하는 데 필요한 각종의 비용(입원비·약제비·진료비 등)이 포함된다. 부상이후 사망 시까지 개호인을 필요로 하는 때에는 그 비용도 포함된다. 그 밖에 장차 사용하여야 할 의수·의족 등의 구매를 위한 비용도 현재의 가격을 기준으로 산정해서 배상하여야 한다. 그 배상청구권은 부양의무자에게 속한다. 확정판결 또는 합의에 의하여 배상을 받은 후 당초에 예상하지 못한 후유증이 발생한 경우에 변론종결 후에 발생한 손해에 대해서는 기판력이 미치지 않으므로 그 후유증에 대한 손해배상을 청구할 수 있다고 할 것이다.

㉡ **장 례 비** 판례는 "고의 또는 과실에 의하여 타인의 생명을 해한 사람은 그 장례에 관한 비용을 손해로서 배상할 의무가 있고, 누구든지 사망은 피할 수 없는 것이고 그 비용은 사망자의 친족이 당연히 부담할 것이라는 이유로 그 배상의무를 면할 수 없다."[552]고 한다. 따라서 장례비도 배상되어야 할 것이다. 장례비청구권자는 장례비부담의무자[553]고, 그 의무는 상속인, 부양의무자 순으로 부담한다. 한편 장례 시 조문객으로부터 받은 부의금은 손실을 전보하는 성질의 것이 아니므로 배상액에서 공제할 것이 아니다.[554] 한편 타인의 불법행위로 인하여 사망한 자를 매장하기 위하여 묘지를 구입한 경우 그 묘지구입비는 손해배상의 대상이 되는 장례비에 해당한다. 다만 묘지구입비는 법률이 허용하는 묘지면적[555]의

---

552) **대판 1966. 10. 11, 66다1456** "장례비용 : 고의 또는 과실에 의하여 타인의 생명을 해한 사람은 그 장례에 관한 비용을 손해로서 배상할 의무가 있다 할 것이고 누구든지 사망은 조만간 면할 수 없는 운명이요 그 비용은 사망자의 친족이 당연히 부담할 것이라는 이유로 그 배상의무를 면할 수 없다고 해석함이 상당하다."

553) 곽윤직, 463면은 '지출자' 라고 한다.

554) **대판 1976. 2. 24, 75다1088** "장례때 조객으로 부터 받는 부의금은 손실을 전보하는 성질의 것이 아니므로 이를 재산적 손해액산정에서 참작할 것이 아니다."

555) 현행 '장사 등에 관한 법률' 제18조 제2항에 의하면 사설묘지는 30제곱미터를 초과하지 못한다.

매수대금을 초과하지 않는 범위에서만 허용되어야 할 것이라라고 한다.[556)]

② **소극적 손해**(逸失利益) 소극적 손해 즉 일실이익은 생명침해가 없었다면 침해를 당한 자(피살자)가 장래 얻을 수 있었던 이익이다. 손해를 어떻게 산정할 것인가에 관하여 사상으로 인하여 노동능력의 전부 또는 일부를 상실한 경우에 피해자가 입은 손해는 가해적 사태가 없었더라면 그가 얻을 수 있었으리라고 생각되는 소득의 합계라고 파악하는 견해와 사람의 생명·신체의 침해로 인한 일실손해의 본질을 가동능력의 상실 그 자체로 파악하는 견해로 나뉘어 있다.

일실이익은 사망당시의 수입액에 수입가능기간(이는 평균여명기간을 기초로 소득을 올릴 수 있는 기간인 가동연한이 계산되어야 함)을 곱해서 나온 총액에서 생활비와 중간이자를 공제하여 계산된다. 생명침해의 경우 일실이익을 산정하는 공식은 다음과 같다. 즉 일실이익=[(사망당시 수입액)×(수입가능기간)]-생활비-중간이자이다. 이하에서는 수입액, 수입가능기간, 생활비, 중간이자에 대하여 살펴본다.

㉠ **수 입 액** 봉급생활자의 경우에는 그 임금을 기준으로 산정하는데, 봉급이 증가될 것을 예측할 수 있는 객관적인 자료가 있는 때에는 이를 통상손해로 보아 가해자의 예견 여부를 묻지 않고 일실수입에 포함시킨다.[557)] 그리고 사고

---

556) **대판 1984. 12. 11, 84다카1125** "가. 망인의 시신을 묘지에 장사지내는 것은 우리나라 고유의 풍속에 속한다 할 것이고 어느 토지가 일단 묘지로 사용된 이상 특단의 사정이 없는 한 그 토지는 상당한 기간 묘지 이외의 다른 용도로 사용할 수 없어 일반재산으로서의 교환가치를 상실한다 할 것이므로 타인의 불법행위로 인하여 사망한 자를 매장하기 위하여 묘지를 구입한 경우, 그 묘지구입비는 손해배상의 대상이 되는 장례비에 해당된다. 나. 묘지로 사용할 수 있는 토지의 면적은 법률이 허용하는 한도를 초과할 수 없다 할 것인 바, 매장 및 묘지등에 관한 법률 제4조 제1항 및 동법시행령 제2조 제1항 제1호의 규정에 의하면 1기당 묘지면적은 통상 30평방미터를 넘을 수 없도록 규제하고 있으므로 장례비에 포함시켜 지급을 소구하는 묘지구입비는 30평방미터의 매수대금을 초과하지 않는 범위에서만 가능하다."

557) **대판(전) 1989. 12. 26, 88다카6761** "불법행위로 인하여 노동능력을 상실한 급여소득자의 일실이득은 원칙적으로 노동능력상실 당시의 임금수익을 기준으로 산정할 것이지만 장차 그 임금수익이 증가될 것을 상당한 정도로 확실하게 예측할 수 있는 객관적인 자료가 있을 때에는 장차 증가될 임금수익도 일실이득을 산정함에 고려되어야 할 것이고 이와 같이 장차 증가될 임금수익을 기준으로 산정된 일실이득 상당의 손해는 당해 불법행위에 의하여 사회관념상 통상 생기는 것으로 인정되는 통상손해에 해당하는 것이라고 볼 것이므로 당연히 배상 범위에 포함시켜야 하는 것이고, 피해자의 임금수익이 장차 증가될 것이라는 사정을 가해자가 알았거나 알 수 있었는지의 여부에 따라 그 배상범위가 달라지는 것은 아니다."; **대판 1992. 1. 21, 91다36628** "피해자가 근무하던 회사에서는 피해자와 같은 6급 이하 생산직 사원에 대하여는 특 사정이 없는 한 매년 2회에 걸쳐 1호봉씩

당시 수입이 없는 무직자·미성년자·학생·가정주부의 경우에는 일용노임을 기준으로 산정한다. 한편 봉급생활자의 임금이 일반노동임금보다 적은 때에도 일반노동임금에 의한 청구를 인정한다.[558)]

㉡ **수입가능기간** 통계에 의한 생명표로부터 사자의 장래의 생존을 추정하는 연수, 이른바 평균(기대)여명을 알 수 있다. 이를 기초로 하여 사자의 직업·건강상태 등을 고려하여 수입 내지 소득이 가능한 기간이 산출된다. 수입이 가능한 최종의 시기는 피해자의 직업이나 건강상태에 따라 다르다. 그 직업에 정년이 정하여져 있는 때에는 그것이 기준이 될 수 있다. 그 외에 판례는 일반 육체노동의 가동연한을 55세로 본 종전 판례를 폐기하면서, 일반적으로 55세가 넘어서도 가동될 수 있다고 보되 그 한계연령은 피해자의 연령·직업·건강상태 등 구체적인 사정을 고려하여 정하도록 했다.[559)] 정신노동자는 일반적으로 육체노동자보

승급을 시켜왔다면 피해자의 그와 같은 수입의 증가는 확실하게 예측할 수 있는 것으로 보여져있는 통상의 손해라 할 것이다."

558) **대판(전) 1980. 2. 26, 79다1899** "공장 등에서 직공으로 종사하는 자는 거기서 얻은 수익보다 일반 노동임금이 훨씬 많은 경우에는 일반노동에 종사하리라는 개연성이 농후하다고 할 것이므로, 별단의 사정이 없는 한 변론종결 당시의 일반 노동임금이 노동력 상실 당시 현실로 얻은 수익보다 다액일 때에는 그 노동임금을 선택하고 이를 기준으로 하여 그 일실수익을 산정함이 정당하다."; **대판 1995. 1. 26, 95다35623** "불법행위로 인한 손해배상 사건에서 피해자의 일실수입은 사고 당시 피해자의 실제소득을 기준으로 하여 산정할 수도 있고 통계소득을 포함한 추정소득에 의하여 평가할 수도 있는 것이며, 이와 같은 일실수입의 산정은 불확정한 미래 사실의 예측이므로 당해 사건에 현출된 구체적 사정을 기초로 하여 합리적이고 객관성 있는 기대수입을 산정할 수 있으면 족하고 반드시 어느 한 쪽을 정당한 산정 방법이라고 할 수는 없으나, 피해자가 사고 당시 직장에 근무하면서 일정한 수입을 얻고 있는 경우에 있어서, 피해자에 대한 사고 당시의 실제수입을 확정할 수 있는 객관적인 자료가 현출되어 있어 그에 기하여 합리적이고 객관성 있는 기대수입을 산정할 수 있다면 사고 당시의 실제수입을 기초로 일실수입을 산정하여야 하고, 통계소득이 실제수입보다 높다면 사고 당시에 실제로 얻고 있던 수입보다 높은 통계소득만큼 수입을 장차 얻을 수 있으리라는 특수 사정이 인정되는 경우에 한하여 그러한 통계소득을 기준으로 일실수입을 산정할 수 있다."

559) **대판(전) 1989. 12. 26, 88다카16867** "당원은 종래에 일반육체노동 또는 육체노동을 주된 내용으로 하는 생계활동의 가동연한은 경험칙상 만 55세로 보아야 한다는 견해를 표명해 왔고 위 원심판단은 이러한 당원의 견해에 따른 것으로 보인다. 그런데 경험칙이라는 것은 각개의 경험으로부터 귀납적으로 얻어지는 사물의 성상이나 인과의 관계에 관한 사실판단의 법칙을 말하는 것으로서 구체적인 경험적 사실로부터 도출되는 공통인식에 바탕을 둔 판단형식이므로, 그 기초가 된 경험적 사실의 변하에 따라 그 판단내용도 달라질 수밖에 없음은 더 말할 나위도 없다. 일반육체노동의 가동연합이 경험칙상 만 55세라고 본 당원의 판례는 1950년대(1956. 1. 26. 선고 4288민상352 판결 참조)와 1960년대

다 가동기간이 길다. 그러나 특수한 사정을 고려하지 않고 일률적으로 65세로 보아서는 안 된다.[560] 노동시기는 남자로서 군복무 중인 때에는 제대하여 노동에 실제로 종사할 수 있는 때를 기준으로 계산한다.[561]

(1966. 10. 11. 선고 66다1399 판결 ; 1967. 1. 31. 선고 66다2217 판결 ; 1968. 7. 16. 선고 68다997 판결, 1969. 1. 21. 선고 68다2237 판결 등 각 참조)에 형성되기 시작하였는바, 이러한 판례형성의 초기에 있어서 위 경험칙의 기초가 된 제반사정을 당원에 현저한 사실관계에 터잡아 살펴보면 우리나라 국민의 평균여명(영세 기준)이 1950년대에는 남자 51.12세, 여자 53.73세이고 1960년대에는 남자 54.92세, 여자 60.99세에 불과하였고(1960년도 한국통계연감(내무부) 및 1967년도 한국 통계연감(경제기획원) 각 참조), 육체노동을 주된 업무내용으로 하는 선로수, 토목수, 목공, 운전수 등 기능직공무원의 정년이 법령상 만 55세로 한정되어 있었으며(1963. 4. 17. 법률 제132호로 공포 시행된 국가공무원법 제74조, 1963. 5. 29. 각 령 제1317호로 공포 시행된 공무원임용령 제3조 제2항 각 참조), 여기에 당시의 우리나라의 경제수준과 고용조건 등의 사회적, 경제적 여건을 감안하여 일반육체노동의 가동연한은 만 55세라는 경험칙에 의한 추정이 도출되었던 것으로 이것이 현재까지 유지되어 왔던 것이다. 그러나 그동안 우리나라의 사회적, 경제적 구조와 생활여건이 급속하게 향상 발전됨에 따라 국민의 평균여명(영세기준)은 남자 63세, 여자 69세로 늘어났고(1981년도 한국통계연감(경제기획원 조사통계국)참조), 기능직공무원 중 육체노동을 주된 업무내용으로 하는 철도원, 토목원, 건축원, 기계원등의 정년도 법령상 만 58세로 연장되었으며(1986. 12. 31. 대통령령 제12052호로 개정된 공무원임용령 제3조 제3항참조), 또 국민연금법상 노동능력을 상실한 노령자에게 지급되는 노령연금의 지급대상연령도 갱내작업광부와 어로작업선원 등 특수한 경우를 제외하고 만 60세로 규정되기에 이르렀다(1986. 12. 31. 법률제3902호로 공포시행된 국민연금법 제56조 제1항, 같은 법 시행령 제38조 참조).위에서 본 바와 같은 제반사정의 변화에 비추어보면 이제 일반육체노동 또는 육체노동을 주된 내용으로 하는 생계활동의 가동연한이 만55세라는 경험칙에 의한 추정은 더 이상 유지되기 어렵다고 하지 않을 수 없으며 오히려 일반적으로 만55세를 넘어서도 가동할 수 있다고 보는 것이 경험칙에 합당하다고 할 것이므로, 당원이 종래에 일반육체노동 또는 육체노동을 주로 하는 생계활동의 가동연한을 경험칙상 만 55세라고 본 견해는 이를 폐기하기로 한다. 다만 오늘날 만 55세를 넘어 가동할 수 있는 한계연령이 구체적으로 몇 살인가 하는 점은 앞에서 당원이 현저한 사실관계에 더 잡아 살펴본 평균여명과기능직공무원의 정년 등 사유만가지고 정하기에 미흡하다고 생각되므로, 사실조사의 권능을 가진 사실심에서 앞에서 본 사유 외에 연령별 근로자인구수, 취업율 또는 근로참가율 및 직종별 근로조건과 정년제한등 제반사정을 조사하여 이로부터 경험칙상 추정되는 일반육체노동의 가동연한을 도출하던가 또는 당해 피해자의 연령, 직업, 경력, 건강상태 등 구체적인 사정을 고려하여 그 가동연한을 인정하든가 하여야 할 것이다."

560) **대판 1984. 4. 10, 83다카614** "법원이 개개의 구체적인 경우에 피해자의 경력, 년령, 직업, 건강상태 기타 사정을 참작하여 자유로운 심증으로 그 가동년한을 인정할 수 있다 하더라도, 건강한 사람이 일반육체노동에 종사할 수 있는 년한은 보통 55세까지라고 하는 경험칙과 달리 그 이상의 가동년한을 인정하려면 그 근거가 될 특수사정을 심리판단하지 아니하면 아니되므로, 원심이 이에 이르지 아니한 채 단순히 정신노동에 해당하는 직종이라는 이유만으로 그 가동년한을 65세까지로 인정하였음은 심리미진 내지 이유불비의 위법이 있다 할 것이다."

561) **대판 1966. 7. 26, 66다1077** "부상으로 인하여 농업노동에 종사할 수 없게 된 경우의 상실이익

㉢ **생활비**　생명을 침해당하여 사망한 경우에는 그가 생존하였더라면 장래 지출하였을 생활비를 면하게 된 것이므로 배상액에서 생활비를 공제해야 한다. 반면 침해당하였으나 부상을 입은 때에는 생활비를 면하는 것은 아니어서 이를 공제해서는 안 된다. 한편 미성년자가 성년이 되어 수입이 가능할 때까지의 생활비는 그 친권자나 부양의무자의 부담에 속하는 것이므로, 불법행위로 사망한 미성년자의 일실이익을 산정함에 있어서는 그의 성년에 이르기까지의 생활비는 그 일실이익에서 공제할 것이 아니다.[562)]

㉣ **중간이자**　장래 일정기간 정기적으로 지급될 재산적 이익의 상실분에 대하여 현재 일괄배상을 하기 위해서는 중간이자를 공제해야 한다. 중간이자의 공제방법으로는 호프만(Hoffmann)식, 라이프니츠(Leibniz)식 그리고 가르프초우(Garpzow)식의 세 가지가 있다. 즉 장래 취득할 총 금액을 A, 실제로 받을 금액을 X, 노동가능기간(연수)을 n, 이율을 r 이라 하면, Hoffmann(單利計算方式)식은 X=$\frac{A}{1+nr}$이고, Leibniz(複利計算方式)식은 X=$\frac{A}{(1+r)^n}$ 이며, Garpzow(單利計算方式)식은 X=A(1-nr)이다. 우리 대법원은 종래 호프만식을 주로 사용하였으나,[563)] 대법원은 법원이 자유로운 판단에 따라 호프만식이나 라이프니츠식 중 어느 방식에 의하여도 무방하다고 하였다.[564)] 그 후에 두 방법이 모두 이용되고 있는 것으로 보인다.

을 산정함에 있어서는 원고가 제대하여 위와 같은 노동에 실제로 종사할 수 있었을 때를 기준으로 하여야 할 것이다."

562) **대판 1970. 2. 24, 69다1388** "미성년자가 성년이 되어 수입이 가능할 때까지의 생활비는 그 친권자나 부양의무자의 부담에 속하는 것이므로 불법행위로 사당한 미성년자의 일실이익을 산정함에 있어서는 같은 망인의 성년에 이르기까지의 생활비는 그 일실이익에서 공제할 것이 아니다."

563) **대판 1966. 11. 29, 66다1871** "타인의 불법행위로 인하여 장래 얻을 수 있는 수입을 못얻게 되는 것을 이유로 그 손해금을 일시에 청구하는 경우에는 은행거래 또는 일반 금전거래의 경우와는 달라서 채권자가 그 채권을 복리로 이식할 것을 생각할 필요는 없는 것이어서 호프만식 계산법에 의하여 중간이식을 공제한 원심조치는 정당하다할 것이다."; **대판 1986. 3. 25, 85다카2375** "호프만식계산법에 의하여 중간이자를 공제하고 장래의 일실이익의 현가를 산정하는 것 자체는 위법이 아니다."

564) **대판 1983. 6. 28, 83다191** "불법행위로 인한 일실수익의 현가산정에 있어서 기초사실인 수입, 가동연한, 공제할 생활비 등은 사실상의 주장이지만 현가 산정방식에 관한 주장(호프만식에 의할 것이냐 또는 라이프니쯔식에 의할 것이냐에 관한 주장)은 당사자의 평가에 지나지 않는 것이므로 당사자의 주장에 불구하고 법원은 자유로운 판단에 따라 채용할 수 있고 이를 변론주의에 반한 것이라 할 수 없다."

그러나 단리방식인 호프만식이 복리방식인 라이프니츠식보다 공제되는 중간이자가 적게 되어 사망자로서는 실제로 받는 배상액이 상대적으로 많은 호프만식을 적용하는 것이 유리하다. 실제로 많은 판례에서 호프만식에 의한 계산이 위법하지 않다고 판단한 예가 많다.[565] 그리고 국가배상법에서 과거에는 라이프니츠식을 적용하였으나 현재에는 호프만식만을 적용할 것을 천명하고 있다(국가배상법 제3조의 2 제2항, 제3항 ; 동법 시행령 제6조 제3항).

[일실이익에 관한 판례]

① **대판(전) 1989. 12. 26, 88다카16867**

1. 원고들 소송대리인들의 상고이유를 본다.

가. 원심판결 이유에 의하면, 원심은 개인택시운송사업면허를 가지고 개인택시를 운전하다가 이 사건 사고로 사망한 소외 망 박생유의 일실이익을 산정함에 있어서 그 가동연한에 관하여 개인택시운송사업은 그 면허를 받은 자가 직접 운전함을 원칙으로 하고 있고 운전업무는 사고방지를 위하여 고도의 주의력이 요구될 뿐 아니라 그 육체적 활동이 일반육체노동에 비하여 가벼운 것은 아닌 점을 들어 이 망인이 만60세가 끝날 때까지 가동할 수 있다는 원고들 주장을 배척한 후 위 망인의 가동연한은 만 55세가 끝날 때까지임이 경험칙에 의하여 인정된다고 판단하고 있다.

나. 당원은 종래에 일반육체노동 또는 육체노동을 주된 내용으로 하는 생계활동의 가동연한은 경험칙상 만 55세로 보아야 한다는 견해를 표명해 왔고 위 원심판단은 이러한 당원의 견해에 따른 것으로 보인다. 그런데 경험칙이라는 것은 각개의 경험으로부터 귀납적으로 얻어지는 사물의 성상이나 인과의 관계에 관한 사실판단의 법칙을 말하는 것으로서 구체적인 경험적 사실로부터 도출되는 공통인식에 바탕을 둔 판단형식이므로, 그 기초가 된 경험적 사실의 변화에 따라 그 판단내용도 달라질 수밖에 없음은 더 말할 나위도 없다. 일반육체노동의 가동연한이 경험칙상 만 55세라고 본 당원의 판례는 1950년대(1956. 1. 26. 선고 4288민상352 판결 참조)와 1960년대(1966. 10. 11. 선고 66다1399 판결 ; 1967. 1. 31. 선고 66다2217 판결 ; 1968. 7. 16. 선고 68다997 판결 ; 1969. 1. 21. 선고 68다2237 판결 등 각 참조)에 형성되기 시작하였는바, 이러한 판례형성의 초기에 있어서 위 경험칙의 기초가 된 제반사정을 당원에 현저한 사실관계에 터잡아 살펴보면 우리나라 국민의 평균여명(영세 기준)이 1950년대에는 남자 51.12세, 여자 53.73세이고 1960년대에는 남자 54.92세, 여자 60.99세에 불과하였고

---

565) **대판 1985. 10. 11, 85다카819** "호프만식 계산법에 의하여 중간이자를 공제하여 장래의 일실이익의 현가를 산정하는 것은 위법한 것이 아니다." ; **대판 1986. 9. 9, 86다카565** "호프만식계산법에 의하여 중간이자를 공제하고 장래의 일실이익의 현가를 산정하는 것 자체는 위법이 아니다." 등 다수.

[1960년도 한국통계연감(내무부) 및 1967년도 한국 통계연감(경제기획원) 각 참조], 육체노동을 주된 업무내용으로 하는 선로수, 토목수, 목공, 운전수 등 기능직공무원의 정년이 법령상 만 55세로 한정되어 있었으며(1963. 4. 17. 법률 저132호로 공포시행된 국가공무원법 제74조, 1963. 5. 29. 각 령 제1317호로 공포시행된 공무원임용령 제3조 제2항 각 참조), 여기에 당시의 우리나라의 경제수준과 고용조건 등의 사회적, 경제적 여건을 감안하여 일반육체노동의 가동연한은 만 55세라는 경험칙에 의한 추정이 도출되었던 것으로 이것이 현재까지 유지되어 왔던 것이다.

그러나 그동안 우리나라의 사회적, 경제적 구조와 생활여건이 급속하게 향상·발전됨에 따라 국민의 평균여명(영세기준)은 남자 63세, 여자 69세로 늘어났고[1981년도 한국 통계연감(경제기획원 조사통계국)참조], 기능직공무원중 육체노동을 주된 업무내용으로 하는 철도원, 토목원, 건축원, 기계원등의 정년도 법령상 만 58세로 연장되었으며(1986. 12. 31. 대통령령 제12052호로 개정된 공무원임용령 제3조 제3항 참조), 또 국민연금법상 노동능력을 상실한 노령자에게 지급되는 노령연금의 지급대상연령도 갱내작업광부와 어로작업선원등 특수한 경우를 제외하고 만 60세로 규정되기에 이르렀다(1986. 12. 31. 법률제3902호로 공포시행된 국민연금법 제56조 제1항, 같은법시행령 제38조 참조).

위에서 본 바와 같은 제반사정의 변화에 비추어보면 이제 일반육체노동 또는 육체노동을 주된 내용으로 하는 생계활동의 가동연한이 만55세라는 경험칙에 의한 추정은 더 이상 유지되기 어렵다고 하지 않을 수 없으며 오히려 일반적으로 만55세를 넘어서도 가동할 수 있다고 보는 것이 경험칙에 합당하다고 할 것이므로, 당원이 종래에 일반육체노동 또는 육체노동을 주로 하는 생계활동의 가동연한을 경험칙 상 만 55세라고 본 견해는 이를 폐기하기로 한다.

다만 오늘날 만 55세를 넘어 가동할 수 있는 한계연령이 구체적으로 몇 살인가 하는 점은 앞에서 당원이 현저한 사실관계에 터 잡아 살펴본 평균여명과 기능직공무원의 정년 등 사유만가지고 정하기에 미흡하다고 생각되므로, 사실조사의 권능을 가진 사실심에서 앞에서 본 사유외에 연령별 근로자인구수, 취업율 또는 근로참가율 및 직종별 근로조건과 정년제한등 제반사정을 조사하여 이로부터 경험칙 상 추정되는 일반육체노동의 가동연한을 도출하든가 또는 당해 피해자의 연령, 직업, 경력, 건강상태등 구체적인 사정을 고려하여 그 가동연한을 인정하든가 하여야 할 것이다.

다. 결국 원심판결은 위 망 박생유의 가동연한을 인정함에 있어서 채증법칙에 위반하여 판결에 영향을 미친 위법이 있고 이는 소송촉진등에관한특례법제12조 제2항 소정의 파기사유에 해당하므로 이 점에 관한 논지는 이유있다.

2. 피고소송대리인의 상고이유를 본다.

가. 제1점

원심판결 이유에 의하면, 원심은 소외 망 박 생유가 이 사건 사고발생당시 택시운전석에 부착되어 있던 안전벨트를 착용하지 아니한 과실이 있다는 피고의 주장에 대하여 이를 인정할 만한 증거가 없다는 이유로 배척하고 있는 바, 기록에 나타난 증거관계를 살펴보면 위와 같은 원심판단은 정당하다. 논지는 피해자 망 박 생유가 이 사건 사고로 입은 뇌좌상, 흉부좌상, 다발성 늑골골절상등 상해의 부위로 보아 안전벨트를 착용하지 않은 것이 명백한데도 위와 같이 판단한 원심판결에는 심리미진과 과실상계의 법리를 오해한 위법이 있다는 것이나 기록에 의하면 위 피해자는 피해차량을 운전하던 중 가해차량과 정면충돌하여 차량전면이 부서지면서 흉부좌상과 다발성 늑골골절상을 입고 사망하였음이 명백하고 소론과 같이 뇌좌상을 입었다는 자료는 찾아볼 수 없는 바, 위와 같은 흉부좌상 등의 상처는 안전벨트를 착용한 경우에도 운전대에 충격되어 생길 수 있는 상처라고 보임으로 위 논지는 이유 없다.

나. 제2점

개인택시운송사면허가 유상으로 양도되고 있어 사실상 교환적 가치를 지니고 있다고 하여도 이러한 사실만으로 곧 위 면허자체를 자본적 수익재에 해당한다고 말할 수는 없으므로, 위 면허가 자본적 수익재임을 전제로 위 망 박생유의 일실이익을 산정함에 있어서 위 면허가 차지하는 자본적 기여부분에 해당하는 면허처분가액의 법정이자 상당액을 공제하여야 한다는 논지는 받아들일 수 없다. 또 논지는 원고들이 위 망 박 생유의 가동연한이 도래하기 전에 미리 위 개인택시운송사업면허를 다른 사람에게 처분함으로써 그 처분가액에 대한 가동연한까지의 법정이자 상당의 이익을 얻었으므로 이를 망인의 일실이익손해에서 공제하여야 한다고 주장하나, 손익상계에 의하여 손해에서 공제할 수 있는 이익은 손해가 발생한 동일한 원인사실로부터 발생한 것이어야 하고 또 불법행위와 상당인과관계가 있는 것임을 요하는 바, 피고가 주장하는 중간이자상당이익은 원고들이 위 망인명의의 개인택시운송사업면허를 다른 사람에게 매도함으로써 발생한 이익이고 직접적으로 이 사건 불법행위로 인하여 발생한 이익이라고는 보기 어려울 뿐 아니라, 위 망인의 가동연한이 도래한 때에 있어서의 위 개인택시의 처분가액이 원고들의 처분가액과 반드시 같을 것이라고 예측할 수도 없는 것이어서 원고들의 처분가액에 대한 중간이자 상당액이 이 사건 불법행위와 상당인과 관계가 있는 이익이라고 보기도 어렵다고 할 것이다. 소론 당원 결정은 상고허가신청기각결정으로서 이유의 기재가 없는 것이므로 원심판결과 상반된 판례라고 볼 수 없다.

결국 원심판결에 손해범위에 관하여 법리를 오해하고 당원판례와 상반된 법률해석을 한 위법이 있다는 논지는 모두 이유 없다.

3. 그러므로 원심판결 중 원고들 패소부분을 파기하고, 이 부분 사건을 원심법원에 환송하며 피고의 상고는 이를 기각하고, 이 상고기각부분에 관한 상고비용은 패소자의 부담으로 하여 관여법관의 일치된 의견으로 주문과 같이 판결한다.

② 대판 1997. 12. 23, 96다46491

상고이유를 판단한다.

일실수입의 기초가 되는 가동연한은 사실심이 우리나라 국민의 평균여명, 경제 수준, 고용 조건 등의 사회적, 경제적 여건 외에, 연령별 근로자 인구 수, 취업률 또는 근로참가율 및 직종별 근로 조건과 정년 제한 등 제반 사정을 조사하여 이로부터 경험법칙상 추정되는 가동연한을 도출하든가, 또는 당해 피해 당사자의 연령, 직업, 경력, 건강 상태 등 구체적인 사정을 고려하여 그 가동연한을 인정할 수 있는 것이다(대법원 1989. 12. 26. 선고 88다카16867 전원합의체 판결, 1993. 6. 8. 선고 92다18573 판결, 1993. 11. 26. 선고 93다31917 판결, 1996. 11. 29. 선고 96다37091 판결, 1997. 3. 25. 선고 96다49360 판결, 1997. 4. 22. 선고 97다3637 판결 등 참조).

원심은 증거를 종합하여 1994년경 우리나라 전체의 농가 인구는 약 5,167,000명인데, 그 중 60세 이상의 농가 인구가 약 1,304,000명에 달하여 전체 농가 인구 중 60세 이상의 농가 인구가 차지하는 비율이 25%에 달하고 있고, 이 사건 사고 당시 망인이 거주하고 있던 충북 옥천군 청산면에 거주하는 성인 중 농업에 종사하는 전체 인구는 약 3,370명인데 그 중 60세 이상 65세 미만은 610명이고, 65세 이상은 547명인 사실을 인정한 다음, 위와 같은 사정에다 농촌 인구의 도시 유입으로 인한 농촌 인구의 고령화라는 우리나라 농촌의 현실과 망인은 이 사건 사고 당시 만 52세 7개월의 나이로서 실제 농업 노동에 종사하여 왔을 뿐 아니라, 농한기인 1994. 10.부터 1995. 3.까지는 건설 현장에서 근무할 정도로 건강하였음에 비추어 볼 때 농업에 종사하는 망인의 가동연한은 65세가 될 때까지로 봄이 상당하다고 판단하였는바, 위에 본 가동연한의 법리와 기록에 비추어 보면 원심의 위와 같은 사실인정 및 판단은 수긍이 가고, 거기에 상고이유로 주장하는 바와 같이 잘못된 증거를 취사하거나 심리를 다하지 못하여 사실을 오인한 위법 등이 있다고 할 수 없다. 이 점에 관한 상고이유는 받아들일 수 없다. 그리고 피고는 일실수입 부분 이외의 부분에 대하여도 불법상고를 하였으나 그에 대하여는 상고장이나 상고이유서에 적법한 상고이유의 기재가 없다. 그러므로 상고를 기각하고, 상고비용은 패소자의 부담으로 하기로 관여 법관의 의견이 일치되어 주문과 같이 판결한다.

③ **대판 1986. 2. 25, 85다카1954**

불법행위로 인하여 사망하거나 또는 신체상의 장애를 입은 사람이 장래 얻을 수 있는 수입의 상실액은 그 수익이 장차 증가될 것임이 상당한 정도로 확실시 되는 객관적인 자료가 없는 한 원칙적으로 그 불법행위로 인하여 손해가 발생할 당시에 그 피해자가 종사하고 있었던 직업으로부터 수익하고 있는 금액을 기준으로 하여 산정하여야 하고 불법행위 당시 일정한 수입이 없는 피해자의 장래의 수입상실액은 보통 일반사람이면 누구나 종사하여 얻을 수 있는 일반노동임금을 기준으로 하여야 하며 피해자의 학력이나 경력 등을 참작하여 그 수입을 책정할 수는 없다고 풀이함이 당원의 견해이다(당원 1971. 7. 27. 선고 71다1349 판결 ; 1977. 11. 8. 선고 76다2418 판결 ; 1967. 7. 18. 선고 67다844 판결 등 참조). 원심판결 이유 기재에 의하면, 원심은 이 사건 사고당시 원고 장재호는 1966. 7. 13.생으로 16세 4개월 여명은 49.92년이고 서울장충중학교를 졸업하고 1982. 3. 9. 서울고등기술학교에 입학하였다가 그해 10. 7. 자퇴하여 이 사건 사고당시는 별다른 직업과 일정한 수입이 없었던 사실을 확정하고 이 사건 불법행위로 인한 같은 원고의 일실수익을 산정함에 있어서 원고는 중학교를 졸업한 후 고등학교 1학년 재학중 자퇴한 이래 직업 없이 지내온 미성년자이므로 그 가 성년이 된 때 이후의 일실수익은 특단의 사정이 없는 한 통계에 의하여 인정되는 중졸이하 학력을 가진 근로자의 전산업, 전연령, 평균임금을 기초로 함이 상당하다고 전제하여 노동부에서 조사 간행한 1983년도 중졸이하 남자근로자의 전산업, 전연령, 평균임금 월금 226,354원을 기초로 이를 산정하였는바 이는 합리적 근거없는 막연한 것으로 일실수익산정의 법리를 오해하여 판결에 그 이유를 갖추지 아니하고 위 전단설시의 당원 견해에 반하는 것으로 이와 같은 점을 나무라는 허가에 의한 상고논지는 그 이유가 있다고 하겠다. 그러므로 원심판결 중 피고 패소부분을 파기하여, 원심으로 하여금 다시 심리·판단케 하기 위하여 이부분 사건을 서울고등법원에 환송하기로 하여 관여한 법관의 일치한 의견으로 주문과 같이 판결한다.

④ **대판 1988. 1. 12, 87다카2240**

1. 원고 소송대리인의 상고이유를 살펴본다.

가. 제1점에 관하여,

원심판결 이유에 의하면, 원심은 그 채택증거에 의하여 판시사실을 인정한 다음, 그 인정사실에 의하면 이 사건 사고발생에 있어서 원고 1이 평소 교내에서 술을 마시고 담배를 피우며 같은 반 학생들에게 폭력을 행사하는 등으로 그 담임교사인 소외인의 체벌을 자초하였고, 소외인이 대걸레자루로 때릴 때 위 원고로서는 순순히 매를 맞았거나 제대로 피했더라면 머리에 가격을 당하는 일은 없었을 것인데 몸을 잘못 피하여 휘두르는 대걸레자루에 머리를 맞아 판시 상해를 입은 것이므로 피해자인 위 원고에게도 과실이 있고 그 과실의 비율은 30퍼센트에 해당하는 것으로 판단하였는바, 기록에 의하여 살펴보면 이러한 원심의 사실인정과 판단은 손해배상책임에 있어서의 형평의 원칙에 비추어 정당한 것으로 수긍이 가고 거기에 소론과 같은 채증법칙위배, 심리미진 내지 과실상계의 법리오해 등의 위법이 있다고 할 수 없다.

나. 제2점에 관하여,

원심판결 이유에 의하면, 원심은 그 채택증거를 종합하여 원고 1이 이 사건 상해를 입고 판시와 같은 후유증을 갖게 되어 그 여명기간 동안 계속하여 성인여자 1인의 개호가 필요하다고 인정하고, 또 입원치료 종결 후에도 여명기간 동안 생명유지를 위하여 주기적 검진가료를 요하는데 그 비용으로 매년 금 120만원씩 소요되는 사실을 인정하여 이를 기초로 이 사건 손해배상액을 산정하고 있다. 기록에 비추어 살펴보면 원심이 위와 같은 사실인정을 함에 거친 증거의 취사선택관계는 정당한 것으로 수긍이 되고, 증거취사와 사실인정은 원심의 전권사항인 만큼 소론이 들고 있는 증거들을 원심이 채택하지 아니하였다 하여 그것이 심리미진이나 채증법칙위배의 위법이 된다 할 수 없다.

논지는 모두 이유 없다.

2. 피고 소송대리인의 상고이유를 판단한다.

가. 제1점에 관하여,

원심이 확정한 바에 의하면, 원고 1은 중학교 3학년 학생으로서 그 담임교사인 소외인이 위 원고를 비롯한 3명의 학생들이 그 판시와 같은 비행을 저질렀다는 이유로 이들을 교단으로 불러내어 칠판에 손을 대고 엎드리게 한 후에 청소용 대걸레의 자루로 다른 학생 2명의 허벅지와 엉덩이를 때리고, 이어서 위 원고를 때리려고 하자 위 원고가 겁에 질려 뒤로 물러섰으며, 소외인은 위 대걸레자루로 위 원고의 배를 찌르며 앞으로 오라고 하는데도 위 원고가 계속하여 뒤로 물러서자 그 대걸레자루로 위 원고의 어깨 또는 팔을 때리려고 이를 높이 치켜들고 휘두르는 순간 위 원고가 이를 맞지 않으려고 몸을 피하다가 머리에 위 대걸레자루를 맞아 그 판시와 같은 상해를 입게 되었다는 것인바, 위 인정사실에 나타난 바와 같이 교사인 소외인이 위 원고에게 강도높은 체벌을 가하려고 한 경위와 위 원고가 실제로 입은 상해의 부위와 정도, 또 당시 위 원고가 그 체벌을 면할려고 계속 몸을 피하고 있는데도 소외인이 조심성 없이 딱딱한 위 대걸레자루를 함부로 휘두르다가 판시와 같은 사고를 일으키게 된 점 등 이 사건 상해에 이르게 된 제반경위를 종합하면, 소외인이 그 상해가능성을 예견할 수 있었다 할 것이므로 같은 취지에서 원심이 소외인에게 판시와 같은 과실책임을 인정하였음은 정당하고, 거기에 소론과 같은 채증법칙위배 내지 과실책임에 관한 법리오해의 위법이 있다고 할 수 없다.

나. 제2점에 관하여,

교사의 학생에 대한 체벌이 징계권의 행사로서 정당행위에 해당하려면 그 체벌이 교육상의 필요가 있고 다른 교육적 수단으로는 교정이 불가능하여 부득이 한 경우에 한하는 것이어야 할 뿐 아니라, 그와 같은 경우에도 그 체벌의 방법과 정도에는 사회관념상 비난받지 아니할 객관적 타당성이 있지 않으면 안 된다고 할 것이다.

원심이 인정하고 있는 이 사건 상해에 이르른 경위와 상해부위 등에 비추어 보면, 소외인은 체벌을 가한 다른 학생들의 경우에서처럼 위 원고를 타일러 칠판에 손을 대고 엎드리게 하는 등의 자세를 취하게 한 후, 체벌을 가하거나 위 원고가 서있는 자세에서 체벌을 가하는 경우에도 다리, 둔부 등 안전한 부위를 골라서 체벌을 가하여야 함에도 불구하고 위 원고가 자신의 체벌을 피하고, 또 지시에 불응하자 격한 감정에서 위 대걸레자루를 높이 치켜들고 위 원고를 때리려고 휘두르다가 이를 또다시 피하는 위 원고의 머리를 구타하게 되었음을 엿볼 수 있으니 이 사건의 경우 비록 교사의 체벌이 교육상 그 필요성이 인정되고, 다른 교육적 수단으로는 교정이 불가능하여 부득이한 경우에 해당한다 하더라도 그 체벌의 방법과 정도에 있어 사회관념상 비난받지 아니할 객관적 타당성이 있다고 보기는 어렵다고 할 것이다. 같은 취지에서 소외인의 체벌행위가 일반적으로 용인되는 교육업무상의 정당한 행위를 벗어난 위법행위에 해당한다고 판시한 원심의 판단은 정당하고, 거기에 정당행위에 관한 법리오해 등의 위법이 있다고 할 수 없으며, 논지가 들고 있는 판례들은 모두 이 사건과 사안이 달라 적절한 것이 되지 아니 한다.

다. 제3, 4점에 관하여,

원심판결 이유에 의하면, 원심은 그 채택증거들에 의하여 확정한 사실관계를 토대로 하여 피해자인 원고 1.의 과실비율을 30퍼센트에 해당하는 것으로 판단하였는 바, 기록에 의하여 살펴보면 이러한 원심의 사실인정과 판단은 정당하고, 거기에 손해배상책임의 면책 또는 과실상계에 관한 법리오해 등의 위법이 있다 할 수 없다(소론은 결국 이 사건 사고의 경위에 비추어 피고는 당연히 면책되거나 혹은 면책에 가깝도록 피해자의 과실을 크게 참작하여야 한다는 것이나 이는 독단의 견해로서 받아들일 수 없다).

라. 제5점에 관하여,

의학이 고도로 발달한 현재에 있어서는 노동능력을 완전히 상실한 경우에는 단시일밖에 생존할 수 없다고 단정할 수는 없는 것이고, 상해의 후유증이 평균여명에 어떠한 영향을 미치게 될 것인가 하는 점은 결국 후유증의 구체적 정도와 내용에 따라 의학적 견지에서 개별적으로 판단할 수밖에 없는 것이다(당원 1986. 12. 23. 선고 86다카536 판결 등 참조). 원심이 같은 취지에서 그 채택증거들을 종합하여 원고 1의 기대생존여명이 그 나이의 우리나라 남자평균여명 50.86년에 비하여 44년으로 단축되었다고 인정하였음은 정당하고 거기에 소론과 같은 채증법칙위배의 위법 등이 있다 할 수 없다.

마. 제6, 7점에 관하여,

장래 일정기간에 걸쳐 일정시기마다 발생하는 일정한 이익을 상실하였다 하여 손해배상을 청구하는 경우에 그 피해자는 위 이익의 발생시기마다 그 금원을 정기적으로 지급하라고 청구할 수도 있고, 또 중간이자를 공제하고, 그 이익의 현가를 일시에 청구할 수도 있다 할 것이므로 이 사건에 있어서와 같이 원고 1이 위와 같은 연금적 이익을 중간이자를 공제하고 일시에 청구하고 있는 경우에 있어서 원심이 정기적 금원지급을 명하지 아니하고 이를 그대로 인용하였다 하여 잘못이라고 할 수 없고(당원 1968. 3. 5. 선고 68다92 판결 ; 1968. 4. 23. 선고 68다171 판결 참조), 이는 피해자가 소위 식물인간이 된 경우라거나 피고가 지방자치단체인 경우라 하여 달리 해석할 것이 아니다. 또한 호프만식계산법에 의하여 중간이자를 공제하여 장래의 일실이익의 현가를 산정하는것 자체는 위법이 아니라는 것이 당원의 일관된 견해이고(당원 1966. 11. 29. 선고 66다1871 판결 ; 1981. 9. 22. 선고 81다588 판결 ; 1985. 10. 22. 선고 85다카819 판결 ; 1987. 4. 14. 선고 86다카1009 판결 등), 다만 호프만식계산법에 의하여 중간이자를 공제하는 경우라도 중간이자 공제기간이 414개월이 초과하여 월단위 수치표상의 단리연금 현가율이 240(연단위에 있어서는 36년을 초과하여 연단위 수치표가 20인 경우)을 넘게 되면 그 수치표상의 단리연금 현가율이 얼마인지 불문하고 모두 240을 적용하여야 하는 것이나, 이는 그이상의 단리연금 현가율을 적용하여 현가를 산정하게 되면 현가를 받게 되는 금액의 이자가 매월 입게 되는 손해액보다 많게 되어 피해자가 과잉배상을 받는 결과가 되므로 이를 막으려는 취지이고, 위 현가율이 월단위에 있어서는 240, 연단위에 있어서는 20을 초과하는 경우 일률적으로 240 또는 20을 적용하여 현가를 산정하였다 하여 이를 두고 위법이라 할 수 없다. 원심이 위와 같은 견해를 전제로 하여 원고 1이 입은 손해의 현가를 호프만식 계산법에 의하여 산정하고 있는바 이는 정당하다 할 것이고 거기에 소론과 같은 일실이익의 중간이자 공제방식에 관한 법리오해 등의 위법이 있다 할 수 없다.

바. 한편 피고는 원심판결 중 피고 패소부분 전부에 관하여, 불복하였으면서도 원고 1에 대한 나머지 부분과 원고 2, 3에 대한 패소부분(모두 위자료부분)에 관하여는 상고이유를 내세운 바 없으므로 이 부분 상고도 이유없다.

3. 그러므로 상고를 모두 기각하고, 상고비용은 패소자들의 각 부담으로 하여 관여법관의 일치된 의견으로 주문과 같이 판결한다.

3) 신체침해

① **치료비 및 개호비**(介護費)

신체를 침해당한 경우에 피해자는 치료 입원비·진료비·약값 등 치료비를 당연히 가해자에게 청구할 수 있다. 또한 신체침해의 피해자가 장애를 입어 다른 사람의 도움 없이 일상생활을 할 수 없어 개호인(介護人)이 필요한 때에는 그 비용도 가해자에게 청구할 수 있다.[566] 이러한 치료비 및 개호비의 배상청구권은 피해

566) **대판 1989. 10. 10, 88다카20545** "이 사건 피해자는 36세가량의 여자로서 다방업을 하는 사람의 처이고 그 여자에는 6세가량 된 딸이 하나 있는데 이 사건 사고로 인한 상해의 후유증으로 피해자가 혼자 힘으로 기동이 불가능할 뿐 아니라 혼자서 대소변 처리, 식사를 할 수 없어 수면시간을 제외하고는 하루 16시간 정도의 개호가 필요하게 되었다면, 피해자에게는 여명기간 동안 1일 2교대로 두 사람의 성인여자의 개호를 필요로 하는 특별한 사정이 있다고 볼 것이고 이와 같은 경우에는 1일 일반도시일용노동의 성인여자 2인분의 개호비를 인정함이 상당하다."; **대판 2008. 2. 29, 2007다85973** "개호의 필요성과 상당성은 피해자의 상해 또는 후유장해의 부위·정도·연령·치료기간 등을 종합하여 판단하여야 하고, 인신사고의 피해자가 치료종결 후에도 개호가 필요한지 여부 및 그 정도에 대한 판단은 전문가의 감정을 통하여 밝혀진 후유장해의 내용에 터잡아 피해자의 연령·정신상태·교육정도·사회적·경제적 조건 등 모든 구체적인 사정을 종합하여 경험칙과 논리칙에 비추어 규범적으로 평가하여야 한다(대법원 1989. 10. 10. 선고 88다카20545 판결, 대법원 1999. 2. 12. 선고 98다49012 판결, 대법원 2004. 6. 25. 선고 2004다6917 판결 등 참조). 원심은, 그 채택 증거에 의하여 원고에게는 운동장애, 실인증, 실행증이 합병되어 있고, 뇌의 손상으로 인한 언어장애가 있으며, 치매 및 정서장애, 간질발작까지 합병되어 있어 혼자 둘 경우 위험한 행동을 할 우려도 있으므로, 하루 중 수면시간 8시간을 제외한 나머지 16시간을 성인 2인이 교대로 개호할 필요가 있다고 봄이 상당하다고 판단하였는바, 위 법리와 기록에 의하여 살펴보면 원심의 사실인정과 판단은 정당한 것으로 수긍이

자와 부양의무자에게 속한다(부진정연대채권).

② **일실이익**(노동능력상실률)

신체를 침해당한 피해자가 노동능력을 완전히 또는 부분적으로 상실한 때에는 우선 피해자가 치료를 받는 동안 수입을 얻지 못한 것에 대하여 배상하여야 한다. 그리고 피해자가 노동능력을 완전히 또는 부분적으로 상실한 때에는 그로 인하여 장래 얻지 못할 이익(일실이익)을 가해자는 배상하여야 한다. 이 일실이익을 산정하는 방식으로는 "평가설(노동능력상실설)"과 "차액설(소득·수입상실설)" 두 가지가 있다. 전자는 일실이익의 본질을 소득산출의 근거가 되는 노동능력의 상실 자체로 보고 상실된 노동능력의 가치를 사고 당시의 소득이나 추정소득에 의하여 평가(현재의 정상수입에 노동능력상실률을 곱)하는 방식이고, 후자는 일실이익의 본질을 사고가 없었으면 피해자가 얻을 수 있었던 소득의 상실이라고 보아 사고 전후의 수입을 비교하여 차액(현재수입액에서 남은 노동력으로 재취업이 가능한 직업상의 수입을 공제한 차액)을 산출하는 방식이다. 따라서 신체를 침해당한 피해자가 그대로 종전의 직장을 잃지 않게 되면 노동능력의 일부를 상실하였음에도 불구하고 수입이 감소되지 않았으므로 후자(차액설)에 따르면 일실이익은 없게 된다.

가고, 거기에 상고이유의 주장과 같은 개호의 필요 여부 및 개호인수의 인정에 관한 법리오해나 채증법칙 위반으로 인한 사실오인 등의 위법이 없다."; **대판 2010. 2. 25, 2009다75574** "개호의 필요성과 상당성은 피해자의 상해 또는 후유장해의 부위·정도·연령·치료기간 등을 종합하여 판단하여야 하고, 인신사고의 피해자가 치료종결 후에도 개호가 필요한지 여부 및 그 정도에 대한 판단은 전문가의 감정을 통하여 밝혀진 후유장해의 내용에 터잡아 피해자의 연령, 정신상태, 교육정도, 사회적·경제적 조건 등 모든 구체적인 사정을 종합하여 경험칙과 논리칙에 비추어 규범적으로 평가하여야 한다(대법원 2004. 6. 25. 선고 2004다6917 판결, 대법원 2008. 2. 29. 선고 2007다85973 판결 등 참조). 원심은, 그 채택 증거에 의하여 판시 사실을 인정한 다음, 원고의 나이가 아직 어려 이 사건 사고가 없었더라도 어느 정도는 부모의 보살핌이 필요하였던 점, 신체감정 소견 중 신경외과 부분은 주로 현재의 상태에 중점을 두고 있는 반면, 재활의학과 부분은 원고의 성장과 재활치료, 보조구에 대한 적응성 및 장래의 상태까지 염두에 두고 판정을 한 것으로 보이는 점, 원고는 혼자서 스스로 거동이 어렵고 정신적 장애마저 있어 항시 원고를 보호·감시하여야 하는데다가 향후 현재의 증상이 현저히 호전되기는 쉽지 아니한 것으로 보이는 점 등에 비추어, 원고에 대한 재활의학과 신체감정일인 2007. 1. 15.로부터 10년이 되는 날인 2017. 1. 14.까지는 수면시간을 제외한 1일 16시간을 성인 2인이 교대로 개호할 필요가 있고, 그 다음날부터 여명종료일까지는 1일 8시간을 성인 1인이 개호할 필요가 있다고 판단하였는바, 위 법리와 기록에 비추어 살펴보면 원심의 이러한 사실인정과 판단은 정당한 것으로 수긍이 가고, 거기에 상고이유의 주장과 같은 개호의 필요 여부 및 개호인수의 인정에 관한 법리오해나 채증법칙 위배, 심리미진 등의 위법이 없다."

[차액설에 따른 판례]

대판 1988. 3. 22, 87다카1958

제1점에 대하여,

원심판결에 의하면, 원심은 그 설시증거에 의하여 원고는 이 사건 사고로 뇌진탕, 요추부 염좌 등의 상해를 입고 치료를 받은 결과 사고력의 지둔이 엿보이고 단순한 뇌진탕 이상의 뇌타박상을 입은 것에 의한 뇌의 후유증이 남아 있고, 원고에게 사고이전부터 미만성 추간판 팽대, 제5요추 제1천추간의 우측 추간공에서의 선택적 추간판 탈출이 있었는데 이 사건 사고로 인한 요추부 염좌상이 추간판에 상당한 무리를 가함으로써 요추부에 어느 정도의 기능장애의 후유증이 발생한 사실은 인정할 수 있으나 그 후유증의 정도가 비교적 경미하다고 판단하였는바, 기록에 비추어 살펴보면 위 장애의 부위, 정도와 원고의 연령, 성별, 사고당시 종사하던 국민학교 교사로서의 직무를 수행해 나감에 있어서 일반적으로 요구되는 정신적, 육체적 노동의 성격 등을 종합적으로 고려하여 볼 때 위 인정의 장애 정도가 원고가 종사하고 있던 국민학교 교사로서의 직무수행에 있어 뚜렷한 지장을 줄 정도에는 이르지 아니하였다고 볼 수 있으므로 원심의 위와 같은 판단은 정당하고 거기에 국민학교 교사로서의 직무수행의 성격 등에 대한 심리미진의 위법 내지 채증법칙 위배로 인한 위법을 가려낼 수 없으므로 논지는 이유 없다.

제2점에 대하여,

손해배상제도는 패해자에게 생긴 구체적인 현실의 손해를 전보하는 것을 목적으로 하는 것이므로 사고로 인한 부상으로 신체기능의 장애가 생겨 어느 정도의 노동능력의 감퇴가 있을지라도 피해자가 종사하는 직업의 성질로 보아 그 후유증의 정도가 그 직무를 수행함에 있어 뚜렷한 지장을 가져올 정도에 이르지 아니할 정도로 비교적 경미하고, 그와 같은 후유증의 정도만으로는 부상 이전에 비하여 급여면 이라든가 승진·승급 등의 면에서 특별한 불이익을 받지 아니하도록 관계법령에 의한 신분보장이 되어 있어 현재 또는 장래에 있어서의 수입의 감소로 인한 손해가 발생할 개연성이 없는 경우에는, 특단의 사정이 없는 한 노동능력이 일부상실을 이유로 하는 손해배상청구는 허용되지 아니한다고 할 것인바(당원 1971. 12. 28. 선고 71다2254 판결 ; 1981. 9. 22. 선고 80다3256 판결 등 참조), 원심은 이 사건 사고로 인하여 원고의 신체상에 그 판시와 같은 정도의 지장이 있다 하더라도 그 후유증의 정도가 비교적 경미한데다가, 부상을 당한 후 현재까지도 사고당시 종사하던 교육공무원인 국민학교 교사로서의 직업에 계속 근무하면서 급여면에 있어서도 특별히 불이익한 취급을 받지 않고 종전의 수입과 동일한 봉급을 받고 있음을 원고가 자인하고 있고, 달리 장래에 있어서도 수입의 감소가 될 것이라고 볼만한 자료도 없어 원고에게는 현실의 손해가 발생하였다고 볼 수는 없다는 취지에서 노동능력 감퇴로 인한 소극적 재산상의 손해배상청구를 배척하였는바, 원심의 이와 같은 조처는 위에서 설시한 손해배상제도의 법리에 따른 것으로서 정당하다 할 것이고, 이와 같은 경우 현실적인 수입의 감소가 없음에도 불구하고 노동능력감퇴에 상응한 일실이익의 손해가 발생한 것으로 인정하여야 한다는 논지는 독자적 견해로서 채용할 수 없다 할 것이다. 논지는 이유 없다.

제3점에 대하여,

손해배상소송에 있어서의 손해원인 사실 외에 그로 인한 일실이익 등 손해액에 대한 증명책임은 일실이익의 손해를 주장하는 피해자에게 있는 것이라고 볼 것인바(당원 1986. 3. 25. 선고 85다카538 판결 참조), 원심이 같은 취지에서 피해자인 원고가 사고이후 현재까지도 종전에 근무하던 국민학교 교사의 직에 계속 근무하면서 종전에 받던 수입과 동일한 봉급을 지급받고 있는 사실을 자인하고 있는 이 사건의 경우, 원고가 입은 이 사건 사고로 인한 부상으로 인하여 장래 얻는 교사로서의 수입이 감소될 것이라든가 피해자가 현재 종사하거나 장래 종사할 직업의 성질에 비추어 특히 승급·승진 등에 있어 불이익한 취급을 받을 우려가 있다든가 혹은 사고 전후를 통하여 수입에 변동이 없으나 그 수입감소가 없는 것은 피해자가 노동능력 저하에 따른 수입의 감소를 극복하기 위하여 사고 이후 특별한 노력을 경주하였기 때문이라는 사실 등은 패해자인 원고가 증명책임을 부담하여야 한다고 본 조처는 정당하고 원심에 증명책임의 소재를 오해함으로써 채증법칙을 위배한 허물 내지 심리미진의 위법이 있다고 할 수 없으므로 논지 역시 이유 없다.

따라서 상고를 기각하고, 상고비용은 패소자의 부담으로 하기로 관여법관의 의견이 일치되어 주문과 같이 판결한다.

[평가설에 따른 판례]

① 대판(전) 1979. 2. 13, 78다1491

(1) 피고 소송대리인의 원고 1에 대한 상고이유에 대하여 판단한다.

원심판결이유에 의하면, 원심은 당사자 간에 다툼이 없는 사실과 그 거시의 여러 증거를 종합하여, 원고 1은 1968. 8. 5. 피고공사에 광부로서 입사하여 피고경영의 장성광업소의 광부로서 1977. 6. 29. 06:20경 갱내에서 유탄작업을 하던 중 피고의 피용자들인 선산부 소외 1과 현장감독겸 보안계원인 소외 2의 원판시와 같은 각 사무집행상의 과실로 인하여 척추골절상을 입게 된 사실, 위 사고당시 원고는 36세 2개월 남짓된 건강한 남자이며 위 사고로 인하여 원고는 광부로서의 노동능력을 상실하고 농촌일용노동능력도 약 35퍼센트 상실하게 되었고, 그로 인하여 1977. 11. 30. 피고회사를 퇴사하게 이른 사실, 원고는 이건 사고가 없었다면 특별한 사정이 없는 한 입사일로부터 정년인 53세까지 피고공사의 광부로서 근속하고 그 후 55세까지는 농촌일용노동에 종사할 수 있는 사실, 이건 사고당시의 원고의 원판시 평균임금과 원심변론종결당시(1978. 6. 15.)의 농촌일용 노임을 산정의 기초로 하여 원고의 55세에 이르기까지의 이건 사고로 인한 일실이익 액을 원판시와 같이 산출하고, 동시에 위 퇴사 후 53세에 이르기까지 피고회사 광부로서 근속하지 못함으로 인하여 일실한 퇴직금액 상당액을 원판시와 같이 산출하여 그 합산 액이 원고가 이건 사고로 인하여 입은 소극적 재산상 손해액이라고 판시하고, 위 사고의 발생에는 원고의 원판시와 같은 과실도 이에 가공된 바 있다하여 이를 참작하여 피고가 원고에게 배상하여야 할 일실이익상당의 손해액을 원판시와 같이 산정하고 있는바 논지는 원고가 이건 사고로 인하여 받은 소극적 재산상 손해액은 위의 여러 임금에 대하여 부과될 소득세 등 제세금의 액을 공제한 나머지 액이어야 함에도 불구하고 원심이 위와 같은 제세금액을 공제하지 아니하고 그 손해액을 산정하였음은 위법이라고 주장한다. 그러나 생명이나 신체에 대한 불법행위로 인하여 가동능력의 전부 또는 일부를 상실함으로써 일실하는 이익의 액은 그 피해자가 그로 인하여 상실하게 된 가동능력에 대한 총평가액으로서 소득세 등 제세금액을 공제하지 아니한 금액이라고 봄이 상당하다 할 것이니, 이건에 있어 원고의 상실이익액을 산정함에 있어서는 위 원고의 각종 노임에 대하여 부과될 소득세 등 제세금액을 공제할 것이 아니라 할 것이고 따라서 같은 판단을 한 원심의 판단은 정당하고, 거기에 소론과 같은 법리오해, 심리미진 등의 위법사유 없다.

논지는 받아들일 수 없다.

위 본원의 판단취지에 어긋나는 종전의 본원의 판결(1969. 2. 4. 선고 68다2178 판결등)은 이를 폐기하기로 한다.

(2) 피고의 원고 1을 제외한 나머지 원고들에 대한 상고에 대하여 판단한다.

피고는 위 나머지 원고들에 대하여 적법한 상고를 제기하였으나 상고장에 상고이유의 기재가 없고 또 소정기간 내에 상고이유서를 제출하지 아니하였으므로, 민사소송법 제399조에 의하여 그 상고는 기각을 면치 못할 것이다. 이에 피고의 상고는 모두 이를 기각하기로 하고, 상고비용은 패소자의 부담으로 하여 주문과 같이 판결한다. 이 판결에는 관여 법관의 의견이 일치되다.

② 대판(전) 1984. 10. 23, 84다카325

1. 원심판결은 그 이유에서 원고는 1929. 7. 31.생으로 고려대학교 의과대학을 졸업하고 산부인과 전문의의 자격을 취득한 후 이 사건 사고당시에는 그 주소지에서 산부인과의원을 개설하여 운영하여 왔는데 피고 소유의 충남 7아5429호 화물자동차는 운전자인 소외 윤현조에 의한 동 차의 운전과실로 원고가 타고 가던 충남 1바5325호 승용차를 들이받아 그 사고로 말미암아 원고는 안면부열상 좌안망막변성과 초자체혼탁, 늑골골절상악우측2소구치와 좌측1, 2대구치 파절 및 하악전치부결손 탈구상등의 상해를 입고 그 결과 교정자각시력이 우안 0.6, 좌안 0.3으로 저하되어 산부인과로서 노동능력의 50퍼센트를 상실한 사실을 단정한 다음 원고의 수입상실을 계산함에 있어 이 사건 사고로 인하여 산부인과 전문의사로서의 능력감퇴로 인한 기대수익상실 손해는 특별한 사정이 없는 한 이 사건 사고당시의 수입에 비하여 이 사건 사고이후 감소된 수입이라 함이 상당하다고 전제하고 원고가 1982. 1. 1.부터 이 사건사고당시까지 4개월 23일 즉 143일간 위 산부인과를 경영하여 제경비를 공제하고 얻은 소득은 도합 금 8,114,445원이고 이 사건 사고로

인한 상처의 치료가 끝난 후 위 산부인과의원을 다시 경영한 1983. 1. 1.부터 같은해 11. 24.까지 328일간 제경비를 공제하고 얻은 소득은 도합 금 16,026,233원인 사실을 인정하고 이 사건 사고당시의 매월 소득은 금 1,725,974원이고 사고후의 매월소득은 금 1,456,930원이 되므로 사고후의 소득은 사고전의 것보다 매월 금 269,044원씩 감소되었다 하여 이를 기준으로 수익상실 손해를 산정하고 있다.

2. 생명이나 신체에 대한 불법행위로 인하여 가동능력의 전부 또는 일부를 상실함으로써 일실하는 이익의 액은 그 피해자가 그로 인하여 상실하게 된 가동능력에 대한 총평가액이라고 함이 당원의 견해(당원 1979. 2. 13. 선고 78다1491 전원부 판결 및 1983. 10. 25. 선고 83다카1262 판결 각 참조)인바, 원심은 불법행위 전후의 수입을 비교하여 사고후 수입이 감소된 부분을 수익상실로 보았음은 위 당원의 판례에 저촉됨이 분명하다.

3. 기록에 의하여 검토하건대, 원고의 소득을 인정함에 의용한 을 제8호증의 2에 의하면, 사고전 약5개월간의 위 산부인과의원의 총수입이 합계 금 22,184,000원이며 소득금액이 금 8,114,445원으로 되어 있고 을 제6호증에 의하면, 사고후 약 11개월의 총수입이 금 22,002,196원이며 소득금액이 금 16,026,233원이라고 각 기재되어 있어 이를 월평균으로 계산하여 보면 사고전의 월 총수입은 금 4,436,800원, 소득액은 금 1,622,889원(원심인정은 금 1,725,974원이라 하여 여기서 약 10만원의 차가 생긴다)이며 사고 후의 월 총수입은 금 2,000,199원이며 소득액은 금 1,456,930원이 되는데 이를 월별로 더 상세히 비교하여 보면 사고 후에 있어서는 사고 전에 비하여 수입액에서 약 55%에 해당되는 금 2,436,601원이 감소되고 소득액에서 약 10.2%에 해당하는 165,959원이 감소되며 수입에 대한 소득의 비율은 사고전이 약 36.5%(원심계산대로면 38.9%), 사고 후가 약 72.8%라는 계산이 나온다.
이렇게 동일한 사람이 동일한 산부인과의원을 경영하고 있음에도 불구하고 사고 전과 후에 있어 수입에 대한 소득의 비율에 현격한 차이가 생기고 더욱이 사고 후에는 원고의 시력이 저하되어 그 가동능력이 50%나 상실되었는데도 오히려 소득율이 높아진다는 것은 무슨 특별한 사정이 있다는 등 합리적인 설명이 없고서는 쉽사리 수긍이 가지 아니하는 데도 불구하고 원판시는 이에 대한 심리나 판단을 하지 아니하고 있다.
기록에 의하여 위 증거를 세밀히 검토하면, 사고 전에 관한 을 제8호 증의 2는 총수입금에 대하여 일정한율의 소득표준율을 곱하여 소득금액을 산출하고 있는데 반하여 사고 후에 관한 을 제6호증은 아무 기준의 명시도 없이 소득금액을 기재하고 있을 뿐이고 또 이는 1983년도의 과세기간의 경과 전에 작성된 것일 뿐 아니라 소관 세무서장의 회보에(기록 395면) 의하면, 동년도분은 "신고미도래본"이라고 비고에 적시하고 있으므로 이런 사정들을 고려하면 위 을 제6호 증은 1983년도의 소득금액을 정하는데 있어서 증거자료로 삼을 수 없는 것이라고 할 것이다.

4. 그렇다면 원심은 수익상실에 관한 위 판례에 위반하여 심리를 제대로 하지 아니하고 또 증거로 삼을 수 없는 자료에 의하여 사실을 단정한 위법을 저지른 허물이 있다고 할 것이며 이런 위법이 있는 원심판결을 파기하지 아니하면 현저히 정의와 형평에 반한다

고 인정되므로 논지 이유 있어 원심판결 중 원고 패소부분은 파기를 면할 수 없다. 그러므로 원심판결 중 원고 패소부분을 파기환송하기로 관여 법관의 의견이 일치되어 주문과 같이 판결한다.

[두 방식 중 법관의 합리적인 선택이 필요하다는 판례]

① 대판 1986. 3. 25, 85다카538

1. 타인의 불법행위로 인하여 상해를 입은 피해자가 부상이 없었더라면 장차 얻을 수 있을 이익 즉 일실이익을 소극적 손해로서 주장하는 경우에 그 일실이익의 산정방법으로는 첫째로, 사고가 없었더라면 피해자가 얻을 수 있는 개개소득의 상실을 일실이익으로 보고 사고당시 소득과 사고 후 향후소득과의 차액을 산출하는 방법과 둘째로, 일실이익의 본질을 소득창출의 근거가 되는 노동능력의 상실자체로 보고 상실된 노동능력의 가치를 사고 당시의 소득이나 추정소득에 의하여 평가하는 방법을 생각할 수 있다. 그런데 일실이익과 같은 장래의 기대수익의 인정은 불확정한 미래사실의 예측이므로 당해사건에서 현출된 구체적 사정을 기초로 하여 합리적이고 객관성 있는 기대수익액을 산정할 수 있으면 그로서 족한 것이고 위에 말한 두 가지 방법 중 어느 한쪽만이 유일한 산정방법이라고 단정할 수 없으며 그와 같은 단정은 독단에 지나지 않는다. 그러므로 사고당시 일정한 직업에 종사하여 수입을 얻고 있던 자가 사고로 인한 부상으로 신체기능장애가 생겨 그 직업에는 더 이상 종사할 수 없게 된 경우에 그 일실이익은 종전직업의 소득으로부터 잔존한 신체기능을 가지고 장차 다른 직업에 종사하여 얻을 수 있을 것이 예상되는 향후소득을 공제하는 방법으로 산정할 수 있음은 물론 종전직업의 소득에 피해자의 노동능력상실율을 곱하는 방법으로 일실이익을 산정할 수도 있다고 할 것인 바, 다만 예상되는 향후소득을 공제하는 방법에 의할 경우에는 그 향후소득의 예측이 합리적이고 객관성 있는 근거에 터잡은 것임을 요하며 또 노동능력상실율을 적용하는 방법에 의할 경우에도 그 노동능력상실율은 단순한 의학적 신체기능장애율이 아니라 피해자의 연령, 교육정도, 종전직업의 성질과 직업경력 및 기능숙련정도, 신체기능장애정도 및 유사직종이나 타직종에의 전업가능성과 그 확률 기타 사회적, 경제적 조건을 모두 참작하여 경험칙에 따라 정한 수익상실율로서 법관의 자의가 배제된 합리적이고 객관성 있는 것임을 요한다고 할 것이므로, 당해사건에서 어느 방법을 채택할 것인가는 구체적으로 현출된 증거와 사실을 기초로 하여 어느 방법이 보다 합리적이고 객관성 있는 장래가득수익을 반영하는 것인가에 따라 결정되어야 할 것이다.

2. 일실이익을 종전직업의 소득에서 향후소득을 공제하는 방법으로 산정할 경우에 그 향후소득에 대한 증명책임은 손해배상소송에 있어서의 손해의 주요사실을 생명, 신체의 침해와 같은 손해원인사실 외에 그로 인해 지급될 치료비 또는 일실이익 등 손해액까지 포함한 사실이라고 보는 이상 일실이익손해를 주장하는 피해자에게 있고 만일 피해자가 이를

증명하지 못하면 그 불이익은 피해자에게 돌아갈 수밖에 없을 것이다.
그런데 손해원인사실이 인정되고 따라서 가해자에게 손해배상책임이 있음이 분명한데도 그 손해액에 관한 증명이 미흡하다 하여 증명책임의 형식논리에 구애되어 피해자의 배상청구를 배척해 버리는 것은 아무래도 공평과 정의의 관념에 어긋나는 처사라고 하지 않을 수 없으므로 일찍부터 당원은 손해원인이 인정되는 이상 손해액에 관한 당사자의 주장과 증명이 미흡하더라도 법원은 적극적으로 석명권을 행사하고 증명을 촉구하여야 하며 경우에 따라서는 직권으로 손해액을 심리판단할 필요가 있음을 천명해 온바 있다(1961. 12. 7. 선고 4293민상853 판결 ; 1962. 3. 22. 선고 4294민상1259 판결 ; 1965. 9. 28. 선고 65다1577, 1578 판결 ; 1967. 9. 5. 선고 67다1295 판결 ; 1967. 9. 26. 선고 67다1024 판결 및 1971. 12. 28. 선고 71다2151 판결 각 참조).
종래의 재판실무가 일실이익을 산정함에 있어서 그 향후소득을 도시 또는 농촌일용노임을 가지고 인정해 온 것은 이러한 최저 일반노임의 증명으로서 일단 피해자는 그 증명책임을 다한 것으로 보고 그 보다 높은 예상소득에 대한 증명의 필요를 가해자측에 돌림으로써 향후소득에 관한 피해자의 증명곤란을 완화해 주고자 하는 데에 그 본래의 뜻이 있었다고 생각된다.
그러나 피해자의 연령, 교육정도, 종전직업의 성질, 직업경력 및 기능숙련정도, 신체기능장애정도 및 유사직종이나 타직종에의 전업가능성과 확률 기타 사회적, 경제적 조건과 경험칙에 비추어 피해자가 장차 도시 또는 농촌일용노동에 종사할 것으로 예상되는 경우에만 위 일용노임을 가지고 향후소득으로 인정할 수 있는 것이며 그렇지 않는 경우에까지 일률적으로 위 일용노임을 가지고 향후소득으로 인정한다는 것은 합리성과 객관성을 결여하여 부당하다고 하지 않을 수 없다(1985. 9. 24. 선고 85다카449 판결 참조).
이러한 경우에 법원으로서는 당사자가 도시 또는 농촌일용노임 외에 별다른 향후소득의 증명을 하지 않고 있다고 하더라도 적극적으로 석명권을 행사하고 증명을 촉구하여 위에서 설시한 피해자의 연령, 교육정도 등 여러 사정에 비추어 장차 피해자가 종사 가능하다고 보여지는 직업과 그 소득을 조사 심리하여야 할 것이며, 이러한 향후의 예상소득에 관한 증명에 있어서 그 증명도는 과거 사실에 대한 증명에 있어서의 증명도 보다 이를 경감하여 피해자가 현실적으로 얻을 수 있을 구체적이고 확실한 소득의 증명이 아니라 합리성과 객관성을 잃지 않는 범위 내에서의 상당한 개연성이 있는 소득의 증명으로서 족하다고 보아야 할 것이다.
위와 같은 석명권행사와 증명촉구의 노력에도 불구하고 향후소득의 예측이 불가능한 경우에는 법원은 합리적이고 객관성 있는 노동능력상실율(수익사실율)을 가려낼 수 있는 한 직권으로 이를 적용하여서라도 일실이익을 산정하여야 할 것이며 향후소득의 예측이 불가능하다고 하여 바로 원고의 청구를 배척하여서는 안 될 것이다.

3. 원심판결 이유에 의하면, 원심은 원고가 제1종 보통운전면허를 가지고 소외 안진교통주식회사의 운전사로 종사하면서 월 267,410원의 급여와 1년에 288,000원의 상여금을 지급받고 있었는데 원심판시 사고로 말미암아 좌안의 각막단층열창과 안면부 다발성열창 등을 입고 치료를 받았으나 아직도 좌안의 각막 중심부에 유리파편이 매몰되어 있고 선상백색

각막혼탁이 있으며 좌안시력이 0.1로서 교정불능의 신체장애가 남아 있어 더 이상 위 직종에 종사할 수 없게 되어 퇴직하였고 일반도시일용노동에 종사하는 경우에도 그 노동능력의 27%를 상실한 사실, 위 사고당시에 가까운 1983. 11.의 일반도시일용노동에 종사하는 성인남자의 임금은 1일 금 5,900원인 사실을 인정한 후, 원고는 위 사고로 말미암아 위 퇴직일 이후로서 원고가 구하는 1984. 1. 1.부터 정년인 55세가 될 때까지 23년 1개월간 사고당시 얻고 있었던 월수입금 291,410원중에서 잔존하는 노동능력으로서 일반도시일용노동에 종사하여 얻게 되는 월수입금 107,675원을 공제한 183,735원씩의 각 가득수입을 상실하는 손해를 입었다고 판단하고 있다.

그러나 원심이 채용한 서울특별시 경찰국장회시에 보면, 한쪽 눈의 시력이 0.3이하이거나 실명된 자라도 다른 쪽 눈의 시력이 0.7 이상이고 시야가 150 이상인 때에는 제2종 보통운전면허를 교부받을 수 있는 사실이 인정되는 바, 원심증인 이희상의 증언에 보면 원고의 눈의 장애정도로 보아 운전업무에 종사하지 못할 것으로 안다는 취지의 진술이 있고 또 서울대학교병원 의사 윤동호의 사실조회 회신에도 운전기사로 종사할 수 없을 것으로 생각된다는 취지의 기재가 있기는 하나 위 진술 및 회신의 취지가 원고는 장차 자동차운전사로서의 종사가능성이 전혀 없다고 본 취지라면 이는 위 경찰국장회시 내용에 비추어 선뜻 믿기 어려운 것이라고 할 수 밖에 없다. 그 밖에 기록을 살펴보아도 원고가 사고당시 종사하던 제1종 보통운전면허에 의한 운전업무 외에 제2종 보통운전면허에 의한 운전업무나 기타 자동차운전관련업무에까지도 종사할 수 없고 단지 일용노동에 종사할 수 밖에 없다고 인정할 만한 뚜렷한 자료가 없음에도 불구하고, 원심이 당사자에게 석명권을 행사하거나 증명을 촉구하여 이점을 좀 더 심리해 봄이 없이 만연히 도시일용노임을 가지고 향후소득을 인정하였음은 일실이익에 관한 법리오해와 심리미진 및 채증법칙위반으로 판결에 영향을 미친 위법을 저지른 것으로서 이는 소송촉진 등에 관한 특례법 제12조 제2항 소정의 파기사유에 해당하므로 이점 논지는 이유 있다.

4. 그러므로 원심판결 중 재산상 손해에 관한 피고 패소부분을 파기하고, 이 부분 사건을 다시 심리케 하고자 원심법원에 환송하며 위 파기부분외의 나머지 피고 패소부분에 대하여는 별다른 상고이유의 주장이 없으므로 나머지 상고를 기각하고, 그 상고비용은 패소자의 부담으로 하여 관여법관의 일치된 의견으로 주문과 같이 판결한다.

② 대판 1987. 3. 10, 86다카331

타인의 불법행위로 인하여 상해를 입은 피해자가 부상이 없었더라면 장차 얻을 수 있을 이익 즉 일실이익을 소극적 손해로서 주장하는 경우에 그 일실이익의 산정방법으로는 첫째로, 사고가 없었더라면 피해자가 얻을 수 있는 개개소득의 상실을 일실이익으로 보고 사고당시 소득과 사고 후 향후소득과의 차액을 산출하는 방법과 둘째로, 일실이익의 본질을 소득창출의 근거가 되는 노동능력의 상실자체로 보고 상실된 노동능력의 가치를 사고당시의 소득이나 추정소득에 의하여 평가하는 방법을 생각할 수 있다. 그런데 일실이익과 같은 장래의 기대수익의 인정은 불확정한 매래사실의 예측이므로 당해사건에서 현출된 구체적 사정을 기초로 하여 합리적이고 객관성 있는 기대수익액을 산정할 수 있으면 그로서 족한 것이고 위에 말한 두 가지방법 중 어느 한쪽만이 유일한 산정방법이라고 단정할 수는 없을 것이다. 사고당시 일정한 직업에 종사하여 수입을 얻고 있던 자가 사고로 인한 부상으로 신체기능장애가 생겨 그 직업에는 더 이상 종사할 수 없게 된 경우에 그 일실이익은 종전직업의 소득으로부터 잔존한 신체기능을 가지고 장차 다른 직업에 종사하여 얻을 수 있을 것이 예상되는 향후소득을 공제하는 방법으로 산정할 수 있음은 물론 종전직업의 소득에 피해자의 노동능력상실율을 곱하는 방법으로 일실이익을 산정할 수도 있다고 할 것인바, 다만 예상되는 향후소득을 공제하는 방법에 의할 경우에는 그 향후소득의 예측이 합리적이고 객관성 있는 근거에 터잡은 것임을 요하며 또 노동능력상실율을 적용하는 방법에 의할 경우에도 그 노동능력상실율은 단순한 의학적 신체기능장애율이 아니라 피해자의 연령, 교육정도, 종전직업의 성질과 직업경력 및 기능숙련정도, 신체기능장애정도 및 유사직종이나 타직종에의 전업가능성과 그 확률 기타 사회적, 경제적 조건을 모두 참작하여 경험칙에 따라 정한 수익상실율로서 법관의 자의가 배제된 합리적이고 객관성 있는 것임을 요한다고 할 것이므로, 당해사건에서 어느 방법을 채택할 것인가는 구체적으로 현출된 증거와 사실을 기초로 하여 어느 방법이 보다 합리적이고 객관성 있는 장래 가득수익을 반영하는 것인가에 따라 결정되어야 할 것이다.

일실이익을 종전직업의 소득에서 향후소득을 공제하는 방법으로 산정할 경우에 그 향후소득에 대한 증명책임은 물론 피해자에게 있을 것이므로 만일 피해자가 이를 증명하지 못하면 그 불이익은 피해자에게 돌아갈 수밖에 없을 것이다.

그런데 손해원인 사실이 인정되고 따라서 가해자에게 손해배상책임이 있음이 분명한데도 그 손해액에 관한 증명이 미흡하다 하여 증명책임의 형식논리에 구애되어 피해자의 배상청구를 배척해 버리는 것은 아무래도 공평과 정의의 관념에 어긋나는 처사라고 하지 않을 수 없으므로 일찍부터 당원은 손해원인이 인정되는 이상 손해액에 관한 당사자의 주장과 증명이 미흡하더라도 법원은 적극적으로 석명권을 행사하고 증명을 촉구하여야 하며 경우에 따라서는 직권으로 손해액을 심리판단할 필요가 있음을 천명해 온 바 있다(당원 1961. 12. 7. 선고 4293민상853 판결 ; 1962. 3. 22. 선고 4294민상1259 판결 ; 1965. 9. 28. 선고 65다1577·1578 판결 ; 1967. 9. 5. 선고 67다1295 판결 ; 1967. 9. 26. 선고 67다1024 판결; 1971. 12. 28. 선고 71다2151 판결 참조). 종래의 재판실무가 일실이익을 산정함에 있어서 그 향후소득을 도시 또는 농촌일용노임을 가지고 인정해 온 것은 이러한 최저일반노임의 증명으로서 일응 피해자가 그 증명책임을 다한 것으로 하여 향후 소득에 관한 피해자의 증명곤란을 완화해 주고자 하는 데에 그 본래의 뜻이 있었다고 생각된다. 그러나 피해자의 연령, 교육정도, 종전직업의 성질, 직업경력 및 기능숙련정도, 신체기능장애정도 및 유사직종이나 타직종에의 전업가능성과 확률 기타 사회적, 경제적 조건과 경험칙에 비추어 피해자가 장차 도시 또는 농촌일용노동에 종사할 것으로 예상되는 경우에만 위 일용노임을 가지고 향후 소득으로 인정할 수 있는 것이며 그렇지 않는 경우에까지 일률적으로 위 일용노임을 가지고 향후소득으로 인정한다는 것은 합리성과 객관성을 결여하여 부당하다고 하지 않을 수 없다(당원 1985. 9. 24. 선고 85다카449 판결 참조). 이러한 경우에 법원으로서는 당사자가 도시 또는 농촌일용노임 외에 별다른 향후소득의 증명을 하지 않고 있다고 하더라도 적극적으로 석명권을 행사하고 증명을 촉구하여 위에서 설시한 피해자의 연령, 교육정도 등 여러 사정에 비추어 장차 피해자가 종사가 능하다고 보여지는 직업과 그 소득을 조사 심리하여야 할 것이며, 이러한 향후의 예상소득에 관한 증명에 있어서 그 증명도는 과거사실에 대한 증명에 있어서의 증명도 보다 이를 경감하여 피해자가 현실적으로 얻을 수 있을 구체적이고 확실한 소득의 증명이 아니라 합리성과 객관성을 잃지 않는 범위 내에서의 상당한 개연성이 있는 소득의 증명으로서 족하다고 보아야 할 것이다.

위와 같은 석명권행사와 증명촉구의 노력에도 불구하고 향후소득의 예측이 불가능한 경우에는 법원은 합리적이고 객관성 있는 노동능력상실율(수익상실율)을 가려낼 수 있는 한 직권으로 이를 적용하여서라도 일실이익을 산정하여야 할 것이며 향후소득의 예측이 불가능하다고 하여 바로 원고의 청구를 배척하여서는 안 될 것이다(당원 1986. 3. 25. 선고 85다카538 판결 참조).

원심판결이유에 의하면, 원심은 원고가 1979. 3. 12.부터 이 사건 사고시까지 5년간 의정부시 금호동 150의 15에 있는 소외 안창환이 경영하는 세멘벽돌 및 부록크생산공장에서 위 벽돌등을 직접 만드는 한편 그 밑의 직원들을 지시감독하고 벽돌제작, 기계수리 등 업무에 종사하면서 월 256,153원의 급여와 1년에 428,141원의 특별급여를 지급받고 있었는데 원심판시의 이 사건 사고로 입은 상해를 1984. 10. 8.경까지 치료받았으나 앞으로도 척추유합술 등의 치료가 필요하고 그 치료 등이 모두 종결된다 하더라도 좌우측 요추횡돌기 골절로 인한 요추운동장애등 후유증으로 인하여 더 이상 위 직종에 종사할 수 없게 되고 일반도시일용노동에 종사하는 경우에도 그 노동능력의 47퍼센트(%)를 상실한 사실과 원심변론종결당시에 가까운 1985. 10. 24.경의 일반도시일용노동에 종사하는 성인남자의 임금은 1일 6,000원인 사실을 인정한 후 원고는 이 사건 사고로 말미암아 이 사건 사고 시부터 6개월간의 치료기간이 끝나는 때로부터 55세가 끝날 때까지 297개월간 이 사건 사고당시 얻고 있었던 월수입금 291,831원 중에서 잔존하는 노동능력으로서 일반도시일용노동에 종사하여 얻게 되는 월수입금 79,500원을 공제한 212,331원씩의 각 가득수입을 상실하는 손해를 입었다고 판단하고 있다. 그러나 원고가 원판시 후유증으로 인하여 종전의 원판시 직업에 종사할 수 없게 되었다 하더라도 그 사실만으로 바로 그의 장래의 소득이 도시일용노동임금상당액이라고 추정할 수는 없을 것이고 원고는 장래도시일용노동임금보다 소득이 많은 직업이나 직종에 종사하기 어렵고 일용노동에만 종사할 수밖에 없을 것이라고 예측되는 특별한 사정이 있을 때에 한하여 그의 장래의 소득을 일용노동임금 상당액이라고 추정할 수 있을 것이다(당원 1985. 9. 24. 선고 85다카449 판결; 1985. 11. 26. 선고 85다카595 판결 참조).

원심이 원고가 장래 도시일용노동임금보다 소득이 많은 직업이나 직종에 종사할 수 없고 도시일용노동에만 종사할 수밖에 없을 것이라는 특별한 사정이 있는지의 여부도 심리하지 아니한 채 그의 향후 소득을 도시일용노동임금 상당액이라고 단정하고 그 일실이익이 그 판시와 같이 된다고 판단한 것은 일실이익산정에 관한 법리오해와 심리미진, 채증법칙 위반의 위법이 있다할 것이고, 이는 소송촉진등에관한특례법 제12조 제2항에 규정된 파기사유에 해당한다 할 것이므로 이 점을 지적하는 논지는 그 이유가 있다.
그러므로 원심판결의 피고 패소부분 중 일실이익상실손해에 관한 부분을 파기하고, 다시 심리판단케 하기 위하여 이 부분 사건을 원심인 서울고등법원에 환송하기로 하여 관여법관의 일치된 의견으로 주문과 같이 판결한다.

[피해자가 종전과 같은 수입을 얻는다 하더라도 손해를 입은 것으로 판단한 판례]

① 대판 1991. 7. 23, 90다10803(노동력상실설을 취한 판례)

1. 원고 이상규를 제외한 나머지 원고들의 상고이유(상고이유보충 서들 기재는 상고이유를 보충하는 범위 내에서)를 본다.
원심판결 이유에 의하면 원심은, 거시증거를 종합하여 이 사건 사고 당시에 원고 이상복은 원고 이상규 경영의 제일제과기계공업사에서 영업사원으로 일하면서 월 금 450,000원의 급여를 받았고, 망 이상덕은 위 공업사에서 영업부장으로 일하면서 월 금 500,000원의 급여를 받았는데 원고 이상복을 포함한 위 공업사의 종업원들의 급여는 1990.까지 매년 1. 1. 기준 전년도 급여보다 5퍼센트씩 인상된 사실과 원고 이상복은 위 사고로 입은 상해로 그 치료가 끝난 뒤에도 개선이 불가능한 후유장애로서 좌측 제5신경근의 압박이라는 척추손상의 증상이 남게 되어 맥브라이드 불구평가표상 그 가동능력을 11.5퍼센트 정도 상실하게 된 사실을 인정하고 원고들이 이 사건 사고 후 위 인정금액보다 많은 보수를 받았다는 점과 부합하는 거시증거들을 모두 배척하였는바, 기록에 대조하여 살펴보면 원심의 위 증거취사와 사실인정 및 노동력상실정도의 평가는 정당한 것으로 수긍이 되고 거기에 소론이 주장하는 바와 같은 채증법칙에 위배하여 사실을 오인한 위법이 있다 할 수 없으며 사고 후에 위와 같은 보수의 인상사실이 인정되지 않는 이상 그것이 통상 예견할 수 있는 것인 여부에 대하여는 더 판단할 필요 없이 이 점 주장은 이유 없음에 돌아간다.
논지는 모두 이유 없다.

2. 원고 이상규의 상고이유를 본다.
원심판결 이유에 의하면 원심은, 거시증거를 종합하여 이 사건 사고 당시 사고차량에는 원고 이상규 소유의 제과기계류 30여점 시가 금 13,050,000원 상당이 적재되어 있었는데 위 사고로 거의 모든 기계들이 수리가 불가능할 정도로 파손되었고 단지 그 교환가치가 금 330,000원 정도 되는 일부 품목이 잔존하여 위 원고는 그 차액인 금 12,720,000원 상당의 손해를 입은 사실을 인정하였는바, 기록에 대조하여 살펴보면 위 사실인정은 정당한 것으로 수긍이 되고 소론이 지적하는 채증법칙위배의 위법이 있다 할 수 없다.
그리고 위 기계 등을 소정 기일 내에 거래선에 설치시켜 주기로 하고 만일 그 기일을 도과할 경우에는 1일 금 30,000원의 비율에 의한 손해금을 지급하기로 하였다는 사정은 이른바 특별한 사정으로 인한 손해로서 위 사고 당시 피고가 위와 같은 계약이 체결되어 있었다는 사정을 알았거나 알 수 있었다는 사정이 있어야 그 손해에 대한 배상책임이 있다 할 것인바, 같은 취지로 판단하여 피고가 위 특별한 사정을 알았거나 알 수 있었다는 점에 대한 주장 증명이 없다 하여 위 원고의 이 부분 청구를 배척한 조치는 정당하고 거기에 아무런 법리오해의 위법이 없으므로 논지는 이유 없다.

3. 피고의 상고이유를 본다.
불법행위로 인하여 신체기능의 일부를 침해당한 피해자의 손해는 피해자가 사고 당시 갖고 있는 노동력 중에서 사고로 인하여 상실한 노동력에 대한 평가액으로 산정하여야 할 것이므로 피해자가 일시 종전과 다름없거나 오히려 증가한 수입을 얻은 바 있다 할지라도 그러한 사정을 근거로 그 피해자는 신체기능의 일부 훼손에도 불구하고 재산상 아무런 손해를 입지 않았다고 할 수 없다(당원 1987. 6. 23. 선고 87다카296 판결; 1987. 9. 8. 선고 86다카816 판결, 1990. 2. 27. 선고 88다카11220 판결 등 참조).
기록에 의하면 원고 이상복은 이 사건 사고 당시에 원고 이상규 경영의 위 제일제과기계 공업사의 영업사원으로서 제과기계를 제작하고 제작된 기계를 운송하는 등의 업무에 종사하여 왔는데 위 사고로 척추손상의 장애가 남은 사실이 엿보이는바, 그의 업무내용에 비추어 위 척추손상의 신체장해가 그의 업무수행에 전연 장아가 되지 아니한다고 인정할 만한 사정이 기록상 엿보이지 아니하므로 노동능력상실비율에 따른 손해를 입은 것으로 평가한 원심의 조처는 정당하고 논지는 이유 없다.

4. 그러므로 각 상고를 기각하고 상고비용은 각 패소자의 부담으로 하기로 하여 관여 법관의 일치된 의견으로 주문과 같이 판결한다.

② **대판 1992. 9. 25, 91다45929 (노동력상실설을 취한 판례)**

1. 상고이유 제1점에 대하여
원심판결이유에 의하면, 원심은, 연세대학교 의과대학 부속 세브란스병원장에 대한 신체감정촉탁결과를 채택하여 원고가 원심 변론종결 당시 아직 좌측 고관절에 대퇴골두 부정유합 및 외상관절염으로 인한 고관절운동장해 및 통증의 후유증이 남아 원예농업협동조합원으로서의 노동능력을 39%정도 상실하였다고 인정한 다음 위 노동능력상실비율에 따라 원고의 일실수입을 산정하면서, 원고가 좌측고관절에 대한 인공관절 전치환술을 받을 경우 그 상태가 호전되어 그 노동능력상실비율이 14%에 그칠 것이므로 이를 기준으로 하여 일실수입을 산정해야 한다는 피고의 주장에 대하여, 위 신체감정촉탁결과에 의하면 원고가 인공관절 전치환술을 받을 경우 위 후유장해가 개선되어 노동능력상실비율이 14%정도로 낮아 질 것으로 예상되는 사실은 인정되나, 원고가위 상해의 증상이 고정된 뒤에 새삼스럽게 위 수술을 받을 경우 원고는 상당한 고통과 불편을 겪어야 할 것으로 예상되고 수술의 실패나 이에 따른 부작용의 가능성도 배제할 수 없으므로, 위 수술로 현재의 후유장해가 개선 될 가능성이 있다는 이유만으로 원고의 자유의사에 반하여 위 수술을 받을 것을 의무지울 수는 없다 할 것이니 원고가 장차 위 수술을 받을 것을 전제로 하여 원고의 일실수입손해를 산정할 수는 없다는 이유로 피고의 위 주장을 배척하였다. 그러나 신의칙 또는 손해부담의 공평이라는 손해배상제도의 이념에 비추어 불법행위의 피해자에게는 그로 인한 손해의 확대를 방지하거나 감경하기 위하여 노력하여야 할 일반적인 의무가 있고 피해자가 합리적인 이유 없이 위 손해경감조치의무를 이행하지 않을 경우에는 법원이 그 손해배상액을 정함에 있어 민법 제763조, 제396조의 과실상계 규정을 유추적용하여 그 손해확대에 기여한 피해자의 의무불이행의 점을 참작할 수 있는 것이며(당원 1978. 10. 10. 선고 78다1224 판결, 1990. 8. 28. 선고 88다카31279 판결, 1991. 8. 27. 선고 91다2977 판결 각 참조), 그 손해경감조치의무가 수술을 받아야 할 의무일 경우, 일반적으로 피해자는 그 수술이 위험 또는 중대하거나 결과가 불확실한 경우에까지 용인하여야 할 의무는 없다고 하겠으나, 그러하지 아니하고 관례적이며 상당한 결과의 호전을 기대할 수 있는 수술이라면 이를 용인할 의무가 있고 이를 거부하는 것은 합리적인 이유가 없다고 할 것이다. 이 사건의 경우 원고가 인공관절 전치환술을 받을 것이 그 손해경감조치의무에 해당한다고 할 것이므로, 원고가 위 수술을 받기를 거부한 데에 합리적인 이유가 있는지 여부가 문제되고, 이는 위 인공관절 전치환술이라는 수술이 위험 또는 중대하거나 결과가 불확실한 것인지 아니면 그것이 관례적이며 상당한 결과의 호전을 기대할 수 있는 것인지 여부에 달려 있다고 할 것이다. 따라서 원심으로서는 위 인공관절 전치환술에 관한 위와 같은 점들을 더 심리하여 밝혀 보았어야 할 것인데도 불구하고, 이에 이르지 아니한 채 별다른 근거도 없이 위 수술을 받을 경우 원고는 상당한 고통과 불편을 겪어야 할 것으로 예상되고 수술의 실패나 이에 따른 부작용의 가능성도 배제할 수 없다고 단정한 후, 위 수술을 받지 않은 상태에서의 노동능력상실율에 의하여 일실수입을 산정하였으니 원심판결에는 결국 증거없이 사실을 인정하였거나 심리미진으로 인하여 사실을 오인한 위법이 있어 판결결과에 영향을 미쳤다 할 것이어서 이 점을 지적하는 논지는 이유가 있다.

2. 상고이유 제2점에 대하여
피해자의 신체장애율의 인정이 정당하다면 피해자는 보통 그 정도의 가동능력을 상실했다고 봄이 우리의 경험칙에 합치되고, 피해자가 사고로 인한 증상이 고정된 후에 종전과 같은 직장에서 종전과 다름없는 수입을 얻고 있더라도 당해 직장이 피해자의 가동능력의 정상적 한계에 알맞은 것이었다는 사정까지 나타나지 않는 한 피해자가 신체훼손에 불구하고 재산상 아무런 손해를 입지 않았다고 단정할 수 없는 것이다(당원 1989. 7. 11. 선고 88 다카16874 판결, 1990. 11 .23. 선고 90다카21022 판결 각 참조). 원심이, 원고가 이 사건 사고의 후유장해로 인하여 그 신체장해율 정도(다만 그 신체장애율이 정당하다면)의 가동능력을 상실하였다고 판단한 것은 위와 같은 법리에 따른 것으로서 옳고, 거기에 소론과 같은 잘못이 없으므로 논지는 이유 없다.

3. 그러므로 원심판결 중 일실수입손해에 관한 부분을 파기하고 이 부분 사건을 다시 심리판단케 하기 위하여 원심법원에 환송하고, 나머지 부분에 관한 상고를 기각하고 이 부분

상고비용은 패소자인 피고의 부담으로 하기로 관여법관의 의견이 일치되어 주문과 같이 판결한다.

[기 타]

대판 2009. 7. 9, 2008다91180

1. 원고의 상고이유에 대한 판단

가. 상고이유 제1점에 대하여

고속도로나 자동차전용도로 이외의 도로를 운행하는 승합자동차의 뒷좌석에 탑승한 승객에 대하여는 안전띠의 착용이 법규상 강제되는 것은 아니지만, 무릇 안전띠의 착용은 불의의 사고발생시 자신의 안전을 위하여 필요한 것이며 위 고속도로 등의 외에서 운행하는 차량이라 하여 불의의 사고가 발생하지 않는다는 보장이 없으므로, 안전띠가 설치되어 있음에도 이를 착용하지 않고 있다가 사고가 발생하게 되었고 안전띠를 착용하였더라면 그로 인한 피해를 줄일 수 있었던 것으로 인정되는 경우에는 안전띠 미착용의 점은 그 사고장소가 시내인지 또는 시외인지 등을 가릴 것 없이 과실상계의 사유가 된다(대법원 1987. 7. 7. 선고 87다카69 판결, 대법원 1988. 4. 25. 선고 87다카2892 판결 등 참조).

위 법리와 기록에 비추어 살펴보면, 원심이 원고의 안전띠 미착용으로 인하여 이 사건 사고로 인한 손해의 확대에 기여하였다고 인정하여 피고의 손해배상액에 대하여 10%의 과실상계를 한 조치는 정당한 것으로 수긍할 수 있고, 거기에 상고이유의 주장과 같은 과실상계에 관한 법리오해 등의 위법이 없다.

나. 상고이유 제2점에 대하여

불법행위로 인한 손해배상사건에서 피해자의 일실수입은 사고 당시 피해자의 실제소득을 기준으로 하여 산정할 수도 있고 통계소득을 포함한 추정소득에 의하여 평가할 수도 있는 것인바, 피해자가 일정한 수입을 얻고 있었던 경우 신빙성 있는 실제수입에 대한 증거가 현출되지 아니하는 경우에는 피해자가 종사하였던 직종과 유사한 직종에 종사하는 자들에 대한 통계소득에 의하여 피해자의 일실수입을 산정하여야 한다(대법원 1992. 11. 13. 선고 92다14526 판결, 대법원 2006. 3. 9. 선고 2005다16904 판결 등 참조).

위 법리와 기록에 비추어 살펴보면, 원심이 원고의 실제수입을 인정할 만한 증거가 부족하다고 보아 원고가 종사하던 직종과 유사한 직종에 종사하는 자들에 대한 통계소득을 기준으로 삼아 원고의 일실수입을 산정한 조치는 정당하고, 거기에 상고이유의 주장과 같은 일실수입 산정에 관한 법리오해나 채증법칙 위반 등의 위법이 없다.

다. 상고이유 제3, 4점에 대하여

불법행위의 피해자가 입은 소극적 손해를 산정함에 있어 노동능력상실률을 적용하는 방법에 의할 경우에는 그 노동능력상실률은 단순한 신체적 장애율이 아니라 피해자의 연령, 교육 정도, 종전 직업의 성질과 직업 경력 및 기술숙련 정도, 신체장애의 부위 및 정도, 유사 직종이나 타 직종에의 전업가능성과 그 확률 기타 사회적, 경제적 조건을 모두 참작하여 경험법칙에 따라 도출하는 합리적이고 객관성 있는 노동능력상실률을 도출해야 하는 것이다(대법원 1991. 6. 11. 선고 91다7385 판결, 대법원 1991. 8. 13. 선고 91다7798 판결 등 참조).

원심은 그 채택 증거에 의하여 그 판시와 같은 사실을 인정한 다음, 원고의 입원기간 동안의 노동능력상실률을 100%로, 원고가 우측 회절근개부 파열상 등으로 인하여 3년 동안 입게 된 노동능력상실률을 15%로 각 인정하였으나, 거기에서 나아가 통원치료기간 동안의 노동능력상실률을 100%로 보거나 수술 후 생긴 우측 상완부 선상반흔으로 인하여 별도의 노동능력상실이 발생하였다고는 볼 수 없다고 판단하였는바, 위 법리와 기록에 비추어 살펴보면 원심의 판단은 정당한 것으로 수긍할 수 있고, 거기에 상고이유의 주장과 같은 노동능력상실률에 관한 법리오해나 채증법칙 위반 등의 위법이 없다.

2. 피고의 상고이유에 대한 판단

교통사고의 피해자가 가해자가 가입한 자동차보험회사로부터 치료비를 지급받은 경우 그 치료비 중 피해자의 과실비율에 상당하는 부분은 가해자의 재산상 손해배상액에서 공제되어야 한다(대법원 1999. 3. 23. 선고 98다64301 판결, 대법원 2002. 9. 4. 선고 2001다80778 판결 등 참조).

기록에 의하면, 피고가 원고의 치료비로 14,320,170원을 지급한 사실을 알 수 있고, 원심은 이 사건 사고에 관하여 원고에게도 과실이 있다고 보아 피고의 손해배상액을 산정함에 있어 10%의 과실상계를 하고 있으며, 피고는 원심에서(2008. 9. 5.자 준비서면) 위 치료비 중 원고의 과실비율에 상당하는 금액은 공제되어야 한다고 주장하였다. 그런데도 원심은 피고의 위 주장에 대하여 아무런 판단도 하지 아니한 채 위 치료비 중 원고의 과실비율에 상당하는 금액을 피고가 배상할 재산상의 손해액에서 공제하지 아니하고 말았으니, 이 부분 원심판결에는 판결에 영향을 미친 판단누락의 위법이 있다. 이 점을 지적하는 상고이유의 주장은 이유 있다.

3. 결 론

그러므로 원심판결 중 재산상 손해에 관한 피고 패소 부분을 파기하고, 이 부분 사건을 다시 심리·판단하도록 원심법원에 환송하되, 원고의 상고를 기각하기로 하여 관여 대법관의 일치된 의견으로 주문과 같이 판결한다.

4) 부동산의 불법점유

타인 소유의 부동산을 법률상 권원 없이 점유함으로 인하여 그 부동산의 소유

자가 입은 손해는 특별한 사정이 없는 한 그 점유부동산의 임료 상당액이다.[567)]

5) 변호사비용

우리나라는 변호사 강제주의를 채용하지 않고 있으므로 변호사비용은 원칙적으로 배상하여야 할 손해가 아니다.[568)] 그러나 불법행위자의 부당한 항쟁에 대하여 피해자가 소송을 제기하는 경우에는 변호사비용이 배상하여야 할 손해라고 한다.[569)]

(2) 정신적 손해의 산정

1) 의 의

정신적 손해가 금전으로 전보될 수 있느냐 하는 점은 근대법 이래 논의되어 왔는데 피해자의 정신적 고통이 금전에 의하여 완전히 전보될 수는 없더라도 민법이 금전배상주의를 채택하는 이상 정신적 손해 역시 금전으로 산정되어 배상될 수밖에 없을 것이다. 민법은 정신적 이익을 하나의 독립된 보호해야할 법익으로 보고 있다. 따라서 타인의 신체, 자유 또는 명예를 해하거나 기타 정신상 고통을 가한 자는 그 손해를 배상할 책임이 있다고 규정한다(제751조 제1항). 민법은 이러한 정신상 손해를 「재산이외의 손해」(제751조 제1항)라고 천명하고, 이에 대한 금전

567) **대판** 1991. 9. 24, 91**다**20197 ; **대판** 1994. 6. 28, 93**다**51539 "타인 소유의 토지를 법률상 권원 없이 점유함으로 인하여 그 토지소유자가 입은 통상의 손해는 특별한 사정이 없는 한 그 점유토지의 임료 상당액이다."

568) **대판** 1995. 12. 26, 95**다**41918 "비록 측량사의 잘못된 경계측량으로 말미암아 갑과 을 사이에 경계에 관한 분쟁이 발생하였다 하더라도, 그렇다고 하여 갑이 을에 대하여 폭행 등 범죄행위를 저지르고 그로 인하여 형사재판까지 받게 됨으로써 지출하게 된 변호사비용이, 측량사의 위법행위와 상당인과관계 있는 손해라고 볼 수는 없다."; **대판** 2010. 6. 10, 2010**다**15363·15370 "무릇 불법행위로 인한 손해배상의 범위를 정함에 있어서는 불법행위와 손해와의 사이에 자연적 또는 사실적 인과관계가 존재하는 것만으로는 부족하고 이념적 또는 법률적 인과관계 즉 상당인과관계가 있어야 할 것이다. 그런데 변호사강제주의를 택하지 않고 있는 우리나라 법제 아래에서는 손해배상청구의 원인된 불법행위 자체와 변호사 비용 사이에 상당인과관계가 있음을 인정할 수 없으므로 변호사 비용을 그 불법행위 자체로 인한 손해배상채권에 포함시킬 수는 없다."

569) **대판** 1965. 11. 30, 65**다**1707 "원고소유 토지의 불법점거자인 피고의 부당한 항쟁(위법성이 있음을 전제)에 대하여 소송을 제기함으로 인하여 지출하게 된 변호사비용은 이를 배상할 의무가 있다."; **대판** 1972. 5. 9, 71**다**1297 "원고 소유 토지의 불법점거자인 피고의 부당한 항쟁에 관하여 소송을 제기함으로 인하여 지출하게 된 변호사비용은 불법행위에 기인한 손해로서 배상할 의무가 있다."

배상을 「위자료(慰藉料)」라고 한다(제752조 표제참조). 즉 위자료라 함은 불법행위 또는 기타의 불법원인에 의해서 피해자가 입은 고통 등의 정신적 손해를 금전으로 배상해주는 손해배상금을 말한다. 위자료에 대한 산정은 그 손해의 내용인 정신상 고통에 대해 이를 객관적으로 인정하고 또 금전으로 평가한다는 것이 쉽지 않고 또한 명백한 기준도 없다. 제750조, 제751조 및 제752조에서 위자료에 대하여 규정하고 있는바 이하에서는 이 규정들의 상호관계에 대하여 살펴본다.

2) 위자료청구권의 인정

① 제750조, 제751조 및 제752조의 상호관계 민법에서 불법행위로 인한 위자료청구를 인정한 규정으로서 제751조와 제752조의 두 조문이 있다. 제751조는 신체, 자유 및 명예의 침해를 받거나 정신상의 고통을 입은 피해자가 직접 가해자에게 위자료를 청구할 수 있음을 규정한 것이고, 제752조는 생명의 침해를 받은 자의 근친자가 가해자에게 위자료청구를 할 수 있음을 규정한 것이다. 그렇다면 불법행위의 일반규정인 제750조와 위의 두 규정과는 어떤 관계에 있는가?

일반적으로 통설과 판례는 제750조와 제751조 및 제752조의 관계를 다음과 같이 설명한다. 첫째, 제750조의 「손해」는 '재산상 손해'와 '정신상 손해'를 모두 포함한다는 것이다. 둘째, 제751조는 제750조의 '손해'에 정신상 손해도 포함된다는 것을 주의적 내지는 보충적으로 규정한 것이다. 셋째, 제752조는 불법행위로 타인의 생명을 침해한 경우에 피해자의 직계존속·직계비속 및 배우자에 대하여 위자료의 지급의무가 있음을 정하고 있는데 여기에 명시한 직계존·비속 및 배우자는 단지 예시적 열거에 불과하며,[570] 그 이외에 열거되지 않은 자도 제750조 및 제751조에 의해 정신상 고통을 입은 것이 증명되면 위자료를 청구할 수 있다. 즉 제752조에서 열거하고 있는 직계존·비속 및 배우자를 열거하고 있는 것은 손해배상청구권이 있는 자를 예시적으로 규정한 것에 지나지 않으며, 이들은 정신적 고통을 증명할 필요 없이 당연히 위자료를 청구할 수 있음을 규정한 것에 지나지 않는다고 한다.[571] 그러므로 제752조에 규정된 친족 이외에도 그들의 정신적 손해

570) **대판 1999. 4. 23, 98다41377** "민법 제752조는 생명침해의 경우에 있어서의 위자료 청구권자를 열거 규정하고 있으나 이는 예시적 열거 규정이라고 할 것이므로 생명침해 아닌 불법행위의 경우에도 불법행위 피해자의 부모는 그 정신적 고통에 관한 증명을 함으로써 일반 원칙인 같은 법 제750조, 제751조에 의하여 위자료를 청구할 수 있다고 해석하여야 한다."

571) **대판 1967. 8. 29, 67다1414** "본조는 예시적 규정 : 본조는 위자료청구권이 있는 사람과

를 증명하면 제750조 및 제751조에 의하여 위자료를 청구할 수 있다고 한다.[572] 또한 판례에 따르면 제752조의 근친자는 호적에 입적하지 않은 사실상의 친족관계에 있는 자뿐만 아니라 사실혼관계에 있는 배우자도 포함된다고 한다.[573] 제752조가 정한 근친자 이외의 자이더라도 배상청구를 할 수 있다. 예컨대 피해자에 대하여 부양청구권을 가지고 있는 때에는 그 청구권을 상실한 것에 대하여 제750조에 근거하여 배상청구를 할 수 있다. 또 생명침해가 아닌 재산권이 침해된 경우에 그로 인해 정신상 고통을 입은 자는 제751조 및 제752조에 근거하여 위자료를 청구할 수 있다. 이때의 위자료청구권은 특별한 사정으로 인한 손해(제393조 제2항)로서 가해자가 그 특별한 사정을 알았거나 알 수 있었을 경우에 한하여 이를 인정한다.[574]

② 민법 제751조의 내용

㉠ 위자료청구권이 인정되는 경우 제751조 제1항은 타인의 신체, 자유 및 명예를 침해한 경우에는 피해자가 정신상 고통을 받은 것으로 추정하여 위자료청구를 인정한다. 본조에 열거되지 아니한 법익의 경우에도 불법행위로 인해

피해법익에 대하여 이를 예시적으로 규정한 것에 불과하다."; **대구고등법원** 1972. 9. 6. **선고 72나429** "민법 752조는 생명침해의 경우 위자료 청구권자를 직계존속·비속 및 배우자로 열거하고 있으나 이는 그와 같은 신분관계에 있는 자만을 위자료 청구권자로 한정하는 취지가 아니고 그 청구권자를 예시적으로 규정한 것에 불과하므로 사망자의 형제·자매도 그 정신적 고통에 대한 위자료를 청구할 수 있다."

572) **대판** 1967. 9. 5, 67**다**1307 "본조에 의한 생명침해의 경우에 있어서의 위자료청구권자의 규정은 제한적 규정이 아니고 그 정신적 고통에 관한 거증책임을 경감하는 취지의 규정에 불과하므로 본조에 규정에 의하여 위자료를 청구할 수 있다."

573) **대판** 1962. 4. 26, 62**다**72 "민법 제752조 소정의 피해자와 직계존속 사이의 친족관계는 호적상의 친족관계는 물론 사실상의 친족관계가 있는 경우도 포함한다."

574) **대판** 1970. 3. 31, 69**다**2106 ; **대판** 1996. 11. 26, 96**다**31574 "일반적으로 타인의 불법행위 등에 의하여 재산권이 침해된 경우에는 그 재산적 손해의 배상에 의하여 정신적 고통도 회복된다고 보아야 할 것이므로, 영업비밀 침해행위로 인하여 영업매출액이 감소한 결과 입게 된 정신적 고통을 위자할 의무가 있다고 하기 위하여는 재산적 손해의 배상에 의하여 회복할 수 없는 정신적 손해가 발생하였다는 특별한 사정이 있고 영업비밀 침해자가 그러한 사정을 알았거나 알 수 있었어야 한다."; **대판(전)** 2004. 3. 18, 2001**다**82507 "일반적으로 타인의 불법행위 등에 의하여 재산권이 침해된 경우에는 그 재산적 손해의 배상에 의하여 정신적 고통도 회복된다고 보아야 할 것이므로 재산적 손해의 배상에 의하여 회복할 수 없는 정신적 손해가 발생하였다면, 이는 특별한 사정으로 인한 손해로서 가해자가 그러한 사정을 알았거나 알 수 있었을 경우에 한하여 그 손해에 대한 위자료를 청구할 수 있다."

정신상 고통을 준 것으로 평가되는 경우에는 위자료청구권이 인정된다. 예컨대 사실혼 관계에 있는 일방 배우자가 타인과 통정한 경우에 그 배우자는 타방 배우자에게 정신상 손해를 배상할 의무가 있고, 이에 가담한 타인의 행위는 공동불법행위를 구성한다.[575] 피해자로 하여금 성적 굴욕감이나 혐오감을 느끼게 할 정도의 성희롱은 피해자의 인격권을 침해하는 것으로서 피해자가 정신적으로 고통을 입었음이 명백하다.[576] 부당해고,[577] 생활방해[578]의 경우 피해자는 위자료청구권

575) **대판 1959. 2. 19, 4290민상749** "남녀의 결혼은 자유이고 또 진의에 의하여만 그 목적을 달성할 수 있는 것이므로 누구나 이를 강요할 수 없고 또 혼인에 관하여 법률상 일정한 형식을 요하는 제도에 있어서는 당사자 간 자유이고 또한 진의에 인한 혼인의 약속이 있었을 지라도 법률의 소정형식을 이천치 않으면 법률상 부부의 신분을 취득할 수 없음은 당해 법규가 사회적 인륜질서에 관한 강행규정인 성질상 당연한 것이다. 그러나 당사자가 상호간 그 진의에 의한 혼인의 약속을 하고 관례에 의한 일정한 의식을 이천하였거나 그 실질적 내용인 동거생활을 영위하는 경우에 있어서는 당사자 간 서로 상대방에 대하여 성실히 그 약속을 이행할 의무를 부담하는 동시에 상대방이 그 의무를 이행하는데 사회관념상 장해가 될 행위는 이를 하지 않을 의무가 있는 것이다. 그리고 당사자는 서로 남녀의 정조를 지켜야 하고 이를 실수하는 행위는 상대자로 하여금 혼인의 실천을 거부할 상당한 이유가 될 뿐 아니라 이는 상대방이 혼약이 실현되므로 말미암아 받을 바 이익을 침해하는 것으로 상대방이 이로 인하여 받은 바 물질상 또는 정신상 손해를 배상할 의무가 있으며 이에 가공한 제3자의 행위는 역시 공동의 불법행위로 손해배상의 책임을 면치 못할 것이다. 원판결에 확정한 사실 및 이유에 의하면 원고가 소외인과 혼인식을 거행하고 사실상 부부로 동거 중 피고가 동녀와 수차 정교하여 원고로 하여금 동녀와 결혼할 수 없게 되었으므로 원고가 이로 인하여 정신상의 고통을 받았다 하여 피고에게 배상을 명한 것이니 이는 전 설시에 의하여 정당함이 자명한 것이고 소론은 이유 없다."

576) **대판 1998. 2. 10, 95다39533** "성적 표현행위의 위법성 여부는, 쌍방 당사자의 연령이나 관계, 행위가 행해진 장소 및 상황, 성적 동기나 의도의 유무, 행위에 대한 상대방의 명시적 또는 추정적인 반응의 내용, 행위의 내용 및 정도, 행위가 일회적 또는 단기간의 것인지 아니면 계속적인 것인지 여부 등의 구체적 사정을 종합하여, 그것이 사회공동체의 건전한 상식과 관행에 비추어 볼 때 용인될 수 있는 정도의 것인지 여부 즉 선량한 풍속 또는 사회질서에 위반되는 것인지 여부에 따라 결정되어야 하고, 상대방의 성적 표현행위로 인하여 인격권의 침해를 당한 자가 정신적 고통을 입는다는 것은 경험칙상 명백하다."

577) **대판 1994. 2. 8, 92다893** "사용자가 근로자를 부당하게 해고하고 그 해고무효확인판결이 확정되었음에도 장기간에 걸쳐 근로자에 대한 복직을 거부하였다면 근로자가 정신상의 고통을 받았을 것임이 명백하므로 사용자는 이를 금전으로 위자할 의무가 있다."; **대판 1996. 4. 23, 95다6823** "일반적으로 사용자의 근로자에 대한 해고 등의 불이익처분이 정당하지 못하여 무효로 판단되는 경우에 그러한 사유만에 의하여 곧바로 그 해고 등의 불이익처분이 불법행위를 구성하게 된다고 할 수는 없으나, 사용자가 근로자에 대하여 징계해고 등을 할 만한 사유가 전혀 없는데도 오로지 근로자를 사업장에서 몰아내려는 의도하에 고의로 어떤 명목상의 해고사유 등을 내세워 징계라는 수단을 동원하여 해고 등의 불이익처분을 한 경우나, 해고 등의 이유로 된 어느 사실이 취업규칙 등 소정의 징계사유에 해당되지

이 있다. 그리고 재산권침해의 경우 가해자가 피해자의 정신적 손해를 알았거나 알 수 있었을 경우에 한하여 그 손해에 대한 위자료를 인정할 수 있다.[579)]

㉡ **위자료청구권자** 위자료 청구권을 가지는 자로는 신체, 자유, 명예의 침해를 당하거나 정신상 고통을 당한 당사자 본인은 위자료청구권자가 됨은 제751조 제1항의 내용상 분명하고, 그 밖의 판례에서 인정하는 위자료 청구권자를

아니하거나 징계사유로 삼을 수 없는 것임이 객관적으로 명백하고 또 조금만 주의를 기울였더라면 이와 같은 사정을 쉽게 알아 볼 수 있는데도 그것을 이유로 징계해고 등의 불이익처분을 한 경우처럼, 사용자에게 부당해고 등에 대한 고의·과실이 인정되는 경우에 있어서는 불법행위가 성립되어 그에 따라 입게 된 근로자의 정신적 고통에 대하여도 이를 배상할 의무가 있다."

578) **대판 1997. 10. 28, 95다15599** "의료법인이 운영하는 종합병원의 부지와 인근 주민들이 거주하는 연립주택의 부지는 모두 도시계획법에 의하여 일반상업지역으로 지정된 지역 내에 위치하고 있기는 하지만, 그 지역의 현황은 상가 등 근린생활시설과 주택이 혼재하여 있고, 그 연립주택의 전면이 그 병원의 부지 쪽을 향하여 건축된 다음 상당한 기간이 지난 후에 그 병원이 건축되었으며 그 연립주택 부지와 병원 부지 사이의 경계로부터 그 병원의 3층 산부인과 입원실의 연립주택 쪽 창문까지의 직선거리는 차면시설의무가 있는 법정 거리인 2m에 미치지 못하는 경우, 비록 그 병원이 그 부지의 도시계획상 용도에 적합한 시설이고 그 병원과 같은 종합병원은 공익시설이며 이를 운영함에 있어서 응급실과 영안실의 설치가 필수적이라고 하더라도 그 병원 및 연립주택의 현황과 그 위치한 지역의 형태, 토지 이용의 선후 관계, 의료법인으로서는 그 병원의 운영에 지장을 초래하지 않는 범위 내에서 인근 주민들의 생활방해를 방지하거나 감소시키기 위한 조치를 할 수 있었을 것으로 보이는 점 등 제반 사정에 비추어 볼 때, 의료법인이 그와 같은 조치를 하지 아니함으로써 발생한 생활방해는 인근 주민들에게 사회통념상 요구되는 수인의 한도를 넘은 것이라고 봄이 상당하다."

579) **대판 1991. 12. 10, 91다25628 ; 대판 1992. 12. 8, 92다34162** "건물을 신축하면서 인근 토지의 지반붕괴에 대비한 예방조치 등을 함이 없이 공사를 함으로써 인근 주택의 지반이 붕괴되고 벽에 균열이 생기고 지붕이 파손되었다면 피해자로서는 재산상 손해 외에 일상생활의 안온상태가 파괴되고 언제 어떠한 손해가 발생할지 모르는 불안에 떨어야 하는 정신적 고통에 대한 위자료청구도 할 수 있다."; **대판 1993. 11. 9, 93다19115** "일반적으로 건물신축도급계약에 있어서 수급인이 신축한 건물에 하자가 있는 경우 이로 인하여 도급인이 받은 정신적 고통은 하자가 보수되거나 하자보수에 갈음한 손해배상이 이루어짐으로써 회복된다고 보아야 할 것이므로 도급인이 하자의 보수나 손해배상만으로는 회복될 수 없는 정신적 고통을 입었다는 특별한 사정이 있고 수급인이 이와 같은 사정을 알거나 알 수 있었을 경우에 한하여 정신적 고통에 대한 위자료를 인정할 수 있다." ; **대판 2007. 1. 11, 2005다67971** "일반적으로 계약상 채무불이행으로 인하여 재산적 손해가 발생한 경우 그로 인하여 계약 당사자가 받은 정신적인 고통은 재산적 손해에 대한 배상이 이루어짐으로써 회복된다고 보아야 할 것이므로, 재산적 손해의 배상만으로는 회복될 수 없는 정신적 고통을 입었다는 특별한 사정이 있고, 상대방이 이와 같은 사정을 알았거나 알 수 있었을 경우에 한하여 정신적 고통에 대한 위자료를 인정할 수 있다(대법원 2004. 11. 12. 선고 2002다53865 판결 등 참조)."

살펴보면 다음과 같다.

ⓐ 「신체침해」의 경우에 상해의 정도에 따라서는 상해를 입은 피해자의 부모,[580] 동일호적에 있고 함께 생활하고 있는 외조부[581] 등은 가해자에 대하여 위자료를 청구할 권리가 있다고 한다. 이 경우 불법행위의 직접적 피해자가 아닌 자, 즉 부모나 외조부가 손해배상을 청구할 수 있는 법적 근거는 제750조 및 제751조이고 제752조가 아니다. 그리고 위와 같이 피해자가 아닌 제3자(부모, 외조부 등)의 위자료청구권은 피해자가 가해자로부터 합의금을 수령하고 나머지 손해배상청구권을 포기하는 약정을 하더라도 제3자의 포기의 의사표시가 없는 한 효력을 잃지 않는다.[582]

ⓑ 타인의 불법행위로 부당하게 신체를 구금당한 피해자의 부모도 위자료청구권을 가진다.[583]

ⓒ 태아가 피해 당시 정신상 고통에 대한 감수성을 갖추고 있지 않다고 하더라도 장래 감수할 것임이 현재 합리적으로 기대할 수 있는 경우에는 즉시 그 청구를 할 수 있다.[584]

---

580) **대판 1999. 4. 23, 98다41377** "민법 제752조는 생명침해의 경우에 있어서의 위자료 청구권자를 열거 규정하고 있으나 이는 예시적 열거 규정이라고 할 것이므로 생명침해 아닌 불법행위의 경우에도 불법행위 피해자의 부모는 그 정신적 고통에 관한 증명을 함으로써 일반 원칙인 같은 법 제750조, 제751조에 의하여 위자료를 청구할 수 있다고 해석하여야 한다."

581) **대판 1967. 12. 26, 67다2460** "동일호적에 있으며 함께 생활하고 있는 외조부는 외손자가 교통사고로 노동력의 6할의 감퇴를 볼 정도의 부상을 입었다면 이로 인하여 정신상 고통을 받을 것이라 함은 경험칙상 당연하다."

582) **대판 1999. 6. 22, 99다7046** "교통사고의 경우, 피해자 본인과는 별도로 그의 부모들도 그 사고로 말미암아 그들이 입은 정신적 손해에 대하여 고유의 위자료청구권을 가진다 할 것이므로, 피해자 본인이 합의금을 수령하고 가해자측과 나머지 손해배상청구권을 포기하기로 하는 등의 약정을 맺었다 하더라도 그의 부모들이 합의 당사자인 피해자 본인과 가해자 사이에 합의가 성립되면 그들 자신은 별도로 손해배상을 청구하지 아니하고 손해배상청구권을 포기하겠다는 뜻을 명시적 혹은 묵시적으로 나타낸 바 있다는 등의 특별한 사정이 없는 한 위 포기 등 약정의 효력이 당연히 고유의 손해배상청구권을 가지는 그의 부모들에게까지 미친다고는 할 수 없다."

583) **대판 1999. 4. 23, 98다41377** "일반적으로 타인의 불법행위로 부당하게 신체를 구금당한 피해자의 직계존속은 특별한 사정이 없는 한 경험칙상 정신적 고통을 받았다 할 것이므로 특별한 사정이 없는 경우 피해자의 부모도 그 정신적 고통에 대하여 위자료를 청구할 수 있다."

584) **대판 1962. 3. 15, 4294민상903** "태아가 피해 당시 정신상 고통에 대한 감수성을 갖추고 있지 않다 하더라도 장래 감수할 것임을 현재 합리적으로 기대할 수 있는 경우에 있어서는 즉시 그 청구를 할 수 있다."

ⓓ 법인의 명예·신용 등이 훼손된 경우에 이를 무형의 손해라고 칭하면서 그 배상을 위자료로 보는 점에서 법인에게도 위자료청구권을 인정한다고 볼 수 있다.[585)]

㉢ 민법 제752조의 내용 민법 제752조에서 생명침해의 경우에 지계존속, 직계비속 및 배우자 이외의 자도 재산상 손해와 정신상 손해에 대해서 그 배상을 청구할 수 있는가가 문제이다. 즉 본조에 열거된 피해자의 근친자는 예시적 규정에 불과한 것인가의 문제이다. 판례에 따르면 제752조에 직계존손, 직계비속 및 배우자를 열거하고 있는 것은 손해배상청구권이 있는 자를 예시적으로 규정한 것에 지나지 않으며, 이들은 정신적 고통을 증명할 필요 없이 당연히 위자료를 청구할 수 있음을 규정한 것에 지나지 않는다.[586)] 따라서 제752조에 규정된 친족 이외에도 그들의 정신적 손해를 증명하면, 제750조 및 제751조에 의하여 위자료를 청구할 수 있다고 한다.[587)] 판례는 그러한 경우로서 피해자의 며느리, 시어

---

585) **대판 1996. 4. 12, 93다40614** "비방광고들로 인하여 인격과 명예, 신용 등이 훼손됨으로써 분유제조업체인 피해 회사가 입은 손해의 종류와 성격, 피해 회사의 지명도와 영업의 신용도, 피해 회사의 규모 및 영업실적, 비방광고들의 허위성의 정도와 비방성의 강도, 비방광고 행태 전반에서 드러나는 악의성의 정도, 조제분유제품을 선택하는 소비자들의 보수성, 부정적 광고가 미치는 영향의 즉각성과 지속성, 부정적 영향으로부터 회복함이 곤란한 점, 부정적 광고에 대하여 효율적인 구제수단인 사죄광고가 허용되지 아니하는 점, 비방광고 회사의 규모와 재산 정도 등 여러 사정을 참작하여 그 손해액을 금 300,000,000원으로 정한 원심판결을 수긍한 사례"

586) **대판 1967. 9. 5, 67다1307** "본조에 의한 생명침해의 경우에 있어서의 위자료청구권자의 규정은 제한적 규정이 아니고 그 정신적 고통에 관한 거증책임을 경감하는 취지의 규정에 불과하므로 본조에 규정에 의하여 위자료를 청구할 수 있다."; **대판 1967. 9. 19, 67다1550** "민법 제752조에 「타인의 생명을 해한자는 피해자의 직계존속, 직계비속 및 배우자에 대하여는 재산상의 손해가 없는 경우에도 손해비상의 책임이 있다」고 규정한 것은, 타인의 생명을 해한 경우에 한하여, 위조문에 열거한 신분관계에 있는 사람에 한하여 정신상 손해에 대한 손해배상책임을 인정하고 있는 취지가 아니고, 타인의 생명침해의 경우의 위자료청구권이 있는 사람과 피해법익을 예시적으로 규정한 것으로 해석하여야 할 것이므로, 생명침해이외의 경우에도 직접의 피해자가 아닌 부모, 자녀 또는 배우자가 그들 아들이나 부모 또는 배우자의 신체의 상해에 관하여 정신상 고통에 대한 위자료를 청구할 권리가 있다."; **대판 1978. 1. 17, 77다1942** "민법 제752조에 규정된 친족이외의 친족도 그 정신적 고통에 관한 증명을 함으로써 위자료를 청구할 수 있는 바 타인의 불법행위로 생명을 잃은 피해자의 직계비속의 배우자는 경험칙상 그 직계비속에 비견할 정신적 고통을 받는다 할 것이므로 그에 대한 위자료를 청구할 수 있다."

587) **대판 1967. 9. 5, 67다1307** "본조에 의한 생명침해의 경우에 있어서의 위자료청구권자의 규정은 제한적 규정이 아니고 그 정신적 고통에 관한 거증책임을 경감하는 취지의 규정에 불과하므로 본조에 규정에 의하여 위자료를 청구할 수 있다."; **대판 1978. 1. 17, 77다1942**

머니, 누나에게 위자료청구권을 인정한다.[588] 또한 여기서 말하는 근친자는 호적에 입적하지 않은 사실상의 친족관계에 있는 자뿐만 아니라,[589] 사실혼관계에 있는 배우자도 포함된다고 한다.[590] 그리고 제752조가 정한 근친자 이외의 자이더라도 손해배상청권자가 되는 경우가 있다. 예컨대 피해자에 대하여 부양청구권을 가지고 있었는데 피해자가 사망함으로써 그 청구권을 상실한 것에 대하여 민법 제 750조에 근거하여 배상청구를 할 수 있다.

제752조에서 열거하고 있는 근친자 및 그 이외의 친족에게 위자료청구권이 인정되는 것은 생명침해에 한정하는 것이 아니라 신체, 자유의 침해의 경우에도 피해자의 부모 등에게 제750조 및 제751조에 의거한 위자료청구권을 인정한다. 채무불이행으로 인한 정신적 손해의 배상도 인정할 것이냐가 문제되고 있는데 통설은 채무불이행과 불법행위는 동일한 제도적 기능을 가지고 있어서 정신적 손해에 대하여 양자를 달리 취급할 이유가 없으므로 제751조 및 제752조를 채무불이행에 유추 적용하여야 한다고 한다.

판례는 재산권이 침해된 경우에 있어서도 제751조 및 제752조에 근거하여 위자료를 청구할 수 있다고 하면서 이는 특별한 사정으로 인한 손해(제393조 제2항)로

"민법 제752조에 규정된 친족이외의 친족도 그 정신적 고통에 관한 증명을 함으로써 위자료를 청구할 수 있는바 타인의 불법행위로 생명을 잃은 피해자의 직계비속의 배우자는 경험칙상 그 직계비속에 비견할 정신적 고통을 받는다 할 것이므로 그에 대한 위자료를 청구할 수 있다."

588) **대판 1967. 9. 5, 67다1307 ; 대판 1967. 12. 18, 67다2047** "타인의 불법행위로 인하여 며느리가 사망한 경우 시어머니는 본법 제752조에 열거되어 있지 않더라도 위자료 청구권을 갖는다."; **대판 1978. 1. 17, 77다1942** "민법 제752조에 규정된 친족이외의 친족도 그 정신적 고통에 관한 증명을 함으로써 위자료를 청구할 수 있는 바 타인의 불법행위로 생명을 잃은 피해자의 직계비속의 배우자는 경험칙상 그 직계비속에 비견할 정신적 고통을 받는다 할 것이므로 그에 대한 위자료를 청구할 수 있다."

589) **대판 1962. 4. 26, 62다72** "민법 제752조 소정의 피해자와 직계존속 사이의 친족관계는 호적상의 친족관계는 물론 사실상의 친족관계가 있는 경우도 포함한다."; **대판 1966. 6. 28, 66다493** "본조에서 말하는 친족관계는 반드시 호적상의 관계만을 가리키는 것이 아니고 입적되지 아니하여도 사실상 그와 같은 관계가 있는 경우도 포함하는 것이라고 해석함이 상당하다."

590) **대판 1967. 1. 31, 66다2216** "내연관계에 있는 배우자의 손해배상청구권 : 내연관계에 있는 배우자도 법률상 혼인관계에 있는 배우자에 준하여 손해배상청구권이 있다."; **대판 1969. 7. 22, 69다684** "사실상의 혼인관계에 있는 배우자도 다른 배우자가 제3자의 불법행위로 인하여 상해를 입은 경우에는 자기가 받은 정신적 고통에 대한 위자료를 청구할 권리가 있다."

서 침해자가 그 특별한 사정을 알았거나 알 수 있었을 경우에 한하여 이를 인정한다고 한다.[591] 이는 불법행위로 인하여 재산권이 침해된 경우에는 그 재산적 손해의 배상에 의하여 정신적 고통도 회복된다고 보므로 원칙적으로 그 배상을 청구할 수 없지만 재산적 손해의 배상에 의하여 회복될 수 없는 정신적 손해는 특별한 사정으로 인한 손해에 해당하여 제393조 제2항의 요건 하에 배상될 수 있다는 의미이다.

3) 위자료청구권의 상속성

① **문제의 제기** 위자료란 정신적 고통에 대한 손해배상이라 할 때 이 위자료청구권이 상속될 수 있겠는가하는 것이 문제이다. 왜냐하면 우선, 민법 제1005조 단서에 따르면 피상속인의 일신에 전속한 것은 상속되지 않는다고 하고 있는데 정신적 고통은 원래 주관적인 것이므로 그 권리를 행사하기까지는 일신적속적인 권리로 보아야 하지 않겠는가 하는 점이고, 나아가 생명침해의 경우에는 피해자가 사망함으로써 피해자 자신이 위자료청구권을 가진다고 보기 어렵고, 더욱이 생명침해의 경우에 제752조가 사망자의 위자료청구권의 상속을 부인하는 것을 전제로 사망자의 정신적 고통에 관해 근친자에게 위자료청구권을 부여하려는 취지라고 보아야 하지 않겠는가 하는 점이 문제이다.[592]

---

591) **대판** 1970. 3. 31, 69**다**2106 ; **대판** 1996. 11. 26, 96**다**31574 "일반적으로 타인의 불법행위 등에 의하여 재산권이 침해된 경우에는 그 재산적 손해의 배상에 의하여 정신적 고통도 회복된다고 보아야 할 것이므로, 영업비밀 침해행위로 인하여 영업매출액이 감소한 결과 입게 된 정신적 고통을 위자할 의무가 있다고 하기 위하여는 재산적 손해의 배상에 의하여 회복할 수 없는 정신적 손해가 발생하였다는 특별한 사정이 있고 영업비밀 침해자가 그러한 사정을 알았거나 알 수 있었어야 한다." ; **대판(전)** 2004. 3. 18, 2001**다**82507 "일반적으로 타인의 불법행위 등에 의하여 재산권이 침해된 경우에는 그 재산적 손해의 배상에 의하여 정신적 고통도 회복된다고 보아야 할 것이므로 재산적 손해의 배상에 의하여 회복할 수 없는 정신적 손해가 발생하였다면, 이는 특별한 사정으로 인한 손해로서 가해자가 그러한 사정을 알았거나 알 수 있었을 경우에 한하여 그 손해에 대한 위자료를 청구할 수 있다." ; 2004. 4. 28, 2004**다**4386 "재산권에 관한 민사소송에서 증인의 증언내용 그 자체가 소송당사자 등의 명예 또는 신용을 훼손하거나 기타 인격적 이익을 침해하는 것이 아닌 한, 증인의 위증으로 인하여 패소판결을 받을지도 모를 위험에 노출되었다고 하더라도 그러한 위험은 원칙적으로 재산적 손해와 직결되는 것이므로 재산적 손해의 발생 여부나 그 회복 여부에 상관없는 정신적인 손해가 발생하였다고 볼 만한 특별한 사정이 있고, 나아가 가해자가 그러한 사정을 알았거나 알 수 있었을 경우에 한하여 그 정신적 손해에 대한 위자료를 인정할 수 있을 것이다."

592) 이에 대하여 더 자세한 것은 김주수, 친족상속법, 569면 이하 참조.

② **학설과 판례의 입장** 위의 문제에 대하여 학설과 판례의 입장은 다음과 같다.

위자료청구권의 상속성을 인정하는 견해에 따르면, 피해자의 재산상의 손해인 일실이익에 대한 손해배상청구권이든, 정신적 고통으로 인한 위자료청구권이든 손해배상청구권은 일단 사망자에게 귀속되었다가 상속인에게 승계된다고 한다.[593] 판례에 따르면 위자료청구권을 재산상의 손해배상청구권과 구별하여 취급할 근거가 없으므로 이를 일신전속권이라 할 수 없어, 피해자가 이를 포기하거나 면제했다고 볼 수 있는 특별한 사정이 없는 한, 피해자의 사망으로 인해, 즉 생전에 청구의 의사표시를 하지 않았더라도 상속된다고 한다.[594] 그리고 위자료청구권은 감각적인 고통뿐만 아니라 상실한 장래의 정신적 이익을 내용으로 하는 것이며, 피해자가 즉사한 경우라 하여도 피해자가 치명상을 입은 때와 사망과의 사이에는 이론상 시간적 간격이 인정될 수 있어, 생명침해의 경우에도 피해자 본인에게 위자료청구권이 발생하고 이것이 상속인에게 상속된다. 따라서 피해자의 유족은 제752조에 의한 자신의 고유한 위자료청구권과 피해자로부터 상속받은 위자료청구권을 함께 행사할 수 있다.[595] 그러나 위자료청구권의 상속을 부인하는 견

---

593) 곽윤직, 590면.

594) **대판 1966. 10. 18, 66다1335 ; 대판 1976. 4. 13, 75다396** "생명 신체 등의 침해로 인한 위자료청구권의 양도성 : 위자료청구권은 생명 신체 등 피해자로부터 제3자에게 양도할 수 없는 법익의 침해에 의하여 생긴 것이지만, 그러한 법익의 침해로 인하여 생긴 위자료청구권은 재산적 손해의 배상청구권과 구별하여 그 상속성 양도성을 부인할 이유가 없는 바이므로 원심이 본건 정신적 고통에 대한 위자료청구권의 일신전속성을 인정하지 아니하고 그 양도를 유효한 것으로 본 판단에 무슨 위법이 있을 수 없다."

595) **대판 1969. 4. 15, 69다268** "정신적 고통에 대한 피해자의 위자료 청구권도 재산상의 손해배상청구권과 구별하여 취급할 근거 없는 바이므로 그 위자료 청구권이 일신 전속권이라 할 수 없고 피해자의 사망으로 인하여 상속된다 할 것이며 피해자의 재산상속인이 민법 제752조 소정의 유족인 경우라 하여도 그 유족이 민법 제752조 소정 고유의 위자료 청구권과 피해자로 부터 상속받은 위자료 청구권을 함께 행사할 수 있다고 하여 그것이 부당하다 할 수 없고 피해자의 위자료 청구권은 감각적인 고통에 대한 것뿐만 아니라 피해자가 불법 행위로 인하여 상실한 정신적 이익을 비재산 손해의 내용으로 할 수 있는 것이어서 피해자가 즉사한 경우라 하여도 피해자가 치명상을 받은 때와 사망과의 사이에는 이론상 시간적 간격이 인정 될 수 있는 것이므로 피해자의 위자료 청구권은 당연히 상속의 대상이 된다고 해석함이 상당하고 원판결의 이와 같은 판단에 위법이 있을 수 없으며 원판결이 확정한 사실에 의하면 피해자는 휴가차 사고 장소에 와서 노숙 취침 중 본건 피해를 보았다는 것이고 전투훈련 기타 직무집행 중에서 발생하였거나 국군의 목적상 사용하는 진지, 영내, 함정, 선박, 항공기, 기타 운반기구 안에서 발생한 전사, 순직 또는 공상으로 인한 것이 아니므로 국가배상법 제2조 단서 규정이 적용될 여지없는 것이어서

해에 따르면, 사망자의 위자료 청구권 또는 명예훼손이나 신체상해로 인한 위자료청구권은 피해자 본인에게 지급되어야 할 일신전속권이므로 상속인에게 상속되지 않는다고 한다.[596] 이 학설은 위자료청구권의 비상속성에 대한 이유로, 생명침해의 경우에 민법 제752조는 사망자의 위자료청구권의 상속을 부인하는 것을 전제로 사망자의 정신적 고통에 관해 근친자에게 위자료청구권을 부여하려는 취지라고 한다. 다만 피해자가 생전에 위자료의 배상청구를 한 때에는 그것이 금전채권으로 구체화되므로 상속재산에 포함된다고 한다.

4) 위자료액의 산정기준

민법은 위자료액의 산정에 관하여는 분명한 기준을 두고 있지 않다. 판례는 불법행위로 입은 비재산적 손해에 대한 위자료 액수는 사실심법원이 여러 사정을 참작하여 그 직권에 속하는 재량에 의하여 이를 확정할 수 있다고 한다.[597]그러나 이것이 위자료 산정에 법관의 자의가 허용된다는 것을 의미하는 것은 아니라고 하면서, 위자료의 산정에도 그 시대와 일반적인 법감정에 부합된 수 있는 액수가 산정되어야 한다는 한계가 당연히 존재하고, 따라서 그 한계를 넘어 손해의 공평한 분담이라는 이념과 형평의 원칙에 현저히 반하는 위자료를 산정하는 것은 사실심법원이 갖는 재량의 한계를 일탈한 것이 된다고 한다.[598]

원판결에 위 규정을 적용하지 아니한 위법이 있을 여지없다."; **대판 1969. 10. 23, 69다1380** "정신적 상해에 대한 위자료청구권은 피해자가 이것을 파기하거나 면제한 것으로 볼 수 있는 특별한 사정이 없는 한 생전에 망인이 그것을 청구하겠노라는 의사를 표시하지 아니하더라도 그 상속인에게 상속되는 것이다."

596) 김주수, 친족상속법, 515면 ; 이은영, 773면.

597) **대판 2006. 1. 26, 2005다47014; 대판 2018. 7. 26, 2016다205908; 대판 2020. 12. 24, 2017다51603** "손해배상책임의 범위를 정함에 있어서 과실상계 사유의 유무 및 정도에 관한 사실인정이나 그 비율을 정하는 것은 그것이 형평의 원칙에 비추어 현저히 불합리한 것이 아닌 한 사실심의 전권사항이고, 불법행위로 입은 비재산적 손해에 대한 위자료 액수는 사실심법원이 여러 사정을 참작하여 그 직권에 속하는 재량에 의하여 이를 확정할 수 있다."

598) **대판(전) 2013. 5. 16, 2012다202819** "불법행위로 입은 비재산적 손해에 대한 위자료 액수에 관하여는 사실심법원이 여러 사정을 참작하여 그 직권에 속하는 재량에 의하여 이를 확정할 수 있고, 법원이 그 위자료 액수 결정의 근거가 되는 제반 사정을 판결 이유 중에 빠짐없이 명시해야만 하는 것은 아니나, 이것이 위자료의 산정에 법관의 자의가 허용된다는 것을 의미하는 것은 물론 아니다. 위자료의 산정에도 그 시대와 일반적인 법감정에 부합될 수 있는 액수가 산정되어야 한다는 한계가 당연히 존재하고, 따라서 그 한계를 넘어 손해의 공평한 분담이라는 이념과 형평의 원칙에 현저히 반하는 위자료를 산정하는 것은 사실심법원이 갖는 재량의 한계를 일탈한 것이 된다."; **대판 2017. 11. 9, 2013다26708·26715·26722·26739** "불법행위로 입은 비재산적 손해에 대한 위자료 액수는

(3) 손익상계

여기서의 손익상계(損益相計)라 함은 불법행위의 피해자 또는 상속인이 불법행위로 불이익을 받음과 동시에 그로 인하여, 예컨대 비용절감과 같은 이득을 얻은 경우에는 그러한 이득 상당액을 배상액에서 공제하는 것을 말한다. 이에 대한 민법의 규정은 없으나 제750조 소정의 「손해」는 이러한 손익상계를 한 후의 손해를 말하는 것이다. 손익상계가 인정되기 위해서는 피해자가 불법행위로 인하여 새로운 이익을 얻었어야 하고, 또 그 이익과 불법행위 사이에 상당인과관계가 있어야 한다는 것이 통설과 판례의 입장이다.599) 예컨대, 생명침해의 경우에는 지출을 면한 생활비를 배상액에서 공제하여야 한다. 그러나 상해의 경우에는 생활비를 지출해야 하므로 공제하지 않는다. 손해보험은 손해를 전보하는 것이므로(제665조) 보험회사가 보험금을 지급한 때에는 피해자는 가해자로부터 손해배상을 받을 수 없을 뿐만 아니라, 이때에는 피해자가 가해자에 대하여 가지는 손해배상청구권을 보험회사가 취득한다(보험대위: 상법 제682조). 그러나 생명보험·상해보험은 손해를 전보하는 것이 아니므로(상법 제727조) 피해자가 가해자로부터 받을 손해배상액에서 이를 공제할 것이 아니고 또 보험회사가 대위하지도 못한다(상법 제729조). 다른 공무원의 불법행위로 사망한 공무원에 대한 국가 또는 지방자치단체의 손해배상액에서 공무원연금법에 의해 지급된 유족보상금은 이를 공제하여야 한다.600) 장

사실심법원이 여러 사정을 참작하여 직권에 속하는 재량에 의하여 이를 확정할 수 있다. 법원은 위자료 액수 결정의 근거가 되는 여러 사정을 판결 이유 중에 빠짐없이 명시해야만 하는 것은 아니나, 이것이 위자료의 산정에 법관의 자의가 허용된다는 것을 의미하는 것은 물론 아니다. 위자료의 산정에도 시대와 일반적인 법감정에 부합될 수 있는 액수가 산정되어야 한다는 한계가 당연히 존재하므로, 한계를 넘어 손해의 공평한 분담이라는 이념과 형평의 원칙에 현저히 반하는 위자료를 산정하는 것은 사실심법원이 갖는 재량의 한계를 벗어난 것이 된다."

599) 곽윤직, 466면 ; **대판 1992. 12. 22, 92다31361** "손익상계에 의하여 공제하여야 할 이익의 범위는 배상하여야 할 손해의 범위와 마찬가지로 손해배상책임의 원인인 불법행위와 상당인과관계가 있는 것에 국한된다."; **대판 2002. 10. 11, 2002다33502** "불법행위로 인한 손해배상액의 산정에 있어 손익공제를 허용하기 위하여는 손해배상책임의 원인인 불법행위로 인하여 피해자가 새로운 이득을 얻었고, 그 이득과 불법행위 사이에 상당인과관계가 있어야 한다."

600) **대판(전) 1998. 11. 19, 97다36873** "공무원이 공무집행 중 다른 공무원의 불법행위로 인하여 사망한 경우, 사망한 공무원의 유족들이 국가배상법에 의하여 국가 또는 지방자치단체로부터 사망한 공무원의 소극적 손해에 대한 손해배상금을 지급받았다면 공무원연금관리공단 등은 그 유족들에게 같은 종류의 급여인 유족보상금에서 그 상당액을 공제한 잔액만을

례 때 조문객으로부터 받은 부의금은 손실을 전보하는 성질의 것이 아니므로 배상액에서 이를 공제할 것이 아니다.[601] 또한 연금은 손익상계의 대상이 아니라고 본다(통설). 그러나 판례는 이와 달리 보고 있다.[602]

불법행위로 인한 손해배상액을 산정함에 있어서는 과실상계를 한 다음 손익상계를 하여야 한다.[603]

(4) 불법행위상 과실상계

여기에서의 과실상계란 손해의 발생 또는 확대에 관하여 피해자에게도 과실이 있는 경우에 손해배상의 범위를 정함에 있어서 그 과실을 참작하는 제도이다. 민법은 이러한 과실상계를 채무불이행에 관하여 규정하고(제396조), 이를 불법행위

지급하면 되고, 그 유족들이 공무원연금관리공단 등으로부터 공무원연금법 소정의 유족보상금을 지급받았다면 국가 또는 지방자치단체는 그 유족들에게 사망한 공무원의 소극적 손해액에서 유족들이 지급받은 유족보상금 상당액을 공제한 잔액만을 지급하면 된다."

601) **대판 1976. 2. 24, 75다1088** "장례 때 조객으로 부터 받는 부의금은 손실을 전보하는 성질의 것이 아니므로 이를 재산적 손해액산정에서 참작할 것이 아니다."

602) **대판 2007. 12. 13, 2007다54481** "공무원연금법상의 퇴직연금과 유족연금은 모두 수급권자의 생활안정과 복지향상을 도모하기 위한 동일한 목적과 성격을 지닌 급부로서, 공무원연금법상의 퇴직연금을 받던 사람이 다른 사람의 불법행위로 인하여 사망한 경우에 그 유족이 퇴직연금 상당의 손해배상청구권을 상속함과 동시에 유족연금을 지급받게 되었다면, 그 유족은 같은 목적의 급부를 이중으로 받게 되므로 유족에게 지급할 손해배상액을 산정함에 있어서는 위 망인의 일실퇴직연금액에서 유족연금액을 공제하여야 한다. 그리고 유족이 지급받을 손해액을 산정할 때 일실퇴직연금액에서 유족연금액을 공제하는 취지가 동일한 목적과 내용의 급부가 이중으로 지급되는 것을 막는 데 있는 이상, 사망한 사람의 일실퇴직연금액에서 공제하여야 하는 유족연금액의 범위는 사망한 사람의 기대여명기간이 끝날 때까지 그 유족이 받을 금액에 한정되고, 그 후 유족이 불법행위로 인한 사망과 관계없이 받을 수 있는 유족연금액은 이에 포함되지 아니한다."; **대판(전) 2009. 5. 21, 2008다13104** "근로자가 업무상 재해로 사망함에 따라 발생하는 망인의 일실수입 상당 손해배상채권은 모두가 그 공동상속인들에게 각자의 상속분 비율에 따라 공동상속되고, ㅁㅁㅁ지공단이 구 산업재해보상보험법(2007. 4. 11. 법률 제8373호로 전문 개정되기 전의 것)에 의하여 수급권자에게 지급하는 유족급여는 당해 수급권자가 상속한 일실수입 상당 손해배상채권을 한도로 하여 그 손해배상채권에서만 공제하는 것으로 해석하여야 하고, 이와 달리 망인의 일실수입 상당 손해배상채권에서 유족급여를 먼저 공제한 후 그 나머지 손해배상채권을 공동상속인들이 각자의 상속분 비율에 따라 공동상속하는 것으로 해석할 것은 아니다." 참조.

603) **대판 1996. 1. 23, 95다24340; 대판 2008. 5. 15, 2007다37721** "불법행위 또는 채무불이행에 관하여 채권자의 과실이 있고 채권자가 그로 인하여 이익을 받은 경우에 손해배상액을 산정함에 있어서는 과실상계를 한 다음 손익상계를 하여야 하고(대법원 1990. 5. 8. 선고 89다카29129 판결, 대법원 1996. 1. 23. 선고 95다24340 판결 등 참조), 이는 과실상계뿐만 아니라 손해부담의 공평을 기하기 위한 책임제한의 경우에도 마찬가지이다."

에 준용하고 있다(제763조).

1) 불법행위상 과실상계에서 「과실」의 의미

불법행위상 과실상계에서의 '과실'의 의미에 대하여 논란이 있다. 그러나 통설에 따르면 여기의 과실은 단순한 부주의로서 보통의 과실에서보다 낮은 정도의 주의 위반이라고 한다.[604] 판례도 불법행위에 있어서 "가해자의 과실이 의무위반의 강력한 과실임에 반하여 과실상계에 있어서 과실이란 사회통념상, 신의성실의 원칙상, 공동생활상 요구되는 약한 부주의까지를 가리키는 것"이라고 한다.[605] 더 나아가 판례는 과실상계의 법리를 유추적용하고 있다. 즉 "가해행위와 피해자 측의 요인이 경합하여 손해가 발생하거나 확대된 경우에는 그 피해자 측의 요인이 체질적인 소인 또는 질병의 위험도와 같이 피해자 측의 귀책사유와 무관한 것이라고 할지라도 당해 질환의 태양·정도 등에 비추어 가해자에게 손해의 전부를 배상시키는 것이 공평의 이념에 반한다면, 법원은 그 손해배상액을 정함에 있어서 과실상계의 법리를 유추적용하여 그 손해의 발생 또는 확대에 기여한 피해자 측의 요인을 참작할 수 있다."[606]고 한다. 또한 판례는 피해자가 손해의 확대를 방지하거나 이를 경감하기 위하여 노력하여야 할 일반적 주의의무를 합리적 이유 없

---

604) 김상용, 채권각론, 189면 ; 김증한, 154면 ; 송덕수, 민법강의, 820면.

605) **대판 2000. 8. 22, 2000다29028; 대판 2001. 3. 23, 99다33397; 대판 2004. 7. 22, 2001다58269; 대판 2005. 7. 8, 2005다8125** "공동불법행위자 상호간의 구상금채권을 인정하기 위하여는 우선 각 공동불법행위자들의 가해자로서의 과실 내용 및 비율을 정하여야 할 것이고, 한편 불법행위에 있어 손해액을 정함에 참작하는 피해자의 과실, 즉 과실상계에 있어서의 과실은 가해자의 과실과 달리 사회통념이나 신의성실의 원칙에 따라 공동생활에 있어 요구되는 약한 의미의 부주의를 가리키는 것이므로, 그러한 과실 내용 및 비율을 그대로 공동불법행위자로서의 과실 내용 및 비율로 삼을 수는 없다."

606) **대판 1998. 7. 24, 98다12270** ; 참고판례: **대판 2001. 2. 9, 2000다67464 ; 대판 2001. 1. 21, 98다50586 ; 대판 2008. 3. 27, 2008다1576** "가해행위와 피해자측의 요인이 경합하여 손해가 발생하거나 확대된 경우에는 그 피해자측의 요인이 체질적인 소인 또는 질병의 위험도와 같이 피해자측의 귀책사유와 무관한 것이라고 할지라도, 그 질환의 태양·정도 등에 비추어 가해자에게 손해의 전부를 배상하게 하는 것이 공평의 이념에 반하는 경우에는, 법원은 손해배상액을 정하면서 과실상계의 법리를 유추적용하여 그 손해의 발생 또는 확대에 기여한 피해자측의 요인을 참작할 수 있고, 불법행위로 인한 손해배상청구사건에서 과실상계 사유에 관한 사실인정이나 그 비율을 정하는 것은 그것이 형평의 원칙에 비추어 현저히 불합리하다고 인정되지 않는 한 사실심의 전권에 속하는 사항이라 할 것인바(대법원 2000. 1. 21. 선고 98다50586 판결 등 참조), 원심판결 이유를 기록에 비추어 살펴보면 원심이 인정한 위 망인의 과실 비율은 수긍할 수 있는 범위 내로서 형평의 원칙에 비추어 불합리하다고 보이지 아니하므로 이 부분 상고이유의 주장은 이유 없다."

이 이행하지 않은 경우에도 과실상계규정(제761조 제396조)을 유추적용하고 있다.[607] 그리고 판례는, "불법행위로 인한 손해배상 사건에서 피해자의 과실을 들어 과실상계를 함에 있어서는 피해자의 부주의를 이용하여 고의로 불법행위를 저지른 자가 바로 그 피해자의 부주의를 이유로 자신의 책임을 감하여 달라고 주장할 수 없다."[608]고 한다. 이는 그러한 사유가 있는 자에게 과실상계의 주장을 허용하는 것이 신의칙에 반하기 때문이라고 한다. 그러나 그러한 사유가 없는 불법행위자는 과실상계의 주장을 허용하는데 이는 신의칙에 반하지 않기 때문이다.[609]

---

607) **대판 2003. 3. 11, 2000다48272 ; 대판 2003. 7. 25, 2003다22912** "신의칙 또는 손해부담의 공평이라는 손해배상제도의 이념에 비추어 볼 때, 불법행위의 피해자에게는 그로 인한 손해의 확대를 방지하거나 감경하기 위하여 노력하여야 할 일반적인 의무가 있으며 피해자가 합리적인 이유 없이 손해경감조치의무를 이행하지 않을 경우에는 법원이 그 손해배상액을 정함에 있어 민법 제763조, 제396조를 유추적용하여 그 손해확대에 기여한 피해자의 의무불이행의 점을 참작할 수 있고, 한편 손해의 확대를 방지하거나 경감하는데 적절한 법적 조치가 존재하는 경우 이는 손해경감조치에 해당될 수 있고, 피해자가 그 법적 조치를 취함에 있어 감당하기 어려운 많은 비용이 소요된다든가, 그 결과가 불확실하다거나, 판단을 받기까지 현저하게 많은 시간이 필요하다는 등의 사정이 없음에도 불구하고 합리적인 이유 없이 그 법적 조치를 취하지 아니한 경우에는 그 손해확대에 기여한 피해자의 의무불이행의 점을 손해배상액을 정함에 있어 참작할 수 있다."

608) **대판 1970. 4. 28, 70다298**(사용자의 감독이 소홀한 틈을 이용하여 피용자가 부정행위를 한 경우) ; **대판 1976. 5. 11, 75다11**(정부양곡 보관자가 자기에 대한 도 재부관의 양곡보관관리에 관한 감시가 소홀한 틈을 이용하여 스스로 부정행위를 저지른 경우) ; **대판 2008. 6. 12, 2007다36445**(부동산의 소유자에게 권리행사를 장기간 해태함으로써 무권리자로부터 그 부동산을 취득한 제3자의 등기부취득시효가 완성되드록 한 과실이 있다고 하더라도, 부동산을 미등기 상태로 방치한 소유자의 부주의를 이용하여 위법하게 자신들 명의로 소유권보존등기를 경료함으로써 고의의 불법행위를 저지른 자들은 피해자인 소유자의 과실을 이유로 과실상계를 주장할 수 없다) ; **대판 2000. 9. 29, 2000다13900 ; 대판 2005. 10. 7, 2005다32197** "손해배상청구 소송에서 피해자에게 과실이 인정되면 법원은 손해배상의 책임 및 그 금액을 정함에 있어서 이를 참작하여야 하며, 배상의무자가 피해자의 과실에 관하여 주장하지 않는 경우에도 소송자료에 의하여 과실이 인정되는 경우에는 이를 법원이 직권으로 심리·판단하여야 할 것이지만, 피해자의 부주의를 이용하여 고의로 불법행위를 저지른 자가 바로 그 피해자의 부주의를 이유로 자신의 책임을 감하여 달라고 주장하는 것은 허용될 수 없다." ; **대판 2007. 11. 30, 2006다19603** "손해배상액의 산정에 있어 손익상계가 허용되기 위해서는 손해배상책임의 원인이 되는 행위로 인하여 피해자가 새로운 이득을 얻었고, 그 이득과 손해배상책임의 원인인 행위 사이에 상당인과관계가 있어야 한다." 등 참조.

609) **대판 2007. 6. 14, 2005다32999 ; 대판 2009. 8. 20, 2008다51120** "불법행위로 인한 손해배상 사건에서 피해자의 과실을 들어 과실상계를 함에 있어서는 피해자의 부주의를 이용하여 고의로 불법행위를 저지른 자가 바로 그 피해자의 부주의를 이유로 자신의 책임을 감하여 달라고 주장할 수 없으나, 그러한 사유가 없는 불법행위자는 과실상계의 주장을 할 수 있다." ; **대판 2016. 4. 12, 2013다31137** "피해자의 부주의를 이용하여 고의로 불법행위를

참고로 이러한 사유(피해자의 부주의를 이용하여 고의로 불법행위를 저지르는 것)가 중개보조인에게 있을 뿐 중개업자에게는 없는 경우에 중개업자의 과실상계의 주장을 인정한 판례도 있다.[610)]

2) 과실상계에 있어서 피해자측에 관련된 자의 범위

피해자 이외의 피해자와 동일시 할 수 있는 제3자에게 과실(부주의)이 있었던 경우에 그것을 피해자의 과실로 보아 과실상계에서 참작할 수 있는가가 문제이다. 이는 일정한 관계에 있는 피해자의 근친자나 피용자 등에 관하여 긍정되고 있다. 판례는 "피해자 본인의 과실뿐만 아니라, 그와 신분상 내지 사회생활상 일체를 이루는 관계에 있는 자의 과실도 피해자의 과실로 인정된다."[611)]고 한다. 참고로 독일민법(BGB §254 Ⅱ 2)은 채권자의 법정대리인 및 피용자에게 과실이 있는 경우에 채권자의 과실로서 과실상계가 인정됨을 명문으로 규정하고 있다. 채무불이행의 경우 채권자의 과실에는 채권자 자신의 과실뿐만 아니라 그의 수령보조자(채무자의 이행보조자에 대응하는 개념)의 과실도 포함되는 것으로 보는 것이 통설이다.

한편 판례에서 피해자 이외의 제3자에게 과실이 있었던 경우에 그것을 피해자의 과실로 보아 과실상계에서 참작한 사례를 살펴보면 다음과 같다.

피용자인 운전자의 과실로 동승한 소유자가 사고를 입은 경우,[612)] 교회집사가

저지른 자가 바로 그 피해자의 부주의를 이유로 자신의 책임을 감하여 달라고 주장하는 것은 허용될 수 없으나, 이는 그러한 사유가 있는 자에게 과실상계의 주장을 허용하는 것이 신의칙에 반하기 때문이므로, 불법행위자 중 일부에게 그러한 사유가 있다고 하여 그러한 사유가 없는 다른 불법행위자까지도 과실상계의 주장을 할 수 없다고 해석할 것은 아니다."

610) **대판 2008. 6. 12, 2008다22276** "피해자의 부주의를 이용하여 고의로 불법행위를 저지른 자가 바로 그 피해자의 부주의를 이유로 자신의 책임을 감하여 달라고 주장하는 것은 허용될 수 없으나(대법원 1995. 11. 14. 선고 95다30352 판결 참조) 이는 그러한 사유가 있는 자에게 과실상계의 주장을 허용하는 것이 신의칙에 반하기 때문이므로(대법원 2007. 6. 14. 선고 2005다32999 판결 참조), 중개보조원이 업무상 행위로 거래당사자인 피해자에게 고의로 불법행위를 저지른 경우라 하더라도, 그 중개보조원을 고용하였을 뿐 이러한 불법행위에 가담하지 아니한 중개업자에게 책임을 묻고 있는 피해자에게 과실이 있다면, 법원은 과실상계의 법리에 좇아 손해배상의 책임 및 그 금액을 정함에 있어 이를 참작하여야 한다."

611) **대판 1999. 7. 23, 98다31868.**

612) **대판 1997. 9. 5, 97다652** "자동차의 소유자는 자동차손해배상보장법상의 '보유자'로서 자동차의 운행으로 이익을 볼 뿐만 아니라 운행을 지배하는 지위에 있는 자로서 운전자의

기도회를 마치고 신도들과 함께 교회로 돌아가던 도중 그의 과실로 동승한 목사가 사고를 당한 경우,[613] 11세의 어린이가 외삼촌이 운전하는 어머니 소유의 자동차에 동승하였다가 사고를 입은 경우,[614] 남편이 운전하는 오토바이 뒷좌석에 타고 가다가 사고를 입은 경우[615] 등에서는 피해자 측의 과실을 인정하고 있다. 그러나 다방 종업원이 차 배달을 목적으로 다방 주인이 운전하는 차량에 동승하였다가 사고를 당한 사안에서 운전자인 다방 주인의 과실을 피해자 측의 과실로 인정하지 않았다.[616] 판례는 특히 의료과오사건에서 피해자의 부주의뿐만 아니라

선정에서부터 그 지휘·감독에 이르기까지 가능한 주의를 다하여야 할 의무가 있는 자이고, 운행으로 인하여 발생하는 결과에 대하여 책임을 부담할 지위에 있는 자이므로 자동차의 소유자가 타인으로 하여금 운전케 하고 거기에 동승하였는데 운전자의 과실이 개재되어 사고가 발생한 결과 동승한 소유자가 피해를 입은 경우, 사고르 인한 차량 소유자의 재산상 또는 정신적 손해액을 산정함에 있어서는 운전자의 과실을 참작함이 상당하다."

613) **대판 1997. 6. 27, 96다426** "사고 당시 운전자는 교회 집사로서 교회 업무를 위하여 승용차를 운전하고 있었고 피해자는 교회의 제반 업무를 주관·감독하는 담임목사로서 교회 업무에 속하는 기도회를 마치고 신도들과 함께 교회로 돌아가던 중 사고를 당한 것이므로 피해자의 손해배상책임을 정하는 데에 운전자의 과실은 피해자측의 과실로 함께 참작하는 것이 타당하다고 한 사례."

614) **대판 1996. 2. 27, 95다41239** "사고 당시 11세에 불과한 피해자가 외삼촌이 운전하는 어머니 소유의 자동차에 승차하여 외삼촌 일행과 같이 외증조부의 묘소에 갔다 오다가 사고를 당한 사안에서, 피해자는 자동차의 소유자인 어머니와 생활관계에 있어서 일체를 이루고 있다고 보아야 하고, 한편 어머니는 그 자동차의 운행자로서 제3자에 대하여 운전자인 외삼촌과 동일한 책임을 부담할 지위에 있으므로, 결국 피해자의 손해분담 비율을 정함에 있어 외삼촌의 과실을 피해자측의 과실로 보아 그 과실 비율 그대로 참작함이 공평의 이념에 합치한다는 이유로, 외삼촌의 과실비율을 70%로 인정하면서도 그의 생질인 피해자의 손해분담 비율을 40%로 정한 원심판결을 파기한 사례."

615) **대판 1993. 5. 25, 92다54753** "[1] 민법 제763조, 제396조에 의하여 불법행위로 인한 손해배상의 책임 및 그 금액을 정함에 있어 피해자의 과실을 참작하도록 한 취지는 불법행위로 인하여 발생한 손해를 가해자와 피해자 사이에 공평하게 분담시키고자 함에 있다고 할 것이므로 피해자의 과실에는 피해자 본인의 과실뿐 아니라 그와 신분상, 사회생활상 일체를 이루고 있다고 볼 수 있는 관계가 있는 자의 과실도 피해자측의 과실로서 참작되어야 하는 것이다. [2] 피해자가 남편이 운전하는 오토바이 뒷좌석에 타고 가다가 제3자가 운전하는 승용차와 충돌하여 상해를 입고 제3자에 대하여 손해배상을 청구하는 경우 손해배상액을 산정함에 있어 다른 특별한 사정이 없는 한 남편의 과실을 피해자측의 과실로서 참작할 수 있다."

616) **대판 1998. 8. 21, 98다23232** "[1] 차량사고에 있어 운전자의 과실을 피해자측의 과실로 보아 동승자에 대하여 과실상계를 하기 위하여는, 그 차량 운전자가 동승자와 신분상 또는 생활관계상 일체를 이루고 있어 운전자의 과실을 동승자에 대한 과실상계 사유로 삼는 것이 공평의 원칙에 합치한다는 구체적인 사정이 전제가 되어야 한다. [2] 다방 종업원이 차배달을 목적으로 다방 주인이 운전하는 차량에 동승하였다가 사고를 당한 사안에서, 운전자인 다방 주인의 과실을 피해자측 과실로 인정하지 아니한 사례."; **대판**

피해자측의 귀책사유와 무관한 피해자의 체질적 소인 또는 질병의 위험도 등에 대해서 과실상계의 법리를 적용하고 있다.[617]

3) 과실상계의 효과

법원은 손해배상사건에서 피해자측에도 과실이 있는 경우에 손해배상책임을 면제할 것인가 또는 배상액을 정함에 있어서만 참작할 것인가는 가해자측과 피해

1999. 7. 23, 98다31868 "제3점에 관하여 불법행위로 인한 손해배상의 책임 및 그 범위를 정함에 있어 피해자의 과실을 참작하는 이유는 불법행위로 인하여 발생한 손해를 가해자와 피해자 사이에 공평하게 분담시키고자 함에 있다고 할 것이므로, 피해자의 과실에는 피해자 본인의 과실뿐 아니라 그와 신분상 내지 사회생활상 일체(一體)를 이루는 관계에 있는 자의 과실도 피해자측의 과실로서 참작되어야 할 것이고(대법원 1996. 11. 12. 선고 96다26183 판결 참조), 어느 경우에 신분상 내지 사회생활상 일체를 이루는 관계라고 할 것인지는 구체적인 사정을 검토하여 피해자측의 과실로 참작하는 것이 공평의 관념에서 타당한지에 따라 판단하여야 할 것이다. 기록에 의하니, 원고 조ㅇ란의 부(父)인 조ㅇ융과 모(母)가 이혼하여 별거 중이었고, 모가 친권자로 지정되어 있으며, 원고 조ㅇ란은 모와 함께 살고 있는 사실이 인정되나, 한편, 원고 조ㅇ란은 사고 당시의 연령이 9세 5개월에 불과하고, 사고 당시 조ㅇ융이 원고 조ㅇ란의 모와 재결합하려고 만나고 있던 중이었으며 사고 당시 장인, 장모의 묘소에 성묘를 하기 위해 처와 원고 조ㅇ란을 비롯한 처가식구들을 차에 태우고 가던 중이었던 사실을 알 수 있어, 이 사건 사고 당시 부녀간이나 부부간에 완전한 별거상태가 아니라 왕래가 있었던 것으로 추정되고, 원고 조ㅇ란과는 부녀간으로 상속관계에 있어 가해자가 구상권을 행사할 경우 결국 그 구상채무는 원고 조ㅇ란이 부담하게 된다는 점에 비추어 볼 때, 조ㅇ융과 원고 조ㅇ란을 신분상 내지 사회생활상 일체를 이루는 관계로 보아 조ㅇ융의 과실을 피해자측 과실로 참작하는 것이 공평의 관념에서 상당하다 할 것이다. 원심이 조ㅇ융의 과실을 피해자측 과실로 보아 원고 조ㅇ란에 대하여 지급할 보험금액을 산정함에 있어 이를 참작한 것은 정당하고, 거기에 상고이유의 주장과 같은 과실상계의 법리를 오해한 위법이 없다."

617) **대판 2000. 1. 21, 98다50586** "가해행위와 피해자측의 요인이 경합하여 손해가 발생하거나 확대된 경우에는 그 피해자측의 요인이 체질적인 소인 또는 질병의 위험도와 같이 피해자측의 귀책사유와 무관한 것이라고 할지라도, 그 질환의 태양·정도 등에 비추어 가해자에게 손해의 전부를 배상하게 하는 것이 공평의 이념에 반하는 경우에는, 법원은 손해배상액을 정하면서 과실상계의 법리를 유추적용하여 그 손해의 발생 또는 확대에 기여한 피해자측의 요인을 참작할 수 있다."; **대판 2010. 7. 8, 2010다20563** "가해행위와 피해자측의 요인이 경합하여 손해가 발생하거나 확대된 경우 그 피해자측의 요인이 체질적인 소인 또는 질병의 위험도와 같이 피해자측의 귀책사유와 무관한 것이라고 할지라도 그 질환의 태양·정도 등에 비추어 가해자에게 손해의 전부를 배상하게 하는 것이 공평의 이념에 반하는 때에는 과실상계의 법리를 유추적용하여 그 손해의 발생 또는 확대에 기여한 피해자측의 요인을 참작할 수 있으나, 이 경우 과실상계사유 또는 책임제한사유에 관한 사실인정이나 그 비율을 정하는 것은 그것이 형평의 원칙에 비추어 현저히 불합리하다고 인정되지 않는 한 사실심의 전권에 속하는 사항이다(대법원 2000. 1. 21. 선고 98다50586 판결, 대법원 2005. 6. 24. 선고 2005다16713 판결 등 참조)."

자측의 과실의 경중과 그 밖의 제반 사정을 비교·교량하여 공평의 원칙에 따라 결정해야 한다.[618]

피해자의 과실의 참작 비율을 정하는 일은 법원의 자유재량에 속한다.[619] 그리고 과실상계 사유에 관한 사실인정이나 그 비율을 정하는 것은 그것이 형평의 원칙에 비추어 현저히 불합리하다고 인정되지 않는 한 사실심의 재량(전권)사항에 속한다고 한다.[620] 참고로 제1심 판결에 대하여 쌍방이 불복·항소한 경우, 항소심

---

618) **대판 1991. 4. 26, 90다14539 ; 대판 1997. 2. 28, 96다54560** "불법행의로 인한 손해의 발생 또는 확대에 관하여 피해자에게도 과실이 있을 때에는 그와 같은 사유는 가해자의 손해배상의 범위를 정함에 있어 당연히 참작되어야 하고, 양자의 과실비율을 교량함에 있어서는 손해의 공평부담이라는 제도의 취지에 비추어 사고 발생에 관련된 제반 상황이 충분히 고려되어야 할 것이며, 과실상계사유에 관한 사실인정이나 그 비율을 정하는 것이 사실심의 전권사항이라고 하더라도 그것이 형평의 원칙에 비추어 현저히 불합리하여서는 안 된다." ; **대판 2003. 6. 27, 2001다734** "불법행위로 인한 손해의 발생 또는 확대에 관하여 피해자에게도 과실이 있어서 가해자의 손해배상의 범위를 정하기 위하여 양자의 과실비율을 교량함에 있어서는 손해의 공평부담이라는 제도의 취지에 비추어 사고 발생에 관련된 제반 상황이 충분히 고려되어야 할 것이며, 과실상계 사유에 관한 사실인정이나 그 비율을 정하는 것이 사실심의 전권사항이라고 하더라도 그것이 형평의 원칙에 비추어 현저히 불합리해서는 안 된다."

619) **대판 1984. 7. 10, 84다카440** "과실상계에 있어서 피해자의 과실참작의 비율을 정하는 일은 법원의 자유재량에 달린 것이긴 하나 과실의 정도를 비교교량함에 있어서 지나치게 피해자에게 유리하거나 또는 불리하게 판단하는 것은 재량의 범위를 벗어난 처사로서 위법하다고 볼 수밖에 없다."

620) **대판 2000. 1. 21, 98다50586; 대판 2003. 1. 24, 2001다2129; 대판 2004. 2. 27, 2003다6873; 대판 2006. 2. 10, 2005다57707; 대판 2007. 11. 30, 2006다19603; 대판 2008. 3. 27, 2008다1576** "가해행위와 피해자측의 요인이 경합하여 손해가 발생하거나 확대된 경우에는 그 피해자측의 요인이 체질적인 소인 또는 질병의 위험도와 같이 피해자측의 귀책사유와 무관한 것이라고 할지라도, 그 질환의 태양·정도 등에 비추어 가해자에게 손해의 전부를 배상하게 하는 것이 공평의 이념에 반하는 경우에는, 법원은 손해배상액을 정하면서 과실상계의 법리를 유추적용하여 그 손해의 발생 또는 확대에 기여한 피해자측의 요인을 참작할 수 있고, 불법행위로 인한 손해배상청구사건에서 과실상계 사유에 관한 사실인정이나 그 비율을 정하는 것은 그것이 형평의 원칙에 비추어 현저히 불합리하다고 인정되지 않는 한 사실심의 전권에 속하는 사항이라 할 것인바(대법원 2000. 1. 21. 선고 98다50586 판결 등 참조), 원심판결 이유를 기록에 비추어 살펴보면 원심이 인정한 위 망인의 과실비율은 수긍할 수 있는 범위 내로서 형평의 원칙에 비추어 불합리하다고 보이지 아니하므로 이 부분 상고이유의 주장은 이유 없다."; **대판 2014. 4. 24, 2012다37251** "가해행위와 피해자 측의 요인이 경합하여 손해가 발생하거나 확대된 경우에, 그 피해자 측의 요인이 체질적인 소인 또는 질병의 위험도와 같이 피해자 측의 귀책사유와 무관한 것이라고 할지라도 그 질환의 태양·정도 등에 비추어 가해자에게 손해 전부를 배상하게 하는 것이 공평의 이념에 반한다고 판단되면, 법원은 손해배상액을 정하면서 과실상계의 법리를 유추 적용하여 그 손해의 발생 또는 확대에 기여한 피해자 측의 요인을 참작할 수 있다(대법원 2008.

에서 원고의 과실과 관련한 새로운 소송자료가 제출되지 않았다 하더라도, 상소심은 속심으로 이미 제출된 소송자료를 통하여 제1심과 과실상계에 관한 사실인정이나 비율을 제1심과 다르게 정할 수 있다고 한다.[621] 피해자에게 과실이 있는 한 법원은 배상액을 정함에 있어서 이를 반드시 참작하여야 한다(제396조).[622] 즉 과실상계는 배상의무자의 주장이 없더라도 피해자의 과실이 인정되면 법원이 직권으로 이를 심리 판단해야한다.[623]

---

3. 27. 선고 2008다1576 판결 등 참조). 그리고 불법행위로 인한 손해배상 사건에서 책임감경사유에 관한 사실인정이나 그 비율을 정하는 것은 그것이 형평의 원칙에 비추어 현저히 불합리하다고 인정되지 않는 한 사실심의 전권사항에 속한다(대법원 2012. 1. 12. 선고 2010다79947 판결 등 참조)."

621) **대판 2008. 7. 10, 2006다43767** "불법행위로 인한 손해배상사건에서 과실상계사유에 관한 사실인정이나 그 비율을 정하는 것은 그것이 형평의 원칙에 비추어 현저히 불합리하다고 인정되지 않는 한 사실심의 전권사항에 속하고, 제1심판결에 대하여 쌍방이 불복·항소한 경우, 항소심에서 원고의 과실과 관련한 새로운 소송자료가 제출되지 않았다 하더라도, 항소심은 속심이므로 이미 제출된 소송자료를 통하여 과실상계사유에 관한 사실인정이나 그 비율을 제1심과 다르게 정할 수 있다."; **대판 2009. 8. 20, 2007다64877** "불법행위로 인한 손해배상청구소송의 항소심에서 피고의 항소를 받아들여 제1심판결의 인용금액을 감액하는 경우에 있어서는, 특단의 사정이 없는 한 피고가 제1심판결 선고 후 항소심판결 선고시까지 이행의무의 존부나 범위에 관하여 항쟁한 것이 상당하다고 인정되므로, 그 인용금액에 대한 지연손해금에 대하여는 항소심판결 선고일 후부터 소송촉진 등에 관한 특례법 제3조 제1항 소정의 법정이율을 적용하여야 한다(대법원 1991. 8. 27. 선고 91다2977 판결, 대법원 2008. 7. 10. 선고 2006다43767 판결 등 참조)."

622) **대판 1966. 7. 26, 66다937 ; 대판 1967. 12. 5, 67다2367** "법원은 불법행위의 원인에 피해자의 과실이 경합되었다고 인정되는 경우에는 법원은 과실상계에 관한 항변의 유무를 불문하고 그 과실을 그 불법행위로 인한 손해배상의 책임 및 손해액을 정함에 있어 이를 참작하여야 한다." ; **대판 1996. 10. 25, 96다30113** "민법상의 과실상계제도는 채권자가 신의칙상 요구되는 주의를 다하지 아니한 경우 공평의 원칙에 따라 손해의 발생에 관한 채권자의 그와 같은 부주의를 참작하게 하려는 것이므로 단순한 부주의라도 그로 말미암아 손해가 발생하거나 확대된 원인을 이루었다면 피해자에게 과실이 있는 것으로 보아 과실상계를 할 수 있고, 피해자에게 과실이 인정되면 법원은 손해배상의 책임 및 그 금액을 정함에 있어서 이를 참작하여야 하며, 배상의무자가 피해자의 과실에 관하여 주장하지 않는 경우에도 소송자료에 의하여 과실이 인정되는 경우에는 이를 법원이 직권으로 심리·판단하여야 한다." ; **대판 2016. 4. 12, 2013다31137** "불법행위로 인한 손해의 발생 또는 확대에 관하여 피해자에게도 과실이 있는 때에는 가해자의 손해배상의 범위를 정할 때 당연히 이를 참작하여야 하고,배상의무자가 피해자의 과실에 관하여 주장을 하지 아니한 경우에도 소송자료에 따라 과실이 인정되는 경우에는 이를 법원이 직권으로 심리·판단하여야 한다."

623) **대판 1960. 9. 29, 4293민상89; 대판 1966. 12. 27, 66다2168; 대판 1996. 10. 25, 96다30113; 대판 1997. 2. 28, 96다54560 ; 대판 2008. 2. 28, 2005다60369** "법원은 불법행위로 인하여 배상할 손해의 범위를 정함에 있어서 상대방의 과실상계 항변이 없더라도 피해자의

한편 불법행위로 인한 손해배상 사건에서 피해자의 과실을 들어 과실상계를 함에 있어서는 피해자의 부주의를 이용하여 고의로 불법행위를 저지른 자가 바로 그 피해자의 부주의를 이유로 자신의 책임을 감하여 달라고 주장할 수 없다.[624] 그러나 이러한 사유(피해자의 부주의를 이용하여 고의로 불법행위를 저지르는)가 없는 불법행위자는 과실상계의 주장을 할 수 있다.[625] 전자의 경우에는 피해자의 부주

과실을 참작하여야 하는 것이고(대법원 1987. 11. 10. 선고 87다카473 판결 참조), 한편 기록에 비추어 살펴보면, 고합 및 고합물산을 비롯한 고합 그룹 계열사의 분식회계는 1989년경 이후부터 누적적으로 이루어져 온 사정이 엿보이는데도 원고는 고합 및 고합물산이 발행하는 거액의 회사채에 대한 지급보증을 수차례 행하여 오는 과정에서 고합의 분식회계 여부 및 정확한 신용상태에 관하여 철저한 평가를 행하려는 노력을 게을리 한 점이 인정되고, 이러한 원고의 과실과 피고들의 임원으로서의 재직기간, 직위 및 업무집행의 구체적인 태양, 위 분식회계, 회사채 발행 및 지급보증 등에 대한 관여 정도 등 이 사건 변론에 나타난 여러 가지 사정을 종합하여 볼 때 위 피고들의 책임을 어느 정도 제한할 만함에도 불구하고 원심이 위 과실을 전혀 참작하지 아니한 것은 위법이라 할 것이다."

624) **대판 1970. 4. 28, 70다298**; **대판 1976. 5. 11, 75다11**; **대판 1987. 7. 21, 87다카637**; **대판 1995. 11. 14, 95다30352** "피해자의 부주의를 이용하여 고의로 불법행위를 저지른 자가 바로 그 피해자의 부주의를 이유로 자신의 책임을 감하여 달라고 주장하는 것은 허용될 수 없다."; **대판 2009. 11. 26, 2009다59350** "사용자의 감독이 소홀한 틈을 이용하여 고의로 불법행위를 저지른 피용자가 바로 그 사용자의 부주의를 이유로 자신의 책임의 감액을 주장하는 것은 신의칙상 허용될 수 없고, 사용자와 피용자가 명의대여자와 명의차용자의 관계에 있다고 하더라도 마찬가지이다."

625) **대판 2007. 6. 14, 2005다32999** "피해자의 부주의를 이용하여 고의로 불법행위를 저지른 자가 바로 그 피해자의 부주의를 이유로 자신의 책임을 감하여 달라고 주장하는 것은 허용될 수 없으나, 이는 그러한 사유가 있는 자에게 과실상계의 주장을 허용하는 것이 신의칙에 반하기 때문이므로, 불법행위자 중의 일부에게 그러한 사유가 있다고 하여 그러한 사유가 없는 다른 불법행위자까지도 과실상계의 주장을 할 수 없다고 해석할 것은 아니다."; **대판 2009. 8. 20, 2008다51120** "불법행위로 인한 손해배상 사건에서 피해자의 과실을 들어 과실상계를 함에 있어서는 피해자의 부주의를 이용하여 고의로 불법행위를 저지른 자가 바로 그 피해자의 부주의를 이유로 자신의 책임을 감하여 달라고 주장할 수 없으나, 그러한 사유가 없는 불법행위자는 과실상계의 주장을 할 수 있다."; **대판 2018. 2. 13, 2015다242429** "피해자의 부주의를 이용하여 고의로 불법행위를 저지른 사람이 바로 피해자의 부주의를 이유로 자신의 책임을 줄여 달라고 주장하는 것은 허용될 수 없다. 그러나 이는 그러한 사유가 있는 자에게 과실상계의 주장을 허용하는 것이 신의칙에 반하기 때문이므로, 불법행위자 중의 일부에게 그러한 사유가 있다고 하여 그러한 사유가 없는 다른 불법행위자까지도 과실상계의 주장을 할 수 없다고 해석할 것은 아니다. 또한 중개보조원이 업무상 행위로 거래당사자인 피해자에게 고의로 불법행위를 저지른 경우라고 하더라도, 중개보조원을 고용하였을 뿐 이러한 불법행위에 가담하지 않은 개업공인중개사에게 책임을 묻고 있는 피해자에게 과실이 있다면, 법원은 과실상계의 법리에 따라 손해배상의 책임과 그 금액을 정하는 데 이를 참작하여야 한다. 따라서 과실에 의한 불법행위자인 중개보조원이 고의에 의한 불법행위자와 공동불법행위책임을 부담하는

의를 이용하여 고의로 불법행위를 저지른 자가 과실상계를 주장하는 것이 신의칙에 반하기 때문이지만 후자의 경우에는 신의칙에 반하지 않는다는 이유에서이다.

(5) 배상액의 경감

불법행위에 있어서 손해의 배상의무자는 그 손해가 고의 또는 중대한 과실에 의한 것이 아니고 또 그 배상으로 인하여 배상자의 생계에 중대한 영향을 미치게 될 경우에는 법원에 배상액의 경감을 청구할 수 있다(제765조 제1항). 법원은 그 청구가 있는 때에는 법원에서 양쪽 사정을 참작하여 배상액을 경감할 수 있다(제765조 제2항). 손해배상을 한 가해자의 생계에 중대한 영향을 미치게 될 경우를 대비하여 둔 규정이다. 그러나 그 적용에는 신중을 기하여야 할 것이다. 한편 배상액 경감청구의 여부에 관하여 법원은 석명의무가 없다고 한다.[626] 그리고 배상액의 경감청구가 있으면 법원은 형평의 정신에 입각하여 자유로이 경감할 수 있다.[627]

개정된 "실화책임에 관한 법률"은 실화의 특수성을 고려하여 실화자에게 중대한 과실이 없는 경우 그 손해배상액의 경감에 관한 민법 제765조의 특례를 정하고 있다(동법 제1조). 동법에 따르면 실화로 인하여 화재가 발생한 경우 연소(延燒)로 인한 부분에 대한 손해배상청구에 한하여 적용되며(동법 제2조), 발화점과 불가분의 일체를 이루는 부분(즉 직접 화재)에 대한 손해배상청구에는 적용되지 않는다. 따라서 후자에 대하여는 배상액의 경감을 청구하지 못한다.

경우 중개보조원의 손해배상액을 정할 때에는 피해자의 과실을 참작하여 과실상계를 할 수 있고, 중개보조원을 고용한 개업공인중개사의 손해배상금액을 정할 때에는 개업공인중개사가 중개보조원의 사용자일 뿐 불법행위에 관여하지는 않았다는 등의 개별적인 사정까지 고려하여 중개보조원보다 가볍게 책임을 제한할 수도 있다. 불법행위에서 과실상계는 공평 또는 신의칙의 견지에서 손해배상액을 정하는 데 피해자의 과실을 참작하는 것으로, 가해자와 피해자의 고의·과실의 정도, 위법행위의 발생과 손해의 확대에 관하여 피해자의 과실이 어느 정도의 원인이 되어 있는지 등의 여러 사정을 고려하여 배상액의 범위를 정하는 것이다. 그러나 과실상계 사유에 관한 사실인정이나 비율을 정하는 것은 그것이 형평의 원칙에 비추어 현저히 불합리하다고 인정되지 않는 한 사실심의 전권사항에 속한다."

626) **대판 1962. 9. 20, 62다428** "민법 제765조는 민법의 불법행위에 의한 배상의무자는 그 손해가 고의 또는 중대한 과실에 의한 것이 아니고 그 배상으로 인하여 배상자가 생계에 중대한 영향을 미치게 될 경우에는 법원에 그 배상액의 경감을 청구할 수 있다고 규정하고 있으므로 배상의무자가 그와 같은 배상액의 감액을 받으려면 민법 제765조에 규정된 사실을 주장 입증하여 그 감액을 청구하여야하며 그 청구의 여부에 관하여는 법원은 아무런 석명의무가 없는 것인바…".

627) **대판 1967. 12. 26, 67다1430.**

이 법률에 의하면, 실화로 인한 화재에 관하여 중대한 과실이 없는 경우에 연소로 인한 부분에 대한 손해배상청구에 대하여 배상의무자는 손해배상액의 경감을 청구할 수 있고(동법 제3조 제1항), 법원은 배상액 경감의 청구가 있을 경우에는 화재의 원인과 규모, 피해의 대상과 정도, 연소 및 피해 확대의 원인, 피해확대를 방지하기 위한 실화자의 노력, 배상의무자 및 피해자의 경제상태, 그 밖에 손해배상액을 결정할 때 고려할 사정을 고려하여 그 손해배상액을 경감할 수 있도록(동법 제3조 제2항) 하여 민법 제765조의 특례를 인정하였다.

■ 판 례 색 인 ■

▪ 사 항 색 인 ▪

(ㄴ)

(ㄷ)

(ㄹ)

(ㅁ)

(ㅇ)

(ㅈ)

(ㅊ)

(ㅌ)

(ㅍ)

(ㅎ)

(기타)

저 자 약 력

박 종 찬
parkjc29@gmail.com

건국대학교 법과대학(학사)
건국대학교 대학원(법학석사)
독일 Tübingen 대학교(법학박사)
부산외국어대학 부교수
미국 Illinois University, School of Law Visiting Professor
사법시험·행정고시·입법고시·변리사시험·감정평가사시험·지방행정직시험 위원

(현) 강원대학교 법학전문대학원 교수

〈주요저서 및 논문〉

- 주석민법 물권(4)(공저)
- 법학개론(공저)
- 남북한법제비교(공저)
- 여성과 법
- 물권법
- 불법행위법
- 로스쿨민법총칙(공저)
- 민법학강의 Ⅰ · Ⅱ · Ⅲ · Ⅳ · Ⅶ · Ⅷ
- Hypothekenrecht
- Liesingsvertrag
- 독일저당권에 관한 연구
- 독일토지채무에 관한 연구
- 부동산점유취득시효에 관한 연구

[제2판] 민법학강의 Ⅶ [불법행위법] Bürgerliches Gesetzbuch Ⅶ [Das Deliktsrecht]

저 자	박 종 찬	2018년 12월 12일 초 판 발행
발행인	양 진 수	2021년 9월 6일 제2판 인쇄
발행처	진 원 사	2021년 9월 17일 제2판 발행

서울시 송파구 법원로 9길 26, C동 1107호 (문정동, H비즈니스파크)
전화 : 02) 916-1850 / 팩스 : 02) 916-3442
신고번호 제 2018 - 000026호
http://www.jinwonsa.co.kr
http://www.lawbookstore.co.kr
e-mail : hhansin@hanmail.net

저자와의
협의하에
인지생략

ISBN : 978-89-6346-595-1 93360

정가 32,000원